無上瑜伽

密法SD9901

樂空捷道

欽則・阿旺索巴嘉措著

至尊金剛瑜伽母那若空行不共成就法生圓次第極密導引

༄༅། །སྐྱབས་མཆོག་རྡོ་རྗེ་འཆང་རྗེ་བཙུན་ལྷ་བཙུན་བློ་བཟང་ཐུབ་བསྟན་དགེ་ལེགས་རབ་རྒྱས་རིན་པོ་ཆེ་ལ་ན་མོ།
那摩恩師怙主金剛持・至尊拉尊・洛桑圖登格勒繞吉仁波切

前言

無限感恩具德上師·至尊色麥欽則仁波切賜給敝社無比殊勝的出版法緣，今日《樂空捷道》至尊金剛瑜伽母那若空行不共成就法生圓次第極密導引之出版，對台灣讀者而言，算是一次前所未有的密法大饗宴。能直接獲得那若空行不共成就法生圓次第極密導引，以及上師的實修體證教授，可說是無始劫來的福德因緣，亦是仁波切無量悲愍心所成就。

本書能出版除了感謝上師的無私授權之外，最重要關鍵乃是阿旺康珠菩薩從中聯繫的結果，爲了本法寶能在台付梓，此間，她多日勞苦奔波，不但犧牲個人修法的時間，還出錢出力於兩岸法寶交流的溝通上，於此，我們獻上最虔敬的心，感謝她不辭辛勞爲法的流布而努力，及爲法所做的奉獻。

祈願有緣閱讀本法寶之善知識，皆能以難遭遇想，以尊重法故，應起恭敬、殷重之心，善護己念發心修學，加持自心即能與法相應，並於此法中獲得甚深智慧與解脫之捷徑。

出版緣起

本書著者色麥欽則仁波切・阿旺貢巴嘉措為西藏拉薩色拉寺麥札倉住持。一九四一年出生於甘肅卓尼，五歲出家，初學於卓尼禪定寺，九歲時被色拉寺麥學院大善知識・拉尊仁波切・洛桑圖登格勒繞吉認定為大修行者欽則・格桑貢巴的轉世化身後，同年赴藏承襲法座。自此留學色拉寺麥札倉，仁波切先後師從多位高僧大德，尤其依止色麥雄巴・遍主金剛持・拉尊仁波切、色麥阿惹格西・阿旺丹巴仁波切、色麥拉仁巴格西・益西旺秋仁波切等上師，修學顯乘五部與密乘四續，歷盡艱辛、謹嚴持戒、顯密兼通，教證並舉。

近年來應漢地四衆堅請，仁波切攝受僧徒、講經傳法、多有著述；其譯著涵蓋藏傳佛教格魯派顯密多種儀軌修法及深奧二次第導引等內容，義理精闢，明晰易懂，深為漢地修學行者所尊崇。本書乃為欽則仁波切近年歷次為中國內地四衆弟子傳法時所授之《至尊金剛瑜伽母那若空行不共成就法生圓次第極密導引》講述與《至尊金剛瑜伽母那若空行不共大樂成就法捷道》等十二部相關修法之藏漢對照儀軌譯本彙集，書中導引部分所授內容主要依近代藏傳佛教格魯派大德第一世帕幫喀仁波切所造之《吉祥那若空行王母二次第深奧導引筆記・三處空行極密心髓》一書，此論完整、系統、詳盡地介紹了格魯派傳規之金剛瑜伽母生、圓二次第修法，如同三界空行之心髓般極其殊勝、珍貴，備受衆大德高僧推崇。

為指導漢地密乘行者閉關實修之需，欽則仁波切在導引中並沒有對繁複的法相義理作詳細探討，而是以實修儀軌為立足點，著重揭示不同觀修次第中各部分之修法訣要及內密詮表。同時，對密乘無上瑜伽父母二續的安立，四灌頂與基、道、果的理趣，以及生起次第之根本——『三身道用』等諸瑜伽修法，尤其對不共母續勝義光明之智慧實修訣竅等作出精闢闡釋，其論議精彩、旁徵博引、顯密雙融、深淺互見，令學者能即事顯理、如義起修；而在導論部分，則對密乘的基礎知識如擇師、灌頂等常識作了扼要介紹，並對少數學密行人的時弊多有針砭之語。

書中附篇之藏、漢對照《至尊金剛瑜伽母那若空行不共大樂成就法》等儀軌集為仁波切由藏文直譯，以方便藏漢兩地學人研修比對。所收錄之儀軌除包括『口舌加持法』、『鈴杵加持法』、那若空行母之廣、略『自生』及『薈供』等常修必備法軌之外，更首次將那若空行『六座瑜伽』、『寶瓶』修法、『對生』修供法及『自入中圍灌頂』等儀軌合冊付梓。故此書不僅可作為修習空行母法者之實修指南；對欲系統學習藏傳佛教的漢地行者而言，亦為難得的參考法本。

雖此前在港、臺兩地均有空行法類相關之儀軌、釋論譯本刊行，但未見與實修法脈傳承結合的完整版本，而在內地則更難見本法有如此系統講修之法流。即使在藏地，金剛瑜伽母亦被列為密修本尊，『三大寺』中均無大衆集會修供的規制。正如『廣軌』序品中所說，本法『乃三界法王宗喀巴大師心密中之不共同秘密法』，及『單尊頗瓦法』中所載：『其乃必蒙攝受之深妙教法……』。因此凡有見聞者，應起恭敬、殷重之心，切勿僅作泛泛涉獵！若有發心修學者，應先於具量上師前求得清淨灌頂再如法趣修，修法過程中一切疑難、相違之處應遵師教為準。

另外，正如文中所論，雖然格魯派所傳習之空行母法最早是承紹於薩迦派，而在修持中則統一於宗喀巴大師的不共見地，因此其修法傳統與薩迦派存在稍異之處。論中多處點出了這些差異，並非為比較兩派的優劣，而是為了讓學者掌握自宗修持的扼要，此點需特別注意。

在將要成書的過程中，蒙仁波切慈悲答允，撥冗譯出《至尊佛母單尊傾瓦法・速疾攝引大悲鉤》儀軌，一同收入本冊，使空行法軌得成完璧。此儀軌是當年帕幫喀大師應留學拉薩的漢族比丘——觀空法師所請而造，今又得以由藏譯漢，如此殊勝的因緣實為漢地衆生之福！

色麥欽則仁波切廣識多聞，佛學造詣深厚，精通藏漢文化，近年間由藏譯漢之儀軌經文及著述頗豐。本社將整理其文集陸續出版以嘉惠更多的漢地密乘行者。

願正法久住，法雨常澍，衆生利益增長，同證菩提！

特約編審　任宜敏
二〇〇五年十月

序言

承蒙台灣大千出版社諸君擡愛，將吾近年所作之《金剛瑜伽母生圓次第導引》各章零散講義整理而成之《樂空捷道》一書公開出版，令更多行者得以同沾法益，心中倍感欣慰。

於大師佛陀所宣之種種教法中，金剛乘密法無疑乃諸乘中之幢頂，而本書之所詮，則正是開啟密乘寶庫之鑰匙。歷代持教大德皆依循論中之訣竅與次第證得無謬解脫，具緣值遇此道軌之行者，若能配合上師口傳、並依具量教典抉擇實修，亦必能獲取有暇人身之最大意義矣。

在組稿之初，吾曾有無上密法能否公開之慮。於佛法普及之西藏，包括無上部各大本尊在內之各種儀軌及釋論等經書皆可在印經書坊中公開請購，並無特殊制約。藏人皆知若無上師指導，僅依經本無由解脫，故何經可供誦讀、何經只能供奉於佛堂，彼皆能如法奉行不悖。在漢地，藏傳佛教雖於大眾心目中仍存神秘感，然佛學專著之主要讀者群為學佛信眾，彼之更大困惑，乃得到初步皈依、業果等基礎知識後，缺乏繼續學修之指導。因此，剔除極少數獵奇、矜誇等不正當因素，從保留法寶文獻、增進佛學研究、利於修學之角度觀之，挖掘、整理、翻譯古老藏文密法資料之工作則實為迫在眉睫且任重道遠！

於法義本身言之，佛法如藥，乃用於對治衆生煩惱重病。藥無貴賤，對症則良，大、小、顯、密均不外『應機設教』。密法之為『密』，乃對非器而言；其於具緣者，則如對燈觀掌、了了分明。欲求高深、快捷之密法，應先從完善自身開始，若本為小乘根器之人，縱修大乘法門，所得仍只能是小乘之果；而具備大乘發心之人，即便行一微小之善，亦為成就無上菩提之勝因。法之所以殊勝，關鍵在人之『殊勝』！明瞭此點，行者自作比照，則亦無所謂『洩密』之虞矣。

吾乃一介平凡僧人，由於歷史之因緣際會，在漢地生活已歷多載。因患高原性心臟病心力衰竭，故每年只有春夏數月間可住於高原寺廟，其餘多數時間都只能住於海拔較低之內地，因此漢地即如吾之第二故鄉。此間漸次有諸衆漢地學子就藏傳佛學之方方面面就教於余，彼中更有多人執弟子禮而走上修行之路。於彼此之教學相長中，吾亦獲益良多，本書著作之初衷，即為滿足衆多弟子修法之實際需要也。

吾雖多次從師輩口中聽受過論中所述及之教誨，亦曾作過努力修習，但至今僅於相續中種下些許殊勝習氣而已，未敢言有任何內證功德。更兼才疏學淺，藏文原論中之法相、義理繁複，譯述中難免存在錯漏，尚祈諸賢達斧正。

初譯本為分段講述之手稿，條理欠清、文字生澀，整理過程中得弟子阿旺松丹、阿旺巧金、阿旺丹巴等人襄助編校、潤色中文，慈成嘉措、丹巴嘉措、金巴嘉措、晉美嘉措等作儀軌等藏文部分之文字輸入、排版與校對，於此一併致謝。

願衆吉祥！

欽則．阿旺貢巴嘉措合十

藏曆火狗年四月廿五日序於成都

目錄

下篇　那若空行甚深道圓滿次第導引

附篇　那若空行王母之成就法等必需法妙彙

無上瑜伽密法

至尊金剛瑜伽母那若空行不共成就法生圓次第極密導引

導論

頂禮至尊上師金剛瑜伽母！

此處所講者，名《至尊金剛瑜伽母那若空行生圓次第極密導引》。導引講授是藏傳佛教的一個重要內容，如格魯派中即有依各大本尊續典而講授之『六大導引』、『八大導引』(一)等。那若空行母導引法藏文中較著名者有：《夏魯導引》、《鄔曲導引》、《薩迦導引》及本論所參照之《帕幫喀導引》等。所云導引者，是把行者從無知、迷惑、誤識等迷著狀態中導向正途。《密宗道次第廣論》云：『欲入無上瑜伽門而速疾成佛，必須無倒了知續義，善學二種次第及諸密行；為知續義，故須聽聞……』此說聽受密乘導引之意義也。導引法分：解釋導引、經驗導引、覺受導引及秘密導引幾種，因應於不同之修行進度而設。一位真正實修之瑜伽士必須接受導引，至少亦需獲得解釋導引、經驗導引，否則無從知曉其中之奧妙、無從把握法則，懷疑猶豫，定見不固，修之徒勞。

本法屬密乘無上瑜伽部勝樂母續法類，分生起次第及圓滿次第兩部分，本次所講為解釋導引。生起次第部分主要是依帕幫喀大師所造之《至尊金剛瑜伽母那若空行不共大樂成就法

(一)『八大導引』即：密集五次第直接導引、勝樂鈴派五次第導引、魯伊巴傳規勝樂圓滿次第大瑜伽、大威德圓滿次第四瑜伽、時輪六支瑜伽、大輪金剛手四加持、那若六法、遷識導引金匙等。單講前六種稱『六大導引』。

捷道》之廣軌文句作詳細之開演、釋難，圓滿次第部分則依基、道、果之理趣作梗概介紹，並結合吾多年學修此法之點滴粗淺體會而為諸位講述。由於本人學習漢語之時間不長，水平有限，對某些佛學術語之翻譯、詮釋或有不當處，故只能勉力講授，以期能幫助大家憑藉聽聞、實修此法之力而速達證悟。

續部講生、圓次第之規矩，一般需先敘本法來源、所出何典、有何優勝等以生信，次需明學法者之條件、修法處所、壇儀佈設等實修方便。講授空行母導引之規矩則更嚴格，除師徒雙方均需具量外，弟子還需向上師奉獻『曼荼羅』及『身、語、意』而作祈請，並需每日於壇前供獻新製之『講續朵瑪』。考慮漢地弟子中，多有學法未久之居士，平素世務紛繁，對經教內容多有未全了達處，今有緣遇此殊勝、速疾之教法，若不能如法修習，實為可惜，亦極危險，故私意以為對教乘所攝之相關理趣、修密應具之條件及灌頂等常識有再宣之必要，如是則能學依經教、修依次第、學修並重、穩快前行也。

一、教乘所攝

（一）入秘密金剛乘之理

佛祖說法四十九年，共八萬四千法蘊，於所化根基不同，總攝為大小二乘教法。二乘總別於發心，《密宗道次第廣論》中云：『（小乘者）惟欲解脫生死衆苦，求寂滅果』；而大乘者則『為求利益一切有情，希望證得無上菩提，由此而修六度行者，是為大乘總義。』復於大乘中亦分兩大門徑，即因位波羅蜜多乘（亦稱經乘、因乘等）及果位秘密金剛乘（亦稱密乘、果乘等），即通說之『顯宗』與『密宗』。

波羅蜜多乘與秘密金剛乘此二者於空性見、菩提心及所證之究竟果位都是一致的；然波羅蜜多乘是從因位上來修，以修發心及六度萬行來圓滿果位，故由凡夫修至佛果位需經歷三大『阿僧祇劫』之漫長過程以淨除二障、積集福慧資糧才能成就（故名因乘）；而秘密金剛乘則是以隨順佛之色身、處所、受用和事業四果位『四淨行相』，直接從果位上修而成就佛果（故名果乘）。又因此法門需隱密修而得成就，非器、境不能展示，譬如『王室重寶，非人人得而窺之』，故又稱密乘。就密乘之無上瑜伽部而言，乃依生、圓二次第之修持，從根本上斷除輪迴的『庸常顯現』與『庸常執著』，以淨治凡常的『死、中、生』三有而證得佛的『法、報、化』三身。如此，則能有望於濁世短暫的一生中證取『無學雙運果位』㈠。

㈠圓滿次第中最後究竟現證勝義光明與清淨幻身融合無別之境地，不需再修學。

此外，密乘具備諸多殊勝、甚深之成就方便法，如自起為『天身』㈠以成辦清淨自他業障，以內、外、密、真實性四種供養而積集資糧，以五欲為道用，以灌頂及加持而證悟空見等，最遲亦能於七至十六生決定成佛。故智者皆讚嘆密乘為佛法寶冠中之頂珠，值遇密宗教法比遇佛出世還要稀有。然修學密乘若無顯乘之教理聞思為基礎，則如空中樓閣無從安立。需知『密』者『顯』之密，『顯』為『密』之顯，體用一如，豈可分割？未聽聞《菩提道次第》而接受無上瑜伽部灌頂，法要種子亦難植於心中，更遑論證得佛果矣。

於行者而言，為利益一切如母有情，縱長劫受苦修行，亦應義無反顧；然為儘快救度於輪迴中受劇苦之衆生，則除自身速疾成就佛果外，別無他途。故此，修習無上密乘教法就成為我們此暇滿㈡人生中唯一應行之事矣，此即學修不共金剛乘之發心。依格魯派傳規，於顯密共道之皈依、發菩提心、思惟暇滿、義大難得，及從依止善知識始，依次修心、能得一定覺受及證量，始堪成為密器；進而才能依如量上師接受灌頂，受持三昧耶律儀，聽聞甚深二次第導引並作實修，此次第攝於我們日誦之《正道啟門品》中；寺廟中顯宗學院之學僧主要通過『五部大論』㈢之學習而完成此過程，需時達十餘年。

㈠佛、菩薩、本尊、護法神等之身相。
㈡暇滿：指八有暇和十圓滿。簡言之，八有暇即能得學佛餘暇之八種狀況，十圓滿即內、外十種順緣。
㈢即《般若》、《中觀》、《釋量》、《律經》、《俱舍》五部。

（二）略說修密應具備之四要點

先需儘量生起正確無偽之菩提心，因正才能果圓，大乘功德超勝於小乘者，端賴發心也。復次，於初發心有情，修學密乘道應時刻在意者，總歸為八字：敬師、重法、持戒、實修。

1. 敬師

上師為一切功德之生源，是帶領行者超脫長夜闇劫之導航者，『供師一毛孔勝於供養十方諸佛』，此為諸多經論中所再再宣說者。帕幫喀大師云：『沒有上師單靠讀書能得成就者，過去一個也沒有，今後也不會有。』拉尊則巴大師在《藍色小冊》中也說：『修解脫者，至關重要莫過於上師，觀現世所作，若無教者亦且無成，況是無間從惡趣中來，欲往所未曾經之境，豈能無師？』故密乘中將依止上師法視作『道之根本』。於究竟義而言，自己之承恩上師乃為十方三世一切諸佛為隨順行者之意樂所化現，以令己得入真實道也。宗喀巴大師在《菩提道次第廣論》中云：『師徒在金剛秘密壇城中，如理如法地授受了灌頂之後，便產生了不可分割的三昧耶誓言關係，成為一承法脈；根本依師，親逾骨肉，若恭敬可速證圓覺果位，若誹謗則即墮入金剛地獄，如此至關重要，怎能隨便依止……』故擇師是入密乘之首要關鍵。彌勒菩薩所傳之《莊嚴經論》中列出了具德上師之十條件為：『調伏寂靜斷伏惑，德增有勇阿含富，覺真善說悲願廣，離退十德應依止。』總則指具戒、定、慧三學功德、多聞教理、精通事相、悲願深廣而能善巧無倦引導後學者，即為善知識所應具備之勝相功德；此外，所擇之師還需具備三種恩德才能確立為根本上師：

㈠自該上師處得到法脈傳承，獲得修法的資格與權利。
㈡通過該上師得到顯宗教理、教義傳授及密宗續義教授。
㈢修法過程中得到訣竅教授。

在如理依師並作觀察後，如蒙上師慈悲攝受，則雙方建立如醫者與病人之關係。然弟子於擇師之先，本身必須『具器』——即必須具備合適的條件。《金剛鬘續》云：『猶如獅子乳，不應注瓦器；如是大瑜珈，非器不應與；弟子剎那歿，現後俱受損；非器傳教承，師長壞成就。』在諸多經論中都有述及金剛乘弟子之性相，而其中最重要者莫如『具信』與『具願』二者。所謂『具信』者，指經正觀上師、三寶功德而生深忍之信樂。《密集釋續》中云：『造五無間罪者依金剛乘可得成就，若輕慢師者雖依金剛乘亦不得成就。』具德上師即為金剛乘之根本也。《金剛心要》云：『不如法事師，縱依其教勤修，亦等同修地獄之因。』故言：『信乃道源功德母。』復『具願』者，指發起利樂有情、救度衆生之菩提大願，此心一生，諸佛讚嘆，必為善知識攝受也。而此願心之生起，則是由切實修學大乘共道次第而來。如是，學法弟子具備『具信、恭敬、無退』之品行，師徒間長期互相觀察，確定並究竟依止後，方得聞受真正之不共訣要。宗喀巴大師復云：『所有現後諸福聚，其能最初成就者，謂由意樂及加行，如法親近善知識，縱至命緣終不捨，如教修行法供養，至尊恩師如是修，欲解脫者如是行。』即指應從『意樂』與『加行』兩方面㈠如法依止上師。由上述原因，我們必須親近

㈠意樂依止為：觀功德與念恩德。加行依止為：外財供養、內身命供養、如教修行法供養。

上師、恭敬上師，承侍上師，視師如佛，如教修行。

2. 重法

法為行者依之行持而達至成就的方法及所證之功德，即世俗、勝義二法。世俗法即指佛所說之十二部經[一]，勝義法指聖者所證之道諦與滅諦。法之重要性，在於能使我們得到解脫。通過如法的修行，能使我們證悟成佛。我等無始以來於六道輪迴中所受之熱惱煎迫，賴佛法之甘露妙雨方得滅除也。了知法之殊勝、法之重要，乃能生起正知正見、遠離放逸懈怠，於聞、思、修三作勇猛精進。是故對法之抉擇者，必需清淨無倒、全圓無缺，此中能於見、修、行纖毫不染過失而契於佛陀之密意，於基、道、果皆住於續部之究竟意趣者，厥為宗喀巴大師法流也。昔時古德先賢捨命求法之典故不勝枚舉，皆因法之珍貴希有、世上難求；故於現今之五濁惡世中，能有緣得遇此無上甚深教法者，必當不惜身命而求；既得法者，必當殷重修持，直臻究竟。

3. 持戒

戒者，乃『防護、調伏』之義。戒隨法而行，無戒則定、慧無從生起。經云：『何謂戒波羅蜜？謂不損惱他之斷心。』指不損害他有情之防非止惡之心，即為『戒波羅蜜』，乃大乘『六波羅蜜』之一。戒律從性質上總分為『性戒』[二]與『遮戒』，從對象上則除三乘共遵之

[一] 通指佛經體例之十二種類別：契經、重頌、授記、孤起、自說、因緣、譬喻、本事、本生、方廣、未曾有、論義。

[二] 與『遮戒』相對，是對重罪之戒，如殺、盜等乃佛教與社會皆普遍認同之罪，無論佛制戒與否均為惡行。『遮戒』為佛出方制之戒。

『別解脫戒』㈠外，大乘顯、密二宗各有補充之戒法。佛祖遺教：『以戒為師。』持戒清淨是成就之本。三界人天安樂，皆由持十善法而得，持戒方能斷諸惡業，得龍天護持；持戒方能得定，得定而後戒能安住，對治煩惱方能究竟得力，乃至成就世出世間究竟二利。如《勸戒親友書》中云：『戒是一切德依處，如動不動依於地。』《文殊根本續》中亦云：『唸誦若毀戒，此無勝成就，亦無中成就，又無下成就，能仁未曾說，毀戒咒能成。』此說一切密乘道之修持與成就總建立於戒律之上也。所以修密乘道之行者，更應該嚴持戒律，如護眼眸。所謂『密法如蛇在竹，不升則墮。』修空行母法者，除應守持母續不共戒律外，於先所受之分別解脫戒、攝善法戒、饒益有情戒及密宗十四根本墮戒，密宗戒八粗墮等亦應不捨而持之；行者於每日誦持之《六座瑜伽》儀軌，即為戒行之檢點防護也。如戒律清淨，則決能得本尊、護法之加被，速證悉地，得空行母接引至空行淨土。宗喀巴大師云：『如理守護三昧耶，功德由此而長養，縱於二次未勤修，十六生中決可成。』如若毀戒，則必墮金剛地獄，佛言：『壽長乃地獄之苦也。』金剛地獄中一天相當於人壽五十年，而墮此獄者，其壽數長達一萬至一萬五千年，行者慎之！復次，戒學乃三學之首，其中之『開、遮、持、犯』㈡等諸多學處，又必須依師秉受也。

㈠亦稱『七衆別解脫戒』，即比丘、比丘尼、沙彌、沙彌尼、優婆塞、優婆夷、正學女此七種『依報』分別應守持之律儀。

㈡『開』亦稱開許，指佛所允許行之事；『遮』亦稱遮止，佛為制止某種罪行而特制之戒；『持』，指應堅持守護之律儀；『犯』指破戒。

附：

⑴ 密乘十四根本墮戒

輕視律儀譭謗諸上師，嫌誹壇友於衆斷慈心；捨願行心譭謗顯密法，未熟宣秘輕損自身蘊；斷捨空性與惡結朋友，不念正見退失菩提心；不依誓言譏誹智慧女，如命護持十四根本戒。

⑵ 密乘戒八粗墮

身相不具當手印，三離真諦入三昧；非器之前顯密物，薈供之時爭是非；信士未求邪演說，聲聞處所住七天；本無證矯作相應，對無真信隨傳法。

⑶ 母續法不共二十二條

輕慢侮辱阿闍黎，違背如來聖教導；於金剛兄生恚恨，於諸有情斷慈心；退失無上菩提心，執此非彼於諸乘；未灌頂者說秘密，輕視傷毀於自蘊；疑惑自性清淨法，對闡提者寬恕行；不求離相真空法，令彼退失菩提心；三昧耶法不依止，誹謗智慧女性相；左行威儀不慢供，非具相者捨入定；合時不當離深見，貪道勝解不轉變；二種手印不捨棄，內外方便作精進；明點不漏依梵行，菩提心生斷厭惡。

4. 實修

實修即依次第而修法，如大乘『六度』㈠、密乘生起、圓滿二次第等。如前所述，一切佛法總分為教、證二種，『教』指三藏十二部經，是對教理、教義的認識；『證』指戒、定、慧三學，是通過實修達到內證而斷惑證真。『教』是聞、思所生之慧，由重法而精勤聞思，聞思成熟尚需勇猛修證，而實修之重點，則在於依正見、依次第。一切經論、教授皆為修行需要而設，只有通過實證才能最終成佛。若求法、聞法而不實修，或雖修而懈怠、放逸、次第錯亂，則心相續中不能生起定見、不能嚐到法味，於生死大事便無有把握。正如帕幫喀大師言：『墮地獄之因非不知善惡因果諸法也，是知而不修也。』如是則如煮菜不喫，說食不飽；又如買藥不服、或亂服，病如何能愈？若能精進善巧地依教實修，於此清淨、殊勝法流中自能信念日堅，功德輾轉增上矣。

以上條件具足，行者能發出離心、菩提心、『敬師、重法、持戒、實修』，則『師』能生廣大加持，『法』能生廣大力量，『修』能生具迅速穿透力之淨化作用，使行者能無礙得見實相，速疾證悟解脫。

㈠佈施、持戒、忍辱、精進、禪定、智慧。

（三）續部說略

秘密金剛乘亦有稱『續部』者，乃密乘中分事續、行續、瑜伽續和無上瑜伽部四續部故也。『續』指連續不斷之『續流』，就了義而言，是指自無始以來至成佛間無有增減之光明法性；於不了義而言，乃指開示『所淨基（衆生）、淨治道（二次第）、淨所生果（佛位）』此三『續流』之經典；而『續部』諸瑜伽乃其奧義之量化也。

密續裏之事、行、瑜伽、無上瑜伽四部乃對機相應之門，其中事、行、瑜伽三續合稱為『下三密』；乃相對於無上瑜伽部而言也。於無上續部中又分父續和母續（亦稱『方便續』與『智慧續』）；父續是屬方便分以『幻身』為主說，母續是屬空品智慧分以『淨光明』為主說。『幻身』指佛、本尊之身質，乃佛『色身』（報、化二身）之最親因；『淨光』指心之根本光明、或說俱生樂空無別智，為佛『法身』之最親因。以幻身教理為主說者歸為父續部，以心之根本淨光明為主說者歸為母續部。僅就格魯派之三大根本本尊而論，《大威德怖畏金剛》、《密集金剛》二本尊主說幻身修法，宣說如何證得幻身之道理，以及種種成辦幻身之修持方便，故屬於父續；《勝樂金剛》則主說根本淨光明故屬於母續。無論父續抑或母續都屬於無上續部，而無上續部所主之樂空無別乃指方便與智慧之體性本即和合而無別，故無上部父、母二續之體性，唯住於方便、智慧不離之無二續，父續主說幻身亦兼說淨光，母續主說淨光亦兼說幻身。

（四）略說灌頂

何謂灌頂？灌頂之功用為何？灌頂乃依古印度新立國君時以水灌頂而授權之規，表行者於此大密教承亦需『獲權』方可入修也。藏文中灌頂唸作『旺沽』，即有授權、自在之意。此外，灌頂尚有淨化、播種、成器等多義。《密宗道次第廣論》卷六中云：『灌頂即是成就根本，若無灌頂，縱能無倒了達續義，精進修習，終不能得殊勝悉地。非但有失於大成就，縱是諸小成就亦復不得，甚至墮落「那洛迦」㈠。』《怖畏金剛七品續》有云：『於未得灌頂者，下至本尊畫像不得令見，何況二次？』故此需首先祈求灌頂，蓋因灌頂乃入密乘之門、為一切密法修行之基礎，亦是與修行道密不可分之關鍵，對修行者而言極為重要。由此應知灌頂與未灌頂之區別與重要性，灌頂之功用主要有三：

一是淨垢障、度行者、洗器根、清淨身口意之障礙、習氣。

二是得自在。『自在』者，謂得到授權，開許行者對密續教法能自在地作聞、思、修。

三是注智慧、播種子——植下四身成就之種子。

此即灌頂之重要意義。此中還需特別指出，如受灌者僅僅列座於灌頂之行列中飲幾口寶瓶甘露、被摩一摩頂，則不能算為獲得灌頂；灌頂必須依壇城，且弟子能領會所聞教法，得到傳承。

㈠即『地獄』。

壇城乃為四灌頂而配套設立。如空行母之修法於受灌時需設身、語、意三層壇城。宗喀巴大師云：『未入曼陀羅者不應傳咒。』這是說凡欲求灌頂者首先要由上師導引進入『曼荼羅』。『曼荼羅』即今通稱之『壇城』，舊譯作『中圍』，指本尊（中）及其報土宮殿（圍），吾以為『中圍』之譯義較準確；而梵文則唸作『曼達拉』，有（能）攝取（所攝取）精華（大樂智）之意，乃《本續》之密意也。灌頂必須由上師導引弟子入壇城中依軌授予，不同之灌頂需設不同之壇城，弟子求壇城灌頂必需知道壇城之區別。《密宗道次第廣論》中將灌頂之曼荼羅分作『繪像、彩土、身曼陀羅及靜慮曼陀羅』四種。無上部灌頂復加三種曼荼羅，如《灌頂要義》中說：『近修至究竟，授灌依中圍；灌壇總義中，壇城者有七。』即在前四種之基礎上加上：世俗菩提心曼荼羅、婆伽曼荼羅、勝義菩提心曼荼羅而成七種。傳授灌頂之阿闍黎需獲得法脈傳承、圓滿本尊承侍近誦、具堅固之三摩地證量、精擅內、外壇儀事相，弟子必須為具清淨意樂之法器弟子。據此壇城灌頂之軌則大略可知矣。復次，灌頂之理趣實為隨順因、道、果之各各分位所需而設：

㈠因灌頂者，為初能成熟之因位灌頂。通過灌頂加被於弟子之心相續，清洗身、口、意三門之垢染，使之淨化；授受三昧耶戒，獲權自在修行生、圓二次第；熏習、留植成就法、報、化、體性之四身種子習氣。

㈡道灌頂者，亦稱『能熟道』與『解脫道』灌頂，即起分生起次第、證分圓滿次第二道。起分道之各分位皆有隨順引生圓滿次第證德之甚深緣起，圓滿次第則為真實修持諸二障分別之斷除。依灌頂加持斷各分位之應斷，安立成就彼果之道，此即道灌頂之義也。要言之，生起次第即以作觀修成為本尊，成就本尊之各相，生起『佛慢』㈠，修成本尊之大力量；圓滿次第依風脈瑜伽之方便修覺受，覺受各各成熟之證分，斷修道位之習氣，最終達到成熟之果位。

㈢果灌頂者，為解脫果灌頂，果指佛位。通過灌頂現證四身果位，究竟獲得樂空智慧雙運於自具相續內，為一切時處皆不起障礙之分位而設。

故知，無一與道無關之灌頂，灌頂法已具備一切因、道、果要義。無上部灌頂分四層，即通稱之『四灌頂』：寶瓶灌頂（包括十一個灌頂）、秘密灌頂、智慧灌頂和句義灌頂。『事部』僅有花、水、冠冕等寶瓶灌頂之內容，『行部』加五部灌頂，『瑜伽部』復加阿闍黎灌頂，『無上部』則四灌俱全。通過灌頂，加持四門，開許並授權修習二次第、聽聞密續之教授及訣要，獲得四金剛身語意智慧之加持，種植成就四金剛智之種子；從而為修者相續中種下成就金剛智之潛在能力，令成就之因具足矣。

㈠密宗術語。『慢』謂傲慢自負，本為六大根本煩惱之一，『佛慢』是通過觀想等方便，生起『自即為佛』之堅確信念及狀態，從而滅除『我慢』執著。

二、本法緣起

那若空行法始傳於印度，由那若巴在修持勝樂總攝輪瑜伽過程中，親見空行母聖容而得受此法，後經尼泊爾傳入西藏。據藏文史料記載，那若巴大師生於古迦濕彌羅（克什米爾）之婆羅門家族，幼習五明㈠，出家後師從十三位高僧苦學而成為精通三藏之『班智達』㈡，曾掌古印度那爛陀寺北門，於無遮大會中辯才無礙、多次摧伏外道而名震四方；後受智慧空行母點化，捨棄尊貴身份往南印度尋訪大成就者帝洛巴，經歷大、小『十二難行』始獲成就。空行母修法在密乘四續部中，與勝樂金剛同屬無上瑜伽部之母續部。無上瑜伽續部修法為最高層次之續部修法。『無上』者，最高義也，即再無高超於此續部之法矣。

《勝樂本續》由世尊親口宣說，共分廣、中、略三種，傳於藏地者為五十一品《勝樂略續》。佛陀同時亦開示了多種《釋續》以宣《本續》內義，空行法類即出於五十一品《勝樂略續》中。於此無上密部修法中，本尊金剛瑜伽母顯現為女性身相，於不了義中，她是勝樂本尊嘿洳嘎之明妃；亦可謂：凡行於空行剎土、勝境虛空者均可稱之為『空行』也。然究其真義，則曰：一切佛菩薩之法身於虛空中而謂『空』，行大樂智慧之行而謂『行』，大慈大悲、憐憫衆生、隨執救護如母者謂『母』義。又『金剛』指空性般若，『瑜伽』謂相應，『母』乃能生者，即顯乘『般若為佛母』之旨，實則乃諸佛樂空不二智慧之顯現也。空行母尚有別

㈠ 大五明即：因明、聲明、醫方明、工巧明、內明。小五明即：修辭學、辭藻學、音韻學、戲劇學、星象學。

㈡『班智達』乃梵語，指大智慧者。

稱『金剛亥母』者，乃由噶舉派祖師瑪爾巴譯師所傳。『亥』為豬之別稱，表徵愚癡，謂本法能速斷無明。二者在證德上並無勝劣之差別，僅在修法上略有不同而已。

空行母法是藏傳佛教密宗行者修習三根本時之成就根本，以彼力可證樂空成就故。其道須經進修生、圓次第始克成辦，包括內、外、密修法，其起分為有十一瑜伽，圓滿次第則隨順勝樂『五次第』以求證勝義光明之『內空行』果位。藏傳佛教四大派中，有多種空行母修法，皆為趣修殊勝氣脈明點之要法、速疾獲得加持成就之捷道。如寧瑪派之『獅面空行』、『大樂佛母』，噶舉派之『金剛亥母』、『俱生母』，薩迦派之『那若空行』、『雲雜空行』、『麥潔空行』、格魯派之『那若空行』等。而其中那若空行之修法尤為殊勝，因彼成就速疾速疾，故薩迦、格魯兩大教派之行者皆奉之為空行法主。

三、論法殊勝

此分有二：一是『具足四量』，二是『三不共殊勝』。

（一）具足四量

藏傳佛教無上瑜伽部修法中，『那若空行』極負盛名，其法為金剛乘一切密法心要之主——《勝樂》母續法類之精髓，金剛瑜伽母是宗喀巴大師心續中之極秘密本尊，亦為具德薩迦諸師所許『四量』㈠具足之法。所謂『四量』具足者即：

1. 師傳量：乃指一切空行教法均由如量上師『世尊金剛法』掌持，其身相為一面二臂、金剛跏趺坐、左鈴右杵胸前交抱，體性與上師無別。此為世尊釋迦牟尼佛宣演密法時所示現之身相，亦稱作『金剛持』，通常為藍色身，表不動法性；而於空行母法中則現作紅色身相、『六印』莊嚴，稱『世尊金剛法』或『正覚金剛法』。其教法經歷代上師無間斷之清淨口耳傳承，至今加持無減。

2. 聖言量：此說教法之來源出於本續，為真實語，故稱『聖言量』，亦稱『聖教量』。佛祖並曾傳有解釋《本續》之《金剛空行釋續》，《空行母自生儀軌》即從佛祖親傳之五十一品《勝樂略續》續義中衍出。

3. 論釋量：『論釋量』指本法乃由那若巴大師親傳，並撰寫成文，即《那若釋量論》，簡

㈠『量』乃佛教『因明』學術語，指判斷知見真偽之方法、尺度、標準。

稱『略論』。那若巴大師在撰造《略論》時，本尊空行母曾現身於彼前，那若巴從本尊處直接得到現量面授，一切《勝樂本續》及《空行釋續》之密意盡獲無餘，後來流傳於世之《那若空行成就法儀軌》就是依此《略論》為典而造，故其論釋圓滿如量。

4. **覺受量**：那若巴直接從空行母處受此深奧教法，並經苦修，獲得現量覺受體證，圓滿通達。因此法之見地為那若巴大師親證，故具足『覺受量』。金剛瑜伽母之修法具足如是『四量』之功德，故堪稱無比殊勝。

（二）三不共殊勝

金剛瑜伽母之修法另具有三種不共之殊勝處：

1. **為一切訣要教授之總匯**：此說一切經與續二者之精要無餘攝集於空行母之修法中，並具足一切秘密真言之次第教授。故僅修習此一法門即能總集一切密續本尊之要義與功德也。

2. **為易修之法門**：本法為直接、易修之教授法門。他者如《密集金剛》傳承之壇城觀修非常困難，《勝樂金剛》『身壇城』之六十二本尊修法亦然；相比之下空行母之觀修法則極為簡捷，彼之壇城為三角雙疊法基，行者在法基中觀自成單身空行母之化身相即可。這種觀修法簡單易修，大多數行者都能做到。

3. **為成就速疾之法門**：

(1) 佛祖當年宣講各本尊法時，均顯現相應之本尊壇城，於說法結束後即將壇城收攝，而於宣說《勝樂本續》時，其所顯現之壇城於說法後並未收攝，至今仍能加持修此法之行者，故此法與末法時代之衆生特別相應，且空行母恆時化現為凡常男女之相調伏衆生，能令行者斷盡貪執。

(2)金剛瑜伽母之法門具深奧殊勝之『身壇城』修法、及不共同之『不可思議瑜伽』修法。所謂『身壇城』者，即於行者身內諸根支、關竅、脈道等處生起能依所依之本尊中圍。一般來說母續部之身壇城修法深細而父續之修法則粗淺。如《大威德金剛》主要依布繪壇城、彩沙壇城觀想，雖有於六根門修『金剛眼』等微細本尊之法，然此仍非嚴格意義上之『身中圍』能依；《密集》、《勝樂》二本尊除此兩種壇城外，還有更殊勝之身壇城修法。『身』有三層含意，謂『粗身、細身、微細身』。《勝樂總攝輪》所具有之身壇城修法較《密集》之身壇城更殊勝、深奧和有力，因《密集》身壇城乃於自身之三十二處生起三十二本尊，為粗身觀修；而勝樂身壇城則由行者在自身之六十二脈道處轉化成為勝樂六十二本尊壇城，為細身修法，其修法亦相應更微細；其自身本具之蘊、處、界，經修持轉為本尊之能依所依後便成為『霓虹金剛身』之『近因』，而粉彩、細沙等外設之塵色則不具此能。此即為『身壇城』修法更深奧、有力之根本原因所在。然勝樂本尊外相具足四面十二臂，手持十二種不同標幟；此境觀修甚難，而空行母儀軌中，行者唯需觀想金剛瑜伽母之一面二臂相。此外，在金剛空行母之身壇城修法中，其氣脈轉化並不僅流於諸脈之表面，而是深入於其內部，特別於心輪中之根脈內生起本尊，故其修法更直捷、超勝。於其觀修法中，行者觀自身內部諸脈中生起本尊及空行母，而行者自心亦將成就『柔軟堪能』。由於行者之所緣境為自身心輪中三十七尊空行母之圓滿身壇城，故觀修易專注。於觀修時，雖有時可觀空行母為等量人身，有時可將之觀為大若須彌，或微如芥子；然需恆時保持適量觀境並令安住於自身心輪之中，藉此而生定力。故此，金剛瑜伽母修法堪稱為最殊勝、深奧、易成，且最為速疾之秘密成就法。修此大樂捷道者能常遇彼等聖衆，故能速趣外、內空行淨土，證得悉地。諸先德有言，行者只要能清淨守護誓句密戒，殷重修習，上品能於即生成就，中品能於臨終成就，最下品亦決能於七生內證入空行淨土；並可不經中陰道而直接往生！

復次，在不共之『不可思義瑜伽』修法中，行者藉此修法能不捨現世肉身，即身趣向空行淨土！此為金剛瑜伽母之修法中最極深奧之不共殊勝方便也。

四、略說傳承

空行母法由印度傳入藏地之過程中，初傳於尼泊爾之龐亭巴（ལཱུ་ཧི་པ།）兄弟。那若巴座下弟子如雲，據史料所載者即有：功德事業圓滿者七人、班智達十人、成道者百零八人、具相瑜伽師、瑜伽女千餘衆……然唯有尼泊爾弟子龐亭巴（ལཱུ་ཧི་པ།）兄弟得此法之秘傳。連當時負有盛望之大成就者瑪爾巴譯師等人對『那若空行』之名稱亦未嘗得聞！後其法次第傳予藏地二譯師，復由薩迦派繼承，與『彌哲空行』、『雲雜空行』二傳承體系合稱為『空行三法』，為著名『薩迦十三金法』之一。格魯派內所傳習者主要為『那若空行』。那若空行傳承系統為：

金剛瑜伽母傳那若巴，那若巴傳龐亭巴（ལཱུ་ཧི་པ།）兄弟，龐亭巴傳西藏譯師·謝繞澤（ཤེས་རབ་བརྩེགས།），謝繞澤傳嘛洛譯師（མལ་གྱོ།），嘛洛譯師傳薩迦祖師·貢噶寧波（ཀུན་དགའ་སྙིང་པོ།），貢噶寧波得此法而成就，並將此法以金汁書寫，列入不外傳於寺門之『薩迦十三金法』，其法傳至噶居甘丹滇禎（བཀའ་བཅུ་དགེ་འདུན་བརྟན་འཛིན།）後由格魯派繼承，其傳承祖師自貢噶寧波之後復有阿闍黎·索南澤摩（བསོད་ནམས་རྩེ་མོ།），至尊札巴堅贊（རྗེ་བཙུན་གྲགས་པ་རྒྱལ་མཚན།），薩迦班智達·貢噶堅贊（ཀུན་དགའ་རྒྱལ་མཚན།），衆怙·帕思巴（འགྲོ་མགོན་འཕགས་པ།），祥敦·恭僑貝哇（ཞང་དཀོན་མཆོག་དཔལ་བ།），納沙札普巴·索南貝（ན་བཟའ་བྲག་ཕུག་པ་བསོད་ནམས་དཔལ།），喇嘛咚巴·索南堅贊（བླ་མ་དམ་པ་བསོད་ནམས་རྒྱལ་མཚན།），雅隴巴·僧格堅贊（ཡར་ཀླུང་པ་སེང་གེ་རྒྱལ་མཚན།），索南·嘉瓦僑央（བསོད་ནམས་རྒྱལ་བ་ཆོས་དབྱིངས།），約傑·絳央南喀堅贊（འཇམ་དབྱངས་ནམ་མཁའ་རྒྱལ་མཚན།），遍主金剛持·洛哲堅贊（ཁྱབ་བདག་རྡོ་རྗེ་འཆང་བློ་གྲོས་རྒྱལ་མཚན།），道琳更幫巴·更桑卻吉尼瑪（རྡོ་རིང་ཀུན་སྤངས་པ་ཀུན་བཟང་ཆོས་ཀྱི་ཉི་མ།），察欽金剛持·洛色嘉措

（ཚར་ཆེན་རྡོ་རྗེ་འཆང་བློ་གསལ་རྒྱ་མཚོ），欽則・嘉樣旺秋（མཁྱེན་བརྩེ་འཇམ་དབྱངས་དབང་ཕྱུག），定嘛堪欽・洛松堅贊（མཁན་ཆེན་བློ་གསུམ་རྒྱལ་མཚན），遍主・旺秋繞丹（ཁྱབ་བདག་དབང་ཕྱུག་རབ་བརྟན），噶居巴・貢布賽努僑丹（བཀའ་བརྒྱུད་པ་མགོན་པོ་བསོད་ནམས་མཆོག་ལྡན），夏魯巴・仁欽索南僑珠（ཞྭ་ལུ་བ་རིན་ཆེན་ཆོས་གྲུབ），欽繞香巴・阿旺隆珠（མཁྱེན་རབ་བྱམས་པ་ངག་དབང་ལྷུན་གྲུབ），茂欽金剛持・貢噶隆珠（མོར་ཆེན་རྡོ་རྗེ་འཆང་ཀུན་དགའ་ལྷུན་གྲུབ），南薩巴・貢噶賴貝群南（གནས་གསར་བ་ཀུན་དགའ་ལེགས་པའི་འབྱུང་གནས），貝朱・洛色平措（དཔལ་སྤྲུལ་བློ་གསལ་ཕུན་ཚོགས），丹淨・丹增成來（བསྟན་འཛིན་འཕྲིན་ལས），噶居巴・甘丹丹增（བཀའ་བརྒྱུད་པ་དགའ་ལྡན་བསྟན་འཛིན），鄔曲・達瑪巴哲（དངུལ་ཆུ་དྷརྨ་བྷ་དྲ），洛桑卻佩（བློ་བཟང་ཆོས་འཕེལ），晉美旺波（འཇིགས་མེད་དབང་པོ），帕幫喀巴・德欽寧波（ཕ་བོང་ཁ་པ་བདེ་ཆེན་སྙིང་པོ་བྱམས་པ་བསྟན་འཛིན་འཕྲིན་ལས་རྒྱ་མཚོ）等皆成為空行母法之諸傳承上師。帕幫喀巴・德欽寧波更是近代繼宗喀巴大師之後的勝樂空行大成就者，格魯派那若空行之傳承教法至今長盛不衰，皆仰大師之恩德也。

吾早年初得此法於色拉寺麥札倉㈠雄巴金剛持・拉尊仁波切，後得於色麥阿惹格西・云增冬巴・至尊阿旺丹巴仁波切，彼二師為帕幫喀大師之親傳弟子。後於『文革』期間，曾分別於拉薩羅布林卡及西藏駐成都軍區辦事處第二招待所兩處得色麥幫惹格西・至尊益希旺秋仁波切授予秘密灌頂，並聆受甚深奧妙生圓二次第導引。三次閉關皆有體驗之處，火供亦妙不可言……益希旺秋仁波切之傳承來自怙主金剛持・赤江仁波切，赤江仁波切為帕幫喀大師四柱弟子之一，並任達賴喇嘛之經師，乃當代格魯派中顯密兼修之大成就者。

㈠『札倉』為藏語音譯，意為『僧院』，為藏傳佛教僧人學習經典的場所。各寺院擁有的札倉數目並不相同，『麥札倉』為色拉寺三大札倉之一，為顯宗學院（其餘二為吉札倉、鄂巴札倉，前者為顯學院，後者為密學院）。

五、略說修要

（一）二次第略述

如前所述，續部修持之道乃生、圓二次第。此二者中，則必先修學生起次第，次方可趨入圓滿次第之修持。如聖龍樹所云：

『善住生次第，欲得滿次第，

佛說此方便，漸次如蹬梯。』

然本法中，亦許行者於生起次第位中修持部分隨順圓滿次第之法要，此乃空行母法之不共別法。所云生起次第者，其義即為：由行者生起施設之禪觀。即指通過觀修生起佛之天身以及清淨剎土。在續部中稱此修法為『施設瑜伽』、『安立瑜伽』、或『起分瑜伽』。須知此施設假想乃依靜慮而生，並非純屬心識之分別妄想者也。於生起次第之瑜伽修法中，行者藉儀軌唸誦所緣，繫心一境，於本尊中圍及身相引生專注而得靜慮，生起本尊粗相而持佛慢，復以尋伺觀緣，漸得境相清明顯了，於中持定，此即以佛慢而代替我慢以對治『庸常執著』，以顯明而對治『庸常顯現』。此二者為生起次第首要之二門，互為助益。更需任持彼等所觀為樂空自性而修，以此樂空雙運為無上部不共之殊勝差別法，能有力淨治內心之世俗庸常顯、執及習氣。『生起次第』之根本乃『三身道用』修法，故其每一支分均具『能淨』、『所淨』與『淨果』相繫之理趣，非如『下三部』之單修本尊者也。如是於事理圓融中精進行持，能於根本及後得位㈠中觀一切情器悉為本尊及中圍顯現，此為轉化凡俗為無上淨境之三摩地。復以甚深之身壇城等『細分瑜伽』引生各品之覺受作為成熟圓滿次第之前導。如是精進修習，心識對所緣境愈益成熟，憑藉圓滿次第之『究竟喻義二光明』及『幻身』證德，行者最終將能引發俱生大樂而真實證得佛之法、報、化及自性四身果位。於修持過程中，行者需勵力對治昏沈與掉舉二種過失，方堪引發諸種功德也。

此間復贅言數語，如今有行者誤以顯宗禪法之明、空、無念等而修密宗，復有行者摻雜『氣功』之練習方法而修密，更有以外道見地穿鑿附會而修持密法，此皆彼衆未經傳授顯密教理及灌頂訣要，不知其利害而已。然有人未得師承灌頂及加持而盲修瞎練，亦得神通，此何以故？以其修禪定，亦可因專注力而引生部分神通前相；復有諸邪靈來附，亦可出現種種相似驗相也。但由彼力而生起之通力小驗絕不同於佛法修行所得，其修持之理未明、次第不清，定力亦必如曇花一現，所生者最高僅為『天眼』等五通，同於諸外道㈡所得，此非但不能究竟斷除輪迴之根本，更有甚者會出現種種偏差、障礙；而修密乘正法則可通證勝、共之八悉地㈢，乃至成就最勝佛果，其高下判若雲泥。我等修密法之目的，乃為救度一切衆生出離輪迴苦海而求獲得殊勝成就、證得佛身果位，如是則當自知取捨矣。

綜上，起分修法之主旨是轉俗位之死、中、生三有為道用，即如何於凡俗所必經之死亡、

㈠於修習過程中，無需通過名言概念而直觀親證之分位稱『根本位』；而於分析各顯象時能以真智保認而不迷之分位稱『後得位』。

㈡外道：與佛教徒相對而稱之。彼衆不皈依三寶、不承認四法印（諸行無常、有漏皆苦、諸法無我、涅槃寂靜）。

㈢共八悉地為：寶劍、隱身、空行、地行、長壽、明目、丹藥、內伏八種成就。殊勝悉地為勝義光明與清淨幻身雙運之佛位。

中陰、受生三種行相中藉修法而成辦『外空行』果位；而圓滿次第則主依脈、風、明點等方便而現證勝義光明之『內空行』果位。那若空行成就法之起分為十一瑜伽修法，帕幫喀大師在其導引文中引用至尊札巴堅贊（རྗེ་བཙུན་གྲགས་པ་རྒྱལ་མཚན།）所列之十一瑜伽名數偈云：『至尊那若空行成就道，起分十一瑜伽法：眠寐覺寤嚐甘露、無量上師自生尊、清淨衆生之瑜伽、勇父勇母作加持，口誦意持二合一、不可思議之瑜伽、威儀行止之瑜伽，如是十一瑜伽法。』

那若空行金剛瑜伽母修法之藏文法本計有六函、三十二經、四十四法門、八十六藏頁；其內容包括：生、圓二次第之深奧導引，祈願文、略軌、廣軌、自入中圍儀軌、灌頂加持儀軌、薈供、遷識、護摩、超度、閉關、火供等諸儀軌，後當詳述。

（二）前行所需

經共同道淨化心續後，依上師求得圓滿勝樂輪或任一無上部之本尊大灌頂，獲植四身種子，復於金剛瑜伽母『黃丹壇城』中得受外、內、密加持，如理守護三昧耶不失。如是之具器補特伽羅㈠，應於順緣具足之適意處所，依訣善作灑掃、安佈如量之能依所依聖像壇城，陳獻莊嚴之內外供食，面西或觀想面西敷坐，面前列置鈴、杵、鼗鼓、顱器、『喀章嘎』等諸誓句物，具足清淨發心，此為前行。

㈠補特伽羅：梵文音譯，即人。漢譯『數取趣』，指人隨善、惡業數數於六道取生。依五蘊而名為士夫、有情。

上篇　那若空行生起次第十一瑜伽導引

一、眠寐瑜伽（ཉལ་བའི་རྣལ་འབྱོར།）

世間一切動物均需睡眠以滋養身中大種，但瑜伽士之睡眠卻不同於常人之眠臥，此種特殊之眠寐過程，乃一種遠離庸常睡眠而代以禪觀空性之修持方便；又復，眠寐瑜伽為起分十一瑜伽之首，其於夜間起修，乃為母續法中成就空分智慧之特殊緣起也。

睡眠瑜伽有二種，與起分有關之睡眠瑜伽具廣闊、繁複之觀想法，為修《廣軌》之瑜伽士所喜用；與證分相關之睡眠瑜伽因其觀想法並不繁複，觀修較為容易，其修法與『共不可思議瑜伽』法相同。『不可思議瑜伽』有二：即『共不可思議瑜伽』與『不共不可思議瑜伽』，此處依『共不可思議瑜伽』而講授。

（一）與起分相關之眠寐瑜伽

具體臥法為：右臂屈曲，頭枕於右掌心，左臂自然下伸，掌心向下置於左大腿外側；右腿踡曲，左腿稍直壓於右腿上，右肋而臥。此臥姿稱『吉祥臥』，為世尊涅槃時所示現之相，又名『獅子臥』。

復於空中觀金剛大基、垣牆、帳幕等『共同護輪』剎那間生起。中央三角雙疊法基之上，復生無量寶殿；宮殿中央設八大獅子寶座，寶座上八瓣雜色蓮花開敷，蕊上日輪為墊。於北方蓮瓣中生日、月二輪座墊，上坐一切皈處、總集三時諸佛所顯現之承恩具德上師，慈悲隨執我等衆生故，而現金剛法體相：身色赤紅，一面二臂，六印莊嚴，鈴杵胸前交持，金剛跏趺而坐；同時自觀為金剛瑜伽母，身如獅子眠姿臥於蓮蕊中之日輪墊上，頭即枕於承恩上師懷抱中。如是於獲得上師樂空甚深加持之信念中，持自成本尊金剛瑜伽母之佛慢正念而入眠。

（二）與證分相關之眠寐瑜伽

臥姿如前，自觀為顯明之金剛瑜伽母，心間 བཾ 字（音『幫』）發光，遍照一切情器世間，情、器二世界於剎那間化為光，收攝融入自身，自身亦復融於 བཾ 字，བཾ 字漸漸縮小如芥子許，復由下而上化光消融入於『哪噠』，『哪噠』隨亦融入於淨光中，『淨光』為一切身、心諸法融入空性之分位也。行者於睡眠前在此境中作適當時間之專注，以令自身在此無所緣定境中入睡。此時行者自心應不存他念，唯觀修證知空性可矣。若睡眠中途覺醒，則重修此觀，復入睡眠。

總之，修行人不應如凡夫般睡眠。凡夫之眠位乃處於昏沈密睡之無明蔽覆狀態，彼等把夜間剎那之心位唯獨泥著於睡眠；但瑜伽行者之眠寐卻迥異於此，蓋行者即於睡眠中亦能依禪觀方便而認知空性。在認知空性之同時，自心中須堅持將佛之智慧法身——佛之究竟無漏智慧安住於空性之現觀中，此乃眠寐瑜伽修法之真義。大乘顯宗於佛之法身唯具教理及修證之發願而無實修之法，故此眠寐瑜伽之修法實為殊勝而甚深難得也。吾長年依此修持，至今無老年人常見之失眠現象，而睡眠瑜伽更殊勝之力用，則在依空性之禪觀，能為以後之『睡光明瑜伽』、『持夢瑜伽』及『死有光明瑜伽』等修持產生強大之串習勢力，故行者應克服各種障礙而精進熟習此法。

二、覺寤瑜伽（ལྡང་བའི་རྣལ་འབྱོར།）

覺寤瑜伽（ལྡང་བའི་རྣལ་འབྱོར།）亦稱『醒起瑜伽』。夜分三時或四時，當末時之始(一)，行者於大樂空性中隱聞鈴鼓樂奏，諸空行母聚會而歌佛母『三嗡』密咒、佛父『七字真言』；於此樂音中，行者從眠寐瑜伽時所安住之禪定中覺醒。在眠寐瑜伽修持中觀空乃淨治自性之方便，因最清淨之本性即佛的智慧法身，佛之心意本來清淨、離一切分別，任持自心與佛智無別者為淨治自心之修法，故眠寐瑜伽法被稱為『清淨意』。行者從此『清淨意』之意境中甦醒，向承恩根本上師作頂禮（可為觀想頂禮），觀根本上師慈悲隨念，發出紅光，遍照虛空，復收聚成如鳥卵般大之光明點，從自眉間攝入融於心間ཐཾ字，此光令種子字、行者自身及外在一切現分顯相、音聲及內在思惟知智，悉轉成本尊身語意所化現之能依所依(二)天輪壇城。如是於樂空之中，剎那間自成本尊金剛瑜伽母，鉞刀、顱血、五印等種種標幟具足。

行者於覺醒後，依勝樂總攝輪瑜伽法作供衣、灌頂沐浴及口舌不共加持等（前二種修法當另文詳述）；此間之口舌加持法為：自成金剛瑜伽母之定意中，觀舌面如水出泡般生一白色ཨ字（音『啊』），轉作月輪；月輪中央，白色ཨོཾ字豎立（字音『嗡』）；ཨོཾ字外依次為右旋之白色『母音』咒鬘、左旋之紅色『輔音』咒鬘、右旋之藍色『因緣咒』咒鬘，分作三圈圍

(一)有將一夜分為初夜、中夜、後夜三時者，則約淩晨兩點為後夜之始；若分四時者，則約於淩晨三點為後夜之始。

(二)『能依』指本尊、『所依』指壇城。

繞。復誦『嗡啊啊（ཨོཾཨཱཨཱ）、唉唉（ཨིཨཱི）、傲傲（ཨུཨཱུ）、日日（རྀཪཱྀ）、黎黎（ལྀལཱྀ）、唉哎（ཨེཨཻ）、傲嗡（ཨོཨཽ）、嗡啊（ཨཾཨཿ）』十六母音咒與『嘎喀噶嘎鵝（ཀཁགགྷང）、雜嚓咋炸捏（ཙཚཛཛྷཉ）、哲詫蔗炸哪（ཊཋཌཌྷཎ）、打塔達大納（ཏཐདདྷན）、叭帕巴拔嘛（པཕབབྷམ）、雅惹啦哇（ཡརལཝ）、夏喀薩哈恰（ཤཥསཧཀྵ）』三十四輔音字母及『嗡耶嗟嘛……』等因緣咒三或七遍；於誦咒之同時，作種字、咒鬘放光、收攝、加持等觀想，詳於儀軌中可知。亦可單誦元、輔音此『五十字咒』三至二十一遍，不需誦咒尾之『吽吽呸』；至夜間臨睡前可於護輪生起後誦咒守護，此時需加咒尾後綴之『吽吽呸』。持咒前可先誦偈云：

『嗡 降臨降臨大勇父，清淨口舌教授尊，
生與壞滅所出生，空性智慧唯此咒。』

在眠寐瑜伽位淨治自心，在覺寤瑜伽中則生起佛之化身相以清淨自身，故覺寤瑜伽亦謂之『清淨身』瑜伽法也。

三、嚐甘露瑜伽（བདུད་རྩི་མྱང་བའི་རྣལ་འབྱོར།）

現代人大多數起牀後即作洗臉、漱口及沐浴等以潔淨自身，而瑜伽行者則更注重於清淨身、語、意之根本垢障，此如聖者提婆[一]以糞器示馬鳴所云：『三毒在內，汝依澡浴何能淨之？』故行者晨起後依眠寐瑜伽法令意清淨、依覺寤瑜伽法令身清淨、而依此嚐甘露瑜伽修法則令自語得以清淨，在勝樂鈴波巴（དྲིལ་བུ་པ།）[二]之傳規中稱此三法為『三清淨瑜伽』。

首先應準備『甘露』。此『甘露』乃經過加持之『內供甘露』，為無上瑜伽部中供養本尊及自修時之聖食[三]，由甘露丸調製而成，具清淨、加持、供養等諸多功用。內供修法為密續中之重要修法，傳承清淨極為重要，其配製法必需依上師口授，以己意擅自調製過患極大。吾所給予衆弟子之甘露丸是以至尊·阿旺洛桑丹增嘉措仁波切之甘露丸為主要成份，加入那若巴、帕幫喀巴·德欽寧波、拉尊金剛持、至尊·阿旺丹巴、至尊·益希旺秋等諸上師無間斷加持之甘露丸及酒、紅糖、六香、藏紅花等作配方，並經色拉寺密宗院、拉薩上密院、下密院及諸多具德上師之加持內供摻入和合而成為吾今所用之甘露丸，乃恩師云增冬巴·至尊·阿旺丹巴仁波切、至尊·益希旺秋仁波切等所親授，非吾敢擅作也。

[一] 提婆論師為古印度龍樹之弟子，他與當時著名外道論師馬鳴辯論獲勝並折服之，馬鳴後成為佛學大師，著有《事師五十頌》。

[二] 勝樂『鈴派』之祖師，亦稱『鈴論師』、印度八十四位大成就者之一。

[三] 另一種聖食為將日常之飲食觀作薈供甘露而受用。

『嚐甘露瑜伽』之修法為：用左手無名指將內供甘露向左（逆時針）攪動三次，復用左拇指與無名指挾取甘露一滴，在右手掌心繪一三角形法基——以近掌根處為起點，先觀彼處生一 ཨོཾ 字，誦 ཨོཾ 字之同時，向掌心之右上方繪一線；復於彼處觀一 ཨཱཿ 字，在誦 ཨཱཿ 字之同時，向掌心左方再橫繪一線，同時在彼處觀一 ཧཱུྃ 字，當誦 ཧཱུྃ 字時繪出三角法基之第三道線。復自觀為本尊空行母，隨即以左拇、無名二指從內供器中取出甘露精華一滴，點於法基中央，觀為 ཨ 字體性，以右掌置於舌面上而受嚐。

人之舌面本具一天然之三角形舌紋，當舌面與右掌心相觸之剎那，兩法基即重疊一起，而所挾取之內供甘露精華則正處於此雙疊法基中央，觀其甘露之自性為『樂空智』，此『樂空智』之能量一經受用後便迅疾如電流般遍行於全身脈道，焚盡一切污垢；後從諸脈回流且全部注入中脈，在如是之迴環中覺受大樂。同時，行者在覺受此大樂中專注於所能現起之空性，並住此空性中微微入定，此即『嚐甘露瑜伽』之內意。又喉部『受用輪』是語輪之所在，故『嚐甘露瑜伽』實為清淨『語』之行持。

綜上所述之三種瑜伽次第，為那若巴尊者依《勝樂本續》及《喜金剛本續》等歸納出之三種前行法。三種瑜伽合稱身、語、意之『三清淨瑜伽』，『三清淨』得身、語、意『三喜』，『三喜』是指行者修此三法時，因身、語、意之垢染得清淨後而覺受之大樂，得覺觀禪定、身心喜樂。此三喜之意趣與『勝樂執波巴』之『三清淨瑜伽』相同。

四、無量瑜伽（ཚད་མེད་རྣལ་འབྱོར།）

夫修學佛法之究竟目的，總不外自利、利他與自他俱利三者，即佛祖所證之斷德、悲德、智德。而金剛瑜伽母之《無量瑜伽》修法實為圓滿二資、速臻佛果三德之寶舟。『無量瑜伽』實則即是無量發心，以殊勝之發心能於頃刻間燒毀無盡諸罪惡，速斷煩惱、所知二障㈠，故成就斷德；又殊勝發心之根本為隨順利樂一切衆生，故成就悲德；而於諸法通達皆無諦實，得證人我法空體性無別，故能成就智德。彼如《莊嚴經論》中讚無量發心云：

『圓滿佛極喜，福智資糧積，
　於法無分智，生故許最勝。』

『無量瑜伽』之『無量』者，泛指利他之心廣大。我等無始以來生死無量，故衆生無量、父母無量，往昔彼皆曾有大恩於我，而今皆於六道漂流，實可哀憫。緣此而發救度饒益之心，依此能於刹那間圓滿無量功德。它與『四無量』發心為同一體性——即指慈、悲、喜、捨四種無量發心。『慈無量』者：指能予樂之心，菩薩愛念衆生隨求皆作利益；『悲無量』者：即拔苦之心，菩薩憫念衆生受種種苦，常懷悲心而作救拔；『喜無量』者：菩薩見衆生離苦得樂而心生無限愉悅；『捨無量』者：菩薩緣一切衆生無分怨親、無憎愛心，復念一切衆生

㈠以『我執』（人我見）為首之諸煩惱謂『煩惱障』；以『法執』（法我見）為首之諸煩惱謂『所知障』。小乘斷惑，唯斷『煩惱障』，大乘斷二障及其種子。

同得此心，即名『捨無量』心。

由佛陀直至法王帕幫喀大師間無間斷傳承之無量瑜伽修法，為圓滿開顯此金剛勝乘法軌之修證次第、秘密訣竅及所詮事理圓融之修要方便，誠入道初修之津樑。復觀《空行母自生儀軌》中，以『無量瑜伽』統攝全旨，可知其乃綸貫初、中、後三時始終之要也。其次，『無量瑜伽』之修法中還包括將自身轉化為金剛瑜伽母後之加持內供、外供及觀修金剛薩埵等重要修法。

（二）皈依

一切佛法修持皆從『皈依』入手，因此發心前應先行皈依。此處是依密乘續部之不共發心，作最上品之皈依、發最高尚之菩提心，以調正修法動機。

1. 生起皈依境（編註：下文中隸書部分為儀軌之正文內容。）

『對前虛空中上師總攝輪作勝樂父母周匝根本傳承師本尊三寶護法眾圍繞而住』

大乘皈依有三因：一為畏懼輪迴總、別之苦，二為由知三寶之功德而堅信唯三寶具救護力，三者則是對一切同受輪迴苦之有情起悲憫心；由此而得決定，此為大乘之皈依發心。皈依前，先要生起皈依之對境，即觀想中之『資糧田』(一)。皈依境之觀法有數種傳規：於《恆修略軌》中是觀為『忿怒金剛法』相，廣軌中復有觀上師現為圓滿勝樂本尊中圍相及觀為

(一)『資糧田』乃喻指行人藉以積纍福、智二資糧之『聖田』，亦稱『功德田』、『福田』，而需救度之眾生則稱『悲田』。

『世尊（佛）金剛法』相二種，此處依後者講解。

誦持《自生儀軌》中此段時，作自與一切衆生在皈依境前發心之勝解㈠。其能觀之『心』為清淨無染、堪能持受樂空無別智慧之體性；所觀之『境』為對前虛空中八瓣蓮花中所坐之總集三時皈依處之勝樂輪父母，顯現具恩上師體相，身如紅寶石色，金剛跏趺坐，雙手持鈴、杵於胸前交抱，天衣、珍寶、六印莊嚴，十六童真相；其四周由諸傳承上師現忿怒金剛法相左旋圍繞而坐；彼之前方蓮瓣上觀主尊金剛瑜伽母由三十二空行母及密乘四續部諸本尊圍繞：最內層依次為八身空行母、八語空行母、八意空行母、四隅空行母、四門空行母共三十二空行母，外層為密乘四續部諸本尊衆；後蓮瓣上安置勝樂輪密續及密乘四續部、三乘諸分教無量經典；左瓣上為文殊童子由諸佛子及聲聞、緣覺圍繞之聖衆；右瓣上為無比釋迦能仁由報身、化身諸佛聖衆圍繞；蓮座周圍由諸教敕護法衆圍繞。為調伏己等衆生，可觀皈依境廣大圓滿，諸無量化身及刹土遍滿面前空際；若初修心力未逮，則可歸聚攝於主尊專一作觀，以根本上師一尊可全表佛、法、僧三寶㈡也。如是觀為最勝皈依境，行者即在此勝觀中作堅固專注，至誠皈依。

2. 皈依三寶

『我與天際一切有情衆 自今時起乃至證得成就菩提 皈依一切具德賢善上師 皈依一切

㈠《俱舍》卷四：『勝解謂能於境印可。』指對所緣境作出確定無疑之判斷。

㈡上師之身表僧寶、語及內證功德表法寶、意表佛寶。

圓覺佛　皈依一切正法　皈依一切聖僧伽」

當誦『**我與天際一切有情眾**』時：『我』是指行者及數量充滿寰宇之一切眾生。一切法本無我，『我與一切有情眾』亦皆名言安立以表能皈依者，即所云之『補特伽羅』。欲細觀者可觀以己父親為代表之男性眾生在自己右方安住，以己母親為代表之女性眾生在自己左邊安住，於己前方觀怨仇、魔害眾，於後方觀對己有恩之眾生。最外層觀想六道一切有情無量無邊圍繞而住。彼眾皆觀為人相並由自己引導其皈依，此觀法乃表徵行者於未來成佛時，一切眾生將成為其弟子、受其教化——即成就『眷屬圓滿』之賢善緣起。當行者證得空行母樂空智雙運位佛果時，彼等眾生將在你處受持佛法。『**自今時起乃至證得成就菩提**』意指從今日今時起直到生起佛之正覺心要、成就菩提、證得空行母果位之期間內。『菩提』為梵語(一)，意為『正覺』。由於證取菩提之目標非一朝一夕所能冀及，故需恆常堅持此皈依誓言，直至證得正等圓覺果位之際，永不退失。

『**皈依一切具德賢善上師**』是指皈依以吉祥勝樂輪為代表之一切三寶功德總集為一之上師寶；『**皈依一切圓覺佛**』是指皈依於諸正等圓覺佛陀、薄伽梵。『正等圓覺』指佛陀是已遠離一切障礙、證得一切圓滿智果位之聖者，此智體人人皆具，當你證得此智境便即成佛。『薄伽梵』漢譯作『世尊』、或『出有壞』，此有多義，指佛陀之決定勝德。『**皈依一切正法**』是指我等皈依於此殊勝正教之一切聖道妙法。『**皈依一切聖僧伽**』之『聖僧伽』乃指住

(一)指古印度四種語言中的『善构語』或稱『天語』(四種語為：邊方語、鬼趣語、庸俗語、善构語)。

聖位之僧伽，即已開悟之聖僧；於本法中，觀皈依對境中，位於行者右方為以文殊師利菩薩為主尊、其外為三乘勝衆及聖教護法所圍繞，彼諸為僧寶之代表。

觀皈依境莊嚴勝妙，以堅固信念作『皈依境』真實現前之勝解，憶持『皈依三因』而領衆皈依。帕幫喀巴仁波切在《掌中解脫》中說：『皈依有八種勝利：能入佛子，能為律儀所依處，能淨惡業，能積福報資，能在諸煩惱中得救護，能免墮三惡趣，能所欲成辦，能一定證得佛果。』

(二) 發菩提心

『菩提心』之發起源於出離心，『出離心』意謂決心遠離六道輪迴之苦，而其根本因為『大悲心』，如《入中論》云：『許彼根本為大悲。』指由前述之知母、念恩而激發之本然發心。『菩提心』中之『菩提』指佛之證量及果德、『心』指佛之心意，即為利衆生而成就正覺之心。『發』指自身為衆生而證取佛果之欲求。發菩提心之不共方便，是為利一切衆生而希求自身速疾成佛以救度彼衆，此即『如國王之發心』。以國王具大勢力，能自在隨欲成辦義利故也，這種發心量就是菩提心。於求道者而言，若未攝受皈依則不是佛教徒，仍未能找到解除輪迴苦痛之真正依靠；若不能生起菩提心，則仍屬中、下士道求寂滅之『二乘』行者而未能升入大乘之門，所以發菩提心最極重要。如是數數思惟，並以菩提心攝持一切善行，其功德義利具諸殊勝：

1. 入此大乘道即是智者善士；

2. 依彼道福德能相續不斷出生；

3. 往昔所積惡趣之因後當斷絕；

4. 為新積善趣之因並能令先所積之因向上增長；

5. 往昔所積善法轉成定數，成為圓滿無上菩提之因無有邊際；

6. 如是劣根補特伽羅所依身，從發大乘菩提心之第二剎那，當成為一切人天衆生所禮拜供養處。

如聖龍樹菩薩云：

『不發菩提心，終不能成佛，
修生死利他，餘方便非有。』

如依菩提心教授如法修習，其心意若能生起殊勝受持，即為大乘菩提心生起之量。於本傳承中有關發心之教授有阿底峽尊者之『七種因果修心法』和寂天菩薩所傳之『自他相換修心法，於他論中廣明，茲不詳述。

而於本法中，行者是在自身轉化成聖尊身語意之定意中觀修道次第並作發心，主要依知母、念恩、報恩、悅意慈心、大悲心、增上意樂及果大乘發心之『七義菩提心』教授思惟而發迫切之心。

誦《儀軌》：**『我為成就正等圓覺果位　救度一切衆生出離輪迴苦海　而使圓滿菩提置於安樂故受修持金剛瑜伽母道次第』**

其大意是：我極希求於今生證得金剛瑜伽母之究竟果位，如是我方能救度一切衆生出離輪迴之苦海，並安置彼等於無上菩提究竟安樂中，因此而修持此空行母成就法。此中之『**我**』即行者自身；『**成就**』即遠離一切障礙、具足一切斷、證功德之圓滿覺悟。『**正等圓覺果位**』是指修法成就，證正等圓覺之佛果位；『**救度一切衆生**』中之『救度』乃指願心，『一切衆生』指無餘之全體六道衆生，此句即用以表『四無量』中之『平等捨無量』心。『**出離**』指救度衆生使遠離煩惱之意，『**輪迴苦海**』謂流轉於生老病死等六道輪迴所加之種種苦逼之中，其苦無邊，深如大海，此句表『悲無量』心(悲能拔苦)。『**而使圓滿菩提置於**』指欲令自身與衆生安置於正等圓覺之圓滿悟境，此表『慈無量』心(慈能予樂)。『**安樂**』是說修持此道所要到達之安樂境地，即是佛果之究竟大樂中，此表『喜無量』心。『**故受持金剛瑜伽母道次第**』，指因『四無量』發心之動機而按次第實修空行母之成就法。

此段包含二種發心修法：一是『願菩提心』修法；二是『行菩提心』修法。儀軌此段之『我為成就正等圓覺果位……菩提置於安樂』即是指發『願菩提心』，即發『四無量心』希求衆生具足其目前尚未達成之究竟安樂之心願。雖有經論謂『四無量』發心為『菩提心』之因，然從文意之解釋可知，此『願菩提心』本身已具足『四無量』，二者實為同一體性；而文中之『故受持金剛瑜伽母道次第』即是指發『行菩提心』，『行菩提心』指依所發菩提心而行之，『行』指為一切生死輪迴中的衆生利益而修行，復由自成金剛瑜伽母之方便而具師、處、眷、時、法之五圓滿，如此之發心修法即為空行母修法之道次第也。

(三) 頂禮祈請加持

『頂禮皈依上師三寶祈請諸聖尊加持我相續』

皈依發心之後，需向皈依境諸聖尊頂禮，祈請加持自身之相續。誦儀軌中之頂禮祈請加持文『**頂禮皈依上師三寶祈請諸聖尊加持我相續**』時，觀自與衆生面向皈依境而頂禮。文中之『上師』是指皈依境中央之寶座上以承恩根本上師為主尊之傳承諸上師，因上師為三寶功德之總集處，故先頂禮上師；『三寶』分別指：行者自身對面左方圍繞釋迦佛而聚之諸佛海會為『佛寶』；在皈依境後方之經藏則為『法寶』；在行者對面右方以文殊菩薩為上首之聖衆為『僧寶』。頂禮法有二：一是自身五體投地之身禮拜修法；二是雙手合十以觀想法頂禮諸聖尊。雙手合十之手姿於密乘中具甚深意趣：十指併攏表根本五風與支分五風和合，雙拇指屈曲入於掌心表十風入、住、融於『嘟帝』脈；了義乃指智慧（左）、方便（右）不離。『諸聖尊』是指皈依境中之諸聖尊，『祈請』義為虔誠請求，『加持』指祈求皈依境中諸聖尊之能量加被，『我相續』就是自己之身、心兩種相續，人之五蘊身及思惟實為於剎那間不停變化之連續體，故稱『相續』。此即請求諸聖尊加持我之身、心相續，如是觀自他一切有情得到甚深加持，以自己為代表之自他一切有情三門被金剛持之威光加持，於剎那間轉化成諸聖尊之身、語、意。

(四)收攝皈依境

「對前皈依處諸尊化為白紅藍三道光相融於自身獲得身語意加持」

「收攝皈依境」是為令自身及所引導之衆生身口意獲得加持，同時亦為行者引入空性淨治後生起本尊之方便。《儀軌》此段中之「**加持**」一詞意為：引生本然之法性功德並轉化自根器以生發光明之能力。復於修持中如何引生此功德？謂對前皈依境發出光，照遍並融入自身與圍繞於自身四周之一切衆生後，自身獲得加持力量，使三門清淨；復由此加持力，自身與衆生剎那間亦化光而轉成空行母相；以空行母之功德力，周圍之一切衆生如驚石之群鳥般飛趨空行淨土，於空行剎土親見勝樂佛父、空行佛母及其諸眷屬，並於此剎土中得受無比殊勝法樂，而皈依境最終亦化為光明融入自身，使行者獲得身語意加持。

「**對前**」是指與行者相對之前方；「**皈依處**」亦即資糧田，指的是整體皈依境；「**諸尊化為白紅藍三道光相**」是指由於行者至誠啟請皈依，皈依境中之上師、諸佛、菩薩、護法及法籍經函等皆化為光明體相；「白紅藍三道光」指發出之三種不同光澤，分表身、語、意三門；「**融於自身**」指諸佛所化之代表一切諸佛身語意之三道光明，分別收融入自身頂、喉及心三處；「**獲得身語意加持**」指自身之身語意得到加持；資糧田諸尊之身化為「白光」，獲得諸佛身之加持；諸尊之語及經函化為「紅光」，獲得諸佛語之加持；諸尊之意化為「藍光」，表諸佛意，指獲得諸佛意之加持；此即謂使自身之三處三門獲得諸佛身語意之加持而清淨。

（五）自身生起瑜伽母

『自身剎那間轉成至尊金剛瑜伽母』

由於獲得諸佛身語意之加持力，行者自身亦隨之轉化為光，光照觸情、器世間後收融於自身心間法基，法基收融於月輪，月輪收融於咒鬘，咒鬘收融ཧཱུྃ字，ཧཱུྃ字字從下部漸漸收融於ཧཱུྃ字頭，ཧཱུྃ字頭收融於初月（◡），初月收融於明點（○），明點收融於哪嗟（ʃ），哪嗟從大彎至第三彎依次收融於微妙微妙之哪嗟尖，如水入水而遂融於空性。此乃生起次第之『以死有為法身道用』修法。

帕幫喀巴仁波切在其《深奧導引》中亦別示有薩迦傳規之觀法：『咒鬘收融ཧཱུྃ字時，首先觀ཧཱུྃ字漸漸擴大，等同虛空天際，以上師心間之ཧཱུྃ字為緣起，自身心間ཧཱུྃ字樂空而作法身遊戲，以增大ཧཱུྃ之緣，相應於一切顯分空寂，ཧཱུྃ字轉增至等身量時，自身完全成為樂空自性之ཧཱུྃ字，ཧཱུྃ字轉增量如房屋時，房屋便成為樂空自性之ཧཱུྃ字，情器二世界都攝為樂空自性之ཧཱུྃ字，而樂空自性復漸漸消失於虛空……』此即『於死有持法身道用』，乃相應於凡夫之死亡過程而作淨治之重要修法。而依本宗傳承，復應於廣大虛空中收攝成極纖細之ཧཱུྃ字。南瞻部洲人入胎受生具足六界：即地、水、火、風、脈、明點；於死亡時，便覺受『顯分空寂』，進入『俗位死有』等分位。人之軀體本由四大和合而成，死亡即是四大分離、消散之過程。爾時，若能廣觀『大種』收攝之分別行相則甚善妙：先為地大種之力用已盡，水大種之力用現起，水大種現行之驗相如『陽焰』，其覺受如夏季日照沙灘時，地面所映呈之狀如流水或火焰般之幻相，觀情器攝入至極微之ཧཾ字內；復水大種之力用已盡，火大種之力用現起，火大種現行之驗相，勝解生起如『煙霧』相，即淡藍色薄如煙霧嬝嬝之覺受，觀ཧཾ字下部上升融於ཧཾ字頭；復火大種現行之力用已盡，明觀風大種現行驗相，勝解如黑闇中星星之火升起般閃閃爍耀，或如『螢火』之覺受，並觀ཧཾ字頭融入初月；復風大種之力用已盡，識之力用現行，勝解如無風之『燈燭』相，觀初月融入明點。復明點融入『哪嗟』（ྂ）最下之第一彎（『哪嗟』有三彎），其時之驗相如秋夜滿月當空之白光遍滿，故此位名曰『白現分』，見彼生起時生起瑜伽母之『身金剛』佛慢；從第一彎上升至第二彎時，所現景相如紅日初升之紅光遍滿，故此位名之曰『紅增上』，持至尊瑜伽母之『語金剛』佛慢；融入『哪嗟』第三彎時，勝解如深秋冥闇之黑夜，達至『黑近得』位，生起至尊母之『意金剛』佛慢。在此位之基礎上，哪嗟之第三彎復上融，內相則為喪失覺受之『昏昧位』；『哪嗟』之最上端漸微妙微妙至無所緣而融於虛空，『空光明』之境遂刹那現前，故對此位名之曰『顯分空寂』。『基位』之凡夫於此時則步入『俗位死有』，而瑜伽士則利用此一時機作『法身道用』之修持。此時，其修法具四門要義：

一是『顯分空寂』，此意謂：非但行者顯現於心之境界究竟為空性，且就境之本身而言，究竟亦為空性。行者於『法身道用』之修持中，除需明觀情器融攝化入『空光明』之過程，尚需通達『自性空』義，否則觀修時便易落入『常』或『斷』之二『邊見』中。若認為『自性既空，則世間一切人、我皆非實有。』此見即落『斷邊』而致否定業果；又如一切衆生本無自性，然若執自身實有，此信念即落入『常』邊而至起貪著。此等『邊見』皆為錯見。衆生因不解諸法緣起性空真義而生我見及諸分別計執，故造作衆業，隨逐苦樂流轉三途無有已時。故智者審觀輪、涅諸法，於勝義(一)了不可得，諸佛、衆生、乃至一切常、斷、去、來、生、滅、一、異等皆依遍計(二)安立。此思惟之關鍵是一切現象之存在乃觀待因緣而有，緣聚則生，緣盡即滅；諸位雖然還是在此聽經受法，然此講經法會若無說法者、聽講者、經文內容、會場等等具足之因緣，則無能成辦，故知此『法會』僅是依緣而有之名言安立；人身亦如此，四大假合之軀殼不外地、水、火、風所成，一旦生緣已盡，還歸寂滅，哪有一個真實之我？『顯分空寂』之觀修即是將一切外顯諸境完全融入『哪嗟』、最後於『無所緣』之空性中作觀照而體認。如是，即如《金剛經》所云：『凡所有相皆是虛妄』。故『無自性』即為『空性』，其為自身乃至別餘三界一切現象之實相！此即覺受『死有為法身道用』之第一門。

二是『決定分無自性』。當行者勝解所觀之諸法無自性之同時，亦需了知依此能通達空義之心才能抉擇所觀修之種種顯境，此能觀之心亦無自性；而於決定分無自性中，一切法唯依法爾緣起，如鏡中幻影而升現，此乃第二門。

(一)亦稱『勝義諦』，與『世俗諦』相對。『中觀』學派認為：因緣所生諸法，世人不悟其性空而認作真實致生顛倒，對此等世俗認為正確的道理謂『世俗諦』，而通達緣起性空之理並以此為真實謂之『勝義諦』。『諦』為真實不虛之意。

(二)亦稱『遍計所執自性』，『遍計』謂『周遍計度』，指視一切事物為各有自性差別之客觀實在之世俗認識。

三是『覺受大樂』。觀修如是空性時，以行者之心是隨最細風收融而覺受大樂之故。此時能知心之對境乃遮斷一切分別之大樂光明，由此而產生通達自身實相之智慧——即覺受大樂之智慧。故『有境』能知心不是單一之知智，而是密乘不共同之與大喜樂結合之智慧，此乃以『死有為法身道』之第三門。

四是『自持佛慢』。大樂之生發，乃由諸界攝收並融入於中脈內心輪中之ཧཾ字成辦，心輪乃修行人圓滿一切法之處。風從中脈趨入心輪時，行者隨最細風之現行而覺受大樂，並於此剎那間由『基位心』㈠證得佛之『法身』道果——佛以究竟無漏智慧為身稱『法身』，乃如來所具四身之首。在具足前述法身諸要之正知中作念並任持自身就是佛之智慧法身、生起『佛身智慧即是我，我即為佛智慧法身』之『佛慢』，此為第四門。

行者於如是諸修持中，能令空性之證德未生者出生、已生者增長、速斷人法二執。復行者於法身佛慢中，由憶念輪迴眾生正受劇苦，彼等無能了達諸佛之無上大樂智慧，故從空性中現起為一束紅光，並任持此即佛之『報身』，此報身境界僅能為大乘菩薩所見；而欲度無量眾生，需取持能為彼得見之粗化身相，故復由此而剎那生出金剛瑜伽母如虹瑩澈之殊勝化色相。此即如儀軌所誦：『**自身剎那間轉成至尊金剛瑜伽母**』。『自身』是指行者自身；『剎那間』為一彈指聲響之六十分之一時量，指極短時間；『轉成』意為由融入法身空性至憶念

㈠基位心：是指與微細持命風並存不離之心而言。

無明中之衆生而現起金剛瑜伽母色身之觀想過程，此過程僅於剎那間完成，且於其中任持三身之佛慢與顯明。。

修持佛身生起之次第有數規，即：依剎那頓生法、依種字手幟生起法、依六佛生起法、依五智慧現證菩提生起法等，此皆能對治諸多之凡俗行相、斷除習氣、從而達到淨治『俗位三有』之目的。上述即為無上部之『剎那頓生本尊法』，是一種重要之『三身道』之極略修法，已涵括『三身修法』諸要。

（六）內供加持

『嗡堪哲撓嘿吽吽呸　嗡索巴瓦旭噠薩哇噠嘛蘇巴瓦旭噠行　觀自性空　空性中 ཡཾ 生風 རཾ 生火 ཨཱཿ 生三具人首之上 ཨཱཿ 生廣大頂骨器　其內 ༀ་ཁཾ་ཨཾ་ཏྲཱཾ་ཧཱུྃ 諸化五甘露 ལཾ་མཾ་པཾ་ཏཾ་བཾ 諸化五肉　復以諸字莊嚴　風鼓正火盛　器中諸物熔成汁　彼等之上 ཧཱུྃ 生白色喀章嘎倒懸熔化滴入頂器　器內諸物轉成水銀色　彼上元輔音咒鬘三壘而住　轉成 ༀ་ཨཱཿཧཱུྃ 三字光　攝集十方諸如來勇父瑜伽母心間之智慧甘露注入器中　滔然大增　燃起無窮無盡　嗡啊吽』

在修上師瑜伽時要向資糧田敬獻外、內、秘密及真實性供等諸供養，諸供養中之內供加持對無上部行者來說最為重要，『內供』所供養之物皆為與自身內之五蘊、五大相關，故如是稱也。此『內供』能以之供上師、本尊以鉤召悉地，能作自噹之『誓句物』、並能以之清淨別餘供品。內供加持前先需製作內供，『內供』物乃以殊勝之『內供甘露丸』及藥物配製而成，然後通過儀軌加持方能轉化為殊妙甘露。『加持』在此意謂將彼諸物以儀軌法理轉化其性質，令由凡常之物品轉化成為圓滿殊勝之甘露體性而堪作獻供之用。內供具五肉、五甘露。父續與母續之內供生起法有所區別，父續法以右旋法生起，而母續則為左旋生起。

行者自身生起成為至尊金剛瑜伽母相，在具足瑜伽母化身之『佛慢』後方可加持內供，否則以一凡夫俗子之能何堪作加持？金剛瑜伽母法是無上部母續法，內供諸物修持法亦隨順母續法證分之圓滿次第，依主修智慧淨光之修持方法而生起『內供十物』；並必須經過除穢、淨治、生起、加持四個程式：

1. 內供物除穢

『除穢』意謂除去垢障。在配製內供時，魔障會侵擾、奪食未經加持之內供物，我等之肉眼雖不能觀見而其危害卻很大，會致內供物受到染污，因此先以樂空體性之ཧཱུྃ字力驅除污穢，再行加持。修除穢法時，先把內供顱器蓋子揭開後移，使內供器口露出五分之二許，此時無需彈灑內供物，誦：『**嗡堪哲撓嘿吽吽呸**』，同時觀想由自心間ཧཱུྃ字首之哪嗟火焰中放出無數『堪哲撓嘿』，『堪哲撓嘿』是對一類空行母之梵稱，藏語稱作『咚潔瑪』，漢譯『塊生母』。『嗡』為總義；『吽吽』為召攝義；『呸』為驅魔。在修持本法軌時，通常觀『咚潔瑪』（塊生母）為一面二臂，但加持內供時要觀其為具足四臂相：上二臂右手持鉞刀，左手舉盈滿甘露之頂骨器；下二臂之右手執持鼗鼓，左手持喀章嘎，顯現忿怒相。從自身心間之ཧཱུྃ字哪嗟放出火焰，將奪食之諸魔驅至鐵圍山外永不復回，塊生母成辦所付囑之事業後收回融入於哪嗟火焰及 ཧཾ 字。

2. 淨治內供物

誦觀空咒：『**嗡索巴瓦旭嗟薩哇嗟嘛蘇巴瓦旭嗟行**』。『淨治』有二義：一是供品淨治：觀一切內供物及頂骨器都引入空性，對內供物及供器之實有顯現及執著均於空性中淨治之。誦『索巴瓦旭嗟薩哇嗟嘛』即為此意。『嗡』字義廣，概括即『三金剛之種子』，觀三金剛為內供體性，誦『索巴瓦旭嗟薩哇嗟嘛』時生起佛慢，使諸法自性清淨，以表『法無我』或『能執無自性』。

二是所安立者淨治：誦『索巴瓦旭嗟行』時觀自亦自性清淨，即『人無我』或『所執無自性』，如是生起無我執自性之正觀。

3. 生起內供

『**觀自性空　空性中 ཡཾ 生風**』之『觀自性空』意指空性中生起樂空自性；『空性中 ཡཾ 生風』意指空性中生起樂空智慧之 ཡཾ 字（音『雍』），化為藍色風輪，半月形，剖面向自身，左右二端各有一白色寶瓶，瓶中各插立一三幅花邊之幡。『**རཾ 生火**』指二幡幢之間、風輪上，由 རཾ 字（音『容』）生起三角形紅色火輪，火焰熾燃，火以 རཾ 字莊嚴，火輪大小與風輪相等，一角對自身，勝樂總攝輪之火從三角燃燒，即從火輪中依左旋次第燃燒，『**ཨཱཿ 生三具人首**』指彼三角處復顯現白、紅、藍三 ཨཱཿ 字（音『啊』），藍色者對自身，三字發白、紅、藍三道光，光化成白、紅、藍三具新斬割之人首，三具人首面皆朝外，瞠目切齒，排成三角竈石形相，外色白表大樂、內色紅表空性智慧，顱器極廣大，具大圓鏡智體性，色蘊清淨。

『之上ཨཱཿ生廣大頂骨器』指人首之上復生一白色ཨཱཿ字化光，光轉化成頂骨器，前額對自身，

『其內ཨོཾ་ཁཾ་ཨཾ་ཛཾ་ཧཱུྃ（嗡康昂章吽）諸化五甘露』意指：

東方（顱器靠行者之一方）生起毗盧遮那佛之種子字——白色ཨོཾ字，其本性為大圓鏡智，化成黃色『大香』，大香之實相亦無自性，表衆生所淨基『地』界；復以能淨之白色ཨོཾ字莊嚴，ཨོཾ字乃『無生』義，自性為大日如來之『大圓鏡智（མེ་ལོང་ལྟ་བུའི་ཡེ་ཤེས）』㈠。

北方不空成就佛之種子字綠色ཁཾ字生白色腦髓，表衆生所淨基『風』界，復以能淨之綠色ཁཾ字莊嚴，ཁཾ字字自性為『成所作智（བྱ་བ་གྲུབ་པའི་ཡེ་ཤེས）』㈡。

西方阿彌陀佛之種子字紅色ཨཾ字生白色菩提心，表衆生所淨基『火』界，復以能淨之紅色ཨཾ字莊嚴。ཨཾ字自性為『妙觀察智（སོ་སོར་རྟོག་པའི་ཡེ་ཤེས）』㈢。

南方寶生佛種子黃色ཛཾ字轉成紅菩提心鮮血，表衆生所淨基『水』界，復以能淨之黃色ཛཾ字莊嚴，ཛཾ字自性為『平等性智（མཉམ་ཉིད་ཀྱི་ཡེ་ཤེས）』㈣。

中央不動如來佛種子藍色ཧཱུྃ字轉成藍色小香，表衆生所淨基『空』界，復以能淨之藍

㈠第八阿賴耶識清淨後所得之智，能顯現諸法如大圓鏡故稱。

㈡眼等五識清淨後所得一切種智，可成就二利事業。

㈢第六意識遠離貪等污垢，轉依所得之智，能妙觀萬法明知善惡。

㈣第七末那識清淨後所得之智，能通達萬法體無善惡性實平等。

色ཧཱུྃ字莊嚴，ཧཱུྃ字自性為『法界體性智（ཆོས་དབྱིངས་ཡེ་ཤེས）』㈠。

以上是由五方佛之智慧體性五種子字生起能淨基智慧分，五字均面向中央，以五種子字轉化為五甘露。父續部中觀五肉於頂器內，從右起依東、南、西、北四正方排列，而母續部中則觀想五甘露在靠近行者之處——即是在頂骨器之前額部起左旋由東、北、西、南四方依次排列。

『ལཾ་མཾ་པཾ་ཏཾ་བཾ（郎芒幫當幫）**諸化五肉**』指五方空行母之智慧體性種子字轉化後成為五肉，其排列法如下：

東南隅（火隅），表『捨無量心』體性之『地』界，佛眼空行母（སྤྱན་མ་དཀར་མོ）體性之白色ལཾ字，面向內豎立；轉化為黑色牛肉，復以白色ལཾ字莊嚴，表能淨所淨基——衆生之色蘊清淨。

西南隅（離實隅），表『慈無量心』之體性『水』界，摩摩格空行母（མ་མ་ཀི་སྔོན་མོ）體性之藍色མཾ字向內豎立；轉為紅色犬肉，復以藍色མཾ字莊嚴，表能淨所淨基——衆生之受蘊清淨。

西北隅（風隅），表『悲無量心』之體性『火』界，白衣空行母（གོས་དཀར་མོ་དམར་མོ）體性之紅色པཾ字，向內為徵；轉化為白色象肉，復以紅色པཾ字莊嚴，表能淨所淨基——衆生之想蘊清淨。

東北隅（自在隅），表『喜無量心』之體性『風』界，空行度母（སྒྲོལ་མ་ལྗང་ཁུ）體性之綠色ཏཾ字，向內為徵；轉化為綠色馬肉，復以綠色ཏཾ字莊嚴，表能淨所淨基——衆生之行蘊清淨。

中央表樂空智慧之體性『空』界，至尊金剛空行母之種子字——紅色བཾ字居之，轉成

㈠第九庵摩羅識清淨後所得之智，能與法界之體性相契合。

紅色人肉（ཤ་ན），復以紅色ཨཱ字莊嚴，表能淨所淨基——衆生之識蘊自性清淨。

以上四隅及中央能淨之五空行母體性之種子字轉化為所淨基方便分——五蘊之五肉，『**復以五字莊嚴**』者表『方便上智慧』；而四正及中央能淨之五佛體性，其種子字生起所淨基智慧分之五甘露，『復以五字莊嚴』者表『智慧上方便』也。中央之小香以ཧཱུྃ字作表徵，其內置人肉，復以ཨཱ字嚴封，ཧཱུྃ་ཨཱ二字對面而住；如是五肉與五甘露同與所有字作分解、銷沒，所淨基以能淨之佛父、佛母種子字作加持；其他本尊法中有五肉另以別字作表徵者，金剛空行母法則唯以種子字作莊嚴。『五肉』者表『樂空五智慧』，於生、圓二次第法中以之供養中圍本尊能鉤攝悉地，故表方便分之五肉亦稱『悉地五鉤』，乃以成就幻身為主說；五甘露為凡夫身中五大界之塵垢依五智加持而轉成，能照顯悉地，故稱『顯明悉地五燈』，因本法主修智慧法身，故置於四正及中央，為求證淨光明之依據也。

4. 內供加持法

內供生成後必須對內供施以加持，加持內供需經淨治、加持、增無量之三分：

一是淨治：即儀軌此段中之『**復以諸字莊嚴風鼓正火盛　器中諸物熔成汁**』。此由自身心間之ཧཱུྃ字發光以淨治十物垢障。光首先觸及最下層之風輪及二幡，幡煽動風輪，風鼓火燃盛，器內諸物與字同化熔混成液、沸騰，祛除色、香、味污垢，諸物皆清淨，轉成紅黃色，觸覺甚熱而味苦，內含無比能量而可入身髓；色作紅黃如妙茶顏色或顯曙光色者，乃能淨一切垢之義也。

二是加持：即儀軌文中之『**彼等之上 ཧཱུྃ 生白色喀章嘎 倒懸熔化滴入頂器 器內諸物轉成水銀色**』。通過淨治法將污垢祛除後，內供物雖已清淨卻並未成為甘露；此時觀於頂器內之上空，勝樂總攝輪嘿汝嘎之體性白色 ཧཱུྃ 字圓滿顯現，為白菩提心之自性，轉為相如酥油塑造之倒懸白色喀章嘎天杖，彼受頂骨器中上騰之蒸汽熱力熔化而降入頂器內，左轉三次，隨即化融入五肉五甘露，使器內諸物轉為水銀色，即成為無病之妙藥甘露、無死之長壽甘露、無漏之智慧甘露；精華而潔白、味甘而清涼，具無量力用，如傾入死亡七日之屍口中能令回陽復甦。

三是增無量：即儀軌文中之『**彼上元輔音咒鬘三疊而住 轉成 ༀཨཱཿཧཱུྃ 三字光 攝集十方諸如來勇父瑜伽母心間之智慧甘露注入器中 滔然大增 燃起無窮無盡 嗡啊吽**』。

觀甘露之上『嗡啊啊（ཨོཾཨཨཱ）、唉唉（ཨིཨཱི）、傲傲（ཨུཨཱུ）、日日（རྀརཱྀ）、黎黎（ལྀལཱྀ）、唉哎（ཨེཨཻ）、傲嗡（ཨོཨཽ）、嗡啊（ཨཾཨཿ）』十六元音母與『嘎喀噶嘎鵝（ཀཁགགྷང）、雜嚓咋炸捏（ཙཚཛཛྷཉ）、哲詫蔗炸哪（ཊཋཌཌྷཎ）、打塔達大納（ཏཐདདྷན）、叭帕巴拔嘛（པཕབབྷམ）、雅惹啦哇（ཡརལཝ）、夏喀薩哈恰（ཤཥསཧཀྵ）』三十四輔音咒鬘三疊為三層，上層藍，中層紅，下層白，依次逐層轉化為三金剛之體性：下層轉化為白色 ༀ、中層轉化為紅色 ཨཱཿ、上層轉化為藍色 ཧཱུྃ；三字為三金剛之體性疊疊狀安立於頂器之上，三字發光，召攝十方諸佛勇父勇母心間之白紅藍三智慧甘露融入於三字，三字復依次下墜融入於甘露，表徵『甘露智慧』入於『甘露三昧耶』——觀以 ཧཱུྃ 字力除色、香、味之垢，以 ཨཱཿ 字力證成為無病、長壽、無漏之智慧大甘露，復以 ༀ 字之力滔然增長如大海無窮無盡。即誦『嗡啊吽』三遍以堅固加持之。

薩迦傳承中，行者誦事業咒時以金剛杵灑淨，然而『甘丹耳傳派』之傳承則為誦事業咒之同時，用左手之無名指與拇指挾取甘露彈灑。左手無名指表『金剛瑜伽母』，拇指表『勝樂總攝輪』，二指合作挾取甘露者表義『樂空雙運之智慧』。加持內供時生起三昧耶甘露；增無量時甘露融合智慧尊而成就智慧甘露。

內供物之表義及其配備於前文已作陳述，一些傳承中有以果實及藥物替代五肉五甘露者；亦有用真實大香、小香者。自宗傳承中則以如前所述之甘露丸入茶汁中而作內供，甘露丸已經諸大德成就者、金剛持稱者加持，一切所應具足者皆已具足，故不再用真實之大、小香等實物。因為只有大就成者才有能力除其污垢並加持成為清淨殊勝之甘露，以之供養資糧田中的『佛法僧』三寶而善積功德，而如我等之初修淺慧，則無將穢物轉化成清淨甘露之能力。若不自量力行之便是作壞法、造惡業。故於此吾勸告諸密乘金剛弟子如法修持，切莫胡亂配製內供。

內供中之風、火、顱器、內供十物表下行風及行者自身中之諸大界、諸蘊等，風動鼓火表圓滿次第中鼓動『下行風』、生起『臍輪火』（གཏུམ་མོའི་མེ），集中專注堅守風脈明點，以使臍中針影『啊騰』（ཨ་ཐུང）燃起拙火，猛厲焚燒一切不淨蘊界，滅盡一切煩惱尋思，迅速生起俱生妙智；三具人首表『明、增、得』三相（སྣང་མཆེད་ཐོབ་གསུམ），彼上之頂器表『明、增、得』三相清淨故能起『三金剛道用』，淨光果方能現前三身；頂器外白內紅者表『樂空和合』；十供物

(ཁམས་བཞི)表『不淨五界』(一)、五蘊轉化清淨，修五佛、五佛母成辦生起次第；圓滿次第中修四界(ཁམས་བཞི)深入樂空智而成持明瑜伽士，以下行風點燃拙火，猛火熔化諸供物融入中脈成如曙光之現相，其發出強熱以致於手不可觸感者表『五蘊清淨』，故發淨光融入內種子，種字光衝擊喀章嘎降入轉為水銀色者表『淨光明』，從淨光明之境地生起淨與未淨之幻化身；證得『喻光明』位所生起之幻身為『不淨幻身』，由義光明位而生起者為『清淨幻身』(དཔེའི་འོད་གསལ)，『幻身』(二)是無上密乘圓滿次第中所說無行相而有種種現分，雖有現分而無自性之次第。如是，內供修持含攝證無死甘露果位之次第，自嚐並供施如是殊勝甘露，能消除違緣、延年益壽，攝粹成就，清淨蓋障，能圓滿樂空道果之功德資糧。此乃內供之了義也。

(七)外供加持

外供加持是在內供加持之基礎上進行。誦加持外供儀軌：

『嗡堪哲撓嘿吽吽呸　嗡索巴瓦旭噠薩哇噠嘛蘇巴瓦旭噠行　觀自性空　空性中 ཀྃ 生諸器內 ཧཱུྃ 化諸供物　自性皆空所具各各形相業用能引發六根諸行處生起無漏殊勝樂　嗡啊剛啊吽　嗡巴當啊吽　嗡班雜布白啊吽　嗡班雜都貝啊吽　嗡班雜帝貝啊吽　嗡班雜更得啊吽　嗡班雜納微德啊吽　嗡班雜曉噠啊吽』。

(一)『四界』加『空界』稱『五界』。『四界』亦稱『四大』，指構成一切色法之基本元素，即地、水、火、風。

(二)幻身分七種：譬喻幻化 དཔེ་སྒྱུ་མ、現分幻化 སྣང་བ་སྒྱུ་མ、夢境幻化 རྨི་ལམ་སྒྱུ་མ、中有幻化 བར་དོ་སྒྱུ་མ、光明幻化 འོད་གསལ་སྒྱུ་མ、變化幻化 སྤྲུལ་པ་སྒྱུ་མ、智慧幻化 ཡེ་ཤེས་སྒྱུ་མ。

外供物若未作除穢及加持，則其供品還未清淨，不清淨之供物如何能供諸聖田？故亦必須作供物加持。其法與內供加持法基本相同，外供加持亦分除穢、淨治、生起及加持四部分：

1. 外供物除穢

在儀軌中誦『**嗡堪哲撓嘿吽吽呸**』之同時彈灑內供甘露。薩迦傳承中乃以五股金剛杵灑甘露，而格魯巴之傳承則用持金剛鈴之左手無名指與拇指取內供甘露彈灑諸供品，使供物處之一切污垢得於清淨。此如《勝樂本續》云：『拇指無名指尖合，瑜伽智慧恆常行。』又云：『拇指表勝樂父總輪，無名指表金剛瑜伽母』如前述。同時觀從自心間隨即放出『堪哲撓嘿』（塊生母）把一切貪食供物之惡鬼、魔障、非人等驅逐至遠方。

2. 淨治外供物

誦觀空咒『**嗡索巴瓦旭噠薩哇噠嘛蘇巴瓦旭噠行　觀自性空**』時，觀諸供物化為空性。在觀諸供物化為空性之同時自身亦要遠離庸俗境位，一切皆化為空性，當體成空。行者之意念要專注而明晰，從供物生起處作除穢、驅魔，至淨治時觀諸物化為空性時自身之意念不能離開諸供物，否則魔障難逐，障垢難除。

3. 生起外供

在供物已除穢淨治的基礎之上，從空性中生起外供養物，此分『對生供』及『自生供』兩種，分別供養於對前之資糧田聖衆及自成之本尊；顯現於行者自身對面之外供物分別以水、水、花、香、燈、塗、食、樂器等依序作兩排陳列。誦『**空性中** ཀཾ（岡）**生諸器 內** ཧཱུྃ **化諸供物 自性皆空所具各各形相業用能引發六根諸行處生起無漏殊勝樂**』時，『空性中 ཀཾ 生諸器內』之『空』是指『空性中觀』，ཀཾ 字為緣起性空，而其境性不成立；ཀཾ 為『嘎巴啦』之名首字，ཀཾ 字由空性中緣起，以明點表徵莊嚴，然而明點亦本性空，僅以筆畫『。』表之，表有顯無性，有名無實。空與緣起伴隨共生，簽寫而成 ཀཾ 字；字白色，表大樂，明點表自性，合二為一觀諸供物為樂空自性相，『ཀཾ **生諸器**』之『器』指『嘎巴啦（ཀ་པཱ་ལ）』(一)。在誦『**空性中** ཀཾ **生諸器**』時，觀空性中生出八個白色 ཀཾ 字，面向自身，轉化成八個『嘎巴啦』（頂器），其外表為白色，裏面呈紅色，自生供時額向自身；頂器內顯現『體性殊勝』樂空智體性之八個 ཧཱུྃ 種子字，表諸佛意，字面向自身；誦『ཧཱུྃ **化諸供物 自性皆空所具各各形相**』時觀刹那間 ཧཱུྃ 化成樂空自性、體相具足之『形相殊勝』諸供物於頂器中：即閼伽水（ཡོན་ཆབ།）、濯足水（ཞབས་བསིལ།）、鮮花（མེ་ཏོག）、薰香（བདུག་སྤོས།）、明燈（སྣང་གསལ།）、塗香水（དྲི་ཆབ།）、饌食（ཞལ་ཟས།）及妙樂（རོལ་མོ།），形相各各不同之八種殊勝供物依次呈現於自身對前，其中『妙樂供』為樂器，亦如是觀於頂器中。誦『**業用能引發六根諸行處生起無漏殊勝樂**』時，觀以此八種供獻於資糧田，諸供物之功用是能令資糧田諸聖衆受用，六根所受用時於彼聖衆心中引發樂空和合慧，此為『功用殊勝』，『功用殊勝』勝解為能賦予供境之聖衆諸根生起樂空智。『六根諸行處』為六根之所緣境，資糧田聖衆皆具六根，『根』分『有形根』與『無形根』兩種：眼、

(一)『嘎巴啦』是四種梵語中之『松智嘡語』，藏語亦稱『嘎巴啦』或『托巴』，漢文譯為『頂器』、『頂骨器』、『顱器』等。

耳、鼻、舌、身五者為『有形根』，意根為『無形根』；諸供物獻予資糧田聖衆使之歡喜受用，令聖衆心中引發『無漏殊勝俱生樂空智』。

4. 外供加持法

外供加持分『咒、印、定』三法：

(1)咒：即『**嗡啊剛啊吽　嗡巴當啊吽　嗡班雜布白啊吽　嗡班雜都貝啊吽　嗡班雜帝貝啊吽　嗡班雜更得啊吽　嗡班雜納微德啊吽　嗡班雜曉噠啊吽**』。『嗡』表身金剛，『啊』表語金剛，『吽』表意金剛，此乃為於金剛三字咒中間嵌入八供物咒名而加持之。『嗡啊吽』乃金剛三字咒，表佛之身語意。『啊剛』（ཨརྒྷཾ）是閼伽水，此處僅為梵、漢兩種文字表達方式之不同而已。閼伽水是指供養於資糧田諸尊聖衆之飲用水，亦即功德水，其性具：涼、甘、清、軟、淨、無垢、不傷腸、不傷喉之『八德』；『巴當』（པཱདྱཾ）是濯足水，供予資糧田諸尊聖衆濯足之用；『班雜布白』（བཛྲ་པུཥྤེ）是表各種鮮花，『班雜』（བཛྲ）意為『金剛』，『布白』（པུཥྤེ）是鮮花，八供裏前兩種供物名前不加『班雜』，從鮮花始加『班雜』於供物名前，以鮮花作成花鬘獻於諸佛作莊嚴；『班雜都貝』（བཛྲ་དྷཱུ་པེ）是薰香，薰香乃為用天花、花瓣、花苞、冰片、旃檀、沈香、肉蔻、竹黃、紅花、丁香、豆蔻、砂仁、草果、安息香等多種妙香製成的香粉，將之放於火上焚燒以其香味作供養，薰香供於諸尊鼻根，此供於實設時可以插香三炷作表；『班雜帝貝』（བཛྲ་དཱི་པེ）是明燈，明燈表光明，用於獻予資糧田諸聖尊之眼根；『班雜更得』（བཛྲ་གནྡྷེ）是塗香水，塗香水是用藏紅花浸泡而成之紅花香水，獻予資糧田諸聖衆之身根；『班雜納微德』（ཤ་ཝི་དྱ）是饌食，其具百味，可用各種各樣之素食作供，獻予諸聖衆之舌根；『班雜曉嗟』（ཤ་བྡ）是妙樂，用鈴、鼗鼓等所奏之音聲表妙樂天音，以此供養於諸佛之耳根；觀以上諸供物皆自性空而又為樂空智慧之殊勝體性，形相具足圓滿，令供養境各各聖衆生起無漏殊勝之大樂。

(2)印：總依無上瑜伽部之手印，以彼等所緣之依據，不得逾越諸供物，結印必循師承而不得任意為之。誦『嗡啊剛啊吽』時，執持鈴杵之雙手手指合攏、掌心向上，作如舉頂器狀，以供獻聖水；誦『嗡巴當啊吽』時，左手結握拳印向上，右手握拳向下，自食指起依次收攏各指作濯足樣；誦『嗡班雜布白啊吽』時，握金剛鈴杵印向上作散花狀；誦『嗡班雜都貝啊吽』時，握金剛鈴杵之雙手向下作焚香薰煙印；誦『嗡班雜帝貝啊吽』時，握金剛鈴杵之雙手手心向上、諸指皆收攏唯雙拇指立起，觀作燈心豎立燃燒狀；誦『嗡班雜更得啊吽』時，依無上瑜伽部手印規則雙手豎立、掌心向外、指朝上而開作塗拭香水狀；誦『嗡班雜納微德啊吽』時，握金剛鈴杵之雙手掌心向上，十指合伸展作獻上神饈狀；誦『嗡班雜曉嗟啊吽』時，鈴、鼗鼓等同時搖振作響；鈴音表樂空智，故持鈴於心間，為激發開顯俱生樂空智；鼗鼓聲表塊生母之拙火，故持鼓於臍間撥動以引發拙火；藉此鈴鼓齊鳴而成辦大樂現證空性，乃無上母續部圓滿次第法要之表徵也。

(3)定：體性為樂空，形相為觀起之供物各各呈現之自相，功用為賦予對境諸根之樂，應勝解其具足體性、形相、功用三種殊勝；如是生起能破諸散亂之能力曰『定力』。

（八）金剛薩埵觀修法

十一瑜伽修法之核心乃『持三身為道用』，然欲於相續中生起殊勝證量，應先令自心清淨，三身道果方能於相續中生發。衆生自無始以來所積集之煩惱習氣及罪障，恆時阻礙每位欲成正覺之行者；復以無明蔽覆故，我等所謂之『修法善行』，若細察之下亦無非過失甚或是造業，如前行、正行、結行皆不清淨，又或於諸學處、誓戒有壞失、毀犯等；而芸芸衆生則更為我執之欲利攀緣所縛，於三惡道中紛墮如雨……因此佛法中開示有無數法門以淨除罪障，此諸法門在《集學論》中歸作六類：

(1) 讀誦甚深經典；
(2) 觀修空性；
(3) 持誦真言；
(4) 唸誦諸佛名號；
(5) 常行供養；
(6) 造諸聖像。

此六項為懺除過往罪障並遮止現行惡業之法，於未生罪應依戒善作防護。

於大乘空性見中，一切善、惡等業皆為衆緣和合所成，其性無常；積資、懺罪亦為因緣作用，若能感罪果之因已滅，則何物障汝？此為最根本之『理懺』法，一切懺法均不離此理也。我等復應思惟：『本來罪業無功德，然懺可淨為其德。』此說深信因果者以『四力』至誠懺悔，不但能消除惡業及煩惱，而且能轉罪障為善業功德。藏地聞名、人皆頂戴之米拉日巴尊者，彼前半生造下極大惡業，後半生幡然悔悟，依師苦修而得成就；尊者有教言曰：『懺悔若大，等同悉地。』而通過懺悔成辦自心田之最大方便莫過於『金剛薩埵觀修法』及『上師瑜伽修法』。其中『金剛薩埵』為『一切懺悔之王』，乃三世諸佛之智慧精華，其法具集百部於一部之自性，為極深密究竟之法。無上部每一本尊之成就法儀軌必包含『金剛薩埵修法』，其功用是：

(1)於修法之初為淨治相續所必需；

(2)於修法之中為獲得本尊加持所必需，

(3)於修法結束時為對儀軌誦持之疏漏、增減、失念、倒錯等諸過失之補闕所必需也。

金剛薩埵之『百字明咒』，如每日如法誦持二十一遍能遮止墮罪之異熟果增長；如作為加行修滿十萬遍，則可徹底清淨一切性戒罪、遮戒罪及諸障蓋、習氣，此為經中明示者。

故為消除違緣、斷絕罪墮增長、還淨誓戒，於『金剛薩埵法』善作修持為初修之第一要務也；其為修持生圓次第起分『持三身道』之基礎。在金剛瑜伽母修法之儀軌中『金剛薩埵觀修法』如下：

1. 生起聖身

『觀自身頂門蓮月墊上金剛心父母身色潔白 一面二臂 執鈴杵與鉞刀頂器相交媾 王尊六印 妃尊五印莊嚴 足結金剛與蓮華跏趺而坐 心間月輪墊上 ཧཱུྃ 字咒鬘環繞而生降白色甘

露　一切病魔業障皆除盡　嗡班雜嘿洳嘎薩嘛雅　嘛怒巴啦雅　嘿洳嘎戴惱巴　第洽直照麥巴瓦　嗦哆喀搖麥巴瓦　嗦波喀搖麥巴瓦　啊努惹哆麥巴瓦　薩瓦嘶啼麥炸雅渣　薩哇噶瑪蘇哲邁　置當什日雲　咕洳吽哈哈哈哈嚎　巴嘎萬　班雜嘿洳嘎嘛麥牟渣　嘿洳嘎巴瓦　嘛哈薩瑪雅薩埵啊吽呸　金剛心父母融入於自身　自身三門與金剛心身語意融成無二也』

『觀自身頂門蓮月墊上金剛心父母』者，其主尊之生起法有主於頭頂生起，亦有主於心間生起，此按『頭頂生起法』解釋。接前皈依發心後，觀想在自身頭頂之上高約十指虛空處，現一པཾ字，པཾ字化光，變為白色蓮花，光筒為莖，花莖下入於自頂門梵穴，蓮花之上ཨ生白色月輪，月輪中央觀一與一切諸佛之『意』體性無別之ཧཱུྃ字，字復化現為白色金剛杵，豎立相，中軸以ཧཱུྃ字莊嚴，內放出無數光華，成辦衆生事已，光收回轉成集一切諸佛為一身之體性、本為承恩根本上師之自性而示現金剛薩埵父母相，『父』指佛父，『母』為佛母。在此修法中應觀修嘿洳嘎父母雙尊，觀嘿洳嘎身如白而微紅之水晶色，與上師金剛薩埵體性無別，彼身量以五寸至相當人身大小之間觀想。蓮瓣色白，表不染塵垢；蓮瓣可觀作四瓣、八瓣、千瓣，乃至觀成具十萬蓮瓣，層層相疊；光筒作莖入自梵穴，乃為後之甘露下降易作觀緣。月輪如白螺色，圓滿清涼，光輝皎潔；『白螺色』表白善業之基，『圓滿無缺』表所緣衆生無遠近親疏而平等饒益，『清涼』表消除罪障熱惱，『光輝皎潔』如十萬月亮，表利他圓滿。月上現ཧཱུྃ字，彼化光變『白五股杵』者表勝義菩提心，以能降伏人我法執一切煩惱，而不為煩惱所壞，故現杵相。杵心以ཧཱུྃ字為嚴飾，杵、字內外，晶瑩剔透。

『**身色潔白　一面二臂　執鈴杵與鉞刀頂器相交媾**』是指金剛薩埵與明妃『謝瑪噶摩』（སྙེམས་མ་དཀར་མོ། 金剛慢母）均現一面二臂相，父現『金剛跏趺』坐姿，母現『蓮花跏趺』坐姿，佛意清淨故『身色潔白』；又於密義中最細風之本色為白色，故而雙尊身現白色；大悲不離故而身色白中略透紅光。佛父嘿汝嘎右手執水晶金剛杵，杵表一切分別妄識無非智慧；左手持金剛鈴置左胯旁，鈴乃衆音聲皆為真言之標識。明妃金剛慢母手執斷煩惱之鉞刀與滿盛能生大樂甘露之頂骨器；二尊相互擁抱，表方便、智慧雙運；如是身體雖明現而無自性，如鏡影水月。

『**王尊六印**』指王尊勝樂嘿汝嘎具足『六印莊嚴』(一)，『六印莊嚴』者乃表無上瑜伽部內密深奧之了義，亦表因位修行六度之成就也。『**妃尊五印莊嚴**』指除無塗灰外、其餘五印皆同於王尊；依通說此乃因佛母為智慧之示現，故無需以『大灰』嚴飾，依不共說者乃因妃尊不具備白菩提心，故無需塗灰也；『大灰』即人骨粉。此續主依母續部而用骷髏冠冕頂莊嚴，雙尊身具三十二相、八十隨形好，安住白色光蘊中，面向與己相同。

2. 百字明咒釋義

『**心間**』是指彼心輪中；『**月輪墊上 ཧཱུྃ 字**』指彼心間有一月輪如口向下倒置之水晶曼荼羅盤，中央豎立一白色 ཧཱུྃ 字，『**由咒鬘環繞**』指『嘿汝嘎百字明』成咒鬘，字體豎立，如

(一)『六印莊嚴』即『六種骨飾莊嚴』（རུས་པའི་རྒྱན་དྲུག）：頂骨輪冠冕（རུས་པའི་འཁོར་ལོ་དབུ་རྒྱན）、項鏈（མགུལ་རྒྱན）、釵環（གདུ་བུ）、耳環（རྣ་ཆ）、絡腋帶（མཆོད་ཕྱིར་ཐོགས）及塗灰（ཐལ་ཆེན）。

白銀色，成圈狀左繞ཧཱུྃ字，字自發聲，光芒無量。『**而生降白色甘露**』義謂種子字與咒鬘隨唸誦而發聲、發光，由此生出白色甘露，從二尊交會處不斷降流，循蓮莖由行者自身頂門梵穴處接受，收融於體內，全身充溢甘露。

『**一切病魔業障皆除盡**』之『一切病』指四百二十四種疾病等一切疾病；『魔』指內外諸魔；細分則為：死魔、煩惱魔、蘊魔、天魔等；『業』是指五無間罪、十不善等罪業；『障』是指種種逆緣障礙，或行者所固有的惡習及後來滋長之不良習氣，皆為成辦一切事業之障礙；『除盡』謂一切疾病、魔障、惡業種子、障礙、違緣等等依甘露清洗得以清淨。

『嘿洳嘎百字明』之咒義，是呼喚上師嘿洳嘎尊名，向彼祈求護佑，成辦諸事業。

如《金剛本續》云：

『「嗡」者為何義？
殊勝摩尼具吉祥；賢劫諸相亦具足，
誓言並與吉祥意，執持摩尼心要義。』

如是『**嗡**』不僅謂吉祥等義，且為持摩尼者之心要及身金剛之種子，表徵身語意無二無別也；『**班雜**』為金剛體性；『**嘿洳嘎**』義為再次祈求上師嘿洳嘎護佑我等；『**薩嘛雅**』謂誓言，乃『義不容辭、守持誓言』之義；『**嘛怒巴啦雅**』謂隨念攝執，祈請上師嘿洳嘎恆常隨念於我而不棄捨；『**嘿洳嘎**』即復喚上師嘿洳嘎名，以策發守持上師嘿洳嘎誓言之堅固信心；『**戴惱巴第洽**』謂親近隨侍上師嘿洳嘎並能證同境義；『**直照**』為堅固；『**麥**』為自我；

『巴哇』為事物或自性，合義謂上師金剛嘿洳嘎堅固安住於我之心間；『嗦哆喀搖麥巴瓦』是祈請作極歡喜安住於我心中之示現；『嗦波喀搖麥巴瓦』是祈請作極圓滿之成就；『啊努惹哆麥巴瓦』是指上師之慈愛心隨念我心、令我能如法修行；『薩瓦嘶啼麥炸雅渣』是祈請上師嘿洳嘎賜與我殊勝成就；『薩哇噶瑪蘇哲邁』是祈請賜與我無上續部中之一切事業成辦能量，此中之事業是指息、增、懷、誅四業。以分別說，『息業』為息滅疾病邪魔危難之業，盡除自身心中諸障，令得究竟安樂；『增業』是增益福壽財富之業，義表增上福報、長壽健康及修持覺受增長；『懷業』是懷柔調伏神天人鬼之業，意為成辦調伏惡業及駕御之法；『誅業』亦謂伏業，是以焚燒、鎮埋、投擲等威猛之法誅滅制伏怨敵邪魔之業，故用威猛之誅法降伏並滅除自心中之各種內魔；『置當什日雲咕洳』是請令我自心吉祥，具足智證；『吽』為一切諸佛之意金剛種子，表五部如來之佛心智慧；『哈哈哈哈嚎』之四個『哈』與一個『嚎』，此五字表五智慧：即大圓鏡智、平等性智、妙觀察智、成所作智、法界體性智；『巴嘎萬』謂祈請一切薄伽梵世尊諸如來；『班雜』為金剛義；如《金剛頂續》云：

『云何稱之為金剛，堅固無心與縫隙。
不能斬斷與摧滅，不能燒毀不壞故，
真空謂之為金剛。』

『嘿洳嘎』為上師勝樂總輪薄伽梵之名號；『嘛麥』為祈求者自己，『牟渣』謂祈求上師勿捨離我；『嘿洳嘎巴瓦』謂保持金剛之自性；『嘛哈』謂守持大誓言義；『薩瑪雅』為守持自身所承諾之誓句（即三昧耶）；『薩埵』指勇識，即是指守持大誓言者之菩薩，《金剛頂續》復有云：

『超越塵垢斷煩惱，相應所聚之妙相。

能摧一切無明翳，以是智者名勇識。』

『啊』為語金剛之種子，表諸法無自性；『吽』表現證大樂之智慧；『呸』表降伏惡魔、解除煩惱、滅除違緣、成辦俱生樂空不二慧、令行者由下品階位升入上品階位。

3. 百字明之不同觀修法

金剛薩埵百字明有多種不同之觀修法。在金剛瑜伽母之法門中是依嘿洳嘎百字明，行者於持咒之同時觀得受甘露；共法為觀甘露排除自身之罪障污垢，不共法為依降甘露而受四灌頂；此外還有蠲病修法之支分修法。

(1) 共同觀法

共同之蠲除法為：明觀金剛薩埵雙尊於己及六道無量衆生頂上安住後，領衆至誠默禱：『世尊金剛薩埵，懇祈垂鑒，我等自無始以來所造一切罪業，今悉於尊前發露懺悔，祈消除我等之一切罪障。』此分上蠲（ཡས་འབྱིད）、中蠲（ཕྱིས་འབྱིད）、下蠲（མས་འབྱིད）三法：

上蠲法（ཡས་འབྱིད）：觀由金剛薩埵雙尊交會處降甘露由頂門流入全身，則自身之罪業障礙變成煙汁炭水之相，由上而下如大水沖刷積穢，從下門二竅及足底、下部諸毛孔蠲出體外，當行者排除污垢障礙之時觀地裂，地底七層之下，死主閻魔現紅色巨牛或藥叉相大張其口，周匝有障礙成就菩提之魔難衆亦張大口，吞食病魔罪障，轉化成甘露體性，令其受用滿足後，合口蟄伏於風輪之下，至成就大菩提間不復再起，地面合攏，此時行者周身如明淨琉璃，充滿紅黃甘露，獲得增壽、福德、教證功德之一切總體、支分，以及長壽等成就。

下蠲法（སྨད་སྦྱོང）：觀金剛薩埵雙尊交會處降甘露由自身之頂門受入，隨之甘露充滿體內，注滿體內諸部，將一切不淨之污垢障礙變為灰色污水相如草屑上浮，由下而上從自身之口鼻等孔竅蠲除，如是觀之。

上蠲下蠲之『四喜』（དགའ་བཞི）：即『喜』（དགའ་བ）、『勝喜』（མཆོག་དགའ）、『殊喜』（ཁྱད་དགའ）、『俱生喜』（ལྷན་ཅིག་སྐྱེས་དགའ）由上下、高低、左右流轉順逆等應依圓滿次第教授中得知。

中蠲法（བར་སྦྱོང）：觀諸難蠲除之污垢魔障在自身心中結積成外相無明之黑色墨球狀。其乃藏於人體身心內部之惡業魔障。觀想當甘露注入自身心中時之剎那間，將彼魔障蘊聚如擊掌心水銀，從周身一切毛孔散射排出。與此同時生起強烈勝解：『我已獲得自在，由於我受金剛心嘿洳嘎雙王加被，我已明晶無染，具足清淨。』

⑵不共蠲除觀法

復次，不共蠲除法者，乃依四種所緣清除各種魔障，此亦為圓滿次第之殊勝助益。修『上蠲法』時觀上師眉間白色 ༀ 字放白色甘露，清淨身之病障，眉間以上充滿白色甘露，獲得寶瓶灌頂，留植化身種子；修『下蠲法』時觀上師喉間紅色 ཨཱཿ 字放紅色甘露，清淨語之罪障，喉間以上充滿紅色甘露，獲得秘密灌頂，留植報身種子；修『中蠲法』時觀上師心間藍色ཧཱུྃ字放藍色甘露，清淨意之罪障，心間以上充滿藍色甘露，獲得智慧灌頂，留植法身種子；四為觀上師三處同時流注本色甘露，清淨三門共同之蔽障習氣，自身下部一切處充滿白紅藍甘露，獲句義灌頂，留植自性身種子。

如是，能否蠲除自身所存在之惡業，乃取決於行者自身之專注力，若行者之定力微弱，則只能削弱其勢力而不能根除。故行者必須具足『對治四力（གཉེན་པོ་སྟོབས་བཞི་ཚང་དགོས）』而行懺悔：

一是依止力（སྐྱབས་སེམས་སྐྱེད་པ་རྟེན་གྱི་སྟོབས།），對皈依境必須具足極大而堅定之信心，金剛瑜伽母修法中，自『對前虛空』等生起之皈依境至頂上安住『金剛心父母』雙尊一段即修依止力。

二是懺悔力（སྡིག་པོ་སྤྱད་པ་རྣམ་པར་སུན་འབྱིན་པའི་སྟོབས།），即認識自身之諸業，知其產生過失之因，具懺悔之心，生起對治罪業之懺悔力。

三是能破防護力（གཉེན་པོ་ཀུན་སྤྱོད་ཀྱི་སྟོབས།），亦稱『對治現行力』，清淨罪業，勤修此道，具力消除。即祈請上師金剛心加持及觀修百字明降甘露一段修法也。如《心莊嚴》云：

『諸佛為一身，白蓮月中住，
鈴杵莊嚴飾，善觀金剛心，
百字明儀軌，咒誦二十一，
諸墮受加持，不復再增長，
勝成就者說，當於座間行，

若誦十萬遍，轉清淨自性。』

四是誓願力（ཉེས་པ་ལས་ལྡོག་པའི་སྟོབས།），亦稱『返回對治力』。應自忖：『若我能淨除一切業障，我將不復再作而積集惡業。』如是於上師金剛薩埵前發露懺悔，並發誓從今起任於何時，雖臨命難，決不復作衆罪，以此誓願力而修。

若能依此『對治四力』修持，上師嘿汝嘎及金剛瑜伽母將生起大喜悅而加被行者，復應以三輪體空之正見印證並堅固之，如是汝之修行必能更形精進。

⑶ 支分觀法

支分作法：修蠲病法時，對風症、青紅氣等症，觀甘露如酥油；對熱症，觀甘露清涼如水銀；對寒症，觀甘露紅黃色、溫熱，其法依《具量論》中所載修之。修降伏法時：降伏上魔，觀甘露為金剛手；降伏下魔，觀甘露為金鵬鳥；降伏中魔，觀甘露為騰馬遊戲（馬頭明王）；上中下三魔則觀三忿怒尊合體，以忿怒尊身之火焚燒一切惡魔，驅逐一切障礙。

最後，觀上師金剛薩埵歡喜告慰自己曰：『善男子，汝之一切罪障及毀犯三昧耶過悉清淨矣。』如是一切決定清淨，堅執防護。雙尊身化光明，而誦：**『金剛心父母融入於自身自身三門與金剛心身語意融成無二也』**。觀金剛心上師父母化光融入於自身，自身三門與金剛薩埵——上師嘿汝嘎父母之身語意成為無二無別之三金剛體性，生起殊勝樂空智。

在修金剛薩埵懺悔法時心要清淨、專注，誦咒字不漏，觀想要明晰，如親謁了義金剛薩埵尊容，是為切要。

五、上師瑜伽（བླ་མའི་རྣལ་འབྱོར།）

『上師』為漢語，藏語稱之曰『喇嘛』。『喇』者無上意，『嘛』者母意，合之即『具如母般慈愛憐憫之無比大恩者』；『瑜伽』則謂『相應』也。凡一切修行均離不開障難斷除與資糧培積二者，『上師瑜伽』即是一種依止上師作修行，堪能逆轉諸違緣障礙，並速疾積聚順緣，使令圓滿之主要方便。因此，與金剛薩埵修持之目的一樣，修持上師瑜伽也是為成辦起、正二分之妙果奠定基礎。《大印根本續》中說：

『復見心法性，須淨障修福，
十萬百字明，懺罪兼禮拜，
先盡力多修，次想根本師，
不異三世佛，至心勤祈請。』

此頌頭句『復見心法性』中之『心』是關鍵，它不是指凡俗分別心識，而是指行者之最細心。我等修持二次第之目的就是欲現證最細心之實性，為此必須淨治心相續，因心之續流既清淨無染，自能成辦妙果、證得生圓二次第之究竟圓滿，此所謂『心淨則一切皆淨』也。

我等之心性好比一塊田地。如農夫耕種一樣，要種植成佛之種子，必須先去除雜草、瓦礫，使之成為良田，此為金剛薩埵修法之作用。在『四加行』中要求修金剛薩埵百字明十萬遍，就是為了達到這一除障懺罪、淨治自心之目的；而欲收穫妙果，則還需培土、施肥及得到陽光、雨露滋潤，這就有賴於上師瑜伽之修持。故續中論曰：『善修積資依修上師瑜伽，懺罪依修金剛薩埵。』

懺罪法中復有誦《三十五佛懺悔文》、五體投地禮佛、修持大禮拜十萬次等，同樣是為達到除障懺罪、淨治自心之目的。然一切除障懺罪法門，於究竟言之，亦爲依止上師而修。需知無論是修金剛薩埵百字明，抑或是誦《三十五佛懺悔文》與禮佛，均要觀根本上師之本性與三世諸佛無二無別，且為諸佛示現之體相。因此，上師瑜伽為根本之相應法，行者如何觀待上師是密宗修行之根本問題。行者需對其有不動搖之信心，以堅固依止力恆常作祈請，如此才能深入法味。

然則，自心淨治後如何進一步認知其實性？《金剛本續》中云：

『餘者不能現俱生，亦難見彼於餘處，
唯藉行者自福德，上師善巧之引導，
真實奮行方得證。』

此五句中最重要者為『俱生』二字。『俱生』所指者乃圓滿次第中之『喻、義二光明』，亦即與行者自身共同存在之最細心及最細風溶合而生起之光明。最細心和最細風乃一切有情固有，相互依存、且共同發生作用而獲證最後果位。帕幫喀巴大師在其《深奧導引》中說：『見心法性，說的是俱生共存之最細心、風。行者修金剛薩埵法之百字明、上師瑜伽，是為證得最細心、風之本性，進而作為成佛證果之方便；但是懺悔應作為此法之前行修，當未能證得最細心、風之前，應先行懺罪去除惡業，此乃依不共之所緣境或者資糧田而成就，而最殊勝之資糧田便是每一行者之根本上師，故應觀根本上師為佛之化身，視師諭為法，並遵敕勤修。』行者若能如此，將會具足意樂修持前行，誠心懺罪積福、清淨修行而達究竟果位。

行者了悟『俱生』之心並非易事。對瑜伽士而言，唯藉修持對最細心、風之了悟方可解脫生死。唯其如是，才能在經歷死亡時了知彼即修持之扼要，才有實現『轉死有為道用』之可能。對凡夫有情而言，最細心、風在死亡時雖亦會現起，然因彼對最細心與最細風沒有了悟、無將之轉化成俱生智之堪能，故彼既死亡，仍舊流轉於輪迴道中。

『俱生智』，或云『俱生淨光』不可能借由他人之力量而證得，唯有通過善知識之教授，以自力勤修方可成辦。修行者應知，欲於一生中達到『無學雙運金剛持』之境界，唯有從行者根本上師之善巧引導中方能證成，除此以外無處可求。所以上師之教授是行者獲證『喻、義二光明』之重要條件，而決定因素在於行者自身積聚之種種順緣功德力。

佛出於世，唯為利樂眾生，而利生之唯一大事就是宣說佛法而令眾解脫。由佛所示現之業障清淨、證得『法流三摩地』之殊勝化身，末世眾生無緣親見，而佛之報身唯有登地菩薩方能得見；由於我等根器低劣，即便佛陀示現於我們面前，我們亦無能得見而聆受法益，故唯一能利益我等者，就是示現出一個與我們凡夫身相若之上師，這樣我們才能目睹其身、親聆其教，並憑藉禮拜、懺悔、供養等令上師歡喜，得上師指引修行之途徑而圓滿資糧也。

如《道次第之心要》云：

『於此惡孽障覆未遠離，一切如來降臨於目前，
除非改變此時自心相，目睹相好勝身無緣分。』

此說佛之圓滿報身相，惟登地之大乘聖衆方能得見，而欲界衆生則不能親眼目睹；佛過去所示現之殊勝化身相，現今之行者又無緣見到；若佛今示現低劣於行者自身相者，則難令生信，故佛唯有示現與行者自身相似，而功德、學識又優勝於行者之善知識相，而度化我等衆生。是故我等今能有緣目睹上師為人之形相者亦應隨喜。誠如建鄔洛堅（ཨོ་རྒྱན）大師所云：

『我等所積罪果業障重，得見上師是人倒歡喜；
莫睹犬驢亦算福報大，生起真心愛戴衆佛子。』

此間之金剛法、本尊資糧田等皆依上師生起，若由於自身之業障深重而不能認知上師與十方諸佛體性無別，則汝之本尊觀修唯具名相而於修持中不能對上師生起敬仰，於儀軌中生起上師資糧田之『對前虛空中』等句亦僅唯口中唸誦而已，難起上師瑜伽之真實加持妙用也。

如是說，對於我等無緣親見佛陀者，應視今顯現於己面前、與己平等並為我等宣說佛法誨之不倦之上師即是諸佛之化身。上師是一切佛功業之能作者，若視根本上師為凡夫俗人，則汝所得者亦只能是凡夫之加持而無法契入並得到本尊之加持。故對行者而言，能否視師如佛乃關涉自身能否成就之根本，而非因此故對上師有任何之損益也。此亦正如世間有神、魔鬼、那伽等，彼並不因吾等之肉眼不能見到而不存在，儘管汝之心相也許不能觀上師為佛，但亦絕不能因此而否定上師即了義之『諸佛化身』。若不能視上師為佛者，則此行者便如彼

因患膽疾與風病等惑亂而出現幻象者一般，將白海螺看為黃色，將雪山看作藍色，生諸邪見，故此不可能觀見上師之功德。

藏地著名大德仲敦巴曾詢於其師阿底峽尊者曰：『藏域亦有不少修行人及瑜伽士，然獲證成就者極少，印土則有諸多聖者、具種種證德，此何因耶？』尊者答曰：『總為大乘之功德，別為續部之功德，無論是大抑小，必依藉上師而證得。然藏域行者視上師如凡夫，無諸信心恭敬與祈求，何易證得？』故如欲達證此道之證德及果位，必須依止上師而別無他途。

如嘉瓦温薩巴有云：

『總略大小何種所證悟，信心大小修持之定力；

成就源於根本之恩師，常念功德勿視彼過失；

唯此教導牢記在心中，誓言如是無障得圓滿。』

此即言行者需對上師生起堅定之信心，在上師之言行中領悟上師諸功德，觀上師為佛陀所示現之體相而作禮拜、供養、及恭敬承侍，否則自己會失去功德成就之機會；是故至關重要之根本清淨修持即是『觀師如佛』，此為所有經教之精義也。

總之，一切佛之樂空無別智能契合於『化機四品』（གདུལ་བྱའི་ཁམས་དབང་བཞི།）(一)之思惟而示現各種相應之身相化度彼衆。如古印度大成就者朱欽那波覺巴之徒——沙彌曾蔔貝看見瑜伽母所示現之痳風病患者形相，秉心誠助，遂為彼攝引至空行淨界。在《自生儀軌》裏有偈頌描述此中

(一) 對於不同衆生之根基示現不同化相去調伏曰化機，如對魔、羅剎、鳥類、野獸等等。

情景曰：

『剛伽洲中至尊古薩黎，現前空境界中導引尊；
具德那若嗟巴隨攝如，攝引我等空行樂壇中。』

《菩提道次第》中說：『如彼上師瑜伽著稱者如前所述之義勝解，僅僅所緣修習一、二座不達彼岸。』故行者於所觀師佛無別之見勵力恆修，乃破己纍世煩惱習氣之必需也。不同層次之行者對上師之信仰容有差別：於菩薩乘中僅觀上師如佛；於密乘中則觀上師為佛真身；不僅作波羅蜜多乘之依止，還必須依《事師五十頌》中之論依止上師。唯觀上師為佛時，於『對前虛空』等儀軌文作誦修方可成為善積殊勝資糧田之順緣方便。誠如聖龍樹所云：

『所供一切斷行相，供養上師真實者；
彼生歡喜一切知，轉化證得殊勝慧。』

以此之故，無比資糧田乃上師也。

（一）觀修資糧田

『對前虛空明淨無二智慧顯相而成之無量宮 四方四門 牌坊華麗 具足一切性相莊嚴 中央八大獅子托寶座 各色蓮華日月墊上承恩根本上師 正覺金剛法之現相 身紅色 一面二臂 鈴杵當心交持 墨髮冠冕 金剛跏趺 示現十六妙齡相 綾羅骨飾珍寶之一切莊嚴 彼師前從左環繞之金剛持佛至根本上師間 傳承諸師現持勇金剛法相 身紅色 一面二臂 右手持鼗鼓發樂空妙音 左手持盈滿甘露之頂器於心間 左肩倚喀章嘎 金剛跏趺坐 六種骨飾作莊嚴 妙齡豐

滿眾皆額間ཨོཾ 喉間ཨཱཿ 心間ཧཱུྃ 心間ཧཱུྃ 字發光 從自性界迎請上師本尊壇城眾 及諸佛菩薩勇父勇母 護法 嗡班雜薩嘛渣 雜吽幫嚎 各各皆成皈依境總集為一體性也』

誦『**對前虛空**』時，行者當心繫於自身對前、約於眉際稍高之虛空處。『**明淨**』指『喻、義光明』之功德，表樂空智慧之形相；行者於此唯以勝解觀樂空智慧之形相極為清淨光明，亦曰『光明智慧』；『**無二**』指樂空無二，樂空智慧即大樂與五智慧之和合；如是行者於對前虛空中觀想樂空自性之無量宮。『**智慧**』者指樂空無別之最高智慧，此乃密乘續部中無上瑜伽部發菩提心法之不共方便。行者誦此句時，當於對前虛空明觀最極光明、清淨之樂空智慧中，現起上師資糧田，具諸功德。

誦『**顯相而成之無量宮**』時，於上述明淨樂空無二智境中，外白內紅法基之上、六十四瓣蓮花蕊中、四色交股巨杵之藍寶石色臍上，勝妙絕倫之上師金剛瑜伽母無量宮殿顯相分明生起。此無量宮為四方形、具四門，四門前各有華麗牌坊嚴飾，雕樑畫棟，飛簷斗拱。其壇城內外應具足之一切無不具足，應莊嚴之一切而作莊嚴，高大壯闊；瓔珞珍寶，珠玉長垂，寶石裝飾；金瓦屋頂，摩尼寶俱，金碧輝煌，故曰：『**具足一切性相莊嚴**』。『**中央**』指無量宮內之中央；『**八大獅子托寶座**』是指宮內中央設有一個由表『四無量』與『四無畏』(一)之八雄獅所托舉、各種珍寶作莊嚴之寶座，此雄獅為白毛綠鬃之雪山獅子；『**各色蓮華**』是指此寶座上有一由各種各樣顏色構成之八瓣蓮花座墊；蓮瓣顏色分別為：四正（東、南、西、

(一)佛具之『四無畏』：一切智無畏、漏永盡無畏、說障法無畏、說出道無畏。

北）紅色，火（東南）、風（西北）二隅黃色，離實隅（西南）綠色，自在隅（東北）黑色，蓮臺為綠色；『**日月墊**』是指蓮華之上具日月二輪，平放而作座墊，其大小與蓮臺（蓬）相等，柔軟舒適。即蓮臺上有日墊（表智慧），其上復有月墊（表大悲）。『**上**』是指日、月二輪座墊之上；『**承恩根本上師**』是指行者之慈悲大恩根本上師，觀彼就座於日月輪墊上；『**正覺金剛法之現相**』是說日月輪墊上坐者，本為慈悲大恩根本上師，而示現為正等圓覺金剛法之體相；『**身紅色**』是指至尊上師金剛法之身色為赤紅色；『**一面二臂**』是指其示現為如凡人般一首二臂之身相；『**鈴杵當心交持**』是指根本上師所示現之『金剛法』，雙手持金剛杵與金剛鈴，於胸前作交抱狀；『**墨髮冠冕**』之『墨髮』指彼頭髮之色澤如墨般烏黑發亮；『冠冕』指其頭髮結為頂髻並以冠冕作莊嚴；『**金剛跏趺**』是指彼雙足交叉結雙跏趺而坐；『**示現十六妙齡相**』指根本上師展現在行者面前之體相，為年方十六歲，正當少年，健壯圓滿之相，莊嚴俊美；『**綾羅骨飾珍寶之一切莊嚴**』是指彼以無紉之天衣為裳，六種骨飾作莊嚴，各種珍寶為表徵，應莊嚴之一切莊嚴具足；『**彼師**』指自身之承恩根本上師；『**前**』指承恩根本上師之座前；『**從左環繞之**』是說傳承諸師自根本上師座前起，向左依次逆鍾向環繞排列就座於根本上師周圍；『**金剛持佛**』雖名稱為金剛持，而實指自身所得法之傳承始祖，此即自所觀修之金剛法相，且除珍寶外並有六骨飾莊嚴，其身雖為紅色，異於僅有珍寶莊嚴之藍色金剛持體相，但是二者之本性無異。『**至根本上師間傳承諸師現持勇金剛法相**』者，謂除金剛瑜伽母呈現自身之本相外，傳承諸師皆現『勇父金剛法』相；彼等之形像均為：『**身**

紅色一面二臂』是指歷代傳承師皆現為身色赤紅，一面二臂相；『**右手持鼗鼓發樂空妙音**』是指彼等皆以右手持鼗鼓搖打發出樂空智慧妙音；『**左手持盈滿甘露之頂器於心間**』是指彼等皆以左手於胸前捧持一盛滿甘露之頂骨器（即頭蓋骨）；『**左肩倚喀章嘎**』是傳承諸師之左肩挾倚『喀章嘎』；『**金剛跏趺坐**』是指彼雙足交疊跏趺而坐；『**六種骨飾作莊嚴**』是指彼師以人骨製造之項鏈（མགུལ་རྒྱན）、釵環（ཀེ་ཡཱུ་ར）、耳環（རྣ་ཆ）、冠冕（དབུ་རྒྱན）、絡腋帶（མཆོད་ཕྱིར་ཐོགས）、骨灰（ཐལ་ཆེན）等密乘瑜伽士所佩帶之六種骨飾作莊嚴；『**妙齡豐滿**』是指彼等諸師顯現風華正茂之俊美少年體相；『**眾皆額間ༀ喉間ཨཱཿ心間ཧཱུྃ**』是指諸眾傳承上師與根本上師皆於額間、喉間、心間三處安住嗡、啊、吽三種子字；『**心間ཧཱུྃ字發光從自性界迎請上師本尊壇城眾及諸佛菩薩勇父勇母護法**』是指由傳承諸師與根本上師心間之種子字發光，光照奧明清淨剎土，從其剎土中召請諸智慧尊降臨。許多行者不知如何觀智慧尊，此間之智慧尊是指居於各清淨剎土之佛金剛法、傳承上師、三世諸佛及菩薩、本尊嘿洳嘎父母及空行母諸眷屬等；可觀其為各自之形像，亦可觀之為光相。誦『**嗡班雜薩嘛渣**』時，智慧尊一剎那間降臨於資糧田中根本上師及傳承諸師各個頭頂，隨即轉成與所觀尊眾同相之圓滿智慧尊；誦『**雜吽幫嚎**』時，智慧尊融入於各個上師身；『雜』意為各個智慧尊集於各個誓言尊之上，『吽』意為各個智慧尊融入於各個誓言尊之中，『幫』意為智慧尊與誓言尊融合成一、無二無別，『嚎』字意為智慧尊與誓言尊二者相融生大歡喜，此時資糧田諸尊皆生大歡喜，對行者示現喜悅之容。『**各各皆成皈依境總集為一體性也**』是指根本上師、傳承諸師成為皈依境中之總攝集者，每位上師都代表諸上師、諸佛、本尊、菩薩、勇士、空行、護法等總集之體性，此時殊勝之皈依處——資糧田已成就圓滿。

所謂『資糧田具差別法，灌頂、親授、口訣知三分』，其中關於生起上師資糧田之訣要授知者，如章嘉（ལྕང་སྐྱ）、圖觀（ཐུའུ་བཀྭན）大師口傳：『上師生勇士金剛法者外，佛生金剛法者內，與妃同生者秘密修。此之上師生勇士金剛法為共，佛生金剛法者不共，二者體性為一也。』薩迦傳承中只有共同上師瑜伽，上述之面前觀法在鄔曲（ཨོ་ཆུ）修法中以共同法作觀，而不共同上師瑜伽則是唯一之耳傳法。如智者有言：『正覺金剛法相為不動如來種姓，乃上師意真性之示現；忿怒（勇士）金剛法為無量光佛種姓，乃上師語真性之示現；金剛瑜伽母為大日如來種姓，乃上師身真性之示現。』

總之，既生起上師為佛所示現之觀念，則已具備緣起因；故能否觀現彼相亦無關緊要，爾等可將此『捷徑』許作不共法之傳承作修持。此乃絳央德朶（འཇམ་དབྱངས་བཞད་པ）、達普·丹貝堅贊（དཀའ་ཐུབ་བསྟན་པའི་རྒྱལ་མཚན）等大師之觀點；彼等之見地是：若觀上師加持力速疾，若觀佛加持力大，則觀別相現起還不如觀為『金剛法』相，因彼關係『語金剛』之體性，能廣大增益行者之語功業。

行者依上師授予之訣要，於對前虛空中，在自相續中以智慧生起大解脫之無量宮，此無量宮為四方形，具四門、四牌坊；彼之中央有八大雄獅托舉寶座，其中各色蓮花日月輪墊上，為攝集一切皈依處之體性、自性為己根本上師而顯現之『佛金剛法』體相：其外相與金剛持相仿，唯身現紅色，並具骨飾莊嚴；『身現紅色』者表悲憫弟子；此『悲憫』（ཐུགས་རྗེ་ཆེན་པོ）乃為『無緣大悲』、『憐憫衆生而作一切救護』之意。如是，上師恆常為弟子發大慈大悲之心，時時隨執悲憫慈愛衆生；亦表為所化徒衆之入修相續功業而說法。上師『身紅色』亦表語功業成就、化相入於弟子之心相續故，即得成辦『語金剛』之體性。『正覺金剛法』現如無量光佛之身色，此亦是增益福壽財富，即『增業成就』之緣起，其時上師現作慈顏歡喜之相。對此，如依鄔曲《本尊鼓樂》中之意趣，則觀上師現『勇士金剛法』相；而依阿旺・尼達桑波（ངག་དབང་ཉི་ཟླ་བཟང་པོ）、強巴卻帕（བྱམས་པ་ཆོས་འཕེལ）仁波切之意趣，則於修本尊父母共同大中脈時，觀上師現『佛金剛法相』；而於修母尊不共小中脈時，則應趣向於觀上師現『勇士金剛法』相；儘管對此二者之斷證功德並無優勝或略遜之分，一般則認為意向『勇士金剛法』相之觀修方式比較好；然帕幫喀巴、夏魯、達普、圖觀等諸上師之傳承則認為以『圓覺佛金剛法』相之觀修法為妙。

《夏魯導引》中說：『上師傳承之加持、納入以上師傳承無衰為緣起，傳承諸師在資糧田中重疊生起。』而依敦諾布（ཀུན་དགའ་ནོར་བུ）之傳承，則說：『眷屬、資財增盛故應集會。』為易證故，此處以『集會』之方式講授。於觀修資糧田時：『自根本上師之座前起，周邊由傳承諸師圍繞』，這裏所說的『傳承諸師』是指儀軌文隨後之『祈請傳承上師』中所列的諸傳承師衆；此觀境之中央第一座是體性為根本上師之金剛持佛，座前為至尊金剛瑜伽母，歷代持教諸傳承師則依次左繞而順序排列，直至行者之親傳上師。依吾之傳承，排列在末座者分別為：云增冬巴·至尊阿旺丹巴仁波切、至尊益希旺秋仁波切等。

傳承諸師之座是以根本上師金剛法為中心，而於四周依次排列；每尊皆具獅托寶座，並以各色蓮花、日、月為墊。座上之金剛持作『圓覺金剛法』相，如是至尊金剛瑜伽母及由那若巴尊者至行者自己根本上師間之傳承諸師，本具彼師之各別體性，而皆現為『勇士金剛法』之相。兩翼諸尊面觀主尊，而正中諸本尊面觀行者自身，此乃與行者自身之緣起有關。中央之獅子座、金剛法與身後上師間之諸尊互不掩覆，乃因彼為光之自性也。

由行者自身對前中央之『圓覺金剛法』至洛嘉·謝繞澤（[illegible]）間之五尊從左起依次呈環形而坐，直至自身之根本上師，其座與金剛持座位相鄰。諸師尊之三處三字表徵，各自心間之ཧཱུྃ字發出無量紅光，光照十方三世一切佛之心間，迎請上師、本尊、佛、菩薩、勇士、空行、護法及圓滿資糧田以『佛金剛法』與『勇士金剛法』之形相降臨，並收融於自身對前相應之諸資糧田聖衆，令成皈依處攝集為一之體性。如是諸尊明朗顯現，而又實無自性，唯為自心妙有慧觀之力轉成也。此『由觀想生起圓滿資糧田』之修法，是益希旺秋上師所講授之『金剛瑜伽母生圓二次第深奧導引』中之第一口授訣竅。

（二）獻殊勝（七支）供

『殊勝供』亦謂『七支清淨法』、『恆懺七支』。『七支供』有多說：如『報身七支法』、『顯乘七支法』、『曼荼羅七支法』、『普賢行願七支法』等等。其供修法很多，通說者為禮拜、供養、懺悔、隨喜、請轉法輪、請佛住世和迴向等『普賢行願七支』法。此所講乃不共密乘『七支供』修法，出於密乘續部釋論，其差別為：以皈依、發菩提心二支代替『請轉法輪』、『請佛住世』二支，以所觀境為上師現報身行相、說法無息故也。

1. 頂禮支

於前觀境中，『根本上師、傳承諸師、諸佛菩薩、勇士空行、聖教護法』等衆會聚集之後，資糧田即已生起。行者欲藉向上師修供而廣集福德資糧，第一方便乃行頂禮。『頂禮』法能淨除行者纍世所積之我慢及習氣，袪除自身之病患與罪障，可積集廣大之福德資糧；並藉此對諸上師生起猛厲之信心。此間誦儀軌文：

『何師恩德大樂處　剎那之間證得者
妙如上師大寶身　金剛足蓮前頂禮』

『**何師恩德大樂處**』之『何師』指根本及傳承諸師；『**恩德**』指藉彼等上師賜予行者究竟證得樂空智慧之大恩。然行者必須具知恩、念恩、報恩之懇切信念。誠如班禪・洛桑卻吉堅贊（པཎ་ཆེན་བློ་བཟང་ཆོས་ཀྱི་རྒྱལ་མཚན།）在《上師無上樂空無別供養法儀軌》（下簡稱《上師無上供》）中所云：

『誰之悲心使我大樂界，三身勝果得證一瞬間；
等同無上大寶恩師體，金剛持尊座足下頂禮。』

『**大樂處**』即指『無學雙運金剛持果』。『**剎那之間證得者**』之『剎那』指人生無常，於六道流轉中經歷生老病死之短暫人生實僅為剎那間。我等只有藉上師之恩德並善加修持，才能於一生之短暫剎那間證得大樂智果位。『**妙如上師大寶身**』指上師之尊身妙如隨欲如意之摩尼寶。上師之大恩大德對行者而言，堪能比作令一切如願之『摩尼大寶』。『**金剛足蓮前頂禮**』意謂行者稽首頂禮金剛持——上師之蓮足下；『金剛』為樂空根本慧，而上師乃任執此金剛之持有者，故行者當於金剛上師與佛金剛持無二無別之足下禮拜。『蓮』指上師所坐之蓮花座。行者於身行禮拜時，需身心專注：口誦『頂禮咒』或頂禮之經文，於憶念師佛深恩而生起之猛厲虔敬心中作頂禮，如是三門盡致禮拜。此時可觀自身化為千萬個身相作頂禮，同時亦可觀己在替六道衆生或率一切衆生行頂禮；以此廣大心量能積集無量無邊之功德。

2. 供養支

供養支分為外供、內供、秘密供及真實性供四種。

(1) 獻外供

『觀自心間放出供養天女衆作供養　嗡啊剛哲帝雜娑哈　嗡巴當哲帝雜娑哈　嗡班雜布白啊吽娑哈　嗡班雜都貝啊吽娑哈　嗡班雜帝貝啊吽娑哈　嗡班雜更得啊吽娑哈　嗡班雜納微德啊吽娑哈　嗡班雜曉達啊吽娑哈　嗡啊班雜阿達謝吽　嗡啊班雜岌尼吽　嗡啊班雜更得吽　嗡啊班雜惹賽吽　嗡啊班雜巴爾謝吽　嗡啊班雜達麥吽　嗡咕洳班雜達嘛薩巴日瓦惹嗡啊吽』

修外供法時，應盡力於種種精妙供品作實際陳設，若條件不具亦可於觀想中意變諸供。

諸供物之陳獻次第分別為：**『嗡啊剛哲帝雜娑哈』**（ཨོཾ་ཨརྒྷཾ་པྲ་ཏཱིཙྪ་སྭཱཧཱ།），此間之『嗡』為總義，『啊剛』

為飲用水，『哲帝雜』謂請各各享受，『娑哈』義廣，此表奠基或立本；復如前已有述及，『巴當』為濯足水，『布白』是香花，『都貝』謂薰香，『帝貝』謂明燈，『更得』謂塗香水，『納微德』為饌食，『曉嗟』謂妙樂，『啊吽』與『嗡』字合為三金剛之種子字而作加持。

於誦咒之同時，觀從自心間放出供養天女，各各手捧勝妙之供品向資糧田作供：身妝白色之飲用母（མཆོད་ཡོན་མ།）供獻飲用水；濯足母（ཞབས་བསིལ་བ་མ།）供獻濯足水；花母（མེ་ཏོག་མ།）供上各色香花；粟色薰香母（བདུག་སྤོས་མ།）供奉薰香；紅黃色燈明母（མར་མེ་མ།）供養明燈；綠色塗香母（བྱུག་པ་མ།）供獻塗香；身具各種顏色之神饌母（ཞལ་ཟས་མ།）以神饈作供；妙樂母（རོལ་མོ་མ།）奏妙樂為供。

復從自心間放出六供養天女，各持一殊勝供物分別供養於諸聖衆之『六根』。『嗡啊班雜阿嗟謝吽』（ཨོཾ་ཨཱཿབཛྲ་ཨཱ་དརྴེ་ཧཱུྃ།）是『色金剛母』（གཟུགས་རྡོ་རྗེ་མ།）之真言，『阿嗟謝』謂明鏡，此間行者邊誦邊結供明鏡之手印，觀色金剛母身妝白色，手捧淨妙之明鏡供獻於諸聖衆之『眼根』；『嗡啊班雜毖尼吽』（ཨོཾ་ཨཱཿབཛྲ་བཱི་ཎེ་ཧཱུྃ།）是『聲金剛母』之真言，『毖尼』謂琵琶，此間行者邊誦邊結彈撥琵琶之手印，觀聲金剛母身妝藍色，以奏演琵琶天音供養於諸聖衆之『耳根』；『嗡啊班雜更得吽』（ཨོཾ་ཨཱཿབཛྲ་གནྡྷེ་ཧཱུྃ།）是『香金剛母』之真言，此間行者便結塗香印，觀香金剛母身妝黃色，手捧滿盛塗香水之淨瓶供養於諸聖衆之『鼻根』；『嗡啊班雜惹賽吽』（ཨོཾ་ཨཱཿབཛྲ་ར་སེ་ཧཱུྃ།）是『味金剛母』之真言，『惹賽』即食子，意為神饌，其具百種美味，此間行者邊誦邊結供食子手印，觀味金剛母身妝紅色，手捧勝妙之饌食供獻於諸聖衆之『舌根』；『嗡啊班雜巴爾謝吽』（ཨོཾ་ཨཱཿབཛྲ་སྤརྴེ་ཧཱུྃ།）是『觸金剛母』之真言，『巴爾謝』謂妙衣，此間行者便結獻妙衣印，觀觸金剛母身妝綠色，手持天絹妙衣供獻於諸聖衆之『身根』；『嗡啊班雜嗪麥吽』（ཨོཾ་ཨཱཿབཛྲ་དྷརྨེ་ཧཱུྃ།）是『法界金剛母』之真言，『嗪麥』謂法基，此間行者便結法基印，觀法界金剛母身妝白色，手捧一殊妙法基供養於諸聖尊之『意根』。供養法基能令行者生起樂空不二殊勝正法之法源，只有目睹此物才能使行者生起現證諸法空性之樂空智慧。供養圓滿後，復將諸供養天女收回於自身心間，以上六位作供佛母，亦稱『六天密妃』。如是以三金剛自性之妙供，供獻於資糧田衆會，此乃無上續部之共同供養法；不共之供法則需觀想十六位供養天母出現作供。

以上為獻外供之修法，乃與寶瓶灌頂相應之供養也。行外供者除需明瞭供養之義理外，尚需知曉修供之五要：一為實設清淨、精妙供品，二為口誦各各供養真言，三為身結如法之手印，四為意離散亂諸過，五為通達能供者、所供物、及所供之事三者皆無自性。以此作供，能為覺受樂空無二智慧而積集殊勝之福、慧資糧。

附：十六明妃供

於《自入中圍》儀軌中有不共之『十六明妃供』，其配合具傳承之手印作供養時，能表各各供物之實相；行者口誦『嗡班雜娑呢吽吽呸』（ཨོཾ་བཛྲ་བཱི་ཎཱ་ཧཱུྃ་ཧཱུྃ་ཕཊ།）時，雙手握拳於胸前稍左，左手上右手下，雙手之食指與小指作彎，中指與無名指作彈琵琶樣，謂琵琶天女奏琵琶；『誦嗡班雜幫欵吽吽呸』（ཨོཾ་བཛྲ་བཾ་ཤེ་ཧཱུྃ་ཧཱུྃ་ཕཊ།）時，握鈴杵之雙手置於胸前，右手上左手下作吹笛樣，謂金剛笛女吹骨笛；誦『嗡班雜米當格吽吽呸』（ཨོཾ་བཛྲ་མྲི་དཾ་ག་ཧཱུྃ་ཧཱུྃ་ཕཊ།）時，握金剛鈴杵之雙手交叉，雙手之食指與中指伸直，上下搖晃作雙手拍擊搖鼓樣，謂金剛搖鼓天女獻搖鼓舞；誦『嗡班雜牟

惹則吽吽呸』（ཨོཾ་བཛྲ་མུ་ར་ཛེ་ཧཱུྃ་ཧཱུྃ་ཕཊ྄）時，握金剛鈴杵之雙手手心相對於胸前，雙手之食指與中指伸直，上下搖晃作雙手擊大鼓樣，謂金剛大鼓天女供大鼓音；誦『**嗡班雜哈賽吽吽呸**（ཨོཾ་བཛྲ་ཧ་སྱེ་ཧཱུྃ་ཧཱུྃ་ཕཊ྄）時，握金剛鈴杵之雙手於唇邊，手心向外，拇指與食指相觸，其他指散開而彎，作微笑樣，表金剛笑母笑顏供聖衆；誦『**嗡班雜喇賽吽吽呸**』（ཨོཾ་བཛྲ་ལ་སྱེ་ཧཱུྃ་ཧཱུྃ་ཕཊ྄）時，握金剛鈴杵之手心向上分於髖骨處，作矜驕相，謂佛慢供、證佛法身；誦『**嗡班雜改帝吽吽呸**』（ཨོཾ་བཛྲ་གཱི་ཏེ་ཧཱུྃ་ཧཱུྃ་ཕཊ྄）時，『班雜給帝』乃金剛歌吟天女，以歌吟偈讚供養聖衆，結碰鈴印，握金剛鈴杵之雙手於胸前，拇指與食指作持鈴狀，右手先上扣左手，左手後上扣右手，作碰擊碰鈴樣；誦『**嗡班雜呢帝吽吽呸**』（ཨོཾ་བཛྲ་ནྲྀ་ཏྱེ་ཧཱུྃ་ཧཱུྃ་ཕཊ྄）時，觀金剛歌舞天女以善巧之技藝、優勝之歌舞供養聖衆，『**班雜呢帝**』乃金剛歌舞天女也；誦『**嗡班雜布白吽吽呸**』（ཨོཾ་བཛྲ་པུཥྤེ་ཧཱུྃ་ཧཱུྃ་ཕཊ྄）時，握金剛鈴杵之雙手向上，由食指起漸漸展開如散花狀；誦『**嗡班雜都貝吽吽呸**』（ཨོཾ་བཛྲ་དྷཱུ་པེ་ཧཱུྃ་ཧཱུྃ་ཕཊ྄）時，握鈴杵之雙手向下，由食指漸漸收攏作薰香樣；誦『**嗡班雜帝貝吽吽呸**』（ཨོཾ་བཛྲ་དཱི་པེ་ཧཱུྃ་ཧཱུྃ་ཕཊ྄）時，握金剛鈴杵之雙手向上，拇指豎立作燈心樣；誦『**嗡班雜更得吽吽呸**』（ཨོཾ་བཛྲ་གནྡྷེ་ཧཱུྃ་ཧཱུྃ་ཕཊ྄）時，握鈴杵之左手握拳向上，右手在左手之上豎掌於胸前作塗香樣；誦『**嗡汝巴班紫吽吽呸**』（ཨོཾ་རཱུ་པ་བཛྲི་ཧཱུྃ་ཧཱུྃ་ཕཊ྄）時，握鈴杵之左手握拳於胸前，右手豎掌於左手之上，意謂色金剛天女供養明鏡，明照三千大千世界(一)；誦『**嗡惹薩班紫吽吽呸**』（ཨོཾ་ར་ས་བཛྲི་ཧཱུྃ་ཧཱུྃ་ཕཊ྄）時，握鈴杵之雙手向上持平，味金剛天女作神饌供樣；誦『**嗡巴**

(一)三千世界：一須彌山、一日月、一四天下、一帝釋名為一世界。一千世界為一小千世界，千個小千世界為中千世界，一千個中千世界為大千世界。三千一語，指三千大千世界，是由三級千世界組成，世界數實無量也。

廈班紫吽吽呸』（ཨོཾ་ཤེ་བཛྲ་ཧཱུྃ་ཧཱུྃ་ཕཊ།）時，觀觸金剛天女獻天衣，握鈴杵之雙手於胸前，手心向前持平，拇、食二指作持衣樣；誦『嗡達嘛打都班紫吽吽呸』（ཨོཾ་དྷརྨ་དྷཱ་ཏུ་བཛྲ་ཧཱུྃ་ཧཱུྃ་ཕཊ།）時，握鈴杵雙手之拇指伸直對擠，食指與小指伸直，中指與無名指相交叉，於胸前作法基樣。在此十六明妃或天女供養中，觀衆天女為一面四臂，上二手持鈴杵，次二手持滿盛供物之寶器，亦可觀為一面二臂，依行者之方便。所供之明鏡等謂外五妙欲，色美等謂內色，歌聲等謂內音，身與口噴出之氣息謂內香，舌與唇之美味謂內味，蓮瓣之觸覺柔軟等謂內觸，以上為內五妙欲，藉內外五妙欲供養上師資糧田諸聖衆，令成根識之樂受知覺，以此增上緣，生起意識之樂受等，相續中生起俱生之大樂智。法金剛母以三解脫門(一)與不變法身所莊嚴之黑青三角法基作供，僅僅目睹之即能證一切法無自性，於相續中引生樂空無別的殊勝智慧。

(2)獻內供

誦：『**嗡咕洳班雜達嘛薩巴日瓦惹嗡啊吽**』。

『**嗡**』是總義，『**咕洳**』謂上師，『**班雜**』是金剛，『**達嘛**』謂法，『**薩巴日瓦惹**』指主尊及眷屬等，『**嗡啊吽**』為三種子。大義即謂：三金剛自性之上師金剛法及眷屬前獻予三金剛自性之甘露。行者在誦此咒之同時，觀自心中 ཨཾ 字放出與資糧田中傳承諸上師數量相等之味金剛母，各自手捧盛滿甘露之頂骨器，供養給每一位上師，自己用左手無名指沾內供向空

(一)證得空性的三種方法：空解脫門、無相解脫門、無願解脫門。亦稱空三昧、無相三昧及無願三昧。

彈灑；與此同時，觀資糧田諸師受用滿足生起大樂。諸味金剛母復收融於自心間之ཧཱུྃ字。內供緣自空性實相，由空性中生出供物，其修法深邃，乃與『秘密灌頂』相應之供養法，此於前章已作詳述。

(3) 獻秘密供

行者在供獻外供及內供之後復行秘密供：觀從自心間ཧཱུྃ字放出具蓮相、螺相、象相、鹿相等『三使』空行母。其中包括：住金剛灌頂三昧耶中之密咒生起次第『咒生』空行母、得雙運位之『俱生』空行母、居空行淨剎之『剎生』空行母。此衆窈窕化使母皆赤裸散髮、搖曳婀娜、含笑欲合，與具貪母等化現成傳承諸師之明妃，復諸空行母相互化融轉為至尊金剛瑜伽母，即成根本上師之明妃。以雙運道引生『四喜』，獲得俱生樂空智。如是觀想中，誦：

『悅意妙齡具德窈窕母　六十四種善巧妙雙跏
剎生咒生俱生使女衆　幻化幻美幻印諸供養』

『悅意妙齡具德窈窕母』是說此諸化相空行母正當妙齡年華、姝麗莊嚴，具足一切相好之功德；『六十四種善巧妙雙跏』是指窈窕空行母之文靜妙美，於《上師無上供》中有偈誦『合意妙齡藝俱六十四，欲樂技藝善能細身母』即指彼等善能六十四種精巧舞伎之曼妙空行母；『剎生咒生俱生使女衆』中所指之『俱生使女衆』，為已成就圓滿次第而於住有學、無學雙運果位者。『俱生』果可分二位：一是『有學雙運』，即從成就幻身起至證得金剛瑜伽母之究竟無上正等圓覺果位為止；二是『無學雙運』，無學雙運者已證得金剛瑜伽母之究竟果位，毋須作任何修持。『使女衆』是指從自心間放出之刹生、咒生、俱生等諸尊空行母作為成辦秘密與真實性供之使者。『幻化幻美幻印諸供養』是指所供養之明妃皆為幻現之美麗身印；如此所供之明妃即轉成至尊金剛瑜伽母並與根本上師同入等持，即『妙雙跏』之所指，此『脈跏趺』能令覺受無漏之大樂；如是觀想作供，乃自己心相續中生起俱生大樂之緣起，此即與『智慧灌頂』相應之供養。

⑷獻真實性供

『離障俱生大樂智　諸法自性越戲境
無二任運離詮思　供獻勝義菩提心』

於秘密供養後，諸師乃現證空性，誦此四句以獻上真實性供，令彼等證得空性或空性證德增上；而其空性來自於對秘密供時所現證之離障大樂之體認——以此大樂而通達真如實相。『離障俱生大樂智』是說俱生大樂智慧遠離障垢；『諸法自性越戲境』指此境界自性乃遠離諸法之戲論分別；『無二任運離詮思』之『無二』是指大樂與空性相融，成樂空無別之智慧，而『任運』之義，貢唐大師對此解作『雙運』，即樂空智與最細心風遊戲之顯發；『離詮思』指『離言絕想』、不可思議，樂空無別智慧唯現證者方能了知其行相，用語言文字無法詮釋證得樂空無別智慧之境界，一切分別思惟均難了知其德性。『供獻勝義菩提心』，謂行者自己以此無上殊勝之菩提心——『大樂空性』作供養。行者應勝解，以如是之秘密供與真實性供令根本上師及傳承諸師之樂空智慧增盛。如帕幫喀巴仁波切所說，在此間若能誦《上師供養法》中之『無上救怙上師偕眷屬』至『永作信士終生祈攝持』之一段則更殊勝，此乃與『句義灌頂』相應之供養也。

密乘之不共菩提心即樂空智慧，故此應觀一切供境為心相續中生起之殊勝無漏樂空根本智慧。內、外、密及真實性供四者僅為供物形相上之差別；而實際上，一切供養皆乃體性為心相續中樂空不二智慧所化現。凱珠桑吉益希（མཁས་གྲུབ་སངས་རྒྱས་ཡེ་ཤེས།）認為：『若一切外、內供皆能生起樂空慧，則一切供亦應具有真實性供之作用——彼供亦應在心相續中引生樂空智。』吾以為凱珠桑吉益希之見解極有道理，因為資糧田中之一切智慧尊已證法身，樂空智慧本具足於彼衆之心相續中而無需另作生起，觀如此生起者，是行者在自心相續中引發樂空智之緣起關鍵故也。

3. 懺悔支

誦：『**無上三寶我皈依　一切罪業皆懺悔**』。

此間需行懺悔以清淨自心，『**無上三寶我皈依**』是指行者在佛、法、僧三寶前發心至誠皈依，皈依乃為『依止力』所攝；自身及衆生在難以忍受之生死輪迴怖畏苦難中欲求出離，於此恐懼與苦難中，唯一能拯救我等衆生者，即對前之資糧田諸師；故我今唯信賴三寶，一心一意作大乘之不共皈依。皈依具因果二因：為利自他從有寂恐怖中解脫而發心迫切者，具

『因皈依』；於未來之修持中能夠證得斷證功德㈠，並且堅信在自相續中生起者為『果皈依』。具足此二種皈依因者方謂正確皈依。

『**一切罪業皆懺悔**』是指行者皈依後，觀察生起五道十地㈡功德之最大障礙是業障與墮罪，就此對自己身語意所造之一切罪業，在三寶前各各發露，對以往所作之種種罪業如毒入內臟般深覺後悔，故生起強烈之『懺悔力』，並作迫切懺悔；祈求所有罪障得以淨除，悔前戒後——今後寧可捨棄生命亦不復造作，則為『對治力』；復於懺悔之後，生起諸罪業已得清淨之定解、喜慰無限，並竭力攝心持戒而生起『防護力』。如是具足『對治四力』者，謂『具力』懺悔。

4. 隨喜積福支

『隨喜眾生作善業　至心受持佛菩提』

誦『**隨喜眾生作善業**』時，於行者自所作之善業，以斷除我慢、貢高之過而生歡喜；尤需對眾生之善行、諸佛菩薩、勇士空行之功德生大歡喜，以己亦能藉此『隨喜』而獲與彼等相同之功德也。故一念隨喜，便能為自己集積、增上廣大功德，並治伏嫉妬、爭競之心。宗喀巴大師云：『能不勞精勤而積大福資者，莫如隨喜。』復有頌云：『凡夫功德纍積如山高，菩薩一念隨喜能映蔽』。

㈠永斷一切煩惱障和所知障為斷德，通達一切『如所有性』和『盡有性』為證德。
㈡五道指：資糧道、加行道、通達道、修習道、究竟道。十地分『小乘十地』及『菩薩十地』，此指後者，乃菩薩修行之十個階位。

『至心受持佛菩提』者，此指受持勝義菩提心——樂空無別智；其為前所作善業之印定，亦為後所修願、行二菩提心之總持也。

5. 皈依支

「殊勝正法與聖僧　直至菩提我皈依」

『殊勝正法與聖僧』指行者之皈依處；『直至菩提我皈依』是指行者對皈依所生起之堅定信解：我自皈依三寶後直至證得正等圓覺佛果位之前，將時時刻刻不捨離佛、法、僧三寶，並以三寶為究竟之依怙。此二句乃為立下『直至正等正覺間恆常作皈依』之誓言，行者向三寶作承諾，決心永不捨棄皈依，直至證得雙運果位。皈依之根本為究竟利他，故需發菩提心而成辦。

6. 發願菩提心支

(1) 發菩提心

『成就自他事業故　發起真實菩提心

既發殊勝菩提心　一切有情我接引』

『成就自他事業故』，此中已明確指出發菩提心之目的：我等發菩提心並不僅為一己之利樂，而是為成辦一切六道衆生之利益；『發起真實菩提心』乃指發起真實菩提心；其發心不在於行者之表面行儀而重於內心；『既發殊勝菩提心　一切有情我接引』，此中之前句已指出：行者發菩提心之大願若已經生起，其目的為何？一切皆為接引、成熟有情也。

(2) 發行菩提心

『勝妙菩提悅意行』

誦『勝妙菩提悅意行』時，當思惟行者在發願接引衆生之後，應修持善妙殊勝菩薩行，以如對大恩貴賓一樣之熱誠，作如是發心：總於波羅蜜多六度等一切菩提大行，別於生圓二次第勵力修學，藉此以圓滿衆生義利。

7. 迴向支

『為利有情願成佛』

『為利有情願成佛』即為功德迴向，『迴向』乃轉變、增長義。將行者所作之善業功德，迴向給一切衆生，如是能令功德善根輾轉增上。此乃『即身成就無上雙運佛果』之不共勝因，為此而欲求成佛饒益一切衆生。

(三) 古薩黎供養法

『古薩黎』(ཀུ་སཱ་ལི) 是梵語，意謂善士、虔誠修行者。『古薩黎供養』即捨身積福，乞求積資之意。在《鄔曲導引》中謂『古薩黎者意謂三想也』；三想乃為食、睡、洩，乃指瑜伽士外在行相與凡夫無異而內則勤作善業者也。古薩黎供養亦稱之謂『素供』，即觀自身之肉體化為甘露而作供施，無需陳設供品。其法為：

1. 生起觀境

『自心空行王母如指許　頂門而出根本上師尊
現作相面復融出現處　自生人首三具之竈上
割剝截取遺蛻天靈蓋　其內血肉骨骸及諸物
碎切壘堆忿怒淨目視　除穢清淨沸騰甘露海
嗡啊吽哈嚎舍』

首先生起能依所依之上師金剛法壇城，壇城主尊由三寶侍奉賓、怙主功德賓、魔障冤孽債賓、六道悲憫賓等四衆賓客左旋圍繞；於壇城主尊前空、虹光祥雲帳幕之中央，端坐無比釋迦能仁，並由無上瑜伽、瑜伽、行、事諸續部壇城本尊及佛、菩薩、聲聞、緣覺等俱應承事侍奉之賓客依次圍繞；復於主尊之右方，至尊文殊菩薩由勇士、空行、護法諸衆功德賓客圍繞；而於壇城主尊後方之霓虹祥雲密佈界中，以秘密金剛手菩薩為主，魔障冤孽債主之賓客，由金剛手鎮伏踏踩於足下樣而圍繞；復於壇城主尊左方之霓虹祥雲密佈界中，以觀自在怙主為主，六道衆生由觀自在等慈悲憐憫之賓客護佑而圍住。以上是資糧田壇城之觀法，如是剎那間觀境明現於前。

古薩黎供養是觀想以自肉身作供養。具足三戒律之行者以受戒前之身作觀修供施。若非具足三戒之身體，可觀自身即為所具百味之身，彼身中樞稍後，近似紫梗花汁色之中脈，光亮如明燈，柔軟如蓮瓣，直如竹箭，細如幼藤，下自丹田，上止梵頤（中脈上口），自心間之

བཾ字自性成至尊金剛瑜伽母，由梵顱而出，如流星般逝往資糧田中至尊上師佛金剛法前，面面相對，身心喜樂無限；復哀思自身，自無始時以來，為貪嗔癡三毒所執，耗棄無數有益之身，今其緣已盡，應以此自視為珍愛無比之肉身轉化成具百味之甘露而作供施，以求成辦利益自他二事。行者需知：此處所講乃『觀修捨身』以積集福德資糧之方法，故須切記此僅為觀修法而並非實際操作法；若誤解其義而作燃指燒身等無謂供施，則非但不能積福，反而犯下根本墮戒，必墮金剛地獄而不得成就。

行者於觀修此法時，還須觀自身之舊蘊遺蛻，於上盤空三匝，然後手持鉞刀，環割遺體眉際，取下頂蓋，置於面前之弓形風輪上，復燃起火輪，三具人首排列成三角爐竈，高如須彌山，上置遺軀頂骨器，外表晶白，內鮮血紅，廣大遼闊，等同三千大千世界，頂器前額向皈依境；復割取四肢、腰頸諸關節處，成三節後，置於頂骨器內，以鉞刀左轉翻攪三次，即成血如大海、肉如大山浮塊、骨如團石之狀。此時觀自身為金剛瑜伽空行母，三目睜視，誦**『嗡啊吽哈嚎舍』**三遍，依次作除穢、淨治、生起、加持等，如內供之觀想，剎那間成古薩黎供養。

云增冬巴・至尊阿旺丹巴仁波切之口傳訣要云：『於誦「嗡啊吽哈嚎舍」之後，復誦三遍「嗡啊吽」三種子字，以堅固加持。』而《廣軌》於此中則無如是堅固法；在《鄔曲導引》中有『藉觀血肉之上有「嗡啊吽」三字疊住』字樣，亦是口傳教授。

2. 對前獻供

『自心間放出無量持器天女 頂器中甘露騰騰供養賓客 衆賓客舌成金剛光筒吸其精華也
四身尊主根本上師前 聖物甘露供上喜受用 嗡啊吽
成就本源傳承上師前 聖物甘露供上喜受用 嗡啊吽
上師本尊三寶護法衆 聖物甘露供上喜受用 嗡啊吽
原有本地安住地祇衆 聖物甘露供於願助伴 嗡啊吽
六道輪中一切有情衆 聖物甘露供於願解脫 嗡啊吽
受供諸賓滿足無漏樂 一切衆生離障證法身
供養三輪離言詮思惟 轉成樂空無二之體性』

此間誦『**自心間放出無量持器天女 頂器中甘露騰騰供養賓客 衆賓客舌成金剛光筒吸其精華也**』時，觀自心間ཧཱུྃ字放出七位供養天女，各持供養寶器，味金剛天女雙手捧盛滿甘露之頂骨器，為成就『七支和合』果位(一)故，將器內甘露分七次供獻予根本上師佛金剛法，上師舌成金剛光筒吸享受用其精華後而心生歡喜，如是觀想。隨誦：『**四身尊主根本上師前 聖物甘露供上喜受用 嗡啊吽**』，邊誦邊供獻於根本上師，此時行者右手高舉盛滿甘露之頂骨器於頭頂，用左手無名指拈取內供少許彈撒於空中。《鄔曲導引》中說『誦「嗡啊吽」三種子

(一)『七支和合』乃報身所具之七種自性：受用圓滿支、和合支、大樂支、無自性支、大悲遍滿支、利生無間支、永住無滅支。

七遍作供』；至尊益希旺秋上師之供養法乃為：於『四身尊主根本上師前，聖物甘露供上喜受用，嗡啊吽』一偈完整連誦七遍，邊誦邊彈灑內供作供養，發聲要摯誠懇切、悲泣感人，觀滴滴內供化如大海般供獻予根本上師；隨後將供養七天女收回融入自心間ཧཱུྃ字。

復次自心間ཧཱུྃ字再放出與傳承諸師數目相等之天女作供養；此間誦：『**成就本源傳承上師前　聖物甘露供上喜受用　嗡啊吽**』一遍，觀圍繞於根本上師並現忿怒金剛法身相之傳承諸上師受用供養，彼眾在悅意受享諸天女之聖供後，皆滿生歡喜。

復依次獻供於本尊、諸佛、菩薩、聲聞、緣覺、護法及所圍繞之釋迦能仁，並及功德賓客、悲憫賓客、孽債賓客等各賓客圍繞之文殊、金剛手、觀世音三尊，誦：『**上師本尊三寶護法眾　聖物甘露供上喜受用　嗡啊吽**』，至『嗡啊吽』三種子字時作供養，供獻於佛、菩薩、聲聞、緣覺、諸本尊及護法；此間獻供時，於四聖眾、諸本尊與文殊、觀音、金剛手菩薩三怙主應以恭敬心而獻，於文殊菩薩周匝之勇士、空行、護法、及諸眷應以宴待賓朋之心而獻；諸賓客舌成金剛光筒吸享供物精華，眾皆受用滿足，生無比歡喜。

復誦：『**原有本地安住地祇眾　聖物甘露供於願助伴　嗡啊吽**』時，觀諸本土護方神、當方地祇現為空行母相受供養，以此偈召之、以三種子字作供、以甘露灑其身，令其二障清淨，圓滿福德智慧二資糧，受用富足，無病無礙，心無分別，證覺法身。

復誦：『**六道輪中一切有情眾　聖物甘露供於願解脫　嗡啊吽**』，於誦此偈時觀召請六道眾生及中有之眾至對前，以『嗡啊吽』三種子字於彼作供施，彼眾受享滿足後轉化成瑜伽空行母之體性，皆證得解脫；與此同時，觀一切魔敵冤親債主亦隨六道衆生一起化作瑜伽空行母身相，同達供施場境，乞求佈施，施者亦於彼等予以供施，令彼受用滿足，衆得解脫，皆紛紛攘攘趣向淨土；除根本上師及傳承上師之能依所依壇城，餘皆融入自成之金剛瑜伽母身而加持己相續，三輪離諸言詮思惟而生起樂空。故誦：『受供諸賓滿足無漏樂　一切衆生離障證法身　供養三輪離言詮思惟　轉成樂空無二之體性』。

(四)曼荼羅供養法

『嗡班雜補彌啊吽　金剛大地自在基　嗡班雜惹凱啊吽　諸山外鐵城圍繞　中央須彌山妙高須彌山王　東聖身洲　南瞻部洲　西牛貨洲　北俱盧洲　小身洲　聖身洲　小拂洲　妙拂洲　小行洲勝道行洲　聲不美　聲不美月洲　群寶山　如意樹　隨欲寶牛　自然香稻　法輪寶　摩尼寶　玉女寶賢臣寶　白象寶　駿馬寶　將軍寶　大藏寶瓶　歡喜女　環串女　歌女　舞女　花女　香女　燈明女　塗香女　日　月　珍寶傘　至極尊貴超勝之寶幢　於中諸天具行人所有富樂圓滿　供獻於大恩根本傳承具德上師　無上諸師　總集三時皈依自性承恩根本上師　善說無畏釋迦能仁法自在　至尊金剛瑜伽母及諸眷屬護法等　如是供養　為利有情　懇祈納受　受已伏乞攝取我等衆生於大悲心門中分外加持也

崛起樂空俱生本智慧　由諸蘊界處所出生相
須彌四洲寶瓶日月俱　依怙大悲藏前作供養

貪嗔癡蒙三毒發源處　愛惡親疏中三身受用
無吝無惜獻供喜享受　三毒生處息滅祈加持
唉當咕洳惹哪曼荼羅噶呢雅嗟耶麥」

『曼荼羅』乃梵文，藏語稱之謂『金考爾』，『金』意乃『中』，『考』意乃『圍』，『爾』為副詞；如前所述，壇城亦謂『吸取精華』之義。然行者於此所供之曼荼羅外相，則特指衆生共處之大千世界及其中之各種供物，每一器世界皆依次由風、火、水、地四輪承托，其上為鐵山圍繞之四大部洲、八小諸洲，中有無量衆生，此等世界復有無數無量，統稱曰『三千大千世界』，乃由衆生共業所成，此依《俱舍論》所載也。又此一切有主、無主之諸山、洲、寶等皆為自身業報所感而成，故堪作獻供之用；復以自成本尊，由樂空智中生起曼荼羅而獻供故，而成為積聚福智資糧超勝之方便也。如續典中所說：

『此土成為七福田，聚集聖尊普滿遍；
所欲妙果施捨緣，智者每日供福田。』

又如《事師五十頌》云：

『供養無上三寶時，必具殊勝曼荼羅；
恭敬上師資糧田，座前磕首頂禮拜。』

《入行論》中亦說：

『一串福田塗香氣繚香，如意妙花撒滿方土敷；

無量佛宮悅意讚歌聲，美麗壇城珍寶盛莊嚴。』

供養曼荼羅之功德有如是等諸說，過往許多大德善識如班禪・那若巴、阿巴・雅戈熱等皆有專文釋彼內意。又如阿闍黎嘎巴拉云：『於未證圓滿悉地前，若捨曼荼羅供者衆空行誅戮之。』故曼荼羅供養法於無上密乘中不可輕忽也。曼荼羅供有三十七支（亦稱三十七堆）、二十支、二十五支、二十三支、七支等不同供法；其中三十七支供為帕思巴帝師㈠之自供法，二十三支供乃為宗喀巴大師傳承之供法，二十三支供中全具三十七支，故此二種傳承並無本質區別。

曼荼羅供有內、外、密及真實性供，及體性、供品、行相、供境四殊勝。以須彌、四洲等作供者為外供；以自身血肉、六根及外六處㈡等化為須彌、四洲等相而作供者為內供；以自相續中之大樂智慧化作須彌、四洲等相而作供者為秘密供；由緣生空性所成之須彌、四洲等相而作供養者，為真實性曼荼羅供。

供養曼荼羅時，先用持少許供物之左手端起曼荼盤，然後以握少許供物之右肘部依順時針方向擦拭盤面三次，與此同時觀清淨自心中之煩惱。這裏所說之『煩惱』，即如具德薩迦教授中所指之『貪、嗔、癡』三毒及『庸常顯』與『庸相執』二障。顯乘對治三毒二障等煩惱法是依六度之般若波羅蜜多智慧，而密乘對治貪嗔癡三毒及庸常顯相二執之法則是依樂空

㈠帕思巴為薩迦傳承第五代祖師，元帝忽必烈於公元 1264 年拜之為國師，1270 年升號『帝師』。他亦為金剛瑜伽母傳承祖師之一。

㈡眼、耳、鼻、舌、身、意為六根，色、聲、香、味、觸、法六境為外六處，總合稱曰『十二處』。

智慧，故行者須於心中對此有明晰認知。依順時方向拭擦盤面三次後，復依逆時針方向擦拭盤面三次，在拭擦之同時觀自身已獲得出離心、菩提心及正知正見智慧之加持；復取一把供物置於盤中央，誦『**祈請曼荼供　嗡班雜補彌啊吽**』，『祈請曼荼供』義謂祈請供境聖衆承許行者供養曼荼羅，通常於供曼荼羅前需先誦此句，『嗡班雜補彌啊吽』義謂祈請聖衆為行者加持金剛大基，令其堅如金剛，並令行者自身之信心亦如金剛一般堅固；復誦『**金剛大地自在基**』，此義與前同。

誦『**嗡班雜惹凱啊吽　諸山外鐵城圍繞**』時，將曼荼盤之第一圓圈置於盤上，復撮一把供物沿圈內側以逆時針方向佈灑，此義表所供之粒粒寶物都化作重重鐵圍山圍繞壇城，成就堅固不滅之金剛護輪。誦『**中央須彌山妙高　須彌山王**』時，撮一把供物置於盤中央，觀為須彌山；須彌山也稱『妙高山』，乃由金、銀、琉璃、水晶四寶所成（故為『妙』），呈四方形，山高八萬四千逾繕那㈠，為諸山之王、器世間之中心（故為『高』），其四方有四大洲。

誦『**東聖身洲**』時，復撮一把供物置於盤內圈之東方，觀彼為東聖身洲，此洲位於須彌山之東方，形如半月，三面各長二千逾繕那，斷面長三百五十逾繕那；如是每誦至一處供名時，都撮一把供物置於與其供名相應之方位上：『**南瞻部洲**』是指位於須彌山南方之瞻部洲，其形如木車，三面各為二千逾繕那，另一面為五千四百逾繕那；『**西牛貨洲**』指位於須彌山西面之西牛貨洲，其形如滿月，圓周長七千五百逾繕那；『**北俱盧洲**』指位於須彌山北方之

㈠逾繕那為古印度之長度單位名。五尺為一弓，五百弓為一俱盧捨，八俱捨為一逾繕那，約合二十六市里。

俱盧洲，其形為正方、總長八千逾繕那。此四大洲之每洲側各附有二小洲，其形與四大洲相似：『**小身洲　聖身洲**』是指位於東勝身洲兩側之二小部洲；『**小拂洲　妙拂洲**』是指位於南瞻部洲兩側之二小部洲；『**小行洲　勝道行洲**』是指位於西牛貨洲兩側之二小部洲；『**聲不美　聲不美月洲**』是指位於北俱盧洲兩側之二小部洲。

復由產自四洲之天然寶物作意供：『**群寶山**』是指東部洲中之珍寶山；『**如意樹**』是指南部洲所出之能令一切所欲如願之如意寶樹；『**隨欲寶牛**』是指西牛貨洲之滿願牛；『**自然香稻**』是指北俱盧洲所出之無需耕作而自然生長之穀稻。

彼之空間復有輪王七寶：『**法輪寶**』是指自成之千輻金輪，其輻長五百逾繕那，日行十萬逾繕那，具統勝四大部洲及天界之法力。『**摩尼寶**』形呈八角狀，為琉璃寶所成，光輝燦爛，照耀百逾繕那間，令夜如白晝，為能救非時亡，除疾病苦，滿眾所希欲之如意寶；『**王女寶**』是指無嫉妬之心、斷捨五過、具八勝妙功德相之賢女；『**賢臣寶**』是指摒棄惡業、斷離煩惱、利樂眾生、撥濟貧苦、善巧通達、精於政務、為清淨事業不辭辛勞、忠心耿耿輔佐社稷之賢臣；『**白象寶**』指具足千象威力之白象，彼穩健泰然，日行南瞻部洲三圈，無怒無害，聰靈黠慧，隨心如願；『**駿馬寶**』是指千里駿馬，其身色白，體態飽滿，驍勇神逸，妙行千里，日繞南瞻部洲三周而無倦；『**將軍寶**』（或作『施主寶』），將軍寶指聲名威赫、英勇善戰、料事如神、能降伏一切敵魔之將軍（施主寶乃受用廣大，財力富足，供養三寶，濟貧好施之善人）；『**大藏寶瓶**』是指取之不盡，能滿足一切所欲之寶庫瓶。

七珍寶供之後復有八供養天女：『**即歡喜女　環串女　歌女　舞女　花女　香女　燈明女　塗香女**』，此間每誦至一位天女時手中即撮一把供物，置於曼茶盤之第二圈內其相應方位；復置供物於第三圈中，圈內之右方為『**日**』，左方為『**月**』，『**珍寶傘**』在後，『**至極尊貴超勝之寶幢**』在前靠近自身方向；此供法為令行者能速疾戰勝諸障，更能轉『**庸常顯**』及『**庸常執**』二障為賢善緣起；誦『**於中諸天具行人所有富樂圓滿**』時，復於圈之中央處添一堆供物，表一切為天衆及人所具有之圓滿受用資財皆無缺無漏；如是行者觀想將以上寶物盡堆於盤中，復於上安置頂輪為莊嚴，將曼茶盤高高舉起，並勝解於其上放光，化作百千億之無量清淨曼茶羅。而後誦：『**供獻於大恩根本傳承具德上師　無上諸師　總集三時皈依自性承恩根本上師**』，觀以此清淨四供供養給大恩根本上師、傳承諸師；誦『**善說無畏釋迦能仁法自在**』，供獻於諸佛菩薩及護法勝衆；誦『**至尊金剛瑜伽母及諸眷屬護法等**』，供獻於與根本上師無二無別之至尊金剛瑜伽母及其壇城眷屬；『**如是供養**』是指行者以如此殊勝之曼茶羅供獻於資糧田聖衆；『**為利有情　懇祈納受**』是指壇城聖衆，即根本上師、傳承諸師、本尊、諸佛菩薩，勇父勇母、空行護法慈悲納受我等供養；『**受已伏乞攝取我等衆生於大悲心門中分外加持也**』意指接受供養後，懇請壇城聖衆恩賜加持於我及一切父母有情，觀藉供養彼等諸上師尊衆作為自身從三毒中得解脫之方便。

曼茶盤以金、銀、銅、木、石等原料製作，為圓形，大小不等，大則無度，小則不小於碗口（藏地僧人所持之木碗），盤上以三個圈分作三層，無圈亦可。其質分三品：金銀製作、珍寶莊嚴者為上品；銅鐵質者為中品；木石者為下品。

供物亦分三品：金、銀、銅、珍珠、瑪瑙、珊瑚、玉等珍寶為上品，海螺、貝殼為中品，穀物為下品。供物需以藏紅花等染色、用上好香料調和後方堪應用，若實連穀物亦無，亦可用淨沙作供；此如古印度阿育王曾於其先前有一世中為孩童時，以一握之土觀作金砂而獻予世尊，後因此福德轉世成為一夜間建八萬四千佛塔之一代君主。

此間明觀以三十七供及一切人天富足受用供於根本上師及傳承諸師聖衆之壇城皈境後，復誦：

『崛起樂空俱生本智慧　由諸蘊界處所出生相
須彌四洲寶瓶日月俱　依怙大悲藏前作供養
貪嗔癡蒙三毒發源處　愛惡親疏中三身受用
無吝無惜獻供喜享受　三毒生處息滅祈加持
唉當咕泇葸哪曼荼羅噶呢雅嗟耶麥』

『**崛起樂空俱生本智慧**』是指曼荼羅之本性為樂空俱生智慧所出生，此指『真實性曼荼羅』及『秘密曼荼羅』，由行者自身之樂空智現證外在世間之體相而作現起，即自身之樂空智慧所顯現之外在世間之相；『崛起』是說曼荼羅由自身之樂空智慧而生起；『樂空』即為空性，此為空性與智慧二者同時現證，然於此乃重說智慧；『俱生』是說大樂與智慧乃和合而生；『智慧』是指大樂與智慧相結合而生起功德之智慧。『**由諸蘊界處所出生相**』意謂此曼荼羅之相是由行者自身之五蘊[一]、十八界[二]、及六根[三]所組成，此指『內曼荼羅』。『**須彌四洲寶瓶日月俱**』意謂『外曼荼羅』，此指曼荼羅之外相：即須彌山、東南西北四大洲與其所附之八小洲、及輪王七寶、大藏寶瓶、日、月（即『寶瓶日月俱』）等合共二十三種供物，此乃金剛空行之曼荼羅供養傳承。『**依怙大悲藏前作供養**』是指行者於大悲寶藏之依怙主——根本上師與傳承諸師之座前作曼荼羅供養。

『**貪嗔癡蒙三毒發源處**』是指由自心貪、嗔、癡所生三種煩惱之外境；『**愛惡親疏中三身受用**』意謂貪嗔癡煩惱之三種最大所緣境是愛惡、親疏及中庸，尤其指親近、厭惡、中庸三類衆生及自身並所有受用；而此中之愛惡會引生嗔心，令人結怨生仇，親疏會引發貪執，中庸令感召愚癡。『**無吝無惜獻供喜享受**』意謂行者以無有任何慳貪吝惜之心而作如是供養，祈請諸衆喜悅納受。『**三毒生處息滅祈加持**』，此中所指之三毒生處，即自身心中引發貪嗔癡生起之處；行者當祈求加持自心相續從三毒之本源中解脫出來，若行者能堅固專注於此要義，必將得到助力以去除三毒，使自心從貪嗔癡煩惱之纏縛中得以解脫。

『**唉當咕洳惹哪曼荼羅噶呢雅嗟耶麥**』即曼荼羅之供養咒，其義為『我以此殊勝曼荼羅供養於上師無上三寶聖衆資糧田，願我以此積集福德與智慧之廣大資糧。』此供養真言傳為宗喀巴大師於山南（西藏南部）鄔噶卻擁一處石洞裏閉關靜修曼荼羅供養時，親聞虛空中勇

㈠即色、受、想、行、識五蘊。

㈡一人身即具十八界——內六界、外六界和識界，亦即『根』、『境』、『識』。

㈢即眼、耳、鼻、舌、身、意六根。

父空行誦唱此讚而錄，後復傳出。在藏地無論男女、無分顯密，凡修行人無不作曼荼供養。吾亦如此，在修行過程中，無論於何時何地、何種處境中，每日二次曼荼供乃必修之功課。對一個無任何外在資財積蓄之出家人而言，供養曼荼羅是積福報、增智慧之最佳途徑。

(五) 祈請傳承諸上師

供養曼荼羅後，需向諸傳承上師作啟請，祈求彼等加持行者，並賜予行者樂空無二之俱生智慧。行者若不通過祈請則很難獲得傳承諸上師之加被，亦很難生起樂空俱生智慧；此並非諸上師無具大悲心或大神通力，而是惟因通過祈請才能喚起行者自心求證之信念，並藉此緣起之力方能達到所謂之『感應道交』。故此，我等應以發自內心之頌韻唱上師祈請文，於誦每一位上師法號之偈頌時，應專心憶念彼師及彼不共功德而祈求得其不共之加持，此為關鍵之訣要。譬如，在誦『根本上師』之祈請文時，則應專心憶念位於資糧田中央之佛金剛法之恩德並求加持，以此類推。偈文中之『**俱生智**』是指樂空無二之智慧，此智慧與多種層次不同之證德相互關連，真實之俱生智是於行者達至證分『心遠離』之最後位方能初度證得。若能成辦此智，行者當決定能即生證得金剛瑜伽母之果位，故行者必需為證得此智而作祈求。

『**諸佛海會部主金剛法　諸佛勝母金剛瑜伽母**
諸佛長子那若嚏巴尊　至誠祈請賜予俱生智
執持大密釋教龐亭巴　一切密續寶藏謝繞澤

秘密大海領主嘛洛尊
金剛持王喇欽薩迦巴
金剛執持頂嚴札貝尊
薩迦班欽雪域善知識
薩迦教主祥敦法王尊
成就自在納沙札普巴
修部耳傳領主雅隴巴
自他衆生依怙勝聖王
大聖法王洛哲堅贊尊
恩德無比至尊道琳巴
語傳大密宣者欽則尊
持擁明咒洛松堅贊尊
金剛主持至尊噶居巴
壇城海會遍主夏魯巴
壇輪中圍主尊莽欽足
耳傳大海無畏南薩巴
耳傳廣弘丹增成來尊

至誠祈請賜予俱生智
金剛勝子至尊索南澤
至誠祈請賜予俱生智
三地衆生頂嚴柏思巴
至誠祈請賜予俱生智
成就善智無畏法王尊
至誠祈請賜予俱生智
大主宰者絳央南喀贊
至誠祈請賜予俱生智
依教遵行執教洛色王
至誠祈請賜予俱生智
金剛遍主旺秋繞丹貝
至誠祈請賜予俱生智
一切壇城之主欽繞傑
至誠祈請賜予俱生智
耳傳執教洛色平措尊
至誠祈請賜予俱生智

甘丹執教遍主噶居巴　甘丹廣弘濁世衆生友
甘丹承執達瑪巴哲尊　至誠祈請賜予俱生智
顯密妙道一切悉圓滿　顯密教主洛桑卻佩尊
顯密善弘晉美旺波尊　至誠祈請賜予俱生智
那若空行成熟解脫要　猶如那若巴師善攝授
那若加持德欽寧波前　至誠祈請賜予俱生智
金剛果位修行妙捷道　金剛佛母成熟予解脫
金剛持尊洛桑益希前　至誠祈請賜予俱生智
次第生起空行瑜伽法　圓滿次第中脈修持力
生起大樂俱生大智慧　正等圓覺空行祈加持』

此傳承諸師祈請文中列有三十八位傳承上師之法號，行者於偈誦時向此資糧田聖衆祈求賜與續部修持所需之大樂及與空性現觀相合之大樂俱生智慧；此於行者從修學初始直至證得佛果位間之各各階段中皆極為重要；每誦至偈文之『至誠祈請賜予俱生智』時，行者應觀自身現時還未具足樂空俱生智，故必須殷切祈求。偈誦：

『諸佛海會部主金剛法　諸佛勝母金剛瑜伽母
諸佛長子那若噠巴尊　至誠祈請賜予俱生智』

此偈中之『諸佛海會』是指無數佛陀會聚而成如大海一般，『部主』乃指佛金剛法；

『諸佛勝母』指金剛瑜伽母；『諸佛長子』是指那若巴，那若巴大師是諸佛及瑜伽母之最勝法子，『尊』乃敬語，意謂足下或座前者也；『至誠祈請』乃以虔誠之心、恭作祈請之意，『賜予』乃恩賜我及衆生樂空無二俱生智之意。

『執持大密釋教龐亭巴　一切密續寶藏謝繞澤
秘密大海領主嘛洛尊　至誠祈請賜予俱生智』

『執持』乃擁有大密釋教法統之持有者，『大密』意為無上瑜伽續部之秘密精要，『釋教』是指密乘之法統持有者口授訣要予大根器之繼承者、或單傳與極少數弟子，故亦稱『弟子釋』，而於廣衆之中授予者謂『會釋』，在薩迦傳承之『道果』教乘中有明確教示。『龐亭』是一地方名，位於尼泊爾，『巴』乃藏語，意指彼師是龐亭地方之人也；龐亭巴兄弟四人，均事師那若巴尊者，其中龐亭巴排行第二，名晉美札巴，依止上師九年；幼弟央旺札巴，為學通五明之班智達。彼二師乃此法統之傳承祖師，史稱『龐亭兄弟』，其有『大密教釋傳承』；本法《自入中圍》儀軌之內供中亦有向龐亭巴兄弟等傳承祖師獻供之句。『謝繞澤』是龐亭巴．晉美札巴之弟子，彼於尼泊爾依止龐亭巴八年，精通勝樂輪教法，擁有『密續寶藏』之聲譽；『嘛洛』乃一位藏族譯師，出生於一名『嘛』之地方，本名為洛著澤，曾拜謝繞澤為師，亦善巧勝樂輪法，被尊為無上密續大海之領主。

『金剛持王喇欽薩迦巴　金剛勝子至尊索南澤
金剛執持頂嚴札貝尊　至誠祈請賜予俱生智』

『金剛持王』意謂證得金剛持果位之大自在者，在密續諸論中以十義釋金剛持，金剛持分內外義，外義指手持金剛鈴杵者，內義指心中任持樂空根本智者；『王』為『自在』意，指薩迦法王，彼曾從嘛洛譯師聽受訣要。『喇欽』乃藏語，意謂大導師；『索南澤』為薩迦初祖貢噶寧波之長子，名索南澤摩，彼繼父業成為薩迦第二代法王；『金剛勝子』義為殊勝之金剛法子。『札貝』指薩迦三祖、索南澤摩之弟，乃藏傳佛教中教證並舉之大成就者，擁有『金剛執持頂莊嚴』之譽稱。

『薩迦班欽雪域善知識　三地眾生頂嚴帕思巴
薩迦教主祥敦法王尊　至誠祈請賜予俱生智』

『薩迦班欽』指薩迦大班智達貢噶堅贊，『班智達』乃梵語，意為大善識者；『三地眾生』意指天上、地上、地下三地之眾生，此指帕思巴乃三界眾生之頂嚴；帕思巴是薩迦第四法王札巴堅贊之侄，元忽必烈之國師，後為忽必烈拜任為帝師，主西藏政教事務。『祥敦法王』即祥敦大師，藏語謂『祥敦卻結』，『祥敦』為名，『卻結』意法王，彼師主薩迦教務，是薩迦教法傳承之擁有者。

『成就自在納沙札普巴　成就善智無畏法王尊
修部耳傳領主雅隴巴　至誠祈請賜予俱生智』

『成就自在』是指彼師修行成就，在納沙山洞裏修定時不捨肉身而即身證得樂空不二智，升至金剛瑜伽母剎土，隨侍之七位弟子亦共趣空行淨土、得自在果位。『納沙』是一淨修山洞名，位處拉薩之北，彼師在此修行洞中長期修持而得『納沙』名，『札普巴』為其法名。『成就善智無畏法王尊』是指札普巴大師之繼承者——索南堅贊，彼亦為證得殊勝成就之瑜伽士，晚年於聶塘寺主講《時輪》教法。『修部耳傳』意指持有密乘續部中一切口耳傳承之主宰者；『領主』意指彼師是口耳傳承領主；『雅隴巴』是說法王僧格堅贊是雅隴人，雅隴在西藏南部，今稱山南。

『自他眾生依怙勝聖王　大主宰者絳央南喀贊
大聖法王洛哲堅贊尊　至誠祈請賜予俱生智』

『自他眾生』是指自己與其他一切眾生，『依怙』是指一切眾生之怙主，『勝聖王』是指大堪布索南・嘉瓦僑央；『大主宰者』指絳央・南喀堅贊，作為一位大修行者，他是自他一切眾生之依怙與救護者；『大聖法王』是指洛哲堅贊大師——薩迦寺之大法座主，亦是薩迦法承之持有者與弘揚者。

『恩德無比至尊道琳巴　依教遵行執教洛色王
語傳大密宣者欽則尊　至誠祈請賜予俱生智』

『恩德無比』是指至尊道琳巴大師將續傳之至尊金剛瑜伽母教法授予眾弟子，眾弟子得此深奧密法而能夠進修即生證果之捷徑，故稱彼為恩德無比之大尊師；『道琳』乃一村落名，位於後藏，彼師出生於道琳村之一貴族家庭，幼年出家，名格桑卻吉尼瑪，乃博學多才、精通密法之大成就者。『依教遵行』是指洛色大師，彼遵循依止上師之教敕如實修持而獲成就，並成為無上密法傳承之執持者；『語傳』即口傳之意，乃不落文字、唯口耳相傳之深奧密法；『大密』指無上瑜伽部之無上密法，『宣者』是指此法之傳授者，『欽則尊』謂對彼師之尊稱，彼師本名為欽則·絳央凱珠旺堆，乃一擁有密乘大續無上瑜伽法承之弘法大師。

『持擁明咒洛松堅贊尊　金剛遍主旺秋繞丹貝
金剛主持至尊噶居巴　至誠祈請賜予俱生智』

『持擁』即執持與擁有，『明咒』乃真言也，此謂擁有大密金剛乘持咒修法之傳承，並為此一法承之主教者，洛松堅贊乃彼師法號；『金剛遍主旺秋繞丹貝』乃指旺秋繞丹大師為佛種姓中百部之共主；『金剛主持至尊噶居巴』之『噶居巴』是藏語，漢譯謂『甘珠爾』，因彼師教授百部大藏經《甘珠爾》而得其名，其法號謂賽瑙仲丹，敬稱佛部尊主。

『壇城海會遍主夏魯巴　一切壇城之主欽繞傑
壇輪中圍主尊莽欽足　至誠祈請賜予俱生智』

『壇城海會遍主』是指夏魯巴·堪竹絳貝央旺倫珠，彼師乃一切壇城之主持者。『夏魯』即指夏魯寺，此先為覺囊派之主寺，由布敦仁欽竹建寺於日喀則夏魯地方，『夏魯巴』因地而得其名。『欽繞傑』之『傑』意為聖者，『一切壇城之主』乃指彼師為一切中圍之共主。『莽欽』乃一寺院名，『足』意謂彼師之座前或足下祈白；師本名阿旺恭嘎倫珠堅贊，是莽欽寺之主持，亦是一大成就者，為密乘壇輪中圍之主尊。

『耳傳大海無畏南薩巴　耳傳執教洛色平措尊

耳傳廣弘丹增成來尊　至誠祈請賜予俱生智」

『耳傳』是指密法中之甚深奧秘耳傳要訣，為一僅授予少數弟子之傳承；『大海』指其教法量，耳傳密法非只一二種，而是量如大海；『南薩巴』是指此傳承之主持大師貢噶勒貝仲尼；『耳傳執教洛色平措尊』指洛色平措大師是耳傳密法之執教者；『耳傳廣弘丹增成來尊』之『丹增』是藏語，漢譯謂『執教』，此說丹增成來大師是耳傳密法之主持及廣大弘揚者。

『甘丹執教遍主噶居巴　甘丹廣弘濁世眾生友
甘丹承執達瑪巴哲尊　至誠祈請賜予俱生智』

『甘丹』指藏傳佛教中之格魯派，由三界法王宗喀巴大師創建，亦稱『甘丹巴』，以甘丹寺所在地方而得其名；『遍主』乃不分教派而遍及一切眾生共同之依怙尊；『噶居巴』乃甘珠爾者，意教授《甘珠爾》之上師也。『甘丹廣弘』指彼師廣弘甘丹派教法猶如濁世眾生之良伴與摯友一般；『甘丹承執』指甘丹傳承之執持者。『達瑪巴哲』乃梵語鄔曲·達瑪巴哲之略稱也。

『顯密妙道一切悉圓滿　顯密教主洛桑卻佩尊
顯密善弘晉美旺波尊　至誠祈請賜予俱生智』

『顯密妙道一切悉圓滿　顯密教主洛桑卻佩尊』是指洛桑卻佩尊者，彼乃鄔曲·達瑪巴哲之侄，為格魯派之大德善識、精通顯密二乘一切道軌及經續精要之大導師。『顯密善弘』指以善巧方便之方法弘揚佛法，『晉美旺波』是指導帕幫喀巴仁波切修持金剛瑜伽母法門之根本上師之一。

『那若空行成熟解脫要　猶如那若巴師善攝授
那若加持德欽寧波前　至誠祈請賜予俱生智』

此偈乃頌讚怙主帕幫喀巴仁波切之不共功德。如前所述，『那若空行法』乃由那若巴大師所傳，『那若』是對那若巴大師之簡稱，故此教法稱『那若空行』；另有其他二種空行法則分別由彌哲巴、因渣菩提大師所傳。『空行母』是對至尊金剛瑜伽母之別稱，空行母曾對三位大師分別遊戲示現不同之三種身相，而此示現於那若巴者即那若空行母，彼以此身相之法承傳授予那若巴大師，如是那若巴成為那若空行教法之祖師。『成熟解脫要』指此那若空行法是無上瑜伽能成熟道及解脫道之訣要；『能成熟道』是指起分生起次第之修法，『能解脫道』是指證分圓滿次第之修法。『猶如那若巴師善攝授』是指帕幫喀巴仁波切如那若巴大師一樣，給衆弟子教授無上瑜伽法圓滿無缺之訣要，善巧攝受衆多化機弟子。『那若加持』是指帕幫喀巴仁波切曾得到那若巴大師之加持，故能成辦無上瑜伽現證大事。『德欽寧波尊』是為帕幫喀巴仁波切之密稱，意『大樂藏』，而大師之本名則諱曰：強巴丹增赤勒。

『金剛果位修行妙捷道　金剛佛母成熟予解脫
金剛持尊洛桑益希前　至誠祈請賜予俱生智』

『金剛果位』是指佛金剛持之根本樂空智慧，『修行妙捷道』是說此法乃修證金剛果位最殊勝、最速疾、最直捷、最圓滿之妙道。『金剛佛母成熟予解脫』是指至尊金剛瑜伽母之成熟及解脫二妙道教授。金剛瑜伽母之起、證二分修持法是證得佛果之無上速疾妙道，而擁有此二種無上殊勝法之教主乃洛桑益希上師。『金剛持尊』是對洛桑益希上師之譽稱。

『次第生起空行瑜伽法　圓滿次第中脈修持力
生起大樂俱生大智慧　正等圓覺空行祈加持』

『次第生起空行瑜伽法』是指空行母無上瑜伽法之相應法，彼乃依嚴格之修行次第於自身生起金剛瑜伽母之義；『瑜伽』即相應法，此指祈願於生起次第之修持能圓滿成辦。『圓滿次第中脈修持力』是指圓滿次第瑜伽之成辦在於趣修中脈，乃於中脈內依次第而修達至圓滿；『修持力』指藉修持起、證二分之力；『生起大樂俱生大智慧』意謂藉此修持力之加被，令自身引發大樂俱生智慧；『正等圓覺空行祈加持』是指行者為證得正等圓覺金剛果位，祈求諸上師加持。

『百種遍主自身髻莊嚴　三種種姓妙道力宏揚
聖道演說嘉囊夏熱哇　至誠祈請賜予俱生智』

此四句頌偈是吾於金剛瑜伽母修法傳承之根本上師之一——至尊益希旺秋仁波切之祈請文，彼師亦是汝等之傳承師，為色拉寺當代著名『拉仁巴格西』、壇城資糧田聖衆之一；吾將彼之祈請文列於此處乃為衆之誦持方便，如不欲誦者可略之，欲誦者可在『金剛持尊洛桑益希』之祈請文後加誦此文；亦有人提出要誦吾之祈請文，本人以為衆弟子誦吾之祈請文不如誦吾上師之祈請文，因彼是汝等上師之上師。此中『百種遍主』是指金剛持佛，『自身髻莊嚴』是說以金剛持佛作自身之頂莊嚴；『三種種姓』是指顯部三種姓，即：聲聞種姓、獨覺種姓及大乘種姓；密乘三部即：佛部、金剛部和蓮花部；『妙道力宏揚』是說彼師雖處在濁世佛法衰微之歷史時期，但仍勵志精進、嘔心瀝血、著書立說、宣教弘法；『嘉嚢夏熱哇』乃梵語，藏語即『益希旺秋』。

金剛瑜伽母之修法具有不共功德。行者若具足福德、修行圓滿，金剛空行母必當於行者前顯現身容，並將行者接引至空行淨土；若未證得果位者，可於空行淨土繼續修持而通達、得證一切聖果。

我等修持無上密乘金剛瑜伽母之甚深奧妙捷道，需日復一日，持之以恆。不斷修持起分十一瑜伽之目標，就是欲即生成就金剛瑜伽母之階位。藉圓滿次第證分之中脈瑜伽能證得真實之俱生大樂智慧；如欲證得真實之俱生大樂智，需先證得喻光明，次證得義光明而成就金剛瑜伽母之無學雙運位。為此我們首先必須熟悉生起次第，否則不可能進入並成辦圓滿次第之修持；是故惟有在成熟善巧生起次第之基礎上，方有能力於此二次第之修行目標圓滿成辦。

(六) 祈請四灌頂

祈請上師四灌頂是行者祈求得到上師、諸佛、本尊金剛瑜伽母身口意之灌頂加持。《自入中圍》儀軌中祈求四灌頂加持之修法，如同行者當初於上師座前聆受金剛瑜伽母四灌頂之加持時，由上師帶領而進入金剛瑜伽母之壇城中一般；此時行者自修壇城授受灌頂加持，為令上師、諸佛、本尊之加持力能不斷於自相續中生起，並日益漸長、增其力度，不令衰退，使之更為具形而堅固有力。

當行者進入壇城祈求上師灌頂加持時，上師會問：『子汝何人喜者何？』弟子答云：『余乃有緣冀大樂。』首先，祈求灌頂加持之行者應自認是一菩薩行者，願積諸善根，故答曰『余乃有緣』；其次，乃因『喜大樂空性雙運之俱生智慧』故曰『冀大樂』。上師復問：『如是兒欲作何也？』弟子答云：『余求佛勝三昧耶。』

『三昧耶』是梵語，即佛說三摩地，三昧耶亦是誓言、誓句等義；是行者在聆受灌頂時，所受之密乘共同與母續不共同戒律，及行者自行所承諾而絕不可捨棄之誓言；故此行者必須明瞭：如欲證得佛果，絕不能捨棄俱生智；行者於最初接受灌頂時，雖為欲證俱生智而祈求，但仍未真實具有俱生智，尚需通過修持而實證也。

灌頂之要義於前《導論》中已作講述，此略說四灌頂：

1. 寶瓶灌頂：乃為內外密續共同傳授之成熟灌頂；於彩沙、布繪之壇城中，由上師加授寶瓶於受灌者頭頂，將經過加持之寶瓶水賜予弟子飲用，加授冠冕於弟子身上，使身門諸垢得以清淨，故稱『瓶灌』；此乃為授權修習生起次第之道，於行者身心中留植證得果位身金剛化身之緣分之密乘灌頂。

2. 秘密灌頂：為無上三殊勝三上畢竟灌頂之一；上師依嘿洳嘎上師父母之世俗菩提心（粗分菩提心）壇城而為弟子作語灌頂，此需對非器隱密，故稱『秘密灌頂』；乃為使語門諸垢得以清淨，授權修習拙火中脈瑜伽及持誦密咒，於身心中留植證得果位語金剛圓滿報身緣分之一種無上密乘灌頂。灌頂時上師將本尊之根本咒或心咒親口傳授予弟子，弟子依上師口傳聆受，逐字逐句隨唸，此即所謂『上師口傳（出），弟子口入』，以此得到無上秘密金剛持咒傳承。

3. 智慧灌頂：為無上三殊勝三上畢竟灌頂之一；在手印母壇城中授予，因此智慧需依手印而生，故稱智慧灌頂。此乃上師授予弟子之意灌頂，使弟子意門諸垢得以清淨，為授權修習圓滿次第之加行道，於弟子之身心中留植證得果位意金剛法身緣分之一種無上密乘灌頂。

4. 句義灌頂：為無上三殊勝三上畢竟灌頂之一；在勝義菩提心壇城中，上師為弟子之身、語、意三門同時灌頂，以此使弟子之三門諸垢及其習氣完全清淨，為授予修習自性大圓滿聖道之權力，於弟子身心中留植證得果位智金剛自性身緣分之無上密乘灌頂。

受得四灌頂後，修習生起次第道之行者，應當再三啟請上師加被賜予樂空俱生智，以解除生死輪迴之結縛。其所謂之『結縛』為何？乃指『心輪』之脈結也，此脈結由左、右脈及中脈擰結、位於中脈心間處交纏三匝而成，並包圍中脈心輪，阻礙行者之最細俱生根本心現行，故稱『生死輪迴之結』。

另一『結縛』是指『嗔脈』，其平行住於中脈之右方，故稱『右脈』，因嗔心及其風在此脈中流動，強力束縛行者於輪迴生死中，故亦為生死輪迴之結縛；而平行於中脈之左者為『左脈』，由於貪心及其風在此脈中流動，故又稱『貪脈』。因左右二脈纏繞在中脈心輪上而成脈結，而最細心及其最細風就安住於中脈心輪之中，無論何時何地，從不分離，相依共存；正因為最細心與最細風和行者共存，而『俱生智慧』亦由此最細心才能成辦，是故汝等應專注於此教授，如此極重要之義理並非輕易能聞也。

欲證達『俱生智慧』，必須依《自生儀軌》中『持死有為法身道』之修法修持。從觀 དི 種子字為始，初觀 དི 種子字大如天際，然後由邊漸漸收融成微小微小之 དི 字，微如芥子，再由下而上收融至哪噠間；至此有情正經歷趣向死亡之過程——即四大元素及其風正在收攝消融之過程中，此時與諸根及外境有關之粗心即停止運作。於此狀況中，將死之有情會覺受一連串之徵相，如似『陽焰』、『煙霧』、『螢火』、『燈燭』等，隨後復出現三種細心消融徵相，即『白顯現』、『紅增上』、『黑近得』三種。

『白顯現』、『紅增上』及『黑近得』三者屬細心相。成就瑜伽士可以長達數月時間專注安住於此『白顯現』之境界中，依此細心觀修空性以生起樂空俱生智慧。雖然起分行者僅能依靠假想安立自身覺受細心，然而我們仍然應於此等假立之心位上觀修空性，以求引生樂空俱生智慧。對於已經達到證分階位之瑜伽行者而言，如是之覺受是對成就『身遠離』、『語遠離』、直至達到『心遠離』等階位後能真實顯現，此三種細心稱『三空心遠離』。

『白顯現』、『紅增上』及『黑近得』三種細心消融後，復於最細心風前現起者為『昏昧位』。在俗位死歿之有情，經歷最末之『黑近得』位後，如同剛從昏眩中恢復知覺般，將會覺受純淨澄明之心境，續部稱之為『死有光明』，乃有情生命之最後分位。

對藉禪定力引生純淨澄明心境之證分行者而言，此階位稱『究竟心遠離喻光明』。在此階位中之瑜伽士，能遠離『白顯現』、『紅增上』及『黑近得』三層細心之一切阻礙，圓滿清澈地證悟空性。『白顯現』、『紅增上』及『黑近得』又被稱為『有分別位』，以此三者現起時所引生之樂空慧並不能圓滿清澈地證悟空性故；然證此階位之瑜伽士仍已證得真實之『俱生樂空不二慧』。

尋常之俗位凡夫有情，其死有光明只能保持很短之時間，然而如法修持金剛瑜伽母起分之行者，則有可能於死時藉此無上密法任持俱生智慧，令於俗位之死有光明中而生起俱生智慧，復再證得光明智慧；同樣亦能轉俗位中有而現起本尊幻身，因此行者必須祈求上師授予四灌頂，誦《自生儀軌》之文如下：

『皈處總集上師前　懇切祈求賜加持
授予圓滿四灌頂　獲得四身佛果位

上師額間ཨོཾ字發出白色甘露光融入自額間清淨身業　獲得寶瓶灌頂　上師之身加持力安住於自身　上師喉間ཨཱཿ字發出紅色甘露光融入自喉間清淨口業　獲得秘密灌頂　上師之語加持力安住於自喉間　上師心間ཧཱུྃ字發出藍色甘露光融入自心間清淨意業　獲得智慧灌頂　上師之意加持力安住於自心間　上師之三處三字發出白紅藍三道甘露光融入自身三處清淨身語意三業　獲得第四句義寶灌頂　上師身語意之加持力安住於自身語意三處』

『皈處總集上師前』是說行者向總攝集一切皈依處為一之上師作祈求；『懇切祈求賜加

持』是指行者誠懇悲切祈求上師賜予我等加持，使令我等之心從『三毒』、『二障』中解脫而得以清淨；『**授予圓滿四灌頂**』是指行者領受上師之圓滿四灌頂後，藉四灌頂之力獲得上師身語意之加持，自身身語意得清淨，從而留植四身之果位之種子；『**獲得四身佛果位**』意謂祈求上師聖衆賜給我佛果之四身（即體相自性身、智慧法身、受用報身和變化身）。

以上四句偈是祈求灌頂文，在修持《自生儀軌》中要誦三遍：誦第一遍時，觀想資糧田中央之根本上師佛金剛法，並向根本上師祈求授予四灌頂；誦第二遍時，觀想佛金剛法目詢諸上師，並請諸師滿足行者之祈求；誦第三遍時，觀想傳承諸師隨喜並答允行者之祈求；於是根本上師及傳承諸師遂放光明甘露為行者授灌。

『**上師額間ཨོཾ字**』是指佛金剛法之額間有一ཨོཾ種子字，『**發出白色甘露光**』是說於上師額間之ཨོཾ字發射出白色光明甘露，『**融入自額間**』是指光明甘露如弩箭般射向行者自身並融入自身之額間，觀想此甘露光明瞬息間變成極微妙之ཨོཾ種字，當ཨོཾ種字融入於行者自身之前額時，即『**獲得寶瓶灌頂**』，淨除一切由身所積集之惡業，得以『**清淨身業**』；當誦『**上師之身加持力安住於自身**』時，觀自身額以上部位注滿甘露，留植化身種子。

『**上師喉間ཨཱཿ字發出紅色甘露光融入自喉間**』是指上師喉間之紅色ཨཱཿ字發射出紅色光明甘露融入自身之喉間，觀想此甘露光明瞬息間變成極微妙之ཨཱཿ種字，當ཨཱཿ字融入於行者自身之喉間時，即『**獲得秘密灌頂**』，淨除一切由『語』所積集之惡業，使行者之語門得以清淨；『**上師之語加持力融入於自喉間**』是說上師之語加持力融入於行者之喉間。行者由此獲得證分中脈修法之權力，留植成辦不共佛報身之種子。

『**上師心間ཧཱུྃ字發出藍色甘露光融入自心間**』是指上師心間之藍色ཧཱུྃ字發射出藍色光明甘露融入自身之心間，觀想此甘露光明瞬息間變成極微妙之ཧཱུྃ種字，當ཧཱུྃ種字融入於行者自身之心間時，即『**獲得智慧灌頂**』，淨除一切由『意』所積集之惡業，使行者之意門得以清淨，留植堪能成辦佛法身之種子。『**上師之意加持力安住於自心間**』是說上師之意加持力融入於行者之心中。

『**上師之三處三字發出白紅藍三道甘露光融入自身三處清淨身語意三業　獲得第四句義寶灌頂　上師身語意之加持力安住於自身語意三處**』是說由上師三門之三種字發射出白、紅、藍三道光明甘露同時融入於行者自身之三處，此甘露光明瞬息間變成極微妙之三種字，行者獲得第四句義灌頂，行者身、語、意所集之一切惡業得以清淨，留植成辦無學雙運佛果之種子，上師之身、語、意之加持力融入行者自身三處。

（七）收攝資糧田

『**祈請三世一切諸佛之體性上師寶加持我心相續　如是祈請周圍之傳承諸師融入於中央根本上師　根本上師亦隨執於自身故　化紅光由自身頂門融入至心間成紅色དཾ字相與心相契無二也**』

『**祈請三世一切諸佛之體性上師寶**』中所說之『上師』乃過去、現世、未來三世一切佛之體性，行者於此觀想自己向如是體性之上師寶祈請。**『加持我心相續』**即如前文所述，藉上師之加持力令自身之心相續得以轉化，成為無垢純淨之心相續。**『如是祈請周圍之傳承諸師融入於中央根本上師』**是指行者如前文所述作祈請後，根本上師佛金剛法周圍之傳承諸師之寶座各各皆成光明，收融於座上之傳承諸師，傳承諸師化光融入於壇城中央之根本上師，觀諸師皆為具足樂空智慧之光明身相，能隱現自如，而非如凡俗有情之質礙色身。如是諸傳承上師融入於根本上師金剛法，當佛金剛法尚未化成光明之前，唯有上師與行者單獨相對，此是一極好之緣起。**『根本上師亦隨執於自身故 化紅光由自身頂門融入』**，行者在此時刻，應專注佛金剛法以其大慈大悲心憐憫於行者，且對行者護念不捨，遂由寶座及頂髻同時收融漸漸化成光融入其心間，收攝成紅色之光明點，由行者之頂門而入，復融於行者自身中。同理，若對上師有堅固無疑之信心，則行者同樣亦可融入於上師身中，此為法身教授之支分——『頗瓦』法之真實內義，作此思惟之行者會令自身對此二者生起不可思義之覺受。**『至心間成紅色 ཨཾ 字相與心相契無二也』**是指佛金剛法之體相、諸佛之身、語、意及其樂空根本智之總集者——根本上師化光收攝至其心間成為紅色之光明點後，由行者頂門融入於行者之心間時，顯現為紅色 ཨཾ 字，豎立於自心間之三角雙疊法基中央之月輪上。

如是，ཨཾ 字之色紅者乃報身；彼字化現為無數之相者乃化身；彼空性之證境乃法身；彼遠離分別塵垢、自性法有之功德者乃自性身也。當紅色明點從自頭頂融入於自身心間時，我等即應觀想，我已證得了佛金剛法及諸佛之四身。儘管我們會生起自身並不具足佛果四身之如是分別妄念，然佛果四身並非虛妄幻想，而是真實存在者，故而，我們應該作專注勝解：自與上師、本尊無二無別矣。我等應盡己所能長時專注於此樂空無二根本智之定境中。誠如《上師無上供》中所云：

『為利一切衆生母，自成上師本尊身；
一切衆生安置於，上師本尊勝果位。』

此乃了義之上師瑜伽也。

六、自生本尊瑜伽（བདག་བསྐྱེད་པའི་རྣལ་འབྱོར།）

一切密續之心要皆為淨治俗位死、中、生『三有』，並轉化為佛之法、報、化『三身』，其所有修持精要悉具足於《自生本尊瑜伽》中。此瑜伽法亦稱『持三身道用』，行者在修持《無量瑜伽》時已經扼要地觀修過，其中『三身』廣詳之轉依次第及基、道、果之理趣等，需依上師之訣要專志深細誦修方可明瞭也。《自生儀軌》修至《上師瑜伽》訖，已將諸佛、上師之根本樂空智慧與自心相融合而成紅色ཏི字。行者至此即開始修持第六瑜伽——《自生本尊瑜伽法》：

（一）持死有為法身道用

『ཏི字漸漸擴大等同天際　一切情器世間成樂空自性　復又從邊漸漸收攝成極其微妙ཏི字　由下漸漸攝入哪嚏間　哪嚏復成無所緣樂空無別之法身　嗡咻揑嚏嘉哪班雜索巴瓦唉嘛高行』

誦『ཏི字漸漸擴大等同天際』時，先觀自心ཏི字，其本性為樂空不二慧，復觀此ཏི字身量開始漸漸擴增，紅光晃耀，ཏི字充滿行者全身，自身隨即融攝為樂空自性之ཏི字。如此不斷增大，直至充塞天際，並把所觸及之一切外界現象攝融於ཏི字，轉化成為與自身相同之本性。於內外情器轉化成樂空智之過程中，行者自身軀體先融化於擴增中之ཏི字形相，復融攝行者身外之三角雙壘法基。此時行者若正修持『身壇城』（ལུས་དཀྱིལ），則應依次觀想融攝二組法基：即在金剛瑜伽母心間及金剛瑜伽母身外兩組，心間之三角雙壘法基是身壇城主尊之安身處；身外之法基是指先前由自身轉成之金剛瑜伽母所站立之外法基。

當ཨི字繼續擴大時，所觸及之金剛瑜伽母壇城周邊之屍林、金剛垣圍、火輪等依次攝融，包括行者現時修法之淨室亦皆攝融成於ཨི字相中。如是依次第觀想，將房屋、村鎮、城市、地域、國家、世界、小千世界、乃至三千大千世界之無垠宇宙皆攝融為ཨི字，最後唯獨存樂空無二智慧自性之ཨི字住於虛空中，其形廣大無邊、等同天際。

『一切情器世間成樂空自性』是說一切外之器世間及一切內之有情衆生都被攝融成為樂空無二之自性。在此融化過程中，行者必須依次觀想自身與自心已完全融化為ཨི字之相，因為自身內外之一切事物現象其實皆為心識之顯現，如今彼皆攝入於巨大的紅色ཨི字中。**『復又從邊漸漸收攝成極其微妙ཨི字』**指此巨大ཨི字又復從外向內漸漸收縮，成為極微小之ཨི字相，其大小雖細逾毫髮，但ཨི字之每一筆劃應清楚觀現。薩迦傳規中此段無ཨི字縮微之觀法，甘丹耳傳派中於此加入ཨི字收縮融空之法，乃隨順死有收攝次第之行相，亦為圓滿次第諸風入、住、融於中脈之串習需要也。若行者將ཨི字觀於自身前之對境，自身猶如置於觀衆席般觀看ཨི字之變化，則為喪失修持扼要。此觀修法之訣竅為：應將自身融於擴大與縮小變化中之ཨི字內，ཨི字即我，我即ཨི字。又於觀想過程中必須循序漸次放收，因ཨི字之放收即為自心量之放收、亦為自氣脈之放收，故初修不可草率，需一級觀熟再行其增縮也。

『由下漸漸攝入哪噠間』是說ཧཱུྃ字成為極微小微小之ཧཱུྃ字相後，由字之下部漸漸往上攝收直至『哪噠』間。此需對藏文ཧཱུྃ字之結構有所瞭解，ཧཱུྃ字由བ字體、བ字頭（བ字體上端之一橫劃）、初月（◡）、明點（○）、哪噠（ʃ）組成，『哪噠』為最頂端具三彎形之火焰。此極其微小之ཧཱུྃ字由下部漸漸攝收融化於ཧཱུྃ字頭，然後由頭部橫劃融於初月，初月融於明點，明點融於哪噠最下部之彎曲。**『哪噠復成無所緣樂空無別之法身』**是指哪噠經三道彎劃由下而上順次攝融達頂端，漸細漸細直至無所緣而消失於空性中，至此即成樂空無二之智慧法身。

『嗡吽捏噠嘉哪班雜索巴瓦唉嘛高行』為梵語觀空咒，**『嗡』**謂總義，**『吽捏噠』**意空性，**『嘉哪』**謂智慧，**『班雜』**乃無二無別之金剛，**『索巴瓦』**謂自性，**『唉嘛高』**意自我，**『行』**即我也。其大意乃為『此金剛空性智慧之自性即我也』。行者誦此咒並觀ཧཱུྃ字完全融空消失時，要生起『此際我已成為樂空無二根本智慧法身』之佛慢。

『智慧法身』（ཡེ་ཤེས་ཆོས་སྐུ）為佛三身之首，乃佛之一切智與樂空根本慧之意身；『樂空無二』（བདེ་སྟོང་དབྱེར་མེད་པ）是指此智慧同時現證空性與覺受大樂；由於此二者之所證於一心中同時具足而並無分別；因此，大樂是現前證得空性之智慧，而此現證空性之智慧亦同時具足大樂；此即為『持死有為法身道用』也。

關於此一修法之諸訣要教授於儀軌中並無明述，需從上師之親授中獲知。在至尊察巴金剛持所造之《空行母廣大願文》中有云：

『死有中有生有三淨基，轉為三身道用勝妙法。
無上道果證悟令成熟，自生本尊瑜伽願圓滿。』

此頌已闡明三身修法之『基』、『道』、『果』；指的是行者欲憑修行而達到解脫生死輪迴之關鍵，是於死、中、生三有行相中依止金剛瑜伽母之道軌、任持本尊『佛慢』而嚐試清淨自身，即淨治自身之『俗位三有』。此死、中、生『三有』（ཐ་མལ་སྲིད་གསུམ）續部中稱為『淨基』（སྦྱང་གཞི），是眾生皆曾親歷之三種境界：『俗位死有』令眾生得一『俗位中有』復又引生俗位之『生有』；因此，生死輪迴常轉不息，我等既往從未有過遮止這一行相之能力。

欲解除生死輪迴，必須清淨自身。我們若能成功淨治與遮止俗位之死有，則後之中有、生有亦無從生起；若能對治俗位之中有，便不會經歷俗位之生有；此三者任依一道能成功，皆能以此而盡除生死輪迴之苦惱。此即『死有中有生有三淨基』之義，乃就『所淨基』而言。而隨後又說『轉為三身道用勝妙法』指的是『淨治之道』；復『無上道果證悟令成熟』乃言淨治之果。其中，淨治（སྦྱོང་བ）未來死有之法，不是任彼回復俗位之死有；雖然死亡必然會降臨，但行者應將之轉為『死有法身』（འཆི་བ་ཆོས་སྐུ），亦稱作『光明身』（འོད་གསལ་སྐུ）。誠如《密集大續王》所云：

『殊妙受用身，光明智法身。
廣繁變化身，彼等三種身。

各自具三相，共為九會合。」

其中『光明身』與『死有光明』為同法。『死有光明』（འཆི་བ་འོད་གསལ།）是指藉『俗位死有』之修法對治死亡，令彼不入於俗相，並能轉化成佛之光明智慧法身。此為淨治俗位死有最精簡、有力之方便。

對淨治之道有共義與不共義二種差別（སྦྱང་གཞི་སྦྱོང་བ་ལ་ཐུམ་པ་མཐུན་པས་སྦྱོང་བ་དང་མི་མཐུན་པས་སྦྱོང་བ་གཉིས་ཡས།）。波羅蜜多乘對治所淨基行相之方便與金剛乘不同：它以我執（བདག་འཛིན།）及覺受（འཛིན་སྟངས།）成就直接相違（དངོས་འགལ།），其道以無我執所證之智慧對治輪迴根本之執實（བདེན་འཛིན།）；秘密金剛乘則以所淨基（སྦྱང་གཞི།）、淨治道（སྦྱོང་བྱེད།）、淨所生果（སྦྱང་འབྲས།）諸為隨順庸常顯境而作道用：持淨基『死有』（དུས་ཀྱི་འཆི་བ།），淨治道圓滿次第死有光明（སྦྱོང་བྱེད་ལམ་དུས་ཀྱི་རྫོགས་རིམ་པའི་འོད་གསལ།），淨所生果與果位法身諸相隨順（སྦྱང་འབྲས་འབྲས་དུས་ཀྱི་ཆོས་སྐུ་རྗེས་མཐུན་ཞིང་།）；持淨基『中有』（སྦྱང་གཞི་བར་དོ།），淨治道幻身（སྦྱོང་བྱེད་སྒྱུ་ལུས།），淨所生果與報身諸相隨順（སྦྱང་འབྲས་ལོངས་སྐུ་རྗེས་མཐུན་པ།）；又復持淨基『生有』（སྦྱང་གཞི་སྐྱེ་བ།），淨治道為有學雙運（སྦྱོང་བྱེད་སློབ་པའི་ཟུང་འཇུག），淨所生果與化身諸相隨順（སྦྱང་འབྲས་སྤྲུལ་སྐུ་རྗེས་མཐུན་པ།）。

要言之，經部（波羅蜜多乘）與續部（金剛乘）有不同之兩種修法。對經部而言，生死根本乃執諸法為實有之『無明』。『無明』妄執令有情固執其色身及一切所緣境為有自性，此『無明』習氣由纍世積集而來，要根本消除需歷三大阿僧祇劫之修行，其道則為修持與輪迴行相完全背捨之對治法門；於續部而言，其修持乃將一切庸常顯現善巧轉化為道位之行相，從而取代顯乘中漫長廣繁之修法。

如此，行者通過修所淨基死有，轉為成熟道光明所作，證得佛法身果位之瑜伽法即為『持死有為法身道用』。我們現在就是要藉此修法之串習力，於未來庸常死有突然來臨之緊要關頭，能作有效對治。當死亡來臨時，我們便能真實覺知死亡過程中之種種境象，並且與日常修行之境象相聯繫，此一修持使行者能洞悉自身正處於死亡過程中之某一階位，明白各大種之消融在自身之覺受，瞭解死亡的內外行相，並予以控制而不致墮落於庸常顯境之中。無論何人皆決定要經歷死亡，故而行者應每天精進於修法，如此便能安渡生死大海而趣向解脫。

當死亡發生時，構成身體的各種要素將依次分解，此分解過程並非指肢體器官之解體，而是指標志人生存的色、受、想、行、識此五大種㈠正逐步喪失功能。在之前《無量瑜伽》導引中，已對諸大種消融的次第及內在徵相作過詳細描述，而要在實際觀修或真實經歷死亡時能真正起用，則還必須闡明如何結合觀察各種內外徵相並依觀修而轉彼作法身道用。

1. 首先是地大種失去其勢力。當地大停止運行時，將近臨終者隨即出現此時無能力支配其肢體活動之外徵相。因彼之『粗識』正在收融消滅故，既不能辨別身旁的親朋好友及探望者，亦不能聞其聲，遂不能知覺外界事物。與此同時，臨終者心中現起如『陽焰』之覺知內相，此相於圓滿次第修持達到一定證量之行者及臨終者始能覺受。生起次第位之行者，只能假設覺受此境相，即勝解『地大種之勢力現已消失，地大已融入於水大中，如是我之粗顯心及其所乘之粗風將喪失去力用』。

㈠地、水、火、風、空。

此中，應知大種之『消融』並非意指某一大種真實混融於另一大種，而是指『本有』(一)時勢力均衡之『四大』，至『死有』現前時隨某一大種之勢力減弱、消失，而令後一大種之力用顯發而已。此即觀修情、器盡融入ཧྃ種子時所現之境位也。

2.水大融入火大。隨著水大融入火大，臨終者外徵出現口乾舌燥、牙生穢濁，此為身中諸體液開始乾枯之故；彼時心中顯現如輕輕飄浮於空中之淡藍薄霧覺受。行者此時觀想：ཧྃ字之字體下部融入於ཧྃ字頭之頂劃，並勝解自己現在正覺受『煙霧』之相狀，水大之勢力即將消失。

3.火大融入風大。火大融入風大時，臨終者之外徵狀是身體內之熱量散失、體溫降低，並由四肢開始漸冰冷；同時內心出現闇夜空中火花閃爍之螢火相。行者觀想ཧྃ字頭之頂劃融入於初月（◡），並勝解正覺受『螢火』相，火大正在融入風大之中。

4.復次，風大之力亦漸消失。此境現行時，一切粗心及其所御之風皆停止運行。達此階位之行者此時外徵氣息全止、脈搏停頓，不再領納色身之覺受，但仍未進入真實之死亡狀態。在此階位，臨終者之心正顯現風大消失之內徵，其相猶如無風之穩定燭光。由於風大之力已消失，不能令此燭光搖晃，故其光穩定而不動搖。此時行者觀想初月融入其上方之明點（○），勝解正覺受『燈燭』相。

豎立於明點之上者為哪噠火焰（ྂ），火焰具三彎，其彎道應從下向上計數，哪噠之三道

(一)有情生命之四個階段：本有、死有、中有、生有環迴不息。『本有』指『生有』至『死有』間之分位。

彎劃依次分表『白顯現』、『紅增上』及『黑近得』三種內徵。

當明點融入哪噠之第一彎時，『白顯現』出現，臨終者覺知如秋季澄空遍滿柔和白淨月光之境相，表配於哪噠中第一彎。復觀想哪噠之第一彎劃融入哪噠之第二彎劃中，在此階位的臨終者乃現『紅增上』之相，其相猶如旭日東昇、霞光遍佈之黎明天空。當哪噠之第二道彎劃上升融入第三彎劃時，臨終者覺受『黑近得』位，此位已接近最後之『最細心』位（ཉེར་ཐོབ་པ་ཞེས།）。

如前於導引中已有述及，心一般可分三位：即『粗心、細心、最細心』；若再細分亦可分作四位：『即粗心、中心、細心與最細心』。『粗心』者，即前五識，就是能見諸顯境（色），能聞（聲）、能嗅（香）、能嚐（味）和能觸諸實物等。『中心』者，乃與貪、嗔、癡、無明等較近之根識，而又稍細微者便是。行者在觀修中，當觀修到ཨ種字上哪噠之三彎劃所表徵之心所時，便是覺受『細心』之過程，細心位乃『八十自性』之微細尋思。此細心收滅後，『最細心』方得現行。所有不同類型之心識都各有一種與其相應之內風相連，心、風之力用與身體內部之地、水、火、風四大元素直接關聯，譬如地大有與其相屬之地大風；同樣，其餘諸大種亦由分屬之水大風、火大風及風大風等支配。

臨終者在細心位之『黑近得』中復有兩種顯現：此位中，首先現黑闇之天空相，此乃因細心及細風雖然已停止，但最細心、最細風仍然處在潛伏狀態中；接著進入第二階位，因臨終者達至『黑近得』後段時，已經失去知覺，故又稱『昏昧位』。當度過此階位後其知覺又得回復，此時則進入所謂之『死有光明』位。對凡夫而言，在此階位中一剎那間便已趣入真實死亡；對行者而言，當『白顯現』、『紅增上』及『黑近得』之細心景象結束時，行者可完全遠離月、日、闇冥等相，安住於空性實相之定境中觀修空性，故稱此三者謂『三空』。

修持圓滿次第位之行者，在現起『三空』細心時，便能生起真實之樂空不二慧。當達至『黑近得』階位之後段『昏昧位』時，由於知覺喪失，在此階位中不能作任何修持。然而當此階位結束時，細心及細風完全融於最細心風，行者便能復覺而證入『一切空光明』之『最細心』位中。因前面各種細心已經消失並融入於心識之空性中，故稱其為『一切空』。此時，一切粗心，細心之障礙束縛已完全消失，心識唯具完全之澄明、清淨。行者在真實死亡時將會短暫覺受此『一切空光明』，修持證分禪定之行者達到如此境地時，已達『心遠離』之成就，在此位中，能清明地現證空性，已證得『大樂』與『空觀』和合之真實俱生智慧。但還未最後現證空性，故此位之『光明』稱之為『喻光明』。在起分觀修法中，觀想哪噠第三彎最後消失時，行者應如是勝解復甦而覺受證入光明法身之中。

觀修『持死有為法身道用』，須明確『法身四要』之修持法門：

1. 『顯分空寂』。乃就『所觀』分而言，在修行中，行者自心正在觀照外顯諸境消融而體認空性，一切顯相之境皆次第隱沒消失，故稱『顯分空寂』。
2. 『決定分無自性』。乃就『能觀』分而言，其義是指能觀空性之心識亦無自性。
3. 『覺受大樂』。此能觀之心識為覺受大樂與現證空性雙運之心慧。能證得大樂與現證空性之雙運，故稱『覺受大樂』。

4.『持自身為佛法身』。樂空不二慧即佛之根本智慧法身，行者應持自身已親證佛法身之『佛慢』——勝解自身即佛果位之根本智慧身。

以上四法門，在之前《無量瑜伽》之導引中已有詳釋，其法義對於觀修『持死有為法身道用』之行者而言乃極為重要。一切衆生雖然都會覺受此『死有光明』或『根光明』，然而行者則應先修習如何轉化彼為『道光明』及『果光明』。修生起次第的行者之道光明，是於觀想中生起自身即證得果位根本智慧之法身佛慢。此光明就是修道之果——修持之究竟目標，即是證得佛之真實智慧法身。

衆生入於死有光明後不久，在光明位中之心與其所御之風仍屬最細心、風，隨後粗、細諸心及其所御之風又將復現活動，此時最細心、風即隱沒，有情便進入『中有』及『生有』等位。衆生不論投生於何道，彼所趣行之過程皆由最細心而始；若因循庸常習性而隨逐遷流，此心便即隨業轉趣於輪迴之中。

轉俗位死有為道用以成辦金剛持之無學雙運位，是行者修持此法之目的。如前已述，密續修持之扼要，為隨順『基』為行相而淨治。行者在修『持死有為法身道用』之時任持最後之最細心與最細風，則能取證法身果位；而其後依『逆起三空』等即可觀修佛受用報身。故持空見以破庸俗顯執乃必具之條件。行者之根器容有利、鈍，對於空見具有信心且欲求聞思空義者，即便彼無力當即契入空義，亦應觀機向其作相應之開示，令其心中能留植通達空性之種子，此類行者於因緣成熟時，必能善巧無難地通達般若真義也。

空性又稱『甚深』，其意謂『空性』乃極其深邃之所緣境。無論顯、密，皆需通達空性實義，即便是二乘行人亦需藉此而達解脫也。若無甚深之能觀智慧以通達此深邃之境，便不能證得無學雙運佛果，亦不可能徹底遣除生死輪迴之煩惱。通達空義是摧毀一切輪迴堡壘之有力武器，故空性之聞思至極重要。

綜上，行者必需明了地、水、火、風四大之消融是三種細心之先導。四大消融時，陽焰、煙霧、螢火、燈燭之內徵即一一現起，隨之而來者便是如白色月光遍滿虛空之『白顯現』、日出晨光遍紅東方之『紅增上』，以及初覺黑闇而後轉為『昏昧位』之『黑近得』。隨即復由心之覺醒而又入於遠離白、紅、黑諸障垢，其相如無云晴空之光明的『空光明』境界。

有情心輪中恆存一物，其狀如貝殼，上半分乃入胎時自父親處所得之白菩提心；而下半分則為自母親處所得之紅菩提心。白、紅二菩提心上下合攏成如蓋般覆蓋最細心，最細心處於眠伏狀態而藏於殼內。此最細心就是心之本性，乃心之本初境位，亦即人之本性。在諸粗心、中心依次消融直至細心前，細心位絕不能現行；同樣，若細心仍正在運作，則最細心亦絕不能起動現行。因此，粗心必須融於中心，中心必須融於細心，細心最後亦必須融於心輪內之最細心中，『空光明』境界方能出現。續部中稱此小殼為『不壞明點』。

心輪雖位居中脈內，而風息卻不常運行於中脈內；唯大成就者能藉禪定力開發其中脈，且令諸粗、中、細諸風全部攝入於中脈並消融於其中。如此，諸細風及明點全部被收攝在心輪內紅白菩提所成之小殼；隨後，最細心風方開始現行。當最細心風覺醒後，最細風便會開始搖晃顫動。對於某一將死者而言，此時便是心識離開其心輪住處之剎那，亦是『死有』之最後位；此狀態出現時，便是其趣入『中有位』之時也。

在新一期生命的最早階段，凡夫之最細心風會在短期內運作，而當細、中、粗諸心現行時，最細心將依次被細、中、粗心所覆蓋，當較粗之心現行時，較細之心即隱伏不動，此稱『逆起三空』。

臨終者都會親歷諸風之收攝過程及種種內徵之顯現境相，而惟有行者在臨終時，由於修習『持死有為法身道用』之力用，故能引生樂空不二慧。然而，生起次第位之行者卻無於中脈內引生樂空不二智慧之堪能，將粗、細諸風攝入中脈之法需到圓滿次第位時方能真正踐行。故於未成辦樂空不二智慧前，行者唯以假設串習樂空不二境相而絕不能現證真實之光明。

『三空』之『白顯現』、『紅增上』、『黑近得』等相現起之理趣為：覆蓋著最細心之小殼上半分是白菩提心，而白菩提心於在生時卻安住於身內之頂輪中央。前四大消融後，上行風由中脈之頂端開口處攝入，並開解頂輪之脈結，使白菩提經中脈下流融於心輪脈結處；當白菩提由頂輪下伏之同時，『白顯現』位隨即出現。修行成就者在『白顯現』出現時，可在空性中安住七晝夜之久。

紅菩提心則主要安住於身體內之臍輪中央，當『白顯現』位完結後，身體內之下風便從中脈下端開口處攝入，隨著下風之攝入，身體內下半身諸脈輪之脈結被開解，令在臍中之紅菩提經中脈上行攝入心輪脈結處； 在紅菩提心從中脈上升之同時，『紅增上』位便隨即現起。 當上行與下行諸風及明點集聚於心輪時， 左右二脈在中脈上相互纏繞而成的脈結亦解開； 由此令下降之白菩提及上行之紅菩提從中脈攝入於心輪內之不壞明點之中， 並上下包攏著最細心風。

紅、 白菩提心消融於不壞明點之過程是『黑近得』之前分， 現起如黑闇彌空之境相； 而在紅白菩提已消融後、 最細心風現起前則是『黑近得』之後分——『昏昧位』。 在黑近得之細心與細風完全消融於最細心與最細風之後， 行者便將會覺醒而入於『光明位』中， 此後行者在自心中觀想從空中現起之極纖細紅色 ཨཾ 種字之表徵就是最細心與最細風。

欲幫助臨終者之最佳時刻， 是在其四大未完全收攝消融前， 給予告誡及鼓勵等。 而對瑜伽士而言， 在四大消融之後則為最佳之修持時機； 因為瑜伽士在覺受『白顯現』、『紅增上』及『黑近得』三境之時， 能夠在定中覺察白顯現等三境界並將彼轉化為生起樂空不二智慧之方便。 凡俗根（基）位之光明稱之為『母光明』， 而對修持之瑜伽士所能引發之光明則稱為『子光明』， 對於不讓死亡依循庸常俗法而行之瑜伽法則稱之為『母子光明會合』。

『持死有為法身道用』時， 需恆以『法身四要門』印證諸境。 此四門要訣於前已一再論及， 因不論持何種觀修法若離此正見， 皆難生起佛之智慧法身。 一切衆生之本體皆為空性， 欲現證空性， 必須持清淨空觀， 通過觀修能顯現外界事物之空性實相， 而由空性中亦能幻現為外境諸法。 欲詳其理， 應該明白諸法皆可分常法與無常法兩類。 無常法乃指『色法』、『心法』及一切其性非色非心之『緣生法』，即『不相應行法』。色法是可觸可見之外界事物，故易明白，心法包括『心識』、『心所』等，『不相應行法』指非色非心之生滅變化；而『常法』則為隱於表相後之空分，包括『空性』及如常說之『虛空』等，故不易參究。《金剛經》中，把『無常法』稱作『有為法』、『常法』稱作『無為法』。

總而言之，『持死有為法身道用』之關鍵修要，在於任持自身所觀修之境位不是道位而是果位；而且是金剛瑜伽母之究竟法身果位——即『佛慢』之任持。雖然我等尚未親證金剛瑜伽母之果位，但作如是觀修卻能使修持更形有力。

(二) 持中有為報身道用

『如彼收攝一切現分之空性中體性為自心樂空無二智持相而顯紅色བཾ 字豎立之相於虛空中』

誦**『如彼收攝一切現分之空性中』**時，觀前段所觀修之一切外境已融入於廣大空性中。誦**『體性為自性樂空無二智持相而顯紅色བཾ 字豎立之相於虛空中』**時，觀行者之體性現起為自性樂空無二之智慧而顯相成紅色བཾ 字豎立於虛空中；當行者誦至『虛空中』時，即觀緣བཾ 種字而復念：我與金剛瑜伽母之果位報身成無二無別，並安住於如此觀境中。

如前所述，行者此時已安住於最細心風和合之空定中；在此觀境中，唯一存在者只有行者之自心，而自心亦已被任持為佛之樂空不二智慧，行者在如是境界中已無色身之現覺，此時一切色法業已消融於樂空不二慧之境界之中。此時行者心中必須作念：『我若長期安住於此境位中，就不能救渡衆生，所以必須現起一個能為諸大乘聖者所值遇之色身』。於此念中觀想最細心風開始起動，起動時行者自身即由此空境中顯現為微細身，其微細身相是一紅色極纖細之བྃ種字，之上置有初月、明點及哪噠。བྃ種字之主因是行者自身之最細風，而最細心乃為其助緣；由此而成之微細བྃ字懸豎於其所緣處之虛空中，བྃ字之自性實為金剛瑜伽母本尊幻身之示現。行者於觀想中出現此等境界時，必須立即勝解：『此即佛果之受用報身也』，當然真實之佛報身是具『五現證』之本尊天身，是由行者之最細心風所現起的，但是行者亦可用同樣的方法來任持、觀照བྃ種字；行者在這種觀境中必須生起佛慢（亦稱本尊慢），自心應持『我與此བྃ字為一體無別』之念。

行者修持『ཨེ་ཝྃ唉旺』聲亦是『持中有為報身道用』、生起金剛瑜伽母報身佛慢的一種方法。在《鄔曲導引》中云：『修持ཨ字者為何？乃為修持明點幻化（ཐིག་ལེ་སྒྱུ་འཕྲུལ）之故也。其表徵義者，明點之外觀為月，內觀為白菩提，別觀為身徵；涅槃點（現相為ཕ［ད］字）外觀之為日，內觀為紅菩提，別觀為語徵；ཨ字（短阿）之外觀為羅睺，內觀最細心，別觀為意徵。總之修ཨ字之基、道、果三者與最細心風為同義。彼基、道、果三與淨基雙關者為中有之身、語、意，與道雙關者為幻身之身、語、意，與果雙關者為佛之法、報、化三身表徵。』又如《勝樂本續》之釋義云：『哪噠之三道彎曲與所淨基雙關者則為中有之身、口、意三；與道雙關者為死、中、生三有；與果雙關者為法、報、化三身之表徵也。』

行者若不能令最細心風轉為佛報身，則必墮於俗位之中有，俗位『中有』是從俗位之『死有光明』中生起。由於行者未曾經歷凡俗之死亡，因此欲令自身之最細心風轉為佛之報身，必需從『空光明』中轉現成紅色 བཾ 種字以取代趣向俗位之中有。金剛瑜伽母之法於修『持中有為報身道用』時不同於修大威德時觀『因金剛持』文殊身相之法而代以觀修微細種子字，此乃遵母續法主修空分光明之軌理，亦以表徵中陰之身及報身之微細色也。『持中有為報身道用』之相應法能令行者遮止凡俗之輪迴受生並止息一切生死煩惱。

（三）持生有為化身道用

『空性中 ཨེཨེ 化成紅色法基三角雙疊 其內 ཨཱཿ 生月輪具白而又紅色光華之上 嗡嗡嗡薩瓦必噠哲格呢耶班雜哇哪呢耶班雜毗盧遮呢耶吽吽吽呸呸呸娑哈之咒鬘左繞 觀見空中 བཾ 字月輪時一剎那間射入月輪安住其中央 བཾ 字咒鬘俱放光芒 一切輪涅情器世間悉成至尊金剛瑜伽母自性 彼諸光收回融於 བཾ 字咒鬘而能依所依之壇城同時圓滿』

在『持中有為報身道用』之修持中，行者自身已觀成紅色 བཾ 種字而現於虛空中；當誦『**空性中 ཨེཨེ 化成紅色法基三角雙疊**』時，行者觀於自下方虛空處，剎那間從空性中出現『ཨེཨེ』（唉唉）二字，二字分上下，上 ཨེ 之 འགྲེང（音『簡布』），藏文第三母音『、』之名稱）面向正西，下 ཨེ 之 འགྲེང 對自，從左右觀上下兩個 ཨེ 字成如 སྦར 字形；上 ཨེ 轉生之三角法基，其一角對自身、另二角朝後；下 ཨེ 所生之三角法基，其二角對自身、一角朝後；此二法基成交疊倒立三角錐形，二法基上下相距寬約一粒青稞許，所成之倒置三角錐體其底部為三角平面，此平面向上；而其錐尖向下，二法基相互交叉上下疊疊，因此其上面成為六角形平面。

此等安佈之表義者，三角雙壘法基之下法基表『所淨基位』中有投生之不淨器世界，『淨治道位』時為化身之處所，果位時為化身之清淨刹土；上法基表基位時投生之母胎，道位時為不淨幻身所持之至尊母，果位時為化身金剛瑜伽母。

誦**『其內ཨཱྃ生月輪具白而又紅色光華之上』**時，觀此三角雙壘之二法基內出生一ཨཱྃ種字，此種子字轉化成月輪墊，其色潔白而周沿散發淡淡紅光，光華燦爛；其上有**『嗡嗡嗡嗡薩瓦必噠哲格呢耶班雜哇哪呢耶班雜毗盧遮呢耶吽吽吽吽呸呸呸呸娑哈之咒鬘左繞』**，此三十二字密咒由第一個『嗡』字起，至最後之『哈』字止，以逆時針方向順月輪之邊緣左行環繞排列於月輪之上。『嗡』字由自身之正前方始，咒文逆時針排列，與最後之『哈』字相接，字皆豎立、面向中央，成為金剛瑜伽母及三十二空行母之表相。行者應觀想月輪及咒鬘是自身所成之བཾ種字將安住座落之處，其咒鬘左繞排列法來源於不共之無上瑜伽部母續法。

『觀見空中བཾ字月輪時』，是說由行者自身所成並豎立於空中之བཾ種字，當彼觀見在其下方之月輪及紅色豎立之咒鬘時。因བཾ種字以慧為性，故能見月輪、བཾ字、咒鬘；如《鄔曲導引》中云：『此月輪乃表嘿洳嘎與金剛瑜伽母之紅、白菩提心自性。月輪中紅白二色乃象徵嘿洳嘎及金剛瑜伽母之空行淨土大世界。』

『一刹那間射入月輪安住其中央』，是指行者在觀修中見此月輪之刹那間，生起『我所住之報身境界，唯大乘聖者可見，今需投生於空行淨土中，現起為凡夫肉眼可見之身相，方能利益彼衆」之願欲。既已作此決定，隨即投射並安住於彼月輪內咒鬘環繞之中央部位。在《勝樂本續》中有『十四真實性』之記述，其中『趣入音聲衆諸法』一句便是與此ཝཾ字融入於三十二字咒鬘中央之觀法相關。這是隨順於俗位中有衆生入胎投生時之觀法，在正行修法中，行者應自觀ཝཾ字即為金剛瑜母之報身而趣入嘿汝嘎佛父母之紅白菩提心中。此即為隨順欲界人道依貪道受生之理而作淨治也。

『**ཝཾ字咒鬘俱放光芒**』是說行者自成之ཝཾ字安住於月輪後，月輪、ཝཾ字及咒鬘同時發出光明，射向十方一切佛刹土及輪迴六道中；『**一切輪涅情器世間**』是指一切輪迴世間及住於輪迴道中之六道衆生、與一切淨土刹界及彼處諸佛；『**悉成至尊金剛瑜伽母自性**』意謂一切染淨世間乃至住於彼處者皆被月輪、ཝཾ字及咒鬘所發出之光明轉成金剛瑜伽母之自性。行者應觀想將一切器世間之不淨蠲除、將器世界內一切有情之二障淨除而轉為至尊金剛瑜伽母之自性，並觀想彼諸金剛瑜伽母各皆住於三角雙疊法基之淨土中。『**彼諸光收回融於ཝཾ字咒鬘**』是指彼金剛瑜伽母及其諸眷屬等皆收融於咒鬘及ཝཾ字內，而一切金剛曼荼羅刹土皆融入自觀之月輪、法基等曼荼羅刹土，彼等站立之法基亦相應收攝於自法基之中。此表淨基胎中『五位』㈠、淨治道上下四喜及淨果取化身住聖胎諸相。

『**而能依所依之壇城同時圓滿**』，指法基、月輪、咒鬘、ཝཾ字融入後，於一刹那間化光

㈠密乘《入胎經》所述識入胎後、並及『疱』、『血肉』、『凝塊』、『肉團』等五個生長階段。、

轉成金剛瑜伽母能依所依之圓滿壇城。此壇城（中圍）是由行者所成之中臺主尊及環繞其身外之本尊剎土所成，行者由此而當即現為站立於圓滿淨土中央之金剛瑜伽母圓滿化身；此表淨基十月胎圓出胎取有、淨治道粗分幻身諸位及淨果『勝應身』降誕諸相。

此時，行者勝解所處之三角雙疊法基即為金剛瑜伽母之淨土中圍無量宮，而其色身即為離一切垢、究竟證得『一切種智』之果位化身，行者需於此明觀中生起佛慢。帕幫喀巴仁波切綜述其法云：『對此我等稱之為「現證五身」（乃毗盧遮那之行部五身佛）之化身道用爾』。現證五身（ཨབྷིསཾབོདྷི）之宗觀如月輪等各各所表，此修法即勝樂身壇城之自生修法：

1. 彼 ཨཿ 字生月輪，色潔白而具大圓鏡智體性。
2. 如是三嗡密咒之字母紅而為平等性智體性。
3. 自成 ཧཾ 字下降投射者為妙觀察智體性。
4. 放射光明後攝收為成所作智體性。
5. 法基、月輪、ཧཾ 字及咒鬘等圓滿，而能依所依之剎那間圓滿為法界體性智體性。

依如彼相關之五智慧而證得菩提，故『現證五身』亦有譯稱『五智成身』、『五身現證菩提』等，其中具勝樂父母之一切密要教授。《密集五次第》中稱此謂『一念三摩地』修法，《鄔曲導引》曰『本尊一念』，與帕幫喀巴仁波切之論十分相近，其意為行者於粗分本尊生起修法中，必須專注一趣緣念本尊之化身相而生起『佛慢』與『顯明』，以此能速疾引發粗分明相奢摩他㈠；其次為需『緣念一尊』，其意指行者在修習起分時唯觀修單一之本尊，以此能不摻雜、攀緣而速疾成就生起次第之諸粗、細瑜伽修法，此所謂『一尊修成可見百尊』之意。因此，行者在修持過程應盡力專注，並能安住於定境中。那若空行法要求修法行者之坐姿為雙膝盤坐結金剛跏趺，初修者沒有跏趺坐之習慣，久則雙膝必疼痛難忍，故亦可先以曲腿單盤、散盤坐姿而修；無論姿勢若何，其重在生起清明之定境，恆修漸進終可成就身、心之堪能也。

『禪定』之障礙主要為『掉舉』與『昏沈』。『掉舉』是指行者之心不能堅固安住於所緣境而攀緣餘境，其根本因乃貪著；而『昏沈』生起時，其心便失去力量而不能任持清明之所緣境。彼二者之中任受其一種所擾，行者之禪定必將喪失。若能深入習定、對清明所緣境有親身體驗，久之便能了知如何保持並完善禪定之各支分。

於金剛瑜伽母之修行儀軌中已明確指出，以行者自身所生起之ཨཾ字為中心的三角雙疊法基等即為金剛瑜伽母之能依所依壇城（中圍）。行者應依儀軌成熟相續、漸增觀緣，乃至能於剎那間令金剛瑜伽母壇城之整體形相在自心中現為一境，而不應僅觀於某一支分而忘失其前所修境，此即金剛瑜伽母粗顯化身之圓滿壇城觀修訣竅。

復誦：『**彼悉成金剛大基 垣圍 帳幕 華蓋及外境五色火左繞熾烈成圍行火焰盛 內暴虐等八大寒林圍繞 中央三角雙疊紅色巨大法基踞高豎立 上端平廣 下尖入地 除前後二角餘四**

㈠『奢摩他』為梵語音譯，亦譯作『三摩地』，意譯為『寂止』。指心於所觀察之事物專注安住而不分散。

角紅白喜旋左轉莊嚴　法基內各色八瓣蓮華蕊中日輪之上　自性成金剛瑜伽母身　右腿伸　足下踩怒媽嘛摩　左腿屈　足下踩智希哪波　赤身如劫火　具足威光　一面二臂　三目仰視空行淨界　右手下伸執金剛杵莊嚴之鉞刀　左手托舉盈滿鮮血之頂骨器仰飲甘露　左肩掮金剛杵莊嚴之喀章嘎　鼗鼓　金剛鈴　及三幅幡飄垂　墨髮散披覆及腰間　妙齡年華　豐滿欲界　乳峰高聳　五具骷髏頂莊嚴　五十骷髏為瓔珞　赤裸五印莊嚴　智慧烈火中威然永住』

空行母壇城之金剛大基、金剛垣圍等護輪之觀法可參考大威德怖畏金剛之壇城觀法作觀，其二者間之差別在於壇城的形狀和八大寒林所處位置有所不同。空行母壇城為曼荼羅穹廬形，外有三層護輪，由外向內起計，第一層是火輪，第二層為金剛垣圍、金剛帳幕、金剛華蓋，第三層為八大寒林。以下細觀中圍生起：

『彼悉成金剛大基』，此指曼荼羅乃由金剛大基承托，觀一巨大之二十股交杵平置，其放光下射，現為無數大小不大等之金剛杵平鋪而成之堅牢大地，即為金剛大基。**『垣圍帳幕華蓋』**，勝樂金剛之垣圍、帳幕乃為方形，而金剛瑜伽母之垣圍、帳幕則作穹廬圓形。此間觀先前之十字巨杵復放出光，平射於大基周緣，即現出環形之金剛垣圍。彼由三層金剛巨杵構築而成：首層為六十四枝金剛杵如倦極欲睡狀（ཉམ་ཉེར་བཞག་པ）依次橫臥排列，中間為六十四杵豎立排置，上層復有六十四金剛杵橫列。此金剛垣圍連綿如山脈重疊，高達梵天、深至無間地獄。各金剛杵間之空隙皆由無數小金剛杵填充而成無間之金剛垣圍。垣圍內之上方頂端，乃五股杵莊嚴之金剛華蓋，華蓋與垣圍間乃由細如微塵之金剛杵密佈而成之帳幕。如是之垣牆、帳幕、華蓋均由金剛自性所成，外形如圓形穹廬、連綴一體而密無縫隙。此所說之『連綴一體而無縫隙』乃為口傳訣要，其一曰：如卵無縫隙而內聚所具；二曰：雖為垣圍、帳幕、大基名相而實具金剛自性。二者和合為一者，乃謂彼雖無微塵許自性，而能圓滿三輪，其表菩提心自性故也。

『及外境五色火』，五色火輪位於護輪之最外層，乃具白、黃、紅、綠、藍五色焰光之火網，猛如劫盡烈火，左旋燃燒，包繞壇城；火焰高達數逾繕那，火焰之內，無數金剛箭雨交互激射。**『左繞熾烈成圍行火焰盛』**是指彼烈火之焰勢趣向左方旋繞焚燒，乃無上瑜伽母續不共通之修法。此烈火護輪，是保護行者修行之屏障。由於天神多有通力，其中之善者不會擾亂行者之禪修，而其中之惡神每每伺機作祟，一有機會必來侵擾，曼荼羅周邊之火輪便是為防禦彼惡魔天衆之危害而設，其內具有樂空不二慧自性所成之金剛箭雨交互激射、發強烈電流。一切天魔，包括可迎火而入之諸部火神皆無法逾越，但有犯者必一觸即發而遭擊棄於十萬逾繕那之外。如是勝解，此表空性見之威雄也。

『內暴虐等八大寒林圍繞』，八大寒林（དུར་ཁྲོད་ཆེན་པོ་བརྒྱད）(一)亦稱八大屍林。寒林乃棄屍之處所，暴虐寒林位於東方，與餘七寒林環繞於金剛垣圍之內、法基之外；各寒林具智慧八火、八山、

(一)八大寒林即：東方暴虐寒林（གཏུམ་དྲག），南方骨鎖寒林（རུས་པ་ཅན），西方金剛焰寒林（རྡོ་རྗེ་འབར་བ），北方密叢寒林（ཚང་ཚིང་འཁྲིགས་པ），東北方狂笑寒林（ཧ་ཧ་རྒོད་པ），東南方吉祥寒林（བཀྲ་ཤིས་ཚལ），西南方幽暗寒林（མུན་པ་དྲག་པོ），西北方啾啾寒林（ཀི་ལི་ཀི་ལིའི་སྒྲ་སྒྲོག）等八者是也。

八靈塔、八妙雲、八海、八龍王、八樹木與八護方神㈠等『八差別法（བྱེ་བྲག་བརྒྱད།）』及各種屍骸、成就者等，各有其表徵，詳見於《勝樂身壇城》觀修法。每一寒林之邊緣各與其後者互相連接。寒林乃教示行者思惟苦諦而生出離心，寒林內諸瞻仰主尊之瑜伽行者，乃引化機弟子而入勝道之表徵。寒林所具之樹木及護方神等殊勝差別法，乃與勝樂身壇城不共圓滿次第之諸觀修要訣相關也。《勝樂》、《密集》及《大威德》三本尊之寒林在垣圍之外，而金剛瑜伽母之寒林在垣圍內。

密乘修壇灌頂之前，所有一切上下方隅，皆由金剛垣圍及金剛帳幕等護輪嚴密封護。不修護輪者則恰如一絲毫未設防範而又身懷重寶者眠於盜賊群中，其險況可想而知，亦鮮有修持不出障礙者矣。行者於臨睡前觀修護輪亦極為重要，堅持修護輪者如居於堅固城堡之中，能令修行得到保障、邪魔無侵。

寒林表出離心、金剛垣圍表菩提心、火輪表正見，而護輪三俱即為『出離心、菩提心、空性正見』此『聖道三要』之表徵；故修此法之行者必須為成熟大乘共同道、且熟悉續部不共勝法諸扼要者。

『中央三角雙壘紅色巨大法基』是指壇城中央之巨大法基為兩個三角型，互相交叉上下壘疊，色紅而廣大，此即為金剛瑜伽母之宮殿。『雙壘』謂樂空無二，其形為『三角』者表具三解脫門，三解脫門亦稱『三三摩地』、『三三昧耶』，乃證得解脫的三種途徑：即空解

㈠八護方神即：東方帝釋天、南方焰摩天、西方水天、北方藥叉、東北自在天、東南火天、西南羅剎、西北風天。

脫門、無相解脫門及無願解脫門（亦稱空三昧，無相三昧及無願三昧）。**『踞高豎立 上端平廣 下尖入地』**是說法基於中豎立，平面廣大而其面向上空，下端尖利而入金剛大地。『法基』又稱『法源』，乃佛法之至極殊勝妙法之生源處，亦就是無上殊勝之樂空不二智慧；本法之所依壇城即為此金剛瑜伽母三角雙疊法基。此法基分外、內、密三重：外法基表佛母（月輪表佛父）及淨刹，內法基表方便、智慧雙運而引生樂空，秘密法基表三昧耶樂空智。法基下端尖銳，乃表智德深利；法基上端寬廣乃表功德資糧廣大增長；六角指六度圓滿；十二面外表十二宮，內表女子十二天癸至，亦表紅菩提降流引生之大、中、小差別十二喜；法基前後二角空處表人、法二種無我。概言之，法基總為樂空智之表徵也。

『除前後二角餘四角紅白喜旋左轉莊嚴』是說此法基之頂部平面為六角相，除前後二角空置外，餘四角各有一淡紅色而又左向旋轉之喜旋（འཁྱིལ）作莊嚴。『喜旋』為吉祥圖像之一，義堅固、不變；尚有『萬字』圖、『德字』圖等，同樣為象徵堅固不摧、永恆常在之意。四喜旋共十六份，表男子十六白分滿盈，亦表白菩提流降之差別十六喜，此即《真實名經》所云『十六半半具明點』之內意。

『法基內各色八瓣蓮華蕊中日輪之上』指法基之中央具各種各樣顏色之八瓣蓮華：其中四方之四花瓣為紅色；四隅之花瓣顏色分別為：東南隅與西北隅黃色，西南隅綠色，東北隅黑色；蓮華中央蕊間之蓮蓬上敷設日輪為墊。蓮花表不染輪迴過患，日輪表空性智火。

『自性成金剛瑜伽母身』是指行者自性成至尊金剛瑜伽母之化身立於此日輪之上；**『右腿**

伸』意謂瑜伽母表方便分之右足向外伸展；『**足下踩怒媽嘛摩**』指至尊金剛瑜伽母之右腳踩於『怒媽嘛摩』（夜時母）之雙乳上，『怒媽嘛摩』乃為藏語，梵語稱其謂『迦啦娜墀』，意即『時劫之夜』，『夜時母』是簡稱，彼身為紅色，是世間遍入天神所化現之明妃；金剛瑜伽母之右腳踩其乳上乃表已離一切貪欲。『**左腿屈　足下踩智希哪波**』意指金剛瑜伽母表智慧分之左腿略彎屈，左足下踩住『智希哪波』之後腦門，『智希哪波』乃黑怖畏之意，『怖畏』是遍入天之另一化身，梵語為『陪羅縛』，意即『令人怖畏者』，其身為黑色。本尊金剛瑜伽母之左足下踩遍入天後腦者，因頭腦乃無明之出處，以足踵壓於其心者，因心是嗔恚之根源。金剛瑜伽母足踩怒媽嘛摩與智希哪波並站立其上者，意表已斷除貪、嗔、癡（無明）三毒。

『**赤身如劫火　具足威光**』，『劫火』乃譬諭也，是指金剛瑜伽母身色赤紅如劫火，其光威赫無比。『劫』者為佛教中極長之時間單位，經中描述宇宙生成、演化、壞滅之過程曰：『成劫二十中劫、住劫二十中劫、壞劫二十中劫，合八十中劫為一大劫……』在壞劫初期，人世間兵刃相鬥，相互殘殺；中期，可畏之流行疾病殘害無數衆生；後期，無數衆生死於大災荒，人類幾乎滅絕。兵荒時期約七日，病害時期則為七月又七日，而大災荒時期長達七年七月七日之久。

在壞劫末期，器世間將為火、水、風三災所毀。壞劫之火，勢不可擋，能燒竭汪洋大海，崩潰須彌山嶽乃至一大千世界，除虛空而外無一幸存。金剛瑜伽母身中由樂暖（ㄋㄨㄢˇ）所引發之臍輪火（གཏུམ་མོའི）㈠威光大如劫火熾燃，融化行者頂門百會穴中之倒ཧཾ字（音『煩』），成為大樂菩提下降全身，此間應全心專注堅守脈、風、明點，以使臍中針影短ཨ（其形如倒豎之梵文字母短阿，『ཨ་ཐུང』）燃起樂暖；其功用是猛厲焚燒一切不淨蘊界，滅盡一切煩惱尋思，迅速生起俱生妙智。金剛瑜伽母以此臍輪中之內火莊嚴而身成紅色。彼通達一切生死涅槃之法，體無善惡性實，以平等性智觀衆生、二障清淨，故身發無量無邊紅光，具足如億萬日光之威。

『一面二臂 三目仰視空行淨界』謂金剛瑜伽母具有一面、二臂並三目。『一面』者顯現有法與世俗之種種緣生因緣法性真諦之勝解，表一切法攝集為一之勝義也；『二臂』即表義世俗諦與勝義諦雙運；『三目』皆仰視空明無蔽、表裏瑩澈之空行淨土，其狀乃告謂行者：『汝等倘有誠心跟隨於我者，吾必即生攝引汝至空行淨土』，此如途遇路人詢问路向而識者以目示之也。『三目』為三時同觀之意，空行母眉間現縱向三怒紋，其目不甚大張而又非閉者乃外示威嚴，表靜怒雙修；中央為智慧眼，右眼表佛父，左眼表佛母。『三目仰視空行淨土』乃表金剛瑜伽母其自性為內、外空行淨土之主宰，並以無上瑜伽部母續法攝持行者於空行淨土之意。其面稍左向者為『左現行』威儀及諸佛菩薩發心等方便，乃通達無我智慧而恆常住於定中之表相也；面色如『毖哇（བིམྦ）』般赤紅，『毖哇』乃古梵語，意謂『具美姿容者』，在古天竺有果稱作『甘都熱』（ཀནྡུར），其色鮮紅豔麗，金剛瑜伽母之面相齒白唇朱，

㈠臍輪火又稱猛厲火，絕地火，梵音譯作『旃陀離』，即『拙火瑜伽』，為密乘圓滿次第根本法之一。

一如『甘都熱』果般赤紅而嬌美也。其齒數四十，除表摧破四魔之四獠牙微露外，餘齒皆細密平齊；口微張如發『嘿』聲之狀，亦如淺笑之形；舌微上卷，口中漱血以表悲智雙運也。

『右手下伸執金剛杵莊嚴之鉞刀　左手托舉盈滿鮮血之頂骨器』指金剛瑜伽母之右手向下伸直，執持金剛杵所莊嚴之鉞刀，彼能鉤斷一切煩惱，表以究竟方便接引衆生；左手高舉，掌托盈滿鮮血之頂骨器，表已證甚深空性本智。**『仰飲甘露』**謂瑜伽母仰面張口，不斷吞飲由頂骨器中下注之甘露。此甘露乃呈鮮血之相，鮮血甘露表『空性』，金剛瑜伽母之口則表『智慧』；金剛瑜伽母示現此相者乃表大慈大悲憐憫一切衆生，而自性不動住於空性境中，即『智不墮三有，悲不住涅槃』之義也。梵語『嘿洳嘎』之漢譯為『飲血尊』，『勝樂』即對『嘿洳嘎』之漢稱，如是，『嘿洳嘎』者亦同具此『飲血』之密意也。

『左肩掮金剛杵莊嚴之喀章嘎　鼗鼓　金剛鈴　及三幅幡飄垂』指金剛瑜伽母左肩斜扛著金剛杵莊嚴之喀章嘎，之上有手鼓，金剛鈴及三幅幡飄蕩。

『喀章嘎』有二種：一是蓮花生大師所持之三尖表徵的父續『喀章嘎』，二是由金剛杵表徵之母續『喀章嘎』。『喀章嘎』乃梵語，藏語稱『彥啦朱巴』(ཡན་ལག་དྲུག་པ)，漢譯曰『天杖』，是古印度歷代諸大成就者必不可少之極密法器。喀章嘎之柄下端由五股金剛杵之半杵作莊嚴，亦有以一股杵為嚴飾者；柄上端乃寶瓶、十字金剛杵、三頭顱、五股金剛杵等六支全具，此『六支』亦即藏語『彥啦朱巴』之意。母續喀章嘎之柄應作八楞白色柱形，之上有寶瓶，再上為十字金剛杵，杵上新鮮人頭為綠色、之上枯萎人頭為紅色、之上乾枯人頭為白色，喀章嘎之上端由青色五股金剛杵莊嚴。五股金剛杵之上中股表嘿迦嘎，下中股表瑜伽母，四面四股表四胎藏瑜伽母（སྙིང་པོའི་རྣལ་འབྱོར་མ།）。乾枯頭表身輪，枯萎頭表語輪，濕頭表意輪，總表三輪。十字金剛杵表門隅八瑜伽母，瓶表無量宮，柄八楞表八大寒林或『八正道』，柄下端之杵表護輪、火山等。如是喀章嘎俱表勝樂輪能依所依之圓滿六十二本尊壇城。又復喀章嘎為身，鼓、鈴為語，三舌幡為意之秘密表徵。喀章嘎之上懸鈴者唯金剛瑜伽母獨有而其他本尊則無，此乃樂空俱生不二智之表徵也。

『墨髮散披覆及腰間　妙齡年華』，此指金剛瑜伽母之髮色如墨般烏亮，此表法界不動自性。然《空行母廣大願文》中亦有曰：『黃丹散髮黎赤流盼母』，此明指其髮為赤黃色，以無上部諸怒相本尊多現赤黃髮色，故觀其髮為黃褐色亦無不可。其髮長而散披身後，覆至腰間者，表已脫離我執繫縛；所現風華正茂、青春妙齡之美貌女子相者，乃表本具無學雙運俱生無二智德也。

『豐滿欲界　乳峰高聳』是說瑜伽母自心為樂空不二智之大樂所充滿，而具有能令行者生起大樂之表相。**『五具骷髏頂莊嚴』**指金剛瑜伽母頭上有五具骷髏作莊嚴，其高各具五指之量，各骷髏間以骨製半纓絡裝飾。五具骷髏表『五方佛』。髻以如意寶珠為嚴、金剛寶杵安於髻頂、八輻骨鏈敷於髮面，如是合表頂輪三十二脈瓣。**『五十骷髏為瓔珞』**是指瑜伽母頸上掛有由人腸串成之五十具士夫乾枯頭顱項鏈垂及雙膝之前。五十人頭是表佛陀之清淨語，其五十之數乃由梵文之十六韻母及三十四聲母所合成。

『赤裸五印莊嚴』，此指金剛瑜伽母是赤身裸體相，乃表徵瑜伽母已盡除一切惡習及貪執諸障，其身體內外純潔清淨，無有不淨染污及垢障，故無需衣裝掩飾。『五印莊嚴』是指用五種骨製品作裝飾，即：頂髻骨輪莊嚴（འཁོར་ལོ），耳墜骨環（རྣ་ཆ），頸戴項鏈（མགུལ་རྒྱན），肩掛梵繩（མཆོད་ཕྱིར་ཐོགས），臂環、手鐲及足釧（ཕྱག་ཞབས་ཀྱི་གདུབ）等。頂髻是由具九珍(一)之八股骨輪軸及五股金剛杵所莊嚴，故稱『頂莊嚴』。肩掛之梵繩貫串於八股護輪所成之內圓外方形四角之中，四角由四摩尼寶所莊嚴，為古印度婆羅門族作供養時所佩戴，故稱『梵繩』，修持無上瑜伽部母續法之行者在修法時可交叉佩戴於肩頭腋下。『骨飾莊嚴』乃五智慧及披甲六佛(二)之表徵，分別為：摩尼頂珠表不動佛，耳環表無量光佛，項鏈表寶生佛，臂環、手鐲及足釧表毗盧遮那佛，腰帶表不空成就佛，梵繩表大金剛持自性。

空行母身嚴五印和合五智，其所表徵乃為六波羅蜜多之前五度，即：頂飾表佈施、環釧表忍辱、耳璫表持戒、頂髻寶珠表精進、腋絡表靜慮，而瑜伽母本具六波羅蜜多之第六度『智慧』，故其身印無有表白菩提之『大灰』。又彼五骨飾所安住之位分別為：摩尼骨輪住頂門，耳墜骨環住髮際，項鏈住於口門，梵繩交叉住心間，腰帶垂繐住臍間，臂環、手鐲及足釧，分住肢部作莊嚴。此暗合於勇父之『披甲守護』，即：『ཨོཾ་བཾ 嗡幫』腰襬垂繐，『ཧཾ་ཡོཾ 頏雍』胳腋帶，『ཧྲིཾ་མཾ 舍矛』頸飾，『ཧྲིཾ་ཧྲིཾ 舍舍』耳飾，『ཧཱུྃ་ཧཱུྃ 吽吽』摩尼頂珠，『ཕཊ་ཕཊ 呸呸』環釧自性。如

(一)即：國王耳飾、皇后耳飾、犀牛角、珊瑚樹、如意果、珍珠、象牙、大臣耳飾和三眼寶石。

(二)即：金剛薩埵、毗盧遮那、蓮花妙舞自在佛（པདྨ་གར་དབང），黑上樂金剛（ཧེ་རུ་ཀ་ནག་པོ），金剛日佛（རྡོ་རྗེ་ཉི་མ），馬勝佛（རྟ་མཆོག）等六佛。

鄔曲仁波切有云：『五印和合五智乃宗喀巴大師所諭。』圖觀．卻吉尼瑪仁波切在其《瑜伽空行母導引》中亦有說：『佈施等五波羅蜜多法，五骨五嚴化現五智慧。』如是之五印表配乃諸智者所共許也。

『智慧烈火中威然永住』指金剛瑜伽母之智慧熾烈有力，其所發出之光華成為烈火團環繞於自身四周，瑜伽母威然站立於猛烈燃燒之智慧烈火中。

行者在修持時必須對本尊之諸種表相及功德有明晰瞭解，並於彼作顯明之觀修；於觀修時應先從瑜伽母壇城周邊之火輪觀起，逐步修至壇城中央金剛瑜伽母之身相。行者作如是觀修亦為欲求成熟自心、以趣入圓滿次第，因證分之修持乃於中脈內成辦，故此由周邊逐步漸至中央之觀修法有助於將風攝入中脈也。

以此身曼荼羅之增上觀法，可令行者所觀之一切影像明晰顯現於心中，以增益此等修持之顯明相。當行者修至觀想自身站立於智慧烈火之中央時，應生起『自己即為離一切障、具足五智、三身之真實金剛瑜伽母』佛慢。行者自修持起分瑜伽之始，『佛慢』就是其修法中最重要的支分，行者藉佛慢之定境生起『我與金剛瑜伽母無二無別』之思惟而超越一切庸常執著，復需觀修『顯明』以超越一切庸常顯現。『佛慢』與『顯明』二者都是起分修持法之要領，『顯明』是指於壇城內之一切所緣境能引生清晰顯明的形相。故此，我等必須深入修習以生起極清明圓滿之觀想，並與此同時任持佛慢。

七、清淨衆生瑜伽（འགྲོ་བ་དག་པའི་རྣལ་འབྱོར།）

行者觀想已證得金剛瑜伽母之法、報、化三身後，便要行清淨所淨基（衆生）之修持。如今既已獲得佛之三身果位，便應行佛之功德事業、實踐諾言，行菩提行以成辦救渡衆生、清淨其業障而令其達至解脫之事業。

我們初入此道時曾發大心願，欲證佛果而利樂衆生、救渡一切受苦有情。

誦：**『自心間三角雙疊紅色法基內月輪中央ཧཾ字由咒鬘環繞而發光　自毛孔發射照耀六道衆生　清淨業障習氣　一切悉成金剛瑜伽母身』**

當誦**『自心間』**時，行者要觀想自中脈之心輪。**『三角雙疊紅色法基內』**是指六角形三角雙疊之紅色內法基。**『月輪中央ཧཾ字』**是指於三角雙疊法基內之月輪中央，根本樂空俱生不二智所現之ཧཾ字豎立。**『由咒鬘環繞而發光』**是說ཧཾ字周圍由金剛瑜伽母之三十二字咒鬘環繞而發出白、紅、藍三色光明，此三光明表三世諸佛之身、語、意。光強於十萬紅日同發之巨光，其光充滿行者，令行者全身乃至一毛孔之微皆成紅光自性。此時行者必須將自心中之三角雙疊法基及其四角喜旋、中央ཧཾ字、咒輪等觀想顯明。**『自毛孔發射照耀六道衆生』**是說白、紅、藍三種光從行者身體各部位之毛孔發出，外達至行者身外之法基及三層護輪，繼而遍照六道衆生，即上三道之天、阿修羅、人及下三道之畜生、餓鬼、地獄等一切有情及其所住處所。

對此觀法之細節，各傳承有不同之教授，行者可任依其一：一為觀想自心所放出之每一道光線前端化現勝樂金剛與金剛瑜伽母雙尊，當光普照至六道衆生及其處所時，勝樂父母即降落於每一有情頭上，由此而加持一切衆生及其住處；另一教授是說發放本性為五方佛之五色光明，此五色光明融化為三世一切佛之身、語、意三輪之白、紅、藍三道光，由此三道光明將一切衆生及其處所悉皆清淨並轉化為瑜伽母及其淨土。『清淨業障習氣』是指此加持力把一切衆生之罪障及煩惱習氣完全淨除。『一切悉成金剛瑜伽母身』是說由於得此加持力而情世界一切衆生皆轉成金剛瑜伽母之身相、器世界之一切皆轉作三角雙疊法基之空行淨土。

淨土並非專為欲成佛者一人而設置，若淨土中無有菩薩、阿羅漢等眷從，何以淨治衆生而成辦佛之事業？因此行者需有數量無窮之隨從徒衆，清淨衆生之瑜伽法即能幫助行者植下未來能攝受一切衆生、成辦眷屬圓滿之緣起。

此儀軌之一切不同支分皆能令行者積聚廣大功德，是無上瑜伽密乘即生成就之妙法。得此法門極難而不易，實具極大義利。若行者欲助將臨死亡之人，也可依此瑜伽法而淨治其惡業，通過放光加持之觀想將彼轉化為金剛瑜伽母之身相，進而可依金剛瑜伽母頗瓦法強度之。

八、勇父勇母加持瑜伽（དཔའ་བོ་དཔའ་མོས་བྱིན་གྱིས་བརླབ་པའི་རྣལ་འབྱོར།）

顧名思義，『勇父』是指續部中之男尊，『勇母』則是指諸空行母。然而這裏對勇父、勇母二詞應勝解作佛父、佛母。即此一修法乃是由一切佛父、佛母處獲得加持而得成就也。《勇父勇母加持瑜伽》起分有三：一是身壇莊嚴，二是智尊融身三使和合，三是披甲守護。

（一）身壇莊嚴

此間先對前所講述之修行次第作一小結：行者必須先完成究竟之皈依和發起菩提心；然後觀修金剛薩埵以清淨自心，使自身、語、意三門之罪障得以清淨；復次修持上師瑜伽令自心之淨器滿載功德資糧；行者向資糧田中之根本上師及傳承諸師祈求加持，如是傳承諸師融入於根本上師，根本上師復化光融入行者心間成紅色ཨ字與行者之心續相契為一；隨後行者即依此緣起而修持『持三身為道用』之所有次第，令自身圓滿生起金剛瑜伽母之法、報、化三身並行清淨眾生之事業。

至此，行者已完成粗分『誓言尊』(一)之觀修，需迎請諸空行勇父、勇母作加持方能具足本尊之智慧與力用。如《教授穗》云：『智慧薩埵能正往還名「誓言」，能饒益有情謂「薩埵」。』故『誓言尊』為『智慧尊』以『能淨』、『所淨』道往還之依。

(一) 誓言尊：指觀修時自生起之本尊天身，此為灌頂時承諾修持之本尊，故稱誓言尊，亦指圓滿次第時之舊蘊身。

在召請佛父佛母降臨加持自身之前，可先修持『身壇城』（身曼荼羅）。如前已有述及，壇城有彩繪壇城（又稱沙盤壇城 རྡུལ་ཚོན་གྱིས་བཞེངས་པ་རྡུལ་ཚོན་གྱི་དཀྱིལ་འཁོར།）、所修基（སྒྲུབ་གཞིའི་གྲྭ）布繪壇城（རས་ལ་བྲིས་པའི་དཀྱིལ་འཁོར་ལ་རས་བྲིས་ཀྱི་དཀྱིལ་འཁོར་ཟེར།）、靜慮壇城及身壇城（རང་གི་ལུས་ཀྱི་ཆ་ཤས་ལ་བརྟེན་ནས་བསྐྱེད་པའི་དཀྱིལ་འཁོར་དེ་ལ་ལུས་དཀྱིལ་ཞེར།）等多種。其中彩繪壇城與布繪壇城由人工所造，故稱『假設壇城』。『假設壇城』可用木、石、沙土、布料、色料等材質建造，而身壇城卻是行者自身本體所具，法爾如是，憑依觀想體證，故稱『自性成就壇城』或『自性成就曼荼羅』。這種壇城除瑜伽行者外，餘者決難成辦。

身壇城之所依乃由行者身中固有自具之特殊大界所成。其小分細相乃由粗身之不同支分所成，而大部分細相則是依行者身中諸脈及其脈中之殊勝大界所成。此等諸物不由他處而得，乃由行者自性所成，於肉身形成之同時即已具足，故為成就圓滿次第之直接親因。

繪於布上的布繪壇城及彩沙堆成的彩繪壇城是人造假設之壇城，需借助他人之力而相應於其徒衆建造，然此等壇城卻非諸智者及真言瑜伽行者所修。大成就者應修習自性本具之身壇城法，蓋因其所具之要義能助行者現證究竟真義而成就解脫，因此身壇城乃極殊勝絕密之壇城修法。然如宗喀巴大師所云：『布、彩繪假造二壇雖無身壇絕妙，卻能引導行者趣入真實壇城，為身壇城之前方便。』所以對行者而言，無論是上智，還是中、下根基者，皆必先入假設壇城以成熟其法容器。行者且需進一步了知：假造壇城並非究竟法，如欲親證解脫尚必須進修身壇城之真義。帕幫喀巴大師在其《深奧導引》中說：『所謂身壇非唯於身上生起本尊，且身軀之支分部位亦同時生起壇城……』誠如大成就者金剛執波巴在其所造之《勝樂啟願文》中曰：

『二假造體性，隨所化增上；

彼非智者修，見真解脫故。』

如是云，身壇城修法乃極深奧秘密之法。前文中亦曾述及，並非所有續部法類皆具有身壇城之修法。密集金剛之身壇城是由粗身轉成，勝樂佛父之身壇城則是由身中諸脈之外端轉成，而那若空行母之身壇城卻是由中脈內諸根脈之內端樞要處成立，因此那若空行母之身壇城法為引生圓滿次第證德之最有力助緣，實為極珍貴希有。

諸多上師之釋論中對如何真實生起金剛瑜伽母身壇城之修法都未有明確闡述，帕幫喀大師其教授融彙鄔曲・達瑪巴哲、夏魯巴・仁欽洛桑堪竹、德奔・洛桑丹貝堅贊等諸多上師之教法及註釋，故帕幫喀大師之《深奧導引》實乃集眾多先賢大成就者之心髓。吾今於此所講授之內容，亦主要依帕幫喀巴仁波切所作之導引教授也。

身壇城之訣要（即密傳訣要，亦稱『訣竅』）更主要是經上師親口傳授而得到傳承。由於各上師之成熟經驗不盡相同，每位行者之根器亦不一樣，所以通常上師會視弟子之不同根器而作口授。吾之根本上師——至尊益希旺秋仁波切、云增冬巴・至尊阿旺丹巴仁波切在教授《導引》之過程中將如何生起那若空行母身壇城之不共訣要（ཐུན་མོང་མིན་པའི་མན་ངག）傳授給眾者時，以容易明瞭之方法對彼作出解釋。今吾亦於此殊勝奧妙之訣要作簡要開示，以饗諸有緣弟子。

空行母身壇城修法之首要是觀想以中脈（『དབུ་མ 鄔嘛』）為主之左、中、右三脈：其位於人體軀幹中者為中脈，上起於眉間，循額際經頭頂向下垂直達密處。居其左者為左脈（『རྐྱང་མ་姜嘛』），亦稱『精脈』，是人體白色精液等水界所依附之主要脈道，此脈色白，其本性屬修行之方便分；男性者之左脈位於中脈之左，女性者則位於中脈之右。右脈（『རོ་མ་若嘛』）又稱血脈，位居中脈之右，其色赤紅，本性屬修行之智慧分；是黑色命脈等一切血脈所依附之主要脈道，其位若男性者在中脈之右，若女性者則在中脈之左，為運轉血液之脈道。

吾不知現代醫學對此等脈理作何解釋，而於古老的佛學論著中則認為，中脈為人於住胎時最早形成之脈道，其位居於人體正中稍偏後處，穿越頂、喉、心、臍及盤骨等各個部位，且在此各處被左、右脈纏繞而形成『脈結』，諸脈結成為阻塞中脈內精微大界流動之障礙，人體中之諸脈輪即位於如是等脈結所在處。其中在心間之脈輪因中脈在該處被左右二脈緊緊纏繞，以致其脈結尤為牢固，故瑜伽行者於修持中很難將之開解。此三脈彼此相互依觸、並行而住。

三脈從頂門往下直抵至臍下密處止，行者在實際修法中應常觀想三脈之下端抵於身體軀幹之最下處。中脈於頂門處向前下彎曲達眉間為止，形如枴杖；左、右二脈與中脈同路分別延伸至左、右鼻孔處。左、中、右三脈略粗於麥稈，且光滑透明，此為人身三主脈。因為行者自身已觀想生起為金剛瑜伽母，故而暫無必要詳細觀修脈結，僅作三脈之觀修即可。

人體中最重要之脈輪有四：即心輪、頂輪、臍輪、喉輪。心輪具有八支脈，形如法輪，故又名『法輪』，此乃行者成辦根本樂空智之關要所在；頂輪又稱『大樂輪』，有如傘輻伸展之三十二脈葉，此三十二輻乃是由中脈向外伸展之支脈形成；臍輪又稱『變化輪』，有由中脈向外伸展之六十四支脈；喉輪具有十六支脈，因衆生皆以喉受用飲食，故稱其輪為『受用輪』。對行者而言，尤其是修持身壇城之行者，能夠對以上四大脈輪之修法略知一二已足夠，大多數行者修正行時，通常亦只觀想其中之心輪與臍輪而已。

以上是有關脈輪觀修之簡單訣要，稍後還將結合儀軌正文之內容再作講述，而一些更深奧微妙之訣竅歷代以來均為口耳相傳，不允許落於文字，即便是以文字記載下來，亦多以諸隱晦、錯倒、引喻等方式隱密以防濫修亂世。諸位應知只有已得受灌頂及訣要教授者方允許修習此法，且對不具量者亦絕不可宣洩此中法要；否則，若非具緣者誤識法義而盲修濫用，正法將因此而遭破壞；尤其如單為追求『氣功』之修煉法而習定，則氣運不宜，極易走火入魔。故凡具足善緣、能領受此法之行者需慎之又慎。

復次，誦《樂空捷道》儀軌：

『自心間法基月輪中央 བཾ 字四種自性分離出四大種子 ཡརལཝ 雅惹啦哇 四字成心間欲母脈等四方脈瓣自性安住 從左而列啦瑪母 塊生母 具色母 空行母四尊 中央 བཾ 字初月明點哪噠成極其微妙種子雙運體性 至尊金剛瑜伽母彼之外遂為身之髮際頂髻諸二十四處無分脈降注指甲等二十四界脈相體性無別 東起左繞嗡嗡等咒文二十四字體性安住 悉成極怒母 怒目母 具光母 隆準母 勇猛大慧母 喀瓦日母 楞伽自在母 木蔭母等意之種姓八忿怒母 護地母 怖威作母 風勁母 領灑母 碧空天母 極妙母 馬耳母 鵠面母等語之種姓八忿怒母 具輪意母 塊生

母 鬘酥母 極勇母 大力母 轉輪母 大精進母等身之種姓八忿怒母等皆成其外布黎惹瑪等二十四處之勇士無二為真實瑜伽母者 口等八門之諸脈界與吽吽等八字體性無別成鴉面母 梟面母 犬面母 豕面母 閻摩堅母 閻摩羅使母 閻摩獠牙母 閻摩摧母等皆成至尊母身相極盡莊嚴一切圓滿」

『自心間』乃指行者之自心中。**『法基月輪中央』**是指在三角雙疊法基內之月輪中央；此乃指位於行者自身中脈內之心輪中央。行者觀修此月輪時，莫忘失觀修於三角雙疊法基四角上之四喜旋。此法基內沒有八瓣蓮花而唯具一月墊，月墊中央安住由行者自性之最細心風所成之 ཧཾ 字。ཧཾ 字具足四大自性，故曰：**『ཧཾ 字四種自性分離出四大種子』**，即 ཧཾ 字同時分離出 ཡ ར ལ ཝ（雅、惹、啦、哇）四字，亦即：地、水、火、風四大種。

ཧཾ 字之所以分離，乃因臍輪內所生之拙火上升熔化心間不壞明點所致。臍輪乃為『拙火』之根本住處。『拙火』之性熾熱，其色赤紅，故行者在專注觀修時身感暖熱。拙火之本源來自於行者入胎時從母親處所得之『根本紅菩提心』。隨著行者肉體之生起而由心間下降至脈輪處，故脈輪為其根本住處。因其性極熱，故名『拙火』，梵語則稱『旃陀離』，義即『猛厲火』。此如《真實名經》云：『大空即是五種字（སྟོང་པ་ཆེན་པོ་ཡི་གེ་ལྔ）。』此義為以字表『無生』大空者，即『ཨ（啊）、ཨི（唉）、ཨུ（傲）、རྀ（日）、ལྀ（黎）』此五種子字和合之體性，並相互結合演化。譬如 ཨ 與 ཨི 之復合為 ཨེ，ཨ 與 ཨེ 之復合為 ཨཻ，ཨ 與 ཨུ 之復合為 ཨོ，ཨ 與 ཨོ 之復合為 ཨཽ。如是相互復合故稱『母音』字，又簡稱為『長母音』字。當五種字已復合時，便轉化成為『ཨུ་ཝ 傲哇』，如是又復轉化成『ཨི་ཡ 唉雅』，『རི་ར 日惹』，『ལི་ལ 黎啦』等音，復轉為『ཨ 短（阿）』之『ཡ ར ལ ཝ 雅惹啦哇』四字，此諸復又轉成 བཾ 種字。ཨ 字（短阿 [illegible]）之外形如鉞刀之刃。其北如塗香，東如光明點（[illegible] 哇提勒）相，南如初月相，西方如犂相，諸相攝集成為 བཾ 字，而梵文『蘭札體』之 ཝ 字與 བ 字同形。即如續中所云：

『此表梵語母音 ཨ（阿），ཨ 由 ཡ ར ལ ཝ（雅惹啦哇）繞，

四字分住於四方。ཨ 如鉞刀之刃（[illegible]）相，

北方者如塗香（[illegible]）形，東方相如光明點（[illegible]），

南方則如初月相（[illegible]），西方之相如犂形（[illegible]），

諸集融為 བཾ 自性。』

行者應觀想拙火於臍輪中生起極明亮、極熾熱、極細微之火焰，順中脈向上直升至自心輪內月墊之底部，復穿透月墊上之紅白小殼融入小殼內之 བཾ 字，而 བཾ 字外之紅白小殼亦隨即熔化並融入於 བཾ 字中，最後 བཾ 字之自身亦分裂解體而成為雅、惹、啦、哇四字；而 བཾ 字分解後其餘留部分，即初月、明點及哪噠仍然豎立於月墊中央。其北方（自左）綠色 ཡ 字（雅）化生綠色啦瑪母，西方（身後）紅色 ར 字（惹）化生紅色塊生母，南方（自右）黃色 ལ 字（啦）化生黃色具色母，東方（自前）白色 ཝ 字（哇）化生白色空行母，其餘三十二字咒輪皆如主尊金剛瑜伽母身紅色。

中脈心輪向外伸出四支脈，此脈乃心輪八脈中之其中四主脈。彼脈引生與之相同四脈，其體性為地、火、風、水四大種，而其相以『雅、惹、啦、哇』四字所表徵，各向四方伸展。東方為『三環脈』（ལ་ལ་ན『哇提勒』），南方為『欲母脈』，西方為『家宅脈』，北方是『怒母脈』，住胎時此四脈右旋生起。觀想由此四脈中各自現出一段細小之圓拱環節，其內充滿菩提心明點，此四拱環節流至中脈便各自融入於四大種字中。

『成心間欲母脈等四方脈辦自性安住』是說依此緣起，而令四種子字轉成心間欲母等四脈之自性並與菩提心明點共住於此四支脈中。**『從左而列啦瑪母　塊生母　具色母　空行母四尊』**是說四種字最後皆轉成四根本瑜伽母，其排列位從左方起依次為：啦瑪母（ལ་མ）位於左方，色綠；塊生母（དུམ་སྐྱེས་མ）位於後方，色紅；具色母（གཟུགས་ཅན་མ）位於右方，色黃；空行母（མཁའ་འགྲོ་མ）位於前方，色白。**『中央ཧཾ字初月明點哪噠成極其微妙種子雙運體性』**是說中央ཧཾ種字之初月、明點、哪噠等其自性乃為極微妙之『春點雙運』。**『至尊金剛瑜伽母』**是指ཧཾ種字所餘之三支分——初月、明點、哪噠共同轉成身壇城之主尊——至尊金剛瑜伽母。

此間需明確『春點雙運』一詞之義：『春』是指白菩提心，梵語曰『疊瓦山達』；『點』是指紅菩提心，梵語曰『帝啦嘎』。《密宗道次第廣論》有云：

『不壞吽種字，滴注若珂雪，
有情心歡喜，故說此名春，
以馬火形色，無我母名點，

由業風行動，於臍輪熾然，
由得春知足，由安住等至，
勇祥嘿洳嘎，此名春及點。」

彼即包覆著ཧཾ種字之紅、白二小殼，而初月、明點及哪噠在上下二殼融入於ཧཾ字時，即以『春點雙運』為自性而轉化成為身壇城之主尊金剛瑜伽母。其時四根本瑜伽母之身姿、手幟皆與至尊金剛瑜伽母相同，唯身色隨方位而異。

『彼之外遂為身之髮際頂髻諸二十四處無分脈』是指連結身中各部如髮際、頂髻等二十四處之諸脈，名為『無分母脈』（དེའི་ཕྱི་རོལ་ས་བུ་ལུས་ཀྱི་སྐྲ་མཚམས་དང་སྤྱི་གཙུག་ལ། སོགས་པའི་གནས་ཉེར་བཞིའི་རྩ་མི་ཕྱེད་མ་བཞུགས།）等共二十四脈。**『降注指甲等二十四界』**是指二十四脈中之二十四種大界，能令牙齒、指甲及肉、筋、骨等降注生長。**『脈相體性無別』**是指二十四處無分脈與二十四界之體性無有異別（སོ་དང་སེན་མོ་བབ་པ་ལ་སོགས་པའི་ཁམས་ཉེར་བཞི། རྩ་ཁམས་ངོ་བོ་དབྱེར་མེད་ཤར་ནས།）。**『東起左繞嗡嗡等咒文二十四字體性安住』**是說『嗡嗡』等二十四字咒文，從東方起左繞排列於月輪墊之邊緣上，相極光耀鮮明，而且以不同之脈界為其自性（རྩ་ཁམས་ངོ་བོ་དབྱེར་མེད་ཤར་ནས་གཡོན་སྐོར་དུ་གནས་པའི་ཨོཾ་ཨོཾ་སོགས་སྔགས་ཀྱི་ཡིག་འབྲུ་ཉེར་བཞིའི་ངོ་བོ་གནས་པ།）。

觀修出心輪中之四主脈後，需觀其各有二支脈瓣，成直角分開，形成心輪脈之八瓣，又由此八瓣各脈端再分出三瓣，即成二十四瓣，故與二十四處、界相符而無有異別也。

如是，心輪四方有四主脈，而四主脈又各分有六支脈安住，六支脈又各具二十四再分脈，故為七十二脈。此七十二脈又輾轉分枝，形成諸多脈瓣，共為七萬二千脈道。此諸脈道皆於住胎時漸次生成，遍達全身，其脈道內皆含殊勝菩提心明點。然於觀修身壇城時，我們應該先觀由心輪八脈之分支二十四脈道及其脈道內流動之光明點。

此二十四支脈以三脈為一組，共分為八組。每組左方之首脈皆與金剛瑜伽母之『意』相應、中央之一脈與金剛瑜伽母之『語』相應、而其右方一脈與金剛瑜伽母之『身』相應。如是每組之三脈皆以『意脈』、『語脈』及『身脈』之次序排列。雖然在諸脈內皆含紅白菩提心，但在意脈中主要流動者是以『風』之自性為主的菩提心，因此意脈皆呈現藍色；語脈內所含菩提心以紅菩提心為主，故其脈呈現紅色；身脈內則以白菩提心為主，故其脈呈現白色。

誦：**『悉成極怒母 怒目母 具光母 隆準母 勇猛大慧母 喀瓦日母 楞伽自在母 木蔭母等意之種姓八忿怒母』**。『悉成』者謂此二十四咒字融化並悉數分別轉化成與意輪、語輪、身輪相應之二十四空行母。先觀藍色八支意脈各自放出內含以風為主的微小圓拱形環節，並融入金剛瑜伽母『三咒合一』真言之：『嗡、嗡、嗡、薩、瓦、必、噠、哲』八字咒文中，此八個咒字排列於月輪四分之一處的東北邊緣，分別轉化為極怒母（རབ་གཏུམ་མ）、怒目母（གཏུམ་མིག་མ）、具光母（འོད་ལྡན་མ）、隆準母（སྣ་ཆེན་མ）、勇猛大慧母（དཔའ་བའི་བློ་ཆེན་མ）、喀瓦日母（ཁ་བ་རི）、楞伽自在母（ལངྐའི་དབང་ཕྱུག་མ）及木蔭母（ཤིང་གྲིབ་མ）等八『意空行母』。復誦**『護地母 怖威作母 風勁母 領灑母 碧空天母 極妙母 馬耳母 鴞面母等語之種姓八忿怒母』**，此間觀紅色八語脈亦各自放出其內充滿紅菩提之八小圓拱節融入『格、呢、耶、班、雜、哇、哪、呢』八咒字中，此八個咒字排列於月輪四分之一處之西北邊緣，依次轉成護地母（ས་སྲུང་མ）、怖威作母（འཇིགས་བྱེད་ཆེན་མོ）、風勁母（རླུང་ཤུགས་མ），領灑母（ཆང་འཐུང་མ）、碧空天母（ལྗང་གུའི་ལྷ་མོ）、極妙母（ཤིན་ཏུ་བཟང་མོ）、馬耳母（རྟ་རྣ་མ）及鵠面母（བྱ་གདོང་མ）等八『語空行母』。當誦『**具輪意母　塊生母　鬻酯母　輪鎧母　極勇母　大力母　轉輪母　大精進母等身之種姓八忿怒母等**』時，觀白色八身脈放出內含白菩提之八小圓環拱節，融入於『耶、班、雜、毗、盧、遮、呢、耶』八咒字中，此八咒字排列於月輪四分之一處的西南邊緣，依次轉為具輪意母（འཁོར་ལོའི་ཤུགས་ཅན་མ）、塊生母（དུམ་སྐྱེས་མ）、鬻酯母（ཆང་ཚོང་མ）、輪鎧母（འཁོར་ལོའི་གོ་ཆ་མ）、極勇母（ཤིན་ཏུ་དཔའ་མོ）、大力母（སྟོབས་ཆེན་མ）、轉輪母（འཁོར་ལོས་སྒྱུར་མ）及大精進母（བརྩོན་འགྲུས་ཆེན་མོ）等八『身空行母』。如是脈咒相融，此二十四咒字即悉皆由其脈所含諸物自性之菩提心轉成為瑜伽母，前八咒字融入意脈後轉化為意輪之八空行母，次八咒字融入語脈後轉化為語輪之八空行母，後八咒字融入身脈後轉化為身輪之八空行母。

行者須觀自心輪中所現之二十四尊空行母之自性與居於『二十四聖處』之空行聖眾無別，乃真實之空行母，此即『**皆成其外布黎惹瑪等二十四處之勇士無二為真實瑜伽母者**』之意。『**布黎惹瑪**』為二十四處空行聖境第一處之名。

在觀修此二十四脈轉化為二十四瑜伽母之同時，復再觀想口等八竅門脈之轉化。口等八竅門脈是伸展至人體內之舌、臍、密處、穀道、眉心、雙耳、雙目及鼻孔等八竅門內端之脈，此八脈具有令我們能見物、聞聲、嗅香、嚐味及身觸等諸功能。此八脈亦如前放出八個微小之圓拱節，其內亦充滿諸菩提大界；復誦『**口等八門之諸脈界與吽吽等八字體性無別成鴉面母　梟面母　犬面母　豕面母　閻摩堅母　閻摩羅使母　閻摩獠牙母　閻摩摧母等皆成至尊母身相**

極盡莊嚴一切圓滿』，同時觀想此八個微小圓拱節融入於金剛瑜伽母真言之另外八咒字：『吽、吽、吽、呸、呸、呸、娑、哈』之中。同樣此八咒字亦各自轉成其脈內不同諸界之自性，復又轉化成為鴉面母（ཁྭ་གདོང་མ།）、梟面母（འུག་གདོང་མ།）、犬面母（ཁྱི་གདོང་མ།）、豕面母（ཕག་གདོང་མ།）等四門空行母及閻摩堅母（གཤིན་རྗེ་བརྟན་མ།）、閻摩羅使母（གཤིན་རྗེ་ཕོ་ཉ་མོ།）、閻摩獠牙母（གཤིན་རྗེ་མཆེ་བ་མ།）及閻摩摧母（གཤིན་རྗེ་འཇོམས་མ།）等四隅之空行母。彼諸空行母之體態身相、標幟、莊嚴皆與主尊金剛瑜伽母一樣，惟四隅空行母之面相有所不同，其依次為烏鴉面、梟鳥（貓頭鷹）面、犬面及豬面。

我等修持金剛瑜伽母道軌之最終目標，乃為求超脫輪迴、往生空行淨土。若爾，何為空行淨土？其剎土位居何方？空行淨土為勝樂總攝輪及金剛瑜伽母常住之曼荼羅淨剎，位於須彌山頂之西北面。故於修空行母法時我等應儘可能面向西方而坐，若條件不具亦可觀想面向西方，因彼方之『鄔哲諦吶』境地是眾多空行母聚會之處。除『鄔哲諦吶』外，此世間共有二十四處聖地，其中大多數位於南瞻部洲，所有勇父空行及其眷屬悉皆集聚於此等空行淨土中。而我們觀修金剛瑜伽母之身壇城時，需把身壇城中之『身』、『語』、『意』二十四空行母觀想為與二十四境地所集聚之眾空行母完全相同。同時應意念二十四境地空行之本性即為行者自身內二十四脈拱環節中所含諸界之精華，因此等空行母眾皆由二十四脈圓拱環節中所含諸相應菩提心大界而生。又諸空行母與二十四男尊勇父並無區別，為一切勇父、勇母之總集，故彼等能自在化現為勇父及諸空行母之身相也。

如上所說，此圓滿身曼荼羅共有三十七尊空行母：主尊為金剛瑜伽母，其外有四根本空行母圍繞，復有三十二空行母衆（二十四脈母，四門、四隅母）環繞排列於月墊之邊緣。然由於此二十四尊意、語、身空行母皆為諸勇父、勇母之總集體，故若加上二十四尊勇父則令其總數增至六十一尊；主尊金剛瑜伽母則為勝樂輪之心要本性所示現，故於此身壇城中實圓滿具足勝樂曼荼羅六十二本尊天衆之體性也。

行者作心輪之觀想時，應觀中央之中脈粗細量如麥稈，於其內觀想三角雙疊法基，其中有月墊，月墊中央站立金剛瑜伽母，彼身四周由四根本空行母圍繞，月墊外緣有三十二空行母如同常人站立般環繞於周邊。行者必須觀想此三十七尊空行母自在排列而安住於彼處。若從外面觀之，心輪之一切如常無異；而由內觀之，等同人身般之三十七尊空行母悉皆自在無礙而住於彼處。在此，我們必須依定力引生具量之善巧，方能如法實修此一觀法。

諸口訣教授對此觀法喻為『如針孔觀山』，即通過針眼許之方寸內可無礙觀現一大山之形貌。此訣要契於世法之現觀真實，而其理乃為能成熟未來證果時於一微塵中現三千大千無量剎土之化身神變。尤要者，其法能快速成就身心之『柔軟堪能』。所謂『柔軟堪能』者，即指『心柔軟』、『身堪能』。『心柔軟』是指心意極調柔之狀態，當行者初步得到『心輕安』時，便能生起一種特殊之愉悅感受而引生靈巧之心性，而身體於其專注一趣之心一定境中能長養更大之堪能。有時要觀心輪與法基極為巨大，量等天際，而月墊中央、四周邊緣之三十七空行母則在其中列成小聚；有時則要觀三十七空行母大同天宇。此乃行者之觀修達到『細分生起次第』時之觀修法，而身壇城生起前之一段所述則是屬於『粗分生起次第』階位之觀修法。『粗分生起次第』為對本尊中圍之粗分如護輪、宮殿、天衆及其身色、姿態、裝飾等等作觀修；而『細分生起次第』乃『粗分生起次第』之進深一層修法，為於微細之脈輪、標幟內觀修廣大之能依所依、或種字放攝事業等，其於調伏難調之微細沈、掉最為有力，能迅速成就奢摩他，乃圓滿次第『身遠離』所必修也。

復於諸釋論中有明確闡述：行者若如法閉關專修四月、遲者不出一年，便能善巧『粗分生起次第』，此位名為『得堅固』，往後行者可專修『細分生起次第』之觀法。此所言之『得堅固』者，即生起次第位時能於剎那間隨心意而長時任持本尊身、語、意之佛慢、顯明而不墮凡俗之境位也。若再精進觀修微細身中圍、對治沈、掉二種過失，則更能長時不勞勤苦而任運住於勝觀不失，此時之行者已真實達到殊妙心輕安之自在境位矣。

此需再重複曼荼羅三輪之意義：我們無論修前行，還是正行都需依出離心、菩提心及空性見。若能於一切時中皆不忘此三理，則續部修行當極善妙。應知『聖道三要』乃道之主幹，別餘一切車軌均為引申與助緣。否則即使修至長時安住無謬之心輕安境中，而我執之無明習氣仍存，一旦煩惱種子現前，亦必下墮而不能獲得解脫。故欲得成就，除必須具足正確之所修境，更必須具足正確之發心、樹立正確之目標與持堅確之見地也。

（二）召智尊入身三使交契

『召智尊入身三使交契』者，是指藉『三使者』之作用令『智慧尊』融入自身『誓言尊』並與之和合如一。行者此前已完成『誓言尊』之修持，在此要接受勇父勇母之加持，故此次第名之曰『勇父勇母加持瑜伽』。『智慧尊』在藏語中稱『耶協巴』(ཡེ་ཤེས་པ།)，『耶協』即『智慧』義，『巴』者『尊』義，合譯即為『智慧尊』也。此處之『智慧』非指常人所謂之智慧，而是指樂空不二之俱生智。『智慧尊』亦稱『智慧薩埵』(ཡེ་ཤེས་སེམས་དཔའ།)，指的是具足樂空無二之智慧者，也就是一切諸佛、本尊及勇父、勇母之樂空無二智。修此瑜伽時顯現為金剛瑜伽母整體能依所依中圍之形相蒞臨並融入於自身及壇城，一切粗細諸分皆和合無分。無上部修『智慧尊』融入『誓言尊』者，並非謂『誓言尊』不具力用，以其本由法身空性中生起、具『五現證』之方便功德。修習『智慧尊』融身，乃為自與諸法之方便大樂於與智慧之契合中而清淨所需也。

『三使者』(ཕོ་ཉ་གསུམ།)是在修此法過程中為行者負責成辦事業之使者，彼能成辦行者所囑託之一切事業。在金剛瑜伽母法中有外使(ཕྱིའི་ཕོ་ཉ།)、內使(ནང་གི་ཕོ་ཉ།)及密使(གསང་བའི་ཕོ་ཉ།)等三部空行。

外使可分為上、中、下三品，亦稱『外三使(ཕྱིའི་ཕོ་ཉ་གསུམ།)空行』。最殊勝者為上品外使——光明『俱生空行母』，彼等為安住於金剛瑜伽母之根本淨土(འོག་མིན་ན་བཞུགས་པའི་ལྷན་སྐྱེས་ཀྱི་རྣལ་འབྱོར་མ་ཕོ་ཉ་རབ།)——雙運之空行母；中品外使是指『刹生空行母』，彼等安居於欲界之二十四神聖刹土(ཡུལ་ཉེར་བཞིའི་དཔའ་མོ་རྣམས་ཞིང་སྐྱེས་ཕོ་ཉ་འབྲིང་།)中；下品外使是『咒生空行母』，彼等為已成就生起次第之空行母(ཕྱག་མེད་བསྐྱེད་རིམ་རྫོགས་པའི་སྣ་ཚེན་པ་ཡན་ལག་སྐྱེས་དངོས་དང་། འགྲོ་བ་དག་པའི་རྣལ་འབྱོར་སྣང་བ་རང་གཞན་ཐམས་ཅད་རྣལ་འབྱོར་མར་བསམ་པ་རྗེས་མཐུན་པ་སྔགས་སྐྱེས་ཕོ་ཉ།)，因為行者已把一切眾生轉化成了金剛瑜伽母之身，故有情眾生於此亦被許為下品外使眾。

內使亦分殊勝及中、下三品(ནང་གི་ཕོ་ཉ།)：殊勝(མཆོག)者為在心輪內與中脈相接之四瓣主脈

（སྙིང་གའི་རྩ་འདབ་བཞི་དབུ་མ་དང་བཅས་པ་མཆོག་གི），中品者是由心輪八脈所分伸展出來的二十四支脈（ཡལ་ག་ཉེར་བཞིའི་ཡུལ་ཁམས་སྐྱེ་འཕྲེད），下品者為與八竅門相連接之八脈（ཕྱོགས་མཚམས་བརྒྱད་ཀྱི་ཁམས་ཀྱི）。諸外使並十方虛空界之上師、本尊、諸佛菩薩、勇父空行、護法等，隨『召請』真言而以金剛瑜伽母之相蒞臨，融入相應之內使而加持諸脈。

密使亦以殊勝使、中使及下使作區分。即：修定中所現證之俱生樂空無別智慧者謂殊勝使；修定中所得空性『義共相』㈠者謂中使；修定時觀修作意之俱生樂空，引心趣向於所緣法身境者謂下使；此三密使依次於行者心相續中生起。

誦：**『咥自心間ཛཿ字放光從眉間發射十方召請十方如來及一切勇父瑜伽母以金剛瑜伽母形相蒞臨 雜吽幫嚎 嗡搖噶旭嗟薩瓦嗟瑪搖噶旭嗟行 一切法相清淨瑜伽本性為之我也』**

誦『**咥**（ཛཿ）』字之同時手結『熾燃印』，憶念『召請』並令外使融入於自心。『咥』乃為『召請』真言，『召請』是行者藉憶念樂空無二慧之本性而成辦。熾燃印之結法為：二拇指頭相貼，二食指互扣，雙手的餘指作印形如燃燒之火焰。其法即：憶念心所作召請之境、所生能召之心、所召請之事——此三輪皆自性為空。『咥』之表義，以初月及明點表基、道、果之『ཨེ་ཝཾ 唉旺』，其置於ཛ字上，表彼等雙運，譯意為『令裂碎』，謂此樂空『召請』真

㈠義共相者：概念共相之一種，僅存在於思維過程中之增益部分，即心中現起的外境形象，譬如思維中所現抽象之寶瓶等。此指心輪開解後所證『譬喻光明』。

言能令違誓諸天之頭顱粉碎。當口誦『吽』字時，結燃燒印之雙手由自身之左膝處升起至額前空中略微旋繞九匝：首三匝朝逆時針方向旋轉，次三匝向順時針方向旋轉，最後三匝再向逆時針方向旋轉。此乃具足『手印』、『真言』（སྔགས）及『三摩地』，亦謂『三支』，即：咒（秘咒）、印（手印）、定（三昧耶）。密乘瑜伽部所說之四印為：業印、三昧耶印、法印和大手印（ཕྱག་རྒྱ། རྣལ་འབྱོར་རྒྱུད་ཀྱི་བསྒོམ་པའི་ཕྱག་རྒྱའི་རྣལ་འབྱོར་བཞི་སྟེ། ལས་ཀྱི་ཕྱག་རྒྱ། དམ་ཚིག་གི་ཕྱག་རྒྱ། ཆོས་ཀྱི་ཕྱག་རྒྱ། ཕྱག་རྒྱ་ཆེན་པོ་བཅས་སོ།）；『三摩地』是梵語，藏語為『定額增』（ཏིང་ངེ་འཛིན），漢譯為『三昧耶』。行者在作如是整體之觀想中，其心之定境是緣於樂空智慧之本性；若能具足此『三要』而作召請，諸智慧尊一定會降臨並能融入行者自身。此法實為召請諸佛菩薩及勇父空行最有力之方便；因諸智慧尊絕對不會捨棄其事業誓言，故而當行者以『三要』行召請時，彼定必蒞臨並會明顯現身也。

當誦『**自心間 ཧཱུྃ 字放光**』時，觀想由自身心中 ཧཱུྃ 字哪嗟之頂端發出光明。此時，如果是修身壇城的行者，必須把自身觀為立於身壇城中央之『內金剛瑜伽母』，因其身相在身壇城內故如是稱，而之前由行者自基身所成者則是外相金剛瑜伽母，所觀之發光 ཧཱུྃ 字便是位於行者心間身壇城內之金剛瑜伽母心中。

誦『**從眉間發射十方**』時，觀 ཧཱུྃ 字所發之光明，從自身之中脈上循至頂門，再由前額至雙目間，復由眉心間發射鉤形光芒至十方一切諸佛、菩薩所住處。『**召請十方如來及一切勇父瑜伽母**』意指彼光明觸及一切諸佛、菩薩、勇父勇母。『**以金剛瑜伽母形相蒞臨**』意為諸本尊在彼淨土中，本各具其不同之自相，而當其應召時將轉化為無量無數之金剛瑜伽母身相，由十方刹土蒞臨。行者在此間必須觀想此等無量無數之金剛瑜伽母各各具足圓滿之身壇城及淨土，然後此等具足身壇城之無數金剛瑜伽母攝集為一金剛瑜伽母及其圓滿中圍。彼復置於行者頭頂，此間行者誦『**雜吽幫嚎**（ཛཿཧཱུྃ་བྃ་ཧོཿ）』，當誦『雜（ཛཿ）』字時，召請智慧尊住於自頭頂之上，與『三昧耶尊』壘疊而住。誦『吽（ཧཱུྃ）』字時，觀智尊雖融入三昧耶尊，但不完全混融，如牛乳注入水之初尚未完全混融；此時行者頭頂之金剛瑜伽母及其壇城之各各支分，遂皆融入行者自身所成之金剛瑜伽母及其壇城之相應支分中：行者頭頂之（『智慧尊』）金剛瑜伽母壇城之金剛垣圍（རྡོ་རྗེ་ར་བ）、寒林等（དུར་ཁྲོད）等三護輪融入行者自身瑜伽母之壇城三護輪，三角雙疊法基（ཆོས་འབྱུང）亦融入於行者自身之法基，金剛瑜伽母身亦隨之融入於行者自成之金剛瑜伽母身，其腳踏之『遍入天』雙尊、標幟、嚴飾、月墊等亦一一融入行者自身之瑜伽母所相應之各各部位中。當誦『བྃ（幫）』字時，觀『智尊』與『三昧耶尊』完全相融。此復有二說：一說如乳與水相融；二說『智尊』與『三昧耶尊』之下至極微塵（རྡུལ་ཕྲ་རབ）之一切性相無不相融，即不僅『智尊』與自『三昧耶尊』之粗分和合，且於『三昧耶尊』之極微細支分亦與同分之智尊（ཡེ་ཤེས་སེམས་དཔའ）完全相融。當誦『嚎（ཧོཿ）』字時，觀智尊心生歡喜而與行者永不離棄。

簡而言之，『雜』為『勾索』意，指令智尊與行者親近；『吽』為『融入』意，指令智尊融入於行者自身；『幫』為『堅固』意，指令行者與智尊相融後互不分離；『嚎』為『喜』意，指智尊歡喜並與行者共同安住。

誦『**嗡搖噶旭噠薩瓦噠瑪搖噶旭噠行**』，此為行者生起本尊佛慢之秘密咒。在此『嗡』為密咒之『奧援』（སྙིང་ཁུ།），即總義，表諸佛身、語、意之心要。『搖噶』者為瑜伽意也，表方便與智慧無二。方便與智慧雙運者（ཐབས་ཤེས་གཉིས། ཐབས་སྣང་བའི་ཆ་དང་། ཤེས་རབ་སྟོང་པའི་ཆ་གཉིས་སོ།），表大悲與空性、現分與空分、福慧合修。『方便』謂菩提心，『智慧』謂證悟無我之空性慧，二者互不違逆，稱為『方便智慧雙運』（ཐབས་ཤེས་ཟུང་འབྲེལ། ཐབས་བྱང་ཆུབ་ཀྱི་སེམས་དང་ཤེས་རབ་སྟོང་པ་གཉིས་ཡ་མ་བྲལ་བ།）。『旭噠』意指清淨之禪觀修持，也就是說金剛瑜伽母之密續道軌是一門清淨之禪觀修法。『旭噠』之引伸義，即為清淨事業之廣義，即方便與智慧結合之法業。『薩瓦』為一切，『噠瑪』之義即法，此法為行者禪修的所緣境。復所誦之『搖噶旭噠』，其意即行者自心之清淨。此處之『清淨』是指已清除一切自性之實有，同時也已淨治自身之所有庸常顯執。行者在此能觀修自心清淨者，也即能通達諸法皆空。『行』意為『我之自性也』。

復次誦『**一切法相清淨瑜伽本性為之我也**』。當誦『一切法相清淨』時，觀自身即是瑜伽之自性，並於此自性中一切法皆已轉成清淨。這裏所說『瑜伽』是指能觀修者與其所觀修之境二者。『所觀修之境』是指一切法，其法皆清淨，『能觀者』則為瑜伽士之自心，而自心識亦同時清淨。當誦至『**瑜伽本性為之我也**』時，行者證識一切所緣境及己之自心皆無纖毫之自性實有，二者之自性就是行者自身之樂空無二智慧，所以我們必須任持自身已得證一切所緣境之實相而生起佛慢。

對此復有二說：一是說行者於此觀修中必須生起本尊佛慢，並以此見來通達自身及一切法之清淨性，即十方世界無邊一切佛、菩薩、勇父、勇母之身、語、意總集為一之自性為我也；另一說即：境與有境法性不二之一切法無自性之空性、和大樂智慧體性成無二別之勇父勇母自性，乃為我也。

無論持何說，總之一切法為方便之自性顯現，自身亦同在方便自性中清淨。此生起本尊佛慢之義理與勝樂總攝輪相同，即：所知一切俱生大樂體性集一者為我也。如彼瑜伽切實發生效益者堪稱諸上師瑜伽中之最了義。此復，任觀何本尊、供養何護法，乃至上供諸佛、菩薩、僧衆等等，皆需以此理而作任持也。於誦『嗡搖噶旭噠薩瓦噠瑪搖噶旭噠行』時，依吾之傳承需結五妙欲轉蓮印，此即：先於心間、復於左乳方、再於右乳方、復又於心間作五印後，緊接作交媾印；或作三轉蓮，即：先左後右再中，此中有五妙欲轉蓮印與心要印之二說，而宗喀巴大師對此二印法有明確諭示：『父結五妙欲轉蓮印（ཡབ་ཀྱི་ལྔ་ཀུ་བསྐོར་ཕྱག），母則結心要印（ཡུམ་སྙིང་པོའི་ཕྱག་རྒྱ་མཛད།）者也』。其具體作法當由面授而得知。

（三）披甲守護

為保證方才所獲得之樂空無二智慧尊之加持力安住於自身，防禦諸魔障侵擾將入禪定的自心，必須披上甲冑（ཁྲབ་གོན）。譬如戰士上陣必須披上盔甲、全副武裝方能保障安全一樣，此之披甲守護不僅為要生起金剛瑜伽母之威嚴身儀，更為要通過觀修護身光明以防禦內外障魔之侵擾。

誦儀軌：『自身諸處月輪上臍間ཨོཾ་བཾ紅色金剛亥母 心間ཧཱུཾ་ཡཾ藍色閻摩母 口中ཧྲཱིཾ་མོཾ白色愚蔽

母　髮際 ཧྲེཾ་ཧྲཱིཾ 黃色守護母　頂部 ཧཱུྃ་ཧཱུྃ 綠色威攝母　肢部諸處 ཕཊ་ཕཊ 轉成煙色低噶贊芝嘎體相」

當誦『**自身諸處月輪上**』時，行者觀自身之臍輪等各處不同部位之皮肉之間各生起一月輪座墊，平貼於皮層內的肌肉上。『**臍間 ཨོཾ་བཾ 紅色金剛亥母**』者，謂行者觀自身臍間月墊中央住以清晰而光明的『ཨོཾ བཾ』兩個紅色種子字，二字如同於銅鏡中顯相般左右豎立排列：ཨོཾ 為勝樂總輪之種子字，位於右邊，表勝樂本尊；བཾ 為金剛亥母之種子字，位於左邊，金剛亥母是金剛瑜伽母之別名，故 བཾ 字亦表金剛瑜伽母，此二字自性皆為金剛亥母（[illegible]）。行者若無法觀金剛瑜伽母本尊形相或觀其形相不能明晰時，不觀本尊身相而唯觀二種子字亦可。

行者應觀此二種字在臍間月墊之上，發出紅色巨光，光與行者自身臍下諸根之最微細支分相和合，復收集臍間，復由臍間發出，從腹部表面向下掩蓋至密處，如籠罩著自身之甲冑。

當誦『**心間 ཧཱཾ་ཡོཾ 藍色閻摩母**』時，觀 ཧཱཾ་ཡོཾ 二字為藍色，此二字乃閻摩母之自性，彼轉化成閻摩母（[illegible]）相，安住於自身心間月輪墊上，發出藍色光明，由心間下照覆蓋至臍間，與臍間之光相接。當誦『**口中 ཧྲཱིཾ་མོཾ 白色愚蔽母**』時，觀 ཧྲཱིཾ་མོཾ 二字為白色，此二字乃愚蔽母之自性，彼轉化成愚蔽母（[illegible]）。在儀軌中雖作『口中』，然實應觀於喉間或舌根，二字之白光由喉間發出，下照覆蓋至心間，與心間之藍光相接。當誦『**髮際 ཧྲེཾ་ཧྲཱིཾ 黃色守護母**』時，觀 ཧྲེཾ་ཧྲཱིཾ 二字為黃色，此二字之自性乃守護母（[illegible]），安住於髮際發出黃色光，下照覆蓋至喉間，與喉間之白光相合。當誦『**頂部 ཧཱུྃ་ཧཱུྃ 綠色威攝母**』時，觀 ཧཱུྃ་ཧཱུྃ 二字為綠色，此二字之自性為威攝母，安住於頂部發出綠色光，下照覆蓋至前額髮際，與髮際之黃色光相接合。

復誦：**『肢部諸處ཡན་ལག 轉成煙色低噶贊芝嘎體相』**，此肢部諸處是指人體中之八大關節；即二肩（དཔུང་མགོ་གཉིས）、二腕（ལག་པའི་མཁྲིག་མ་གཉིས）、二髖（རྐང་པའི་བྱི་མགོ་གཉིས）及二足踝（རྐང་པའི་ལོང་ཏོག་གཉིས་རྗེ་འཕྲང་ཡིན）。觀煙色之ཡན་ལག二字立於行者四肢諸關節處之月輪墊上，二字具『低噶贊芝嘎』空行母之自性而轉成低噶贊芝嘎空行母體相，其所發出之煙色光明覆蓋肢部八大關節處並延伸至行者之手足諸指關節，與全身一切處之五色光連接，如是全身皆由圓滿披甲光明所覆蓋。

如是諸處所安住之真言種子字亦依次顯現豎立於月墊上，於各自所處皮肉間發出自色之光，並和合諸根之極微塵（རྡུལ་ཕྲན）後，覆蓋其所屬之身體各部位，彼光相互連接籠罩全身，成為包裹全身之披甲光網，如是作觀。

在觀修披甲守護時，應了知披甲本尊雖具『閻摩母』等不同稱謂，然六勇士之自性實即毗盧遮那佛（རྣམ་པར་སྣང་མཛད）、寶生佛（རིན་ཆེན་འབྱུང་ལྡན）、無量光佛（འོད་དཔག་མེད）、不空成就佛（དོན་ཡོད་གྲུབ་པ）、不動金剛佛（མི་བསྐྱོད་རྡོར）及金剛總持佛六尊（ཁྱབ་བདག་རྡོར་འཆང）；六勇母即彼六佛之六明妃，即白身佛眼母（སངས་རྒྱས་སྤྱན་མ）、藍身摩摩格佛母（མ་མ་ཀཱི་སྤྱན་མ）、紅身白衣佛母（གོས་དཀར་མོ་དམར་མོ）、綠身度母（སྒྲོལ་མ་ལྗང་ཁུ）、紅色金剛亥母（རྡོ་རྗེ་ཕག་མོ）及藍色金剛界自在佛母（རྡོ་རྗེ་དབྱིངས་ཀྱི་དབང་ཕྱུག་མ）。

（四）灌頂印證

『吽 自心間ཧཱུྃ 字放光 迎請灌頂本尊吉祥總攝輪之能依所依壇城 祈請一切如來現前灌頂 如是祈請

八門禁母除蓋障 勇士諸眾頌吉祥

勇母衆唱金剛歌　色金剛母作供養
主尊行灌頂之密意　四佛母及亥母持盛滿五甘露寶瓶於頂門灌頂
猶如諸佛降生時　一切如來作沐浴
我今以此淨天水　如是沐浴聖尊身
嗡薩瓦嗟塔噶嗟啊畢凱嘎嗟薩瑪雅俤惹耶吽
如是灌頂充滿身遍處　清淨一切垢　餘水上溢住於頂髻悉成毗盧嘿洳嘎父母頂莊嚴』

『咂』乃召請真言。行者於誦『咂』之同時觀想自心間之ཧཱུྃ字發出紅光，迎請諸佛菩薩以勝樂父母及其圓滿壇城之六十二本尊相降臨於對前虛空，故誦『**自心間ཧཱུྃ字放光迎請灌頂本尊吉祥總攝輪之能依所依壇城**』。當諸佛菩薩降臨、壇城顯現後，便祈請灌頂，誦『**祈請一切如來現前灌頂**』。灌頂乃為行者成辦種種加持之義。當觀想受灌頂時，行者須任持此加持力入注於自相續中，並勿令衰退。誠如鄔曲仁波切在其《導引》中所云：『仍依如前心間ཧཱུྃ字發紅光，光照諸方，召請諸佛菩薩以無量能依所依之勝樂本尊相蒞臨於對前虛空而合成一體之壇城，於前祈求灌頂。』

佛心本淨，無有偏私，因佛陀沒有無明作障，故能一切遍知、來去自如，有降臨於行者身中之堪能；當行者迎請時，諸佛聖者必慈悲眷顧，隨請隨到。誠如帕幫喀巴仁波切所云：『此中之關鍵在於行者自心清淨與否、能否將心攝集於所緣境上，且觀想明晰，如是心才能清淨，心淨則能生發光明。』是故心之功能力用實不可思議也。

隨誦：『如是祈請 八門埜母除蓋障 勇士諸衆頌吉祥 勇母衆唱金剛歌 色金剛母作供養』，當諸佛菩薩皆以圓滿勝樂壇城本尊相現前授予灌頂時，八門金剛母等幻化出成千上萬忿怒母以驅除魔障；身語意之二十四勇父誦詠『嘿洳嘎巴熾燃身所具，哈哈豪笑三界皆震撼……』等吉祥頌（其偈文詳見《自入中圍》儀軌）；而二十四勇母則吟唱樂空無二之金剛歌，色金剛母等手捧殊勝之內外受用、七珍寶、五妙欲等作供養，勝樂中圍寶殿四角之四寶瓶即為此等事業金剛母之表徵也。

復次誦：『主尊行灌頂之密意 四佛母及亥母持盛滿五甘露寶瓶於頂門灌頂』，此時雖不作直接灌頂，但仍須如祈請上師灌頂時一樣祈請。行者應觀五部如來與主尊嘿洳嘎無別，當誦『主尊行灌頂之密意』時，行者應觀上師嘿洳嘎接受祈請，授予灌頂密意，當誦『四佛母及亥母持盛滿五甘露寶瓶於頂門灌頂』時，行者應觀金剛瑜伽母及四核心空行母手持盛滿甘露之白淨寶瓶，傾下智慧甘露，由行者頂門灌入。

『四佛母』指啦瑪母、塊生母、具色母、與空行母此四核心瑜伽母，『亥母』即金剛瑜伽母，由此五佛母化現無數灌頂天女，手持甘露寶瓶作顯明灌頂，於此同時並頌：『猶如諸佛降生時 一切如來作沐浴 我今以此淨天水 如是沐浴聖尊身 嗡薩瓦噠塔噶噠啊畢凱嘎噠薩瑪雅俤悉耶吽』，此偈頌之前兩句乃指當悉達太子循盧敦珠㈠降生時，梵天與帝釋天等以淨天水為其作『共同』之沐浴；而登地菩薩則見十方諸佛以五色祥光之智慧甘露為釋迦牟尼佛

㈠漢譯作『義成』。

作『不共同』之沐浴；而今諸天女亦於此吟誦如是偈頌及灌頂真言，並為自成金剛瑜伽母之行者作沐浴。

復誦：**『如是灌頂充滿身遍處　清淨一切垢　餘水上溢住於頂髻　悉成毗盧嘿洳嘎父母頂莊嚴』**，此間觀想受灌頂時，五智自性之甘露充滿行者自身諸脈，淨化身、語、意三門垢障，全身樂空遍滿；甘露餘水從頭頂向上溢出，化為毗盧嘿洳嘎父母，安住於行者頂髻之九分寶珠內(一)而作頂上莊嚴。灌頂後以某一『部主佛』(二)作頂莊嚴者，有隨順種姓差別而行、印可而令圓滿等意義，能總表基、道、果四灌諸要。作頂莊嚴之部主佛亦為行者根本上師之體性，表一切時、處皆恭敬、頂戴上師；而以自持果位化身佛慢之故，上師現部主佛之圓滿受用報身相。

『作頂嚴』之修法有：『身、心所屬種姓主頂嚴』、『自性所屬頂嚴』及『因、果所屬頂嚴』等。通常所修之本尊屬何佛部之種姓則以其種姓所屬之『部主佛』作頂莊嚴，此即『種姓主頂嚴』。金剛瑜伽母其自性為『空品智慧分』，本屬不動如來種姓，而以『方便分』身清淨之種姓主毗盧佛作頂嚴，乃為『智慧方便頂嚴』——毗盧嘿洳嘎為清淨色蘊之殊勝化現，亦是大樂之表徵，其身色潔白者表徵增益行者頂輪之白菩提心；故於此不是以不動如來作頂莊嚴，而是以毗盧嘿洳嘎作頂上莊嚴也。

(一)由九枚八角體珍寶珠串成之豎立狀裝飾物。

(二)即：毗盧遮那佛、不動佛、寶生佛、無量光佛、不空成就佛五方佛。

毗盧嘿洳嘎之身相為：一面二臂、結金剛跏趺坐、右手持法輪、左手持鈴擁抱明妃、六骨飾作身莊嚴，髮髻左側為初月、髻頂以五股金剛杵作標幟莊嚴；自相之明妃身現白色五印為嚴飾、結蓮花跏趺坐，右手持鉞刀、左手持顱器；雙尊坐於蓮花、月輪墊上。

於頂嚴印證之後，行者觀對前之能依所依及灌頂天衆融入自身而得加持。行者在修持自身轉化為金剛瑜伽母身之後復於空行主尊面前領受灌頂，乃成就『內空行』樂空不二慧之修法也。

（五）敬獻自生供養

依薩迦傳承之說，行者於修自生法時偏重禪定修法，無須向自身作供養，僅在修對生法時為積集資糧才作供養；而本宗之傳承則依宗喀巴大師《密宗道次第廣論》中所論：『自生時情器世界轉為壇城，行者已完成粗分生起次第之修法，彼諸皆為殊勝之供境與所緣。』

此於身內生起金剛瑜伽母之身壇城，則為已完成細分生起次第修法。此時，行者自身應具足三十七尊瑜伽母之壇城；同時，行者迎請諸佛菩薩、勇父勇母皆現金剛瑜伽母相融入並安住於自身，與己成無二無別，是故行者在此必須任持自身具足三十七尊瑜伽母壇城，而且為諸佛菩薩勇父勇母之總集，故此行者必須敬獻自生供養。

其次，如《密集》中有關無學雙運金剛持果位之釋義中說，一佛之證德可依不同之境性而論，如佛之無學雙運果位具七種不共功德及果位四淨相（ཡོངས་དག་བཞི།），依此理亦應作供養。七種不共功德是指成就佛果所具之七種自性（即七支和合），此於先前之《上師瑜伽》導引中已作註述，而佛之果位四淨相則有如下四種：

(一)剎土清淨（ཞིང་ཡོངས་སུ་དག་པ།）：剎土清淨乃依觀修生起壇城之方便（ཞིང་ཡོངས་སུ་དག་པ་གཞལ་ཡས་ཁང་བསྐྱེད་པ།）而成就，是指佛界剎土清淨，一塵無染。行者在修生起三角雙壘法基及具足三層護輪之金剛瑜伽母壇城時，即為力求能成熟並現起佛剎淨土之功德。依帕幫喀仁波切所言：

『在經乘中，則需要分別完成多種特殊之修法以成辦這一目標，按通說需修百劫才能圓滿。然而修此密法則能同時成辦佛之果位及佛之淨土。』

(二)身相清淨（ལུས་ཡོངས་སུ་དག་པ།）：身相清淨是依觀修瑜伽母之方便（ལུས་ཡོངས་སུ་དག་པ་རང་ཉིད་རྣལ་འབྱོར་མར་བསྒོམས་པ།）而成就。行者在修『持三身道用』之過程中，便積集了未來能成辦金剛瑜伽母報身之功德。故如儀軌中所示，此時行者之身相乃是具足種種相好莊嚴之圓滿色身。

(三)事業清淨（མཛད་པ་ཡོངས་སུ་དག་པ།）：事業清淨是指利益眾生之清淨佛行。自生修法中之種字、咒輪放光射攝，與清淨眾生瑜伽（མཛད་པ་ཡོངས་སུ་དག་པ་འོད་ཟེར་སྤྲོ་བསྡུ་བྱེད་པ།）之念修等，皆為能成辦此事業清淨（མཛད་པ་ཡོངས་སུ་དག་པ།）之勝因；亦有將之譯作『眷屬清淨』者，其意是指行者達到正覺時，應該具足清淨殊勝之眷屬。因此行者在修持清淨眾生瑜伽時，淨治六道及住於其中之一切眾生，即為未來能具足清淨殊勝眷屬之緣起。於佛剎中，一切眷屬皆為大乘菩薩聖眾，因只有登地菩薩聖眾才能親見佛之報身也。

(四)受用清淨（ལོངས་སྤྱོད་ཡོངས་དག།）：佛陀具足『受用清淨』之功德，因此我們應行與受用清淨相合之供養，此供即為『自生供養』（བདག་བསྐྱེད་མཆོད་པ），即向已轉為本尊之自身獻供；而在自己對前生起資糧田並向其作供養者謂『對生供養』（མདུན་བསྐྱེད་མཆོད་པ）。行者修持供養前，供品一般都陳設在對面之供桌上，分前後兩排，前排為『自生供』，供養生起在自身之諸本尊；後排為『對生供』，供養於對生之諸佛本尊。行者在行供養時，可將器世間之萬物加持後同時作供養，而且在其佛刹中能夠顯現圓滿清淨，能為佛所受用。

我等作供養之目的就是為能親證此四清淨果位而積集功德資糧也。

1. 獻外供養（བདག་བསྐྱེད་མཆོད་པ）

『自心間放出供養天女眾獻供養　嗡啊剛哲帝雜娑哈　嗡巴當哲帝雜娑哈　嗡班雜布白啊吽娑哈　嗡班雜都白啊吽娑哈　嗡班雜帝貝啊吽娑哈　嗡班雜更得啊吽娑哈　嗡班雜納微德啊吽娑哈　嗡班雜曉嗟啊吽娑哈　嗡啊班雜阿嗟謝吽　嗡啊班雜夋尼吽　嗡啊班雜更得吽　嗡啊班雜惹賓吽　嗡啊班雜巴爾謝吽　嗡啊班雜嗟麥吽』

當誦：『**自心間放出供養天女眾獻供養**』時，觀想由自心間ཧཱུྃ字放出供養天女向自身壇城敬獻供養，外供養為與『寶瓶灌頂』相順之供養。誦『**嗡啊剛哲帝雜娑哈**』至『**嗡班雜曉嗟啊吽娑哈**』，此獻八供之咒義、手印與先前之對生供獻法相同，此中之『嗡』為總義，『哲帝雜』意為各各享用，『娑哈』之意為堅固，『啊吽』為證成、增無量之意。復誦『**嗡啊班雜阿嗟謝吽**』至『**嗡啊班雜嗟麥吽**』，分別作五妙欲及法基供獻於諸尊之六根，此諸供之咒義及手印亦皆與前對生供同，茲不贅及。

在敬獻內、外諸『自生供』時，供養聖衆之諸行是由行者自心ཧཱུྃ字所化現之『事業金剛』成辦。觀ཧཱུྃ字放光，光端化出供養天女，出離於壇城外，彼復轉身面向壇城而行一切供養事業，此化身乃稱為『事業金剛』，衆多供養空行天女敬獻供物，此即所謂『自生供』，行者必須明瞭受用此供養之道理。自生供養之物亦具備三勝處：

一者其自性乃為行者之樂空不二智慧；

二者其外相乃顯現為各個供物不同之表相。

三者其功用乃能令受供者心中引生樂空不二智慧。

如果恆常依此等物作供，便能迅速成辦樂空不二智慧。此時行者已與金剛瑜伽母之身相、體性成為無二無別，故同樣應受用此等供養並由此而引生樂空不二智慧。如帕幫喀巴仁波切言：『我等必須明瞭，金剛瑜伽母是已斷除一切無明愚癡、無有一切垢染過失、具足一切樂空智慧者，是已究竟證悟正等圓覺之佛陀。我等若能證得此果位，亦當無有任何惡業。』

故行者對此需有堅定之勝解。於修生起次第時，行者必須修至令一切本尊明相、佛慢任運皆成為真實，方能對治凡俗。初業者雖三門未完全淨化、功德未堅實生起，亦應猶如真實般作諸勝解觀想，並於修習堅持不懈。佛法之義理精深，行者需以如流水穿堤般連續不斷之恆修，方有望顯發始終也。

2. 獻內供養（ནང་མཆོད་འབུལ་བ་ནི།）

『嗡嗡嗡薩瓦必噠哲格呢耶班雜哇那呢耶班雜毗盧遮呢耶吽吽吽呸呸呸娑哈嗡啊吽』（ༀ་ༀ་ༀ་སརྦ་བུདྡྷ་ཌཱ་ཀི་ནཱི་ཡེ་བཛྲ་ཝརྞ་ནཱི་ཡེ་བཛྲ་བཻ་རོ་ཙ་ནཱི་ཡེ་ཧཱུྃ་ཧཱུྃ་ཧཱུྃ་ཕཊ་ཕཊ་ཕཊ་སྭཱ་ཧཱ་ༀ་ཨཱཿཧཱུྃ།），此乃空行母真言和合三種子字而成之金剛瑜伽母內供真言。行者於誦此真言之同時，觀想衆天女手捧盈滿甘露之頂骨器向自身壇城中之三十七瑜伽母獻內供，同時以持鈴左手之無名指與拇指彈灑已加持之內供，此處無需再修生起、加持等法。內供養為與秘密灌頂相順之供養。

3. 敬獻秘密供及真實性供（གསང་བ་དང་དེ་ཁོ་ན་ཉིད་ཀྱི་མཆོད་པ།）

修生起次第時獻秘密供有二說，即『因』皆須轉換及女性不轉『因』之二派（ལུགས་གཉིས།），帕幫喀仁波切認為依後者較為適宜。依此解說者，若是女性行者獨自修持此儀軌或是與女性行者共修此儀軌時，依儀軌順次唸誦即可；若為男性行者獨自修持此儀軌，或者是與其他男性行者共修時，則以儀軌下文中之八句偈代替起始之『**我自成金剛瑜伽母與喀章嘎總攝輪雙運俱生樂空**』一文。誦儀軌：

『我自成金剛瑜伽母與喀章嘎總攝輪雙運俱生樂空

我自顯明瑜伽母　捨去胸乳成波啦

噶果拉中清淨處　雙邊轉成金剛鈴

蕊鬚轉成波拉性　大樂嘿泇嘎巴色

密妃金剛瑜伽母　空行總集自性成

佛父密處無所緣狀態中白色 ཧཱུྃ 生白色五股金剛杵　紅色 ཧྲཱིཿ 生紅色摩尼黃色 ཏྲཾ 字莊嚴佛母密處無所緣狀態中 ཨཿ 生三瓣紅蓮　白色 ཏྲཾ 生白色菩提心中央白色以黃色 ཏྲཾ 字莊嚴嗡俙利嘛哈速喀班雜嘿嘿洳洳恭啊吽吽呸娑哈　父母雙運化為菩提心　從頂門降至喉間生喜　喉間降至心間勝喜　心間降至臍間特殊喜　臍間降至摩尼寶尖生起俱生智慧故入雙運樂空無別之三摩地　如是樂空無別和合故於供養三輪自性空真實性義專注根本定而獻秘密自性真實滿足供也』

女性行者誦儀軌：『**我自成金剛瑜伽母與喀章嘎總攝輪雙運俱生樂空**』時，需先明晰自身已成為金剛瑜伽母之真實身相，自身左肩上之喀章嘎表勝樂佛父；隨即自身於剎那間化光，成為金剛瑜伽母與勝樂總攝輪和合雙運之相。『**我自成金剛瑜伽母**』是指行者自身所成之金剛瑜伽母。『**喀章嘎總攝輪**』是指行者觀自身左肩之喀章嘎轉化為勝樂總攝輪，『**雙運俱生樂空**』是說行者自成金剛瑜伽母，喀章嘎轉化為勝樂輪後二根和合相運，故引生俱生樂空不二智慧，引生此樂空不二慧之方便即為『秘密供養』法。同時以此秘密性供現證真實之空性——以『慧』通達諸法之實相，此即『真實性供』。此二種供養都是通過觀想修持而完成。

男性行者誦『**我自顯明瑜伽母　捨去胸乳成波啦　噶果拉中清淨處　雙邊轉成金剛鈴**』時，需觀『因』之轉換過程：『我自顯明瑜伽母』指觀修成瑜伽母之自身再轉換為勝樂總攝輪，而其懷中擁抱者乃為由喀章嘎顯明化現之金剛瑜伽母。『捨去胸乳成波啦』者，是轉『因』。其法則為《喜金剛續》中所云之訣要，彼乃於觀想中『斷離女色』，而非真實之身變。『波啦』（བོལ）乃梵語，指金剛杵。『噶果拉中清淨處』之『噶果拉』（ཀཀྐོ་ལ）亦梵語，『雙邊轉成金剛鈴』，此句意思是說行者在『噶果拉』與『巴嘎』（བྷ་ག）二者之轉換觀修中，將清淨噶果拉之雙邊變作金剛鈴。『**蕊鬚轉成波拉性　大樂嘿洳嘎巴色**』是說觀噶果拉雙邊變化為鈴後，其蕊化為金剛杵，餘悉皆觀成勝樂總攝輪。『**密妃金剛瑜伽母　空行總集自性成**』是指行者自身之觀修變化，行者自身此時已具足一切空行總集為一體之自性，生起顯現佛慢與堅固之佛身想。如是之觀修訣要應由上師處個別獲得。益希旺秋仁波切曾多次教示，聽聞佛法時應具有的態度是：

『於自身作病者想，於佛法作藥物想，於上師作醫生想，於勤苦修行作療病想，於聖教作常住想，於如來作正士想。』

我們應依此六想而生起：

㈠堅固之佛慢與佛身觀（ལུས་ལ་ལྷ་རུ་ཞེན）；

㈡觀自語非凡常世間言語而作諸佛空行之真言觀（ངག་ལ་སྔགས་ཀྱི་རུ་ཞེན），且即應了知行二根和合之定時加持父母本尊密處之諸真言訣要，及此階位時行者應切知『**嗡俤利嘛哈速喀班雜嘿嘿洳洳恭啊吽吽呸娑哈**』此密咒之含義。其咒義即為：『受用大樂之三金剛自性吉祥嘿洳嘎與空行總攝輪以樂空智而成滅二現之因』也。

㈢智慧現前之勝法觀（ཆོས་ཀྱི་ཁྲིད་ཞེས），即依訣要教授如法引生無漏之樂空不二智慧，此復引生出『四喜』。

復誦：『**父母雙運化為菩提心從頂門降至喉間生喜**』，佛父、佛母二根和合雙運後，白菩提心光明由頂門降下而至喉間時，行者覺受『初喜』，同時觀修空性；初喜之覺受由金剛瑜伽母壇城四角喜旋中之左上角喜旋所表徵。『**喉間降至心間勝喜**』是說喉間之菩提心相續而降下，至心間時便覺受『勝喜』，行者覺受『勝喜』時覺受量比前倍長。『**心間降至臍間特殊喜**』時，便覺受『特殊喜』，此樂又較『勝喜』增長三倍。此時行者所覺受之樂空不二慧更顯清明，彼心亦更能深契於空性中。『**臍間降至摩尼寶尖生起俱生智慧**』，是指菩提心由臍間降至金剛杵末端摩尼寶尖之同時覺受『俱生樂』，以樂空無別慧證得俱生智。在金剛瑜伽母壇城中之四個喜旋即分別表徵此『四喜』。在此階位，行者之最細心和最細風同時覺受俱生大樂，行者可於剎那間現證空性。『**故入雙運樂空無別之三摩地**』，由於行者證得樂空不二智慧故，亦能同時成就樂空不二雙運之定境。於此境中行者之心仍覺受大樂，並深入觀照空性。『**如是樂空無別和合故**』，是說行者住於大樂與空性和合無別之定境裏。『**於供養三輪**』，是指此供養法之三輪，即供養者、受用者及所供事宜。供養者為勝樂佛父，受用者為金剛瑜伽母，所供事宜則為二根和合雙運。『**自性空真實性義專注**』，是指行者修持時，一心專注此三輪無自性空之真實性義。『**根本定而獻秘密自性真實滿足供也**』，這就是說行者專持此歡喜受用秘密及真實性供之定，此即樂空不二之覺受也。

我們應知灌頂之重要意義，亦為引生、成熟樂空無二智。行者經受四層灌頂後，上師將某一本尊之種子植於行者之心田，以此來加持行者之相續，獲得此法之修持資格及修習生圓次第之權力，結下佛三身成就之緣起。尤其是在授予金剛瑜伽母之智慧灌頂時，將從樂空雙運中所出之殊勝菩提心光明點安置於行者之密處。由此而生起四喜，證無學雙運樂空無二智。如是，密供與真實性供即為與智慧灌頂及句義灌頂相順之供養也。

（六）供《八句讚》

行者經歷先前之觀修變化後，復又轉回金剛瑜伽母之體相，由心間 བཾ 字放出衆供養天女，回身向自成之金剛瑜伽母供頌《八句讚》。

『嗡哪摩巴噶瓦帝班雜哇惹嘿幫吽吽呸
嗡哪摩啊雅啊巴惹婆戴哲洛迦嘛帝比德曉哩吽吽呸
嗡哪瑪薩哇布嚏巴雅哇嘿嘛哈班吱吽吽呸
嗡哪摩班雜薩呢啊吱戴啊巴惹吱戴哇香嘎哩乃哲吽吽呸
嗡哪摩者嘛呢消喀呢惹喀呢照德嘎惹勒呢吽吽呸
嗡哪摩哲薩呢嘛惹呢哲貝嚏呢巴惹渣耶吽吽呸
嗡哪摩比雜耶宗巴呢咚巴呢摩哈呢吽吽呸
嗡哪摩班雜哇惹嘿嘛哈搖格呢嘎麥曉哩喀改吽吽呸』

《八句讚》為頌揚金剛瑜伽母功德之禮讚文，行者即以此等讚頌真言向本尊作供養。《八句讚》來源於《勝樂本續》，分上師嘿汝嘎《八句讚》與金剛瑜伽母《八句讚》二種，乃以『真言』或『密咒』作供也，此儀軌中之《八句讚》為佛母《八句讚》。傳統上有梵語唸誦法和藏語唸誦法兩種，現今還有英語、漢語等唸誦法。

本儀軌中既有用梵語唸誦的，亦有藏語唸誦的。此為梵語唸誦法之音譯：

1.『嗡哪摩巴噶瓦帝班雜哇惹嘿幫吽吽呸』（ཨོཾ་ན་མོ་བྷ་ག་བ་ཏེ་བཛྲ་ཝ་ར་ཧེ་བཾ་ཧཱུྃ་ཧཱུྃ་ཕཊ།）

藏譯『嗡郡丹德嘛多傑帕摩啦恰茶吽吽呸』（ཨོཾ་བཅོམ་ལྡན་འདས་མ་རྡོ་རྗེ་ཕག་མོ་ལ་ཕྱག་འཚལ་ལོ་ཧཱུྃ་ཧཱུྃ་ཕཊ།），漢譯為『嗡頂禮薄伽梵大金剛亥母足前吽吽呸』。『嗡』是一切諸佛身、語、意之種子字。『哪摩』，舊譯作『南無』，意譯為『頂禮』，藏語曰『恰茶』（ཕྱག་འཚལ་བ）。『恰』乃對手之敬稱，『茶』者作禮恭敬義也。此謂作頂禮時，雙手合十置自身、語、意三處而後著地，隨之五體投地禮敬瑜伽母，懺自罪業，淨化三門，獲得加持，祈求金剛瑜伽母賜予自己根本樂空無二智慧之成就也。『巴噶瓦帝』者為『薄伽梵母』義，漢譯為『世尊母』，藏譯唸作『郡丹德嘛』（བཅོམ་ལྡན་འདས་མ）。『郡』（བཅོམ）義為『降伏』，金剛瑜伽母為已降伏二障及庸常顯執習氣，證得究竟涅槃之世尊母。『丹』（ལྡན）者義為『具有』，是說金剛瑜伽母具有樂空不二慧之究竟智證，具有佛之大悲心及威神力。『德』（འདས）為逾越義，謂金剛瑜伽母之證德與斷德已不住生死輪迴及小乘涅槃二邊而達到究竟佛果。『嘛』者母義，金剛瑜伽母是已證一切諸佛之樂空根本智而示現之女性身相。此如《喜金剛續》中所云：

『佛具樂空智，故稱薄伽梵。
智具六功德，自在等功力。
摧滅煩惱障，如是世尊稱。』

又曰：

『為滅煩惱等障故，薄伽梵者能滅尊。
智慧破滅煩惱者，故稱薄伽梵智尊。』

如是世尊所具之六大功德（ཞི་བཅོམ་དྲུག་ལྡན），誠如宗喀巴大師在《如意寶瓶》（སྡོང་པོ）中所論：

『一是自在圓滿（དབང་ཕྱུག་ཚོགས་པ）。「自在圓滿」指世尊乃為斷除二障（ཉོན་མོངས་པའི་སྒྲིབ་པ་དང་། ཤེས་བྱའི་སྒྲིབ་པ་གཉིས）及習氣（བག་ཆགས）並不依他者。

二是相好莊嚴（གཟུགས་བཟང་）。「相好莊嚴」指世尊乃具足無上相好者。

三是聲名顯赫（གྲགས་པ）。此指世尊之聲名顯赫遍及一切方土。

四是福德熾盛（དཔལ）。「福德熾盛」指世尊乃出世圓滿，一切所欲皆能成辦之善識賢者。

五是智慧無礙（ཡེ་ཤེས）。「智慧無礙」乃指世尊為於一切所知無礙而入修者。

六是精進威力（བརྩོན་འགྲུས）。「精進威力」乃指世尊為任運成就及不斷開示教授者也。『世尊』亦為以智慧降伏四魔（བདུད་བཞི་བཅོམ）者。』

『班雜』（བཛྲ）為梵語，藏譯『多傑』（རྡོ་རྗེ），即漢意『金剛』。『金剛』者義謂無分無別、不壞不滅、堅固不受諸障所損，表大樂與智慧和合無二也。『哇惹嘿』（བཱ་ར་ཧི）是梵語，藏譯作『帕摩』（ཕག་མོ）,漢譯為『亥母』或『自在母』,『亥』者意為『豕』,表無明,與六道輪迴圖中之豕意義相同,以此來代表貪嗔癡三根本煩惱之豕相,而金剛瑜伽母則為以其樂空智慧及自在威神力摧滅此無明亥豕之金剛本尊,故亦有譯為『自在母』者。『幫』乃梵文音譯,藏漢通語,即金剛瑜伽母之ཝཾ種子字。『吽吽』（ཧཱུྃ་ཧཱུྃ）者,『吽』（ཧཱུྃ）乃勝樂總攝輪本尊之種子字,同ཝཾ種子字一樣僅作音譯。同時用此『吽吽』二字在勝樂及金剛瑜伽母之修法中多見。『呸』（ཕཊ）字含有多義,在此行者用以摧滅無明,斷除內外一切障礙。

2.『嗡哪摩啊雅啊巴惹姿戴哲洛迦嘛帝比德曉哩吽吽呸』（ༀ་ན་མོ་ཨཱརྱ་ཨ་པ་ར་ཛི་ཏེ་ཏྲཻ་ལོ་ཀྱ་མ་ཏི་བི་ཤྭ་རི་ཧཱུྃ་ཧཱུྃ་ཕཊ།）,藏譯『嗡帕嘛日嘛旺旭康松既咪吐吽吽呸』（ༀ་འཕགས་མ་རིག་མའི་དབང་ཕྱུག་ཁམས་གསུམ་གྱིས་མི་ཐུབ་མ་ཧཱུྃ་ཧཱུྃ་ཕཊ།）,漢譯為『嗡聖母明妃自在三界無能勝者吽吽呸』。『嗡』乃總義。『帕嘛』乃聖母,意即與金剛法同分,以樂空無二智慧摧滅無明之勝者,凡於見道已斷遍計所執障,已離一百零八種煩惱見執習氣者謂『聖母』也。『日嘛』乃『明妃自在』,即離諸法皆有自性之錯執,此為超脫生死輪迴之根本見,此見乃證得無我之智慧也。『日嘛旺旭』乃『明妃自在』智慧,乃對治無明之方便。此智慧在證得般若波羅蜜多道果位時悉皆明現。金剛瑜伽母正是證得道果圓覺而究竟示現般若波羅蜜多智慧之本尊天相者也。『康松既咪吐』為『三界無能勝者』之意,即『勝出三界』,指金剛瑜伽母已戰勝並斷離欲界、色界及無色界三界之煩惱。

3.『嗡哪瑪薩哇布嗟巴雅哇嘿嘛哈班吱吽吽呸』（ༀ་ན་མཿ་སརྦ་བུདྡྷ་བྷ་ཡ་བ་ཧེ་མ་ཧཱ་པཉྩེ་ཧཱུྃ་ཧཱུྃ་ཕཊ།）,藏譯為『嗡郡波擊巴唐吉多傑欽貝仲吽吽呸』（ༀ་འབྱུང་པོའི་འཇིགས་པ་ཐམས་ཅད་རྡོ་རྗེ་ཆེན་པོས་འཇོམས་ཧཱུྃ་ཧཱུྃ་ཕཊ།）,漢譯為『嗡大金剛摧滅部多怖畏

一切魔障者吽吽呸』，『嗡郡波擊巴唐吉』者即『部多怖畏』，其意是魔之怖畏。『魔』一詞廣含多義。魔有四類，一謂『天魔』者，乃存在於阿修羅、餓鬼、畜生甚至是在人道中之某類有情，其心存惡念，邪見熾盛，貪嗔猛厲，作諸惡業，均由起魔念而生。『大金剛摧滅一切魔障者』是指金剛瑜伽母如是將外在非人界之一切魔類及災害由其右手所執持之銳利金剛鉞刀作摧滅；復有『內魔』如邊執妄分別尋思及一切煩惱等，就其究竟而言，邊執妄想尋思等就是煩惱魔，此專指我慢、邪見等內在之尋思煩惱。金剛瑜伽母亦能以其樂空不二慧之究竟智——銳利金剛鉞刀破滅此等一切內、外、密煩惱魔障。

4.『**嗡哪摩班雜薩呢啊吱戴啊巴惹吱戴哇香嘎哩乃哲吽吽呸**』（ཨོཾ་ན་མོ་བཛྲ་ས་ནི་ཨ་ཛི་ཏེ་ཨ་པ་ར་ཛི་ཏེ་ཝ་ཤཾ་ཀ་རི་ནི་ཙ་ཧཱུཾ་ཧཱུཾ་ཕཊ།），藏譯『嗡多傑丹許賢既咪吐旺季淨吽吽呸』（ཨོཾ་རྡོ་རྗེ་གདན་བཞུགས་གཞན་གྱིས་མི་ཐུབ་དབང་ཕྱུག་སྤྱན་ཧཱུཾ་ཧཱུཾ་ཕཊ།），漢譯『嗡金剛持座戰無不勝自在眼吽吽呸』。『嗡』意如前。『金剛持座』中之『金剛持』是指佛父勝樂總輪之表相——『金剛』，『座』乃指金剛瑜伽母之表相——蓮花，此乃是勝樂總輪之金剛覺受大樂之處。金剛瑜伽母則是生起樂空無二慧之根本。『戰無不勝』是指金剛瑜伽母威力廣大，無人堪與匹敵、無有彼不能戰勝之內外魔障。『自在眼』是指金剛瑜伽母以三目視照即能調伏一切魔障、駕御三界人天。

5.『**嗡哪摩者嘛呢消喀呢惹喀呢照德嘎惹勒呢吽吽呸**』（ཨོཾ་ན་མོ་ཙཱ་མུ་ཎྜེ་ཤོ་ཁ་ནི་རོ་ཁ་ནི་ཀྲོ་དྷེ་ཀ་ར་ལེ་ནི་ཧཱུཾ་ཧཱུཾ་ཕཊ།）是梵文譯音，藏譯為『嗡杜摩朝莫蘇枳蒼巴弓白則吽吽呸』（ཨོཾ་དུ་རྨ་མོ་ཁྲོ་མོའི་བསྒྲགས་ཀྱིས་ཚངས་པ་སྐེམས་པར་མཛད་ཧཱུཾ་ཧཱུཾ་ཕཊ།），漢譯『嗡鄔摩怒母行令梵天枯竭作吽吽呸』。『嗡』意如前。『鄔摩怒母』是指金剛瑜伽母之忿怒形相，『行令梵天枯竭作』是說金剛瑜伽母之威猛力，其身生強大猛厲之『拙火』，此火能把梵天燒至枯竭；『梵天』乃意喻『頂輪』，此指其火之強烈能燒竭如『君陀』般之白菩提心。臍輪『拙火』所生起之暖熱上升至梵天（頂輪）時，即令白菩提心消融下降，彼於下降之同時，攝集身中諸脈之菩提心，並令其融於中脈內。由此菩提心入、住、融於中脈故，引發出全身遍佈樂空不二慧之覺受。

6.『嗡哪摩哲薩呢嘛惹呢哲貝嗟呢巴惹渣耶吽吽呸』（ཨོཾ་ན་མ་ཏྲཱ་ས་ནི་མཱ་ར་ཎི་པྲ་བྷཉྫ་ནི་པ་ར་ཛ་ཡེ་ཧཱུྃ་ཧཱུྃ་ཕཊ།），藏譯為『嗡帝瑙紮貞恭貝賢暨肖列傑吽吽呸』（ཨོཾ་བདུད་རྣམས་སྐྲག་ཅིང་སྐེམས་པར་མཛད་ཕྱོགས་ལས་རྣམ་པར་རྒྱལ་བ་ཧཱུྃ་ཧཱུྃ་ཕཊ།），漢譯為『嗡諸魔怖畏枯竭別方一切戰勝者吽吽呸』。『諸魔』是指內、外、密等諸魔：即『極喜自在魔』（བདུད་དགའ་རབ་དབང་ཕྱུག）及其眷屬黑魔眾等外魔；貪、嗔、癡等無明及明（སྣང་།）㈠、增（མཆེད།）㈡、得（ཐོབ།）㈢三相之微細二現（གཉིས་སྣང་།）者等內魔；嫉妒菩提行者、阻礙修行求成正覺之人與非人一切黑惡為密魔。『怖畏枯竭別方一切戰勝者』意指金剛瑜伽母能令內外密諸魔驚怖畏懼、能戰勝二障及一切微細習氣，並能粉碎諸魔眾者也。

7.『嗡哪摩比雜耶宗巴呢咚巴呢摩哈呢吽吽呸』（ཨོཾ་ན་མོ་བཱི་ཛ་ཡེ་ཛམྦྷ་ནི་སྟམྦྷ་ནི་མོ་ཧ་ནི་ཧཱུྃ་ཧཱུྃ་ཕཊ།），藏譯『嗡穆既讓既茅既更離喃巴加吽吽呸』（ཨོཾ་རྨུགས་བྱེད་རེངས་བྱེད་རྨོངས་བྱེད་ཀུན་ལས་རྣམ་པར་རྒྱལ་བ་ཧཱུྃ་ཧཱུྃ་ཕཊ།），漢譯為『嗡超勝一切作昏作僵作癡者吽吽呸』。『嗡』意如前述。『超勝一切』（ཀུན་ལས་རྣམ་པར་རྒྱལ་བ）是指金剛瑜伽母乃戰勝降伏一切

㈠明即明相，密乘修習隱沒次第中，首先現似秋夜晴空，月光滿天，唯見白茫茫一片空明，別無所有的微細意識景象。
㈡增乃增相，密乘修習隱沒次第中，唯見天空日光映射，一片空明紅霞，別無所有的微細意識景象。
㈢得是得相，密乘修習隱沒次第中，唯有深夜一片漆黑別無所見的微細意識景象。

昏沈之殊勝母。『作昏』（ཐིབས་བྱེད）乃指昏昏蒙魔，彼令眉頭不振，晝夜昏沈，心智混沌蒙昧，常處於欲眠狀態者；『作僵』（རེངས་བྱེད）乃言奪魄魔，彼魔能奪人心魄，令人心離體外而肢體僵直、不能言語；『作癡』（རྨོངས་བྱེད）意即愚闇魔。愚闇魔能使人心闇淡無明，遇事忘失難以憶持。

8.『嗡哪摩班雜哇惹嘿嘛哈搖格呢嘎麥曉哩喀改吽吽呸』（ཨོཾ་ན་མོ་བཛྲ་ཝ་རཱ་ཧི་མ་ཧཱ་ཡོ་གི་ནི་ཀཱ་མེ་ཤྭ་རི་ཁ་གེ་ཧཱུྃ་ཧཱུྃ་ཕཊ），藏譯『嗡多傑帕摩覺欽德旺瑪喀昭帝吽吽呸』（ཨོཾ་རྡོ་རྗེ་ཕག་མོ་སྦྱོར་ཆེན་འདོད་དབང་མ་མཁའ་འགྲོ་ཏི་ཧཱུྃ་ཧཱུྃ་ཕཊ），漢譯為『嗡頂禮金剛亥母大合欲王空行者吽吽呸』。『嗡頂禮金剛亥母』其義同前。『大合』（སྦྱོར་ཆེན），意即指金剛瑜伽母是勝樂總輪之明妃。『欲王』是說金剛瑜伽母是『至尊貪欲自在王母』，其勢力能駕御一切貪欲，能賜給瑜伽士究竟與非究竟之果德，能善巧安立圓滿聖道，能予行者自承事善知識起至無學雙運間各各階位之不同證德。『空行者』乃指三十七空行之主尊至尊那若空行母。

於《勝樂本續》中對有關供頌《八句讚》之殊勝功德作出開示，如其第三十八品云：

『親見勇父阿闍黎，行者善持此二咒；
見復見之皆歡喜，勇父根本殊密咒；
恆常七遍作持誦，極密真言吽持明。』

在至尊宗喀巴、圖觀仁波切、鄔曲仁波切等諸大師之文集中對此等功德亦多有教授，其中有謂：『將自己之根本上師視為金剛阿闍黎，將三寶之身、語、意當作依止境，朝禮聖地時誦此勝樂父母《八句讚》七遍、三遍或一遍以上，同時應作禮拜。更主要者，是把自身觀為勝樂及一切空行收融為一體之金剛瑜伽母，並應勝解外器世間之一切境物如虛空、大地、山石、樹木、森林、水、火、風、房屋及帳篷等等，乃至情世間之六道衆生及其見聞覺知（མཐོང་ཐོས་དྲན་རེག）㈠之萬物皆為勝樂嘿汝嘎與金剛瑜伽母之示現，如是讚頌自身本尊。此法能令行者容易獲得供讚三世一切佛之廣大功德，更能令行者速疾證得恆常與大勇父嘿汝嘎同等受用之大樂。唸誦《八句讚》具足讚、供二種功德，無論何人只要誦此《八句讚》，彼之相續將會得到世尊嘿汝嘎、金剛瑜伽母及啦瑪母、塊生母、具色母等四核心空行母、堪哲嘎瓦啦及極怒母等三輪之二十四勇母之不可思議加持，以慈悲心歡喜護佑行者，親臨行者所住處並安住於行者之心……」

復曰：

『供養佛陀等一切，乃至恆常大勇士，
具足幻化無疑惑，彼之心間住亥母，
我及勇士瑜伽母，連同使者衆所具，
彼與凡彼爾諸生，有情福澤所見也。』

或許有些行者心中會生疑惑，認為我等恐怕無緣親見嘿汝嘎父母及衆勇士空行之面容，懷疑修此法能否成就？迎請本尊聖衆彼是否能降臨？則汝等應當確信，此《八句讚》即金剛持之語甘露，對誠心唸誦金剛持《八句讚》之行者而言，不僅勝樂嘿汝嘎會降臨，且整個勝

㈠見聞覺知：即目染、耳濡、心念、身受四也。

樂中圍內之一切勇父空行及全圓之見聞覺知都將安住於行者心相續，依彼加持，能令行者納受大樂。此修法實為獲取廣大功德之有力善巧方便。

唸誦《八句讚》所獲之利益，勝於長途跋涉去朝禮二十四聖地之功德，勝於在衆多佛像、佛經、佛塔前供十萬盞燈、十萬盃水等大供養之功德，亦勝於以鉅額資費作福壽法事、念經拜懺、祈請護法及土地神祇消災除障之諸功德。《八句讚》方便易持，簡捷善巧，更堪成辦。唸誦《八句讚》者將獲得十方三世一切諸佛無餘之悲智福力，猶如勝樂總攝輪、金剛瑜伽母、密集、大威德、喜金剛等無數靜怒本尊同住行者自心間，而獲得彼諸尊之加持。

唸誦《八句讚》之瑜伽士無論是身臨江河湖海、深池沼澤，還是位於崇山崖谷、草地平原，或經十字道旁、或處空宅僻處、或居於家中，都能得衆空行母之慈念垂顧與歡喜護佑，令違緣消除，順緣成就。誠如所頌偈曰：

『大河大海及沼澤，十字路口與大山，
草原水塘湖泊井，空宅路途及一切，
虛空皆遍空行母，慈心憐憫關照中。』

《勝樂本續》四十三品中亦有云：

『十字路口與空宅，勇父聖境及大山，
誓言所處空行母，遠望昭然若揭見。』

此說唸誦《八句讚》之瑜伽士能令十方無邊一切空行母皆慈心遥見並得彼憐憫加持。

（七）觀修明相法

薩迦派傳承之修法於誦供讚後不作『修心持』，甘丹耳傳派則在修《密集》、《勝樂》、《大威德》等本尊之生起次第時必須於修明相、佛慢之同時堅固持心，否則無能真實對治凡庸顯、執而成斷生起次第之根本位之過失。

若依儀軌入修時，需於前前詞義唸誦至明現於心後，方作後後詞義之增補。隨詞及義，必須明確觀修義趣，並銘記於心而不忘失。如《夏魯導引》中說：『修明相之前應先生起佛慢，並應作修心持。』此見與我承吻合。觀修明相可由本尊行根之最末端觀心持定，如彼不能者可由本尊天身之梵穴至蓮座間，復蓮座間至梵穴間反復觀想作對治修。如是漸能整體通觀自身為金剛瑜伽母，修至出現穩定之明相時即為已達所緣境；復次第添加觀想眷屬、月輪、法基、護輪等能依所依中圍之各支分，就如雕塑家塑造雕像般由粗而細依次完成，直至能隨欲剎那頓現於心。若如是還不能爾，則依夏魯之觀眼法，首先觀慧眼，繼而（主尊為雙身者）佛父由右眼起觀、佛母則由左眼起觀，由右而左漸次增益，久之亦能於『分別行相差別法』中作心持。但無論如何，欲生起清淨之禪定必須先受得顯密教授，善學《菩提道次第》所述之五過懺除法[一]、八行蘊依止法（འདུ་བྱེད་བརྒྱད་བསྟེན་ཚུལ།）[二]、六力修法（སྟོབས་དྲུག་གིས་བསྒྲུབ་ཚུལ།）[三]、四有作意法

[一] 五過即：懈怠、忘失教誡、掉舉、無為、有所作為。

[二] 八行蘊依止法是：信心、樂欲、勤勞、輕安、正念、正知、有所作為、無所作為。

[三] 六力是修止過程中能成就九種住心的方法：聞力、思力、正念力、正知力、精進力、串習力。

（ཡིད་བྱེད་བཞི་ཡོད་ཚུལ།）㈠、斷滅掉舉法及培育正知正念法等止觀教授，善修者可於四至六個月的止觀修持中成就粗分之自生起次第。

欲修止觀者尤需培育善巧之正知正念。正知為修定時能對昏沈、掉舉之出現作觀察了知，正念則是對之行對治以令心不散失所緣。心在定境上之『安住分』生起後，易為昏沈所侵擾，此需以增益觀境之『明分』（觀光明）來對治。然於安住分與明分漸趨堅固後，若伺察過大，則成障礙『奢摩他』之過失；若不作伺察，則微細沈掉之正知不生。應知此依觀察光明之法為與『勝觀』相應之智慧分別，即為心對所緣境之定任持不失之前提下對其作觀察。此二法令光明之勝觀與堅定之一緣境同時具備，於此二者雙運之修法中，通過對光亮度之把持，使心漸能遠離一切微細沈掉而成就自覺之精進力。放逸之心易知，微細沈、掉之來難覺，故當沈掉未現之際，將心專注於一境之同時提起正知、正念亦為至關重要者。

㈠四有作意：九住心之第一、二住心為『有勵力運轉作意』、中間五住心為『有間缺運轉作意』、第八住心為『無缺運轉作意』、第九住心為『無功用運轉作意』。

九、口誦意持瑜伽（ངག་བཟླས་དང་ཡིད་བཟླས་ཀྱི་རྣལ་འབྱོར།）

誦持密咒真言有多種不同之功用，如能令行者親近本尊、淨化惡業、語具功德、成辦事業，培植語金剛成就之堪能等。且由具金剛心修誦故，亦能成熟行者之心相續，使行者能趣入證分『語遠離』階位，從而速疾獲得本尊賜予殊勝之成就。

具備條件之行者最好能閉關念修，然若已誦持千萬咒數，卻不知自己為何閉關，則與藏地寓言中作《八千誦》(一)之教授卻不了知《八千誦》意義之上師一般矣。故此，我等必須明瞭，為得相應故，始作閉關也。

起分誦咒法有『口誦』與『意持』兩種。口誦法又分『圓滿唸誦』與『誓句唸誦』，前者是僧眾共修時之唸誦法，後者乃行者個人為灌頂受法時所承諾之持咒數之唸誦法；在薩迦傳承中，將『圓滿唸誦』稱為『莊嚴唸誦』，『誓句唸誦』稱為『二利唸誦』，而將『意持唸誦法』稱為『寂滅唸誦』；但不論是『圓滿唸誦』還是『誓句唸誦』，俱以『意持』修法為其核心，『意持』修法是一種結合持氣之修誦法，此即指行者在作意持之同時需持氣止息。

行者在修誦時，需具備一串念珠，如《本續》云：『大螺念珠為最上。』所謂『大螺』者，即指顱骨。關於顱骨珠之講法頗多，如喜金剛、勝樂、大威德、金剛瑜伽母等修法所用之殊勝咒珠，均非一顱製多珠，而是一顱僅製一珠，並須用五十男性顱之頂骨製五十珠，復

(一)《八千誦》即指廣、中、略三部《般若經》中的《般若八千誦》。

用五十女性頂骨製五十珠，因此極難求得。

然亦有說：『息、增、懷及威猛法，菩提子珠行諸事。』意謂在無法求得顱骨念珠時，許用菩提子念珠，蓋因彼合用於一切不同誦咒事業之修法。此珠最好由天癸未至之清淨少女以九股棉線紡撚而就之珠繩串成。

行者始用新念珠或首次閉關時使用之念珠，均需經過加持。念珠加持法於儀軌中雖無明載，然仍有二種差別：一是如夏魯《閉關法則》中之廣加持法；二是以『三嗡咒』作略加持法。依『三嗡咒』之略法是：將念珠置於雙手間揉搓，同時誦『三嗡咒』三或七遍，吹氣於未加莊嚴之念珠上。為避免他人賞玩及觸摸，攜帶此珠之最佳方式是縫製一小布袋將之裝入。

持撥念珠有息、增、懷、誅四相差別，依序分別以食指、中指、無名指、小指作表。撥數時，各依所作事業不同，將念珠置於相應之指尖上，以拇指指肚向內（自身方向）撥送珠子。若覺不自在亦可改置於食指指尖上撥數之。由於金剛瑜伽母修法屬母續法門，持咒法乃依『懷法』事業，故爾行者在持誦真言時，應將念珠置於左手無名指上撥動。

持咒法規在諸多上師之教授中都有論及，方法既有多種，詞義之釋說亦不盡相同。自宗以帕幫喀大師《深奧導引》中之軌則為準。常規之持誦法要求行者不疾不徐、明快流暢地誦出明晰無誤之咒文，尤應力戒唸誦過快，致使咒文字音籠搪不清。誦咒時所發出之聲音須以僅足自聞、而無擾左右為度；較為適合之音量通常有說如蜜蜂在巢穴裏鼓翅時所發之『嗡嗡』聲，即僅聞其聲而不知其語矣。

（一）口誦法

誦儀軌：『自心間紅色法基三角雙疊內月輪中央 བཾ 字紅色咒鬘左旋環繞發出無量紅光衆生業障皆清淨 供養一切諸如來 迎請一切加持力 成紅光相融入 བཾ 字咒鬘而加持我相續嗡嗡嗡薩瓦必噠哲格呢耶班雜哇哪呢耶班雜毗盧遮呢耶吽吽吽呸呸呸娑哈』。

1. 二利唸誦法（誓句唸誦）

『二利唸誦法』即誓句唸誦，此依薩迦傳承之說起分有二：即各各依次第清淨自身、供養佛、迎請加持而成辦自利事業；及將衆生都攝受並安置於金剛瑜伽母之佛果位而成辦利他事業二者和合之修法。

(1) 成辦自利事業之觀修法

成辦自利事業之觀修法是：觀身壇城之主尊母心間 བཾ 字及咒鬘等放出無量紅光，充滿全身，罪業悉淨；光復向外發放，每一線光之尖端皆變幻出一供養天女，以此無量紅光變幻出無數供養天女，彼皆手持種種妙供，供養十方三世一切諸佛；並由自身所發之光、བཾ 字及標幟之相，召請十方三世一切諸佛降臨、融入自身，諸佛以三金剛及一切空行成就之加持力加持行者。如是觀想，此即令自身三輪或五輪之本尊生起無比喜悅之修法。

(2) 成辦利他事業之觀修法

成辦利他事業之觀修法是：如前觀自心間 བཾ 字放出紅光，光充溢身壇城主尊母，身壇城主尊母至自生之外瑜伽母身中遂由內向外層層透光，自身依次漸成顯明通透之光體，由此而發射無量紅光至情器世間所有六道有情之身上，令彼等心相續中二障、習氣等一切情器間之罪孽及過患都得以淨治；器世間轉化為金剛瑜伽母之法基，情世間一切衆生盡數轉化為金剛瑜伽母身並誦持『三嗡咒』、發放咒音與無量光，如是作觀。

行者亦可如前觀自身所發放無量光之尖端各各相應而生出無數瑜伽母，彼諸遂一一蒞臨並安住於一切衆生之頂門而身降智慧甘露，將一切衆生心相續中之二障淨治，復將一切衆生攝置於金剛瑜伽母之果位。

或者，行者亦可如前觀自身所發放之無量紅光直接轉成無數金剛瑜伽母身，諸瑜伽母身之喀章嘎亦一一轉化為吉祥勝樂輪，復由彼光端又幻化出無數供養天女，以八供、五妙欲供、八吉祥供等於身壇城諸尊前作內、外、秘密與真實性供，令諸本尊皆無比歡喜，自他一切衆生之身語意悉得加持，行者當於如是觀想中唸咒。

行者於持咒時如作身壇城觀修者，則應如前依身壇城主尊母及諸咒字而觀；如不能作身壇城觀修者，則唯念住於外瑜伽母之心間而觀。行者在誦咒時如作身壇城觀修，當觀身壇城主尊母之心間生起顯明咒鬘，如於此不能作觀者，亦可觀將身壇城諸尊轉為咒鬘，復於誦咒完畢後，再將咒鬘轉為身壇城諸尊。如是即諸說所云矣！

當行者誦『**自心間紅色法基三角雙疊內**』時，應專注於自心中之紅色三角雙疊法基，此處所指乃外、內、密三法基中之秘密法基。此法基內有一圓滿月輪，內有為『三嗡咒』咒鬘左旋圍繞之བཾ種子字，故曰『**三角雙疊內月輪中央བཾ字紅色咒鬘左旋環繞**』。『**發出無量紅光**』者，謂此བཾ種字及咒鬘於一時中，各各放出狀若光球之紅色光芒。光球相互連接，彼此互攝而成無量光鬘，且各自發出聲音。

『**眾生業障皆清淨**』，謂當此紅光照觸到三界無邊有情眾生之一剎那間，即成辦消除一切眾生惡業罪障之事業，令彼等得到淨化後俱轉成金剛瑜伽母之身相，其所處之器世間也隨之轉為奧明淨土而遠離六道輪迴之一切垢染。此時，行者應自忖：『我已淨除無邊一切眾生之罪障煩惱，將其攝置於金剛瑜伽母之究竟安樂果位矣！』行者如此思惟後，遂又收回光芒，融入自身心間之種子咒鬘。如是反復利樂眾生，是修持口誦時成辦之第一事業也。

復次，當誦至『**供養一切諸如來**』時，行者觀自心間之བཾ種字與咒鬘再度放出光芒，以成辦第二個事業——向三世一切諸佛作供養。此間觀想每一道光芒之尖端各現一空行母，手捧各別不同的供品獻上供養。當三十二空行母向諸佛菩薩作供養時，諸佛菩薩覺受大樂，而轉成金剛瑜伽母之眾生也隨之生起樂空不二慧。此大樂乃是根本之供養，其目的是引發受者心相續中之喜樂。於供養圓滿後，行者隨即將供養母及光明收回自身心間，並融於བཾ種字與咒鬘。

『**迎請一切加持力成紅光相**』是指觀想一切諸佛身、語、意之加持力，以及空行剎土之一切福樂受用等皆轉為紅光相，繼而『**融入བཾ字咒鬘而加持我相續**』。在此等光明融入行者心間བཾ字與咒鬘、並加持行者自相續時，行者必須勝解並堅信，自身之相續已獲得諸佛菩薩身、語、意之強烈加持。此乃修持口誦所成辦之第三事業。

行者在接受灌頂時所承諾之每日持咒數多寡不等。但無論多寡，行者每日必須誦持不少於承諾之咒數，並要終身守持，勵力多誦。

2. 莊嚴唸誦法（圓滿唸誦）

『莊嚴唸誦法』即前所說之『圓滿唸誦』，乃指行者於唸誦時，觀在身壇城之主尊母心間月輪上，安置顯明圓滿之種字、咒鬘，行者一心專注於咒鬘文字，以如同閱讀之方式誦持咒文。此誦咒法乃呼喚本尊者也。

3. 釋說咒義及其功德

此空行母之『三嗡』密咒：**『嗡嗡嗡薩瓦必噠哲格呢耶班雜哇哪呢耶班雜毗盧遮呢耶吽吽吽呸呸呸呸娑哈』**，乃由心咒與近心咒組成，其中雖無根本咒，但仍具足根本咒、心咒及近心咒三咒之圓滿功德。

『三嗡』者，其一即佛陀空行母之咒，曰『嗡薩瓦必噠哲格呢耶吽呸』；其二乃金剛極頌母之咒，曰『嗡班雜哇哪呢耶吽呸』；其三是金剛明照母之咒，曰『嗡班雜毗盧遮呢耶吽呸』。《鄔曲導引》以起首之佛陀空行母之咒為主尊心咒，餘二作眷屬之咒。由於全咒是由以『嗡』字為首之三咒圓滿和合而成，其咒首具三『嗡』字，故稱『三嗡咒』；咒末以三『吽』字、三『呸』字及『娑哈』二字結尾。

『三嗡咒』之義在鄔曲《空行生圓導引》中，有作如是闡述：『「薩瓦必噠哲格呢耶」是佛母心咒，乃表三世一切諸佛之意，即大樂智慧，其深契於空性之中，故為諸佛一切智之樂空慧、及佛之智慧法身，亦即意金剛母；「班雜哇哪呢耶」是金剛極頌母咒，「哇哪」二字有多意，總其要意，乃深契於樂空無二智慧之語金剛聲相所化機，表佛之報身，乃金剛能詮聲母或語金剛母；「班雜毗盧遮呢耶」乃深契於樂空無二智之色金剛身相所化機，表佛化身，即金剛明照母。總之，至尊金剛瑜伽母之根本咒、心咒、近心咒三皆具備於此咒中，乃與三世一切諸佛身、語、意之三金剛無二別者也。』

宗喀巴大師對『三嗡咒』之義亦有作如是開示：『「班雜毗盧遮呢耶」是金剛明照母，「薩瓦必噠哲格呢耶」是一切諸佛之空性母，「班雜哇哪呢耶」是金剛極頌母。』《生起次第明燈》中則云：『「三嗡咒」是由歷代諸傳承上師耳傳之根本咒、心咒、近心咒三合為一，故稱「三嗡咒」（藏音『嗡松嘛』），咒尾作「三吽」、「三呸」和合，具三十二字，其內蘊深意也。』

復如聖強巴確賴所作之《生起次第》中所說：『是咒意為：「嗡嗡嗡」表身、語、意，「薩瓦必噠哲格呢耶」為「一切佛之空行」，「班雜哇哪呢」為「金剛種姓者」，「班雜毗盧遮呢耶」為「金剛明照母」，「吽吽吽」、「呸呸呸」亦表身、語、意，「娑哈」義廣，總表堅固、根本意。其「嗡吽呸」（表身、語、意）前後分別有三，其首一表佛之「法身」，次一表佛之「報身」，末一表佛之「化身」，如是「三嗡咒」於此基礎上，乃圓滿具足三世一切諸佛之法、報、化三身之身語意矣！而「薩瓦必噠哲格呢耶」則謂「一切佛之空行」，此中之「哲格」應勝解作「契入空行」，「格」即「行」意。如是「空行母」之「母」義，乃指禪定之境相修持法，非指諸佛之母也。』

帕幫喀大師對此所作之開示則是：『三世一切諸佛之意，為樂空智慧自性之法身，「薩瓦必噠哲格呢耶」此即云「空行」者，乃指佛之意功德。法身自性空之空行者，即「空行母」之意。「班雜哇哪呢」為一切佛樂空無別慧之語，是能詮聲者或金剛極頌母，表佛之語功德。「班雜毗盧遮呢耶」是金剛明照母，顯一切佛身之體性，乃現空無別之色身，明照衆生，表諸佛之身功德。如是則以諸佛之法、報、化作主要者。彼主咒乃金剛瑜伽母之根本咒、心咒及近心咒三集合一者，故名「三嗡咒」也。』

誦此咒者，具有誦持度母、妙音佛母、葉衣佛母、具光佛母、白傘蓋母、隨行佛母等諸明咒之功德。如圖觀仁波切等諸大善知識所說，此乃因行者所立之所緣境中，集積了二十四勝境、八大寒林、四大洲、須彌山等三十七處所住之無量無數勇父、空行，彼收攝而成諸勇父、瑜伽母；此諸勇父、瑜伽母復收攝成主尊金剛瑜伽母。ཧཱུྃ 字和『三嗡咒』乃彼諸本尊之種字。ཧཱུྃ 字分裂解體後，成為短 ཨ（阿）、ཡ（雅）、ར（惹）、ལ（拉）、ཝ（瓦）；而短 ཨ 成金剛瑜伽母，ཡ 成啦瑪母，ར 成塊生母，ལ 成具色母，ཝ 成空行母，此即大樂輪之五佛母。而長咒之『嗡嗡嗡薩瓦必噠哲』各字轉為意之種姓八忿怒母，『格呢耶班雜哇哪呢』八字轉為語之種姓八忿怒母，『耶班雜毗盧遮呢耶』八字轉為身之種姓八忿怒母，『吽吽吽呸呸呸娑哈』八字表徵為八門空行母，此均如前導引之第八瑜伽所述。主尊嘿洳嘎與身、語、意二十四勇父則由月輪總表，故本法圓滿具足勝樂輪六十二本尊之自性也。如《勝樂本續》中云：

『若欲得殊勝悉地，咒語本尊觀無別。』

是故，以誦持彼秘密三嗡咒，即得成就前說諸本尊。若行者有幸於宿世生中獲得過上師授予之勝樂輪與空行母的灌頂，且曾得聞此一殊勝道軌，那他便因具足此法種子而成為極希有之具緣有情。如是之具種姓者，縱使不經過長期閉關，僅憑唸誦『三嗡咒』之力，亦能獲得殊勝成就。誠如聖者察欽師有偈頌曰：

『唉嘛今從空行界現起，嘿洳嘎巴密王續中生；
金剛續母隨近殊勝咒，誦所成就即能真實護。』

又如《勝樂本續》第四十八品中有云：

『誦持此咒成就者，所作諸業悉善成。』

已如法得受勝樂輪四灌頂之行者，即堪能證得四續部任一灌頂本尊之果位，並能召攝任一寂、忿本尊，蓋因以此勝樂輪之光芒，較餘者猶勝故也。是故，我等當對此法之珍貴價值有明確認知，而不應如自家後院藏有寶藏，卻仍外出行乞之愚者，錯失此摩尼寶珠所能生之重大義利。

如《本續》之第三品有云：

『於此續中之灌頂，得成就者所宣說，
視續笑續與執手，乃至二一相和合，

皆依灌頂得轉成。』

復云：

『一切續中之最上，以此調伏諸天人；
知此瑜伽殊勝者，如草被火餘心要；
勝樂真實所攝集，密集怖畏大威德；
彼諸續中之王者，若未出者不復出；
若未說者不復說，一切唯聚於飲血。』

倘使佛陀未曾於世間傳授此勝樂輪，則別餘一切續亦無法存世。蓋因此法軌繫連別餘一切密續之心要，諸如密集、大威德等各大續典均基於『吉祥嘿汝嘎』──即『飲血尊』（勝樂輪之別名）始得建立故。此中之『血』者義表空性也，因勝樂輪嚮能現證空性，故以『飲血尊』為其名；其法堪稱一切續部之王，最極殊勝有力，於三界中實難覓得較此為勝之法耳。如彼勝樂、密集、大威德諸續之頌文，漢地過往亦鮮有人釋說，而能如此詳明詮述《勝樂本續》者，則更未曾有也。《勝樂本續》異於餘續之勝處在於，其能現證共與不共之一切成就。如《本續》中第五品有云：

『明王秘密之咒語，所作一切能成就；
於中更有殊勝者，三界之內無有耶。
謂知嘿汝嘎巴咒，恰似猛火焚草薪。』

此謂較嘿洳嘎父母之了義真言更為殊勝之密咒，於三界中亦實無另有。若將別餘之咒與嘿洳嘎父母之密咒相比，正如置乾草於烈火前，是故我等應知此咒之尤其殊勝也。就了義而言，此咒乃表佛對殊勝化機所說之諸法自性，即為遠離生滅戲論之甚深空性、及萬有事相之自性光明，及超出一切思議言詮境界之究竟義理等，俱集此一咒之中，故堪稱殊勝。

《本續》中復宣說空行母咒之功德，如其第四十七品云：

『復次宣說於餘者，一切空行之心要，
於此僅作一念憶，能生一切之悉地。』

於第四十八品中亦說：

『復次宣說於餘者，一切空行之心要，
一切作善瑜伽母，堪能成辦一切事。』

如是行者所修誦之心咒，即是金剛亥母等諸瑜伽母之一切事業、及一切空行密咒積集為一者。此如《本續》之第四十八品又云：

『復次宣說於餘者，地下及諸地上界，
乃至人間等善趣，如是三界中所有，
凡彼一切之事業，諸於密咒得作成，
一切悉地皆善出，無有較此更上者；
是故於此等無上，善巧方便佛聖教，

諸衆空行母勝處，僅作略釋而非廣。』

三界中之一切成就，都能依誦修續中之明咒而成辦。此真言能令行者無難證得其所需之成就，如長壽、招財、除病、袪疫等等；尤能除滅自心之煩惱與魔障，迴遮種種星曜惡煞、龍王等八部鬼衆之暴戾侵害、及一切惡毒等諸難調伏者；能不令莊稼受損、免除饑饉、息止旱潦等諸天災；而此中之根本乃憑藉觀修生圓二次第之力加持行者，彼或於現世中因種種違緣障礙不能證達空行果位者，其一切違逆阻障都將得以消除，至使行者能於即生之短時間內現證空行殊勝佛果。

又如《本續》中云：

『咒士吉祥趨逝時，飲血勇父及空行，
手持種種妙香華，種種寶幢及飛幡，
種種曼妙韻音聲，種種歌詠作供養；
攝引及彼空行處，此謂死者唯分別，
如彼大勇瑜伽母，大地之上極難得。』

復有云：

『復以左手作執牽，攜我歸返本源處，
共彼空行衆聖母，現前真實作嬉遊；
轉趣殊勝極樂處，虔禮嘿洳嘎巴尊，

攝引導至空行境，所具咒身之行者，
永脫輪迴離老死。』

如是說，處此五濁㈠惡世之衆生，修持佛法之違緣極大，然五濁愈是熾盛，勝樂父母之加持力亦愈是速疾增盛！此乃餘續所不具之不共殊勝。

修持此道之行者臨終時，將被嘿汝嘎父母與衆勇父、勇母手捧鮮花、輕擊鐃鈸、高張華蓋、擎舉幢幡，吟詠悅意梵唱作供，迎至空行淨土。其死亡將僅具名相，彼絲毫不必感受死亡時之氣脈分解、械割肢離等種種痛苦，而如遊子回到父母身邊一樣，在無比欣悅中安然而逝。

復如《勝樂本續》第五十一品中云：

『凡彼聖人諸行境，淨我一切之罪業，
獲得如來正覺果，生生世世為如來，
具足種姓大法王，往昔所集衆罪業，
彼等下劣一切相，恆常於此作修持，
所欲地道悉自在，猶如器中滿酥酪，
置器於彼火中央，新酥自上消融已，

㈠五濁即：命濁、衆生濁、煩惱濁、見濁、劫濁。命濁是衆生因煩惱叢集，心身交瘁，壽命短促；衆生濁是世人每多弊惡，心身不淨，不達義理；煩惱濁是世人貪於愛欲，嗔怒諍鬥，虛誑不已；見濁是世人知見不正，不奉正道，異說紛紜，莫衷一是；劫濁是生當末世，饑饉疾疫刀兵等相繼而起，生靈塗炭，永無寧日。

器中之垢亦摧壞，如是俙嘿汹嘎，
性相堪滅諸罪墮。僅唯靜慮及意樂，
諷誦繕寫彼經懺，恆得善趣之受用，
或得轉輪王者位。」

如是，此法能淨治行者昔時所造之一切業障；依此道軌，僅諷誦、閱讀、繕寫經書續函、靜慮思惟，也可以達到上品階位，尤其可獲得轉輪王位。往生到空行淨土後，仍可繼續修習密乘，證得成就。或者轉生作具足行此法之佛種姓之法王，生於殊勝乘種姓中等等，功德無邊。然而，倘若已值遇如此殊勝之教法，卻不作實際修持，而去蒐求旁法，那就像試圖由攪拌清水而獲取酥油般徒勞無功。此如《勝樂本續》第二十九品中云：

『譬如欲求乳酥人，雖付劬勞攪清水，
終不能出新酥酪，唯得煩惱身力盡；
堅執持受作供養，乃為生計正方便，
依止別餘瑜伽者，餘者如彼轉無益。』

無論在世間修持此道次第之瑜伽行者身處何地，倘彼出生種性貧賤、威儀行止欠端，吉祥勝樂輪嘿汹嘎父母及勇父、瑜伽母聖衆，都將顧憐於彼，並於其住處作顯明示現，令行者及其處所之一切情器得到加持和淨化。《本續》之第二十九品復云：

『殊勝瑜伽大勇士，任彼所處何方隅，

雖生荒蠻垢濁種，於彼諸境悉伺察，
攝受有情之因緣，我於彼處恆常住。』

總而言之，吉祥勝樂輪之續義極盡深奧，心髓訣竅之精華亦盡攝其中。持此道軌之行者，所獲義利、福報功德之廣大，誠不可思議、難以詮表。故此實為至極殊勝方便之法門也。

如《本續》第二十七品曰：

『行者廣大之功德，豈是一口所能言，
縱有千口莫能宣，百千萬面亦難詮。』

精進、勤勉修持此本尊瑜伽之行者，將能親覲本尊聖顏、親聆空行妙語、親得灌頂授記；於此見、聞、覺、知，及金剛瑜伽母之垂憫中，行者能淨除一切罪業，並獲得解脫。誠如《本續》之第一品所云：

『眼見之與身觸及，聽聞並作隨念者，
凡諸罪業得解脫，能如是者定無疑。』

如此對誦持『三嗡咒』所具功德之讚詞無量無邊，縱以萬千妙語亦難道盡；尤其是瑜伽行者，若能對此殊勝本尊之真言虔心誦持、專注一趣依所緣境而觀修本尊，即乃於此暇滿人身最具廣大深遠利益之事業作成辦矣！

瑜伽行者如能依此深奧殊勝之法門作長期專修，則須於觀修時，依次生起身壇城主尊母心間之法基、月輪、ཝཾ字、咒鬘而作唸誦；如不能者，則於身壇城觀修時，觀主尊母及四心要母轉為ཨ及ཡ、ར、ལ、ཝ諸字，復依次轉成དི字，三十二空行母轉成『三嗡咒』而作誦持；或於外瑜伽母心間之法基、月輪、དི字、咒鬘等生起後作誦持。

帕幫喀大師云：『行者唸修誦持之利益有二：一是為守持行者在接受灌頂時所承諾之誓言；二是為自利利他、受持諸佛總體三昧耶故而作修持。』

初次閉關修略堪能之行者，須持咒十萬；修廣大堪能之行者，須持咒四十萬。修此初關之行者，必須親自作補闕護摩；如果請他人代行，則無此補闕之功效。做大閉關略行者，誦咒六十萬；廣行者，誦咒百萬。此法在諸多生起次第中，雖未作明確闡述，但任持身壇城之各個本尊作誦持者，仍能得身壇城諸本尊明顯生起之殊勝功德。

行者於入坐時，倘有自心放逸，或所持咒與他咒混淆，或咳嗽、噴嚏、打盹、失口等，則其正在撥數中的一圈，不論已撥珠數多少，均不得計入持咒數，而作為補過故，應另起一圈重新開始計數。如此，往往便致咒數不能及時完成，今為權宜方便故，對空行母閉關軌則中之誦咒補闕數略作調整：咳嗽補咒三遍，失口補咒五遍，矢氣補咒七遍，唾痰、噴嚏各補咒十遍，打盹補咒十五遍。其餘細節應在諸閉關軌則中獲知。

行者縱覺如是唸誦持咒頗為艱難，也需於心中確立堅固之信心並作專注觀修，蓋因一切修持成就之根本乃信心與專注力，尤其是誦持『三嗡咒』之功德遠較修持其他明咒來之殊勝，而此口誦法亦即空行母修法之重點。故縱使行者雖一時未能明瞭誦咒之意義及所緣境，但只要信心堅固，對上師、本尊不存疑惑，以強烈信心祈請上師、本尊，並能心不散亂，一心專注作唸誦者，便能具足『三嗡咒』真實不共之功德，獲得加持，速疾證得殊勝成就，『誦所成就即能真實護』即表此義。

然此並非允許行者可以忽視自我檢點，行為放逸，而是指行者應以此義為密咒之究竟故，圓滿完成密乘共同道修法之前行；行者於密乘大灌頂中所受之密乘菩薩戒、密乘根本戒及個人所承諾之三昧耶誓言如是護持者，在具備閉關所需之種種條件後，方可依四座瑜伽之修法和軌則入關修持；在修持中，應遠離『唸誦十過』，即：聲音過高、過低、過疾、過緩、吹火，及咳嗽、失口、噴嚏、打盹、散亂等障礙生定之過患。

修此口誦法，行者必須首先生起金剛瑜伽母之圓滿壇城及其不共同之身壇城，即觀『我與三十七空行無別矣！』藉此觀修，遂令佛慢、顯明增上。當行者因作種種觀修而感覺疲倦，即應開始持誦真言。

（二）意持法

所言意持者，乃指無需張口、唇舌不動，唯以自心 བཾ 字意觀咒鬘而默持。修意持法之行者應具足趣入禪修之身根、氣穴，於此並有兩種『順應於圓滿次第』之修法。各派之意持修法均有差異，薩迦傳規之生起次第儀軌是先意持後口誦，夏魯巴之圓滿次第或生起次第成就法主張口誦、意持同時修，宗喀巴大師則認為意持法應與圓滿次第合修。章嘉・若必多傑、鄔曲・達瑪巴哲師徒等亦依循宗喀巴大師之見，採取意持與圓滿次第合修法而作詮釋。

1. 順應於第一圓滿次第之修法

『順應於第一圓滿次第法』為意持法之前行，此與他宗形成差別。『第一圓滿次第』之修法訣要為：心唯專注於法基上之四喜旋，而於意持則不需觀緣於此四喜旋而應僅專注於咒鬘。此觀想次第是由外向內漸進，易於收攝風息進入中脈，反之則會妨礙風入中脈之過程，故宗喀巴大師傳規為先修持第一圓滿次第，再修意持，後修第二圓滿次第。

先依『那若六法』，身具七要點而坐㈠。次行『九節佛風』修持：風從左鼻孔吸進，復從右鼻孔呼出；風從右鼻孔吸進，復從左鼻孔呼出；風同從左、右鼻孔吸進，復同時從左、右鼻孔呼出。各作三遍共計九遍，稱『九節佛風』。此為用以淨除脈障、風障之前行方便，亦以對治粗重之掉舉，僅作略修即可，如不能以意行呼吸，亦可用右手拇指或無名指輕堵一側鼻孔之法而修。

復手結定印續修第一圓滿次第，此時需結合持『寶瓶氣』（簡稱『瓶氣』）之修法，將心間ཧཾ字、咒鬘、法基降至臍下而修。在薩迦傳承中，此為先略提下行風，然後上風稍下壓；次下風完全上提，上風全部下壓。如此操作三遍，使上、下風於寶瓶口和合。依宗喀巴大師之觀修法為：下行風緩緩上提，然後上行風緩緩下壓，上、下風於臍間和合如寶瓶後而持氣。此過程需柔緩而不粗猛。持寶瓶氣之同時，以右手依次觸右膝、左膝、額頭，最後於心間彈

㈠即毗盧七支坐法：足結金剛跏趺、手結定印、脊柱伸直如箭桿或云如疊金錢、下頷略內收、眼微閉視鼻端虛空、脣齒自然而住、雙肩齊平。

指為一次，可作三、五、七次之時量，於出現任何不適前緩慢呼出氣息，復再持氣。如是能漸達鼻息『吹毛不動』之地步，平常僅作一次持氣亦可。或不作上、下風和合之修法，而是使上、下風如細雨滲潤於沙地般漸漸融入心間咒鬘，此法較穩妥，且於防治脈、風垢障作用極大，為甚深之訣竅教授。諸續典中，寶瓶氣法均結合意持而修，與宗喀巴大師之觀點相吻合。如《桑補札續》云：

『上下之行風，以意作和合。』

如是於持寶瓶氣時，以意念令脈道清淨後，隨呼吸專注於上、下風和合而修。

若覺得連同身中圍下降臍間之觀想有困難，可先作身中圍收攝：即將四心要空行母融入於內主尊瑜伽母，主尊瑜伽母融入於བཾ字，三十二空行母則融入於咒鬘之各個咒字。此時心念專注於中脈內心輪中央之法基、月輪、བཾ字及咒鬘此『四差別法』。四者復整體隨上行風之下壓，循中脈下降至臍間，上、下風即於此和合併作持氣，同時自心བཾ字專注四角喜旋，其法詳載於《鄔曲導引》中。彼云：『若保留身中圍而不收攝，則亦可觀身中圍主尊母（量如指許）下降至外瑜伽母丹田處，於此處持氣，而非觀於身中圍主尊母之臍間。作此思惟時需緩慢、專注……』

2. 意持之修法

意持之修法即指於臍間持氣之同時，以བཾ字為體性之自心由四喜旋向內移觀紅色咒鬘，以意念作閱讀之狀默誦咒文三、五、七次。要言之，順應於第一圓滿次第與意持之持氣法均在臍輪內修持，所異處為『順應於第一圓滿次第法』專注於四角喜旋，意持法則專注於咒鬘。

3. 順應於第二圓滿次第之修法

修持『順應於第二圓滿次第法』時，意持亦隨之結束。臍間所觀之法基、月輪、བཾ字及咒鬘回升至心輪後，即觀法基融入於月輪、月輪融入於咒鬘、咒鬘融入於བཾ字，復融入於『哪噠』，最後融於空性，行者於空性中持定。

復次，應觀（能依）勇父修持大樂空性（所依）之白色喜旋安住於中脈上端，觀其快速左旋，並循中脈下降，此時樂份隨即增長，此樂復周遍全身，自心即覺受大樂；而（能依）勇母修持空性（所依）之紅色喜旋安住於中脈下端，觀其快速左旋，並循中脈上升，此時空性之證境亦隨而增長。二喜旋最後於心間相接觸，各自旋轉片刻後，和合成為粉紅色之喜旋，彼漸縮漸小遂融於空性；同時，外瑜伽母亦化光融入於內瑜伽母，內瑜伽母化光入於空性中。行者於此空性中持定而生起樂空不二智慧。

如是，順應於第二圓滿次第之修法訣竅為：圓滿次第正體之氣入中脈後，明、增、得三相生起乃至入於空光明之覺受，於此是在能淨之紅、白菩提心運行及身消融次第過程中產生，觀彼等於心間和合後融於空性，復於空性中持定。出定時，則重觀心輪、法基、月輪、བཾ字及咒鬘、乃至全部身中圍諸尊。無上部其他本尊如《密集》、《大威德》、《勝樂》、《時輪》等續中，對生起次第位之行者皆不開許修任何圓滿次第之法，故此法為空行母修法之特別不共殊勝處也。

復如《勝樂本續》第五十一品有云：

『著衣瑜伽五印等，智慧支分樕帳幕。
韻母聲母唸誦後，因緣先行諸空性。
趣入音聲衆諸法，攝集具足和合時。
甘露滿足而寂滅，手執供養灌頂尊。
大鎧披甲清淨護，密咒諸法作供養。
如彼十四自性法，總攝彼法而釋說。』

此所云者，謂勝樂輪父母乃結合『十四自性法』而修，此為宗喀巴大師與章嘉・若必多傑之勝樂傳承、及鄔曲師徒之空行母傳承所共許之殊勝訣竅。此『十四自性法』中包含『十一瑜伽』之修持，宗喀巴大師與章嘉・若必多傑關於《勝樂本續》之釋論中皆云：『勝樂輪父母有與「十四自性法」和合之修法……』於鄔曲師徒筆記中則曰：『「十四自性法」是與生起次第和合、與圓滿次第和合、與四灌頂和合、與十一根本墮戒和合之修法。其中之：著衣與五印、智慧、樕帳幕、韻母、聲母、因緣空性、趣入音聲、攝集和合、甘露滿足、寂滅、手供養、灌頂、披甲、密咒供養等十四種生起本尊之事業與金剛瑜伽母自生法相吻合。』

在圖觀仁波切之《空行母總義》中亦有論及於此。若能值遇此『十四真實』本尊法並作不懈修持之行者，即使其在過去生中或現世積集下五無間等深重罪業，仍可於即生證得成就果位，次者亦能於中陰道或來世得到本尊慈悲攝持，由衆空行勇父、勇母接引至空行淨土。此為《本續》中所明示。金剛瑜伽母之廣、中軌裏已具足『十四自性法』與『十一瑜伽』之修法要點，略軌則唯具『十一瑜伽』之修法而無『十四自性』全具之修法，故行者應勵力修持廣、中軌以期速臻佛果。對『十四自性法』之詳盡論述可參閱《宗喀巴大師文集》及《鄔曲筆記》等具量論典。

十、不可思議瑜伽（བསམ་ཀྱིས་མི་ཁྱབ་པའི་རྣལ་འབྱོར།）

不可思議瑜伽分共同與不共同二種。不共同之不可思議瑜伽法必須經由上師口傳而得受，共同道之修法如儀軌中云：

『自心間བྃ字咒鬘俱放光　遍照三界　無色界化藍光融入身上分　色界化紅光融入身中分　欲界化白光融入身下分　自身亦由上下漸次化成光融入法基　融入月輪　融入咒鬘　融入བྃ字　融入字頭　融入初月　融入明點　融入哪噠　成微妙微妙顯明之光融入空性　彼融入月輪　融入三十二瑜伽母　融入四瑜伽母　融入身壇城主尊母　主尊母亦由上下漸漸化為光　融入法基　融入月輪』

行者於修持不可思議瑜伽之前，如前所述應從第九『意持』法之定境中，重新憶念並明現完整之能依所依中圍，包括三護輪、法基、外瑜伽母等，若之前有作身壇城觀修者於此亦要重新將三十七尊空行母明現於心間，並需連帶主尊母心間之秘密法基、月輪、咒鬘、བྃ字一同觀出。如未修身壇城者，則依下儀軌文而行：『**自心間བྃ字咒鬘俱放光　遍照三界**』，此謂由自主尊母心間之བྃ字及『三嗡咒』之三十二字咒鬘放出光芒，此光芒射達三界。三界即指欲界、色界、無色界。欲界包括地獄道、餓鬼道、畜牲道、人道、阿修羅道及部分天道；色界乃世間天人所居，共分十七層；其上是四層無色界；無色界亦為世間天人所居。當光芒照達三界及其所居處之衆生時，即將一切情、器世界轉化為光，其中無色界轉化為藍光、色界轉化為紅光、欲界轉化為白光。當欲界轉化為光時，連同處於彼處之三護輪、法基亦一起化為白光。如是外瑜伽母身體表面現出白、紅、藍三色光明。

『**無色界化藍光融入身上分**』是指無色界所化之藍光融入自身所成之外瑜伽母由頭頂至喉間之部位。『**色界化紅光融入身中分**』是指色界所化之紅光融入自身外瑜伽母由喉下至臍間之部位。『**欲界化白光融入身下分**』是指欲界及外壇城所化之白光融入自身外瑜伽母臍以下之部位。『**自身亦由上下漸次化成光融入法基**』是指自身亦化為光明，並由上、下同時向心間漸漸收攝，如是外瑜伽母遂融入心間三角雙疊法基。『**融入月輪**』是指此三角雙疊法基復又融入月輪之中。『**融入咒鬘**』指月輪融入咒鬘。『**融入ཧཱུྃ字**』乃指咒鬘融入ཧཱུྃ字。『**融入ཧཱུྃ字頭**』是指ཧཱུྃ字體（即ཧ）融入其頂部之一橫劃，『**融入初月**』指ཧཱུྃ字體之頂劃融入其上之初月（◡）中。『**融入明點**』指觀想初月融入明點（○）。『**融入哪噠**』是指明點融入哪噠（ྂ）火焰中。『**成微妙微妙顯明之光融入空性**』是指哪噠火焰漸向上縮小，經歷三道彎劃到達最頂端，而後隱沒於空性中。『**彼融入月輪 融入三十二瑜伽母**』，此指若修持身壇城者，尚需先觀由外空行母心間之月輪處化光收融入於三十二空行母。『**融入四瑜伽母**』指三十二空行母融入圍繞於主尊母四周之四心要空行母。『**融入身壇城主尊母 主尊母亦由上下漸漸化為光 融入法基 融入月輪**』，此指四心要空行母融入於主尊母，彼再依次融入法基、月輪、咒鬘等如前之次第，直至融入空性，行者至此即住於大空性中。

如前所講述之『持死有為法身道用』及『眠寐瑜伽』修法，行者於此瑜伽法之觀修中亦同樣需具足『法身四要』，即：顯分空寂、決定分無自性、覺受大樂、持法身佛慢。然行者於此間並不需要特別執持法身佛慢，蓋以循儀軌順次觀修，佛慢已自然顯現矣。

十一、威儀瑜伽（སྤྱོད་ལམ་གྱི་རྣལ་འབྱོར།）

（一）生起金剛瑜伽母

在內、外中圍收攝後，行者即已住於樂空智慧之空光明中，復至欲出定時，續觀修威儀瑜伽。誦儀軌：

『空性中自性剎那間成至尊金剛瑜伽母 諸處月輪之上 臍間ཨོཾ་བཾ 紅色金剛亥母 心間ཧཾ་ཡོཾ 藍色閻摩母 口中ཧྲཱིཾ་མོཾ 白色愚蔽母 髮際ཧྲཱིཾ་ཧྲཱིཾ 黃色守護母 頂部ཧཱུྃ་ཧཱུྃ 綠色威攝母 肢部諸處ཕཊ་ཕཊ 轉成 煙色低噶贊芝嘎體相 嗡松巴呢松巴吽吽呸 嗡革熱哈哪革熱哈哪吽吽呸 嗡革熱哈哪巴雅革熱哈哪巴雅吽吽呸 嗡啊哪雅嚎巴噶萬班雜吽吽呸』

『空性中自性剎那間成至尊金剛瑜伽母』是指從空性中剎那間自性再次成為至尊金剛瑜伽母之身。於薩迦傳承之威儀瑜伽修法中，此所觀修之金剛瑜伽母全身具『五印』莊嚴，但手中無執持天杖、鉞刀；而依格魯派傳承之觀法，需於此間觀金剛瑜伽母身具『五印』、手中標幟俱全之形象；以天杖、鉞刀等手幟為迅速斷除輪迴實執之表徵，故作如是觀修。

如是，於儀軌中反復觀修從空性中生起本尊之施設，實為成熟行者之相續、串習幻身成就之道；而反復觀修本尊、中圍等融入空性之法，則為串習成就法身光明之道也。

再者，行者於修持某一本尊儀軌時，如在生起本尊後又因其他原因欲再修另一本尊，必須先將前所修之本尊收攝並融入空性，否則會因於前一本尊之喪失而成為罪過，如此即便重新起修亦難相應，故需特別留意。

行者從空性中生起本尊後，一般以『嗡、啊、吽』三字於身語意三門作標幟，其功用為遣除魔衆侵擾、安住聖身等，此為通例。如偈頌中有云：

『明觀自生本尊相，消散離戲空性中。

復成一面二臂身，顯明如魚躍靜水。

頂幟嗡字喉間啊，心間吽字作莊嚴。』

依此說若行者於觀修時，將所修之本尊融入空性後復觀修其他任一本尊皆為如理而無過失也。此間在金剛瑜伽母之修法中，行者之心相如魚躍水面，從空性中剎那生起本尊後，隨即作披甲守護以防止外魔侵入，即此中儀軌文之『**諸處月輪之上 臍間** ཨོཾ་བཾ **紅色金剛亥母 心間** ཧཾ་ཡོཾ **藍色閻摩母 口中** ཧྲཱིཾ་མོཾ **白色愚蔽母 髮際** ཧྲེཾ་ཧྲེཾ **黃色守護母 頂部** ཧཱུྃ་ཧཱུྃ **綠色威攝母 肢部諸處** ཕཊ་ཕཊ **轉成煙色低噶贊芝嘎體相**』，其修法與前導引之第八瑜伽所述相同，茲不贅言。

（二）誦守護真言

此時行者需誦守護真言，即『**嗡松巴呢松巴吽吽呸 嗡革熱哈哪革熱哈哪吽吽呸 嗡革熱哈哪巴雅革熱哈哪巴雅吽吽呸 嗡啊哪雅嚎巴噶萬班雜吽吽呸**』，此真言亦稱『四面咒』。『四面咒』之名稱源自《勝樂》儀軌，乃勝樂金剛於戳截諸魔時由四個面相所發出之咒音，故亦稱『四面怖畏咒』。金剛瑜伽母雖為一面二臂身相，然具足勝樂輪之功德，故亦持誦此真言。誦咒時觀其自性為樂空不二慧之熾熱火光，或火星交馳，由自口出，射照至上下左右一切方隅。身外遂形成一巨大紅色光網籠罩全身，一切逆緣災障皆難入內。在其餘續部法中，是通過呼召『吣然咋』（忿怒明王）安住十方而生起不共護輪；而於金剛瑜伽母之修法中，生起護輪之法與《大威德》等諸法中所修相似，然此處是誦『班雜吽吽呸』而非『吣然咋』。『班雜』意即『金剛』，『吽吽』為樂空智慧種字，即表樂空無別智慧之自性，故此間所召喚者乃了義之『金剛忿怒尊』；而於不了義之世俗諦中，則當觀為『忿怒塊生母』等護門諸母。

又此『四面咒』中，『嗡』為總義，『松巴』義為決定調伏，『呢松巴』義為決定無餘調伏，『革熱哈哪』為令障礙消除，『革熱哈哪巴雅』義為主尊及眷屬攝持；其作二次重複表極決定義。『啊哪雅』為令鉤攝，『嚎巴噶萬』指薄伽梵，『班雜吽吽』意同前，『呸』義為令（魔障）粉碎。

此『四面咒』需連誦兩遍，於誦咒之同時以左手向十方彈指：

當誦第一遍『四面咒』時，由行者自身之前方（即東方）起，按逆時針方向依次向六方（四正及上、下二方）彈指，此即：於誦『嗡松巴呢松巴吽吽呸』時，向己正前方及其稍高處分別彈指一次（其位表東方及頭上方）；於誦『嗡革熱哈哪革熱哈哪吽吽呸』時向自身左方彈指一次（其位表北方）；誦『嗡革熱哈哪巴雅革熱哈哪巴雅吽吽呸』時，向自身之後方及下方分別彈指一次（其位表西方及下方）；誦『嗡啊哪雅嚎巴噶萬班雜吽吽呸』時，向自身右方彈指一次（其位表南方）。

復誦第二遍『四面咒』，此間由行者自身之右前側（東南方）起，按順時針方位依次向各個隅間彈指，此即：當誦『嗡松巴呢松巴吽吽呸』時，向自身右前側之東南方向彈指一次（位表東南隅）；誦『嗡革熱哈哪革熱哈哪吽吽呸』時，向自身右後側之西南方向彈指一次（位表西南隅）；誦『嗡革熱哈哪巴雅革熱哈哪巴雅吽吽呸』時，向自身左後側之西北方向彈指一次（位表西北隅）；誦『嗡啊哪雅嚎巴噶萬班雜吽吽呸』時，向自身左前側之東北方向彈指一次（位表東北隅）。

於誦『四面咒』時，行者要恆常保持本尊佛慢，蓋以持本尊佛慢方能遮止凡俗顯現而使護輪真實有力。復應通達一切顯現皆為樂空遊戲，此如《大乘修心論》云：『空性乃最無上之大保護。』如是云者，謂空性為修持密道最無上之勝義護輪，亦稱『空護輪』，此足見密乘無上部樂空無別觀修法之殊勝也。於空行母中圍之共同護輪（風、火、水、地、垣圍、華蓋、帳幕等）觀法可參考大威德金剛之觀修法，其差別不大。

（三）修三隨念

為能速疾息滅五根門罪業而轉彼為道用，行者應於出座後之行、住、坐、臥四威儀中憶念修法精義而作日常行持。譬如行者於入座時作無常觀，則出座後，亦應將一切境遇觀作無常，此即為坐間修法，其不僅為座上修法之延續，而且能增益、堅固座上修法之證境，故『威儀瑜伽』應為一連貫座上、座間之整體修法，行者切莫忽之。

此修法要求行者做到『隨念一切顯相均為本尊身』、『隨念一切音聲均為本尊語』、『隨念一切心念均為本尊意』（亦即於佛之身、語、意『三不離』）。此即指當行者出座後，要將自身所處之情世間中一切衆生都觀為大小不等之金剛瑜伽母身相，而將器世間觀為本尊之樂空智慧所顯現；復將一切音聲皆勝解為『三嗡咒』輪旋繞之音，藏人形容如大片油菜籽開花所發出之『嗚嚕嗚嚕』聲。帕幫喀大師對此有一訣竅開示：『男性行者可安住於勝樂佛父之佛慢，一切色、聲等五欲境皆化為色、聲金剛母等五供養天女之相而作等持；女性行者則可觀一切音聲等皆化為五方佛之體相而住等持，由此而生起樂空智慧。』

行者更應通達所觀修之本尊、能觀之自身及別餘內、外諸法悉皆為自心變現、如幻無實、了無自性，此空性知見乃為究竟之本尊心意，即『後得位如幻之瑜伽』。而於俗諦中，六道衆生仍在苦海中漂泊，憐念彼故大悲心油然而生，此即謂『空悲雙運』，乃金剛瑜伽母修法之精萃也。

(四) 薈供

薈供法是行者修供養之一種極重要方式(儀軌中之薈供修持部分將於稍後處進行)。帕幫喀仁波切在導引中云：『薈供是(行者)補救密部三昧耶衰退、消除修法障礙之最主要方法。』宗喀巴大師師徒亦有曰：『薈供是證得圓滿次第之必要條件，也是無上瑜伽部不共同之殊勝差別法。』另於其他札記中，尚有『初十薈供可作為行者灌頂時承諾咒數中斷而需翻倍懺悔之補闕』一說。

故此，行者不應僅僅將薈供理解為捏製『薈供朵瑪』等表意，而實質上應將之視為對修行樂、空智德作廣益增上之慶祝。於行薈供時，最好是男、女瑜伽士會聚一堂而修供養，此如班智達惹拿納支云：

『諸凡一切如彼者，僅具勇父之薈供，
勇父慶筵而已矣，非為自在薈供輪。
僅具勇母亦如是，若彼供輪自在者，
樂空智慧之法性。』

如是云者，僅有男瑜伽士聚集一起作薈供者僅能稱作慶祝宴會，僅有女瑜伽士會聚修供者亦然，唯二者共同會聚修供，方堪稱為圓滿之薈供輪也。

修薈供輪時，需要有薈供阿闍黎及事業金剛，此二者必須精熟各種儀軌事相。如《續律源》中及阿闍黎仲毗巴均謂：『受用薈供物乃為增上樂空故。所謂瑜伽者，即相應也，瑜伽士所行之一切儀軌事業非易也。』

依格魯派傳規之次第，行者於修《自生儀軌》時，將薈供安設在『奧明天』食子供養法之前進行；而於修《自入中圍》儀軌時，則將薈供安設在『奧明天』食子供之後進行，此中有特別之深義。

此外，薈供是秘密成就及空行成就之主因，故極精進者可於每日作薈供，而通常瑜伽行者是在藏曆或農曆之『雙十』日作薈供，此乃依《勝樂本續》所載：

『下弦月之初十日，上弦月之一切時，
速速精勤作供養。』

依此而言，在每月藏曆或農曆之上弦初十及下弦初十（廿五日）作薈供為最佳。最下者一年至少應作一次初十薈供，此對保證三昧耶不退失有極重要之作用。阿闍黎阿比噶惹云：

『行於特殊夜，夜夜盡能供。

或一月一年，離此犯三昧。』

行者於雙十日作薈供時，最好能於夜間進行。如《本續》中有云：

『夜間食子禁戒行，恆於夜間作行持，

嚼享噉食廣豐盛，披髮赤裸勝施成。』

又曰：

『恆於夜間作嬉遊，恆常夜間作薈聚。』

此中之理趣，如克珠傑大師之《密傳》中述，嘿洳嘎曾親對彼云：

『上弦初十及下弦初十修供，易生賢善功德，依此而勤修，則至空行淨土無難也。』

復《現行》有云：

『仲冬十一月，作供極殊勝。』

或曰，藏曆十二月是勝樂父母之吉祥時節，行者必須不斷於彼月初十行薈供；而帕幫喀大師則認為：『藏曆十二月固然是吉祥之月份，然於十一月十六日至十二月十五日之間作供尤為殊勝；以此時間為母續諸本尊之主要活動時期，修法容易相應，而此中的十一月廿五日為佛母之吉祥日，十二月初十為佛父之吉祥日也。』

欲常作薈供而又資財匱乏、不能備辦豐盛供物之行者，只需具備『巴喇』及『嘛嗟哪』二者，亦堪能作之。於一切薈供品中，『巴喇』表『力』、『嘛嗟哪』表『醉』，故此二者不能或缺。如《續律源》有云：

『供食不具佳釀者，何能速疾得成就？』

又如《本續》中云：

『金剛天女令醉諸多肉，彼等士夫恭敬作供時，
轉為嘿洳嘎巴歡喜現，任彼手中供奉皆殊勝，
妙樂心中殊勝隨賜成。』

在廣修薈供時，最好製作薈供朵瑪（食子），昔日古印度之諸多大成就者是以巴喇、嘛嗟哪作薈供物，而其修法傳至藏地後，出家人以『朵瑪』作象徵。朵瑪表徵之意義非常深廣，此可依上師口傳中得知。朵瑪之外形要求威嚴而肅穆，其下半部形如勇父之心臟，上半部形如勇母之乳峰，外表塗作絳紅色，復以白花作莊嚴，可用酥油、金、銀等製作。寧瑪派傳規之朵瑪以五股杵、瓔珞等作莊嚴，而格魯派之傳承則以初月、日輪、哪嗟作朵瑪之莊嚴，或依自己根本上師之傳承教授而作。於陳設朵瑪時，在其右側擺放『巴喇』，左側擺放『嘛嗟哪』。如《心莊嚴》云：

『術語之作譯言者，嘛嗟哪酒巴喇肉。』

如是云者，『嘛嗟哪』及『巴喇』分別為薈供品中酒與肉之專用代稱也。對薈供品中之

酒、肉需用代稱而不可稱其凡俗名，對薈供物不應起穢、淨之分別，亦不可置於不淨地上，否則即犯密乘粗墮罪。

於受用供物後，應收集餘供送出，依《鄔曲導引》所示：

當行者在白天作薈供時，其所收集之『餘供』在送出時無需插香；而於夜間作供時，則要在『餘供』上插香一炷，以燃香為火之象徵，用以驅魔也。

薈供前要迎請根本及續部之傳承上師，迎請法亦依《鄔曲導引》所述之法而作。行者觀自成本尊而享用供物，當所受用之供物吞嚥後，觀ཨཾ字為總集一切上師、本尊之體性，哪嗟燃起拙火，焚燒供物，是為內火供；供物焚化後，以其精華供養心間身中圍之諸上師、本尊，是為『內薈供』及『內護摩』。如《鄔曲導引》中云：『如是「內護摩」令生樂、空，行此三入法者，乃為引生樂而作者也。』帕幫喀仁波切在導引中云：『我此自入法儀軌，乃合禪定及咒（力），依溫薩耳傳不共之上師薈供法為基礎而造也。』

在《自生儀軌》中，分別出現兩次迎請處，前者為迎請智慧尊融入於三昧耶尊；後者為迎請壇城諸尊及衆賓客眷屬蒞臨，於對前虛空中立於法基中央者為主尊金剛瑜伽母，彼與根本上師無別，其外由四心要空行母、次三十二空行母、復為四續本尊、諸佛、菩薩、聲聞、獨覺等依次圍繞。法基有六角，後角內安住諸聖教護法，前角內安住諸世間、出世間之勇父勇母，寒林周圍安置一切六道衆生，彼皆以金剛瑜伽母相圍繞而住，如是觀想。為利益衆生故，於薈供時需觀想薈供諸賓中之六道衆生亦悉轉化為金剛瑜伽母之相而降臨受供。

誦《八句讚》時，行者應以合韻之聲音唪誦，同時左手持鈴，右手持杵、鼓；左手在內右手在外，雙手於胸前作交抱印。當誦至八句讚每句偈結尾之『吽吽呸』三咒字時，隨所唸之每一咒音各搖鈴、鼓一次。鈴、鼓交抱之姿態乃樂空無別之表徵，其法為不錄於文字之宗喀巴大師耳傳訣要，在『宗喀巴化相五尊及八十大成就者』之『唐卡』中，此一身相即見之於顯著位置。於誦《八句讚》每句偈結尾之『吽吽呸』時，僅將手中之鈴、鼓搖二次之作規實不如理，此如帕幫喀仁波切在導引中云：『吾之依怙大寶上師所傳者，於誦「吽吽呸」時，搖鈴、鼓三次，此為增長禪定之不共訣竅。』

在薈供臨近結束時，行者詠唱『悲歌』以生起大悲心。當年金剛瑜伽母曾於羊八井上空吟唱此歌，其周圍地區因此而得到大加持。誦唱此歌能令眾生獲益、令本尊歡喜，故而帕幫喀大師將其收錄於薈供儀軌中。薈供時所分發之供品在經受用之後，應將其中剩餘之供物作部分收集，復另添加些未曾派發的供品同置一皿中，作為『餘供』以饗夜叉、餓鬼等眾。此如阿闍黎仲毗巴云：

『復次餘供合新供，供予一切夜叉眾，

瑜伽薈供得圓滿。』

薈供時，由事業金剛將供品分發給眾者享用。在分送供物時，自上師起依座次先後派送；而收集『餘供』時，則依座次由後至前回收，所收集之餘供經灑淨後置於上師前，由上師口蘸甘露少許、結熾燃印發『呸』聲而噀津加持。此作法亦為勝樂父母薈供法所獨有也。

薈供有廣、中、略三種，壇城設置亦有廣、中、略之分。壇城之廣作者是在以黃丹壘堆之身、語、意壇城中設置朵瑪，其最上層為以黃丹粉末堆於圓木板上之咒輪，表金剛瑜伽母之身；中層為語甘露壇城——語壇城，此以盛於顱器內之甘露作表徵；最下層為以一小撮黃丹作表徵之意壇城。黃丹以產於印度之『札惹那』地區者為上品，產於『札日』地區者次之，產於『遮達布日』之地者為下品。三者均無時，以本土所產之硃砂代替亦可。若條件不具者亦可依壇城設置之中、略法作設，中法者不設語甘露壇城，唯設身、意壇城即可；略法為：於銅鏡上以酒畫三角雙壘法基，中央設黃丹一堆。然於灌頂時不可用略法。修自入灌頂時，可於黃丹壇城上設一小紅色寶傘作供養，壇城之東北方起供四水，東南方置花等等依順次排列對生供。修《自入中圍》者必須在空行母儀軌之自生、對生、寶瓶等諸修法完成後才進行。未作『堪能閉關』者可以參加薈供，但不允許修自入法。

（五）食子瑜伽

如前所述，金剛瑜伽母壇城中應陳設食子（藏語曰『朵瑪』），食子之製作來源於《勝樂本續》，其他諸續中亦多有宣說，如《續律源》中所載：『食子與酒等諸物並陳而供。』本尊食子之製作有廣、略二種，朵瑪旁可以陳設肉、魚、米、豌豆、酒、奶等供食，此乃依《勝樂》、《大威德》而作也。

主尊食子下部呈圓柱形，四面具四蓮瓣，其中前面之蓮瓣略厚、餘三瓣略小；位於主尊食子之左側者（行者自身右側對前）為寒林主食子，其形狀與主尊食子稍異，上半部呈三角形，周邊貼七條粉團；位於主尊食子之右側者為空行食子，其形狀與主尊食子相同而略小。三具朵瑪均以酥油所做之五聚花瓣及日、月、哪嗟等作莊嚴。此等食子旁設『奧明天食子』（奧明朵瑪），其形為長圓錐形，四邊貼四瓣粉團，上部左右各插一新鮮肉片作莊嚴，所有朵瑪（食子）皆以紫草粉染成絳紅色。若廣作者則如《鄔曲導引》裏所說，需做世、出世間兩個空行食子，乃廣作之法；本處則按略法製一朵瑪即可。於講授導引時，壇前所設之『講續朵瑪』須每日出換，而於閉關時壇前所設之『奧明朵瑪』不需每天更換。行者在聆受導引時，需每天唸誦《自生儀軌》、一心專注於導引教授而修並作廣薈供。

行者平時日修所需之供養本尊朵瑪可於自己固定之修法處所設置『年供』（藏語曰『羅多』）箱而隱蔽安放；如因故外出於修法時不便設置新朵瑪，便可觀想於己處所設之『年供朵瑪』而作供養。朵瑪應安置於淨處，以防有鼠、蟲等侵食，所供之朵瑪如遭霉變、鼠嚙、蟲蛀等則為修行不清淨之徵兆。修朵瑪加持時，自觀為本尊，朵瑪生起於自身對面。空行母壇城前列兩組供養，自生供之列序由自身左側為始，對生供則由自右側為始。加持法有誦『嗡、啊、吽』及誦『嗡、啊、吽、哈、嚎、舍』二種。『哈、嚎、舍』三字之義為：先除穢、次引入空性作淨治，再於空中生起供物而加持之；或僅以『嗡、啊、吽』三字加持：誦『嗡』時在左手心作生起，誦『啊』時於右手心生起，誦『吽』時於雙手中生起，及誦『哈、嚎、舍』時皆需配合傳承之手印而作，如是作『淨、證、增』之觀想。於薈供（或外供）食子等作加持時，應觀先將彼轉為甘露相，以三字加持後復轉為食子相，此於上師口授中得之。

食賓迎請法如前於《薈供》部分已作詳示，其唸誦法同於前述之《無量瑜伽》：

『嗡堪哲撓嘿吽吽呸 嗡索巴瓦旭噠薩哇噠嘛蘇巴哇旭噠行 觀自性空 空性中 ཀཾ 生諸頂器內 ཧཱུྃ 化諸供物 自性空所具之各各行相業用能予六根所行處生起無漏殊勝樂 嗡啊剛啊吽 嗡巴當啊吽 嗡班雜布白啊吽 嗡班雜都貝啊吽 嗡班雜帝貝啊吽 嗡班雜更得啊吽 嗡班雜納微德啊吽 嗡班雜曉噠啊吽 嗡堪哲撓嘿吽吽呸 嗡索巴瓦旭噠薩哇噠嘛蘇巴哇旭噠行 觀自性空 空性中 ཡཾ 生風 རཾ 生火 ཨཱཿ 生三具人首 之上 ཨཱཿ 生廣大頂骨器 其內 ཨོཾ་ཁཾ་ཨཾ་ཏྲཾ་ཧཱུྃ 諸化五甘露 ལཾ་མཾ་པཾ་ཏཾ་བཾ 諸化五肉 復以諸字莊嚴 風鼓正火盛 器中諸物熔成汁 彼等之上 ཧཱུྃ 生白色喀章嘎倒懸熔化滴入頂器 器內諸物轉成水銀色 彼上元輔音咒鬘三疊而住 轉成 ཨོཾ་ཨཱཿ་ཧཱུྃ 三字之光 攝集十方諸佛勇父勇母心間智慧甘露注入器中 滔然大增 燃起無窮無盡 ཨོཾ་ཨཱཿ་ཧཱུྃ』

外供、內供都要經過除穢、淨治、生起而作加持，此與儀軌先前之內供、外供加持唸法一致，而觀修方法卻不盡相同。行者於此是以『朵瑪』供養本尊及其餘賓客，於外、內供物同樣亦要觀為樂、空自性，而外具各自形象，其功用為能使衆賓引發大樂。

供物於經過加持後，便可迎請衆賓受用。誦儀軌文：

『呸 自心間 ཧཱུྃ 字發光 於奧明天迎請至尊金剛瑜伽母 上師 本尊 諸佛菩薩 勇士空行護法及世間護法衆圍繞至對前虛空 衆賓之舌上 ཧཱུྃ 生三股金剛杵 形如稞麥光筒 吮納食子精華 嗡班雜啊惹黎嚎雜吽幫嚎班雜哲格呢薩嘛雅哆置夏雅嚎』

如前所述，此間迎請與上師無別之金剛瑜伽母由傳承諸師、本尊、諸佛、菩薩、勇父、勇母、護法圍繞而降臨，並安住於對前空中。觀彼等舌端一倒置之ཧཱུྃ字，轉為大小如青稞之三股金剛杵，杵軸中空並射出如吸管之光筒而吸享供食之精華。隨誦：『嗡班雜啊惹黎嚎雜吽幫嚎班雜哲格呢薩嘛雅咚置夏雅嚎』而作供。此中之『嗡』為咒之總意，『班雜啊惹黎嚎』為金剛嬉樂，當誦到『雜』時觀食子精華達至眾賓之舌，誦至『吽』時觀食子精華到達眾賓之喉間，當誦『幫』時觀食子精味與眾賓心慧融合，當誦到『嚎』時觀眾賓心滿意足、遍生喜悅，『班雜哲格呢薩嘛雅咚』為呼喚金剛瑜伽母以彼之平等大悲行利眾事，『置夏雅嚎』為祈求彼護念於己。此供養咒需誦三遍：首次是供養於本尊、佛、菩薩及聲聞、獨覺眾，第二次是供與法基前、後角之空行、護法，第三次則是供予周匝諸賓。復誦：

『嗡喀喀喀嘿喀嘿 薩哇雅恰惹恰薩 布噠 哲噠 比謝噠 鄔嘛噠 啊貝嘛惹 班雜噠嘎噠
格哪耶噠雅 唉芒巴玲給惹哈哪督 薩嘛雅惹欽督 嘛嘛薩哇斯帝麥劄雅參督 呀特棒 呀特帳
布渣他 必拔他 吱哲他 嘛帝劄瑪他 嘛嘛薩哇嘎噠雅 色速康比咻噠耶 薩哈伊噶巴萬督吽吽
呸呸娑哈』

此供養咒乃為供養世間護法眾賓。於作供時需誦兩遍，觀自心間放出無數供養天女手捧食子，向住於八大寒林之諸賓客獻供，彼等皆飽饗受用、滿心悅意。於誦每遍咒時行者需手結轉蓮印、復作供養印並彈指一次作供，誦第一遍時觀供養天女依逆時方位作繞向四方之賓客獻供，誦第二遍時則觀彼眾天女依順時方位向四隅之賓客獻供。

依班禪·洛桑卻吉堅贊大師之講解，其咒意為：

『嗡』乃咒之總意，『喀喀』意即食用、食用，『喀嘿喀嘿』為請受用、請受用，『薩哇雅恰』為一切夜叉非天，『惹恰薩』乃羅剎魔衆，『布嗱哲嗱』乃為部多等大力鬼神，『比謝嗱』為食肉惡鬼，『鄔嘛嗱』即能瘋鬼，『阿貝嘛惹』即失憶忘念鬼，『班雜嗱嘎』意為一切金剛勇士，『嗱格哪耶嗱雅』為空行母衆、本尊；『唉芒巴玲給惹哈哪督』意為請即受用朵瑪，『薩嘛雅惹欽督』為請守持本誓，『嘛嘛薩哇斯帝麥剳雅參督』意為請即賜予我一切悉地，『呀特棒』意為任隨以何方法，『呀特帳』意為如欲受用飽足；『布渣他』意為食用此供，『必拔他』意為飲用此供，『吱哲他』意為嗅享此供，『嘛帝紮瑪他』為各依其能皆得受用此供。『嘛嘛薩哇嘎嗱雅』之意為助佑我成辦一切事業，『色速康比咻嗱耶』乃為助佑我證得無上清淨大樂，『薩哈伊噶巴萬督』意為助佑我達至果位，『吽吽呸呸』乃為樂空不二慧及五智印之種子字，『娑哈』為堅固、增上善法之咒字。

復次，觀心間放出數目與供境等量之供養天女，持各供物而獻外供。即誦：

『嗡班雜搖格呢薩巴然瓦惹啊剛 巴當 布白 都貝 啊洛格 更得 納微德 曉嗱啊吽』

於作供後將衆供養天女收融於心間ཧཱུྃ字。復又觀心間放出數目與供境等量之味金剛天女，各持盛滿甘露之顱器獻內供，並於此時以左手拇、無名二指取內供彈灑。即誦：

『嗡班雜搖格呢薩巴然哇惹嗡啊吽』

復於作供後將衆天女收融於心間ཧཱུྃ字。於獻內供之後，行者需向壇城供境中之金剛瑜伽母衆作禮讚，觀自心間放出數目與壇城讚供境等量之供讚天女，分別作頂禮、頌讚，並誦：

『具德金剛空行母　旋轉空行母法輪
獲得五智與三身　救護眾者前頂禮』

此頌曰『具德金剛空行母』，其『空』指空性，行於法身空性中者為『行』，因具足樂、空雙運無別智慧之證德故稱『具德』，又因彼已究竟斷除煩惱障、所知障故謂『吉祥』（於藏文中『具德』、『吉祥』二詞均為『巴丹དཔལ་ལྡན』），彼如母般成為一切眾生之救護、依怙處之本尊，如是具足佛之果位五智、三身與十力，故緣此義而作讚也。復頌：

『所有金剛空行母　已斷一切分別識
勝處世間事業母　彼諸尊前敬頂禮』

此偈之意乃指空行母以能斷一切遍計妄執之智慧利刃，隨眾生所顯現之不同機類作種種世間應化，而斬斷遍計所執——此繫縛眾生於六道輪迴之根本因，並能隨順眾生之心意而令彼等達至出世間之究竟佛果位。行者於行此殊勝事業之空行母眾前稽首作禮。復於此讚供後將眾供讚天女收融於心間བཾ字。

復以一心專注之祈請力唸誦《謁見空行妙顏願文》：

『無邊勝者樂空之遊戲　世出世間幻化盡顯明
今此空行自在悅意母　意念相會交媾喜護持
奧明淨土俱生勝佛母　二十四界剎生哲格瑪
持寶遍照噶瑪牟折瑪　我皈至尊殊勝瑜伽母

尊乃本心性空自善巧　金剛壇中唉界བཾ字現
幻化洲中怖畏母藥叉　喜顏踴躍示現新妙齡
任我所尋悉見聖母尊　未得成就真諦信念間
以彼心幼遂為戲論疲　離詮密林小屋得憩息
唉嘛今從空行界現起　嘿洳嘎巴密王續中生
金剛續母隨近殊勝咒　誦所成就即能真實護
嗡植必謝寂靜叢林中　成就自在金剛執波巴
擁抱交會大樂隨攝受　殊勝和合遊戲護持我
剛伽洲中至尊古薩黎　現前空境界中導引尊
具德那嗒嚏巴隨攝如　攝引我等空行樂壇中
根本傳承上師慈憐憫　大續密乘勝深妙捷道
瑜伽士增意樂清淨力　空行喜母笑顏願速見』

於此願文圓滿作誦持後，行者復雙手合十於頂，再次向金剛瑜伽母祈請所欲願滿，誦：

『至尊金剛瑜伽母懇祈攝引我及一切衆生至清淨空行刹土　祈請賜予世出世間無餘之成就也』

在藏地寺廟之『康村』(一)中當僧衆集體唸誦時，有將此句祈請辭重複誦三遍之唸法，行者

(一)『康村』：藏傳佛教格魯派寺院中札倉下面一級組織。按僧人籍貫的地域劃分，組成僧團，並設高低不同級別之執事人員。

獨自修儀軌時唸一次亦可，而於受灌頂時仍需將此句唸三遍。如是專致祈請，觀本尊於行者所欲求之事欣然應允。

復次，誦『嗡啊吽哈嚎舍』三遍並結手印、以定力加持『奧明朵瑪』生起食子甘露、觀甘露量如大海無窮無盡，復於奧明淨土迎請護法衆尊降臨至自對前之虛空中，並向彼等作偈頌：

『吽　奧明大樂清淨宮殿中　遍照意所幻化大威力
一切救護主尊金剛幕　吉祥怙主臨此享供物』

誦此偈時，觀自心間ཧཱུྃ字放紅色光，召請『遍照雪海大日如來』之意化身——『帳幕怙主』偕眷屬於剎那間降臨對前、並以歡喜洽意之態安住；此時行者自心間放出數目與供境等量之味金剛天女，逐一執取已經加持的食子，並置於手中所捧之顱器內獻供，觀衆賓客皆舌成金剛光管歡喜受用。復誦：

『遍集叢林閻摩宮殿極　瞻洲德巍果摰殊勝處
欲界尊母奎宿日瑪帝　吉祥天母臨此享供物』

此乃如前迎請吉祥天母偕眷屬，於面前虛空處安住後而獻供，『日瑪帝』為護法女神之梵稱。

『現有婆伽形之壇城中　輪涅主尊法界自在母
咒護勇母嘛摩空行主　一髻佛母臨此享供物』

此乃迎請密咒護法『嘛摩』——一髻母及眷屬降臨而供食子，其乃『法界自在母』之自性化現也。

『清涼寒林狂笑寒林中　森伽洲暨崗底斯雪山
達隴聖處卡烏岩窟中　護地權王臨此享供物』

此召請護方神『護地權王』偕眷屬降臨而供食子也，彼居於清涼寒林等聖地。

『八大寒林南方深壑處　金剛寶座吉祥桑耶寺
納啦澤界吉祥薩迦處　業怙父母臨此享供物』

此召請具德薩迦『事業怙主』父母偕眷屬降臨而供食子，其乃觀世音菩薩之憤怒身所化現也。

『東北瑪泇山頂屍林內　天竺陵墓赭色岩山中
達隴岩崖等地諸勝處　藥叉姊妹臨此享供物』

此召請藥叉兄妹偕眷屬降臨而供食子也。

『猶以鄔堅空行殊勝境　於自行處世間出世間
諸衆空行普悉圍繞之　屍陀林主臨此享供物』

此召請空行母特別護法屍陀林主父母偕眷屬降臨而供食子也。

『祈請供養聖教守護衆　修行依止上師大護法
續求懇請瑜伽戰神衆　迅速蒞臨於此享供物

血肉鮮紅莊嚴食子供　新祀酒藥鮮血神飲供
大鼓骨號角樂妙音供　黑綾大幡如雲密佈供
意樂觀空同天勝妙供　天籟悅耳韻音意樂供
外內秘密聖物如海供　樂空無別智慧遊戲供
正覺教示嚴峻汝守護　三寶威望嚴峻汝讚頌
具德上師事業汝弘揚　瑜伽囑託欲求汝成辦』

復於心間ཧཾ字所放光端生起外、內、密等供養、諸手幟等誓句物、並輪王七寶等供品，無量無邊如似普賢供雲密佈遍滿虛空，供予教敕護法衆賓及諸眷屬，敦請彼等成辦其所承諾之護持聖教、助佑行者修行無礙、速令成就之事業。

隨後行者於此間誦三遍『嘿洳嘎百字明』作補闕：觀自與衆賓客頭頂所莊嚴之種姓主佛心間月輪上之白色ཧཱུྃ字周邊，白色嘿洳嘎百字明之咒鬘左旋環繞，依降甘露等諸緣境而淨除自、他所有衰敗、違犯等罪障過失，令教、證、財、壽等一切功德增上，尤其生起樂空智之證德，並勝解三輪體空而證法身。復次雙手合十作誦：

『不獲不備未知及　任何己能謹所能
凡此所作諸過失　懇祈諸尊悉寬容』

行者於此需虔心唸誦而向壇城聖衆及諸賓客眷屬作啟白以求原宥，將修法時之一切過失，如於食子等內外諸供未能齊備、未盡所能、或由自心之蒙昧疏忽而導致儀軌唸誦錯漏、觀修不明、沈掉、斷缺等一切三門過犯於此盡作懺悔，並祈請彼諸尊悉能予以饒恕寬宥。

復次誦『送聖真言』：

『嗡班雜牟 諸食賓智尊融入於己 世間諸賓自歸本處』

觀對境資糧田食子賓客中之上師、本尊、佛、菩薩、出世間護法、空行聖眾等出世間之智慧尊能依所依融入自身加持三門，八寒林中之護方刹土、龍神、地祇等世間神衆各歸本處。

復觀上師金剛瑜伽母並一切聖衆環繞之能依所依中圍刹那間明現於對前虛空，於此觀境前將一切修法之功德作廣大迴向，誦：

『願以我所修善業 速證成就空行母
一切衆生無一餘 攝置佛國彼刹土』

復於此間誦唱祈願偈：

『臨終依怙勇父空行母 持諸傘蓋華鬘寶幢幡
供養悅耳天籟等妙音 接引我等空行淨土中
天母證量三昧耶證量 彼迷釋量殊勝釋證量
由此一切真實之真諦 願成佛母隨攝我等因』

以及察巴金剛持所作之《廣大願文》：

『暇滿難得得已如巨航 恆念無常飄搖如白幡
取捨相合業果風力送 願渡可畏輪迴苦海中

無誑皈處依止頂髻寶　眾生為母事業刻心銘
金剛薩埵甘露蕩污垢　至尊上師憐憫願隨護
悅意至尊外相瑜伽母　ཏཾ字內聚金剛至尊母
心本空明秘密空行母　觀本面目嬉戲願受用
外器世間ཨ字無量宮　內情眾生ཏཾ字瑜伽母
雙運大樂智慧三昧耶　隨現清淨現分願升起
如彼方位與月瑜伽者　喜母時時均顯珊瑚色
黃丹散髮黎赤流盼母　願攝現量持明壇城中
髑髏熱楞伽利之木莖　具味遍境諸處之成辦
尋覓眉間白毫旋紋者　願祈還轉儼母引空行
內中亥母摧壞束縛藤　安住中脈最勝曼舞母
循經梵門法界出虛空　願與飲血勇父交擁戲
臍間蓮花五風帝啦嘎　專注修定和合瑜伽法
乘御氣味安住身心脈　願以勝樂滿盈自相續
終極之光拙火具妍母　常經中脈歡顏嬉遊戲
ཧཾ字童子普悉令歡喜　願證雙運大樂妙勝境
臍間三脈中住紅黑རཾ　運上下氣熾燃梵淨火

焚燒七萬二千濁分界　淨分遍滿中脈悉願成
具五種色眉際淨光根　升至頂門生月水恆常
秘密水蓮花蕊間清淨　上降下固四喜願充盈
明點發出五色之光華　遍照自身動靜諸世間
易轉清淨澄明虹光蘊　本處樂空法界願趣入
遠離生住天法本初理　空昭無有言詮元始中
雙運勝意自心瑜伽母　自識本性恆常願護持
氣脈明點融入ཨཧཾ境　心性大樂願證法身果
無數色身幻化無量現　無邊虛空願護此六趣
希有勝具佛子加持力　緣起無誑無欺之真諦
自己清淨意樂威能力　祈願諸處清淨願成就』

復作吉祥頌為結行莊嚴：

『善妙吉祥一切願圓滿　金剛持王班禪那若衆
具德上師聖賢諸勝尊　願獲速疾加持吉祥來
殊勝佛母般若波羅蜜　自性光明本初離戲論
動靜諸有集散形相母　願證空行法身吉祥來
相好熾盛極妍威赫身　六十音具殊勝佛妙語

具足五智樂明無念意　願證俱生報身吉祥來
種種剎土種種色身現　種種方便種種化機事
種種思惟如是成就母　願證剎生化身吉祥來
猶如紅寶石色至尊母　熙怡忿姿一面二臂尊
善持鉞顱雙足伸屈勢　咒生空行殊勝吉祥來
敦敦幻化無量俱胝數　七萬二千諸衆集會聚
一切行者障礙消除盡　祈賜所欲成就吉祥來』

（六）左現行

所謂『左現行』者，如《勝樂本續》中有云：

『三界情器因非因，一切衆生左中生。』

此意乃指於淨與不淨之情、器二世界，一切皆由左而生。又如《詞藻學》有曰：

『左現行者為智慧，右乃方便之表徵。
　左右智慧方便合，兼表空分現分也。』

如此中所言，乃指左為『智慧分』，亦即『空分』之表徵；右為『方便分』，亦即『現分』之表徵；而智慧與方便之雙運，乃為衆生成佛的唯一途徑。一切所知皆從空性中依緣起而顯現，故『左現行』乃為空性中顯現緣生萬有之標誌，故又曰：『左行空中生。』

如是，『左現行』之法即為空行母教法中樂、空不二慧之學處也。諸凡能履踐此道之行者，將得彼衆空行之歡喜眷顧並為助伴，此為『左現行』不共同之殊勝差別也。

一切法自性本無，僅為緣起假立之因果行相，此即如《般若波羅蜜多心經》中所云：

『色不異空，空不異色。』

又如聖龍樹菩薩於《中論》有云：

『以有空義故，一切法得成，
若無空義者，一切則不成。
如諸法自性，不在於緣中，
以無自性故，他性亦復無。』

綜上諸說，一切情、器世界皆以空、慧為體性，亦即以『左現行』為表徵也。

復如《本續》中有云：

『左足舉步作先行，左手動轉一切作，
左行威儀善供養，左現行者相和合，
左行作供且受食。』

如是諸凡如舉手投足等一切威儀均應由左而起。昔時，法王宗喀巴大師無論是衣食住行，皆嚴依律儀並遵循左現行規制，於甘丹寺靜修院東面之一處紅色山岩上，至今仍留有大師左手之手印，此即為左現行之印授也。

『左行供養法』依三角法基及『手供』而作，分廣、中、略三種。彼皆為與勝樂總攝輪之法相結合之重要空行修供法。

左行修供之廣作者，如與金剛瑜伽母之修法相結合而修，需先轉化食物為聖食：觀自生起為金剛瑜伽母，復誦『嗡』之同時，以左手豎掌靠右拳，觀驅魔；次誦『啊』時，豎右掌靠左拳觀空淨治；如次誦『吽』，復左掌靠右拳，觀生起食子甘露；復誦『哈嚎舍』，雙掌併攏拇指相靠，蜷收結『金鵬印』而觀『淨』、『證』、『增』生智慧大甘露。口觀作火竈、心間明現圓滿身壇城聖衆、臍間一切部多、護法，臍下拙火燃起而受食。甘露淨分供心間本尊、餘食降下供護法如前述。並生起披甲諸尊守護，同時誦『三嗡咒』及佛母《八句讚》，觀彼衆生起滿足大樂、賜予行者勝共之二成就。如此作或觀想均可。日常每一飲一食皆可如是供養，最後唸《百字明》作補闕。

略作者誦『嗡啊吽』三次並手印加持，生起飲食甘露，迎請金剛瑜伽母及諸眷降臨、安住於自身或融入身壇城，ཨཾ 字而受食飽足，生起無漏大樂。

如是之飲食瑜伽法，帕幫喀大師在有關佛母手供及食供論著中有廣詳解說。誠如大成就者尼仁巴云：

『幻化身乃佛宮殿，中住勇父勇母衆。
盛供琳琅人驚嘆，獻與上師勝供輪。』

又云：

『身為四大及須彌，心乃真實極樂刹。

彼妙寶殿人驚嘆，遵師教者如是行。」

依此諸所說，左行修供法實乃為能令行者速疾圓滿福、慧二資糧，遠離業債並作菩提助伴之最大方便也。

（七）近修閉關

所云閉關者，即指於特闢之禪房或靜室內，身心安住，不動不搖而專志修習，以期證取一定程度之功德。《密宗道次第廣論》中引《密集後續》論專修生起次第法分：承事、近修、修行、大修行。故閉關亦謂『承事』、『近修』、『近誦』等，意為以此得親近本尊也。

閉關前須受得本尊之四灌頂及深奧二次第導引，具足『三遠離』：即身遠離凡雜世務，語遠離無義閑談，意遠離邪思妄想、安住佛慢。

閉關者及護關人需在入關前供設內、外閉關『崇朵』（界牌），此即指於供設護法處結界生起護輪，其作用乃為除障。閉關者需明瞭閉關之意義，保持正知，斷除世間八法㈠及傲慢、我執、嗔恚、諂曲等三毒煩惱，力使自心安住於三昧耶中。否則，即使護法朵瑪堆積如雪山一般高亦無甚意義也。

除閉關近修者本人、近修者之上師、醫生、護關人員以外，其餘所有人皆不可進入關房之結界護輪以內，閉關者亦不得逾越結界處之外；而以上所列舉之可作入關探視的人數要儘

㈠世間八法：亦稱『八風』，即對自己稍生損益即生喜怒之世間八法：利、衰、毀、譽、稱、譏、苦、樂八風。

量少，如其人數多則對近修者會有負面影響。於關房結界時，需將近修者之上師、護關人員、醫生等可以入關作探視者的名字，分別寫於細卵石上交與內護法神，觀彼允諾衆人出入（亦可將近修者自己父母之名寫入其中，為作報父母恩之功德迴向）。

若有人其名未被寫入探視之列而又必須入關會晤者，則觀想關房結界處之卵石中有某塊上寫有此會晤者之名方可入見，然此為迫不得已之舉應儘量避免。近修時之護關人員最好能選擇與閉關者性情相投、修行清淨、柔和順意之人充任，一般需有兩人以備替換。若無人護關，則閉關時所設之『崇朵』（界牌）應置於外門楣上。

空行母之閉關修法分為『集數近修』與『徵兆近修』。

『集數近修』法要求行者於關中於其所誦持之本尊真言完成所規定之咒數：『略堪能閉關』須持咒十萬，『中堪能閉關』須持咒四十萬，『廣堪能閉關』須持咒一百萬。

於關中通常每日修四座瑜伽，依帕幫喀仁波切導引之要求，近修者從上座開始時之《嚐甘露瑜伽》至儀軌修持中生起顯明本尊相之間不能離座，每座結束時都要收攝，並作薈供。閉關後要備十一份供品誦修火神，此為格魯派之傳規。閉關圓滿後要作『息業』火供以補闕，尊者吉美松丹將空行火供與大威德火供和合而作，此稱『燈頭火供』，並不能代替閉關後所作之補闕火供。

閉關近修空行母本尊時，應依所設之『黃丹壇城』，觀自身面向西方而坐，主尊身色赤紅，因空行母之事業乃『懷業』成就也。西方亦為『鄔堅耶奈』（南瞻部洲廿四勝境之一）及古印度等諸秘密空行大樂淨土所處地之方向，故以此為得到空行母速疾加持之殊勝緣起。

近修者之入關日期以農曆或藏曆之初十日為佳，上弦初十日入關乃為福、慧二資糧增上之緣起，下弦初十日（即農曆或藏曆之廿五日）入關則有消除違緣障礙之緣起。

近修閉關能使行者迅速親近本尊、獲得證量。帕幫喀仁波切在導引中云：『吾之上師依此勤修，後得楞伽自在母攝受至空行淨土。甘丹墀巴・赤堅丹巴汝季修堪能閉關持咒四十萬而得見本尊示現真容，空行母在其去札欽龍之途中化現為一怒相女子，作為彼除障之手印後離去，大師遂見空中現出半身相之金剛瑜伽母。再者，鄔曲・達瑪巴哲之親傳弟子更幫巴曾見一喜旋融入一女子身內，該女子隨即顯現全身骨飾莊嚴之相。復某次於拉薩小昭寺齎供時，從寺廟背後一小屋走出一婦人，手持盛滿酥油之銀燈到寺廟大殿內之不動金剛（釋迦牟尼）佛像前作供養，當其手中之供燈為守於一側護殿之僧人接過後，婦人轉瞬即消失無蹤，復尋至寺廟背後，則連小屋亦不見蹤影矣。金剛瑜伽母以化身隨攝行者之事蹟實不勝枚舉……』如是云云。

若行者此生修持空行母之法時，僅依外金剛瑜伽母之修法作生起次第之修持，而不能進入圓滿次第之修持，亦足以令行者能投生至奧明淨土，在彼淨土中再進修圓滿次第。外空行淨土乃諸佛之真實淨土，於南瞻部洲二十四聖境之上空，皆有空行剎土存焉，是為外空行也。

（八）頗瓦法略釋

1. 前行預備

於頗瓦法實施之前，首先要觀察死兆，其法乃為通過『身壽』及『風兆（氣息）』而作觀察。然而，即使是死兆已經出現，亦不能率爾便行頗瓦法，需作必要之贖命禳解修法，並觀察適當之時機；此中預察徵兆等諸事，應於臨終者其壽限將盡之前半年內便有所預備。

觀察死兆之法諸多，最上之堪驗法有兩種：一為觀察日影，若某人於日下顯影完整，則其人可渡此厄；若其身影僅顯四肢、軀幹而頭部不現，則其人將歿；若其身影單缺某一肢節，而軀幹、頭部俱全，則其人有親眷將逝。借月影觀察法亦如是類推。

死兆出現後便要行贖命法以迴遮壽障：可行長壽灌頂、自修長壽佛法、作頂髻佛母千供、白度母火供、長壽佛合風息之增益法等。

增壽法依格魯派之傳規有：依長壽佛增壽法、依寶瓶氣增壽法、依長壽佛七晝夜增壽法、溫薩傳承之依金剛薩埵增壽法，及各宗共同之依白勝樂和合白財神增壽法等。

2. 正修

在空行母之修法儀軌中對『氣壽和合』沒有明確作示，然而在其意持法中有『寶瓶氣』之修法。觀想中明點配合 ཨཧེ（唉嘿）之聲，由佛母兩肩之間直接到佛父心間（此指雙尊『俱生頗瓦』法），由佛父心間遷至空行刹土。復發 ཀ（嘎）音而收回到寶瓶口。如此反復七遍後稍作歇息，其間唸誦上師祈請文一遍，此為一節。如是修三節，視能力可修至千遍。為增上信心故，於上師祈請文每次可唸三遍。

於觀想中所依明點為修持之要點，勿令散失。明點之大小與印度蠶豆相若，或如藏地所產之黑蠶豆大小，觀明點即為自己之自性。此如宗喀巴大師在《頗瓦導引金鑰》中云：『（明點）由頂門而出，持氣（力量）不能過強或過弱。』中脈則觀為上粗下尖、狀如豎放之長形釘螺，下端至臍下，極細如垂筆尖。明點即位於自身所成之佛母中脈之臍下極細尖端處，彼隨ཧིཀ（唉嘿）聲上升到頂門，進入頂上之金剛瑜伽母或嘿洳嘎父母之中脈中，復上升融入其心間，證得大樂智慧。

3. 結行

復行者之明點於上師心間，合集甘露由自中脈之頂髻開口處融入，充滿全身，如是觀想。隨力唸誦三嗡咒及長壽咒以遮止壽障、增益壽命，甘露盈滿後應於頂門觀一十字金剛杵將中脈上口封固。

以上為頗瓦自修法之大要，此法乃強行證果之訣竅，亦可作強度他人之方便。臨終者自身之業果輕重對其即將投生之去向固然關係重大，如彼白善業力較大者，於彼施頗瓦法之力用則自然明顯。然頗瓦法同具『淨治』與『救拔』之功德，即使是罪業深重者，於臨終時若能懺悔前罪並發強烈之善念而祈請上師、本尊之接引，依此訣竅亦能清淨惡業種子，並使其於三惡道中拔離而免於下墮，此於諸續典及上師之導引皆如是宣說也。

下篇　那若空行甚深道圓滿次第導引

概述

對以那若空行母為主尊修持圓滿次第之行者而言，修外空行為成就空行淨土之最勝資糧，內空行者則專指基位心所現證之勝義光明。依生起次第修持成就之外空行，其所緣境僅為勝義光明之前行。圓滿次第中依自身之脈、風、明點等修法，則能現證勝義光明之無造作堅固證德。內空行究竟之意趣為：『空』指空性，行於空性中者為『行』，其所證者乃樂、空雙運無別之智慧。故於相續中具足此樂空無二智圓滿次第證德之密乘瑜伽行者，無論其身處何方，或於極樂淨土、或於兜率天、或於此世間某處，如聖地拉薩、或於伽藍淨所，如甘丹、色拉、哲蚌諸寺廟中，任彼所駐之處即為空行淨土，而無需另作尋覓矣！

於顯、密教義中，有關佛剎境界有多種論述，空行剎土亦有如是各別之說。對生起次第成就者而言，彼於往生空行剎土之時，必蒙上師嘿汝嘎父母賜予顯明灌頂；在圓滿次第導引訣竅中，其所緣境界即為『勝義光明』，此內證之空行淨土無疑乃為真實之佛果位。故法王帕幫喀仁波切在導引中曰：『吾以為，欲即生證得勝義光明者，不僅要修外空行生起次第，且必須進入圓滿次第，依金剛身（脈、風、明點）而修，此勝義光明之證悟才能迅速於相續中生起。』

如是，經生起次第之止、觀修持而得堅固，或以生起次第結合部分圓滿次第而生起樂、空證悟之具量行者，即應聞、思並趣修圓滿次第之教授。

此中，行者首先必需了知金剛身所依之基礎。金剛瑜伽母法之圓滿次第修法分『身、心、及身心共同現行』之安住法此三者而作解釋，復以基、道、果作為科判，此與無上續部諸典之說相同，即『基』者乃修證之安立處，『道』乃修證之法性、次第，『果』為現證之體性。

一、基位之體性

基位之體性分三：即身之體性、心之體性、身心共同之體性。

（一）身之體性

身之體性有三分：即粗身、細身、最細身。

1. 粗身

即為由異熟業現行之五蘊身。

2. 細身

細身有三分：即所依之脈、所行之風、所莊嚴之菩提心。

(1) 所依之脈

即指分佈於全身之七萬二千脈，其中以中脈為根脈分出八支主脈，每支上又分出三小支脈，依次分演而成，中脈上共有六個主脈輪（即頂輪、喉輪、心輪、臍輪、密輪、寶珠輪，此外尚有『四輪』、『五輪』、『七輪』等諸說）。

(2) 所行之風

即指五根本風（持命風、下行風、上行風、平住風、遍行風）、五支分風（行風、循行風、正行風、最行風、決行風)。

(3) 所莊嚴之菩提心

指住於頭頂之白菩提心(此源於父分)、住於臍間之紅菩提心(此源於母分)、住於心間之不壞菩提心明點(其上半部為白色、下半部為紅色),不壞菩提心明點為最細風、心之所依。

3. 微細身

乃為安住於心輪不壞明點內之最細風息,彼於菩提心大界消融而出現明、增、得三相並進入光明位時始發生行相,特指由光明心所駕馭之微細風也。

(二) 心之體性

心之體性分三:即粗心、細心、及微細心。

1. 粗心

為支配五根門之粗顯心識。

2. 細心

為六根本煩惱、二十隨煩惱及八十自性之分別尋思。

3. 微細心

為現證四空、尤於第四空之光明心識。

(三) 身心共同之體性

分共同之粗顯身心及共同之細身心二。

1. 粗顯身心共同之體性

乃為粗風、粗心之合聚。

2. 細品身心共同之體性

此分為三，即持脈、持微細風、及持光明心。脈如房舍，明點安住於脈道中，風息為主宰。微細風及光明心則同住於不壞明點中，雖有光明為心、所乘馭為風之差別，然彼自性一如、無始以來從未分離、相互依存，同為證得解脫之根本基因。如是，全身諸脈之最勝者則為中脈，身中一切風息收入中脈後，經八種消融次第，打開心間不壞明點，方能顯現「光明心」而證『金剛身』果也。

復如《勝樂本續》中有云：

『伴隨勝中下信使，獲證勝中下成就。』

此指『信使』為賜予成就之關鍵依託。信使分三種：即外信使、內信使、及秘密信使，而此三種信使之中又有上、中、下三品之分：

(一)外信使：上品外信使為安住於奧明淨土之俱生佛母，中品外信使為住於二十四聖境之塊生母等剎生『札嘎瑪』，下品外信使為修共同道現證生起次第之瑜伽母，及觀修圓滿次第而生起隨念之部分共通悉地者。

㈡內信使：此以觀修生圓次第之不同差別而安立。上品者為光明所住之中脈，中品者為身中圍二十四聖處之脈道，下品者為粗蘊之八門及七萬二千脈道。

㈢秘密信使：上品者為極無自性現證空性之『勝義光明』；中品者乃基位心住大樂空性雙運，即能開解心輪脈結，收攝命風融入心間而證得之究竟『譬喻光明』空性；下品者為是趨入密乘道之助伴，依勝解觀為果位法身，其所乘之風尚處於根脈外。

如彼秘密三信使現行後，外之三信使作助緣，內之三信使總於脈道，別於中脈內，尤於心輪內成熟、成辦證德。

『基位心』之現證是密乘無上瑜伽部行者能速疾成就之殊勝差別法，圓滿次第位時使風入、住、融入中脈內由臍下上達心間，解開心輪脈結，復依『拙火瑜伽』等方便而生起俱生樂，於此修空性。如是最細心（基位心）轉為共相之俱生樂與空性雙運，即證得『究竟譬喻光明』，再進而證得『究竟義光明』。此即空性與俱生大樂雙運之『基位心』之現證也。

二、道位之修持

圓滿次第正行分二：『收風息入中脈之修法』及『風息收入中脈後之修法』。

（一）收風息入中脈觀拙火

此中次第分五：即明觀脈道、淨化脈道、明晰種子字、引燃『塊生』拙火、拙火熾燃。

1. 明觀脈道

口誦、意持完成後，自成本尊持空觀，空性中先顯明觀三脈，中脈上端開口於眉間，眉間乃諸寂靜本尊生白毫之處，諸忿怒本尊則於此生慧目，故此處亦為行者受加持之門，一切加持皆由此而入也。修持瑜伽母圓滿次第時，觀左、中、右三脈皆緊貼並排而住，左、右二脈本於頂、喉、心等各處纏繞中脈形成諸『脈結』，此時則應勝解三脈皆筆直而無諸脈結。中脈具足四種特性：光滑、柔韌猶如蓮瓣，內色鮮紅如血，直如箭桿，明亮如燈焰。

2. 淨化脈道

左、中、右三脈觀修明現後，即以『九節佛風』淨治脈道：吸氣時觀想諸佛之加持隨氣而入，呼氣時觀想三毒煩惱、邪見等化作黑氣排出體外，脈道回復光潔、柔潤、通明之體性。

3. 明晰種子字

圓滿次第之收風息入中脈訣竅有多說，主修金剛瑜伽母之行者依訣竅修持時，乃如《空行母廣大願文》中所云：

『臍間三脈中住紅黑ར　運上下氣熾燃梵淨火
焚燒七萬二千濁分界　淨分遍滿中脈悉願成』

此即指於觀想時，中脈內臍輪中央來源於母親處之能依紅菩提心，其相為紅色ར字，其上初月、明點、哪噠俱全，臍輪處哪噠如火般燃起，顯明觀之。此時一心專注於彼並持瓶氣，風息即隨而進入中脈下端，如是反復七次。紅色ར字真實顯現，ར字頂端哪噠生起明朗、尖細之火焰，令漸轉熾燃。這種觀修法即為那若六法中之『拙火定』。

4. 引燃「塊生」拙火

復次，臍間『塊生母』如何燃燒之理者，當紅菩提自性之火上達頭頂時，便熔化頂輪之白菩提，二者和合作用，生起暖樂。如是反復修持三座，此為打開中脈脈結之最簡捷方法。在其他本尊之圓滿次第修法中，脈輪開解難度較大，故此為金剛瑜伽母法不共同之殊勝修法。如帕幫喀仁波切云：『行者欲於即生速疾證得道、地功德，不修那若六法者無能成辦也。若依金剛瑜伽母之圓滿次第及訣要專修，一生可以證得佛果。』如是，那若六法之拙火於密集金剛之『九種和合』、金剛薩埵修法及勝樂輪之光明修法等皆為不可或缺之要法。

宗喀巴大師主依《密集》道修持而生起證悟，『密集五次第』盡攝圓滿次第精要，無上部各本尊之圓滿次第皆依《密集》道而作宣說。宗喀巴大師亦云：『風入中脈時必須依那若六法之拙火修法成辦。其法雖為出於《喜金剛》之訣要，然密集、勝樂、大威德等皆合修之。』

那若六法導引之教承、口傳心要在章嘉・若必多傑之《極密拙火導引・大樂海》中有作闡述，其精要即為『光明』與『拙火』。往昔岡波巴大師初見米拉日巴尊者時，自云能住於三摩地中七晝夜，然尊者答云：『壓沙焉能出油？禪定如何深妙亦無意義，我觀修拙火「短阿」，方見心之體性也。』由此可見，拙火瑜伽為修持圓滿次第攝風息入、住、融於中脈之勝妙訣竅也。

拙火瑜伽之前行修法應以金剛薩埵、上師瑜伽等淨障積資。金剛薩埵念修法可參照勝樂、大威德等本尊之金剛薩埵修法；上師瑜伽廣修者即《上師無上供養法》，略者依《六座瑜伽》亦可。起修拙火以晨間或下午火、風運行時為佳。復應善學圓滿次第諸法義及諸次第間之微細扼要，並於修持中之脈、風障難能認知、還淨，其法有另文專述。總則修習時觀上師安住於頭頂，對遮止脈、風諸障難有特殊之加持也。

復次，觀左、右二脈於臍下四橫指處彎曲插入中脈下端，三脈於此連結而住。於心間生起顯明之 ཧཱུྃ 字，字為白或藍色，復觀臍間生起短 ཨ，一心專緣於此豎立於臍間之短 ཨ。行者應知，此『收上、下風息入中脈之修法』必需親聆上師口訣傳授之後方可修習，否則極易出障。在那若六法與勝樂、密集、大威德金剛合修，特別是與勝樂輪和合而修時，修臍間拙火之扼要是一心專注於彼處所住之短 ཨ 及 བཾ 、རཾ 、ཡཾ 字中之任一字皆可，而於金剛瑜伽母道軌中為念住於臍間之短 ཨ 或 རཾ 字，以及頭頂之 ཧཾ 字。此時，行者若能於身中諸脈輪作顯明觀想則最殊勝；若不能爾，則粗略觀想諸輪之安佈亦可。修持瓶氣七遍以引燃具足三差別之拙火㈠後，復又持瓶氣七遍，令尖而細之拙火燃起，如是三返，火漸增盛，熔化安住於頂門白菩提心自性之ཧཾ字，其字為白色、倒置於頭頂大樂輪中央。

5. 拙火熾燃

觀頂輪之ཧཾ字於受熱後如白色奶酪狀循中脈遊絲般降下，滴注於拙火之上，如火上澆油，令拙火猛然熾盛，火焰上至頂門，與頂輪之ཧཾ字相接觸，遂如矛刺破液囊般使乳酪狀白菩提心沛然降下，中脈內火光遍滿，焚盡一切污垢。脈道內為白色晶瑩純淨之菩提心充滿，生起大樂，此時唯憶念空性，置於樂空無別之定中。拙火復充遍全身脈道，脈道內火光奔射，發大光熱，令一切脈內之菩提心熔化，瞬間生起安樂。此間於觀修時，應觀拙火於中脈內燃燒，否則會出現障礙，是為切要。如若拙火在中脈之外燃起，無法進入脈道，則不管其如何熾盛，終不能使菩提心熔化進入中脈，並將由於掌握不當，而引起體內四大錯亂不調以致傷損；若所生拙火其勢微弱，則因熱力不足，亦無力將菩提心熔化、流降而以致暖樂不生，故應專緣臍間拙火之明相而修。

綜上而言，行者於觀修拙火時需經歷如是五種觀想次第，並須依序數數修至究竟也。

當行者依此觀修能得堅固定境時，其身中風息必隨心之專注而趣入中脈，行者即出現外息漸細勻而至停頓之徵相，其理趣與『那若六法』所述相同。而於實際修持時，則以檢視行

㈠拙火之三差別法是：明而紅、熱而利、細而純。

者之外息為標準，如其外息細至僅見鼻中毛尖微動而毛根不動之地步，即為風息完全融入中脈之兆也。

同時，於風息融入中脈之過程中，亦能引生『地（陽焰）、水（煙霧）、火（螢火）、風（燈燭）』及『明、增、得』、乃至最後之『空光明』等八種內消融徵相依次現起，一心專注於光明。此乃為智慧風進入中脈後之真實覺受，其理為心念住於中脈後，循行於左、右二脈之業風入、住、融於中脈，菩提心得以轉化而『二取分別』滅除，故業風悉轉為智慧風也。其法非僅能於身中生起奇妙暖樂，且為於相續中速疾證取樂空智之唯一殊勝方便。

於其他教派中，修風息入中脈之門徑多以從臍輪起修，而格魯派則有主以心輪為起修之別法；其二者之究竟意趣雖同，然甘丹耳傳之『融入心間脈輪』觀法，以其能專注於中脈心輪根處而成為殊勝差別，以心輪乃最細心、風之根本住處，心之所至，風亦隨之，心、風無別故也。如是菩提心進入中脈，漸次迴環於全身脈道，生起特殊大樂。依所緣緣，意識覺受樂時，心於所緣而任持空性，乃至俱生大樂之『有境』——基位心亦成樂之體性。此能通達空性之心識，於波羅蜜多乘不認許為基位心性，而密乘於基位心與俱生大樂之自性則許為一如無別也。

此時，行者可觀修那若空行圓滿次第之『清淨九法』㈠。此如尊者惹瓊巴綜述之『九種和合往生法』所示：『貪欲和合大樂修臍火，嗔恚和合無實修幻身，愚癡和合無分別修光明；

㈠清淨九法：圓滿次第之心要修持中結合『醒、眠、死』三位以成辦持『死、中、生』三有為『法、報、化』三身道用之法。

精進者修臍火，怠惰者修夢境，短壽者修往生；幻身和合臍火晝間修，光明和合夢境夜間修，中陰和合往生死時修。」其理趣乃指行者分別於『醒位、眠位及死位』趣修金剛瑜伽母之法、報、化三身：

行者於覺受由『陽焰』至『光明』等八種內消融徵相後，專緣於此樂空雙運之空光明境而生起『法身佛慢』，此為『醒位與法身和合』修法；當從光明中起定時，行者觀己現為身白色之金剛瑜伽母報身相並等持佛慢，此即為『醒位與報身和合』修法；自已之舊蘊則於先前已成為身色赤紅之金剛瑜伽母『誓言尊』，復觀白色智慧身由誓言尊頭頂進入，安住其心間而持化身佛慢，此即為『醒位與化身和合』修法。於睡眠位時，持睡光明，即為『眠位與法身和合』之修法；當由眠位覺醒時，亦如前生起『報身』、『化身』佛慢。

如是，若行者能於醒、眠二位成熟『三身和合』之修法，則能於死亡真實來臨時之『死位』作自在修持：當死位現行時，心風趣入中脈，其間需定持三座，觀察『明、增、得』三相等隱沒次第依次現起之過程，尤其至死有光明（母光明）出現時，轉彼作法身位之道光明（子光明），此即為『母、子光明和合』；至『中有』位時則觀現為報身瑜伽母，此等理趣於那若六法中有詳述。若俗位『死有』現前時能觀現三身本尊，則不致墮於輪迴；若於『中陰』道中能一心意趣空行淨土，則於彼時必承蒙衆勇父、勇母接引；若因業障令此念智不生，則仍隨逐轉生；而此時需觀將趣生之父、母為勝樂父、母，觀自為智慧薩埵，觀母體胎宮為無量宮，投入紅、白二大中而自在取生，此即『生有』與化身和合之修法也。

若遭遇突然出現之意外死亡時，行者只要於『中陰』道能依訣竅如前觀修，縱使未必能全證圓滿次第之一切道果，然亦足堪轉生得一具足修密順緣之人身；而能否得解脫之關鍵取決於行者自身之修為與上師所傳之訣要二者。總之，行者若能依循道軌、謹嚴持修，則決定不入三惡道，此為一切智．克珠傑大師所說也。

(二) 心風收入中脈後之觀修方法

此分有二：一是風處中脈修大樂，二是風處心間修空性、現起如虹之光明身。

1. 風處中脈修大樂

如《空行母廣大願文》中有云：

『具五種色眉際淨光根　升至頂門生月水恆常
秘密水蓮花蕊間清淨　上降下固四喜願充盈』

於眉間處觀一約豆大之光明點，其中央為白色，四面之色分別為：東藍、南黃、西紅、北綠，如是具足五色。一心安住於此五色明點，修至堅固，復觀明點從眉間上行至頂門大樂輪，成白菩提心自性後，順次下降至喉輪、心輪、臍輪、密輪等處，引生『順行四喜』；復從密處提明點上行至頭頂部而引生『逆行四喜』。如是觀菩提心明點於中脈內往返修持，焚盡一切污垢直至澄淨時止。復觀風息進入左右二脈迴環。中脈上端開口於眉間，下端開口於密處形如三瓣蓮處，觀上下脈門處各有一紅色三角法基，上法基平面向外、尖朝內，下法基三角平面向內、尖朝外。上法基三分之一處露出白菩提心，擺動狀下降，攝融於同樣露出三分之一之紅菩提心中，白菩提心下降時生出『四喜』，各喜復細分為四，開作十六喜；紅菩提心（上行）亦生四喜，其各生略、中、廣之喜，開為十二喜。如是，在菩提心明點於中脈內運行之過程中可結合寶瓶氣而修。

2. 風處心間修空性　現起如虹之光明身

(1) 總說

此如《空行母廣大願文》中所頌：

『氣脈明點融入唉旺境　心性大樂願證法身果
無數色身幻化無量現　無邊虛空願護此六趣』

據云於古印度，有諸多修《密集》法之瑜伽士能修成光明幻身而棄捨舊蘊身，然亦有說於此階位尚未可稱光明身，因其與無學雙運身有淨與未淨之差別也。

光明身之修法為：專注於前說之頂輪光明點，觀彼發出五色之光，並漸轉熾盛，光遍及全身，遂成五彩虹身，復擴增至上下一切方隅，復又於眉間處如鏡面呵氣般由外而內漸收漸微而融入空性，於此空性中持定，成為究竟光明身，此為了義之光明身修法。其法於夏季勿修，冬季天寒方宜也。若能於寒林、森林等勝處和合內、外、密三種修法作精勤、清淨之恆修，則得證光明幻身實無難矣！此為母續修光明即身證果之無上訣竅。趣修此道軌之行者，必需求得上師之深奧訣竅，並須以堅韌之力長期修持，如僅以一、兩次淺嚐之驗而欲證果者則無異自欺也。

昔於天竺故地，有六百大成就者依此法而修成光明幻身；而於藏地，得持明成就之記載亦在在可見，如聖者貢唐仁波切之《禮讚實義》中有謂，薩迦三祖札巴堅贊於修薈供輪時，一片袈裟不留而化作光明虹身。

遷識教授（頗瓦法）乃為此等秘密教承之相關支分，此諸秘密教承對未得灌頂、未聽受深奧導引者不能授予。有上師未傳灌頂及導引即授與此秘密道軌之頗瓦法，則其受者縱修亦無望能成也。

於修佛母單尊頗瓦法時，觀 བཾ 字為己自性，性相具足，復依《鄔曲導引》中所述作迎請、供養等前行後，自成本尊金剛瑜伽母，心念住 བཾ 字。復持瓶氣，下風上提，發聲三呼『ཧིཀ 嘿嘎』（ཧི 上 ཀ 下），『ཧི 嘿』聲需發自臍間、毛髮震豎、緊收風口。每座唸二十一次（升、降算作一次），可作三返。頗瓦法多修易損壽，每日修一座即可。如修佛父、佛母雙尊相者稱『俱生頗瓦法』，此時於雙尊之面相、手勢需觀修顯明，否則即失『俱生』之真義。

修佛母單尊頗瓦者需對儀軌如學童背經般爛熟於胸，且於諸觀修次第、修法津要善巧通達，並修出發聲之功力（能量），否則於死亡之時將無法應用。臨命終者苟延殘喘，連平素嗜食之物亦難下嚥，況復起修乎？故習頗瓦者需於在生體健之時即修熟路徑，臨終時則易脫矣。有畏死者，可多修長壽佛法門，然人終有一死，修增益壽命法亦主要為暫安彼心以令修諸善法，且亦確有實效；而對已破三昧耶者，則任修何增壽法亦無用矣！不如以自身日修之法和合頗瓦以求解脫。頗瓦法之修習同樣亦需依止上師口訣，盲修無益，其詳細修法於《格丹導引》中有明確記述。

脈結之開解法分前行、正行，正行修法乃依『自身加持次第』諸法而修。前行修法略說如下：

⑵ 前行修法

前行分共與不共兩種。共同者如《上師瑜伽》、《金剛薩埵》等，其理與那若六法相同；不共者為修脈、修氣。

中脈有不同之說，除自身之『小中脈』外，尚有父母共同之『大中脈』，此中理趣詳見於《鄔曲筆記》，於《夏魯導引》中亦有相關補充，需由上師口授而得知。依此等論釋之義，如《空行母廣大願文》中有偈曰：

『臍間蓮花五風帝啦嘎　專注修定和合瑜伽法』

此即為氣脈修法之開示。

㈠ 修脈法：首先明觀皈依境，作外、內、密、真實性四供及啟白，復於生起護輪後，觀中脈下端之臍下四指處，三脈連結而住，於彼處生起月輪並一念專注其中。復於月輪上觀生起自性五色明點，其各色安佈如前，具『四相』之中脈轉作鮮紅色，此時臍間生起塊生母拙火，其法依《夏魯導引》作修。修脈時需持念珠而修氣時無需持珠，晝修三座、夜修三座，每座分五節。入座後首先呼氣，於呼氣末將中脈下端之明點如豎立狀從眉間而出，虛空中泛出藍色光明；吸氣時將明點由眉間收回融入中脈，復呼氣時將明點由眉間呼出至中脈外對前約十二指處，隨後收融。復又呼出如前，共二十一次，如是即為修脈法。

㈡修氣法：心專注於藍色明點，上風下壓，右手依次觸摸膝蓋、額頭，復於心間作一彈指而計作一次持氣之時量；並需略觀護輪，復作一簡略祈請，此即為『觀藍色風修脈輪持寶瓶氣』之修法。如是反復觀修，持氣之時量漸轉增上達至十五次彈指間。一彈指之持氣時量為一『小作』，六至十次彈指為一『大作』，中間需消氣舒息。上等補特伽羅三至五晝夜，慢者七晝夜，最長十五晝夜可圓滿此修法，而大智者於三大座即可圓滿。

如《夏魯導引》有云：『修氣脈可見五風之顏色』。雖如是說，未證得『語遠離』位者不能達到，其精要即為心間脈結之開解法。

⑶正行修法

正行分二：一是『前行共與不共之加持次第』，其共為修中脈、修不壞明點，不共為修不壞風心；二是『自身加持等次第』。

『前行共與不共之加持次第』

㈠修中脈：觀中脈（『དབུ་མ鄔嘛』）位於軀幹正中稍近背部處，其左為精脈（『རྐྱང་མ姜嘛』），其右為血脈（『རོ་མ若嘛』），中脈後為粗大之命脈。中脈起於眉間，循額上行彎向頂門，復垂直下行達於密處或下達寶珠頭。其色如紫梗花色或外青內紅，如蓮莖中空，明亮、柔韌。修中脈時可依放、收等觀緣遠離沈掉等過而修至明現。

㈡修不壞明點：觀於中脈內之心輪中央，內住一大小如印度蠶豆般之不壞明點；其為身中一切明點中之最淨分精華，具晶瑩、滑利、明澈、中空等性相，其上半部為白色、下半部為紅色，發五彩虹光，如是觀修持相。

㈢修不壞風心：觀於不壞明點內，住有相為微細紅色 ཧྃ 字之不壞風心，其量如芥子許，之上初月、明點、哪嗟俱全，泛出五彩光華，其乃師、佛、自身一如之體性，表相為 ཧྃ 字。

『自身加持等次第』

於臍間三脈之匯合處，觀一紅色 ཨ 字，其字上部之明點入於中脈內，字下部之 ཨ 字體堵塞三脈共同之下口。觀足下為深藍色弓形風輪，中住紅黑色之 ཡཾ 字（音『掌』），其量如蠶豆，字發天鼓之音；觀頭頂白色 ཧཾ 字倒懸於中脈上口。於諸觀相顯明之後，復觀雙足之下風輪鼓動，ཡཾ 字隨下風踴躍上升，至三脈匯合之下方，觸動 ཨ 字，引燃拙火，火由左右二脈下端尖細而猛厲燃起，細小之火球狀如刺猬。下風上提，上風下壓，左右二脈與火風和合而修。

復次，於中脈心輪脈結之正行者，如吉祥勝樂輪《圓滿次第願文》中之『憑依自加持次第，願解心輪之脈結』等句，即為依風、咒結合駕馭風息而令最細風心轉為大樂光明之攝頌。

觀臍間三脈匯合處之中央，紅色 ཨ 字安住，其上 ཧཾ 字（音『秦』）豎立作莊嚴。《夏魯導引》中將 ཨ 字寫作 ཨཾཿ 字，並不確切，因 ཨ 為『短阿』字基，『。』（明點）為火（塊生母）之體性，是故 ཨ 字已具足拙火性相。上為八脈瓣，各瓣上分住『ཨ ཀ ཙ ཊ ཏ པ ཡ ཤ』（阿、嘎、雜、炸、嗟、巴、雅、夏）八字，彼之外為五十六脈瓣，各瓣分住元、輔音各字母，如水晶珠鬘圍繞，此為自加持。觀頭頂白色 ཧཾ 字倒懸於中脈上口，而臍間為塊生母體性之 ཧཾ 字頂上明點內生猛厲之火，火勢粗猛，循中脈升至頭頂倒立之 ཧཾ 字下方，當暖熱於體內生起時左右鼻孔同時輕緩吸氣，ཧཾ 字明點隨火、風之勢下降至心間、臍下，此間心專注火光於臍下持瓶氣，反復多次作修之後下火迅猛上升，ཧཾ 字之明點如熔酥般滲出白菩提，如細線降注火中，火勢隨亦略降，復轉熾盛，至心間處火風混融而入樂空之定。《空行母廣大願文》之偈曰：

『氣脈明點融入 ཨ ཧཾ 境　心性大樂願證法身果
無數色身幻化無量現　無邊虛空願護此六趣』

即為圓滿次第修法之風入中脈後心輪開解而證『喻光明』及起幻身後雙運成金剛身等之攝要也，其修法於『證分五次第』等有明確記述。

三、無學雙運空行果位證得法

行者經共同道淨化心續後，依上師求得圓滿勝樂輪大灌頂，守持三昧耶不失；復於金剛瑜伽母之『黃丹壇城』中領受外、內、密加持，於生起次第道觀修堅固；依塊生母等次第修成『身遠離』、『語遠離』，令一切風收攝融入不壞明點，由此而證究竟譬喻光明『心遠離』位，復於定起而成『不淨幻身』，再以大樂光明心觀空而現證『勝義光明』、乃至『清淨幻身』、『有學雙運』等亦依次成辦，此使最細風轉為無漏風而成為佛色身（報、化二身）之最親因，最細心則轉為無漏心而成佛法身之最親因。對此『二身』之同類最親因所作之合一等持後，即為完全破除『所知障』成就最迅速之功能。如是，依此道軌堅實修學，行者最後將能證取『勝義光明』與『清淨幻身』雙運之『無學雙運』果位，亦即『內空行』之佛果也。

附篇

至尊金剛瑜伽母那若空行王母之成就法等必需法妙彙

༄༅། །ཐུན་དྲུག་གི་རྣལ་འབྱོར་རྒྱས་བསྡུས་ཉམས་སུ་ལེན་ཚུལ་འཕྲེར་བདེ་མན་ངག་གིས་བརྒྱན་པ་བཞུགས་སོ། །

六座上師瑜伽法

༄༅། །ན་མོ་གུ་རུ་མཉྫུ་གྷོ་ཥ་ཡ། །རྡོ་རྗེ་འཆང་དབང་དཔལ་ལྡན་བླ་མ་ཡི། །

哪摩咕洳曼殊高喀雅　　金剛持王具德上師尊

ཞབས་ཀྱི་པདྨོར་གུས་པས་ཕྱག་བྱས་ཏེ། །དམ་ཚིག་སྡོམ་པ་དག་བྱེད་རྨད་བྱུང་ཐབས། །

足蓮座下我行恭敬禮　　三昧耶律檢點且清淨

རྒྱུད་དང་རྗེ་བཙུན་བླ་མའི་གསུང་བཞིན་བཤད། །དེ་ཡང་རྒྱུད་སྡེ་གོང་མ་གཉིས་ཀྱི་དཀྱིལ་འཁོར་ཆེན་པོའི་

至尊上師諭教如是行 修持者必須獲得者上二續部壇城圓滿灌頂

༄༅། །དབང་བསྐུར་བ་ལེགས་པར་ཐོབ་པའི་གང་ཟག་རང་རང་གི་ཇི་སྲིད་སྔགས་སྡོམ་རྒྱུད་ལ་ལྡན་པ་དེ་སྲིད་དུ། རྩ་བ་དང་ཡན་ལག་གི་དམ་ཚིག་དང་

相續中具足各自之密乘戒律者根本及支分三昧耶律儀

སྡོམ་པ་རྣམས་ལ་ཉིན་ཞག་རེ་རེའི་ནང་དུ་བསྡོ་བགྲང་བྱེད་ཅིང་། ཁྱད་པར་རིགས་ལྔའི་དམ་ཚིག་ཐུན་དྲུག་ཏུ་བསྲུང་དགོས་ཏེ། དེ་ལྟར་མ་བྱས་ན་ཁ་ན་མ་

在每晝夜內作檢點者 尤其應持六座三昧耶 若不如此作將

ཐོ་བ་སྡོམ་པོར་འགྱུར་བའི་ཕྱིར་ཏེ། རྩེ་མོ་ལས། ཉིན་དང་མཚན་མོ་ལན་གསུམ་དུ། །ཉིན་རེ་བཞིན་ནི་བཟླ་བར་བྱ། །གང་ཚེ་ཉམས་གྱུར་རྣལ་འབྱོར་པ། །ཁ་

招引苦果之業 故宅摩云 晝夜各三遍 日日如是修

ན་མ་ཐོ་སྡོམ་པོར་འགྱུར། །ཞེས་གསུངས་པའི་ཕྱིར། །དེས་ན་བྱང་ཆུབ་སེམས་དཔའ་གསང་སྔགས་ཀྱི་སྒོ་ནས་སྤྱོད་པ་སྤྱོད་པར་འདོད་པ་རྣམས་ཀྱིས་ནི།

何時失瑜伽 招引苦果業 是故凡依菩薩密咒而所習所修諸法者

བསྙེན་པ་དང་བཟའ་བ་དང་། བསྲུང་བའི་དམ་ཚིག་རྣམས་རྡོ་རྗེ་འཆང་ཆེན་པོས་གསུངས་པ་ལྟར་བསྟེན་དགོས་པས། དེ་དག་གི་ཚུལ་རྒྱས་པར། རྗེ་ཐམས་

宣教飲食及信守三昧耶等必須依金剛持所教授 如彼諸法之廣說

ཅད་མཁྱེན་པས་བཀའ་སྩལ་པའི་རྩ་ལྟུང་རྣམ་བཤད་དང་། བླ་མ་ལྔ་བཅུ་པའི་རྣམ་བཤད་དང་། རྣལ་འབྱོར་རོལ་པའི་དགའ་སྟོན། ཐུན་དྲུག་གི་རྣལ་འབྱོར་

在聖一切知所著根本墮罪註疏 上師五十頌註疏 瑜伽遊戲喜筵及

༄༅། །སོགས་སུ་བཤད་པར་བྱ་ཞིང་། འདིར་ནི་དེ་དག་གི་དོན་ལས་དང་པོ་པ་རྣམས་ཀྱིས་ཐུན་དྲུག

六座瑜伽等諸書中得知 此法則爲

ཏུ་ཉམས་སུ་ལེན་ཚུལ་ཁྲིར་བདེ་བའི་ཕྱིར་ཚིགས་སུ་བཅད་པའི་སྒོ་ནས་བརྗོད་པར་བྱའོ།།

初修六座瑜伽行者之方便而編成頌偈者也

སངས་རྒྱས་ཆོས་དང་ཚོགས་ཀྱི་མཆོག་རྣམས་ལ། །བྱང་ཆུབ་བར་དུ་བདག་ནི་སྐྱབས་སུ་མཆི། །

諸佛妙法賢聖僧　直至菩提我皈依

བདག་གིས་སྦྱིན་སོགས་བགྱིས་པའི་བསོད་ནམས་ཀྱིས། །འགྲོ་ལ་ཕན་ཕྱིར་སངས་རྒྱས་འགྲུབ་པར་ཤོག །

我積佈施及諸善　爲利有情願成佛

ཅེས་པ་ནི་སྐྱབས་འགྲོའི་བསླབ་བྱར་ཉིན་ལན་གསུམ་མཚན་ལན་གསུམ་དུ་སྐྱབས་སུ་འགྲོ་དགོས་པར་གསུངས་པ་དང་། རྣམ་སྣང་གི་དམ་ཚིག་སངས་རྒྱས

如是皈依學處云 晝夜應各作三次皈依 乃毗盧遮那之三昧耶之皈依佛法僧三具足

དང་། ཆོས་དང་། དགེ་འདུན་ལ་སྐྱབས་སུ་འགྲོ་བ་གསུམ་འདིས་ཚང་། སེམས་ཅན་ཐམས་ཅད་ཉེ་རིང་ཆགས་སྡང་དང་། །བྲལ་བར་

願一切衆生遠離愛惡親疏住平等捨

༄༅། །བྱའོ་སྙམ་པ་བཏང་སྙོམས་ཚད་མེད་དང་། མི་འཇིགས་པའི་སྦྱིན་པ། ནས་ཁྱད་པར་འཕགས་པའི་བདེ་བ་ཐོབ། །པར་གྱུར་ཅིག

於此時觀捨無量及無畏施 俱證得增勝安樂位

སྙམ་པ་བྱམས་པ་ཚད་མེད་དང་། བྱམས་པའི་སྦྱིན་པ་སྟེ་རིན་འབྱུང་གི་དམ་ཚིག་གཉིས་འདིས་ཚང་།

如是觀慈無量及慈施觀者乃寶生如來之二誓言所具足

བཟོད་དཀའི་སྡུག་བསྔལ་རྒྱ་མཚོ་ལས་བསྒྲལ་ཏེ། །བར་བྱའོ་སྙམ་པ་སྙིང་རྗེ་ཚད་མེད་དང་།

願渡難忍大苦海 如是乃悲無量觀

ཐར་པ་དམ་པའི་བདེ་དང་འབྲལ་མ་གྱུར། །ཅིག་སྙམ་པ་དགའ་བ་ཚད་མེད་དོ། །

願得殊勝解脫樂 乃喜無量觀

འགྲོ་ཀུན་སྲིད་ཞིའི་འཇིགས་པ་ལས་སྒྲོལ་ཕྱིར། །རྫོགས་པའི་བྱང་ཆུབ་ཐོབ་པར་འདོད་པའི་སེམས། །

爲度衆生有寂故　願發求證菩提心

དེང་ནས་བཟུང་སྟེ་སངས་རྒྱས་མ་ཐོབ་པར། །སྲོག་གི་ཕྱིར་ཡང་མི་བཏང་བཟུང་བར་བགྱི། །

自今乃至正等覺　猶如生命善護持

༄༅། །སྨོན་པ་ནི་སྨོན་སེམས་ཆོག་ཡས་བཟུང་ཕྱིར་ཉིན་མཚན་ཐུན་དྲུག་ཏུ་སེམས་བསྐྱེད་དགོས་པར་གསུངས་པའོ། །མཇུག་སྡོམ་ལེན་འདོད་ན་མདུན་

爲持願心故 晝夜六座中皆應發心 欲受戒者

གྱི་སྐྱབས་ཡུལ་རྒྱལ་བ་སྲས་བཅས་ཀྱི་རྗེས་སུ་ཟློས་པར་མོས་ཏེ།

觀由對前皈依境處諸佛菩薩隨念受之

བླ་མ་རྒྱལ་བ་སྲས་བཅས་རྣམས། །བདག་ལ་དགོངས་པར་མཛད་དུ་གསོལ། །

上師諸佛與菩薩　　祈白悲憫攝持我

ཇི་ལྟར་སྔོན་གྱི་བདེ་གཤེགས་ཀྱིས། །བྱང་ཆུབ་ཐུགས་ནི་བསྐྱེད་པ་དང་། །

如同往昔諸善逝　　發起真實菩提心

བྱང་ཆུབ་སེམས་དཔའི་བསླབ་པ་ལ། །དེ་དག་རིམ་བཞིན་གནས་པ་ལྟར། །

於彼一切菩薩學　　彼等依次所安住

བདག་ཀྱང་འགྲོ་ལ་ཕན་དོན་དུ། །བྱང་ཆུབ་སེམས་ནི་བསྐྱེད་བགྱི་ཞིང་། །

如是我亦利有情　　故發無上菩提心

༄༅། །བྱང་ཆུབ་སེམས་དཔའི་བསླབ་པ་ལ། །རིམ་པ་བཞིན་དུ་བསླབ་པར་བགྱི། །

於彼一切菩薩學　　如彼次第而學修

ཞེས་ལན་གསུམ་གྱིས་འཇུག་སྡོམ་བླང་ལ་སྐྱབས་ཡུལ་བསྡུའོ། །

隨念三遍受戒後回收皈依境

དེང་དུས་བདག་ཚེ་འབྲས་བུ་ཡོད། །མི་ཡི་སྲིད་པ་ལེགས་པར་ཐོབ། །

此世我壽極有果　　善得暇滿好人生

དེ་རིང་སངས་རྒྱས་རིགས་སུ་སྐྱེས། །སངས་རྒྱས་སྲས་སུ་ད་གྱུར་ཏོ། །སྨོན་པ་ནི་སེམས་བསྐྱེད་ཀྱི་མཇུག་གི་དགའ་བ་བསྒོམ་པ་དང་།

今生已成佛種姓　　即將成爲佛陀子 發心後之隨喜觀

ད་ནི་བདག་གིས་ཅི་ནས་ཀྱང་། །རིགས་དང་མཐུན་པའི་ལས་བརྩམས་ཏེ། །

現我無論作何者　　所作與種相契應

སྐྱོན་མེད་བཙུན་པའི་རིགས་འདི་ལ། །རྙོག་པར་མི་འགྱུར་དེ་ལྟར་བྱ། །

無過敦肅佛種性　　有情願作如彼修

༄༅། །སྨམ་པ་ནི་བག་ཡོད་བསྒོམ་པ་སྟེ་འདི་གཉིས་ནི་སྨོན་སེམས་ཀྱི་བསླབ་བྱ་སེམས་བསྐྱེད་ཀྱི་ཕན་ཡོན་ཐུན་དྲུག་ཏུ་བསམ་དགོས་པར་གསུངས་པའོ། །

不放逸於此二願心之學處所說六座中必須觀修發心之功德

མདུན་གྱི་ནམ་མཁར་ཡིད་འཕྲོག་རིན་ཆེན་ཁྲི། །ཆུ་སྐྱེས་ཉི་ཟླ་རྒྱས་པའི་དཀྱིལ་འཁོར་སྟེང་། །

對境虛空意樂大寶座　　蓮華豐滿日月輪之上

རྩ་བའི་བླ་མ་ཁྱབ་བདག་རྡོ་རྗེ་འཆང་། །སྐུ་མདོག་སྔོན་པོ་ཞལ་གཅིག་ཕྱག་གཉིས་ཀྱིས། །

根本上師遍主金剛持　　體相藍色一面二臂尊

རྡོར་དྲིལ་བཟུང་ནས་རང་འདྲའི་ཡུམ་ལ་འཁྱུད། །མཚན་དཔེའི་གཟི་འབར་རིན་ཆེན་རྒྱན་མང་འཛིན། །

執持鈴杵擁抱同己妃　　相好熾威衆寶瓔珞嚴

ཡིད་འཕྲོག་ལྷ་རྫས་གོས་ཀྱི་ན་བཟའ་ཅན། །དྲན་པ་ཙམ་གྱིས་གདུང་བ་ཀུན་སེལ་ཅིང་། །

身著意樂勝妙天繒衣　　微念即能除盡諸煩惱

སྐྱབས་མཆོག་མ་ལུས་འདུས་པའི་བདག་ཉིད་དུ། །སྐྱིལ་ཀྲུང་ཚུལ་གྱིས་བཞུགས་པའི་གནས་གསུམ་དུ། །

怙主殊勝自性中跏趺　　三字莊嚴身口意三處

༄། །ཡི་གེ་གསུམ་མཚན་ཧཱུྃ་གི་འོད་ཟེར་གྱིས། །རང་བཞིན་གནས་ནས་བླ་མ་རྡོ་རྗེ་འཆང་། །

心間藍色ཧཱུྃ放燦爛光　　自性依止上師金剛持

ཛཿཧཱུྃ་བཾ་ཧོཿ གཉིས་སུ་མེད་པར་གྱུར། །འདི་ནི་མི་བསྐྱོད་པའི་དམ་ཚིག་སློབ་དཔོན་བཟུང་ཚུལ་ལོ།། །

雜吽幫嚎無二無別成 此乃不動誓言作阿闍黎法者也

གང་གི་དྲིན་གྱིས་བདེ་ཆེན་ཉིད། །སྐད་ཅིག་ཉིད་ལ་འཆར་བ་གང་། །

何師之恩大樂性　　刹那之間所顯現

བླ་མ་རིན་ཆེན་ལྟ་བུ་ཡི། །རྡོ་རྗེ་ཅན་ཞབས་པད་ལ་འདུད། །

乃惟如寶金剛師　　金剛持足前頂禮

འདི་ནི་བྱང་སེམས་ཀྱི་ཉེས་བྱས་དང་པོ་ལས་སེམས་བསྲུང་ཚུལ་དང་བླ་མ་ལྔ་བཅུ་པར། མཆོག་ཏུ་དད་པས་དུས་གསུམ་དུ། །

此乃菩提心之第一忍作中護心法與上師五十頌之最勝敬信三時中等文

ཞེས་གསུངས་པ་ལྟར་ཕྱག་འཚལ་ཚུལ་ལོ། ། ༈ཨོཾ་བཅོམ་ལྡན་དཔའ་བོའི་དབང་ཕྱུག་ལ་ཕྱག་འཚལ་ཧཱུྃ་ཧཱུྃ་ཕཊ།

所說頂禮法 嗡頂禮薄伽梵大金剛自在吽吽呸

༄༅། །ༀ་བསྐལ་པ་ཆེན་པོའི་མེ་དང་མཉམ་པའི་འོད་ཧཱུྃ་ཧཱུྃ་ཕཊ།
嗡等同大劫火光者吽吽呸
ༀ་རལ་པའི་ཅོད་པན་མི་བཟད་པ་དང་ལྡན་ཧཱུྃ་ཧཱུྃ་ཕཊ།
嗡髮髻寶冠具足勇猛者吽吽呸
ༀ་མཆེ་བ་རྣམ་པར་གཙིགས་པ་འཇིགས་པའི་ཞལ་ཧཱུྃ་ཧཱུྃ་ཕཊ།
嗡獠牙怖畏面相者吽吽呸

ༀ་སྟོང་ཕྲག་ཕྱག་ནི་འབར་བའི་འོད་ཟེར་ཅན་ཧཱུྃ་ཧཱུྃ་ཕཊ།
嗡千手熾燃光明者吽吽呸
ༀ་དགྲ་སྟ་ཞགས་གདེངས་མདུང་དང་ཁ་ཊྭཾ་འཛིན་ཧཱུྃ་ཧཱུྃ་ཕཊ།
嗡執持鉞索蛇冠矛與喀章嘎者吽吽呸
ༀ་སྟག་གི་པགས་པའི་ན་བཟའ་འཛིན་པ་ཅན་ཧཱུྃ་ཧཱུྃ་ཕཊ།
嗡執持虎皮作衣者吽吽呸

༄༅། །ༀ་སྐུ་ཆེན་དུད་ཁ་བགེགས་མཐར་མཛད་ལ་འདུད་ཧཱུྃ་ཧཱུྃ་ཕཊ།
嗡頂禮煙色大身斷除障礙者吽吽呸
ༀ་བཅོམ་ལྡན་འདས་མ་རྡོ་རྗེ་ཕག་མོ་ལ་ཕྱག་འཚལ་ཧཱུྃ་ཧཱུྃ་ཕཊ།
嗡頂禮薄伽梵大金剛亥母足前吽吽呸
ༀ་འཕགས་མ་རིག་མའི་དབང་ཕྱུག་ཁམས་གསུམ་གྱིས་མི་ཐུབ་ཧཱུྃ་ཧཱུྃ་ཕཊ།
嗡聖母明妃自在三界無能勝者吽吽呸

ༀ་འབྱུང་པོའི་འཇིགས་པ་ཐམས་ཅད་རྡོ་རྗེ་ཆེན་པོས་འཇོམས་ཧཱུྃ་ཧཱུྃ་ཕཊ།
嗡大金剛摧滅部多怖畏一切魔障者吽吽呸
ༀ་རྡོ་རྗེའི་གདན་བཞུགས་གཞན་གྱིས་མི་ཐུབ་དབང་བྱེད་སྤྱན་ཧཱུྃ་ཧཱུྃ་ཕཊ།
嗡金剛持座戰無不勝自在眼吽吽呸
ༀ་གཏུམ་མོ་ཁྲོ་མོའི་གཟུགས་ཀྱིས་ཚངས་པ་སྐེམ་པར་མཛད་ཧཱུྃ་ཧཱུྃ་ཕཊ།
嗡鄔摩怒母行令梵天枯竭作吽吽呸

ཐུན་དྲུག བཅུ་གཅིག རྣལ་འབྱོར།

༄༅། །ཨོཾ་བདུད་རྣམས་སྐྲག་ཅིང་སྐེམ་པས་གཞན་གྱི་ཕྱོགས་ལས་རྒྱལ་ཧཱུྃ་ཧཱུྃ་ཕཊ།

嗡諸魔怖畏枯竭別方一切戰勝者吽吽呸

ཨོཾ་རྨུགས་བྱེད་རེངས་བྱེད་རྨོངས་བྱེད་ཀུན་ལས་རྣམ་པར་རྒྱལ་ཧཱུྃ་ཧཱུྃ་ཕཊ།

嗡超勝一切作昏作僵作癡者吽吽呸

ཨོཾ་ཧོ་ཛེ་ཕག་མོ་སྦྱོར་ཆེན་འདོད་དབང་མ་ལ་འདུད་ཧཱུྃ་ཧཱུྃ་ཕཊ།

嗡頂禮金剛亥母大合欲王空行者吽吽呸

六座上師瑜伽法 十一

འདི་ནི་མ་རྒྱུད་ཀྱི་དབང་ཐོབ་པ་རྣམས་ཀྱིས་ལྷ་དང་བླ་མ་ལ་རྐང་བརྒྱད་ཀྱི་བསྟོད་པ་བྱ་ཚུལ་ལོ། །

此乃諸受得母續法灌頂者八句讚供本尊及上師之修法也

བདག་པོས་བཟུང་དང་མ་བཟུང་དང་། །དངོས་བཤམས་ཡིད་ཀྱིས་སྤྲུལ་པ་ལས། །

有主權與無主權　　實設意變幻化生

བྱུང་བ་ཕྱི་ནང་གསང་བ་ཡི། །སྣ་ཚོགས་མཆོད་སྤྲིན་རྒྱ་མཚོས་མཆོད། །

所出內外並秘密　　如是種種雲海供

ཐུན་དྲུག བཅུ་གཉིས རྣལ་འབྱོར།

༄༅། །འདི་ནི་དོན་གྲུབ་ཀྱི་མཆོད་པའི་དམ་ཚིག་བསྲུང་ཚུལ་ལོ། །

此乃不空成就誓言之護持法也

བདག་གཞན་ལུས་ངག་ཡིད་གསུམ་ལོངས་སྤྱོད་དུས་གསུམ་དགེ་ཚོགས་བཅས། །

自他身口意三受享三世善福德

རིན་ཆེན་མཎྜལ་བཟང་པོ་ཀུན་བཟང་མཆོད་པའི་ཚོགས་བཅས་པ། །

大寶曼荼羅普賢妙供雲悉充滿

六座上師瑜伽法 十二

བློ་ཡིས་བླངས་ནས་བླ་མ་ཡི་དམ་དཀོན་མཆོག་གསུམ་ལ་འབུལ། །

實設意變供養上師本尊與三寶

ཐུགས་རྗེའི་དབང་གིས་བཞེས་ནས་བདག་ལ་བྱིན་གྱིས་བརླབ་ཏུ་གསོལ། །

祈白悲愍納受俯賜垂恩加被我

ཨི་དཾ་གུ་རུ་རཏྣ་མཎྜལ་ཀཾ་ནི་རྻ་ཏ་ཡ་མི། །འདི་ནི་ལྔ་བཅུ་པར་བླ་མ་ལ་མཎྜལ་དུས་གསུམ་དུ་འབུལ་བར་གསུངས་པའི་བསླབ་བྱའོ། །

唉當咕洳惹哪曼荼羅噶呢雅噠耶麥 此乃五十頌中所說三時供養上師曼荼羅之學處

༄༅། །དུས་གསུམ་ཕྱོགས་བཅུའི་བདེ་གཤེགས་མ་ལུས་པ། །གང་འདུལ་ཇི་བཞིན་དུར་སྨྲིག་རྣམ་རོལ་གྱིས། །

十方三世一切諸如來　　隨應顯現紅褐遊戲相

གྲངས་མེད་ཞིང་དུ་རྒྱལ་བའི་མཛད་པ་ཅན། །བླ་མ་རིན་པོ་ཆེ་ལ་གསོལ་བ་འདེབས། །

無數刹土佛陀勝行者　　上師如意寶前敬祈白

རྡོ་རྗེ་འཆང་གིས་བློ་དམན་བསམ་པའི་ངོར། །རབ་འབྱམས་རྒྱལ་བའི་འཁོར་ལོ་མཐའ་དག་ལས། །

金剛持攝愚癡所意樂　　廣大無邊勝轉法輪中

ལྷག་པའི་ཞིང་གི་དམ་པར་ལེགས་བསྔགས་པའི། །བླ་མ་རིན་པོ་ཆེ་ལ་གསོལ་བ་འདེབས། །

殊勝福田正士聖妙賢　　上師如意寶前敬祈白

འདིའི་ཚིག་བཅད་སྔ་མ་ཡོན་ཏན་དྲན་ནས་དད་པ་བསྐྱེད་པ་དང་། ཕྱི་མ་བཀའ་དྲིན་དྲན་ནས་གུས་པ་བསྐྱེད་པ་སྟེ་བཤེས་གཉེན་བསམ་པས་བསྟེན་ཚུལ་ལོ།།

此頌前偈乃爲憶念功德生起信心　後者爲憶念恩德生起敬仰思念師恩之依止法

མཆོག་དང་ཐུན་མོང་དངོས་གྲུབ་མ་ལུས་ཀུན། །མགོན་ཁྱོད་ཚུལ་བཞིན་བསྟེན་པའི་རྗེས་འགྲོ་བར། །

殊勝與共成辦諸悉地　　如理依怙隨於尊爾行

༄༅། །མཐོང་ནས་ལུས་དང་སྲོག་ཀྱང་ཡོངས་བཏང་སྟེ། །ཁྱོད་མཉེས་ཁོ་ན་སྒྲུབ་པར་བྱིན་གྱིས་རློབས། །

知己身命一切悉捨棄　　唯汝歡喜修行祈加持

འདི་ནི་སྦྱོར་བས་བསྟེན་ཚུལ་ཏེ་མདོར་ན་བསྟེན་པའི་ཕན་ཡོན་དང་། མ་བསྟེན་པའི་ཉེས་དམིགས་དྲན་ནས་བསམ་སྦྱོར་གཉིས་ཀྱིས་ཚུལ་བཞིན་བསྟེན་པར

此乃方便依止法　總之思念依止功德與未依止之過失　從意樂加行兩方面如理承諾爲依止

དམ་བཅའ་བ་ནི་བཤེས་གཉེན་བསྟེན་ཚུལ་དང་། ལྔ་བཅུ་པའི་དམ་ཚིག་བསྲུང་ཚུལ་གྱི་སྙིང་པོའོ། །

善知識法及五十頌中守護誓言修法之心要

དེ་ལྟར་གསོལ་བ་བཏབ་པས་བླ་མ་མཆོག །རང་གི་སྤྱི་བོའི་གཙུག་ཏུ་ས་མ་ཛཿ། །

如是至心祈請上師寶　　降臨自身頭頂薩瑪雜

སླར་ཡང་དགྱེས་བཞིན་རང་དང་རོ་གཅིག་གྱུར། །ཞེས་རང་ལ་སྟོང་ཉིད་ཀྱི་ངེས་པ་ཇི་ལྟར་ཡོད་པ་གསལ་བཏབ་སྟེ་བདེ་སྟོང་ལ་ཅུང་ཟད་

復次悅意與己合一體 如是自己等持空性能作顯明又使微微平等攝持者

མཉམ་པར་འཇོག་པ་ནི་ངེས་དོན་གྱི་བླ་མའི་རྣལ་འབྱོར་དང་།ཡེ་ཤེས་ཀྱི་ཚོགས་བསགས་པ་དང་།བསྲུང་བའི་མཆོག་དང་།རྩ་ལྟུང་བཅུ་གཅིག་པ་བསྲུང་ཚུལ་ལོ།།

乃了義上師瑜伽集智福澤最上防範十一根本墮之法

༄༅། །བདག་ཉིད་རྡོ་རྗེ་སེམས་དཔའི་ང་རྒྱལ་གྱིས། །ལྷན་སྐྱེས་བདེ་ཆེན་གསང་བའི་རྡོ་རྗེ་དང་། །
自生金剛薩埵我慢性　　俱生大樂秘密金剛鈴
རང་བཞིན་སྤྲོས་བྲལ་གསང་བའི་གྷཎྚ་ཡི། །མཆོན་བྱེད་བཟུང་ནས་བཅོམ་ལྡན་འདས་མར་འཁྱུད། །
自性離念秘密金剛鈴　　執持鈴杵佛母相交媾
བར་སེམས་པ་ནི་མི་བསྐྱོད་པའི་རྡོ་རྗེ་དང་། དྲིལ་བུ་དང་། ཕྱག་རྒྱའི་དམ་ཚིག་གསུམ་བསྲུང་ཚུལ་བླ་མེད་ལྟར་རོ། །
此間於無上續部不動金剛杵鈴手印之三誓言護持法作思惟

བདག་གི་ལུས་དང་དེ་བཞིན་ལོངས་སྤྱོད་དང་། །དུས་གསུམ་དགེ་ཚོགས་ཕུང་པོ་ཅི་མཆིས་པ། །
我自身體如是具資糧　　三時所作善業福德聚
མ་གྱུར་སེམས་ཅན་ཀུན་གྱི་དོན་གྱི་ཕྱིར། །དེང་ནས་ཕངས་པ་མེད་པར་བཏང་བར་བྱ། །
衆生爲母饒益有情故　　從今不惜一切盡施捨
སྙམ་དུ་གཏོང་སེམས་སྤེལ་བ་ནི་རྒྱལ་སྲས་ཀྱི་སྦྱིན་པའི་ཉམས་ལེན་དང་། ལུས་ལོངས་སྤྱོད་གཏོང་བ་ཟང་ཟིང་གི་སྦྱིན་པ་དང་། དགེ་རྩ་གཏོང་བ་ཆོས་ཀྱི་སྦྱིན་
認持增添捨心是佛子之施修體驗 捨身富足乃爲財施 捨善根爲法施

༄༅། །པ་སྟེ་རིན་འབྱུང་གི་དམ་ཚིག་ལྷག་མ་གཉིས་བསྲུང་ཚུལ་ལོ། །མཚམས་འདིར་ལོང་ཡོད་ན་སོ་སོའི་མ་མཐའ་སྡོམ་གྱི་སྒོ་ནས་དམ་ཚིག་དང་སྡོམ་
諸者爲寶生二誓言之餘護持法 此間若有空暇 需分別從最低角度檢點衆誓言與戒律守護如何
པ་རྣམས་ལ་བསྒོ་བགྲང་བྱེད་གསུངས་པ་ལྟར་སྤྱོ་ན། དང་པོ་སོ་སོར་ཐར་བ་དགེ་སློང་གི་སྡོམ་ལྡན་ཡིན་ན་བསྒོ་བགྲང་བྱ་བ་ནི། །
若是比丘首先要檢點別解脫律儀 其作法是
སོ་སོར་ཐར་པའི་ལྟུང་བ་སྡེ་ལྔ་ལས། །ཕམ་པ་བཞི་དང་ལྷག་མ་བཅུ་གསུམ་དང་། །
僧殘五墮別解脫　　四他勝罪十三殘

སྤང་ལྟུང་སུམ་ཅུ་འབའ་ཞིག་དགུ་བཅུ་དང་། །སོར་བཤགས་བཞི་དང་ཉེས་བྱས་བརྒྱ་བཅུ་གཉིས། །
三十捨墮並九十　　四悔及百二十墮
གཞན་ཡང་གཞིས་བསྡུས་ལྟུང་སོགས་སྤོང་བར་བགྱི། །བྱང་སེམས་ཀྱི་རྩ་ལྟུང་བཅོ་བརྒྱད་ལ་བསྒོ་བགྲང་བྱ་བ་ནི།
別棄領主墮罪等 菩提心之十八根本墮檢點法是
བདག་བསྟོད་གཞན་སྨོད་ཆོས་ནོར་མི་སྟེར་ཞིང་། །བཤགས་ཀྱང་མི་ཉན་ཐེག་ཆེན་སྤོང་བ་དང་། །
自讚毀他法財不惠施　　雖悔無謝捨棄大乘者

༄༅། །དཀོན་མཆོག་དཀོར་འཕྲོག་ཆོས་སྤོང་ངུར་སྨྲིག་འཕྲོག །མཚམས་མེད་ལྔ་དང་ལོག་ལྟ་གྲོང་སོགས་འཇོམས།།

奪取三寶財物及袈裟　　無間罪及邪見劫民財

མ་སྦྱངས་སྟོང་ཉིད་བསྟན་དང་རྫོགས་བྱང་ལྡོག །སོ་ཐར་སྤོང་དང་ཉན་སྨོད་ཟབ་བརྫུན་སྨྲ། །

空性未淨毀教及圓覺　　譭謗妄語捨離別解脫

མཆོག་གསུམ་དཀོར་ལེན་ཁྲིམས་ངན་འཆའ་སེམས་གཏོང་། །ཉེས་དམིགས་མི་བལྟ་སྤྱོད་འདོད་མ་ལོག་དང་། །

離棄三昧破壞禪定力　　忽視過失欲行並墮罪

དགའ་མགུ་ངོ་ཚ་ཁྲེལ་མེད་ཀུན་དཀྲིས་བཞི། །ཚང་དགོས་བཅུ་དྲུག་མི་དགོས་ལོག་ལྟ་དང་། །

喜愛無慚無恥縈纏四　　應具十六無需邪見者

སེམས་འདོར་གཉིས་བཅས་རྩ་ལྟུང་བཅོ་བརྒྱད་བསྲུང་། །སྔགས་ཀྱི་རྩ་ལྟུང་སོགས་ལ་བསྒོ་བགྲང་བྱ་བ་ནི།

捨二心等根本十八墮 密乘根本墮等檢點法是

བླ་མར་བརྙས་སྨོད་བསླབ་བྱར་ཁྱད་གསོད་བྱེད། །སྤུན་ལ་སྐྱོན་བརྗོད་འགྲོ་ལ་བྱམས་པ་སྤོང་། །

輕視律儀譭謗諸上師　　嫌誹壇友於衆斷慈心

༄༅། །སྨོན་འཇུག་སེམས་གཏོང་མདོ་སྔགས་ཆོས་ལ་སྨོད། །མ་སྨིན་གསང་སྒྲོག་རང་གི་ཕུང་པོར་བརྙས། །

捨願行心譭謗顯密法　　未熟宣秘輕損自身蘊

སྟོང་པ་ཉིད་སྤོང་གདུག་ཅན་མཛའ་བོར་བསྟེན། །ལྟ་བ་མ་དྲན་དད་ལྡན་སེམས་སུན་འབྱིན། །

斷捨空性與惡結朋友　　不念正見退失菩提心

དམ་ཚིག་མི་བསྟེན་བུད་མེད་སྨོད་པ་སྟེ། །རྩ་ལྟུང་བཅུ་བཞི་སྲོག་དང་བསྡོས་ཏེ་བསྲུང་། །

不依誓言譏誹智慧女　　如命護持十四根本戒

ཡན་ལག་གི་དམ་ཚིག་ལ་བསྒོ་བགྲང་བྱ་བ་ནི། ཡན་ལག་རྩ་བཞི་ཆང་དང་བྱ་མིན་སྤོང་། །

支三昧耶檢點法是 支戒二十四墮斷米酒

དམ་པའི་མགོན་བསྟེན་གྲོགས་ལ་བསྙེན་བཀུར་བྱ། །དགེ་བཅུ་སྲུང་ཞིང་ཐེག་ཆེན་ལས་ལྡོག་རྒྱུ། །

正法爲境敬待同壇友　　護持十善大乘順因緣

བརྙས་དང་འགོམ་སྤངས་དམ་ཚིག་མ་ལུས་བསྲུང་། །སྦོམ་པོའི་ལྟུང་བའི་སྡོམ་ཚིག་ནི།

獲得誓言守持悉無餘 粗墮三昧耶是

ཐུན་དྲུག ཉི རྣལ་འབྱོར།

༄༅། །མཚན་ཉིད་མི་ལྡན་ཕྱག་རྒྱར་བསྟེན་དང་འདུ་ཤེས་གསུམ་བྲལ་སྙོམས་འཇུག་བྱེད། །
性相不具依所手印無想離三作淨欲
སྣོད་མི་རུང་ལ་གསང་རྫས་སྟོན་དང་ཚོགས་འཁོར་དུས་སུ་འཐབ་རྩོད་བྱེད། །
切勿傳授非器密法行者薈供時械鬥
དད་པས་འདྲི་ལ་ལན་ལོག་འདེབས་དང་ཉན་ཐོས་ནང་དུ་ཞག་བདུན་གནས། །
敬信訊問錯答耕農聲聞處所住七日

ཡང་དག་མིན་ཀྱང་རྣལ་འབྱོར་པར་རློམ་དད་པ་མེད་ལ་དམ་ཆོས་སྟོན། །
本非清淨輕慢瑜伽授不信者於妙法
བསྙེན་སོགས་མ་དག་དཀྱིལ་འཁོར་ལས་འཇུག་དགོས་མེད་སོ་བྱང་བསླབ་ལས་འདས། །
未曾修淨自入壇城離失菩薩別解脫
བླ་མ་ལྔ་བཅུའི་སྐབས་དང་འགལ་བའི་སྡོམ་པོ་རྣམས་ཀྱང་ཚུལ་བཞིན་བསྲུང་། །
斷除相違上師五十頌所諸律如是持

ཐུན་དྲུག ཉི རྣལ་འབྱོར།

༄༅། །མ་རྒྱུད་ནས་གསུངས་པའི་ཐུན་མོང་མ་ཡིན་པའི་དམ་ཚིག་གི་སྡོམ་ནི། གཡོན་པའི་ཀུན་སྤྱོད་མི་བརྙས་མཆོད། །
母續中所說不共三昧耶護法是 左行威儀不慢供
མཚན་ལྡན་མིན་ལ་སྙོམས་འཇུག་སྤང་། །སྦྱོར་ཚེ་ལྟ་དང་འབྲལ་མི་བྱ། །
非具相者捨入定　合時不當離深見
ཆགས་ལམ་ལ་མོས་འགྱུར་མེད་བྱ། །ཕྱག་རྒྱ་རྣམ་གཉིས་འདོར་མི་བྱ། །
貪道勝解不轉變　二種手印不捨棄

ཕྱི་ནང་ཐབས་ལ་གཙོ་བོར་འབད། །ཀུནྡ་མི་འཕྲིན་ཚངས་སྤྱོད་བསྟེན། །
內外方便主精進　明點不漏依梵行
བྱང་སེམས་ལེན་ཚེ་སྐྱུག་བྲོ་སྤང་། །དེ་ལྟར་མ་ལྕོགས་སྐབས་མ་མཐའ་སྡོམ་པ་གསུམ་ག་ལ་དྲན་ཤེས་ཙམ་བསྟེན་ཚུལ་ནི།
菩提心生斷厭惡 倘若確無空時至少亦要對三律義作念知
སོ་ཐར་བྱང་སེམས་རྡོ་རྗེ་ཐེག་པ་ཡི། །རྣམ་དག་བཅས་པའི་བསླབ་པ་ཕྲ་མོ་ལས། །
別解菩薩三昧耶　清淨微妙所學處

ཐུན་དྲུག ཉེར་གཅིག རྣལ་འབྱོར།

༄༅། །རྨི་ལམ་དུ་ཡང་འདའ་བར་མི་བྱེད་པར། །རྒྱལ་བའི་བཀའ་བཞིན་བདག་གིས་བསྒྲུབ་པར་བྱ། །
夢寢亦復不達越　依止聖教我修持
སྙམ་པ་ནི་སྡོམ་པ་གསུམ་ག་ལ་དྲན་ཤེས་བསྟེན་ཚུལ་མདོར་བསྡུས་དང་། རྣམ་སྣང་གི་དམ་ཚིག་ཚུལ་ཁྲིམས་གསུམ་གྱི་ཉེས་སྤྱོད་སྡོམ་པ་དང་།
如是思惟三律儀及略說依止善識　毗盧遮那之誓言三戒律斷除惡行法
དོན་གྲུབ་ཀྱི་སྡོམ་པ་ཐམས་ཅད་དང་ལྡན་པ་རྣམས་འདིས་འགྲུབ་བོ། །ཐེག་པ་གསུམ་དང་རྒྱུད་སྡེ་བཞིས་བསྡུས་པའི། །
及不空成就佛之一切律儀所具足 三乘四密遍攝集

六座上師瑜伽法　廿一

ལུང་དང་རྟོགས་པའི་དམ་ཆོས་མ་ལུས་པ། །རྒྱལ་བའི་དགོངས་པ་ཇི་བཞིན་ལེགས་བཟུང་སྟེ། །
教證妙法悉無餘　依佛密意我善持
སྙམ་པ་ནི་སྔགས་ཕྱོགས་ཀྱི་ཕྱིའི་ཆོས་བྱ་སྤྱོད་གཉིས་དང་། གསང་བའི་ཆོས་རྣལ་འབྱོར་རྒྱུད་དང་བླ་མེད་གཉིས་དང་། མདོ་ཕྱོགས་ཀྱི་ཐེག་པ་གསུམ་འཛིན་
如此觀乃密乘法之事行二續 密法即瑜伽續及無上瑜伽二續 經部守持三乘者乃
པ་སྟེ་པདྨའི་དམ་ཚིག་གསུམ་དང་། རྣམ་སྣང་གི་དགེ་བ་ཆོས་སྡུད་རྣམས་འདིས་འགྲུབ་བོ། །གང་འཚམས་ཐབས་ཀྱིས་འགྲོ་བ་ཡོངས་སུ·····
蓮花部三三昧耶及毗盧之諸善集具之法也 應機方便度有情

ཐུན་དྲུག ཉེར་གཉིས རྣལ་འབྱོར།

༄༅། །སྐྱོལ། །སྙམ་པ་ནི་རྣམ་སྣང་གི་སེམས་ཅན་དོན་བྱེད་ཀྱི་ཚུལ་ཁྲིམས་བསྲུང་ཚུལ་ལོ། །དེ་ལྟར་ཐུན་དྲུག་གི་རྣལ་འབྱོར་ཉིན་ལན་གསུམ་མཚན་ལན་
如是思惟乃毗盧遮那爲利樂衆生事業而守持戒律法也 如彼六座瑜伽中
གསུམ་དུ་བྱ་བར་གསུངས་པ་དཀྲུས་གཅིག་ཏུ་བྱ་བར་སྨོན་ན། མན་ངག་ལུགས་ཀྱི་འདོན་ལུགས་ནི། སངས་རྒྱས་ཆོས་ཚོགས་ནས། ཁྱོད་མཉེས་པོ་ན་སྒྲུབ·····
日三次夜三次爲一次 作者亦可依師教承誦法者 自 諸佛妙法 至
པར་བྱིན་གྱིས་རློབས། །བར་ལན་གཅིག །དེ་ནས་སླར་ཡང་། སངས་རྒྱས་ཆོས་ཚོགས་ནས། རྟོག་པར་མི་འགྱུར་དེ་ལྟར་བྱ། །དེ་ནས། གང་གི་དྲིན་གྱིས·····
唯汝歡喜修行祈加持 一遍 復次 諸佛妙法 至 有情願作如彼修 復次

六座上師瑜伽法　廿二

ནས། བྱིན་གྱིས་རློབས། །བར། སླར་ཡང་། སངས་རྒྱས་ཆོས་ཚོགས་ནས། བྱིན་གྱིས་རློབས། །བར་དེ་བཞིན་ལན་གཅིག །རྗེས་མ་འདི་གཉིས་ལ་སངས
何師之恩大樂性 至 唯汝歡喜修行祈加持 止 復次 諸佛妙法 至 祈加持 間如是誦一遍
རྒྱས་ཆོས་ཚོགས་དང་། ཇི་ལྟར་སྔོན་གྱི་རྣམས་ལན་རེ་ལས་མི་དགོས། བླ་མ་མདུན་དུ་བསྐྱེད་བསྐྱེད་པ་ཡིན་པས། མདུན་གྱི་ནམ་མཁར་ནས། གཉིས་སུ·····
之後於此 諸佛妙法 及 如同往昔諸善逝 不必誦 因此時已觀上師生於對前 對境虛空意樂
མེད་པར་གྱུར། །ཞེས་པའི་བར་ཡང་མི་དགོས། རྐང་བརྒྱད་དང་པོ་དེས་ཆོག །དེ་ལྟར་གསོལ་བ་བཏབ་པས་བླ་མ་མཆོག །རང་གི་སྤྱི་བོའི་གཙུག་ཏུ་ས·····
大寶座 至 無別成 間不必誦 誦前八句讚即可 如是至心祈請上師寶 降臨自身頭頂

ཐུན་དྲུག་ ཉེར་གསུམ་ རྣལ་འབྱོར།

༄༅། །སྨ་ཛཿ། ཞེས་པ་འདི་ཡང་ལན་གཅིག་གིས་ཆོག །སླར་ཡང་དགྱེས་བཞིན་ནས། ཡོངས་སུ་སྒྲོལ། །བར་ལན་གསུམ་དཀྲུས་ལྟར་ལ། སྡོམ་པ་སོ་

薩瑪雜 者誦一遍 復次悅意 至 度有情 間誦三遍 對儀軌中各各律儀之

སོའི་བསྡུ་བགྲང་ལན་དང་པོ་ཉིད་ལས་མི་དགོས། དེ་ལྟར་བསྐྱར་བཟླས་ལན་གསུམ་སོགས་ཇི་ལྟར་རིགས་པ་ཟིན་ནས་བསྔོ་སྨོན་བྱ་བ་ནི།

檢點只需在誦第一遍時進行 如是誦三遍後 作如是迴向

འདི་ལས་འོངས་པའི་རྣམ་དཀར་དགེ་བའི་མཐུས། ཚེ་རབས་ཀུན་ཏུ་རྡོ་རྗེ་འཆང་དབང་གིས། །

由此而生純善業　生生世世金剛持

六座上師瑜伽法 廿三

བཙས་པའི་མཚམས་ལས་ནམ་ཡང་མི་འདའ་བར། །རིམ་གཉིས་ལམ་གྱི་རིམ་པ་མཐར་ཕྱིན་ཤོག །

淨靜修行不分離　二次第道願圓滿

མདོར་ན་འདིས་མཚོན་རྣམ་དཀར་དགེ་བའི་ཚོགས། །ཇི་སྙེད་བསགས་པ་དེ་ཡིས་མྱུར་དུ་བདག །

總略諸善資糧田　所集一切速疾圓

ནོར་བུའི་བང་མཛོད་ཤམྦྷ་ལར་སྐྱེས་ནས། །བླ་མེད་ལམ་གྱི་རིམ་པར་མཐར་ཕྱིན་ཤོག །

禮敬寶藏香拔拉　無上道次速圓滿

ཐུན་དྲུག་ ཉེར་བཞི་ རྣལ་འབྱོར།

༄༅། །སྐྱེ་བ་ཀུན་ཏུ་ཡང་དག་བླ་མ་དང་། །འབྲལ་མེད་ཆོས་ཀྱི་དཔལ་ལ་ལོངས་སྤྱོད་ཅིང་། །

願我生生相遇明上師　飽嚐妙法常食甘露味

ས་དང་ལམ་གྱི་ཡོན་ཏན་རབ་རྫོགས་ནས། །རྡོ་རྗེ་འཆང་གི་གོ་འཕང་མྱུར་ཐོབ་ཤོག །

十地五道功德圓滿已　願速證得金剛持果位

ཅེས་བསྔོ་སྨོན་གྱི་རྒྱས་འདེབས་བྱ། མཁས་མཆོག་དངུལ་ཆུ་བའི་གསུང་དུ།

如是作迴向祈請　勝善巧鄂曲之文中

六座上師瑜伽法 廿四

བླ་མ་དཀོན་མཆོག་གསུམ་ལ་སྐྱབས་སུ་མཆི། །རང་ཉིད་ལྷར་གསལ་རྡོར་དྲིལ་བཟུང་ནས་མཆོད། །

皈依上師佛三寶　自顯本尊鈴杵供

མདོ་སྔགས་ཆོས་བཟུང་ཉེས་སྤྱོད་མཐའ་དག་སྡོམ། །དགེ་ཆོས་ཀུན་སྡུད་སྦྱིན་བཞིས་འགྲོ་དོན་བྱེད། །

顯密法持斷惡行　佈施四法益有情

ཅེས་པ་འདིས་མཚན་མོ་སོགས་སུ་ཐུན་དྲུག་གི་རྣལ་འབྱོར་མདོར་བསྡུས་སུ་གོ་བཅད་ཚིག་པར་གསུངས་ཀྱང་། ཚིག་རྐང་གཅིག་ལ་རིགས་ལྔའི་དམ་ཚིག་

如是夜間六座瑜伽法之簡略作法 一句頌中相抵五種姓佛之

༄༅། །བཅུ་དགུ་ཚང་བ་སོགས་ཤིན་ཏུ་ངོ་མཚར་ཆེ་མོད། བླ་མའི་རྣལ་འབྱོར་གྱི་གོ་བཅད་དུ་ཆུང་ཟད་མི་རུང་བ་ལྟར་སྣང་བས། དེས་ན་ཐུན་དྲུག་གི་རྣལ་

十九誓言者極其殊勝 上師瑜伽則不允許相抵 如是因不相抵而又無暇持

འབྱོར་རྒྱས་པ་མི་ལྕོགས་པ་དང་། འདོན་བསྒོམ་མི་ནུས་པའི་བློ་དམན་དག་གིས་ཐུན་དྲུག་གི་རྣལ་འབྱོར་གྱི་གོ་བཅད་དུ་རུང་ཞིང་། ཤིན་ཏུ་བསྡུས་པའི་

六座瑜伽或無能力唸修之智力愚鈍者則允許相抵六座瑜伽

ཚུལ་ཉམས་སུ་ལེན་ཚུལ་དངུལ་ཆུ་རྗེ་དྲུང་བློ་བཟང་བསྟན་འཛིན་གྱིས་མཛད་པ་ནི་འདི་ལྟར།

極簡略六座瑜伽修法由鄔曲傑仲・洛桑丹增所作之儀軌如下

六座上師瑜伽法 廿五

༈ དཀོན་མཆོག་གསུམ་ལ་སྙིང་ནས་སྐྱབས་སུ་མཆི། །འགྲོ་ཀུན་གདུང་བསྒྲལ་གདན་བདེར་འགོད་པར་བྱ། །

一心皈依聖三寶　　救度有情置安樂

དེའི་སླད་རྫོགས་བྱང་འཐོབ་ཕྱིར་བྱང་ཆུབ་སེམས། །བསྐྱེད་ནས་རྒྱལ་སྲས་སྤྱོད་ལ་བསླབ་པར་བགྱི། །

復證圓覺菩提心　　即生修學菩薩行

མདུན་གྱི་ནམ་མཁར་ཁྲི་པད་ཉི་ཟླའི་སྟེང་། །རྩ་བའི་བླ་མ་ཁྱབ་བདག་རྡོ་རྗེ་འཆང་། །

前空日月蓮座上　　本師遍主金剛持

༄༅། །སྐུ་མདོག་སྔོན་པོ་རྡོར་དྲིལ་བཟུང་ནས་ནི། །དབྱིངས་ཕྱུག་མར་འཁྱུད་ལྷན་སྐྱེས་བདེ་བས་རོལ། །

色藍執持鈴與杵　　法界自在俱生勢

གནས་གསུམ་ཡི་གེ་གསུམ་མཚན་ཧཱུྃ་འོད་ཀྱིས། །ཡེ་ཤེས་པ་རྣམས་སྤྱན་དྲངས་རོ་གཅིག་གྱུར། །

三字表徵於三處　　ཧཱུྃ字光召智尊融

རྡོ་རྗེ་ཅན་ཞབས་པདྨོར་ཕྱག་འཚལ་ལོ། །ཕྱི་ནང་གསང་བའི་མཆོད་སྤྲིན་རྒྱ་མཚོས་མཆོད། །

金剛蓮足下頂禮　　內外秘之雲海供

六座上師瑜伽法 廿六

རི་གླིང་རིན་ཆེན་གཏེར་བུམ་ཉི་ཟླ་སོགས། །བླ་མེད་ཀུན་ཏུ་བཟང་པོའི་མཆོད་པ་འབུལ། །

須彌四洲日月等　　無上普賢勝妙供

མཆོག་དང་ཐུན་མོང་དངོས་གྲུབ་མ་ལུས་ཀུན། །མགོན་ཁྱོད་ཚུལ་བཞིན་བསྟེན་པའི་རྗེས་འགྲོ་བར། །

殊勝與共皆悉地　　依怙如理悉隨許

མཐོང་ནས་ལུས་དང་སྲོག་ཀྱང་ཡོངས་བཏང་སྟེ། །ཁྱོད་མཉེས་ཁོ་ན་སྒྲུབ་པར་བྱིན་གྱིས་རློབས། །

知己身命悉捨棄　　唯汝喜修祈加持

༄། །དེ་ལྟར་གསོལ་བཏབ་བླ་མ་སྤྱི་བོར་བྱོན། །རང་ལ་ཐིམ་པས་དབྱེར་མེད་རོ་གཅིག་གྱུར། །

至心祈請上師寶　融入於己成無別

བདག་ཉིད་རྡོ་རྗེ་སེམས་དཔའ་བཅོམ་ལྡན་མར། །རྡོར་དྲིལ་བཟུང་འཁྱུད་ལྡན་སྐྱེས་བདེ་བས་རོལ། །

自成金剛薩埵尊　執持鈴杵相交媾

གནས་ལུས་ལོངས་སྤྱོད་དུས་གསུམ་དགེ་ཚོགས་རྣམས། །མ་རྣམས་དོན་དུ་ཕངས་མེད་བཏང་བར་བྱ། །

受用三時諸善法　爲利有情衆母故

སོ་ཐར་བྱང་སེམས་གསང་སྔགས་རྣམ་གསུམ་གྱི། །བཅས་མཚམས་སྲོག་གི་ཕྱིར་ཡང་འདའ་མི་བྱ། །

別解菩薩秘密三　如命惜守不捨棄

ཐེག་གསུམ་རྒྱུད་སྡེ་བཞིས་བསྡུས་ལུང་རྟོགས་ཆོས། །ལེགས་བཟུང་ཐབས་ཀྱིས་འགྲོ་བ་ཡོངས་སུ་སྒྲོལ། །

三乘四續教證法　善護妙法救衆生

དགེ་འདིས་དུས་གསུམ་བདེ་གཤེགས་སྲས་བཅས་ཀྱི། །མཛད་སྨོན་འགྲུབ་དང་དམ་ཆོས་འཛིན་ཕྱིར་བསྔོ། །

三世諸佛及佛子　願心正法隨護持

༄། །མཆོག་གསུམ་བྱིན་རླབས་རྟེན་འབྲེལ་མི་བསླུའི་མཐུས། །ལེགས་སྨོན་འགྲུབ་ནས་སངས་རྒྱས་མྱུར་ཐོབ་ཤོག།

三寶加持緣起真　善願圓滿速證覺

ཅེས་པ་འདི་ཐུན་དྲུག་རྒྱས་པ་ལྟར་གྱི་དམ་ཚིག་གི་གནད་རྣམས་ཚང་ཞིང་། ཚིག་ཉུང་། འཇུག་པ་བདེ་བས་འདི་ཉིད་ཉམས་སུ་བླང་བར་བྱའོ། །དེ་ཡང་······

如是六座具足廣軌之諸誓言 言簡意賅 簡明扼要 且方便易持 可供常修

ཡོངས་གྲགས་ཀྱི་ཐུན་དྲུག་རྣལ་འབྱོར་རྒྱས་པ་འདི་ཡང་ཚིག་ཉུང་། འཇེར་བདེ་འདི་ལས་བསྡུས་པ་མི་དགོས་པ་ལྟར་ཡང་། དེང་དུས་གལ་ཆུང་ཆོས་ལ་བྱེད་

馳名之六座瑜伽其廣軌詞句並不多 本不需作比此更略者

པའི་སྐབས་འདིར་འདི་ཙམ་འདོན་པ་ཡང་མི་ལྕོགས་པར་སྣང་བ་མང་ཞིང་། འགའ་ཞིག་དབང་པོ་ཤིན་ཏུ་རྟུལ་བ་དང་། རྒས་ཤིང་འཁོགས་པས་ཀློག་པ་

只因當今修行人中許多人無更多時間付之修持 一些智慧低劣者

ཙམ་ཡང་མི་ཤེས་ལ། བཟུང་ཡང་མི་ནུས་པས་གཟུངས་སྔགས་འཛིན་པ་ཙམ་ལ་སྐྱབས་བྱེད་དགོས་པ་ཡང་མང་དུ་སྣང་བ་རྣམས་རྡོ་རྗེ་དམྱལ་བ་ལས་བསྲུང་

因年老力衰連基本讀音亦不能識 更無法記誦 只能令持咒 且不可多授 爲使諸多

ཕྱིར་བརྩེ་བའི་བསམ་པས་བཀོད་པ་ཡིན་པས། རྒྱས་པ་ནུས་བཞིན་བསྡུས་པའི་སླ་ཆོས་ནི་ནམ་ཡང་མ་མཛད་ཅིག་ཅེས་ཐལ་མོ་སྦྱར་ནས་གསོལ་བ་འདེབས

無知者由金剛地獄中得以攝救 此廣略儀軌中可任擇其一 諸如法修持 則一切時中

ཐུན་དྲུག ཉེར་དགུ རྣལ་འབྱོར།

༄༅། །སོ། །འདི་ལྟར་བསྔོ་བར་བྱས། ཐུན་དྲུག་བླ་མའི་རྣལ་འབྱོར་འདི་ནི་ལམ་རིམ་པ་རིན་པོ་ཆེས་མཛད་པ། སེར་སྨད་གཞུང་པ་ཆོས་མཛད་དུ་འབོད་

均獲利益矣 於此合十 爲衆祈請 作如是迴向 此六座上師瑜伽法是尊者瑯仁巴上師所造

པ་ཤཱཀྱའི་དགེ་སློང་ངག་དབང་བཟོད་པ་རྒྱ་མཚོས་བོད་རབ་བྱུང་བཅུ་བདུན་པའི་ལྕགས་འབྲུག་ལོར་སེ་ར་དགོན་དུ་བསྒྱུར་བ། ཆུ་ལུག་ལོར་ཁྲིན་ཏུའུ་གཟིམ་

由僭名色麥雄巴欽則稱者・釋迦比丘・阿旺貟巴嘉措於藏曆鐵龍年三月在色拉寺漢譯

ཤག་ནས་ཞུ་དག་བྱས་པ་དགེ་ལེགས་འཕེལ། །

後經反復斟酌 於藏曆水羊年四月在成都精舍校訂

༄༅། །རྗེ་བཙུན་རྡོ་རྗེ་རྣལ་འབྱོར་མ་ནཱ་རོ་མཁའ་སྤྱོད་ཀྱི་སྒྲུབ་ཐབས་ཐུན་མོང་མ་ཡིན་པ་བདེ་ཆེན་ཉེ་ལམ་ཞེས་བྱ་བ་བཞུགས་སོ། །

至尊金剛瑜伽母那若空行不共大樂成就法捷道

འདི་དབང་དང་བྱིན་རླབས་ཐོབ་ཀྱང་རིམ་གཉིས་ཀྱི་ཟབ་ཁྲིད་མ་ཐོབ་པས་བལྟ་བར་མི་བྱའོ། །

此法雖獲得灌頂與加持若未獲得深奧二次第教敕者不得翻閱

༄༅། །ན་མོ་གུ་རུ་བཛྲ་དྷརྨཱ་ཡ།

哪摩咕洳班雜噠瑪雅

ཟག་མེད་བདེ་བ་མཆོག་གི་དཀྱིལ་འཁོར་དུ། །སྟོང་དང་སྤྲོས་ཀུན་སྡོམ་མཁས་ཧེ་རུ་ཀ། །

無漏殊勝安樂壇城中　樂空善攝遊戲嘿洳嘎

དཔལ་ལྡན་དཔའ་བོའི་དབང་ཕྱུག་ཡབ་ཡུམ་གྱིས། །རྟག་ཏུ་མི་ཤིགས་ཐིག་ལེར་དགྱེས་དགུར་རོལ། །

具德自在勇父勇母尊　歡喜享用永不滅明點

༄༅། །སྙིང་རྗེར་རོ་གཅིག་ཨེ་དབྱིངས་སྒྱུ་མའི་གར། །ཡིད་འོང་དགའ་མའི་གར་གྱིས་ཉམ་ཐག་འགྲོ། །

悲心不二唉界幻化舞　悅意歡樂舞解煩惱母

བདེ་ཆེན་དབྱིངས་སུ་འདྲེན་པའི་ཐབས་མཁས་མ། །རྒྱལ་ཡུམ་རྡོ་རྗེ་བཙུན་མོས་རྟག་སྐྱོངས་མཛོད། །

接引大樂佛界善巧母　至尊金剛佛母常護佑

ཉེར་བཞིའི་ཡུལ་ན་སྐལ་ལྡན་རྗེས་གཟུང་ཕྱིར། །མ་རིས་རྣམ་འགྱུར་དུ་མའི་མིག་འཕྲུལ་མཁན། །

二十四界具緣隨攝故　多種難解變化幻術者

ཞིང་སྔགས་ལྷན་ཅིག་སྐྱེས་པའི་མཁའ་འགྲོས་ཀྱང་། །བརྩེ་བས་རྗེས་གཟུང་འདོད་པའི་དངོས་གྲུབ་སྩོལ། །

剎咒俱生成就空行母　慈愍隨攝賜所欲悉地

ཇི་ཙམ་སྙིགས་མར་གྱུར་ལ་ལྷག་པར་དུ། །ཟབ་མྱུར་ཁྱད་པར་ལྷག་པའི་ཉེ་ལམ་མཆོག །

如何濁惡於之更猶勝　殊勝深奧增上速成道

མཁའ་འགྲོའི་སྙིང་བཅུད་རྒྱུད་དོན་རྒྱ་མཚོའི་དབྱིད། །རྟེན་པར་ཕྱུངས་འདི་སྐལ་བཟང་རྒྱན་དུ་ཡོངས། །

空行心粹密續義海暉　全觀甚妙賢劫此莊嚴

མཁའ་ གསུམ་ ༣།

༄༅། །དེ་ལ་འདིར་དཔལ་འཁོར་ལོ་བདེ་མཆོག་གི་རྩ་བཤད་ཀྱི་རྒྱུད་རྣམས་ལས་གསལ་བར་བསྟན་ཅིང་། འཕགས་པའི་ཡུལ་དུ་པཎ་གྲུབ་ཀུན་གྱི་

此法在勝樂總攝輪諸本續及釋義中有明確教授 爲天竺諸班智達成就者頂莊嚴寶之

གཙུག་གི་ནོར་བུར་གྱུར་པ་ཇོ་བོ་ནཱ་རོ་ཏ་པས། རྗེ་བཙུན་མའི་ཞལ་མངོན་སུམ་དུ་གཟིགས་ཏེ་གདམས་པ་རྣམས་མནོས་ནས་ལེགས་པར་བཀྲལ་ཞིང་། བོད་ཡུལ་

那若覺者親見至尊母面容並聆受親教要義而得 在雪域爲薩迦具德

དུ་དཔལ་ལྡན་ས་སྐྱ་པ་ཡབ་སྲས་ཀྱི་སྙན་བརྒྱུད་གསེར་ཆོས་བཅུ་གསུམ་གྱི་ནང་ཚན། ཁམས་གསུམ་ཆོས་ཀྱི་རྒྱལ་པོ་ཙོང་ཁ་པ་ཆེན་པོའི་ཐུགས་ལ་གབ་པའི་

師徒耳傳十三金法之一 乃三界法王宗喀巴大師心密法中之不共同秘密法

樂空捷道廣軌 三

སྦས་ཆོས་ཐུན་མོང་མ་ཡིན་པ། ནཱ་རོ་མཁའ་སྤྱོད་དུ་གྲགས་པ་རྗེ་བཙུན་རྡོ་རྗེ་རྣལ་འབྱོར་མའི་སྒྲུབ་ཐབས་ཐུན་མོང་མ་ཡིན་པ་ལྟར་ཉམས་སུ་ལེན་པའི་ཚུལ་

著稱那若空行 如是修持至尊金剛瑜伽母那若空行不共成就實修法之瑜伽士應

ལག་ཏུ་བླངས་བདེ་བར་འགོད་པ་ལ། རྣལ་འབྱོར་པ་ལ་ཐུན་མོང་བས་རྒྱུད་ལེགས་པར་སྦྱངས་ཤིང་། བདེ་དགྱེས་སོགས་མ་རྒྱུད་ཀྱི་དཀྱིལ་འཁོར་ཚད་ལྡན་

先修共同成就法 清淨加持自相續並須受得勝樂喜金剛等具量母續

གང་ཡང་རུང་བ་ཞིག་ཏུ་དབང་བཞི་རྣམ་པར་དག་པ་སྐུ་བཞིའི་ས་བོན་ཐེབས་ངེས་སུ་མནོས་ཏེ། དམ་ཚིག་དང་སྡོམ་པ་རྣམས་མིག་འབྲས་བཞིན་དུ་སྲུང་བ་ལ་

清淨中圍四灌頂植四身法種 修行精進 守持三昧耶如護眼珠 其後復於

མཁའ་ བཞི་ ༤།

༄༅། །བརྩོན་པར་བྱེད་ཅིང་། དེའི་སྟེང་དུ་འདི་ཉིད་ཀྱི་སིནྡྷཱུ་རའི་དཀྱིལ་འཁོར་དུ་བྱིན་རླབས་ཟབ་མོ་ཕྱི་ནང་གསང་བའི་རྡོ་རྗེ་བཙུན་མོ་ངོ་འཕྲོད་ངེས་སུ་

至尊金剛瑜伽母之壇城中領受深奧加被 觀外內密至尊金剛母並領受過共與不共同

ལེགས་པར་མནོས་ཏེ། ཐུན་མོང་དང་། ཐུན་མོང་མ་ཡིན་པའི་མན་ངག་ཞལ་ཤེས་རྣམས་དང་བཅས་པ་ལ་གསང་ཆེན་སློབ་བཤད་པའི་ཕྱག་བཞེས་འཁྲུལ་མེད་

之訣要教授 依止大秘密傳承熟通實施無誤者 其實修次第分二 即座中體相如何作

ལྟར་ཐོབ་ནས་ཉམས་སུ་ལེན་པའི་རིམ་པ་ལ་གཉིས། ཐུན་གྱི་ངོ་བོ་ལ་ཇི་ལྟར་བྱ་བ་དང་། ཐུན་མཚམས་སུ་ཇི་ལྟར་བྱ་བའི་རིམ་པའོ། །དང་པོ་ལ་སྦྱོར་དངོས་

與座間如何作之次第者也 前者分前正結三行 其一前行法是

樂空捷道廣軌 四

རྗེས་གསུམ་ལས། དང་པོ་ནི། དབེན་ཞིང་ཡིད་དང་མཐུན་པའི་གནས་སུ་བྲིས་འབུར་གྱི་སྐུ་དང་། དམ་ཚིག་གི་རྫས་ཌཱ་དྲིལ་ཁ་ཊྭཱཾ་ག་སོགས་དང་། ཕྱི་ནང་གི་མཆོད་

於寂靜合意之處設置畫像或塑像 誓言之法器如鼗鼓 鈴 杵 喀章嘎等及

གཏོར་རྣམས་ལེགས་པར་ཚོགས་པར་བྱས་ལ། བདེ་བའི་སྟན་ལ་ཁ་ནུབ་ཏུ་ཕྱོགས་པའམ་ཕྱོགས་པར་མོས་ཏེ། དངོས་གཞི་ཉམས་སུ་ལེན་པའི་རིམ་པ་ནི།

外內供食等應備所備 於舒適墊上面向西而坐 或觀向西方而行 正行實修次第是

རྗེས་ཆེན་གྱིས། ཉལ་དང་ལྡང་དང་བདུད་རྩི་མྱང་། །ཚད་མེད་བླ་མ་བདག་ལྷར་བསྐྱེད། །འགྲོ་བ་དག་པའི་རྣལ་འབྱོར་དང་། །དཔའ་བོ་དཔའ་མོས་བྱིན་གྱིས་

如聖薩欽云 眠寐覺寤嚐甘露 無量上師自生尊 清淨衆生之瑜伽 勇父勇母作加持

༄༅། །བཟླབས། །ངག་བཟླས་ཡིད་བཟླས་གཉིས་གཅིག་ཡིན། །བསམ་གྱིས་མི་ཁྱབ་རྣལ་འབྱོར་དང་། །སྤྱོད་ལམ་གྱི་ནི་རྣལ་འབྱོར་ཏེ། །དེ་ལྟར་རྣལ་

口誦意念二合一 不可思議之瑜伽 威儀行止之瑜伽 如是十一瑜伽法

འབྱོར་བཅུ་གཅིག་གོ །ཅེས་གསུངས་པ་ལྟར། དང་པོ་ཉལ་བའི་རྣལ་འབྱོར་དང་། གཉིས་པ་ལྡང་བའི་རྣལ་འབྱོར་དང་། གསུམ་པ་བདུད་རྩི་མྱང་བའི་རྣལ་

一是眠寐瑜伽 二是覺寤瑜伽 三是嚐甘露瑜伽 其爲前行

འབྱོར་རྣམས་སྔོན་དུ་བཏང་སྟེ། བཞི་པ་ཚད་མེད་ཀྱི་རྣལ་འབྱོར་ནི། ལུས་གནད་དང་ལྡན་པར་འདུག་ནས། མདུན་གྱི་ནམ་མཁར་བླ་མ་འཁོར་

四是無量瑜伽 身具要訣入坐之後 對前虛空中上師總攝輪

མཁའ་ ༥ སྤྱོད།

樂空捷道廣軌 五

ལོ་སྡོམ་པ་ཡབ་ཡུམ་ལ་རྩ་བརྒྱུད་ཀྱི་བླ་མ་ཡི་དམ་མཆོག་གསུམ་བཀའ་སྡོད་སྲུང་མའི་ཚོགས་ཀྱིས་བསྐོར་ནས……

作勝樂父母周匝根本傳承師本尊三寶遵敕護法

བཞུགས་པར་གྱུར། རང་དང་སེམས་ཅན་ཐམས་ཅད་ཀྱིས་སྐྱབས་སུ་འགྲོ་བར་མོས་ནས། བདག་དང་འགྲོ་བ་ནམ་མཁའི་མཐའ་དང་

衆圍繞而住 作自與一切衆生在皈依境中之勝解 我與天際一切

མཉམ་པའི་སེམས་ཅན་ཐམས་ཅད་དུས་འདི་ནས་བཟུང་སྟེ་ཇི་སྲིད་བྱང་ཆུབ་སྙིང་པོ་ལ་མཆིས་ཀྱི་བར་དུ་དཔལ་ལྡན་

有情衆自今時起乃至證得成就菩提

༄༅། །བླ་མ་དམ་པ་རྣམས་ལ་སྐྱབས་སུ་མཆིའོ། །རྫོགས་པའི་སངས་རྒྱས་བཅོམ་ལྡན་འདས་རྣམས་ལ་སྐྱབས་སུ་

皈依一切具德賢善上師 皈依一切圓覺佛

མཆིའོ། །དམ་པའི་ཆོས་རྣམས་ལ་སྐྱབས་སུ་མཆིའོ། །འཕགས་པའི་དགེ་འདུན་རྣམས་ལ་སྐྱབས་སུ་མཆིའོ། །ཞེས་ལན་

皈依一切正法 皈依一切聖僧伽 如是作三遍皈依

གསུམ་གྱིས་སྐྱབས་འགྲོ་དང་། བདག་གིས་རྫོགས་པའི་སངས་རྒྱས་ཀྱི་གོ་འཕང་ཐོབ་པར་བྱས་ལ། སེམས་ཅན་ཐམས་ཅད་

我爲成就正等圓覺果位 救度一切衆生

མཁའ་ ༦ སྤྱོད།

樂空捷道廣軌 六

འཁོར་བའི་སྡུག་བསྔལ་གྱི་རྒྱ་མཚོ་ལས་བསྒྲལ་ནས་རྫོགས་པའི་བྱང་ཆུབ་ཀྱི་བདེ་བ་ལ་འགོད་པར་བྱ། དེའི་ཕྱིར་དུ་

出離輪迴苦海而使圓滿菩提置於安樂故

རྡོ་རྗེ་རྣལ་འབྱོར་མའི་ལམ་གྱི་རིམ་པ་ཉམས་སུ་བླང་བར་བགྱིའོ། །ཞེས་ལན་གསུམ་གྱིས་སེམས་བསྐྱེད། ཚད་མེད་བཞི་སྤྱི་ལྟར་བགྱིས་

受持金剛瑜伽母道次第 如是三遍發心 四無量可依共同法修之

ཀྱང་རུང་ངོ་། །དེ་ནས་ཐལ་མོ་སྦྱར་ཏེ། བླ་མ་དང་དཀོན་མཆོག་རིན་པོ་ཆེ་རྣམ་པ་གསུམ་ལ་ཕྱག་འཚལ་ཞིང་སྐྱབས་སུ་མཆིའོ། །

然後合十 頂禮皈依上師三寶祈請諸聖尊加持

༄༅། །ཁྱེད་རྣམས་ཀྱིས་བདག་གི་རྒྱུད་བྱིན་གྱིས་བརླབ་ཏུ་གསོལ། ཞེས་བརྗོད་པས། མདུན་གྱི་སྐྱབས་ཡུལ་རྣམས་འོད་

我相續 如是誦 對前皈依處諸尊化爲白紅藍

ཟེར་དཀར་དམར་མཐིང་གསུམ་གྱི་རྣམ་པར་ཞུ་ནས་རང་ལ་ཐིམ་པས་སྐུ་གསུང་ཐུགས་ཀྱི་བྱིན་རླབས་ཐོབ་པར་གྱུར།

三道光相融於自身獲得身語意加持

དེ་ནས། རང་ཉིད་སྐད་ཅིག་གིས་རྗེ་བཙུན་རྡོ་རྗེ་རྣལ་འབྱོར་མར་གྱུར། ནང་མཆོད་ཞལ་བཞི་པའི་སྔགས་ཀྱིས་བསངས། ཡང་ན། ཨོཾ་

復次 自身刹那間轉成至尊金剛瑜伽母 內供用四面之咒除穢 或 嗡堪哲

ཁཎྜ་རོ་ཧེ་ཧཱུྃ་ཧཱུྃ་ཕཊ་ཀྱིས་བསངས། ཨོཾ་སྭ་བྷཱ་ཝ་ཤུདྡྷཿསརྦ་དྷརྨཱཿསྭ་བྷཱ་ཝ་ཤུདྡྷོ྅ཧཾ། སྟོང་པ་ཉིད་དུ་གྱུར། སྟོང་པའི་ངང་ལས

撓嘿吽吽呸 之除穢 嗡索巴瓦旭噠薩哇噠嘛蘇巴瓦旭噠行 觀自性空

ཡཾ་ལས་རླུང་། རཾ་ལས་མེ། ཨཱཿལས་མི་མགོའི་སྒྱེད་བུ་གསུམ་གྱི་སྟེང་དུ་ཨཱཿལས་ཐོད་པ་ཡངས་ཤིང་རྒྱ་ཆེ་བའི་ནང་

空性中ཡཾ生風 རཾ生火 ཨཱཿ生三具人首之上ཨཱཿ生廣大頂骨器 其內

དུ་ཨོཾ་ཁཾ་ཨཾ་ཏྲཱཾ་ཧཱུྃ་རྣམས་ལས་བདུད་རྩི་ལྔ། ལཾ་མཾ་པཾ་ཏཾ་བཾ་རྣམས་ལས་ཤ་ལྔ་ཡི་གེ་དེ་དག་གིས་མཚན་པ། རླུང་གཡོས

ཨོཾ་ཁཾ་ཨཾ་ཏྲཱཾ་ཧཱུྃ諸化五甘露 ལཾ་མཾ་པཾ་ཏཾ་བཾ諸化五肉 復以諸字莊嚴

༄༅། །མེ་སྦར་བས་ཐོད་པའི་ནང་གི་རྫས་རྣམས་ཞུ་བར་གྱུར། དེ་དག་གི་སྟེང་དུ་ཧཱུྃ་ལས་སྐྱེས་པའི་ཁ་ཊྭཱཾ་ག་དཀར་

風鼓正火盛 器中諸物熔成汁 彼等之上ཧཱུྃ生白色喀章嘎倒懸

པོ་མགོ་ཐུར་དུ་བལྟས་ནས་ཞུ་བ་ཐོད་པར་ལྷུང་ནས་རྫས་དེ་དག་དངུལ་ཆུའི་མདོག་ཅན་དུ་གྱུར། དེའི་སྟེང་དུ་དབྱངས

熔化滴入頂器 器內諸物轉成水銀色 彼上元輔音咒鬘

གསལ་གྱི་ཕྲེང་བ་གསུམ་བརྩེགས་སུ་གནས་པ་ཨོཾ་ཨཱཿཧཱུྃ་དུ་གྱུར་པའི་འོད་ཟེར་གྱིས་ཕྱོགས་བཅུའི་དེ་བཞིན་གཤེགས

三疊而住 轉成ཨོཾ་ཨཱཿཧཱུྃ三字光 攝集十方諸如來勇父瑜伽母心間之

པ་དང་། དཔའ་བོ་དང་རྣལ་འབྱོར་མ་ཐམས་ཅད་ཀྱི་ཐུགས་ཀ་ནས་ཡེ་ཤེས་ཀྱི་བདུད་རྩི་བཀུག་ནས་བསྟན་པས་མང་

智慧甘露注入器中 滔然大增 燃起無窮無盡

པོར་སྤར་ཞིང་སྤེལ་བར་གྱུར། ཨོཾ་ཨཱཿཧཱུྃ། ལན་གསུམ་བརྗོད་པས་བྱིན་གྱིས་བརླབས། ཨོཾ་ཁཎྜ་རོ་ཧེ་ཧཱུྃ་ཧཱུྃ་ཕཊ་ཀྱིས་བསངས། སྭ་བྷཱ

嗡啊吽 如是誦三遍作加持 嗡堪哲撓嘿吽吽呸 之除穢 嗡索巴瓦旭噠薩哇

ཝས་སྦྱངས། སྟོང་པའི་ངང་ལས་ཀཾ་ལས་ཐོད་པའི་སྣོད་རྣམས་ཀྱི་ནང་དུ་ཧཱུྃ་ལས་མཆོད་རྫས་རྣམས་རང་བཞིན་སྟོང་ཉིད།

噠嘛蘇巴瓦旭噠行 淨治 觀自性空 空性中ཀཾ生諸器

མཁའ་ ༩ སྤྱོད།

༄༅། །རྣམ་པ་མཆོད་རྫས་སོ་སོའི་རྣམ་པ་ཅན། བྱེད་ལས་དབང་པོ་དྲུག་གི་སྤྱོད་ཡུལ་དུ་ཟག་པ་མེད་པའི་བདེ་བ་
內ཧཱུྃ化諸供物 自性皆空所具各各形相業用能引發六根諸行處
ཁྱད་པར་ཅན་སྐྱེར་པར་གྱུར། ཨོཾ་ཨརྒྷཾ་ཨཱཿཧཱུྃ། ཨོཾ་པཱདྱཾ་ཨཱཿཧཱུྃ། ཨོཾ་བཛྲ་པུཥྤེ་ཨཱཿཧཱུྃ། ནས།
生起無漏殊勝樂 嗡啊剛啊吽 嗡巴當啊吽 嗡班雜布白啊吽 至
ཨོཾ་བཛྲ་ཤབྡ་ཨཱཿཧཱུྃ་གི་བར་གྱི་ཆུ་གཉིས་ཉེར་སྤྱོད་རོལ་མོ་དང་བཅས་པ་བྱིན་གྱིས་བརླབས། བདག་འཇུག་སྐབས་མཚམས་འདིར། སྔོན་འགྲོའི་གཏོར་
嗡班雜曉噠啊吽 之二水受享妙樂等作加持

樂空捷道廣軌 九

མ་དང་གནས་ཡོ་བྱིན་རླབས་སོགས་དཀྱིལ་ཆོག་ལས་འབྱུང་བ་ལྟར་བྱ། དེ་ནས་རྡོར་སེམས་སྒོམ་བཟླས་ནི། རང་གི་སྤྱི་བོར་པད་ཟླའི་གདན་
自入時此間前行食供與修行處資具加持法等依壇城儀軌中所錄而行
ལ་རྡོ་རྗེ་སེམས་དཔའ་ཡབ་ཡུམ་སྐུ་མདོག་དཀར་པོ་ཞལ་གཅིག་ཕྱག་གཉིས་ཀྱིས་རྡོར་དྲིལ་དང་གྲི་ཐོད་འཛིན་པས···
觀自身頂門蓮月墊上金剛心父母身色潔白 一面二臂
ཕན་ཚུན་འཁྱུད་པ། ཡབ་ཕྱག་རྒྱ་དྲུག་དང་ཡུམ་ཕྱག་རྒྱ་ལྔས་བརྒྱན་ཅིང་། རྡོ་རྗེ་དང་པདྨའི་སྐྱིལ་ཀྲུང་གིས་བཞུགས་
執鈴杵與鉞刀頂器相交媾 王尊六印 妃尊五印莊嚴

མཁའ་ ༡༠ སྤྱོད།

༄༅། །པའི་ཐུགས་ཀར་ཟླ་བའི་སྟེང་དུ་ཧཱུྃ་གི་མཐར་སྔགས་ཕྲེང་གིས་བསྐོར་བ་ལས་བདུད་རྩི་དཀར་པོའི་རྒྱུན་
足結金剛與蓮華跏趺而坐 心間月輪墊上ཧཱུྃ字咒鬘環繞而生降
བབས་པས་ནད་གདོན་སྡིག་སྒྲིབ་ཐམས་ཅད་སྦྱངས་པར་གྱུར་བར་བསམས་ལ། ཨོཾ་བཛྲ་ཧེ་རུ་ཀ་ས་མ་ཡ།
白色甘露 一切病魔業障皆除盡 如是觀想 嗡班雜嘿洳嘎薩嘛雅
མ་ནུ་པཱ་ལ་ཡ། ཧེ་རུ་ཀ ཏྭེ་ནོ་པ་ཏིཥྛ། དྲྀ་ཌྷོ་མེ་བྷ་ཝ། སུ་ཏོ་ཥྱོ་མེ་བྷ་ཝ།
嘛怒巴啦雅 嘿洳嘎戴惱巴 第治直照麥巴哇 嗉哆喀搖麥巴瓦 嗉

樂空捷道廣軌 十

སུ་པོ་ཥྱོ་མེ་བྷ་ཝ། ཨ་ནུ་རཀྟོ་མེ་བྷ་ཝ། སརྦ་སིདྡྷི་མྨེ་པྲ་ཡཙྪ། སརྦ་ཀརྨ་སུ་
波喀搖麥巴瓦 啊努惹哆麥巴瓦 薩瓦嘶啼麥炸雅渣 薩哇噶瑪蘇哲
ཙ་མེ་ཙིཏྟཾ་ཤྲེ་ཡཿཀུ་རུ་ཧཱུྃ། ཧ་ཧ་ཧ་ཧ་ཧོཿབྷ་ག་ཝན། བཛྲ་ཧེ་རུ་ཀ་མ་མེ་མུཉྩ། ཧེ་རུ་ཀ་བྷ་ཝ།
邁 置當什日雲 咕洳吽 哈哈哈哈嚎 巴嘎萬 班雜嘿洳嘎嘛麥牟渣
མཧཱ་ས་མ་ཡ་ས་ཏྭ་ཨཱཿཧཱུྃ་ཕཊ། ཅེས་ཉེར་གཅིག་བཟླས་མཐར། རྡོ་རྗེ་སེམས་དཔའ་ཡབ་ཡུམ་རང་ལ་ཐིམ་པས། རང་གི་སྒོ་
嘿洳嘎巴瓦 嘛哈薩瑪雅薩埵啊吽呸 如是誦二十一遍後 金剛心父母

མཁའ་ བརྒྱ་གཅིག

༄༅། །གསུམ་དང་རྡོ་རྗེ་སེམས་དཔའི་སྐུ་གསུང་ཐུགས་དབྱེར་མི་ཕྱེད་པར་གྱུར་པར་བསམ་མོ། ལྔ་པ་བླ་མའི་རྣལ་འབྱོར་ནི།
融入於自身 自身三門與金剛心身語意融成無二也 如是觀想
མདུན་གྱི་ནམ་མཁར་དག་གསལ་གཉིས་སུ་མེད་པའི་ཡེ་ཤེས་ཀྱི་རང་སྣང་ལས་གྲུབ་པའི་གཞལ་ཡས་ཁང་གྲུ་བཞི་སྒོ་
五 上師瑜伽法是 對前虛空明淨無二智慧顯相而成之無量宮
བཞི་རྒྱན་དྲ་བབས་དང་བཅས་པ་མཚན་ཉིད་ཐམས་ཅད་ཡོངས་སུ་རྫོགས་པའི་དབུས་སུ་སེང་ཆེན་པོ་བརྒྱད་ཀྱིས
四方四門 牌坊華麗 具足一切性相莊嚴 中央八大獅子托寶座

樂空捷道廣軌 十一

བཏེག་པའི་རིན་པོ་ཆེའི་ཁྲི་སྣ་ཚོགས་པདྨ་ཟླ་བ་ཉི་མའི་གདན་གྱི་སྟེང་དུ་དྲིན་ཅན་རྩ་བའི་བླ་མ་དེ་ཉིད་སངས་རྒྱས་རྡོ་
各色蓮華日月墊上承恩根本上師正覺金剛法之現相
རྗེ་ཆོས་ཀྱི་རྣམ་པ་ཅན་སྐུ་མདོག་དམར་པོ་ཞལ་གཅིག་ཕྱག་གཉིས་ཀྱིས་རྡོ་རྗེ་དང་དྲིལ་བུ་ཐུགས་ཀར་བསྣོལ་ནས་
身紅色 一面二臂 鈴杵當心交持
འཛིན་པ། དབུ་སྐྲ་རལ་པའི་ཅོད་པན་ཅན། ཞབས་རྡོ་རྗེའི་སྐྱིལ་མོ་ཀྲུང་གིས་བཞུགས་པ། གཞོན་ནུ་ལང་ཚོ་བཅུ་
墨髮冠冕 金剛跏趺 示現十六妙齡相

མཁའ་ བརྒྱ་གཉིས

༄༅། །རུས་ཡོན་པའི་ན་ཆོད་ཅན། དར་དང་རུས་པ་དང་རིན་པོ་ཆེའི་རྒྱན་ཐམས་ཅད་ཀྱིས་བརྒྱན་པ། དེའི་མདུན་
綾羅骨飾珍寶之一切莊嚴 彼師前從左環繞之金剛持佛
ནས་རྩ་མས་ཏེ་གཡོན་སྐོར་དུ་སངས་རྒྱས་རྡོ་རྗེ་འཆང་ནས་རྩ་བའི་བླ་མའི་བར་གྱི་བརྒྱུད་པའི་བླ་མ་ཐམས་ཅད་དཔའ་
至根本上師間 傳承諸師現持勇金剛法相
བོ་རྡོ་རྗེ་ཆོས་ཀྱི་རྣམ་པ་ཅན་སྐུ་མདོག་དམར་པོ་ཞལ་གཅིག་ཕྱག་གཉིས། གཡས་པས་བདེ་སྟོང་གི་སྒྲ་སྒྲོགས་པའི་ཌཱ་
身紅色 一面二臂 右手持鼗鼓發樂空妙音

樂空捷道廣軌 十二

མ་རུ་འཁྲོལ་བ། གཡོན་པས་བདུད་རྩིས་གང་བ་ཐུགས་ཀར་འཛིན་པ། སྐུ་མོ་གཡོན་ན་ཁ་ཊྭཱཾ་ག་བསྣམས་པ།
左手持盈滿甘露之頂器於心間 左肩倚喀章嘎
ཞབས་རྡོ་རྗེའི་སྐྱིལ་ཀྲུང་གིས་བཞུགས་པ། རུས་པའི་རྒྱན་དྲུག་གིས་བརྒྱན་ཅིང་། གཞོན་ནུ་ལང་ཚོ་དར་ལ་བབས་པ།
金剛跏趺坐 六種骨飾作莊嚴 妙齡豐滿
གཙོ་འཁོར་ཐམས་ཅད་ཀྱི་དཔྲལ་བར་ཨོཾ། མགྲིན་པར་ཨཿ ཐུགས་ཀར་ཧཱུྃ། ཐུགས་ཀའི་ཧཱུྃ་ལས་འོད་ཟེར་འཕྲོས།
衆皆額間ཨོཾ 喉間ཨཿ 心間ཧཱུྃ 心間ཧཱུྃ字發光

༄༅། །རང་བཞིན་གྱི་གནས་ནས་བླ་མ་ཡི་དམ་དཀྱིལ་འཁོར་གྱི་ལྷ་ཚོགས་དང་། སངས་རྒྱས་བྱང་སེམས་དཔའ་བོ་

從自性界迎請上師本尊壇城衆 及諸佛菩薩

མཁའ་འགྲོ །ཆོས་སྐྱོང་སྲུང་མའི་ཚོགས་དང་བཅས་པ་ཨོཾ་བཛྲ་ས་མ་ཛཿ ཛཿཧཱུྃ་བཾ་ཧོཿ རེ་རེའང་སྐྱབས་གནས་ཀུན་

勇父勇母 護法 嗡班雜薩嘛渣雜吽幫嚎各各皆成皈依境

འདུས་ཀྱི་ངོ་བོར་གྱུར་པར་བསམས་ལ། ཐལ་མོ་སྦྱར་ཏེ།

總集爲一體性也 此間如是觀 雙手合十

གང་གི་དྲིན་གྱིས་བདེ་ཆེན་གནས། །སྐད་ཅིག་གིས་ནི་ཐོབ་འགྱུར་བ། །

何師恩德大樂處　　剎那之間證得者

བླ་མ་རིན་ཆེན་ལྟ་བུའི་སྐུ། །རྡོ་རྗེ་ཅན་ཞབས་པད་ལ་འདུད། །ཅེས་ཕྱག་བྱ།

妙如上師大寶身　　金剛足蓮前頂禮 如是誦觀頂禮

རང་གི་ཐུགས་ཀ་ནས་སྤྲོས་པའི་མཆོད་པའི་ལྷ་མོ་རྣམས་ཀྱིས་མཆོད་པར་གྱུར་པར་བསམས་ལ། ཨོཾ་ཨརྒྷཾ་པྲ་ཏཱིཙྪ་སྭཱ་ཧཱ།

觀自心間放出供養天女衆作供養 此間如是觀 嗡啊剛哲帝雜娑哈

༄༅། །ཨོཾ་པཱདྱཾ་པྲ་ཏཱིཙྪ་སྭཱ་ཧཱ། ཨོཾ་བཛྲ་པུཥྤེ་ཨཱཿཧཱུྃ་སྭཱ་ཧཱ། ཨོཾ་བཛྲ་དྷཱུ་པེ་ཨཱཿཧཱུྃ་སྭཱ་ཧཱ།

嗡巴當哲帝雜娑哈 嗡班雜布白啊吽娑哈 嗡班雜都貝啊吽娑哈

ཨོཾ་བཛྲ་དཱི་པེ་ཨཱཿཧཱུྃ་སྭཱ་ཧཱ། ཨོཾ་བཛྲ་གནྡྷེ་ཨཱཿཧཱུྃ་སྭཱ་ཧཱ། ཨོཾ་བཛྲ་ནཻ་ཝི་དྱེ་ཨཱཿཧཱུྃ་སྭཱ་ཧཱ།

嗡班雜帝貝啊吽娑哈 嗡班雜更得啊吽娑哈 嗡班雜納微德啊吽娑哈

ཨོཾ་བཛྲ་ཤབྡ་ཨཱཿཧཱུྃ་སྭཱ་ཧཱ། ཨོཾ་ཨཱཿབཛྲ་ཨཱ་དརྴེ་ཧཱུྃ། ཨོཾ་ཨཱཿབཛྲ་པི་ཎེ་ཧཱུྃ།

嗡班雜曉噠啊吽娑哈 嗡啊班雜阿噠謝吽 嗡啊班雜毖尼吽

ཨོཾ་ཨཱཿབཛྲ་གནྡྷེ་ཧཱུྃ། ཨོཾ་ཨཱཿབཛྲ་ར་སེ་ཧཱུྃ། ཨོཾ་ཨཱཿབཛྲ་སྤརྴེ་ཧཱུྃ། ཨོཾ་ཨཱཿབཛྲ་དྷརྨེ་ཧཱུྃ། རྣམས་ཀྱིས་ཕྱི་མཆོད་དང་།

嗡啊班雜更得吽 嗡啊班雜惹賽吽 嗡啊班雜巴爾謝吽 嗡啊班雜噠

ཨོཾ་གུ་རུ་བཛྲ་དྷརྨ་ས་པ་རི་ཝཱ་ར་ཨོཾ་ཨཱཿཧཱུྃ་གིས་ནང་མཆོད་འབུལ། རང་གི་ཐུགས་ཀ་ནས་པདྨ་ཅན་ལ་སོགས་པའི་རིག་མ་དཔག་

麥吽 作諸外供及 嗡咕洳班雜噠嘛薩巴日瓦惹嗡啊吽 之內供 自心間放出具蓮等

ཏུ་མེད་པ་སྤྲོས་པ་རྣམས་རྡོ་རྗེ་རྣལ་འབྱོར་མའི་སྐུར་གྱུར་པ་དང་བླ་མ་ཡབ་ཡུམ་སྙོམས་པར་ཞུགས་པས་ཟག་མེད་ཀྱི་བདེ་བས་ཁྱབ་པར་བསམས་ལ།

無量明妃皆轉成金剛瑜伽母身並與上師勝樂父母雙運普及無漏之樂 此間如是觀想

མཁའ་ ༡༥ སྐོ།

༄༅། །ཡིད་འོང་ལང་ཚོའི་དཔལ་འཛིན་དྲུག་ཅུ་བཞིའི། །འདོད་པའི་སྒྱུ་རྩལ་ལ་མཁས་ལུས་ཕྲ་མ། །
悅意妙齡具德窈窕母　六十四種善巧妙雙跏
ཞིང་སྐྱེས་སྔགས་སྐྱེས་ལྷན་སྐྱེས་ཕོ་ཉའི་ཚོགས། །མཛེས་སྡུག་སྒྱུ་མའི་ཕྱག་རྒྱ་རྣམས་ཀྱང་འབུལ། །
剎生咒生俱生使女衆　幻化幻美幻印諸供養
ཞེས་གསང་བའི་མཆོད་པ་འབུལ། མཆོད་པའི་འཁོར་གསུམ་བདེ་སྟོང་དབྱེར་མེད་ཀྱི་རྗེས་ཟིན་པར་བྱས་ལ།
如是作秘密供 所供三輪成樂空無別中記義執受

樂空捷道廣軌 十五

སྒྲིབ་བྲལ་ལྷན་སྐྱེས་བདེ་བའི་ཡེ་ཤེས་ཆེ། །ཆོས་ཀུན་རང་བཞིན་སྤྲོས་དང་བྲལ་བའི་དབྱིངས། །
離障俱生大樂智　諸法自性越戲境
དབྱེར་མེད་ལྷུན་གྲུབ་སྒྲ་བསམ་བརྗོད་ལས་འདས། །དོན་དམ་བྱང་ཆུབ་སེམས་མཆོག་ཁྱོད་ལ་འབུལ། །
無二任運離詮思　供獻勝義菩提心
ཞེས་དེ་ཁོ་ན་ཉིད་ཀྱི་མཆོད་པ་འབུལ། དཀོན་མཆོག་གསུམ་ལ་བདག་སྐྱབས་མཆི། །སྡིག་པ་ཐམས་ཅད་སོ་སོར་བཤགས། །
如是作真實性供 無上三寶我皈依　一切罪業皆懺悔

མཁའ་ ༡༦ སྐོ།

༄༅། །འགྲོ་བའི་དགེ་ལ་རྗེས་ཡི་རང་། །སངས་རྒྱས་བྱང་ཆུབ་ཡིད་ཀྱིས་གཟུང་། །
隨喜衆生作善業　至心受持佛菩提
སངས་རྒྱས་ཆོས་དང་ཚོགས་མཆོག་ལ། །བྱང་ཆུབ་བར་དུ་བདག་སྐྱབས་མཆི། །
殊勝正法與聖僧　直至菩提我皈依
རང་གཞན་དོན་ནི་རབ་བསྒྲུབ་ཕྱིར། །བྱང་ཆུབ་སེམས་ནི་བསྐྱེད་པར་བགྱི། །
成就自他事業故　發起真實菩提心

樂空捷道廣軌 十六

བྱང་ཆུབ་མཆོག་གི་སེམས་ནི་བསྐྱེད་བགྱིས་ནས། །སེམས་ཅན་ཐམས་ཅད་བདག་གིས་མགྲོན་དུ་གཉེར། །
既發殊勝菩提心　一切有情我接引
བྱང་ཆུབ་སྤྱོད་མཆོག་ཡིད་འོང་སྤྱད་པར་བགྱི། །འགྲོ་ལ་ཕན་ཕྱིར་སངས་རྒྱས་འགྲུབ་པར་ཤོག །
勝妙菩提悅意行　爲利有情願成佛
ཞེས་སོགས་ཀྱིས་རྒྱུན་བཤགས་བྱ། དེ་ནས་ཀུ་ས་ལིའི་ཚོགས་གསོག་ནི།
如是作常懺 復次 古薩黎捨身積福法是

༄༅། །རང་སེམས་མཁའ་སྤྱོད་དབང་མོ་མཐེབ་སོར་ཙམ། །སྤྱི་བོ་ནས་ཐོན་རྩ་བའི་བླ་མ་དང་། །

自心空行王母如指許　　頂門而出根本上師尊

ཞལ་སྦྱོར་མཛད་ཅིང་སླར་ཡང་ཕྱིར་ཐོན་ཏེ། །རང་བྱུང་མི་མགོའི་སྒྱེད་པུ་གསུམ་གྱི་སྟེང་། །

現作相面復融出現處　　自生人首三俱之竈上

ལུས་པོ་རྙིང་པའི་ཐོད་པ་བཀོགས་ནས་བཀལ། །དེ་ནང་ལྷག་མ་ཤ་ཁྲག་རུས་པ་རྣམས། །

割剝截取遺蛻天靈蓋　　其內血肉骨骸及諸物

གཏུབས་ཏེ་སྤུངས་ལ་སྤྱན་ཆེར་གཟིགས་པ་ཡིས། །སྦྱངས་རྟོགས་སྦར་བྱས་བདུད་རྩིའི་རྒྱ་མཚོར་གྱུར། །ཨོཾ་ཨཱཿཧཱུྃ་ཧ་ཧོ་

碎切壘堆忿怒淨目視　　除穢清淨沸騰甘露海

ཧྲཱིཿ ལན་གསུམ་གྱི་བྱིན་གྱིས་བརླབས་ལ། རང་གི་སྙིང་ག་ནས་ལྷ་མོ་ཐོད་པ་ཐོགས་པ་དཔག་ཏུ་མེད་པ་སྤྲོས་ཏེ་བདུད་རྩི་ནས

嗡啊吽哈嚎舍 三遍加持之 自心間放出無量持器天女頂器中

ཐོད་པས་ལུམ་ལུམ་བཅུས་ཏེ་མགྲོན་རྣམས་ལ་ཕུལ་བས་ལྗགས་རྡོ་རྗེའི་འོད་ཟེར་གྱི་སྦུ་གུས་དྲངས་ཏེ་གསོལ་བར་གྱུར་

甘露騰騰供養賓客　衆賓客舌成金剛光筒吸其精華也 此間如是觀

༄༅། །བར་བསམས། སྐུ་བཞིའི་བདག་ཉིད་རྩ་བའི་བླ་མ་ལ། །དམ་རྫས་བདུད་རྩི་འབུལ་ལོ་མཉེས་གྱུར་ཅིག །

四身尊主根本上師前　　聖物甘露供上喜受用

ཅེས་བརྗོད། ཨོཾ་ཨཱཿཧཱུྃ། བདུན་གྱིས་རྩ་བའི་བླ་མ་ལ་ལན་བདུན་ཕུལ།

如是誦　嗡啊吽 如是七遍作於供對前根本上師

དངོས་གྲུབ་འབྱུང་གནས་བརྒྱུད་པའི་བླ་མ་ལ། །དམ་རྫས་བདུད་རྩི་འབུལ་ལོ་མཉེས་གྱུར་ཅིག །ཨོཾ་ཨཱཿཧཱུྃ།

成就本源傳承上師前　　聖物甘露供上喜受用　嗡啊吽

བླ་མ་ཡི་དམ་མཆོག་གསུམ་སྲུང་ཚོགས་ལ། །དམ་རྫས་བདུད་རྩི་འབུལ་ལོ་མཉེས་གྱུར་ཅིག །ཨོཾ་ཨཱཿཧཱུྃ།

上師本尊三寶護法衆　　聖物甘露供上喜受用　嗡啊吽

གཉུག་མར་གནས་པའི་གནས་གཞི་གྲོང་བདག་ལ། །དམ་རྫས་བདུད་རྩི་འབུལ་ལོ་སྟོང་གྲོགས་མཛོད། །ཨོཾ་ཨཱཿཧཱུྃ།

原有本地安住地祇衆　　聖物甘露供於願助伴　嗡啊吽

རིགས་དྲུག་བར་དོའི་སེམས་ཅན་ཐམས་ཅད་ལ། །དམ་རྫས་བདུད་རྩི་འབུལ་ལོ་གྲོལ་གྱུར་ཅིག །ཨོཾ་ཨཱཿཧཱུྃ།

六道輪中一切有情衆　　聖物甘露供於願解脫　嗡啊吽

མཁའ་ བཅུ་དགུ ཕྱོད།

༄༅། །ཕུལ་བས་མགྲོན་ཀུན་ཟག་མེད་བདེ་བས་ཚིམས། །སེམས་ཅན་རྣམས་ཀྱང་སྒྲིབ་བྲལ་ཆོས་སྐུ་ཐོབ། །
受供諸賓滿足無漏樂　一切衆生離障證法身
མཆོད་པའི་འཁོར་གསུམ་སྨྲ་བསམ་བརྗོད་འདས་ཀྱི། །བདེ་སྟོང་གཉིས་སུ་མེད་པའི་ངོ་བོར་གྱུར། །ཅེས་དང་།
供養三輪離言詮思惟　轉成樂空無二之體性 如是誦 曼荼羅
མཎྜལ་འབུལ་བ་ནི། ཨོཾ་བཛྲ་བྷཱུ་མི་ཨཱཿཧཱུྃ། དབང་ཆེན་གསེར་གྱི་ས་གཞི། ཨོཾ་བཛྲ་རེ་ཁེ་ཨཱཿཧཱུྃ། ཕྱི་ལྕགས་རི་ཁོར་ཡུག
供養法是 嗡班雜補彌啊吽 金剛大地自在基 嗡班雜惹凱啊吽 諸山外

樂空捷道廣軌　十九

གིས་བསྐོར་བའི་དབུས་སུ། རིའི་རྒྱལ་པོ་རི་རབ། ཤར་ལུས་འཕགས་པོ། ལྷོ་འཛམ་བུ་གླིང་། ནུབ་བ་གླང་སྤྱོད། བྱང་
鐵城圍繞 中央須彌山妙高 須彌山王 東聖身洲 南瞻部洲 西牛貨
སྒྲ་མི་སྙན། ལུས་དང་ལུས་འཕགས། རྔ་ཡབ་དང་རྔ་ཡབ་གཞན། གཡོ་ལྡན་དང་ལམ་མཆོག་འགྲོ། སྒྲ་མི་སྙན་དང་སྒྲ་
洲 北俱盧洲 小身洲 聖身洲 小拂洲 妙拂洲 小行洲 勝道行洲
མི་སྙན་གྱི་ཟླ། རིན་པོ་ཆེའི་རི་བོ། དཔག་བསམ་གྱི་ཤིང་། འདོད་འཇོའི་བ། མ་རྨོས་པའི་ལོ་ཏོག འཁོར་ལོ་རིན་པོ་ཆེ།
聲不美 聲不美月洲 群寶山 如意樹 隨欲寶牛 自然香稻 法輪寶

མཁའ་ ཉི་ཤུ ཕྱོད།

༄༅། །ནོར་བུ་རིན་པོ་ཆེ། བཙུན་མོ་རིན་པོ་ཆེ། བློན་པོ་རིན་པོ་ཆེ། གླང་པོ་རིན་པོ་ཆེ། རྟ་མཆོག་རིན་པོ་ཆེ། དམག་
摩尼寶 玉女寶 賢臣寶 白象寶 駿馬寶 將軍寶 大藏寶瓶 歡喜女
དཔོན་རིན་པོ་ཆེ། གཏེར་ཆེན་པོའི་བུམ་པ། སྒེག་མོ། ཕྲེང་བ་མ། གླུ་མ། གར་མ། མེ་ཏོག་མ། བདུག་སྤོས་མ། སྣང་
環串女 歌女 舞女 花女 香女 燈明女 塗香女 日 月 珍寶傘 至極
གསལ་མ། དྲི་ཆབ་མ། ཉི་མ། ཟླ་བ། རིན་པོ་ཆེའི་གདུགས། ཕྱོགས་ལས་རྣམ་པར་རྒྱལ་བའི་རྒྱལ་མཚན། དབུས་སུ་
尊貴超勝之寶幢 於中諸天具行人所有富樂圓滿 供獻於大恩根本傳

樂空捷道廣軌　廿

ལྷ་དང་མིའི་དཔལ་འབྱོར་ཕུན་སུམ་ཚོགས་པ་མ་ཚང་བ་མེད་པའི་ཞིང་ཁམས་རྣམ་པར་དག་པ། འདི་ཉིད་དྲིན་ཅན་
承具德上師 無上諸師 總集三時皈依自性承恩根本上師 善說無畏
རྩ་བའི་བླ་མ་དང་བརྒྱུད་པར་བཅས་པའི་དཔལ་ལྡན་བླ་མ་དམ་པ་རྣམས་ལ་འབུལ་བར་བགྱིའོ། །ཐུགས་རྗེས་འགྲོ་
釋迦能仁法自在 至尊金剛瑜伽母及諸眷屬護法等 如是供養 爲利
བའི་དོན་དུ་བཞེས་སུ་གསོལ། བཞེས་ནས་བྱིན་གྱིས་བརླབ་ཏུ་གསོལ།
有情 懇祈納受 受已伏乞攝取我等衆生於大悲心門中分外加持也

མཁའ་ ཉེར་གཅིག ཕྱོད།

༄༅། །བདེ་སྟོང་ལྷན་ཅིག་སྐྱེས་པའི་ཡེ་ཤེས་ཀྱི། །གཟུང་རྣམ་ཕུང་ཁམས་སྐྱེ་མཆེད་ལས་བྱུང་བའི། །
崛起樂空俱生本智慧　　由諸蘊界處所出生相
རི་གླིང་རིན་ཆེན་གཏེར་བུམ་ཉི་ཟླར་བཅས། །སྐྱབས་མགོན་ཐུགས་རྗེའི་གཏེར་ལ་དབུལ་བར་བགྱི། །
須彌四洲寶瓶日月俱　　依怙大悲藏前作供養
བདག་གི་ཆགས་སྡང་རྨོངས་གསུམ་སྐྱེ་བའི་ཡུལ། །དགྲ་གཉེན་བར་གསུམ་ལུས་དང་ལོངས་སྤྱོད་བཅས། །
貪嗔癡蒙三毒發源處　　愛惡親疏中三身受用

ཕངས་པ་མེད་པར་འབུལ་གྱིས་ལེགས་བཞེས་ནས། །དུག་གསུམ་རང་སར་གྲོལ་བར་བྱིན་གྱིས་རློབས། །
無吝無惜獻供喜享受　　三毒生處息滅祈加持
ཨི་དཾ་གུ་རུ་རཏྣ་མཎྜ་ལ་ཀཾ་ནི་རྱཱ་ཏ་ཡཱ་མི། དེ་ནས་བླ་བརྒྱུད་གསོལ་འདེབས་ནི།
唉當咕洳惹哪曼荼羅噶尼雅噠耶麥 傳承師祈請文是
རྒྱལ་བ་རྒྱ་མཚོའི་རིགས་བདག་རྡོ་རྗེ་ཆོས། །རྒྱལ་བའི་ཡུམ་མཆོག་རྡོ་རྗེ་རྣལ་འབྱོར་མ། །
諸佛海會部主金剛法　　諸佛勝母金剛瑜伽母

མཁའ་ ཉེར་གཉིས ཕྱོད།

༄༅། །རྒྱལ་སྲས་ཐུ་བོ་ནཱ་རོ་ཏ་པའི་ཞབས། །གསོལ་བ་འདེབས་སོ་ལྷན་སྐྱེས་ཡེ་ཤེས་སྩོལ། །
諸佛長子那若噠巴尊　　至誠祈請賜予俱生智
གསང་ཆེན་སློབ་བཤད་འཛིན་པའི་ཕམ་ཐིང་པ། །གསང་མཛོད་ཀུན་གྱི་གཏེར་གྲུར་ཤེས་རབ་བརྩེགས། །
執持大密釋教龐亭巴　　一切密續寶藏謝繞澤
གསང་སྔགས་རྒྱ་མཚོའི་མངའ་བདག་མལ་ལོའི་ཞབས། །གསོལ་བ་འདེབས་སོ་ལྷན་སྐྱེས་ཡེ་ཤེས་སྩོལ། །
秘密大海領主嘛洛尊　　至誠祈請賜予俱生智

རྡོ་རྗེ་འཆང་དབང་བླ་ཆེན་ས་སྐྱ་པ། །རྡོ་རྗེའི་སྲས་མཆོག་རྗེ་བཙུན་བསོད་ནམས་རྩེ། །
金剛持王喇欽薩迦巴　　金剛勝子至尊索南澤
རྡོ་རྗེ་འཛིན་པའི་གཙུག་རྒྱན་གྲགས་པའི་ཞབས། །གསོལ་བ་འདེབས་སོ་ལྷན་སྐྱེས་ཡེ་ཤེས་སྩོལ། །
金剛執持頂嚴札貝尊　　至誠祈請賜予俱生智
ས་སྐྱ་པཎ་ཆེན་གངས་ཅན་མཁས་པའི་རྗེ། །ས་གསུམ་སྐྱེ་དགུའི་གཙུག་རྒྱན་འཕགས་པའི་མཚན། །
薩迦班欽雪域善智識　　三地衆生頂嚴帕思巴

༄༅། །ས་སྐྱའི་བསྟན་འཛིན་ཞང་སྟོན་ཆོས་རྗེའི་ཞབས། །གསོལ་བ་འདེབས་སོ་ལྷན་སྐྱེས་ཡེ་ཤེས་སྩོལ། །

薩迦教主祥敦法王尊　　至誠祈請賜予俱生智

གྲུབ་པའི་དབང་ཕྱུག་ན་བཟའ་བྲག་ཕུག་པ། །གྲུབ་མཆོག་མཁས་པའི་དེད་དཔོན་ཆོས་ཀྱི་རྗེ། །

成就自在納沙札普巴　　成就善智無畏法王尊

གྲུབ་རིགས་སྙན་བརྒྱུད་མངའ་བདག་ཡར་ཀླུངས་པར། །གསོལ་བ་འདེབས་སོ་ལྷན་སྐྱེས་ཡེ་ཤེས་སྩོལ། །

修部耳傳領主雅隴巴　　至誠祈請賜予俱生智

བདག་གཞན་འགྲོ་བའི་སྐྱབས་མགོན་རྒྱལ་བ་མཆོག །བདག་ཉིད་ཆེན་པོ་འཇམ་དབྱངས་ནམ་མཁའི་མཚན། །

自他衆生依怙勝聖王　　大主宰者絳央南喀贊

བདག་ཆེན་ཆོས་རྗེ་བློ་གྲོས་རྒྱལ་མཚན་ཞབས། །གསོལ་བ་འདེབས་སོ་ལྷན་སྐྱེས་ཡེ་ཤེས་སྩོལ། །

大聖法王洛哲堅贊尊　　至誠祈請賜予俱生智

བཀའ་དྲིན་མཉམ་མེད་རྗེ་བཙུན་རྡོ་རིང་པ། །བཀའ་བཞིན་སྒྲུབ་པའི་བསྟན་འཛིན་བློ་གསལ་དབང་། །

恩德無比至尊道琳巴　　依教遵行執教洛色王

༄༅། །བཀའ་བརྒྱུད་གསང་ཆེན་སྨྲ་བ་མཁྱེན་བརྩེའི་ཞབས། །གསོལ་བ་འདེབས་སོ་ལྷན་སྐྱེས་ཡེ་ཤེས་སྩོལ། །

語傳大密宣者欽則尊　　至誠祈請賜予俱生智

རིག་སྔགས་འཆང་བ་བསླབ་གསུམ་རྒྱལ་མཚན་དང་། །རིགས་བརྒྱའི་ཁྱབ་བདག་དབང་ཕྱུག་རབ་བརྟན་དཔལ། །

持擁明咒洛松堅贊尊　　金剛遍主旺秋繞丹貝

རིགས་ཀྱི་གཙོ་བོ་རྗེ་བཙུན་བཀའ་འགྱུར་བ། །གསོལ་བ་འདེབས་སོ་ལྷན་སྐྱེས་ཡེ་ཤེས་སྩོལ། །

金剛主持至尊噶居巴　　至誠祈請賜予俱生智

དཀྱིལ་འཁོར་རྒྱ་མཚོའི་ཁྱབ་བདག་ཞྭ་ལུ་བ། །དཀྱིལ་འཁོར་ཀུན་གྱི་གཙོ་བོ་མཁྱེན་རབ་རྗེ། །

壇城海會遍主夏魯巴　　一切壇城之主欽繞傑

དཀྱིལ་འཁོར་འཁོར་ལོའི་བདག་པོ་རྨོར་ཆེན་ཞབས། །གསོལ་བ་འདེབས་སོ་ལྷན་སྐྱེས་ཡེ་ཤེས་སྩོལ། །

壇輪中圍主尊莽欽足　　至誠祈請賜予俱生智

སྙན་བརྒྱུད་རྒྱ་མཚོའི་དེད་དཔོན་གནས་གསར་པ། །སྙན་བརྒྱུད་མངའ་བདག་བློ་གསལ་ཕུན་ཚོགས་དང་། །

耳傳大海無畏南薩巴　　耳傳執教洛色平措尊

མཁའ་ ཉེར་ལྔ སྟོད།

༄༅། །སྙན་བརྒྱུད་སྤེལ་མཁས་བསྟན་འཛིན་འཕྲིན་ལས་ཞབས། །གསོལ་བ་འདེབས་སོ་ལྷན་སྐྱེས་ཡེ་ཤེས་སྩོལ། །
耳傳廣弘丹增成來尊　至誠祈請賜予俱生智
དགའ་ལྡན་བསྟན་འཛིན་ཁྱབ་བདག་བཀའ་འགྱུར་བ། །དགའ་ལྡན་དར་རྒྱས་སྙིགས་དུས་འགྲོ་བའི་གཉེན། །
甘丹執教遍主噶居巴　甘丹廣弘濁世衆生友
དགའ་ལྡན་ལུགས་འཛིན་དྷརྨ་བྷ་དྲའི་ཞབས། །གསོལ་བ་འདེབས་སོ་ལྷན་སྐྱེས་ཡེ་ཤེས་སྩོལ། །
甘丹承執達瑪巴哲尊　至誠祈請賜予俱生智

མདོ་རྒྱུད་ཀུན་གྱི་ལམ་གྱི་གནད་རྫོགས་པའི། །མདོ་རྒྱུད་མངའ་བདག་བློ་བཟང་ཆོས་འཕེལ་དང་། །
顯密妙道一切悉圓滿　顯密教主洛桑卻佩尊
མདོ་རྒྱུད་སྤེལ་མཁས་འཇིགས་མེད་དབང་པོའི་ཞབས། །གསོལ་བ་འདེབས་སོ་ལྷན་སྐྱེས་ཡེ་ཤེས་སྩོལ། །
顯密善弘晉美旺波尊　至誠祈請賜予俱生智
ནཱ་རོ་མཁའ་སྤྱོད་སྨིན་གྲོལ་ལམ་བཟང་གནད། །ནཱ་རོ་པ་བཞིན་ལེགས་པར་འདོམས་པ་ལ། །
那若空行成熟解脫要　猶如那若巴師善攝授

མཁའ་ ཉེར་དྲུག སྟོད།

༄༅། །ནཱ་རོས་བྱིན་རླབས་བདེ་ཆེན་སྙིང་པོ་ལ། །གསོལ་བ་འདེབས་སོ་ལྷན་སྐྱེས་ཡེ་ཤེས་སྩོལ། །
那若加持德欽寧波前　至誠祈請賜予俱生智
རྡོ་རྗེའི་གོ་འཕང་སྒྲུབ་པའི་ཉེ་ལམ་མཆོག །རྡོ་རྗེ་བཙུན་མོའི་སྨིན་གྲོལ་དམ་པའི་མཛོད། །
金剛果位修行妙捷道　金剛佛母成熟予解脫
རྡོ་རྗེ་འཛིན་པ་བློ་བཟང་ཡེ་ཤེས་ལ། །གསོལ་བ་འདེབས་སོ་ལྷན་སྐྱེས་ཡེ་ཤེས་སྩོལ། །
金剛持尊洛桑益希前　至誠祈請賜予俱生智

བསྐྱེད་རིམ་ཟབ་མོ་མཁའ་སྤྱོད་རྣལ་འབྱོར་དང་། །རྫོགས་རིམ་དབུ་མའི་རྣལ་འབྱོར་བསྒོམས་པའི་མཐུས། །
次第生起空行瑜伽法　圓滿次第中脈修持力
བདེ་ཆེན་ལྷན་སྐྱེས་ཡེ་ཤེས་སྐྱེ་བ་དང་། །མཁའ་སྤྱོད་གོ་འཕང་འཐོབ་པར་བྱིན་གྱིས་རློབས། །
生起大樂俱生大智慧　正等圓覺空行祈加持
དེ་ནས་དབང་བཞི་བྱིན་བརླབས་ནི། སྐྱབས་གནས་ཀུན་འདུས་བླ་མ་ལ། །གསོལ་བ་འདེབས་སོ་བྱིན་གྱིས་རློབས། །
復次 四灌頂加持法是 皈處總集上師前　懇切祈求賜加持

མཁའ་ ཉེར་བདུན་ སྐྱོད།	༄༅། །དབང་བཞི་རྫོགས་པར་བསྐུར་བ་དང་། །སྐུ་བཞིའི་གོ་འཕང་ སྨྱུལ་དུ་གསོལ། །ཞེས་ལན་གསུམ་གྱིས་གསོལ་བ་བཏབ་པས། 授予圓滿四灌頂　獲得四身佛果位 如是三遍作祈請 བླ་མའི་དཔྲལ་བའི་ཨོཾ་ལས་བདུད་རྩི་འོད་ཟེར་དཀར་པོ་འཕྲོས། རང་གི་དཔྲལ་བར་ཐིམ། ལུས་ཀྱི་སྡིག་སྒྲིབ་དག་བུམ་ 上師額間 ཨོཾ 字發出白色甘露光融入自額間清淨身業獲得寶瓶 པའི་དབང་ཐོབ། བླ་མའི་སྐུའི་བྱིན་རླབས་ལུས་ལ་ཞུགས། བླ་མའི་མགྲིན་པའི་ཨཱཿལས་བདུད་རྩི་འོད་ཟེར་དམར་པོ་ 灌頂 上師之身加持力安住於自身 上師喉間 ཨཱཿ 字發出紅色甘露光	樂空捷道廣軌　廿七

	འཕྲོས། རང་གི་མགྲིན་པར་ཐིམ། ངག་གི་སྡིག་སྒྲིབ་དག །གསང་བའི་དབང་ཐོབ། བླ་མའི་གསུང་གི་བྱིན་རླབས་ངག་ 融入自喉間清淨口業獲得秘密灌頂 上師之語加持力安住於自喉間 ལ་ཞུགས། བླ་མའི་ཐུགས་ཀའི་ཧཱུྃ་ལས་བདུད་རྩི་འོད་ཟེར་སྔོན་པོ་འཕྲོས། རང་གི་སྙིང་གར་ཐིམ། ཡིད་ཀྱི་སྡིག་སྒྲིབ་ 上師心間ཧཱུྃ字發出藍色甘露光融入自心間清淨意業 དག་ཤེས་རབ་ཡེ་ཤེས་ཀྱི་དབང་ཐོབ། བླ་མའི་ཐུགས་ཀྱི་བྱིན་རླབས་ཡིད་ལ་ཞུགས། བླ་མའི་གནས་གསུམ་གྱི་ཡི་གེ་ 獲得智慧灌頂 上師之意加持力安住於自心間 上師之三處三字	

མཁའ་ ཉེར་བརྒྱད་ སྐྱོད།	༄༅། །ལས་བདུད་རྩི་འོད་ཟེར་དཀར་དམར་མཐིང་གསུམ་འཕྲོས། རང་གི་གནས་གསུམ་ལ་ཐིམ། ལུས་ངག་ཡིད་ 發出白紅藍三道甘露光融入自身三處清淨身語意三業 གསུམ་གྱི་སྡིག་སྒྲིབ་དག །དབང་བཞི་པ་ཚིག་དབང་རིན་པོ་ཆེ་ཐོབ། བླ་མའི་སྐུ་གསུང་ཐུགས་ཀྱི་བྱིན་རླབས་རང་གི་ 獲得第四句義寶灌頂 上師身語意之加持力安住於自 ལུས་ངག་ཡིད་གསུམ་ལ་ཞུགས་པར་གྱུར་ པར་བསམ་ལ། དབང་བཞི་ལེན་ཚུལ་ཐུན་མོང་མ་ཡིན་པ་ནི་ཞལ་ལས་ཤེས་པར་བྱའོ། །དེ་ནས་སླར་ 身語意三處 此間如是觀 經受四灌頂之不共理趣當從師面授 復次 祈請三世	樂空捷道廣軌　廿八

	ཡང་། དུས་གསུམ་སངས་རྒྱས་ཐམས་ཅད་ཀྱི་ངོ་བོ་བླ་མ་རིན་པོ་ཆེ་ལ་གསོལ་བ་འདེབས་སོ། བདག་གི་རྒྱུད་བྱིན་གྱིས 一切諸佛之體性上師寶加持我心相續 བརླབ་ཏུ་གསོལ། ཞེས་གསོལ་བ་བཏབ་པས་མཐའ་སྐོར་གྱི་བརྒྱུད་པའི་བླ་མ་རྣམས་དབུས་ཀྱི་རྩ་བའི་བླ་མ་ལ་ཐིམ། 如是祈請周圍之傳承諸師融入於中央根本上師 རྩ་བའི་བླ་མ་ཡང་རང་ལ་རྗེས་སུ་ཆགས་པས་འོད་དམར་པོའི་རྣམ་པར་ཞུ་བ། རང་གི་སྤྱི་གཙུག་ནས་ཞུགས། སྙིང་ 根本上師亦隨執於自身故化紅光由自身頂門融入至	

༄༅། །ཀར་བཾ་ཡིག་དམར་པོའི་རྣམ་པར་གྱུར་པ་དང་རང་སེམས་དབྱེར་མེད་དུ་འདྲེས་པར་གྱུར། དྲུག་པ་བདག་ལྷར་བསྐྱེད་

心間成紅色 བཾ 字相與心相契無二也 六 自生本尊瑜伽法是

པའི་རྣལ་འབྱོར་ནི། བཾ་ཡིག་དེ་ཉིད་རྗེ་ཆེར་སོང་སྟེ་ནམ་མཁའི་མཐའ་དང་མཉམ་པར་གྱུར་པས་སྣོད་བཅུད་ཐམས་ཅད་

བཾ 字漸漸擴大等同天際一切情器世間成樂空自性

བདེ་སྟོང་གི་རང་བཞིན་དུ་གྱུར། སླར་ཡང་མཐའ་ནས་རིམ་གྱིས་བསྡུས་ཏེ་ཤིན་ཏུ་ཕྲ་བའི་བཾ་ཡིག་ཏུ་གྱུར་པ་འོག་ནས་

復又從邊漸漸收攝成極其微妙 བཾ 字由下漸漸攝入哪嶐間

རིམ་གྱིས་ནཱ་དའི་བར་དུ་ཐིམ། ནཱ་ད་ཡང་མི་དམིགས་པར་བདེ་སྟོང་དབྱེར་མེད་ཀྱི་ཆོས་སྐུར་གྱུར། ཨོཾ་ཤཱུ་ནྱ་ཏཱ་ཛྙཱ་ན་

哪嶐復成無所緣樂空無別之法身 嗡咻揑嶐嘉哪班雜

བཛྲ་སྭ་བྷཱ་ཝ་ཨཏྨ་ཀོ྅ཧཾ། ཞེས་པ་ནི་འཆི་བ་ཆོས་སྐུའི་ལམ་འཁྱེར་རོ། །དེ་ལྟར་སྣང་བ་ཐམས་ཅད་བསྡུས་པའི་སྟོང་པའི་ངང་

索巴瓦唉嘛高行 此乃持死有爲法身道用 如彼收攝一切現分之空性中

ལས་ངོ་བོ་རང་སེམས་བདེ་སྟོང་གཉིས་སུ་མེད་པའི་ཡེ་ཤེས་ཀྱི་གཟུང་རྣམ་ཡིན་པ་ལ་རྣམ་པ་བཾ་ཡིག་དམར་པོ་གྱེན་དུ་

體性爲自心樂空無二智持相而顯紅色 བཾ 字豎立

༄༅། །འགྲེང་བའི་རྣམ་པར་ནམ་མཁར་གནས་པར་གྱུར། ཅེས་པ་ནི་བར་དོ་ལོངས་སྐུའི་ལམ་འཁྱེར་རོ། །སྟོང་པའི་ངང་ལས་

之相於虛空中 此乃持中有爲報身道用 空性中 ཨེ་ཨེ 化成紅色

ཨེ་ཨེ་ལས་ཆོས་འབྱུང་དམར་པོ་གྲུ་གསུམ་གཉིས་བརྩེགས་ཀྱི་ནང་དུ་ཨཿལས་ཟླ་བའི་དཀྱིལ་འཁོར་དཀར་ལ་དམར་

法基三角雙疊 其內 ཨཿ 生月輪具白而又紅色光華之上

བའི་མདངས་ཅན་གྱི་སྟེང་དུ། ཨོཾ་ཨོཾ་ཨོཾ་སརྦ་བུདྡྷ་ཌཱ་ཀི་ནཱི་ཡེ་བཛྲ་ཝ་རྞ་ནཱི་ཡེ་བཛྲ་བཻ་རོ་ཙ་ནཱི་ཡེ་ཧཱུྃ་ཧཱུྃ་ཧཱུྃ་ཕཊ་ཕཊ་ཕཊ་

嗡嗡嗡薩瓦必嶐哲格呢耶班雜哇哪呢耶班雜毗盧遮呢耶吽吽吽

སྭཱ་ཧཱ། ཞེས་པའི་སྔགས་གཡོན་སྐོར་དུ་འཁོད་པར་གྱུར། རང་ནམ་མཁའི་བཾ་ཡིག་གིས་ཟླ་བ་མཐོང་བ་ན་དེའི་དབུས……

呸呸呸娑哈之咒鬘左繞 觀見空中 བཾ 字月輪時一刹那間

སུ་སྐྱེ་བ་ལེན་པའི་འཕེན་པ་དང་ལྡན་པས་ཟླ་བའི་དབུས་སུ་ཞུགས། ཟླ་བ་བཾ་ཡིག་སྔགས་ཕྲེང་དང་བཅས་པ་ལས……

射入月輪安住其中央 བཾ 字咒鬘俱放光芒

འོད་ཟེར་འཕྲོས། འཁོར་འདས་ཀྱི་སྣོད་བཅུད་ཐམས་ཅད་རྗེ་བཙུན་རྡོ་རྗེ་རྣལ་འབྱོར་མའི་རང་བཞིན་དུ་བྱས། དེ་རྣམས་

一切輪涅情器世間悉成至尊金剛瑜伽母自性

༄༅། །ཚུར་འདུས་ཏེ་བཾ་ཡིག་སྔགས་ཕྲེང་དང་བཅས་པ་ལ་ཐིམས་པ་ཡོངས་སུ་གྱུར་པ་ལས། རྟེན་དང་བརྟེན་པའི་
彼諸光收回融於 བཾ 字咒鬘而能依所依之
དཀྱིལ་འཁོར་དུས་གཅིག་ཏུ་རྫོགས་པར་གྱུར། ཅེས་པ་ནི་སྐྱེ་བ་སྤྲུལ་སྐུའི་ལམ་འཁྱེར་རོ། །དེ་ཡང་རྡོ་རྗེའི་ས་གཞི་ར་བ་གུར་བླ་
壇城同時圓滿 此乃持生有爲化身道用 彼悉成金剛大基
རེ་དང་བཅས་པའི་ཕྱི་རོལ་ཏུ་ཁ་དོག་སྣ་ལྔ་པའི་མེ་དཔུང་གཡོན་སྐོར་དུ་འཁྱིལ་ཞིང་འབར་བ། དེའི་ནང་དུ་གཏུམ་
垣圍 帳幕 華蓋及外境五色火左繞熾烈成圍行

དྲག་ལ་སོགས་པའི་དུར་ཁྲོད་ཆེན་པོ་བརྒྱད་ཀྱིས་བསྐོར་བའི་དབུས་སུ་ཆོས་འབྱུང་དམར་པོ་གྲུ་གསུམ་ཉིས་བརྩེགས
火焰盛 內暴虐等八大寒林圍繞 中央三角雙壘紅色
ཀྱི་གདེངས་ཀ་ཆེ་བ་གྱེན་དུ་ཕྱོགས་ཤིང་། རྩེ་མོ་ཕྲ་བ་ཐུར་དུ་ཟུག་པ། མདུན་རྒྱབ་གཉིས་སྤངས་པའི་གྲྭ་བཞིར་དགའ་
巨大法基踞高豎立 上端平廣 下尖入地
འཁྱིལ་དམར་སྐྱ་གཡོན་བསྐོར་དུ་འཁོར་བ་རེ་རེས་མཚན་པ། ཆོས་འབྱུང་གི་ནང་དུ་སྣ་ཚོགས་པདྨ་འདབ་མ་བརྒྱད་
除前後二角餘四角紅白喜旋左轉莊嚴

༄༅། །པའི་ལྟེ་བར་ཉི་མའི་དཀྱིལ་འཁོར་གྱི་སྟེང་དུ་རང་ཉིད་རྗེ་བཙུན་རྡོ་རྗེ་རྣལ་འབྱོར་མའི་སྐུར་གྱུར་པ་ནི། ཞབས་
法基內各色八瓣蓮華蕊中日輪之上自性成
གཡས་བརྐྱངས་པས་དུས་མཚན་མ་དམར་མོའི་ནུ་མའི་སྟེང་ནས་མནན་པ། གཡོན་བསྐུམས་པས་འཇིགས་བྱེད་ནག་
金剛瑜伽母身 右腿伸 足下踩怒媽嘛摩
པོའི་མགོ་བོ་རྒྱབ་ཏུ་བལྟབ་ནས་མནན་པ། སྐུ་མདོག་དམར་མོ་བསྐལ་པའི་མེ་ལྟ་བུའི་གཟི་བརྗིད་ཅན། ཞལ་གཅིག་
左腿屈 足下踩智希哪波 赤身如劫火 具足威光

ཕྱག་གཉིས་སྤྱན་གསུམ་དག་པ་མཁའ་སྤྱོད་དུ་གཟིགས་པ། ཕྱག་གཡས་པས་རྡོ་རྗེས་མཚན་པའི་གྲི་གུག་ཐུར་དུ་…
一面二臂 三目仰視空行淨界 右手下伸執
བརྐྱངས་ནས་འཛིན་པ། གཡོན་པས་ཐོད་པ་ཁྲག་གིས་གང་བ་སྟེང་ཕྱོགས་སུ་བཟུང་ནས་ཞལ་གྱེན་དུ་ཕྱོགས་པར…
金剛杵莊嚴之鉞刀 左手托舉盈滿鮮血之頂骨器仰飲甘露
གསོལ་བ། ཕྲག་པ་གཡོན་པར་རྡོ་རྗེས་མཚན་པའི་ཁ་ཊྭཱཾ་ག་ལ་ཌཱ་མ་རུ་དང་དྲིལ་བུ་དང་འཕན་རྩེ་གསུམ་པ་འཕྱང་…
左肩掮金剛杵莊嚴之喀章嘎 錢鼓 金剛鈴及

མཁའ་ སོ་གསུམ་ སྤྱོད།

༄༅། །བཞིན་པ་བསྣམས་པ། དབུ་སྐྲ་ནག་པོ་སིལ་བུར་གྲུར་པས་སྐུ་སྨེད་ཡན་ཆད་ཁེབས་པ། ཡང་ཚོ་དར་ལ་བབ་
三幅幡飄垂 墨髮散披覆及腰間 妙齡年華
ཅིང་འདོད་པའི་ནུ་འབུར་རྒྱས་པ། བདེ་བ་བསྐྱེད་པའི་ཉམས་ཅན། མི་མགོ་སྐམ་པོ་ལྔའི་དབུ་རྒྱན་དང་། སྐམ་པོ་ལྔ་
豐滿欲界 乳峰高聳 五具骷髏頂莊嚴
བཅུའི་དོ་ཤལ་ཅན། གཅེར་མོ་ཕྱག་རྒྱ་ལྔ་ལྡན་བརྒྱན་པ། ཡེ་ཤེས་ཀྱི་མེ་འབར་བའི་དབུས་ན་བཞུགས་པའོ། །བདུན་པ་
五十骷髏爲瓔珞 赤裸五印莊嚴 智慧烈火中威然永住

樂空捷道廣軌 卅三

འགྲོ་བ་དག་པའི་རྣལ་འབྱོར་ནི། རང་གི་སྙིང་གར་ཆོས་འབྱུང་དམར་པོ་གྲུ་གསུམ་གཉིས་བརྩེགས་ཀྱི་ནང་དུ་ཟླ་བའི་དཀྱིལ་
七 清淨衆生瑜伽法是 自心間三角雙壘紅色法基內月輪中央
འཁོར་གྱི་དབུས་སུ་བཾ་ཡིག་ལ་སྔགས་ཕྲེང་གིས་བསྐོར་བ་ལས་འོད་ཟེར་འཕྲོས་ཏེ། བ་སྤུའི་བུ་ག་ནས་ཕར་སོང་།
བཾ字由咒鬘環繞而發光 自毛孔發射
རིགས་དྲུག་གི་སེམས་ཅན་ཐམས་ཅད་ལ་ཕོག་པས། སྡིག་སྒྲིབ་བག་ཆགས་དང་བཅས་པ་སྦྱངས། དེ་ཐམས་ཅད་རྡོ་རྗེ་
照耀六道衆生 清淨業障習氣 一切悉成金剛

མཁའ་ སོ་བཞི་ སྤྱོད།

༄༅། །རྣལ་འབྱོར་མའི་སྐུར་གྱུར། བརྒྱད་པ་དཔའ་བོ་དཔའ་མོས་བྱིན་གྱིས་བརླབས་པ་ལ་གསུམ་ལས། དང་པོ་ལུས་དཀྱིལ་ནི། རང་གི་
瑜伽母身 八 勇士勇母加持瑜伽法有三分 其一是身壇城法 自心間
སྙིང་གའི་ཆོས་འབྱུང་ཟླ་གདན་དང་བཅས་པའི་དབུས་ཀྱི་བཾ་ཡིག་འབྱུང་བ་བཞིའི་བདག་ཉིད་ལས་ཕྱེ་བའི་འབྱུང་བ་
法基月輪中央 བཾ 字四種自性分離出
བཞིའི་ས་བོན་ཡ་ར་ལ་ཝའི་ཡི་གེ་བཞི། སྙིང་གའི་འདོད་མ་ལ་སོགས་པ་ཕྱོགས་བཞིའི་རྩ་འདབ་ཀྱི་རང་བཞིན་དུ
四大種子ཡ་ར་ལ་ཝ 四字成心間欲母脈等四方脈瓣自性安住

樂空捷道廣軌 卅四

གནས་པ་ཡོངས་སུ་གྱུར་པ་ལས། གཡོན་ནས་བརྩམས་ཏེ། ལཱ་མ། ཌུམ་སྐྱེས་མ། གཟུགས་ཅན་མ། མཁའ་འགྲོ་མ་
從左而列啦瑪母 塊生母 具色母及空行母四尊
དང་བཞི། དབུས་སུ་བཾ་ཡིག་གི་ཟླ་ཕྱེད་ཐིག་ལེ་ནཱ་ད་དང་བཅས་པ་ཤིན་ཏུ་ཕྲ་བའི་དབྱིངས་ཐིག་ཟུང་འཇུག་གི་ངོ་བོ་རྗེ་
中央 བཾ 字初月明點哪噠成極其微妙種子雙運體性 至尊金剛瑜伽母
བཙུན་རྡོ་རྗེ་རྣལ་འབྱོར་མའོ། །དེའི་ཕྱི་རིམས་སུ་ལུས་ཀྱི་སྐྲ་མཚམས་དང་སྤྱི་གཙུག་ལ་སོགས་པའི་གནས་ཉེར་བཞིའི་
彼之外遂爲身之髮際頂髻諸二十四處無分脈降注

མཁའ་ ས་༢ ཆོད།

༄། །རྒྱ་མི་ཕྱེད་མ་ལ་སོགས་པ་དང་། སོ་དང་སེན་མོ་འབབ་པ་ལ་སོགས་པའི་ཁམས་ཉེར་བཞི། རྩ་ཁམས་ངོ་བོ་
指甲等二十四界脈相體性無別 東起左繞
དབྱེར་མེད་ཤར་ནས་གཡོན་སྐོར་དུ་གནས་པའི་ཨོཾ་ཨོཾ་སོགས་སྔགས་ཀྱི་ཡིག་འབྲུ་ཉེར་བཞིའི་ངོ་བོར་གནས་པ་ཡོངས་
嗡嗡等咒文二十四字體性安住 悉成極怒母 怒目母
སུ་གྱུར་པ་ལས། རབ་གཏུམ་མ། གཏུམ་མིག་མ། འོད་ལྡན་མ། སྣ་ཆེན་མ། དཔའ་བོའི་བློ་ཆེན་མ། ཁར་བ་རི།
具光母 隆準母 勇猛大慧母 喀瓦日母

樂空捷道廣軌 卅五

ལངྐའི་དབང་ཕྱུག་མ། ཤིང་གྲིབ་མ་སྟེ་ཐུགས་ཀྱི་རིགས་ཀྱི་དཔའ་མོ་བརྒྱད། ས་སྲུང་མ། འཇིགས་བྱེད་ཆེན་མོ། རླུང་
楞伽自在母 木蔭母等意之種姓八忿怒母 護地母 怖威作母
ཤུགས་མ། ཆང་འཐུང་མ། སྟོ་སངས་ལྷ་མོ། རབ་བཟང་མ། རྟ་རྣ་མ། བྱ་གདོང་མ་སྟེ་གསུང་གི་རིགས་ཀྱི་དཔའ་མོ་
風勁母 領灑母 碧空天母 極妙母 馬耳母 鴟面母等語之種姓
བརྒྱད། འཁོར་ལོའི་ཤུགས་ཅན་མ། དུམ་སྐྱེས་མ། ཆང་སྟོང་མ། འཁོར་ལོའི་གོ་ཆ་མ། ཤིན་ཏུ་དཔའ་མོ། སྟོབས་ཆེན་
八忿怒母 具輪意母 塊生母 鬻酯母 輪鎧母 極勇母 大力母

མཁའ་ ས་༢༣ ཆོད།

༄། །མ། འཁོར་ལོས་བསྒྱུར་མ། བརྩོན་འགྲུས་ཆེན་མོ་སྟེ་སྐུའི་རིགས་ཀྱི་དཔའ་མོ་བརྒྱད་རྣམས་སུ་གྱུར་པ། ཕྱི་
轉輪母 大精進母等身之種姓八忿怒母等皆成其外
རོལ་གྱི་པུ་ལི་ར་མ་ལ་སོགས་པའི་གནས་ཉེར་བཞིའི་དཔའ་བོ་གཉིས་མེད་ཀྱི་རྣལ་འབྱོར་མ་དངོས་སོ། །ཁ་ལ་སོགས་
布黎惹瑪等二十四處之勇士無二爲真實瑜伽母者
པའི་སྒོ་བརྒྱད་ཀྱི་རྩ་ཁམས་རྣམས་ཧཱུྃ་ཧཱུྃ་ལ་སོགས་པའི་ཡིག་འབྲུ་བརྒྱད་པོ་དང་ངོ་བོ་དབྱེར་མེད་ལས་ཁྭ་གདོང་མ།
口等八門之諸脈界與吽吽等八字體性無別成鴉面母

樂空捷道廣軌 卅六

འུག་གདོང་མ། ཁྱི་གདོང་མ། ཕག་གདོང་མ། གཤིན་རྗེ་བརྟན་མ། གཤིན་རྗེ་ཕོ་ཉ་མོ། གཤིན་རྗེ་མཆེ་བ་མ། གཤིན་
梟面母 犬面母 豕面母 閻摩堅母 閻摩羅使母
རྗེ་འཇོམས་མ་རྣམས་སུ་གྱུར་པ་ཐམས་ཅད་ཀྱང་རྗེ་བཙུན་མའི་སྐུའི་རྣམ་པ་ཅན་རྒྱན་ཆ་ལུགས་ཡོངས་སུ་རྫོགས་པའོ། །
閻摩獠牙母 閻摩摧母等皆成至尊母身相 極盡莊嚴一切圓滿
འདི་ནི་ལུགས་འདིའི་ཟབ་གནད་ཐུན་མོང་མ་ཡིན་པའི་མན་ངག་མཐར་ཐུག་པ་ཡི་གེ་རྣྟིང་པ་རྣམས་སུ་ས་བོན་ཙམ་ལས་མི་གསལ་བ་བླ་མའི་ཞལ་གྱི་མན་……
此乃本傳規不共同之深奧之究竟訣要成文也 上文中除種子字外

༄༅། །དག་ལ་བརྟེན་ནས་ཤིན་ཏུ་གོ་བདེ་བར་བཀོད་པ་ཡིན་པས་གཅེས་པར་ཟུངས་ཤིག གཉིས་པ་ཡེ་ཤེས་པ་བཙུག་སྟེ་ཕོ་ཉ་གསུམ་བསྲེ་བ་ནི། འབར་

不顯明處則依上師親傳訣要故而明晰易懂 行者須極珍重受持之

བའི་ཕྱག་རྒྱ་དང་བཅས། ཕཻཾ༔ རང་གི་ཐུགས་ཀའི་བཾ་ཡིག་ལས་འོད་ཟེར་འཕྲོས་པ་སྨིན་མཚམས་ནས་ཐོན་ཏེ་ཕྱོགས་བཅུར་

其二是入智尊三使者交契 手結熾燃印 呸 自心間 བཾ 字放光 從眉間發射十方

སོང་བས་ཕྱོགས་བཅུའི་དེ་བཞིན་གཤེགས་པ་དང་། དཔའ་བོ་དང་རྣལ་འབྱོར་མ་ཐམས་ཅད་རྡོ་རྗེ་རྣལ་འབྱོར་མའི་

召請十方如來及一切勇父瑜伽母

རྣམ་པར་སྤྱན་དྲངས། ཛཿཧཱུྃ་བཾ་ཧོཿ ས་དགུག་གཞུག་བཅིངས་མཉེས་བྱ། པད་སྐོར་གྱི་མཐར་འཁྱུད་རྒྱ་བྱས་ལ། ཨོཾ་ཡོ་ག་ཤུདྡྷཿསརྦ་དྷརྨཱ་

以金剛瑜伽母形相蒞臨 雜吽幫嚎 勾入縛喜印 轉蓮印 作交媾印 嗡搖噶

ཡོ་ག་ཤུདྡྷོ྅ཧཾ། ཆོས་ཐམས་ཅད་རྣམ་པར་དག་པའི་རྣལ་འབྱོར་གྱི་བདག་ཉིད་དེ་ངའོ། །སྐུམ་དུང་རྒྱལ་བྱའོ། །གསུམ་པ་གོ་

旭嗟薩瓦嗟瑪搖噶旭嗟行 一切法相清淨瑜伽本性爲之我也

ཆ་བགོ་བ་ནི། རང་གི་གནས་རྣམས་སུ་ཟླ་བའི་དཀྱིལ་འཁོར་གྱི་སྟེང་དུ། ལྟེ་བར་ཨོཾ་བཾ་དམར་མོ་རྡོ་རྗེ་ཕག་མོ། སྙིང་

如是觀之以持佛慢 三是披甲法 自身諸處月輪上 臍間 ཨོཾ་བཾ 紅色金剛亥母

༄༅། །གར་ཧཾ་ཡོཾ་སྔོན་མོ་གཤིན་རྗེ་མ། ཁར་ཧྲཱིཾ་མོཾ་དཀར་མོ་རྨོངས་བྱེད་མ། དཔྲལ་བར་ཧྲཱིཾ་ཧྲཱིཾ་སེར་མོ་སྐྱོང་བྱེད་མ། སྤྱི་

心間 ཧཾ་ཡོཾ 藍色閻摩母 口中 ཧྲཱིཾ་མོཾ 白色愚蔽母 髮際 ཧྲཱིཾ་ཧྲཱིཾ 黃色守護母

གཙུག་ཏུ་ཧཱུྃ་ཧཱུྃ་ལྗང་གུ་སྐྲག་བྱེད་མ། ཡན་ལག་ཐམས་ཅད་ལ་ཕཊ་ཕཊ་དུད་ཁ་ཙཎྜི་ཀའི་ངོ་བོ་རྣམས་སུ་གྱུར། དེ་ནས་དབང་

頂部 ཧཱུྃ་ཧཱུྃ 綠色威攝母 肢部諸處 ཕཊ་ཕཊ 轉成煙色低噶贊芝嘎體相

བསྐུར་རྒྱས་གདབ་བྱེད་ན། ཕཻཾ༔ རང་གི་ཐུགས་ཀའི་བཾ་ཡིག་ལས་འོད་ཟེར་འཕྲོས་པས། དབང་གི་ལྷ་དཔལ་འཁོར་ལོ་སྡོམ་

復次 作燃燒印 呸 自心間 བཾ 字放光 迎請灌頂本尊吉祥總攝輪之

པའི་རྟེན་དང་བརྟེན་པའི་དཀྱིལ་འཁོར་སྤྱན་དྲངས། དེ་བཞིན་གཤེགས་པ་ཐམས་ཅད་ཀྱིས་མངོན་པར་དབང་བསྐུར་

能依所依壇城 祈請一切如來現前灌頂

དུ་གསོལ། ཞེས་གསོལ་བ་བཏབ་པས། སྒོ་མཚམས་མ་བརྒྱད་ཀྱིས་བགེགས་བསྐྲད། དཔའ་བོ་རྣམས་ཀྱིས་ཤིས་

如是祈請 八門禁母除蓋障 勇士諸衆頌吉祥

པ་བརྗོད། དཔའ་མོ་རྣམས་ཀྱིས་རྡོ་རྗེའི་གླུ་ལེན། གཟུགས་རྡོ་རྗེ་མ་ལ་སོགས་པས་མཆོད། གཙོ་བོས་དབང་བསྐུར····

勇母衆唱金剛歌 色金剛母作供養

༄༅། །བའི་དགོངས་པ་མཛད། ཡུམ་བཞི་ཕག་མོ་དང་བཅས་པས་རིན་པོ་ཆེའི་བུམ་པ་བདུད་
主尊行灌頂之密意 四佛母及亥母持
རྩི་ལྔས་གང་བ་བཟུང་སྤྱི་བོ་ནས་དབང་བསྐུར་བར་གྱུར།
盛滿五甘露寶瓶於頂門灌頂
ཇི་ལྟར་བལྟམས་པ་ཙམ་གྱིས་ནི། །དེ་བཞིན་གཤེགས་ཀུན་ཁྲུས་གསོལ་ལྟར། །
猶如諸佛降生時　一切如來作沐浴

ལྷ་ཡི་ཆུ་ནི་དག་པ་ཡིས། །དེ་བཞིན་བདག་གིས་ཁྲུས་བགྱིའོ། །
我今以此淨天水　如是沐浴聖尊身
ཨོཾ་སརྦ་ཏ་ཐཱ་ག་ཏ་ཨ་བྷི་ཥེ་ཀ་ཏ་ས་མ་ཡ་ཤྲཱི་ཡེ་ཧཱུྃ། ཞེས་དབང་བསྐུར་བས་ལུས་ཐམས་ཅད་གང་།
嗡薩瓦噠塔噶噠啊畢凱嘎噠薩瑪雅俙惹耶吽
དྲི་མ་ཐམས་ཅད་དག ཆུའི་ལྷག་མ་སྤྱི་གཙུག་ཏུ་གནས་པ་ཡོངས་སུ་གྱུར་པ་ལས་རྣམ་སྣང་ཧེ་རུ་ཀ་ཡུམ་དང་བཅས་
如是灌頂充滿身遍處 清淨一切垢 餘水上溢住於頂髻

༄༅། །པས་དབུ་བརྒྱན་པར་གྱུར། ཅེས་བརྗོད། བདག་འཇུག་སྐབས་མཚམས་འདིར་བདག་བསྐྱེད་ཀྱི་མཆོད་པ་བྱིན་གྱིས་བརླབས། དེ་ནས།
悉成毗盧嘿洳嘎父母頂莊嚴 如是誦 修自入時於此間加持自生供 復次
རང་གི་ཐུགས་ཀ་ནས་སྤྲོས་པའི་མཆོད་པའི་ལྷ་མོ་རྣམས་ཀྱིས་མཆོད་པར་གྱུར།
自心間放出供養天女衆獻供養
ཨོཾ་ཨརྒྷཾ་པྲ་ཏཱིཙྪ་སྭཱ་ཧཱ། ཨོཾ་པཱདྱཾ་པྲ་ཏཱིཙྪ་སྭཱ་ཧཱ། ཨོཾ་བཛྲ་པུཥྤེ་ཨཱཿཧཱུྃ་སྭཱ་ཧཱ།
嗡啊剛哲帝雜娑哈 嗡巴當哲帝雜娑哈 嗡班雜布白啊吽娑哈

ཨོཾ་བཛྲ་དྷཱུ་པེ་ཨཱཿཧཱུྃ་སྭཱ་ཧཱ། ཨོཾ་བཛྲ་དཱི་པེ་ཨཱཿཧཱུྃ་སྭཱ་ཧཱ། ཨོཾ་བཛྲ་གནྡྷེ་ཨཱཿཧཱུྃ་སྭཱ་ཧཱ།
嗡班雜都貝啊吽娑哈 嗡班雜帝貝啊吽娑哈 嗡班雜更得啊吽娑哈
ཨོཾ་བཛྲ་ནཻ་ཝི་དྱེ་ཨཱཿཧཱུྃ་སྭཱ་ཧཱ། ཨོཾ་བཛྲ་ཤབྡ་ཨཱཿཧཱུྃ་སྭཱ་ཧཱ། ཨོཾ་ཨཱཿབཛྲ་ཨ་ད་ཪྴེ་ཧཱུྃ།
嗡班雜納微德啊吽娑哈 嗡班雜曉噠啊吽娑哈 嗡啊班雜阿噠謝吽
ཨོཾ་ཨཱཿབཛྲ་བཱི་ཎེ་ཧཱུྃ། ཨོཾ་ཨཱཿབཛྲ་གནྡྷེ་ཧཱུྃ། ཨོཾ་ཨཱཿབཛྲ་ར་སེ་ཧཱུྃ།
嗡啊班雜毖尼吽 嗡啊班雜更得吽 嗡啊班雜惹賽吽

༄༅། །ཨོཾ་ཨཱཿབཛྲ་པ་རྵེ་ཧཱུྃ། ཨོཾ་ཨཱཿབཛྲ་ནྲྀ་ཏྱེ་ཧཱུྃ། བཅས་ཀྱི་ཕྱི་མཆོད་དང་།

嗡啊班雜巴爾謝吽　嗡啊班雜嗟麥吽 之作外供

ཨོཾ་ཨོཾ་ཨོཾ་སརྦ་བུདྡྷ་ཌཱ་ཀི་ནཱི་ཡེ་བཛྲ་ཝརྞ་ནཱི་ཡེ་བཛྲ་བཻ་རོ་ཙ་ནཱི་ཡེ་ཧཱུྃ་ཧཱུྃ་ཧཱུྃ་ཕཊ་ཕཊ་ཕཊ་སྭཱ་ཧཱ། ཨོཾ་ཨཱཿཧཱུྃ་གིས་ནང་མཆོད་དང་།

嗡嗡嗡薩瓦必噠哲格呢耶班雜哇那呢耶班雜毗盧遮呢耶吽吽吽呸呸

རང་ཉིད་རྡོ་རྗེ་རྣལ་འབྱོར་མ་དང་ཁ་ཊྭཱཾ་ག་འཁོར་ལོ་སྡོམ་པར་གྱུར་པ་སྙོམས་པར་ཞུགས་པས་ལྷན་སྐྱེས་ཀྱི་བདེ་སྟོང་

呸娑哈嗡啊吽 之內供與勝解 我自成金剛瑜伽母與喀章嘎總攝輪雙

སྐྱེས་པར་གྱུར་པར་མོས་ཏེ་གསང་བ་དང་དེ་ཁོ་ན་ཉིད་ཀྱི་མཆོད་པ་འབུལ། ཡང་ན།

運俱生樂空 此間觀秘密供及自性真實供 如下誦

རང་ཉིད་རྣལ་འབྱོར་མར་གསལ་བའི། །ནུ་མ་སྤངས་པ་བྷོ་ལར་གྱུར། །

我自顯明瑜伽母　　捨去胸乳成波啦

ཀཀྐོ་ལ་དབུས་ཡང་དག་གནས། །འཁྲུམ་གཉིས་དྲིལ་བུ་དག་ཏུ་འགྱུར། །

噶果拉中清淨處　　雙邊轉成金剛鈴

༄༅། །ཟེ་འབྲུ་བྷོ་ལ་ཉིད་དུ་འགྱུར། །བདེ་ཆེན་ཧེ་རུ་ཀ་ཡི་གཟུགས། །

蕊鬚轉成波拉性　　大樂嘿洳嘎巴色

གསང་ཡུམ་རྡོ་རྗེ་རྣལ་འབྱོར་མ། །མཁའ་འགྲོ་ཀུན་འདུས་བདག་ཉིད་གྱུར། །

密妃金剛瑜伽母　　空行總集自性成

ཡབ་ཀྱི་གསང་གནས་མི་དམིགས་པའི་ངང་ལས་ཧཱུྃ་དཀར་པོ་ལས་བྱུང་བའི་རྡོ་རྗེ་དཀར་པོ་རྩེ་ལྔ་པ་ཧྲཱུྃ་དམར་པོ་ལས་

佛父密處無所緣狀態中白色ཧཱུྃ生白色五股金剛杵　紅色ཧྲཱུྃ生

བྱུང་བའི་ནོར་བུ་དམར་པོ་རྩེ་མོར་ཧྲཱུྃ་སེར་པོས་མཚན་པ། ཡུམ་གྱི་གསང་གནས་མི་དམིགས་པའི་ངང་ལས་ཨཱཿལས་

紅色摩尼黃色ཧྲཱུྃ字莊嚴　佛母密處無所緣狀態中ཨཱཿ生

བྱུང་བའི་པདྨ་དམར་པོ་འདབ་མ་གསུམ་པ་ཧྲ་དཀར་པོ་ལས་བྱུང་བའི་བྱང་སེམས་དཀར་པོ་མཆེན་པའི་ལྟེ་བ་དཀར་

三瓣紅蓮　白色ཧྲ生白色菩提心中央白色以黃色ཧྲ字莊嚴

པོ་རྩེ་མོར་ཧྲ་སེར་པོས་མཚན་པ། ཨོཾ་ཤྲཱི་མ་ཧཱ་སུ་ཁ་བཛྲ་ཧེ་ཧེ་རུ་རུ་ཀཾ་ཨཱཿཧཱུྃ་ཧཱུྃ་ཕཊ་སྭཱ་ཧཱ། ཡབ་ཡུམ་སྙོམས་པར་ཞུགས་

嗡俙利嘛哈速喀班雜嘿嘿洳洳恭啊吽吽呸娑哈　父母雙運化爲

༄༅། །པས་བྱང་སེམས་ཞུ་བ་སྤྱི་བོ་ནས་མགྲིན་པར་སླེབ་པ་ན་དགའ་བ། མགྲིན་པ་ནས་སྙིང་གར་སླེབ་པ་ན་མཆོག་
菩提心 從頂門降至喉間生喜 喉間降至心間勝喜 心間降
དགའ། སྙིང་ག་ནས་ལྟེ་བར་སླེབ་པ་ན་ཁྱད་དགའ། ལྟེ་བ་ནས་ནོར་བུའི་རྩེར་སླེབ་པ་ན་ལྷན་སྐྱེས་ཀྱི་ཡེ་ཤེས་སྐྱེས་
至臍間特殊喜 臍間降至摩尼寶尖生起俱生智慧故入雙
པས་བདེ་བ་དང་སྟོང་པ་ཉིད་དབྱེར་མེད་པའི་ཏིང་ངེ་འཛིན་ལ་སྙོམས་པར་ཞུགས། དེ་ལྟར་བདེ་སྟོང་དབྱེར་མེད་དུ་
運樂空無別之三摩地 如是樂空無別和合故於供養三輪

སྦྱར་བ་དེས་མཆོད་པའི་འཁོར་གསུམ་རང་བཞིན་གྱིས་སྟོང་པའི་དེ་ཁོ་ན་ཉིད་ཀྱི་དོན་ལ་རྩེ་གཅིག་ཏུ་མཉམ་པར་·····
自性空真實性義專注根本定而獻秘密
བཞག་པའི་གསང་བ་དང་དེ་ཁོ་ན་ཉིད་ཀྱི་མཆོད་པས་མཉེས་པར་གྱུར། ཅེས་རང་ཉིད་རྣལ་འབྱོར་མ་ཧེ་རུ་ཀར་ང་རྒྱལ་འཛོམས་ཏེ་རྣམ་
自性真實滿足供也 如是我自瑜伽母轉爲嘿洳嘎佛慢後化相而作秘密供與真實供
བསྒྱུར་ནས་གསང་མཆོད་དང་དེ་ཁོ་ན་ཉིད་ཀྱི་མཆོད་པ་ཕུལ་ལོ། སླར་ཡང་རྗེ་བཙུན་མའི་རྣམ་པར་གྱུར་པར་བསམ་མོ། དེ་ནས་བསྟོད་པ་ནི།
復次轉成至尊母相 如是觀想 復次頌讚

༄༅། །ཨོཾ་ན་མོ་བྷ་ག་ཝ་ཏེ་བཛྲ་ཝ་ར་ཧི་བཾ་ཧཱུཾ་ཧཱུཾ་ཕཊ།
嗡哪摩巴噶瓦帝班雜哇惹嘿幫吽吽呸
ཨོཾ་ན་མོ་ཨཱ་རྱ་ཨ་པ་ར་ཛི་ཏེ་ཏྲཻ་ལོ་ཀྱ་མ་ཏི་བི་ཡེ་ཤྭ་རི་ཧཱུཾ་ཧཱུཾ་ཕཊ།
嗡哪摩啊雅啊巴惹姿戴哲洛迦嘛帝比德曉哩吽吽呸
ཨོཾ་ན་མཿསརྦ་བྷཱུ་ཏ་བྷ་ཡ་བཱ་ཧི་མཧཱ་བཛྲེ་ཧཱུཾ་ཧཱུཾ་ཕཊ།
嗡哪瑪薩哇布嗐巴雅哇嘿嘛哈班吱吽吽呸

ཨོཾ་ན་མོ་བཛྲ་ས་ནི་ཨ་ཛི་ཏེ་ཨ་པ་ར་ཛི་ཏེ་ཝ་ཤཾ་ཀ་རི་ཎི་ཏྲ་ཧཱུཾ་ཧཱུཾ་ཕཊ།
嗡哪摩班雜薩呢啊吱戴啊巴惹吱戴哇香嘎哩乃哲吽吽呸
ཨོཾ་ན་མོ་བྷྲ་མ་ཎི་ཤོ་ཥ་ཎི་རོ་ཥ་ཎི་ཀྲོ་དྷེ་ཀ་ར་ལེ་ཎི་ཧཱུཾ་ཧཱུཾ་ཕཊ།
嗡哪摩者嘛呢消喀呢惹喀呢照德嘎惹勒呢吽吽呸
ཨོཾ་ན་མོ་ཏྲཱ་ས་ནི་མཱ་ར་ཎི་པྲ་བྷེ་ད་ནི་པ་ར་ཛ་ཡེ་ཧཱུཾ་ཧཱུཾ་ཕཊ།
嗡哪摩哲薩呢嘛惹呢哲貝噠呢巴惹渣耶吽吽呸

མཁའ་ ཞེ་ལྔ། སྤྱོད།

༄༅། །ཨོཾ་ན་མོ་བྷི་ཛ་ཡེ་ཛམྦྷ་ནི་སྟམྦྷ་ནི་མོ་ཧ་ནི་ཧཱུྃ་ཧཱུྃ་ཕཊ།

嗡哪摩比雜耶宗叭呢咚巴呢摩哈呢吽吽呸

ཨོཾ་ན་མོ་བཛྲ་ཝཱ་ར་ཧེ་མཧཱ་ཡོ་གི་ནི་ཀཱ་མེ་ཤྭ་རི་ཁ་གེ་ཧཱུྃ་ཧཱུྃ་ཕཊ།

嗡哪摩班雜哇惹嘿嘛哈搖格呢嘎麥曉哩喀改吽吽呸

ཅེས་ཡུམ་གྱི་རྐང་བརྒྱད་ཀྱིས་སྔགས་མཆོད་དང་བསྟོད་པ་བྱའོ། །དགུ་པ་ངག་བཟླས་དང་ཡིད་བཟླས་ཀྱི་རྣལ་འབྱོར་ལ་གཉིས་ལས། ངག་བཟླས་ནི། རང་

如是誦佛母八句咒供及頌讚 九 口誦與意念瑜伽法起分有二 口誦法是

樂空捷道廣軌 四十五

གི་སྙིང་གར་ཆོས་འབྱུང་དམར་པོ་གྲུ་གསུམ་གཉིས་བརྩེགས་ཀྱི་ནང་དུ་ཟླ་བའི་དཀྱིལ་འཁོར་གྱི་དབུས་སུ་བཾ་ཡིག་ལ་

自心間紅色法基三角雙疊內月輪中央 བཾ 字

སྔགས་ཕྲེང་ཁ་དོག་དམར་པོས་གཡོན་སྐོར་དུ་བསྐོར་བ་ལས་འོད་ཟེར་དམར་པོ་དཔག་མེད་འཕྲོས། སེམས་ཅན་

紅色咒鬘左旋環繞發出無量紅光 衆生業障

ཐམས་ཅད་ཀྱི་སྡིག་སྒྲིབ་སྦྱངས། སངས་རྒྱས་ཐམས་ཅད་མཆོད། དེ་རྣམས་ཀྱི་བྱིན་རླབས་ནུས་མཐུ་ཐམས་ཅད་འོད་

皆清淨 供養一切諸如來 迎請一切加持力

མཁའ་ ཞེ་དྲུག སྤྱོད།

༄༅། །ཟེར་དམར་པོའི་རྣམ་པར་སྤྱན་དྲངས་བཾ་ཡིག་སྔགས་ཕྲེང་དང་བཅས་པ་ལ་ཐིམས་པས་རྒྱུད་བྱིན་གྱིས་བརླབས

成紅光相 融入 བཾ 字咒鬘而加持我相續 如是觀想

པར་གྱུར་ པར་བསམས་ལ། ཨོཾ་ཨོཾ་ཨོཾ་སརྦ་བུདྡྷ་ཌཱ་ཀི་ནཱི་ཡེ་བཛྲ་ཝརྞ་ནཱི་ཡེ་བཛྲ་བཻ་རོ་ཙ་ནཱི་ཡེ་ཧཱུྃ་ཧཱུྃ་ཧཱུྃ་ཕཊ་ཕཊ་ཕཊ་སྭཱཧཱ།

嗡嗡嗡薩瓦必噠哲格呢耶班雜哇哪呢耶班雜毗盧遮呢耶吽吽吽呸呸

རྒྱུན་པར་དམ་བཅའ་ཇི་ལྟར་ཡོད་པ་ལ་ཉུང་མཐར་བྱས་ནས་བཟླའོ། །ཡིད་བཟླས་ནི། ལུས་གནད་བཅས་ཏེ་སྙིང་གའི་ཆོས་འབྱུང་ཟླ་བ་ཡིག་འབྲུ་དང་བཅས

呸娑哈 依不少於發心承諾恆常唸誦數而持之 意念法是身具要訣 心間法基月輪字母俱全

樂空捷道廣軌 四十六

པ་བདེ་བ་བསྐྱེད་པར་འདོད་ན་གསང་གནས་དང་། མི་རྟོག་པ་བསྐྱེད་པར་འདོད་ན་ལྟེ་བར་ཕབས་ལ་རླུང་ཁ་སྦྱར་ཏེ། ཡིད་ཀྱིས་སྔགས་ཕྲེང་གཡོན་སྐོར་དུ

若欲生起樂於密處 欲生起無念則降 與臍間氣和合 意住咒左旋 用意念

གནས་པ་སྒྲོག་པའི་ཚུལ་དུ་ལན་གསུམ་ལྔ་བདུན་ཙམ་བགྲང་། དེ་ནས་ཆོས་འབྱུང་གི་མདུན་རྒྱབ་གཉིས་སྤངས་པའི་གྲུ་བཞིར་དགའ་འཁྱིལ་དམར་སྐྱ་གཡོན

誦持法 誦三五七遍 復次除去法基之前後二角 餘四角繞紅白喜旋而左轉

སྐོར་དུ་འཁོར་བ་དང་། ཁྱད་པར་དབུས་ཀྱི་བཾ་ཡིག་ནཱ་ད་ལས་མེ་འབར་ལ་ཁད་པ་ལ་སེམས་གཏད་ནས་རླུང་འཛིན། དེ་ནས། དབུ་མའི་ཡར་སྣེ་མར་སྣེ་ནས

尤其中央幫字之哪噠拙火燃起而焰心注彼火而持氣 復次中脈上端下端白紅喜旋

༄༅། །དགའ་འཁྱིལ་དཀར་དམར་ནས་འབྲུ་ཙམ་དེ་གཡོན་སྐོར་དུ་འཁོར་བཞིན་དུ་འབྱུང་བ་སྙིང་གར་འདྲེས་ནས་སྟོང་ཡལ་དུ་སོང་བའི་བདེ་སྟོང་ལ་མཉམ་

如顆粒左旋 在旋轉中於心間交契後消失於空中 而其中持定樂空授記

པར་འཇོག་གོ །བཅུ་པ་བསམ་གྱིས་མི་ཁྱབ་པའི་རྣལ་འབྱོར་ལ་གཉིས་ལས། ཐུན་མོང་མ་ཡིན་པ་ནི་ཁྲིད་ལས་འབྱུང་བ་ལྟར་ཉམས་སུ་བླངས། ཐུན་མོང་བ་ནི།

十 不可思議瑜伽法有二分 不共法依導引釋文中授記 共法是 自心間 བཾ 字

རང་གི་སྙིང་གའི་བཾ་ཡིག་སྔགས་ཕྲེང་དང་བཅས་པ་ལས་འོད་ཟེར་འཕྲོས། ཁམས་གསུམ་ཐམས་ཅད་ཁྱབ། གཟུགས་

咒鬘俱放光 遍照三界 無色界化藍光

མེད་ཁམས་འོད་ཟེར་སྔོན་པོའི་རྣམ་པས་ལུས་ཀྱི་སྟོད་ཀྱི་ཆ་ལ་ཐིམ། གཟུགས་ཁམས་འོད་ཟེར་དམར་པོའི་རྣམ་པས་

融入身上分 色界化紅光融入身中分

བར་གྱི་ཆ་ལ་ཐིམ། འདོད་ཁམས་འོད་ཟེར་དཀར་པོའི་རྣམ་པས་སྨད་ཀྱི་ཆ་ལ་ཐིམ། རང་ཡང་སྟོད་སྨད་ནས་རིམ་

欲界化白光融入身下分 自身亦由上下漸次化成光

བཞིན་འོད་དུ་ཞུ་ནས་ཆོས་འབྱུང་ལ་ཐིམ། དེ་ཟླ་བ་ལ་ཐིམ། དེ་སྔགས་ཕྲེང་ལ་ཐིམ། དེ་བཾ་ཡིག་ལ་ཐིམ། དེ་བཾ་གྱི་

融入法基 融入月輪 融入咒鬘 融入 བཾ 字 融入 བཾ 字頭

༄༅། །མགོ་བོ་ལ་ཐིམ། དེ་ཟླ་ཚེས་ལ་ཐིམ། དེ་ཐིག་ལེ་ལ་ཐིམ། དེ་ནཱ་ད་ལ་ཐིམ། དེ་ཡང་ཇེ་ཕྲ་ཇེ་ཕྲར་འོད་གསལ་

融入初月 融入明點 融入哪嗟成微妙微妙顯明之光

སྟོང་པ་ཉིད་དུ་ཐིམ་པར་གྱུར་པར་བསམ་མོ། །ལུས་དཀྱིལ་སྒོམ་པའི་ཚེ། དེ་ཟླ་བ་ལ་ཐིམ། དེ་རྣལ་འབྱོར་མ་སོ་གཉིས་ལ་ཐིམ།

融入空性 如是觀想 身壇修持時 彼融入月輪 融入三十二瑜伽母

དེ་རྣལ་འབྱོར་མ་བཞི་ལ་ཐིམ། དེ་ལུས་དཀྱིལ་གྱི་གཙོ་མོ་ལ་ཐིམ། གཙོ་མོ་ཡང་སྟོད་སྨད་ནས་རིམ་བཞིན་འོད་དུ་ཞུ

融入四瑜伽母 融入身壇城主尊母 主尊母亦由上下漸漸

ནས་ཆོས་འབྱུང་ལ་ཐིམ། དེ་ཟླ་བ་ལ་ཐིམ། ཞེས་སོགས་བརྗོད་དགོས་སོ། །བཅུ་གཅིག་པ་སྤྱོད་ལམ་གྱི་རྣལ་འབྱོར་ནི། སྟོང་པའི་ངང་…

化為光融入法基 融入月輪 如是觀 十一 威儀瑜伽法是 空性中

ལས་རང་ཉིད་སྐད་ཅིག་གིས་རྗེ་བཙུན་རྡོ་རྗེ་རྣལ་འབྱོར་མར་གྱུར་པར་བསམས་པའི་གནས་རྣམས་སུ་ཟླ་བའི་དཀྱིལ་…

自性刹那間成至尊金剛瑜伽母 諸處月輪之上

འཁོར་གྱི་སྟེང་དུ་ལྟེ་བར་ཨོཾ་བཾ་དམར་མོ་རྡོ་རྗེ་ཕག་མོ། སྙིང་གར་ཧཱུཾ་ཡཾ་སྔོན་མོ་གཤིན་རྗེ་མ། ཁར་ཧྲཱིཾ་མོཾ་དཀར་མོ་…

臍間 ཨོཾ་བཾ 紅色金剛亥母 心間 ཧཱུཾ་ཡཾ 藍色閻摩母 口中 ཧྲཱིཾ་མོཾ 白色

༄༅། །སྨོངས་བྱེད་མ། དཔྲལ་བར་ཧཱུྃ་ཧཱུྃ་སེར་མོ་སྲུང་བྱེད་མ། སྤྱི་གཙུག་ཏུ་ཧཱུྃ་ཧཱུྃ་ལྗང་གུ་སྐྲག་བྱེད་མ། ཡན་ལག་

愚蔽母 髮際ཧཱུྃཧཱུྃ黃色守護母 頂部ཧཱུྃཧཱུྃ綠色威攝母 肢部諸處

ཐམས་ཅད་ལ་ཕཊ་ཕཊ་དུད་ཁ་ཙཎྜི་ཀའི་ངོ་བོ་རྣམས་སུ་གྱུར། ཅེས་གོ་ཆ་དང་། ཨོཾ་སུམྦྷ་ནི་སུམྦྷ་ཧཱུྃ་ཧཱུྃ་ཕཊ།

ཕཊ་ཕཊ 轉成煙色低噶贊芝嘎體相 如是披甲法是 嗡松巴呢松巴吽吽呸

ཨོཾ་གྲྀཧྞ་གྲྀཧྞ་ཧཱུྃ་ཧཱུྃ་ཕཊ། ཨོཾ་གྲྀཧྞ་པ་ཡ་གྲྀཧྞ་པ་ཡ་ཧཱུྃ་ཧཱུྃ་ཕཊ། ཨོཾ་ཨཱ་ན་ཡ་ཧོ་བྷ་ག་ཝཱན་བཛྲ་ཧཱུྃ་ཧཱུྃ་ཕཊ།

嗡革熱哈哪革熱哈哪吽吽呸 嗡革熱哈哪巴雅革熱哈哪巴雅吽吽呸

ཅེས་ལན་གཉིས་བརྗོད་ལ་ཚམ་རྨ་གྱིས་བསྲུང་བར་བྱའོ། །གཉིས་པ་ཐུན་མཚམས་སུ་ཇི་ལྟར་བྱ་བའི་རིམ་པ་ནི། འབྱོར་སོ་གསུམ་གྱི་རྣལ་འབྱོར་དང་།

嗡啊哪雅嚎巴噶萬班雜吽吽呸 誦二遍 作威勢守護 座間如何作

གཡོན་པའི་ཀུན་སྤྱོད། ཕྱི་རོལ་མཆོད་པ། ཚེས་བཅུའི་མཆོད་པ། གཞན་ཡང་ཉལ་ལྟང་དང་། ཁྲུས། ཁ་ཟས། གོས་ཀྱི་རྣལ་འབྱོར་སོགས་ཁྲིད་ལས་འབྱུང་

其次第是思惟相應 現行左向 作外供養 初十薈供及寐寤 沐浴 飲食

བ་ལྟར་བྱ་ཞིང་། གཏོར་མའི་རྣལ་འབྱོར་ནི། མཆོད་པ་དང་གཏོར་མ་ཕྱག་ལེན་ལྟར་བཤམས་ལ། ཨོཾ་ཁཎྜ་རོ་ཧེ་ཧཱུྃ་ཧཱུྃ་ཕཊ། གྱིས་བསངས།

著衣瑜伽等依導引釋文中授記 行食子瑜伽供養與食子依師承陳設 嗡堪哲撓嘿吽吽呸 除穢

༄༅། །ཨོཾ་སྭ་བྷཱ་ཝ་ཤུདྡྷཿསརྦ་དྷརྨཱཿསྭ་བྷཱ་ཝ་ཤུདྡྷོ྅ཧཾ། སྦྱངས། སྟོང་པ་ཉིད་དུ་གྱུར། སྟོང་པའི་ངང་ལས་ཀཾ་ལས་ཐོད

嗡索巴瓦旭噠薩哇噠嘛蘇巴瓦旭噠行 淨治 觀自性空

པའི་སྣོད་རྣམས་ཀྱི་ནང་དུ་ཧཱུྃ་ལས་མཆོད་རྫས་རྣམས་རང་བཞིན་སྟོང་ཉིད། རྣམ་པ་མཆོད་རྫས་སོ་སོའི་རྣམ་པ།

空性中ཀཾ生諸頂器 內ཧཱུྃ化諸供物 自性空所具之

བྱེད་ལས་དབང་པོ་དྲུག་གི་སྤྱོད་ཡུལ་དུ་ཟག་པ་མེད་པའི་བདེ་བ་ཁྱད་པར་ཅན་སྐྱེར་བར་གྱུར།

各各形相業用能予六根所行處生起無漏殊勝樂

ཨོཾ་ཨརྒྷཾ་ཨཱཿཧཱུྃ། ཨོཾ་པཱདྱཾ་ཨཱཿཧཱུྃ། ཨོཾ་བཛྲ་པུཥྤེ་ཨཱཿཧཱུྃ། ཨོཾ་བཛྲ་དྷཱུ་པེ་ཨཱཿཧཱུྃ།

嗡啊剛啊吽 嗡巴當啊吽 嗡班雜布白啊吽 嗡班雜都貝啊吽

ཨོཾ་བཛྲ་དཱི་པེ་ཨཱཿཧཱུྃ། ཨོཾ་བཛྲ་གནྡྷེ་ཨཱཿཧཱུྃ། ཨོཾ་བཛྲ་ནཻ་ཝི་དྱེ་ཨཱཿཧཱུྃ།

嗡班雜帝貝啊吽 嗡班雜更得啊吽 嗡班雜納微德啊吽

ཨོཾ་བཛྲ་ཤབྡ་ཨཱཿཧཱུྃ་གི་བར་གྱི་མཆོད་པ་བྱིན་བརླབ། གཏོར་མ་ཨོཾ་ཁཎྜ་རོ་ཧེ་ཧཱུྃ་ཧཱུྃ་ཕཊ། བསངས། ཨོཾ་སྭ་བྷཱ་ཝ་ཤུདྡྷཿསརྦ་དྷརྨཱཿསྭ་བྷཱ་ཝ་

嗡班雜曉噠啊吽 之加持供養 嗡堪哲撓嘿吽吽呸 除穢 嗡索巴瓦旭噠

མཁའ་ ང་གཅིག ༥༡

༄༅། །ཤུདྡྷོ྅་ཧཾ། སྦྱངས། སྟོང་པ་ཉིད་དུ་གྱུར། སྟོང་པའི་ངང་ལས་ཡཾ་ལས་རླུང་། རཾ་ལས་མེ། ཨཿལས་མི་མགོའི་སྒྲིང་

薩哇嗟嘛蘇巴哇旭嗟行 淨治 觀自性空 空性中ཡཾ生風 རཾ生火

བུ་གསུམ་གྱི་སྟེང་དུ་ཨཿལས་ཐོད་པ་ཡངས་ཤིང་རྒྱ་ཆེ་བའི་ནང་དུ་ཨོཾ་ཁཾ་ཨཾ་ཏྲཱྃ་ཧཱུྃ་རྣམས་ལས་བདུད་རྩི་ལྔ། ལཾ་མཾ་པཾ་ཏཾ་

ཨཿ生三具人首之上ཨཿ生廣大頂骨器 其內ཨོཾ་ཁཾ་ཨཾ་ཏྲཱྃ་ཧཱུྃ諸化五甘露

བཾ་རྣམས་ལས་ཤ་ལྔ་ཡི་གེ་དེ་དག་གིས་མཚན་པ། རླུང་གཡོས་མེ་སྦར་བས་ཐོད་པའི་ནང་གི་རྫས་རྣམས་ཞུ་བར་གྱུར།

ལཾ་མཾ་པཾ་ཏཾ་བཾ諸化五肉 復以諸字莊嚴 風鼓正火盛 器中諸物熔成汁

樂空捷道廣軌 五十一

དེ་དག་གི་སྟེང་དུ་ཧཱུྃ་ལས་སྐྱེས་པའི་ཁ་ཊྭཱཾ་ག་དཀར་པོ་མགོ་ཐུར་དུ་བལྟས་ནས་ཞུ་བ་ཐོད་པར་ལྷུང་ནས་རྫས་དེ་དག

彼等之上ཧཱུྃ生白色喀章嘎倒懸熔化滴入頂器 器內諸物轉成水銀色

དངུལ་ཆུའི་མདོག་ཅན་དུ་གྱུར། དེའི་སྟེང་དུ་དབྱངས་གསལ་གྱི་ཕྲེང་བ་གསུམ་བརྩེགས་སུ་གནས་པ་ཨོཾ་ཨཱཿཧཱུྃ་དུ་གྱུར་

彼上元輔音母咒鬘三壘而住轉成ཨོཾ་ཨཱཿཧཱུྃ三字

པའི་འོད་ཟེར་གྱིས་ཕྱོགས་བཅུའི་དེ་བཞིན་གཤེགས་པ་དང་དཔའ་བོ་དང་རྣལ་འབྱོར་མ་ཐམས་ཅད་ཀྱི་ཐུགས་ཀ་ནས

之光攝集十方諸佛 勇父勇母心間智慧

མཁའ་ ང་གཉིས ༥༢

༄༅། །ཡེ་ཤེས་ཀྱི་བདུད་རྩི་བཀུག་ནས་བསྟན་པས་མང་པོར་སྤར་ཞིང་སྤེལ་བར་གྱུར། ཨོཾ་ཨཱཿཧཱུྃ། ལན་གསུམ་གྱི་བྱིན་གྱིས

甘露注入器中 滔然大增 燃起無窮無盡 ཨོཾ་ཨཱཿཧཱུྃ 如是誦三遍作加持食子

བརླབས་ལ། ཕཻཾ། རང་གི་ཐུགས་ཀའི་བཾ་ཡིག་ལས་འོད་ཟེར་འཕྲོས་པས། འོག་མིན་ནས་རྗེ་བཙུན་རྡོ་རྗེ་རྣལ་འབྱོར་མ་ལ

呸 自心間བཾ字發光 於奧明天迎請至尊金剛瑜伽母上師本尊

བླ་མ་ཡི་དམ་སངས་རྒྱས་བྱང་སེམས་དཔའ་བོ་མཁའ་འགྲོ་ཆོས་དང་འཇིག་རྟེན་སྐྱོང་བའི་ཚོགས་ཀྱིས་བསྐོར་བ་མདུན

諸佛菩薩 勇士空行 護法及世間護法衆圍繞至對前虛空 衆賓之舌

樂空捷道廣軌 五十二

གྱི་ནམ་མཁར་སྤྱན་དྲངས། མགྲོན་རྣམས་ཀྱི་ལྗགས་ལ་ཧཱུྃ་ལས་སྐྱེས་པའི་རྡོ་རྗེ་རྩེ་གསུམ་པ་ནས་འབྲུ་ཙམ་འབོད་པའི་

上ཧཱུྃ生三股金剛杵 形如稞麥光筒 吮納食子精華 如是觀 嗡班雜啊惹黎

འོད་ཟེར་གྱི་སྦུ་གུས་གཏོར་མའི་བཅུད་དྲངས་ཏེ་གསོལ་བར་གྱུར་ པར་བསམས་ལ། ཨོཾ་བཛྲ་ཨ་ར་ལི་ཧོཿཛཿཧཱུྃ་བཾ་ཧོཿབཛྲ་ཌཱ་

嚎雜吽幫嚎班雜哲格呢薩嘛雅咚置夏雅嚎 三遍或七遍作供 嗡喀喀喀嘿

ཀི་ནི་ས་མ་ཡ་སྟྭཾ་ཧྲཱི་ཧ་ཧོཿ ལན་གསུམ་མམ་བདུན་གྱིས་འབུལ། ཨོཾ་ཁ་ཁ། ཁཱ་ཧི་ཁཱ་ཧི། སརྦ་ཡཀྵ་རཀྵ་ས། བྷཱུ་ཏ། པྲེ་ཏ། པི་ཤཱ་ཙ།

喀嘿 薩哇雅恰惹恰薩 布嗟 哲嗟 比謝嗟 鄔嘛嗟 啊貝嘛惹 班雜

༄༅། །ཨཱརྻ་ཏཱ། ཨ་པ་སྨཱ་ར། བཛྲ་ཌཱ་ཀ་ཌཱ་ཀི་ཏྲ་ད་ཡ་ཨི་མཾ་བ་ལིཾ་གྲིཧྣ་ཏུ། ས་མ་ཡ་ར་ཀྵནྟུ།
嗟嘎嗟格哪耶嗟雅 唉芒巴玲給惹哈哪督 薩嘛雅惹欽督 嘛嘛薩哇斯
སརྦ་སིདྡྷི་མྨེ་པྲ་ཡཙྪནྟུ། ཡ་ཐེ་པཾ། ཡ་ཐེ་ཥྚཾ། བྷུ་ཛ་ཐ། པི་བ་ཐ། ཛི་གྲ་ཐ། མཱ་ཏི་ཀྲ་མ་ཐ།
帝麥劄雅參督 呀特棒 呀特帳 布渣他 必拔他 吱哲他 嘛帝劄瑪他
མ་མ་སརྦ་ཀཱ་རྻ་ཏ་ཡ། སད་སུ་ཁཾ་བི་ཤུདྡྷ་ཡེ། ས་ཧ་ཡི་ཀཱ་བྷ་ཝནྟུ་ཧཱུྃ་ཧཱུྃ་ཕཊ་ཕཊ་སྭཱཧཱ། ཞེས་པ་ལན་གཉིས་ཀྱིས་འཇིག་རྟེན་པའི་
嘛嘛薩哇嘎嗟雅 色速康比咻嗟耶 薩哈伊噶巴萬督吽吽呸呸娑哈

མཁའ་འགྲོ་རྣམས་ལ་འབུལ། ཨོཾ་བཛྲ་ཡོ་གི་ནི་ས་པ་རི་ཝཱ་ར་ཨརྒྷཾ། པཱདྱཾ། པུཥྤེ། དྷཱུ་པེ། ཨ་ལོ་ཀེ།
誦二遍作世間空行供 嗡班雜搖格呢薩巴日瓦惹啊剛 巴當 布白 都貝 啊洛格
གནྡྷེ། ནཻ་ཝི་དྱ། ཤབྡ་ཨཱཿཧཱུྃ་གིས་མཆོད། ཨོཾ་བཛྲ་ཡོ་གི་ནི་ས་པ་རི་ཝཱ་ར་ཨོཾ་ཨཱཿཧཱུྃ། བདགས་པས་ནང་མཆོད་འབུལ།
更得 納微德 曉嗟啊吽 之作供 嗡班雜搖格呢薩巴日瓦惹嗡啊吽 內供
དཔལ་ལྡན་རྡོ་རྗེ་མཁའ་འགྲོ་མ། །མཁའ་འགྲོ་མ་ཡི་འཁོར་ལོས་བསྒྱུར། །
具德金剛空行母　　旋轉空行母法輪

༄༅། །ཡེ་ཤེས་ལྔ་ལྡན་སྐུ་གསུམ་བརྙེས། །འགྲོ་བ་སྐྱོབས་ལ་ཕྱག་འཚལ་ལོ། །
獲得五智與三身　　救護衆者前頂禮
རི་སྙེད་རྡོ་རྗེ་མཁའ་འགྲོ་མ། །ཀུན་ཏུ་རྟོག་པའི་འཆིང་གཅོད་ཅིང་། །
所有金剛空行母　　已斷一切分別識
འཇིག་རྟེན་བྱ་བར་རབ་འདུག་མ། །དེ་སྙེད་རྣམས་ལ་ཕྱག་འཚལ་ལོ། །ཞེས་བསྟོད།
勝處世間事業母　　彼諸尊前敬頂禮 如是讚

མཐའ་ཡས་རྒྱལ་བའི་བདེ་སྟོང་རོལ་གར་ནི། །སྲིད་ཞིའི་མིག་འཕྲུལ་ཅིར་ཡང་འཆར་བ་ལས། །
無邊勝者樂空之遊戲　　世出世間幻化盡顯明
དེང་འདིར་མཁའ་སྤྱོད་དབང་མོ་ཡིད་འོང་མ། །སྙིང་ནས་དྲན་ནོ་འཕྲུད་པའི་རྩེ་དགས་སྐྱོངས། །
今此空行自在悅意母　　意念相會交媾喜護持
འོག་མིན་ཞིང་ན་ལྷན་སྐྱེས་རྒྱལ་ཡུམ་མ། །ཉེར་བཞིའི་ཡུལ་ན་ཞིང་སྐྱེས་ཌཱ་ཀི་མ། །
奧明淨土俱生勝佛母　　二十四界刹生哲格瑪

༄༅། །ནོར་འཛིན་ཁྱབ་པའི་ཀརྨ་མུ་དྲ་མ། །རྣལ་འབྱོར་བདག་གི་སྐྱབས་མཆོག་རྗེ་བཙུན་མ། །

持寶遍照噶瑪牟折瑪　　我皈至尊殊勝瑜伽母

ཁྱོད་ནི་སེམས་ཉིད་སྟོང་པའི་རང་རྩལ་ཏེ། །རྡོ་རྗེའི་གྲོང་ན་ཨེ་དབྱིངས་པཾ་གྱི་དངོས། །

尊乃本心性空自善巧　　金剛壇中唉界ᠪ字現

སྒྱུ་མའི་གླིང་ན་འཇིགས་རུང་སྲིན་མོ་དང་། །འཛུམ་དཀར་གཡོ་བའི་ལང་ཚོ་གསར་པ་སྟོན། །

幻化洲中怖畏母藥叉　　喜顏踴躍示顯新妙齡

བདག་གིས་ཇི་ལྟར་བཙལ་ཡང་འཕགས་མ་ཁྱོད། །བདེན་པར་གྲུབ་པའི་ངེས་པ་མ་རྙེད་ནས། །

任我所尋悉見聖母尊　　未得成就真諦信念間

སྨྲོས་པས་དུབ་པའི་སེམས་ཀྱི་གཞོན་ནུ་དེ། །བརྗོད་བྲལ་ནགས་ཀྱི་ཁང་བུར་ངལ་གསོ་བསྙེན། །

以彼心幼遂為戲論疲　　離詮密林小屋得憩息

ཨེ་མ་ད་ནི་ཌཱ་ཀི་དབྱིངས་ནས་བཞེངས། །ཧེ་རུ་ཀ་དཔལ་རྒྱུད་ཀྱི་རྒྱལ་པོ་ལས། །

唉嘛今從空行界現起　　嘿洳嘎巴密王續中生

༄༅། །རྡོ་རྗེ་བཙུན་མོའི་ཉེ་བའི་སྙིང་པོ་མཆོག །བཟླས་པས་འགྲུབ་ཅེས་གསུངས་པའི་བདེན་པས་སྐྱོངས། །

金剛續母隨近殊勝咒　　誦所成就即能真實護

ཨོཾ་ཏྲི་པི་ཤའི་བས་མཐའི་ནགས་ཁྲོད་དུ། །གྲུབ་པའི་དབང་ཕྱུག་རྡོ་རྗེ་དྲིལ་བུ་པ། །

嗡植必謝寂靜叢林中　　成就自在金剛執波巴

འཁྱུད་དང་ཙུམ་ཟླའི་བདེ་བས་རྗེས་བསྐྱངས་ཏེ། །ཁ་སྦྱོར་མཆོག་གི་རོལ་བཞིན་བདག་ཀྱང་སྐྱོངས། །

擁抱交會大樂隨攝受　　殊勝和合遊戲護持我

གཛླའི་གླིང་ནས་རྗེ་བཙུན་ཀུ་སུ་ལི། །མངོན་སུམ་ནམ་མཁའི་དབྱིངས་སུ་འཁྲིད་པ་དང་། །

剛伽洲中至尊古薩黎　　現前空境界中導引尊

དཔལ་ལྡན་ནཱ་རོ་ཏ་པ་རྗེས་བཟུང་ལྟར། །བདག་ཀྱང་མཁའ་སྤྱོད་དགའ་མའི་གྲོང་དུ་འཁྲིད། །

具德那若噠巴隨攝如　　攝引我等空行樂壇中

རྩ་བརྒྱུད་བླ་མ་མཆོག་གི་ཐུགས་རྗེ་དང་། །རྒྱུད་ཆེན་གསང་མཐའི་མྱུར་ལམ་ཟབ་ཁྱད་དང་། །

根本傳承上師慈憐憫　　大續密乘勝深妙捷道

༄༅། །རྣལ་འབྱོར་བདག་གི་ལྷག་བསམ་དག་པའི་མཐུས། །མཁའ་སྤྱོད་དགའ་མའི་འཛུམ་ཞལ་མྱུར་མཐོང་ཤོག །

瑜伽士增意樂清淨力　空行喜母笑顏願速見

ཅེས་མཁའ་སྤྱོད་ཞལ་བཟང་ལྟ་བའི་སྨོན་ལམ་དང་། རྗེ་བཙུན་རྡོ་རྗེ་རྣལ་འབྱོར་མས། བདག་དང་སེམས་ཅན་ཐམས་ཅད་དག་པ་

如是誦此謁見空行妙顏願文 至尊金剛瑜伽母懇祈攝引我及一切衆生

མཁའ་སྤྱོད་དུ་འཁྲིད་པར་མཛད་དུ་གསོལ། འཇིག་རྟེན་དང་འཇིག་རྟེན་ལས་འདས་པའི་དངོས་གྲུབ་མ་ལུས་པ་སྩོལ་

至清淨空行剎土 祈請賜予世出世間無餘之成就也

མཁའ་ ང་བདུན སྤྱོད།

樂空捷道廣軌 五十七

དུ་གསོལ། ཞེས་འདོད་དོན་ལ་གསོལ་བ་གདབ་ཅིང་ཚོགས་འཁོར་བྱེད་ན་འདིར་བྱེད་དོ། །དེ་ནས། ཨོཾ་ཨཱཿཧཱུྃ། ཧ་ཧོ་ཧྲཱིཿལན་གསུམ།

如是祈求所欲事 若薈供則在此舉行 復次 嗡啊吽哈嚎舍 三遍

ཧཱུྃ་འོག་མིན་བདེ་ཆེན་དག་པའི་ཕོ་བྲང་ནས། །རྣམ་སྣང་ཐུགས་ལས་སྤྲུལ་པའི་མཐུ་བོ་ཆེ། །

吽 奧明大樂清淨宮殿中　遍照意所幻化大威力

བསྟན་སྲུང་ཀུན་གྱི་གཙོ་བོ་རྡོ་རྗེ་གུར། །དཔལ་ལྡན་མགོན་པོ་འདིར་བྱོན་མཆོད་གཏོར་བཞེས། །

一切救護主尊金剛幕　吉祥怙主臨此享供物

༄༅། །ཡོངས་འདུའི་ཚལ་དང་གཤིན་རྗེའི་ཕོ་བྲང་དང་། །འཛམ་གླིང་དེ་ཝཱི་ཀོ་ཊིའི་གནས་མཆོག་ནས། །

遍集叢林閻摩宮殿極　瞻洲德巍果掣殊勝處

འདོད་ཁམས་གཙོ་མོ་ནམ་གྲུ་རེ་མ་ཏི། །དཔལ་ལྡན་ལྷ་མོ་འདིར་བྱོན་མཆོད་གཏོར་བཞེས། །

欲界尊母奎宿日瑪帝　吉祥天母臨此享供物

སྣང་སྲིད་བྷ་ག་དབྱིངས་ཀྱི་དཀྱིལ་འཁོར་ནས། །འཁོར་འདས་ཀུན་གྱི་བདག་མོ་དབྱིངས་ཕྱུག་ཡུམ། །

現有婆伽形之壇城中　輪涅主尊法界自在母

མཁའ་ ང་བརྒྱད སྤྱོད།

樂空捷道廣軌 五十八

སྔགས་སྲུང་དྲག་མོ་མ་མོ་མཁའ་འགྲོའི་གཙོ། །ཡུམ་ཆེན་རལ་གཅིག་འདིར་བྱོན་མཆོད་གཏོར་བཞེས། །

咒護勇母嘛摩空行主　一髻佛母臨此享供物

བསིལ་བ་ཚལ་དང་ཧ་ཧ་རྒོད་པ་དང་། །སིཾ་ཧ་གླིང་དང་ཏི་སེའི་གངས་རི་དང་། །

清涼寒林狂笑寒林中　森伽洲暨崗底斯雪山

དར་ལུང་གནས་དང་ཁའུའི་བྲག་རྫོང་ནས། །ཞིང་སྐྱོང་དབང་པོ་འདིར་བྱོན་མཆོད་གཏོར་བཞེས། །

達隴聖處卡烏岩窟中　護地權王臨此享供物

༄༅། །དུར་ཁྲོད་བརྒྱད་དང་ལྷོ་ཕྱོགས་རི་སུལ་དང་། །རྡོ་རྗེ་གདན་དང་དཔལ་གྱི་བསམ་ཡས་དང་། །
八大寒林南方深壑處　　金剛寶座吉祥桑耶寺
ན་ལ་རྫེ་དང་དཔལ་ལྡན་ས་སྐྱ་ནས། །ལས་མགོན་ཕོ་མོ་འདིར་བྱོན་མཆོད་གཏོར་བཞེས། །
納啦澤界吉祥薩迦處　　業怙父母臨此享供物
བྱང་ཤར་མ་རུ་རྩེ་ཡི་དུར་ཁྲོད་དང་། །རྒྱ་གར་བང་སོ་དམར་པོའི་བྲག་རི་དང་། །
東北瑪洳山頂屍林內　　天竺陵墓赬色岩山中

དར་ལུང་བྲག་རམ་ལ་སོགས་གནས་མཆོག་ནས། །གནོད་སྦྱིན་ལྕམ་དྲལ་འདིར་བྱོན་མཆོད་གཏོར་བཞེས། །
達隴岩崖等地諸勝處　　藥叉姊妹臨此享供物
ཁྱད་པར་ཨོ་རྒྱན་མཁའ་འགྲོའི་ཡུལ་དང་ནི། །རང་བཞིན་གནས་ནས་འཇིག་རྟེན་འཇིག་རྟེན་ལས། །
猶以鄔堅空行殊勝境　　於自行處世間出世間
འདས་པའི་མཁའ་འགྲོས་ཡོངས་བསྐོར་དུར་ཁྲོད་ཀྱི། །བདག་པོ་ཡབ་ཡུམ་འདིར་བྱོན་མཆོད་གཏོར་བཞེས། །
諸衆空行普悉圍繞之　　屍陀林主臨此享供物

༄༅། །གསོལ་ལོ་མཆོད་དོ་རྒྱལ་བའི་བསྟན་སྲུང་ཚོགས། །བསྒྲུབས་སོ་བསྟེན་ནོ་བླ་མའི་བཀའ་སྲུང་ཆེ། །
祈請供養聖教守護衆　　修行依止上師大護法
འབོད་དོ་བསྐུལ་ལོ་རྣལ་འབྱོར་དགྲ་ལྷའི་ཚོགས། །རིངས་པའི་ཚུལ་གྱིས་འདིར་བྱོན་མཆོད་གཏོར་བཞེས། །
籲求懇請瑜伽戰神衆　　迅速蒞臨於此享供物
ཤ་ཁྲག་དམར་གྱིས་བརྒྱན་པའི་གཏོར་མས་མཆོད། །ཛ་གད་སྨན་ཕུད་རཀྟའི་བཏུང་བས་མཆོད། །
血肉鮮紅莊嚴食子供　　新祀酒藥鮮血神飲供

ཟ་ཆེན་རྐང་གླིང་རོལ་མོའི་སྒྲ་ཡིས་མཆོད། །དར་ནག་འཕན་ཆེན་སྤྲིན་ལྟར་གཏིབས་པས་མཆོད། །
大鼓骨號角樂妙音供　　黑綾大幡如雲密布供
ཡིད་འཕྲོག་སྤྲིན་གཟིགས་ནམ་མཁའ་མཉམ་པས་མཆོད། །རབ་བརྗིད་སྙན་པའི་དབྱངས་ཀྱི་ང་རོས་མཆོད། །
意樂觀空同天勝妙供　　天籟悅耳韻音意樂供
ཕྱི་ནང་གསང་བའི་དམ་རྫས་རྒྱ་མཚོས་མཆོད། །བདེ་སྟོང་དབྱེར་མེད་ཡེ་ཤེས་རོལ་པས་མཆོད། །
外內秘密聖物如海供　　樂空無別智慧遊戲供

༄༅། །སངས་རྒྱས་བསྟན་པ་གཉན་པོ་ཁྱེད་ཀྱིས་སྲུངས། །དཀོན་མཆོག་དབུ་འཕང་གཉན་པོ་ཁྱེད་ཀྱིས་བསྟོད། །

正覺教示嚴峻汝守護　　三寶威望嚴峻汝讚頌

དཔལ་ལྡན་བླ་མའི་འཕྲིན་ལས་ཁྱེད་ཀྱིས་སྤེལ། །རྣལ་འབྱོར་བཅོལ་བའི་འདོད་དོན་ཁྱེད་ཀྱིས་སྒྲུབས། །

具德上師事業汝弘揚　　瑜伽囑託欲求汝成辨 如是作食子供

ཞེས་གཏོར་རྫོང་བྱའོ། །དེ་ནས། ཨོཾ་བཛྲ་ཧེ་རུ་ཀ་ས་མ་ཡ། མ་ནུ་པཱ་ལ་ཡ། ཧེ་རུ་ཀ་ཏྭེ་ནོ་པ་ཏིཥྛ། དྲྀ་ཌྷོ་མེ་བྷ་ཝ།

嗡班雜嘿洳嘎薩瑪雅　嘛怒巴啦雅　嘿洳嘎戴惱巴　第恰直照麥巴瓦

སུ་ཏོ་ཥྱོ་མེ་བྷ་ཝ། སུ་པོ་ཥྱོ་མེ་བྷ་ཝ། ཨ་ནུ་རཀྟོ་མེ་བྷ་ཝ། སརྦ་སིདྡྷིཾ་མྨེ་པྲ་ཡཙྪ།

嗦哆喀搖麥巴瓦　嗦波喀搖麥巴瓦　啊怒惹哆麥巴瓦　薩瓦嘶諦麥炸

སརྦ་ཀརྨ་སུ་ཙ་མེ་ཙིཏྟཾ་ཤྲི་ཡཿཀུ་རུ་ཧཱུྃ། ཧ་ཧ་ཧ་ཧ་ཧོཿབྷ་ག་ཝཱན་བཛྲ་ཧེ་རུ་ཀ་མ་མེ་མུཉྩ།

雅渣　薩哇噶瑪蘇哲邁　置當什日雲 咕洳吽 哈哈哈哈嚎 巴嘎萬 班雜

ཧེ་རུ་ཀ་བྷ་ཝ། མཧཱ་ས་མ་ཡ་ས་ཏྭ་ཨཱཿཧཱུྃ་ཕཊ། ཅེས་ཧེ་རུ་ཀའི་ཡིག་བརྒྱ་བཟླས་ཏེ།

嘿洳嘎嘛麥牟渣　嘿洳嘎巴瓦 嘛哈薩瑪雅 薩埵啊吽呸 如是誦嘿洳嘎百字明

༄༅། །མ་རྙེད་ཡོངས་སུ་མ་ཤེས་དང་། །གང་ཡང་ནུས་པ་མ་མཆིས་པས། །

不獲不備未知及　　任何已能謹所能

འདིར་ནི་བྱ་བ་གང་བགྱིས་པ། །དེ་ཀུན་ཁྱེད་ཀྱིས་བཟོད་མཛད་རིགས། །ཞེས་སོགས་ཀྱི་བཟོད་གསོལ་བྱ། ཨོཾ་བཛྲ་མུཿ

凡此所作諸過失　　懇祈諸尊悉寬容 如是等作求寬容

གཏོར་མགྲོན་ཡེ་ཤེས་པ་རྣམས་རང་ཉིད་ལ་ཐིམ་ཞིང་། འཇིག་རྟེན་པ་རྣམས་རང་གནས་སུ་གཤེགས་པར་གྱུར།

嗡班雜牟　諸食賓智尊融入於己　世間諸賓自歸本處

སྨོན་ལམ་ནི། དགེ་བ་འདི་ཡིས་མྱུར་དུ་བདག །མཁའ་སྤྱོད་མ་དངོས་འགྲུབ་གྱུར་ནས། །

祈願文是　願以我所修善業　　速證成就空行母

འགྲོ་བ་གཅིག་ཀྱང་མ་ལུས་པ། །དེ་ཡི་ས་ལ་འགོད་པར་ཤོག །

一切衆生無一餘　　攝置佛國彼刹土

འཆི་ཚེ་མགོན་དང་དཔའ་བོ་མ་སོགས་ཀྱིས། །མེ་ཏོག་གདུགས་དང་རྒྱལ་མཚན་ཐོགས་ནས་སུ། །

臨終依怙勇父空行母　　持諸傘蓋華鬘寶幢幡

༄༅། །རོལ་མོ་སིལ་སྙན་སྒྲ་སྙན་སོགས་མཆོད་ཅིང་། །མཁའ་ལ་སྤྱོད་པའི་གནས་སུ་འཁྲིད་པར་ཤོག །

供養悅耳天籟等妙音　接引我等空行淨土中

ལྷ་མོ་ཚད་མ་དམ་ཚིག་ཚད་མ་དང་། །དེས་བརྗོད་གསུང་ཡང་མཆོག་ཏུ་ཚད་མ་སྟེ། །

天母證量三昧耶證量　彼述釋量殊勝釋證量

བདེན་པ་འདི་དག་གིས་ནི་ལྷ་མོ་རྣམས། །བདག་ཅག་རྗེས་སུ་འཛིན་པའི་རྒྱུར་གྱུར་ཅིག །ཞེས་སོགས་སྨོན་ལམ་གདབ།

由此一切真實之真諦　願成佛母隨攝我等因 如是發願欣樂

སྤྱི་ཞིང་ལོང་ཡོད་དུས། དལ་འབྱོར་གྲུ་ཆེན་མི་རྟག་དྲན་པ་ཡི། །བ་དན་དཀར་པོ་བསྐྱོད་པ་ལས་འབྲས་ཀྱི། །

並有暇時 暇滿難得得已如巨航　恆念無常飄搖如白幡

བླང་དོར་མཐུན་པའི་རླུང་གིས་རབ་བསྐུལ་ཏེ། །འཇིགས་རུང་འཁོར་བའི་མཚོ་ལས་སྒྲོལ་བར་ཤོག །

取捨相合業果風力送　願渡可畏輪迴苦海中

བསླུ་མེད་སྐྱབས་གནས་གཙུག་གི་ནོར་བུར་བསྟེན། །མར་གྱུར་འགྲོ་བའི་དོན་ཆེན་སྙིང་ལ་ཞུགས། །

無誑皈處依止頂髻寶　衆生爲母事業刻心銘

༄༅། །རྡོར་སེམས་བདུད་རྩིས་ཉེས་པའི་དྲི་མ་འཁྲུད། །རྗེ་བཙུན་བླ་མའི་ཐུགས་རྗེས་སྐྱོང་བར་ཤོག །

金剛薩埵甘露蕩污垢　至尊上師憐憫願隨護

ཡིད་འོང་རྒྱལ་ཡུམ་ཕྱི་ཡི་རྣལ་འབྱོར་མ། །བཾ་ཡིག་ནང་གི་རྡོ་རྗེ་བཙུན་མོ་མཆོག །

悅意至尊外相瑜伽母　བཾ字內聚金剛至尊母

སེམས་ཉིད་སྟོང་གསལ་གསང་བའི་མཁའ་སྤྱོད་ཡུམ། །རང་ཞལ་མཐོང་བའི་རྩེ་དགས་རོལ་པར་ཤོག །

心本空明秘密空行母　觀本面目嬉戲願受用

སྣོད་ཀྱི་འཇིག་རྟེན་ཨེ་ཡིག་གཞལ་མེད་ཁང་། །བཅུད་ཀྱི་སེམས་ཅན་བཾ་ཡིག་རྣལ་འབྱོར་མ། །

外器世間ཨེ字無量宮　內情衆生བཾ字瑜伽母

ཟུང་འཇུག་བདེ་བ་ཆེན་པོའི་ཏིང་འཛིན་གྱིས། །ཅིར་སྣང་དག་པའི་སྣང་བ་འཆར་བར་ཤོག །

雙運大樂智慧三昧耶　隨現清淨現分願升起

དེ་ལྟར་ཕྱོགས་དང་ཟླ་བའི་རྣལ་འབྱོར་གྱིས། །ནམ་ཞིག་དུས་ན་དགའ་མ་བྱི་རུའི་མདོག །

如彼方位與月瑜伽者　喜母時時均顯珊瑚色

མཁའ་ རེ་ལྔ སྤྱོད།

༄༅། །ལི་ཁྲིའི་སྐྲ་གྲོལ་དམར་སེར་མིག་གཡོ་མས། །མངོན་སུམ་རིག་འཛིན་གྲོང་དུ་ཁྲིད་པར་ཤོག །
黃丹散髮黎赤流盼母　　願攝現量持明壇城中
སིཧླར་ལཌྜ་ལི་ཡི་སྡོང་བུར་བཅས། །རོ་ལྡན་གནས་སུ་བསྒྲུབས་ཤིང་ཡུལ་ཀུན་ཏུ། །
醫轟熱楞伽利之木莖　　具味遍境諸處之成辦
སྨྱུལ་བས་གང་གི་མཛོད་སྤུར་འཁྱིལ་རིས་ཅན། །འཕོས་པའི་མཛེས་མས་མཁའ་སྤྱོད་ཁྲིད་པར་ཤོག །
尋覓眉間白毫旋紋者　　願祈遷轉儷母引空行

ནང་གི་ཕག་མོས་གཟུང་འཛིན་འཁྲི་ཤིང་བཅོམ། །མཆོག་གི་རྡུ་ཏིར་ཞུགས་པའི་གར་མཁན་མ། །
內中亥母摧壞束縛藤　　安住中脈最勝曼舞母
ཚངས་པའི་སྒོ་ནས་སྤྲིན་ལམ་དབྱིངས་སུ་ཐོན། །ཁྲག་འཐུང་དཔའ་བོར་འཁྱུད་ཅིང་རོལ་པར་ཤོག །
循經梵門法界出虛空　　願與飲血勇父交擁戲
ལྟེ་བའི་པདྨོར་རླུང་ལྔའི་ཏི་ལ་ཀ །རྩེ་གཅིག་བསྒོམས་པའི་ཁ་སྦྱོར་རྣལ་འབྱོར་གྱིས། །
臍間蓮花五風帝啦嘎　　專注修定和合瑜伽法

མཁའ་ རེ་དྲུག སྤྱོད།

༄༅། །ལུས་སེམས་རྩ་ལ་དྲི་བཞིན་ཞུགས་པ་ཡི། །བདེ་བ་མཆོག་གིས་བདག་རྒྱུད་ཆིམ་པར་ཤོག །
乘御氣味安住身心脈　　願以勝樂滿盈自相續
ཐ་མལ་འོད་ཀྱི་གཏུམ་མོ་མཛེས་ལྡན་མ། །རྡུ་ཏིར་འཛུམ་དཀར་བཞད་པའི་རོལ་རྩེད་ཀྱིས། །
終極之光拙火具妍母　　常經中脈歡顏嬉遊戲
ཧཾ་ཡིག་གཞོན་ནུ་ཡོངས་སུ་མཉེས་བྱས་ནས། །ཟུང་འཇུག་བདེ་བ་ཆེན་པོའི་ས་ཐོབ་ཤོག །
ཧཾ字童子普悉令歡喜　　願證雙運大樂妙勝境

ལྟེ་བའི་རྩ་གསུམ་དབུས་གནས་དམར་ནག་རཾ། །སྟེང་འོག་རླུང་གིས་སྦར་བའི་ཚངས་པའི་མེས། །
臍間三脈中住紅黑རཾ　　運上下氣熾燃梵淨火
སྟོང་ཕྲག་དོན་གཉིས་སྙིགས་མའི་ཁམས་བསྲེགས་ཏེ། །དྭངས་མས་རྡུ་ཏི་ཡོངས་སུ་གང་བར་ཤོག །
焚燒七萬二千濁分界　　淨分遍滿中脈悉願成
ཁ་དོག་ལྔ་ལྡན་སྨིན་མཚམས་ཐིག་ལེ་ནི། །སྤྱི་བོར་སོན་ལས་བྱུང་བའི་ཟླ་ཆུའི་རྒྱུན། །
具五種色眉際淨光根　　升至頂門生月水恆常

༄། །གསང་བའི་ཆུ་སྐྱེས་ཟེའུ་འབྲུའི་བར་དག་ཏུ། །ཡས་བབ་མས་བརྟན་དགའ་བཞིས་ཚིམས་པར་ཤོག །
秘密水蓮花蕊間清淨　　上降下固四喜願充盈
ཐིག་ལེ་དེ་ལས་འཕྲོས་པའི་འོད་ལྔའི་ཟེར། །ཡོག་པས་རང་ལུས་ལ་སོགས་བརྟན་གཡོ་ཀུན། །
明點發出五色之光華　　遍照自身動靜諸世間
དྭངས་གསལ་འཇའ་ཚོན་ཕུང་པོར་གྱུར་ལས་སླར། །རང་གནས་བདེ་སྟོང་དབྱིངས་སུ་འཇུག་པར་ཤོག །
易轉清淨澄明虹光蘊　　本處樂空法界願趣入

སྐྱེ་འགག་གནས་གསུམ་བྲལ་བ་གདོད་མའི་གཤིས། །སྟོང་གསལ་བརྗོད་དུ་མེད་པ་གཉུག་མའི་ངང་། །
遠離生住天法本初理　　空昭無有言詮元始中
ཟུང་འཇུག་བློ་འདས་རང་སེམས་རྣལ་འབྱོར་མ། །རང་ངོ་ཤེས་ནས་རྟག་ཏུ་སྐྱོང་བར་ཤོག །
雙運勝意自心瑜伽母　　自識本性恆常願護持
རྩ་རླུང་ཐིག་ལེ་ཨེ་ཝཾ་དབྱིངས་སུ་ཐིམ། །སེམས་ཉིད་བདེ་ཆེན་ཆོས་སྐུའི་དཔལ་ཐོབ་ནས། །
氣脈明點融入 ཨེ་ཝཾ 境　　心性大樂願證法身果

༄། །བགྲང་ཡས་གཟུགས་སྐུའི་རྣམ་རོལ་དཔག་མེད་ཀྱིས། །ནམ་མཁའི་མཐའ་ཀླས་འགྲོ་འདི་སྐྱོང་བར་ཤོག །
無數色身幻化無量現　　無邊虛空願護此六趣
རྨད་བྱུང་སྲས་བཅས་རྒྱལ་བའི་བྱིན་རླབས་དང་། །རྟེན་འབྲེལ་བསླུ་བ་མེད་པའི་བདེན་པ་དང་། །
希有勝具佛子加持力　　緣起無誑無欺之真諦
བདག་གི་ལྷག་བསམ་དག་པའི་མཐུ་སྟོབས་ཀྱིས། །རྣམ་དག་སྨོན་པའི་གནས་ཀུན་འགྲུབ་པར་ཤོག །
自己清淨意樂威能力　　祈願諸處清淨願成就

ཅེས་ཚར་པ་རྡོ་རྗེ་འཆང་གིས་མཛད་པའི་སྨོན་ལམ་འདོན། ཤིས་བརྗོད་ནི།
頌此察巴金剛持所作之祈願文 吉祥文是
ཕུན་ཚོགས་དགེ་ལེགས་ཀུན་གྱི་དཔལ་མངའ་བ། །རྡོ་རྗེ་འཆང་དབང་པཎ་ཆེན་ནཱ་རོ་སོགས། །
善妙吉祥一切願圓滿　　金剛持王班禪那若眾
དཔལ་ལྡན་བླ་མ་དམ་པའི་ཚོགས་རྣམས་ཀྱི། །བྱིན་རླབས་མྱུར་དུ་འཇུག་པའི་བཀྲ་ཤིས་ཤོག །
具德上師聖賢諸勝尊　　願獲速疾加持吉祥來

མཐའ་ རེ་དགུ ཚོགས།

༄༅། །རྒྱལ་བའི་ཡུམ་མཆོག་ཤེས་རབ་ཕ་རོལ་ཕྱིན། །རང་བཞིན་འོད་གསལ་གདོད་ནས་སྤྲོས་དང་བྲལ། །

殊勝佛母般若波羅蜜　　自性光明本初離戲論

བརྟན་གཡོའི་དངོས་ཀུན་སྤྲོ་དང་སྡུད་མཛད་མ། །མཁའ་སྤྱོད་ཆོས་ཀྱི་སྐུ་ཡི་བཀྲ་ཤིས་ཤོག །

動靜諸有集散形相母　　願證空行法身吉祥來

མཚན་དཔེའི་དཔལ་འབར་རབ་མཛེས་བརྗིད་པའི་སྐུ། །དྲུག་ཅུའི་དབྱངས་ལྡན་ཐེག་མཆོག་སྒྲོག་པའི་གསུང་། །

相好熾盛極妍威赫身　　六十音具殊勝佛妙語

ཡེ་ཤེས་ལྔ་ལྡན་བདེ་གསལ་མི་རྟོག་ཐུགས། །ལྷན་སྐྱེས་ལོངས་སྤྱོད་རྫོགས་སྐུའི་བཀྲ་ཤིས་ཤོག །

具足五智樂明無念意　　願證俱生報身吉祥來

སྣ་ཚོགས་ཞིང་དུ་སྣ་ཚོགས་གཟུགས་སྐུ་ཡིས། །སྣ་ཚོགས་ཐབས་ཀྱིས་སྣ་ཚོགས་གདུལ་བྱའི་དོན། །

種種剎土種種色身現　　種種方便種種化機事

སྣ་ཚོགས་བསམ་པ་ཇི་བཞིན་སྒྲུབ་མཛད་མ། །ཞིང་སྐྱེས་སྤྲུལ་པའི་སྐུ་ཡི་བཀྲ་ཤིས་ཤོག །

種種思惟如是成就母　　願證剎生化身吉祥來

མཐའ་ བདུན་བཅུ ཚོགས།

༄༅། །པདྨ་རཱ་གའི་མདོག་མཚུངས་རྗེ་བཙུན་མ། །འཛུམ་ཁྲོའི་ཉམས་ལྡན་ཞལ་གཅིག་ཕྱག་གཉིས་ཀྱིས། །

猶如紅寶石色至尊母　　熙怡忿姿一面二臂尊

གྲི་ཐོད་ལེགས་འཛིན་ཞབས་ཟུང་བརྐྱངས་བསྐུམ་ཚུལ། །སྔགས་སྐྱེས་མཁའ་སྤྱོད་མཆོག་གི་བཀྲ་ཤིས་ཤོག །

善持鉞顱雙足伸屈勢　　咒生空行殊勝吉祥來

གང་གི་རྣམ་སྤྲུལ་གྲངས་མེད་བྱེ་བ་ཕྲག །སྟོང་ཕྲག་བདུན་ཅུ་རྩ་གཉིས་ཚོགས་རྣམས་ཀྱིས། །

敦敦幻化無量俱胝數　　七萬二千諸衆集會聚

སྒྲུབ་པ་པོ་ཡི་བར་ཆད་ཀུན་སེལ་ཅིང་། །འདོད་དོན་དངོས་གྲུབ་སྩོལ་བའི་བཀྲ་ཤིས་ཤོག །

一切行者障礙消除盡　　祈賜所欲成就吉祥來

ཅེས་བྱམས་པ་ཆོས་ལེགས་ཀྱིས་མཛད་པ་འདི་བཏོན་ན་ལོངས་སྤྱོད་འཕེལ་བའི་རྟེན་འབྲེལ་ཀྱང་ཡོད་པར་གསུངས་པ་འདི་ཉིད་སོགས་ཤིས་བརྗོད་ཀྱིས

如是誦強巴卻勒所作之頌偈可增長福報受用之緣起 與吉祥偈和合而作結行莊嚴

མཐའ་བརྒྱན་པར་བྱའོ། །ཉི་ཟླའི་ལམ་དུ་རྣམ་པར་གཡོ་བའི་ཁམས། །སྒྲ་གཅན་ལམ་དུ་སད་པའི་གཞུག་མའི་དབྱིངས། །

日月道中搖動形相境　　羅睺眠中蘇醒元始界

༄༅། །བདེ་ཆེན་རོལ་པར་ཤར་བའི་དགའ་སྟོན་ལ། །སྤྱོད་པའི་གདམས་ཟབ་བདུད་རྩིའི་གཏེར་དུ་བསྒྲུབས། །

大樂遊戲升起喜宴中　　事成行儀秘訣甘露藏

དེ་ལྟར་རྗེ་བཙུན་རྡོ་རྗེ་རྣལ་འབྱོར་མ་ནཱ་རོ་མཁའ་སྤྱོད་ཀྱི་སྒྲུབ་ཐབས་ཐུན་མོང་མ་ཡིན་པ་བདེ་ཆེན་ཉེ་ལམ་ཞེས་བྱ་བ་འདི་ནི་ལམ་འདི་ཉམས་སུ་ལེན་པའི་

此即至尊金剛瑜伽母那若空行不共大樂成就法捷道儀軌

རྣལ་འབྱོར་པ་དག་གི་རྒྱུན་གྱི་རྣལ་འབྱོར་དང་། མཚམས་བསྙེན་སོགས་ཀྱི་སྐབས་ཉམས་སུ་ལེན་བདེ་བའི་རིམ་པ་ཁོ་ནར་བསྒྲིགས་ཀྱི། དཀྱིལ་འཁོར་སྒྲུབ་

爲實行此道瑜伽士之恆修瑜伽法閉關近誦時易實踐次第而編

མཆོད་དང་འབྲེལ་བའི་སྐབས་དཀྱིལ་ཆོག་དང་སྦྲགས་ནས་ཉམས་སུ་ལེན་ཚུལ་གྱི་ཁྱད་པར་ཕྱེད་པར་བྱའོ། །བདེ་མཆོག་རྩ་རྒྱུད་ལེའུ་ང་གཅིག་པ་ལས།

與壇城修供時所屬之壇城儀軌合輯後之實修法有所區別 勝樂本續五十一品中云

གོས་དང་ཕྱག་རྒྱ་ལྔ་ལ་སོགས། །ཤེས་རབ་ཡན་ལག་ཞུར་ཐུ་གུར། །

著衣瑜伽五印等　　智慧支分橛帳幕

ཨ་ལི་ཀཱ་ལི་ཞེས་བརྗོད་ནས། །རྒྱུ་སོགས་སྟོང་པ་སྔོན་འགྲོ་བ། །

韻母聲母唸誦後　　因緣先行諸空性

༄༅། །འཇུག་པ་སྒྲ་ལ་སོགས་པ་ནས། །ཇི་སྲིད་བསྡུས་པའི་སྦྱོར་ལྡན་པ། །

趣入音聲衆諸法　　攝集具足和合時

བདུད་རྩི་ཚིམ་བྱེད་མྱ་ངན་འདས། །ལག་པའི་མཆོད་པ་དབང་བསྐུར་བ། །

甘露滿足而寂滅　　手執供養灌頂尊

གོ་ཆ་ཆེན་པོས་ཡང་དག་བསྲུངས། །སྔགས་རྣམས་ཀུན་གྱིས་མཆོད་པར་བྱ། །

大鎧披甲清淨護　　密咒諸法作供養

དེ་ལྟར་དེ་ཉིད་བཅུ་བཞི་ནི། །མདོར་བསྡུས་ནས་ནི་བཤད་པ་ཡིན། །ཞེས་གསུངས་སོ། །མཐོང་གྲོལ་ལྡེ་མིག་ལས།

如彼十四自性法　　總攝彼法而釋說 現見解脫鑰匙云

སྔོན་འགྲོ་དངོས་གཞི་རྗེས་གསུམ་དང་པོ་ལ། །ཐུན་མོང་ཐུན་མོང་མིན་པའི་ཐུན་མོང་བར། །

前行正行結行三前者　　共通及與不共之共通

དལ་འབྱོར་རྙེད་དཀའ་མི་རྟག་ལས་འབྲས་དང་། །འཁོར་བའི་ཉེས་དམིགས་ཐུན་མོང་མ་ཡིན་པར། །

暇滿難得無常與因果　　輪迴過患不共之皈依

མཁའ་ དོན་གསུམ ཕྱོད།

༄༅། །སྐྱབས་སེམས་རྡོར་སེམས་བླ་མའི་རྣལ་འབྱོར་ཁྲིད། །དངོས་གཞིར་བསྐྱེད་རྫོགས་གཉིས་ཀྱི་བསྐྱེད་པའི་སྐབས། །

發心金剛心上師瑜伽　　正行生圓次第生起時

བྱ་བ་བྱེད་ཅན་གཉིས་ལས་ཕྱི་མའི་གྲངས། །ང་རྒྱལ་རྣམ་པ་གཉིས་ཀྱི་རྣམ་པ་ལ། །

具能所作圓滿次第數　　生起二相佛慢之形相

སྤྱི་དང་བྱེ་བྲག་ལུས་དཀྱིལ་སེམས་འཛིན་པ། །རྫོགས་པའི་རིམ་པ་གཞི་ལམ་འབྲས་བུ་གསུམ། །

總體支分持心身壇城　　圓滿次第基道果三位

樂空捷道廣軌　七十三

གཉིས་པར་ཆོས་ཉིད་དངོས་དང་བརྒྱུད་ནས་སྟོན། །ཕྱི་མར་ཆགས་ཅན་ཆགས་བྲལ་རྣམ་པ་གཉིས། །

第二法性直接間接示　　後者具貪離貪二種法

ཆགས་བྲལ་རླུང་སེམས་དབུ་མར་བསྡུ་བསྒོམ་ཟུང་། །བསྒོམ་པར་བདེ་བ་དང་ནི་སྟོང་པ་སྒྲུབ། །

遠離貪心雙修攝中脈　　修習之中成就樂與空

གསུམ་པ་འབྲས་བུ་ཡན་ལག་བདུན་ལྡན་ཐོབ། །བསམ་མི་ཁྱབ་བྱ་འཇུག་སྤྱོད་ཚར་ཆོས་སྟོན། །ཞེས་གསུངས་སོ། །

三獲證果位具七支分　　不可思議入行聚善說 如是云

མཁའ་ དོན་བཞི ཕྱོད།

༄༅། །འགྲོ་དོན་འཕེལ། ། རྗེ་བཙུན་རྡོ་རྗེ་རྣལ་འབྱོར་མ་ནཱ་རོ་མཁའ་སྤྱོད་ཀྱི་སྒྲུབ་ཐབས་ཐུན་མོང་མ་ཡིན་པ་བདེ་ཆེན་ཉེ་ལམ་ཞེས་བྱ་བ་འདི་སྐྱབས་

利衆事業增上 此至尊金剛瑜伽母那若空行不共大樂成就法捷道由帕幫喀巴・德欽寧波貝桑波造

མཆོག་རྡོ་རྗེ་འཆང་ཕ་བོང་ཁ་པ་བདེ་ཆེན་སྙིང་པོ་དཔལ་བཟང་པོས་མཛད་པ་སེར་སྨད་ཆོས་མཛད་དུ་འབོད་པ་ཤཱཀྱའི་དགེ་སློང་ངག་དབང་བསོད་པ་རྒྱ་

由色麥雄巴欽則稱者・釋迦比丘・阿旺貟巴嘉措敬譯

མཚོས་སེར་སྨད་འདུ་ཁང་ཆེན་མོའི་གསུམ་ཐོག་གཟིམ་ཤག་ཏུ་བསྒྱུར་བའོ། །སརྦ་མངྒ་ལཾ། །

於色拉寺麥札倉大雄寶殿三樓寢室 祝一切吉祥

樂空捷道廣軌　七十四

༄༅། །རྗེ་བཙུན་རྡོ་རྗེ་རྣལ་འབྱོར་མའི་ཚོགས་འཁོར་བྱ་ཚུལ་བཞུགས་སོ། །

至尊金剛瑜伽母之薈供法喜悅

༄༅། །དེ་ནས་ཚོགས་བྱ་བར་སྤྲོ་ན། དཀྱིལ་འཁོར་གྱི་མདུན་དུ་ཚོགས་ཀྱི་ཡོ་བྱད་ཅི་འབྱོར་དང་། ཐོད་པའི་སྣོད་དུ་མ་དྷ་ན་དང་། བ་ལ་སོགས་པ་བཀོད་

喜作薈供者於中圍前置所能之供品及盛有嘛噠哪之頂器和巴喇等物莊嚴陳設

པས་མཛེས་པར་བཤམས། ལག་མཆོད་བྱེད་ན་འདིར་བྱ། དེ་ནས་ཚོགས་པ་མང་པོ་ཡོད་ན་ལས་ཀྱི་རྡོ་རྗེས་ཕྱག་གསུམ་བཙལ་ནས། ཚོགས་ཀྱི་ཡོ་བྱད་

若修啦僑者如是作 薈供者衆多則由事業金剛三頂禮之後誦 祈請加持薈供之

བྱིན་རླབས་གནང་བར་ཞུ། ཞེས་བརྗོད། སློབ་དཔོན་གྱིས་རྡོ་རྗེའི་རྩེས་ནང་མཆོད་གཏོར་ལ། ཨོཾ་ཁཎྜ་རོ་ཧེ་ཞེས་བསངས། ཨོཾ་སྭ་བྷཱ་ཞེས་སྦྱངས།

資具也 如是祈請 金剛上師以杵尖灑內供 嗡堪哲撓嘿吽吽呸 之除穢 嗡索巴瓦旭噠

༄༅། །སྟོང་པའི་ངང་ལས་ཨཱཿལས་ཐོད་པ་ཡངས་ཤིང་རྒྱ་ཆེ་བའི་ནང་དུ་ཤ་ལྔ་བདུད་རྩི་ལྔ་ཡེ་ཤེས་ལྔ་རྣམས་ཞུ་བ

薩哇噠嘛蘇巴哇旭噠行 之淨治 空生ཨཱཿ字復出廣大頂骨器內盈五肉五

ལས་བྱུང་བའི་ཡེ་ཤེས་ཀྱི་བདུད་རྩིའི་རྒྱ་མཚོ་ཆེན་པོར་གྱུར། ཨོཾ་ཨཱཿཧཱུྃ་ཧ་ཧོ་ཧྲཱིཿ ལན་མང་དུ་བརྗོད་པས། ཡེ་ཤེས་ཀྱི་བདུད་

甘露五智慧融化而生智慧甘露大海 嗡啊吽哈嚎舍 如是多誦之 觀智慧

རྩིའི་རྒྱ་མཚོ་ཟད་མི་ཤེས་པར་གྱུར། པར་བསམ་པས་ནི་ཤིན་ཏུ་གལ་ཆེ་བས་དམིགས་པ་མ་ཡེངས་པར་བྱ། སླར་ཡང་ཚོགས་རྫས་ཐམས་ཅད་ལ

甘露之海成無窮無盡也 此間觀想極爲重要 當不散逸而觀 復次薈供物品以內供水酒遍灑之

ནང་མཆོད་ཆུ་ཆང་གིས་བྲན། དེ་ནས་ལས་ཀྱི་རྡོ་རྗེས་ཕྱག་གསུམ་བྱས་ལ་བླ་མ་དང་དཀོན་མཆོག་གི་དྲུང་དུ་སྔོན་ཐོད་འབུལ་བར་ཞུ།

復次 事業金剛三頂禮後偈 上師及三寶前敬獻最新薈供

ཞེས་བརྗོད། དཔོན་སློབ་རྣམས་ཀྱིས། དམན་པའི་ཡུལ་ལས་རབ་འདས་ཤིང་། །རྒྱལ་བ་ཀུན་གྱི་དམ་ཚིག་མཆོག །

師徒共頌 遠離蔑戾車邊地　　諸佛殊勝三昧耶

དངོས་གྲུབ་ཀུན་གྱི་གཞིར་གྱུར་པ། །བདུད་རྩི་མཆོག་གིས་མཆོད་པར་བགྱི། །

轉成一切成就基　　殊勝甘露作供養

༄༅། །སྒྲིབ་པའི་དྲི་མ་ཀུན་བསལ་ནས། །རྟོག་པ་ཀུན་ལས་རྣམ་གྲོལ་བ། །

清淨蓋障及污垢　　由諸分別中解脫

བླ་ན་མེད་པའི་བྱང་ཆུབ་སེམས། །བདེ་བ་ཆེན་པོས་མཉེས་གྱུར་ཅིག །ཡང་ལས་རྡོར་གྱིས་ཕྱག་བྱས་ལ།

無上殊勝菩提心　　願以大樂令歡喜 事業金剛復頂禮後誦

བླ་མ་དང་དཀོན་མཆོག་གི་དྲུང་དུ་ཚོགས་ཕུད་འབུལ་བར་ཞུ། ཞེས་བརྗོད། དཔོན་སློབ་རྣམས་ཀྱིས།

上師及三寶前敬獻最新薈供 如是誦 復師徒共誦

ཧོ༔ ཏིང་འཛིན་སྔགས་དང་ཕྱག་རྒྱས་བྱིན་རླབས་པའི། །ཟག་མེད་བདུད་རྩིའི་ཚོགས་མཆོད་རྒྱ་མཚོ་འདི། །

嚎 三昧真言契印作加持　　無漏薈供甘露大海具

རྩ་བརྒྱུད་བླ་མའི་ཚོགས་རྣམས་མཉེས་ཕྱིར་འབུལ། །ཨོཾ་ཨཱཿཧཱུྃ། འདོད་དགུའི་དཔལ་ལ་རོལ་པས་ཚིམ་མཛད་ནས།།

根本上師歡喜故獻供 嗡啊吽 所欲吉祥受用圓滿足

ཨེ་མ་ཧོ། བྱིན་རླབས་ཆར་ཆེན་དབབ་ཏུ་གསོལ། །

唉嘛嚎 祈請速降加持雨

༄༅། །ཧོ༔ ཏིང་འཛིན་སྔགས་དང་ཕྱག་རྒྱས་བྱིན་རླབས་པའི། །ཟག་མེད་བདུད་རྩིའི་ཚོགས་མཆོད་རྒྱ་མཚོ་འདི། །

嚎 三昧真言契印作加持　　無漏薈供甘露大海具

རྣལ་འབྱོར་དབང་མོའི་ལྷ་ཚོགས་མཉེས་ཕྱིར་འབུལ། །ཨོཾ་ཨཱཿཧཱུྃ།འདོད་དགུའི་དཔལ་ལ་རོལ་པས་ཚིམ་མཛད་ནས། །

瑜伽王母歡喜故獻供 嗡啊吽 所欲吉祥受用圓滿足

ཨེ་མ་ཧོ། མཁའ་སྤྱོད་དངོས་གྲུབ་སྩལ་དུ་གསོལ། །

唉嘛嚎 空行成就祈賜予

ཧོ༔ ཏིང་འཛིན་སྔགས་དང་ཕྱག་རྒྱས་བྱིན་རླབས་པའི། །ཟག་མེད་བདུད་རྩིའི་ཚོགས་མཆོད་རྒྱ་མཚོ་འདི། །

嚎 三昧真言契印作加持　　無漏薈供甘露大海具

ཡི་དམ་ལྷ་ཚོགས་འཁོར་བཅས་མཉེས་ཕྱིར་འབུལ། །ཨོཾ་ཨཱཿཧཱུྃ། འདོད་དགུའི་དཔལ་ལ་རོལ་པས་ཚིམ་མཛད་ནས།།

本尊壇城歡喜故獻供 嗡啊吽 所欲吉祥受用圓滿足

ཨེ་མ་ཧོ། དངོས་གྲུབ་ཆར་ཆེན་དབབ་ཏུ་གསོལ། །

唉嘛嚎 祈請速降成就雨

༄༅། །ཧོཿ ཏིང་འཛིན་སྔགས་དང་ཕྱག་རྒྱས་བྱིན་རླབས་པའི། །ཟག་མེད་བདུད་རྩིའི་ཚོགས་མཆོད་རྒྱ་མཚོ་འདི། །

嚎 三昧真言契印作加持　無漏薈供甘露大海具

དཀོན་མཆོག་རིན་ཆེན་ཚོགས་རྣམས་མཉེས་ཕྱིར་འབུལ། །ཨོཾ་ཨཱཿཧཱུྃ། འདོད་དགུའི་དཔལ་ལ་རོལ་པས་ཚིམ་མཛད་ནས། །

三寶殊妙歡喜故獻供　嗡啊吽 所欲吉祥受用圓滿足

ཨེ་མ་ཧོ། དམ་ཆོས་ཆར་ཆེན་དབབ་ཏུ་གསོལ། །

唉嘛嚎 祈請速降妙法雨

ཧོཿ ཏིང་འཛིན་སྔགས་དང་ཕྱག་རྒྱས་བྱིན་རླབས་པའི། །ཟག་མེད་བདུད་རྩིའི་ཚོགས་མཆོད་རྒྱ་མཚོ་འདི། །

嚎 三昧真言契印作加持　無漏薈供甘露大海具

མཁའ་འགྲོ་ཆོས་སྐྱོང་ཚོགས་རྣམས་མཉེས་ཕྱིར་འབུལ། །ཨོཾ་ཨཱཿཧཱུྃ། འདོད་དགུའི་དཔལ་ལ་རོལ་པས་ཚིམ་མཛད་ནས། །

空行護法歡喜故獻供 嗡啊吽 所欲吉祥受用圓滿足

ཨེ་མ་ཧོ། འཕྲིན་ལས་ཆར་ཆེན་དབབ་ཏུ་གསོལ། །

唉嘛嚎　祈請速降事業雨

༄༅། །ཧོཿ ཏིང་འཛིན་སྔགས་དང་ཕྱག་རྒྱས་བྱིན་རླབས་པའི། །ཟག་མེད་བདུད་རྩིའི་ཚོགས་མཆོད་རྒྱ་མཚོ་འདི། །

嚎 三昧真言契印作加持　無漏薈供甘露大海具

མར་གྱུར་སེམས་ཅན་ཚོགས་རྣམས་མཉེས་ཕྱིར་འབུལ། །ཨོཾ་ཨཱཿཧཱུྃ། འདོད་དགུའི་དཔལ་ལ་རོལ་པས་ཚིམ་མཛད་ནས། །

衆生爲母歡喜故獻供 嗡啊吽 所欲吉祥受用圓滿足

ཨེ་མ་ཧོ། འཁྲུལ་སྣང་སྡུག་བསྔལ་ཞི་གྱུར་ཅིག །

唉嘛嚎 願離煩惱妄念苦

ཨོཾ་བཛྲ་ཡོ་གི་ནི་ས་པ་རི་ཝཱ་ར་ཨརྒྷཾ། པཱ་དྱཾ། པུཥྤེ། དྷཱུ་པེ། ཨཱ་ལོ་ཀེ། གནྡྷེ། ནཻ་ཝེདྱ།

嗡班雜搖格呢薩巴日瓦惹啊剛 巴當 布白 都貝 啊洛格 更得

ཤབྡ་ཨཱཿཧཱུྃ་སོགས་ཀྱིས་མཆོད། ཨོཾ་བཛྲ་ཡོ་གི་ནི་ས་པ་རི་ཝཱ་ར་ཨོཾ་ཨཱཿཧཱུྃ་བདགས་པས་ནང་མཆོད་འབུལ།

納微德 曉嗟啊吽 等之作供 嗡班雜搖格呢薩巴日瓦惹嗡啊吽 之內供

ཨོཾ་བཅོམ་ལྡན་འདས་མ་རྡོ་རྗེ་ཕག་མོ་ལ་ཕྱག་འཚལ་ཧཱུྃ་ཧཱུྃ་ཕཊ།

嗡頂禮薄伽梵大金剛亥母足前吽吽呸

མཁའ་སྤྱོད་ བདུན ཚོགས་འཁོར།

༄། །ཨོཾ་འཕགས་མ་རིགས་མའི་དབང་ཕྱུག་ཁམས་གསུམ་གྱིས་མི་ཐུབ་ཧཱུྃ་ཧཱུྃ་ཕཊ།

嗡聖母明妃自在三界無能勝者吽吽呸

ཨོཾ་འབྱུང་པོའི་འཇིགས་པ་ཐམས་ཅད་རྡོ་རྗེ་ཆེན་པོས་འཇོམས་ཧཱུྃ་ཧཱུྃ་ཕཊ།

嗡大金剛摧滅部多怖畏一切魔障者吽吽呸

ཨོཾ་རྡོ་རྗེ་གདན་བཞུགས་གཞན་གྱིས་མི་ཐུབ་དབང་བྱེད་སྤྱན་ཧཱུྃ་ཧཱུྃ་ཕཊ།

嗡金剛持座戰無不勝自在眼吽吽呸

瑜伽母薈供法 七

ཨོཾ་གཏུམ་མོ་ཁྲོ་མོའི་གཟུགས་ཀྱིས་ཚངས་པ་སྐེམས་པར་མཛད་ཧཱུྃ་ཧཱུྃ་ཕཊ།

嗡鄔摩怒母行令梵天枯竭作吽吽呸

ཨོཾ་བདུད་རྣམས་སྐྲག་ཅིང་སྐེམས་པས་གཞན་གྱི་ཕྱོགས་ལས་རྒྱལ་ཧཱུྃ་ཧཱུྃ་ཕཊ།

嗡諸魔怖畏枯竭別方一切戰勝者吽吽呸

ཨོཾ་རྨུགས་བྱེད་རེངས་བྱེད་རྨོངས་བྱེད་ཀུན་ལས་རྣམ་པར་རྒྱལ་ཧཱུྃ་ཧཱུྃ་ཕཊ།

嗡超勝一切作昏作僵作癡者吽吽呸

མཁའ་སྤྱོད་ བརྒྱད ཚོགས་འཁོར།

༄། །ཨོཾ་རྡོ་རྗེ་ཕག་མོ་སྦྱོར་ཆེན་འདོད་དབང་མཁའ་འགྲོར་འདུད་ཧཱུྃ་ཧཱུྃ་ཕཊ།

嗡頂禮金剛亥母大合欲王空行者吽吽呸

ཅེས་ཚིག་རྐང་བརྒྱད་ཀྱིས་བསྟོད། དེ་ནས་དམ་ཚིག་སྦྱོར་བའི་ཕྱིར་རྡོ་རྗེ་སློབ་དཔོན་གྱིས་དྲུང་དུ་མ་དྷ་ནའི་སྣོད་པདྨ་བྷཱ་ཛ་དཔྲལ་

如是八句讚 復次和合三昧耶故於金剛上師座前置嘛噠哪之蓮花器於額頭

བར་བསྟན་ལ་བཞག དེའི་སྟེང་དུ་བ་ལ་ཆུང་ཟད་ཅིག་བཞག་ལ། ལས་ཀྱི་རྡོ་རྗེས་ཕྱག་གསུམ་བཙལ། པད་སྐོར་བྱས།

面向上師 彼之上置少許巴喇 事業金剛三頂禮結轉蓮印云

瑜伽母薈供法 八

རྡོ་རྗེ་འཛིན་པ་དགོངས་སུ་གསོལ། བདག་གི་ཚོགས་ཀྱི་ཁྱད་པར་འདི། །

金剛持尊祈垂憐　　我以殊勝此薈供

དད་པའི་སེམས་ཀྱིས་འབུལ་ལགས་ཀྱིས། །ཅི་བདེ་བར་ནི་བཞེས་སུ་གསོལ། །ཅེས་བརྗོད། དཔོན་སློབ་རྣམས་ཀྱིས།

至誠信心作供養　　任所歡喜請享用 如是誦 師徒共誦

ཨེ་མ་ཞི་བ་ཆེན་པོ་ཀྱི། །ཚོགས་ཆེན་འབར་བས་ཉོན་མོངས་བསྲེག །

唉瑪寂靜大歡喜　　薈供焚盡煩惱因

༄༅། །དེ་འདྲའི་བདེ་བ་ཆེན་པོ་སྐྱེ། །ཀུན་ཀྱང་ཨ་ཧོ་སུ་ཁ་ཆེ། །

如是生大安樂者　普悉啊嚎蘇喀欽

ཨ་ཧོ་མ་ཧཱ་སུ་ཁ་ཧོཿཞེས་བརྗོད། ཡང་ཕྱག་གསུམ་དང་པད་དཀོར་བྱས་ལ།

啊嚎嘛哈蘇喀嚎 復三頂禮結轉蓮印誦

འདི་ནི་ཆོས་རྣམས་བཟང་པོར་ལྟོས། །འདུས་པ་ལ་ནི་ཐེ་ཚོམ་མེད། །

此乃諸法勝妙觀　於集會中無猶疑

བྲམ་ཟེ་གདོལ་བ་ཁྱི་དང་ཕག །རང་བཞིན་གཅིག་ཏུ་རོལ་ཏུ་གསོལ། །ཞེས་པའི་ལན་དུ།

梵志魁膾犬與豕　自性同一請受用 答誦

བདེ་གཤེགས་ཆོས་ལ་རིན་ཐང་མེད། །འདོད་ཆགས་ལ་སོགས་དྲི་མ་བྲལ། །

善逝妙法無價寶　離貪欲等污垢染

གཟུང་དང་འཛིན་པ་རྣམ་སྤངས་པ། །དེ་བཞིན་ཉིད་ལ་གུས་ཕྱག་འཚལ། །

能執所執悉斷捨　真如自性恭敬禮

༄༅། །ཨ་ཧོ་མ་ཧཱ་སུ་ཁ་ཧོཿཞེས་བརྗོད། དེ་ནས་ལས་ཀྱི་རྡོ་རྗེས་ལག་པ་གཉིས་པདྨའི་ཕྱག་རྒྱ་ལས་སྲིན་ལག་གཡས་ཀྱིས་སྟེང་གི་བས་འཛིན་པས

啊嚎嘛哈蘇喀嚎 復次事業金剛雙手結轉蓮印 用無名指挾持上置之巴喇 自金剛上師起

རྡོ་རྗེ་སློབ་དཔོན་ནས་མས་རིམ་བཞིན་མ་དྲ་ན་ཁྲིམས་ཚར་བ་དང་། ཚོགས་ཀྱི་རྫས་ནས་མ་ཚང་བ་མེད་པ་སློབ་དཔོན་ལ་ཉིས་འགྱུར་སོགས་དཔོན་སློབ་

遂次分發嘛嗟哪畢 薈供品無一漏之齊全供品供呈上師雙份 餘皆依次而受 事業金剛

ཐམས་ཅད་ལ་ལག་གཉིས་ཀས་འབུལ་ཞིང་། ལེན་པ་པོས་ཀྱང་། ཨ་ཧོ་མ་ཧཱ་སུ་ཁ་ཧོཿཞེས་བརྗོད་ཅིང་། ལག་པ་གཉིས་པད་དཀོར་གྱིས་བླངས། འདི་

雙手奉送 受者皆誦 啊嚎嘛哈蘇喀嚎 結蓮印便雙手接納 此時當安靜修行

དག་གི་སྐབས་སྨོད་མིན་གྱི་དཔེན་བར་བྱས། །སྤྲུལ་པ་པོ་རྣམས་ཀྱིས་ཀྱང་གཙང་རྫེའི་རྣམ་རྟོག་མི་བྱ་བར་སྙིང་གའི་བཾ་ཡིག་སངས་རྒྱས་ཐམས་ཅད་འདུས

行者不可生起任何淨穢之分別心 觀自心間之 བཾ 字爲一切諸佛總集之體性

པའི་ངོ་བོ་མཆོད་པར་བསམས་ལ་རྫས་ཐམས་ཅད་ཆིམ་པར་ལོངས་སྤྱོད། ཁྱད་པར་དགེ་སློང་རྡོ་རྗེ་འཛིན་པ་ལྟ་བུས། མ་དད་ན་དང་ཚོགས་རྫས་ཁྱད་དུ

觀諸供品爲一切滿足享用 尤是比丘金剛持 若藐視嘛嗟哪及薈供品者

བསད་ན་རྩ་ལྟུང་བཅུ་གསུམ་པར་འགྱུར་བར་གསུངས་བས་ལྕེ་ལ་ནང་མཆོད་རེག་ཙམ་བྱས་ནས་བདུད་རྩི་སྤྱོད་པ་ངེས་པར་བྱ་ཡི། བག་མེད་དུ་བཏུང་བ་ནི་

則違十三根本戒 蓋以內供觸舌者已受用甘露矣 不自檢點墮對在家人亦有約束

མཁའ་སྤྱོད་ བཅུ་གཅིག ཚོགས་འཁོར།

瑜伽母薈供法 十一

༄༅། །ཁྱིམ་པ་ལའང་བཀག་རབ་ཏུ་བྱུང་བ་ལ་ལྟ་ཅི་སྨོས་བའི་ཕྱིར་རོ། །ཚོགས་ཀྱི་དུས་ཐམས་ཅད་དུ་རྩོད་པ་དང་ཁ་གཤགས་འཕྱེད་པ་སོགས་མི་བྱ་

況出家僧人乎 薈供時不可爭辯 更不可戲謔及議論

བར། ཆོས་ཀྱི་གླིང་མོ་དང་། རྡོ་རྗེའི་གླུ་གར་ལ་སོགས་པས་དུས་འདའ་བར་བྱ་བའམ། ཡང་ན་མི་སྨྲ་བའི་བརྟུལ་ཞུགས་བཟུང་བར་བྱ་ཞིང་། ཤ་ཆང་སོགས་

金剛歌舞者依其時而行 其餘時中當守不語之禁行 對於酒肉不可稱其凡俗名

ལའང་མིང་ཐ་མལ་པ་ནས་མི་བརྗོད་པར་བརྡའི་སྐད་བྱ་བ་དང་། ཚོགས་རྫས་ས་རྗེན་པར་མི་འཇོག་པ་སོགས་ཚུལ་དང་མཐུན་པར་བྱ་དགོས་པས། རྣམ་

而須稱其代名 薈供品不可放置於不淨地 有關疏論皆有明示 當爲善解

གཞག་ལེགས་པར་ཤེས་པ་གལ་ཆེ་ཞིང་། ཚོགས་འཁོར་བྱེད་པ་ནི། རང་དེ་ལས་དང་པོ་པ་དག་ལ་ཕན་ཤིན་ཏུ་ཆེ་བས། ཤེས་བྱེད་སོགས་རྒྱས་པ་བུ་སྟོན་

薈供乃對行者自身之初業利益至關重要 欲知其廣意則須讀

ཐམས་ཅད་མཁྱེན་པའི་ཡིག་ཆ་དང་། རྒྱལ་དབང་ཐམས་ཅད་མཁྱེན་པ་རྗེ་བཙུན་བློ་བཟང་བསྐལ་བཟང་རྒྱ་མཚོ་དཔལ་བཟང་པོས་མཛད་པའི་བདེ་མཆོག་

一切知布敦法王文集及一切知法王・至尊洛桑格桑嘉措巴桑波所著之

གི་ཚོགས་འཁོར་སོགས་ལས་ཤེས་པར་བྱའོ། །རྡོ་རྗེའི་གླུ་ཀྱཻ་རྡོར་ལས་འབྱུང་བ་ལྟར་རམ། དབྱིད་ཀྱི་རྒྱལ་མོའི་གླུ་དབྱངས་བྱ་བར་སྦྲན།

有關勝樂薈供法要 金剛歌則如喜金剛儀軌中所出或喜頌下文者如王母妙歌中所載

མཁའ་སྤྱོད་ བཅུ་གཉིས ཚོགས་འཁོར།

瑜伽母薈供法 十二

༄༅། །ཧཱུྃ། དེ་བཞིན་གཤེགས་པ་ཐམས་ཅད་དང་། །དཔའ་བོ་དང་ནི་རྣལ་འབྱོར་མ། །

吽 一切正覺諸如來　　勇父及衆瑜伽母

མཁའ་འགྲོ་དང་ནི་མཁའ་འགྲོ་མ། །ཀུན་ལ་བདག་ནི་གསོལ་བ་འདེབས། །

空行及衆空行母　　一切我皆懇祈白

བདེ་བ་ཆེ་ལ་དགྱེས་པའི་ཧེ་རུ་ཀ །བདེ་བས་རབ་མྱོས་མ་ལ་བསྙེན་བྱས་ནས། །

大樂歡喜安樂嘿汝嘎　　受樂而作歡喜沈醉母

ཆོ་ག་བཞིན་དུ་ལོངས་སྤྱོད་པ་ཡིས་ནི། །ལྷན་སྐྱེས་བདེ་བའི་སྦྱོར་བ་ལ་ཞུགས་སོ། །

如理儀軌享用修行者　　安住俱生大樂和合中

ཨ་ལ་ལ། ལ་ལ་ཧོཿཨ་ཨི་ཨཱཿཨ་ར་ལི་ཧོཿ

啊啦啦 啦啦嚎 啊矣啊 啊惹黎嚎

དྲི་མེད་མཁའ་འགྲོའི་ཚོགས་རྣམས་ཀྱིས། །བརྩེ་བས་གཟིགས་ལ་ལས་ཀུན་མཛོད། །

無垢空行衆集會　　慈愍垂視行諸業

མཁའ་སྤྱོད། བཅུ་གསུམ། ཚོགས་འཁོར།

༄༅། །ཧཱུྃ༔ དེ་བཞིན་གཤེགས་པ་ཐམས་ཅད་དང་། །དཔའ་བོ་དང་ནི་རྣལ་འབྱོར་མ། །
吽 一切正覺諸如來　　勇父及衆瑜伽母
མཁའ་འགྲོ་དང་ནི་མཁའ་འགྲོ་མ། །ཀུན་ལ་བདག་ནི་གསོལ་བ་འདེབས། །
空行及衆空行母　　一切我皆懇祈白
བདེ་བ་ཆེན་པོས་ཡིད་ནི་རབ་བསྒྱོད་པས། །ལུས་ནི་ཀུན་ཏུ་གཡོ་བའི་གར་གྱིས་ནི། །
大樂於心激勵極踴動　　身盈婀娜婉轉曼妙舞

瑜伽母薈供法　十三

ཕྱག་རྒྱའི་པདྨར་རོལ་བའི་བདེ་བ་ཆེ། །རྣལ་འབྱོར་མ་ཚོགས་རྣམས་ལ་མཆོད་པར་མཛོད། །
手印遊戲蓮華中大樂　　瑜伽諸母尊前作供養
ཨ་ལ་ལ། ལ་ལ་ཧོཿཨ་ཨི་ཨཱཿཨ་ར་ལི་ཧོཿ
啊啦啦　啦啦嚎　啊矣啊　啊惹黎嚎
དྲི་མེད་མཁའ་འགྲོའི་ཚོགས་རྣམས་ཀྱིས། །བརྩེ་བས་གཟིགས་ལ་ལས་ཀུན་མཛོད། །
無垢空行衆集會　　慈愍垂視行諸業

མཁའ་སྤྱོད། བཅུ་བཞི། ཚོགས་འཁོར།

༄༅། །ཧཱུྃ༔ དེ་བཞིན་གཤེགས་པ་ཐམས་ཅད་དང་། །དཔའ་བོ་དང་ནི་རྣལ་འབྱོར་མ། །
吽 一切正覺諸如來　　勇父及衆瑜伽母
མཁའ་འགྲོ་དང་ནི་མཁའ་འགྲོ་མ། །ཀུན་ལ་བདག་ནི་གསོལ་བ་འདེབས། །
空行及衆空行母　　一切我皆懇祈白
ཡིད་འོང་ཞི་བའི་ཉམས་ཀྱིས་གར་མཛད་པ། །རབ་དགྱེས་མགོན་པོ་ཁྱོད་དང་མཁའ་འགྲོའི་ཚོགས། །
寂靜悅意姿態舞蹈者　　極樂怙主母及空行衆

瑜伽母薈供法　十四

བདག་གི་མདུན་དུ་བཞུགས་ཏེ་བྱིན་རློབས་ལ། །ལྷན་སྐྱེས་བདེ་ཆེན་བདག་ལ་སྩོལ་དུ་གསོལ། །
安住於我面前賜加持　　祈請俱生大樂賜予我
ཨ་ལ་ལ། ལ་ལ་ཧོཿཨ་ཨི་ཨཱཿཨ་ར་ལི་ཧོཿ
啊啦啦　啦啦嚎　啊矣啊　啊惹黎嚎
དྲི་མེད་མཁའ་འགྲོའི་ཚོགས་རྣམས་ཀྱིས། །བརྩེ་བས་གཟིགས་ལ་ལས་ཀུན་མཛོད། །
無垢空行衆集會　　慈愍垂視行諸業

༄༅། །ཧཱུྃ༔ དེ་བཞིན་གཤེགས་པ་ཐམས་ཅད་དང་། །དཔའ་བོ་དང་ནི་རྣལ་འབྱོར་མ། །
吽 一切正覺諸如來　勇父及衆瑜伽母
མཁའ་འགྲོ་དང་ནི་མཁའ་འགྲོ་མ། །ཀུན་ལ་བདག་ནི་གསོལ་བ་འདེབས། །
空行及衆空行母　一切我皆懇祈白
བདེ་ཆེན་ཐར་བའི་མཚན་ཉིད་ལྡན་པ་ཁྱོད། །བདེ་ཆེན་སྤངས་པའི་དཀའ་ཐུབ་དུ་མ་ཡིས། །
具足大樂解脫性相尊　絕不捨離大樂之苦行

ཚེ་གཅིག་གྲོལ་བར་མི་བཞེད་བདེ་ཆེན་ཀྱང་། །ཆུ་སྐྱེས་མཆོག་གི་དབུས་ན་གནས་པ་ཡིན། །
既生解脫意趣冀大樂　遂住殊勝蓮華之中央
ཨ་ལ་ལ། ལ་ལ་ཧོཿཨ་ཨི་ཨཱཿཨ་ར་ལི་ཧོཿ
啊啦啦　啦啦嚎　啊矣啊　啊惹黎嚎
དྲི་མེད་མཁའ་འགྲོའི་ཚོགས་རྣམས་ཀྱིས། །བརྩེ་བས་གཟིགས་ལ་ལས་ཀུན་མཛོད། །
無垢空行衆集會　慈愍垂視行諸業

༄༅། །ཧཱུྃ༔ དེ་བཞིན་གཤེགས་པ་ཐམས་ཅད་དང་། །དཔའ་བོ་དང་ནི་རྣལ་འབྱོར་མ། །
吽 一切正覺諸如來　勇父及衆瑜伽母
མཁའ་འགྲོ་དང་ནི་མཁའ་འགྲོ་མ། །ཀུན་ལ་བདག་ནི་གསོལ་བ་འདེབས། །
空行及衆空行母　一切我皆懇祈白
འདམ་གྱི་དབུས་སུ་སྐྱེས་པའི་པདྨ་བཞིན། །ཆགས་ལས་སྐྱེས་ཀྱང་ཆགས་པའི་སྐྱོན་མ་གོས། །
猶如淤泥中生水蓮華　雖由濁生不滯貪欲染

རྣལ་འབྱོར་མ་མཆོག་པདྨའི་བདེ་བ་ཡིས། །སྲིད་པའི་འཆིང་བ་མྱུར་དུ་གྲོལ་བར་མཛོད། །
瑜伽勝母蓮華中大樂　有情束縛令速得解脫
ཨ་ལ་ལ། ལ་ལ་ཧོཿཨ་ཨི་ཨཱཿཨར་ལི་ཧོཿ
啊啦啦　啦啦嚎　啊矣啊　啊惹黎嚎
དྲི་མེད་མཁའ་འགྲོའི་ཚོགས་རྣམས་ཀྱིས། །བརྩེ་བས་གཟིགས་ལ་ལས་ཀུན་མཛོད། །
無垢空行衆集會　慈愍垂視行諸業

༄༅། །ཧཱུྃ༔ དེ་བཞིན་གཤེགས་པ་ཐམས་ཅད་དང་། །དཔའ་བོ་དང་ནི་རྣལ་འབྱོར་མ། །

吽 一切正覺諸如來　勇父及衆瑜伽母

མཁའ་འགྲོ་དང་ནི་མཁའ་འགྲོ་མ། །ཀུན་ལ་བདག་ནི་གསོལ་བ་འདེབས། །

空行及衆空行母　一切我皆懇祈白

སྦྲང་རྩིའི་འབྱུང་གནས་རྣམས་ཀྱི་སྦྲང་རྩིའི་བཅུད། །བུང་བའི་ཚོགས་ཀྱིས་ཀུན་ནས་འཐུང་བ་ལྟར། །

猶如蜂蜜生自蜜蜂粹　群蜂悉食巢中之瓊釀

མཚན་ཉིད་དྲུག་ལྡན་མཚོ་སྐྱེས་རྒྱས་པ་ཡིས། །བཅུད་བཅིངས་པ་ཡི་རོ་ཡིས་ཚིམས་པར་མཛོད། །

具六性相蓮華廣開敷　結精粹者享受意滿足

ཨ་ལ་ལ། ལ་ལ་ཧོཿཨ་ཨི་ཨཱཿཨ་ར་ལི་ཧོཿ

啊啦啦 啦啦嚎 啊矣啊 啊惹黎嚎

དྲི་མེད་མཁའ་འགྲོའི་ཚོགས་རྣམས་ཀྱིས། །བརྩེ་བས་གཟིགས་ལ་ལས་ཀུན་མཛོད། །

無垢空行衆集會　慈愍垂視行諸業

༄༅། །སྤྲོ་ན་ལྕང་སྐྱ་རྡོ་རྗེ་འཆང་ཆེན་པོའི་ཤིན་ཏུ་གསང་བའི་མགུར་དབྱངས་མཁའ་འགྲོའི་སྙིང་ཐིག་བསྐུལ་བའི་སྒྲ་དབྱངས་སོགས་བྱའོ། །དེ་ནས་

若廣務者可用章嘉大金剛持之絕秘歌・敦法空行妙韻心曲 復次將剩餘薈供物置於器皿中

ཚོགས་ལྷག་རྣམས་སྣོད་དུ་བཤམས་པ་ལ་མཚན་མོ་ཡིན་ན་གྲིབ་གནོན་གྱི་གདོན་བསྲུང་བའི་ཕྱིར་དཔལ་འབར་དང་བཅས། རང་གི་མདུན་དུ་སྡེགས་ཀྱི་སྟེང་

若在夜間修供則爲守護夢魔故燃三柱香於供物上置於自身面前法桌上 含淨水或酒作熾

དུ་བཞག་ལ། ཆུ་གཙང་དང་། ཆང་གི་ཁ་ཕྱུ་འབར་བའི་ཕྱག་རྒྱའི་བར་ནས་གཏོར་ཞིང་། ཨོཾ་ཨུ་ཙྪིཥྚ་བ་ལི་ཏ་བྷཀྵི་སྭཱ་ཧཱ། འབྱུང་པོ་ལྷག་

燃印中噀津 呸 嗡鄔資哲巴琳噠巴洽斯娑哈 施予其餘部

མ་ལ་དབང་བ་རྣམས་ལ་སྦྱིན་ནོ་ངོམས་ཤིང་ཚིམ་པའི་སྐལ་བ་དང་ལྡན་པར་གྱུར་ཅིག །

多自在衆願滿足受用具善緣也

ཧོ༔ ཏིང་འཛིན་སྔགས་དང་ཕྱག་རྒྱས་བྱིན་རླབས་པའི། །ཟག་མེད་བདུད་རྩིའི་ཚོགས་ལྷག་རྒྱ་མཚོ་འདི། །

嚎 三昧真言契印作加持　無漏餘供甘露大海具

དམ་ཅན་ཞིང་སྐྱོང་ཚོགས་རྣམས་མཉེས་ཕྱིར་འབུལ། །ཨོཾ་ཨཱཿཧཱུྃ། འདོད་དགུའི་དཔལ་ལ་རོལ་པས་ཚིམ་མཛད་ནས།།

誓護福田歡喜故獻供 嗡啊吽 所欲吉祥受用圓滿足

༄༅། །ཨེ་མ་ཧོ། རྣལ་འབྱོར་འཕྲིན་ལས་ཚུལ་བཞིན་སྒྲུབས། །
唉嘛嚎 瑜伽事業如理成

ཞེས་ཕྱི་རོལ་ཏུ་དོར་ལ་རོལ་མོའི་སྒྲ་བྱའོ། །དེ་དག་ནི་ཚོགས་ཀྱི་འཁོར་ལོ་ཧེ་ལྷར་བྱ་བའི་རིམ་པ་འཁྱེར་བདེ་བར་བསྒྲིགས་པའོ། །དེ་ནས་མཆོད་པ་རྣམས

在音樂聲中送餘供置室外

ཁ་གསོས་སྔར་ལྟར་བྱིན་གྱིས་བརླབས་ལ། ཨོཾ་བཛྲ་ཡོ་གི་ནི་ས་པ་རི་ཝཱ་ར་ཨརྒྷཾ། པཱདྱཾ། པུཥྤེ། དྷཱུ་པེ། ཨཱ་ལོ་ཀེ། །གནྡྷེ།
嗡班雜搖格呢薩巴日瓦惹啊剛 巴當 布白 都貝 啊洛格 更得

ནཻ་ཝི་དྱ། ཤབྡ་ཨཱཿཧཱུྃ་གྱིས་མཆོད། ཨོཾ་བཛྲ་ཡོ་གི་ནི་ས་པ་རི་ཝཱ་ར་ཨོཾ་ཨཱཿཧཱུྃ།
納微德 曉噠啊吽 作供 嗡班雜搖格呢薩巴日瓦惹嗡啊吽

ཨོཾ་བཅོམ་ལྡན་འདས་མ་རྡོ་རྗེ་ཕག་མོ་ལ་ཕྱག་འཚལ་ཧཱུྃ་ཧཱུྃ་ཕཊ།
嗡頂禮薄伽梵大金剛亥母足前吽吽呸

ཨོཾ་འཕགས་མ་རིགས་མའི་དབང་ཕྱུག་ཁམས་གསུམ་གྱིས་མི་ཐུབ་ཧཱུྃ་ཧཱུྃ་ཕཊ།
嗡聖母明妃自在三界無能勝者吽吽呸

༄༅། །ཨོཾ་འབྱུང་པོའི་འཇིགས་པ་ཐམས་ཅད་རྡོ་རྗེ་ཆེན་པོས་འཇོམས་ཧཱུྃ་ཧཱུྃ་ཕཊ།
嗡大金剛摧滅部多怖畏一切魔障者吽吽呸

ཨོཾ་རྡོ་རྗེ་གདན་བཞུགས་གཞན་གྱིས་མི་ཐུབ་དབང་བྱེད་སྤྱན་ཧཱུྃ་ཧཱུྃ་ཕཊ།
嗡金剛持座戰無不勝自在眼吽吽呸

ཨོཾ་གཏུམ་མོ་ཁྲོ་མོའི་གཟུགས་ཀྱིས་ཚངས་པ་སྐེམས་པར་མཛད་ཧཱུྃ་ཧཱུྃ་ཕཊ།
嗡鄔摩怒母行令梵天枯竭作吽吽呸

ཨོཾ་བདུད་རྣམས་སྐྲག་ཅིང་སྐེམས་པས་གཞན་གྱི་ཕྱོགས་ལས་རྒྱལ་ཧཱུྃ་ཧཱུྃ་ཕཊ།
嗡諸魔怖畏枯竭別方一切戰勝者吽吽呸

ཨོཾ་རྨུགས་བྱེད་རེངས་བྱེད་རྨོངས་བྱེད་ཀུན་ལས་རྣམ་པར་རྒྱལ་ཧཱུྃ་ཧཱུྃ་ཕཊ།
嗡超勝一切作昏作僵作癡者吽吽呸

ཨོཾ་རྡོ་རྗེ་ཕག་མོ་སྦྱོར་ཆེན་འདོད་དབང་མཁའ་འགྲོར་འདུད་ཧཱུྃ་ཧཱུྃ་ཕཊ།
嗡頂禮金剛亥母大合欲王空行者吽吽呸

༄༅། །དཔལ་ལྡན་རྡོ་རྗེ་མཁའ་འགྲོ་མ། །མཁའ་འགྲོ་མ་ཡི་འཁོར་ལོས་བསྒྱུར། །
具德金剛空行母　旋轉空行母法輪
ཡེ་ཤེས་ལྔ་ལྡན་སྐུ་གསུམ་བརྙེས། །འགྲོ་བ་སྐྱོབས་ལ་ཕྱག་འཚལ་ལོ། །
獲得五智與三身　救護衆者前頂禮
རི་སྙེད་རྡོ་རྗེ་མཁའ་འགྲོ་མ། །ཀུན་ཏུ་རྟོག་པའི་འཆིང་གཅོད་ཅིང་། །
所有金剛空行母　已斷一切分別識

འཇིག་རྟེན་བྱ་བར་རབ་འཇུག་མ། །དེ་སྙེད་རྣམས་ལ་ཕྱག་འཚལ་ལོ། །ཞེས་བསྟོད།
勝處世間事業母　彼諸尊前敬頂禮 如是讚
དགེ་བ་འདི་ཡིས་མྱུར་དུ་བདག །མཁའ་སྤྱོད་མ་དངོས་འགྲུབ་གྱུར་ནས། །
願以我所修善業　速證成就空行母
འགྲོ་བ་གཅིག་ཀྱང་མ་ལུས་པ། །དེ་ཡི་ས་ལ་འགོད་པར་ཤོག །ཐལ་མོ་སྦྱར་ཏེ།
一切衆生無一餘　攝置佛國彼刹土

༄༅། །རྗེ་བཙུན་རྡོ་རྗེ་རྣལ་འབྱོར་མས། བདག་དང་སེམས་ཅན་ཐམས་ཅད་དག་པ་མཁའ་སྤྱོད་དུ་འཁྲིད་པར་མཛད་
至尊金剛瑜伽母懇祈攝引我及一切衆生至清淨空行刹土
དུ་གསོལ། འཇིག་རྟེན་དང་འཇིག་རྟེན་ལས་འདས་པའི་དངོས་གྲུབ་མ་ལུས་པ་སྩལ་དུ་གསོལ། ཞེས་གསོལ་བ་བཏབ།
祈請賜予世出世間無餘之成就也 如是祈白
ཡིག་བརྒྱ་ཚར་གསུམ་བརྗོད་ཅིང་། མ་འབྱོར་བ་དང་ཉམས་པ་དང་། །ཞེས་པ་ནས། དེ་ཀུན་མགོན་པོས་བཟོད་པར་མཛོད། །
誦百字明三遍 所有斷缺與衰退 至 懇請彼諸悉寬容

ཅེས་བཟོད་པར་གསོལ་ཞིང་ལྷག་ཆད་བསྐངས་ལ། རྗེ་བཙུན་རྡོ་རྗེ་རྣལ་འབྱོར་མའི་ཚོགས་འཁོར་བྱ་ཚུལ་འདི་ནི་རྗེ་ཕ་བོང་ཁ་པ་བདེ་ཆེན་སྙིང་པོ་རིན་པོ་

如是作祈求寬容及彌補遺漏 此金剛瑜伽母薈供法乃於依怙金剛持・帕幫喀巴・德欽寧波仁波切著之

ཆེས་མཛད་པའི་བདེ་ཆེན་དགའ་སྟོན་ལས་བླངས་བ་ཆོས་མཛད་དུ་འབོད་པ་ཤཱཀྱའི་དགེ་སློང་ངག་དབང་བཟོད་པ་རྒྱ་མཚོས་བསྒྱུར་བའོ། །

大樂喜筵中繕錄 由僭名欽則者・釋伽比丘・阿旺員巴嘉措敬譯於色拉寺麥紮倉大雄寶殿三樓寢室

སརྦ་མངྒ་ལཾ།

願一切吉祥

༄། །རྗེ་བཙུན་རྡོ་རྗེ་རྣལ་འབྱོར་མ་ནཱ་རོ་མཁའ་སྤྱོད་ཀྱི་ཉམས་ལེན་རྒྱུན་འཁྱེར་མདོར་བསྡུས་བཞུགས་སོ།།

至尊金剛瑜伽母那若空行恆修法略軌

༄། །ན་མོ་གུ་རུ་བཛྲ་ཝ་རཱ་ཧི། རྗེ་བཙུན་རྡོ་རྗེ་རྣལ་འབྱོར་མ་ནཱ་རོ་མཁའ་སྤྱོད་མའི་སྒྲུབ་ཐབས་རྒྱུན་དུ་ཉམས་སུ་བླང་བའི་ངག་འདོན་གྱི་ཚུལ་ནི།

哪摩咕洳班雜哇惹嘿 至尊金剛瑜伽母那若空行母之恆常口誦修持法是

བདག་དང་འགྲོ་བ་ནམ་མཁའ་དང་མཉམ་པའི་སེམས་ཅན་ཐམས་ཅད་དུས་འདི་ནས་བཟུང་སྟེ། ཇི་སྲིད་བྱང་ཆུབ་

我及一切無邊衆生自即時起

སྙིང་པོ་ལ་མཆིས་ཀྱི་བར་དུ། དཔལ་ལྡན་བླ་མ་དམ་པ་རྣམས་ལ་སྐྱབས་སུ་མཆིའོ། །རྫོགས་པའི་སངས་རྒྱས་བཅོམ་

直至證得無上菩提 皈依具德無上諸師

༄། །ལྡན་འདས་རྣམས་ལ་སྐྱབས། དམ་པའི་ཆོས་རྣམས་ལ། འཕགས་པའི་དགེ་འདུན་རྣམས་ལ། ཞེས་བདུན་སོགས།

皈依正等圓覺佛 皈依一切正法 皈依一切聖賢僧 如是誦七遍

བླ་མ་དང་དཀོན་མཆོག་རིན་པོ་ཆེ་རྣམ་པ་གསུམ་ལ་ཕྱག་འཚལ་ཞིང་སྐྱབས་སུ་མཆིའོ། །

頂禮皈依上師三寶

ཁྱེད་རྣམས་ཀྱིས་བདག་གི་རྒྱུད་བྱིན་གྱིས་བརླབ་ཏུ་གསོལ། ཞེས་ཚར་གཅིག །

祈請諸尊加持我相續 如是誦一遍

བདག་གིས་རྫོགས་པའི་སངས་རྒྱས་ཀྱི་གོ་འཕང་ཐོབ་པར་བྱས་ལ། སེམས་ཅན་ཐམས་ཅད་སྲིད་པའི་སྡུག་བསྔལ་

我爲證得正等圓覺果位 救度衆生出離輪迴苦海故

ཀྱི་རྒྱ་མཚོ་ལས་བསྒྲལ་བར་བྱ། དེའི་ཆེད་དུ་རྡོ་རྗེ་རྣལ་འབྱོར་མའི་ལམ་གྱི་རིམ་པ་ཉམས་སུ་བླང་བར་བྱའོ། །ཞེས

修持金剛瑜伽母道次第 如是誦三遍

ལན་གསུམ་བརྗོད། མདུན་གྱི་ནམ་མཁར་སེང་གེས་བཏེགས་པའི་རིན་པོ་ཆེའི་ཁྲི་སྣ་ཚོགས་པདྨ་དང་ཟླ་བའི་སྟེང་དུ་རྩ་བའི་

對前虛空雄獅寶座各色蓮華月輪之上

མཁའ་འགྲོ་ གསུམ ཉམས་ལེན།	༄༅། །བླ་མ་རྗེ་བཙུན་རྡོ་རྗེ་ཆོས་ཀྱི་རྣམ་པ་ཅན། སྐུ་མདོག་དམར་པོ་ཞལ་གཅིག་ཕྱག་གཉིས་ཀྱི་གཡས་པས་བདེ་ 根本上師至尊金剛法相 身紅色 一面二臂 སྟོང་གི་སྒྲ་སྒྲོག་པའི་ཌཱ་མ་རུ་བསྣམས་པ། གཡོན་པས་ཐོད་པ་བདུད་རྩིས་གང་བ་ཐུགས་ཀར་འཛིན་པ། གྲུ་མོ་ 右手持樂空妙音鼓 左手持盈滿甘露器 གཡོན་ན་ཁ་ཊྭཾ་ག་བསྣམས་པ། ཞབས་རྡོ་རྗེའི་སྐྱིལ་ཀྲུང་གིས་བཞུགས་པ། རུས་པའི་རྒྱན་དྲུག་གིས་བརྒྱན་ཅིང་། 左肩倚天杖 足結金剛跏趺 六骨飾嚴	那若空行極修法 三

	གཞོན་ནུ་ལང་ཚོ་དར་ལ་བབ་པ། སྐྱབས་གནས་ཀུན་འདུས་ཀྱི་ངོ་བོར་གྱུར། དུས་གསུམ་སངས་རྒྱས་ཐམས་ཅད་ 妙齡豐滿 成一切皈處總集之體性也 ཀྱི་ངོ་བོ་བླ་མ་རིན་པོ་ཆེ་ལ་ཕྱག་འཚལ་ཞིང་སྐྱབས་སུ་མཆིའོ། །བདག་གི་རྒྱུད་བྱིན་གྱིས་བརླབ་ཏུ་གསོལ། ཞེས་ལན་ 頂禮皈依三世一切諸佛體性之上師寶加持我心相續 如是三次作祈白 གསུམ་གསོལ་བ་བཏབ་པས། བླ་མ་འོད་དུ་ཞུ་བ་སྤྱི་བོ་ནས་རང་ལ་ཐིམ་པས་རང་གི་སྙིང་གར་ཨེ་ལས་ཆོས་འབྱུང་གྲུ་གསུམ་ 上師化爲光由梵孔融入於自身 自心間 ཨེ 生法基	

མཁའ་འགྲོ་ བཞི ཉམས་ལེན།	༄༅། །ཉིས་བརྩེགས་ཀྱི་ནང་དུ། ཨ་ལས་ཟླ་བའི་དཀྱིལ་འཁོར་གྱི་དབུས་སུ་བཾ་ཡིག་དམར་པོའི་མཐར་གཡོན་ 三角雙疊其內 ཨ 生月輪 中央紅色 བཾ 字周邊 བསྐོར་དུ། ཨོཾ་ཨོཾ་ཨོཾ་སརྦ་བུདྡྷ་ཌཱ་ཀི་ནཱི་ཡེ། བཛྲ་ཝརྞ་ནཱི་ཡེ། བཛྲ་བཻ་རོ་ཙ་ནཱི་ཡེ། ཧཱུཾ་ཧཱུཾ་ཧཱུཾ་ཕཊ་ཕཊ་ཕཊ་སྭཱ་ཧཱ། 嗡嗡嗡薩瓦必噠哲格呢耶班雜哇哪呢耶班雜毗盧遮呢耶吽吽吽 ཞེས་པའི་སྔགས་འཕྲེང་གིས་བསྐོར་བ་ལས་འོད་ཟེར་འཕྲོས། ལུས་ཐམས་ཅད་གང་། ལུས་ངག་ཡིད་གསུམ་གྱི་ནང་ 呸呸呸娑哈之咒鬘左繞而發光 充滿身 身口意	那若空行極修法 四

	གདོན་སྡིག་སྒྲིབ་དག །ལུས་འོད་ཀྱི་གོང་བུར་གྱུར། དེ་ཡོངས་སུ་གྱུར་པ་ལས། རང་ཉིད་རྗེ་བཙུན་རྡོ་རྗེ་རྣལ་འབྱོར་ 之病障得清淨 體成光團 彼皆圓滿 自成金剛 མའི་སྐུར་གྱུར་པ་ནི། པད་མ་ཉི་མའི་གདན་ལ་ཞབས་གཡས་བརྐྱངས་པས་དུས་མཚན་མ་དམར་མོའི་ནུ་མའི་སྙིང་······ 瑜伽母身 蓮日墊上 右腿伸 足下踩怒媽嘛摩 ནས་མནན་པ། གཡོན་བསྐུམས་པས་འཇིགས་བྱེད་ནག་པོ་མགོ་བོ་རྒྱབ་ཏུ་བལྟབ་ནས་མནན་པ། སྐུ་མདོག་དམར་ 左腿屈 足下踩智希哪波 赤身如劫火 具足威光	

༄༅། །མོ་བསྐལ་བའི་མེ་ལྟ་བུའི་གཟི་བརྗིད་ཅན། ཞལ་གཅིག་ཕྱག་གཉིས་སྤྱན་གསུམ་དག་པ་མཁའ་སྤྱོད་དུ་

一面二臂 三目仰視空行淨界

གཟིགས་པ། ཕྱག་གཡས་པས་རྡོ་རྗེས་མཚན་པའི་གྲི་གུག་ཐུར་དུ་བརྒྱང་ནས་འཛིན་པ། གཡོན་པས་ཐོད་པ་ཁྲག་

右手下伸執杵嚴之鉞刀 左手托舉盈滿

གིས་གང་བ་སྙིང་ཕྱོགས་སུ་བཟུང་ནས་ཞལ་གྱེན་དུ་ཕྱོགས་ནས་གསོལ་བ། ཕྲག་པ་གཡོན་པར་རྡོ་རྗེས་མཚན་པའི་

鮮血之頂器仰飲甘露 左肩揹金剛鈴杵 鼗鼓及

ཁཊྭཱཾ་ག་ལ་ཌཱ་མ་རུ་དང་། དྲིལ་བུ་དང་། འཕན་རྩེ་གསུམ་པ་འཕྱང་བཞིན་པ་བསྣམས་པ། དབུ་སྐྲ་ནག་པོ་སིལ་བུར་

三幅幡飄垂莊嚴之喀章嘎 墨髮散披覆及腰間

གྱུར་པས་སྐུ་སྨད་ཡན་ཆད་ཁེབས་པ། ལང་ཚོ་དར་ལ་བབ་ཅིང་འདོད་པའི་ནུ་འབུར་རྒྱས་པ་བདེ་བ་བསྐྱེད་པའི་

妙齡年華 豐滿欲界 乳峰高聳

ཉམས་ཅན། མི་མགོ་སྐམ་པོ་ལྔའི་དབུ་རྒྱན་དང་། སྐམ་པོ་ལྔ་བཅུའི་དོ་ཤལ་ཅན། གཅེར་བུ་ཕྱག་རྒྱ་ལྔས་བརྒྱན་པ་

五骷髏頂莊嚴 五十骷髏爲瓔珞 赤裸五印莊嚴

༄༅། །ཡེ་ཤེས་ཀྱི་མེ་འབར་བའི་དབུས་ན་བཞུགས་པའོ། །དེའི་གནས་རྣམས་སུ་ཟླ་བའི་དཀྱིལ་འཁོར་གྱི་སྟེང་དུ་

智慧烈火中威然永住 彼尊諸處月輪之上

ལྟེ་བར་ཨོཾ་བཾ་དམར་མོ་རྡོ་རྗེ་ཕག་མོ། སྙིང་གར་ཧཾ་ཡཾ་སྔོན་པོ་གཤིན་རྗེ་མ། ཁར་ཧྲཱིཾ་མོཾ་དཀར་པོ་རྨོངས་བྱེད་མ། དཔྲལ་

臍間ཨོཾབཾ 紅色金剛亥母 心間ཧཾཡཾ 藍色閻摩母 口中ཧྲཱིཾམོཾ 白色愚蔽母

བར་ཧྲཱིཾ་ཧྲཱིཾ་སེར་པོ་བསྲུང་བྱེད་མ། སྤྱི་གཙུག་ཏུ་ཧཱུྃ་ཧཱུྃ་ལྗང་ཁུ་སྐྲག་བྱེད་མ། ཡན་ལག་ཐམས་ཅད་ལ་ཕཊ་ཕཊ་དུད་ཁ་ཙཎྜི

髮際ཧྲཱིཾཧྲཱིཾ 黃色守護母 頂部ཧཱུྃཧཱུྃ綠色威攝母 肢部諸處 ཕཊ་ཕཊ 轉成煙

ཀའི་ངོ་བོ། སྙིང་གའི་སྔགས་ཕྲེང་ལས་འོད་ཟེར་འཕྲོས་ཏེ། བ་སྤུའི་བུ་ག་ནས་ཕར་སོང་། རིགས་དྲུག་གི་སེམས་ཅན་

色低噶贊芝嘎體相 心間咒鬘發光由毛孔放出 照射六道一切衆生

ཐམས་ཅད་ལ་ཕོག་པས་སྡིག་སྒྲིབ་བག་ཆགས་དང་བཅས་པ་སྦྱངས། དེ་ཐམས་ཅད་རྡོ་རྗེ་རྣལ་འབྱོར་མའི་སྐུར་གྱུར།

罪障習氣皆消淨 彼身皆成金剛瑜伽母

འབར་བའི་ཕྱག་རྒྱ་དཔྲལ་བའི་དབྱིངས་སུ་གཡོན་བསྐོར་དུ་ལན་གསུམ་བསྐོར་ཞིང་ངག་ཏུ། ཕཻཾ༔ རང་གི་སྙིང་གའི་བཾ་ཡིག་ལས་འོད་ཟེར་

結燃燒印左三轉 口誦 呸 自心間之བཾ字放光

༄༅། །འཕྲོས་པས། འོག་མིན་ནས་རྡོ་རྗེ་རྣལ་འབྱོར་མ་ལ་ཕྱོགས་བཅུའི་དཔའ་བོ་རྣལ་འབྱོར་མ་ཐམས་ཅད་ཀྱིས་

由奧明召請十方一切勇父瑜伽母所環繞及

བསྐོར་བ་དང་འགྲོ་བ་རྣལ་འབྱོར་མར་གྱུར་པའི་ཐམས་ཅད་ཀུང་བདག་ཉིད་ལ་ཐིམ་པར་གྱུར། ཛཿཧཱུྃ་བཾ་ཧོཿཞེས་དང་།

一切有情轉成之瑜伽母悉皆融入於自身 雜吽幫嚎 轉蓮並結擁抱印

པད་ཀོར་གྱི་མཐར་འཁྱུད་པའི་ཕྱག་རྒྱ་བྱས་ལ། ཨོཾ་ཡོ་ག་ཤུདྡྷཿསརྦ་དྷརྨཱ་ཡོ་ག་ཤུདྡྷོ྅ཧཾ། ཞེས་བརྗོད། རང་གི་སྙིང་གར་ཆོས་འབྱུང་

嗡搖噶旭噠薩瓦噠瑪搖噶旭噠行 如是誦 自心間

གྲུ་གསུམ་ཉིས་བརྩེགས་ཀྱི་ནང་དུ་ཟླ་བའི་དཀྱིལ་འཁོར་གྱི་དབུས་སུ་བཾ་ཡིག་ལ་སྔགས་འཕྲེང་ཁ་དོག་དམར་པོ……

三角雙疊內月輪中央 བཾ 字由紅色咒鬘左繞

གཡོན་བསྐོར་དུ་འཁོར་བ་ལས་འོད་ཟེར་དམར་པོ་དཔག་མེད་འཕྲོས། སེམས་ཅན་ཐམས་ཅད་ཀྱི་སྡིག་སྒྲིབ་སྦྱངས།

發出無量光 淨化一切衆生之罪障 供養一切諸如來

སངས་རྒྱས་ཐམས་ཅད་མཆོད། དེ་རྣམས་ཀྱི་བྱིན་རླབས་ནུས་མཐུ་འོད་ཟེར་དམར་པོའི་རྣམ་པར་སྤྱན་དྲངས། སྔགས་

彼諸加持威力以紅光相迎請 融入於咒鬘加持心相續

༄༅། །འཕྲེང་ལ་ཐིམ་པས་རྒྱུད་བྱིན་གྱིས་བརླབས་པར་གྱུར། ཨོཾ་ཨོཾ་ཨོཾ་སརྦ་བུདྡྷ་ཌཱ་ཀི་ནཱི་ཡེ། བཛྲ་ཝ་རྞ་ནཱི་ཡེ། བཛྲ་

嗡嗡嗡薩瓦必噠哲格呢耶班雜哇哪呢耶班雜毗盧遮呢耶

བཻ་རོ་ཙ་ནཱི་ཡེ། ཧཱུྃ་ཧཱུྃ་ཧཱུྃ་ཕཊ་ཕཊ་ཕཊ་སྭཱ་ཧཱ། ཞེས་བརྒྱ་རྩ་ལ་སོགས་པ་བཟླས། སྙིང་གའི་ཆོས་འབྱུང་བཟླ་བ་ཡིག་འབྲུ་དང་བཅས་པ་བདེ་བ་

吽吽吽呸呸呸娑哈 如是誦恆常唸誦數 若欲心間法基咒鬘生起樂者

བསྐྱེད་པར་འདོད་ན། གསང་གནས་མི་རྟོག་པ་སྐྱེ་བར་འདོད་ན། ལྟེ་བར་ཕབ་སྟེ་མདུན་རྒྱབ་སྤངས་པའི་གྲུ་བཞིར་དགའ་བ་འཁྱིལ་པ་གཡོན་བསྐོར་དུ་འཁོར་

秘處生起無分別心者 降至臍間除前後餘四角歡樂彙聚

བ་དང་། སྔགས་འཕྲེང་ལན་གསུམ་མམ་བདུན་ལ་སོགས་པ་ཀློག་པའི་ཚུལ་དུ་སེམས་གཏད་ནས། རླུང་ཁ་སྦྱར་ཅི་ཐུབ་འཛིན། རང་གི་སྨིན་མཚམས་དང་

喜旋左轉 咒三遍或七遍 意念心專注 風口淨能持之 心專注於眉間與秘處猛烈

གསང་གནས་སུ་དགའ་འཁྱིལ་གཡོན་བསྐོར་དུ་ཤུགས་དྲག་ཏུ་འཁོར་བ་ལ་སེམས་གཏད་རླུང་ཁ་སྦྱར་བཟུང་། མཐར་དགའ་འཁྱིལ་གཉིས་སྙིང་གའི་བཾ་ལ་

旋轉之喜旋 風口合而持之 最後二喜旋融入於心間 བཾ 如是觀之

ཐིམ་པར་བསམ་མོ། །རང་གི་སྙིང་གའི་བཾ་ཡིག་སྔགས་འཕྲེང་དང་བཅས་པ་ལས་འོད་ཟེར་འཕྲོས། ཁམས་གསུམ་ཐམས་

自心間 བཾ 字咒鬘俱發光 遍照三界

༄༅། །ཅེད་ལ་ཁྲུབ། གཟུགས་མེད་ཁམས་འོད་ཟེར་སྔོན་པོའི་རྣམ་པས་ལུས་ཀྱི་སྟོད་ཀྱི་ཆ་ལ་ཐིམ། གཟུགས་ཁམས་
無色界化藍光融入身上分 色界化紅光融入身中分
འོད་ཟེར་དམར་པོའི་རྣམ་པས་བར་གྱི་ཆ་ལ་ཐིམ། འདོད་ཁམས་འོད་ཟེར་དཀར་པོའི་རྣམ་པས་སྨད་ཀྱི་ཆ་ལ་ཐིམ།
欲界化白光融入身下分 自身亦由上下依次化光
རང་ཡང་སྟོད་སྨད་ནས་རིམ་བཞིན་འོད་དུ་ཞུ་བས་ཆོས་འབྱུང་ལ། དེ་ཟླ་བ་ལ། དེ་སྔགས་ཕྲེང་ལ། དེ་བཾ་ཡིག་ལ།
融入法基 融入月輪 融入咒鬘 融入 བཾ 字

དེ་བཾ་གྱི་མགོ་བོ་ལ། དེ་ཟླ་ཚེས་ལ། དེ་ཐིག་ལེ་ལ། དེ་ནཱ་ད་ལ། དེ་ཡང་ཇེ་ཕྲ་ཇེ་ཕྲ་མི་དམིགས་པར་གྱུར། ཞེས་པས
融入 བཾ 字頭 融入初月 融入明點 融入哪嗟 彼微妙微妙
བརྗོད་བྲལ་དུ་ཅི་ནུས་བཞག །དེ་ཡི་ངང་ལས་རང་ཉིད་རྗེ་བཙུན་མའི་སྐུར་གྱུར་པའི་གནས་རྣམས་སུ་ཟླ་བའི་དཀྱིལ་འཁོར་
遂融空性 盡之所能持定 空性中自性轉化爲至尊母身 諸處月輪之上
གྱི་སྟེང་དུ་ལྟེ་བར་ཨོཾ་བཾ་དམར་པོ་རྡོ་རྗེ་ཕག་མོ། སྙིང་ཁར་ཧཾ་ཡཾ་སྔོན་མོ་གཤིན་རྗེ་མ། ཁར་ཧྲཱི་མཾ་དཀར་མོ་རྨོངས་
臍間 ཨོཾ་བཾ 紅色金剛亥母 心間ཧཾ་ཡཾ 藍色閻摩母 口中 ཧྲཱི་མཾ

༄༅། །བྱེད་མ། དཔྲལ་བ་ཧྲཱིཾ་ཧྲཱིཾ་སེར་པོ་བསྐྱོད་བྱེད་མ། སྤྱི་གཙུག་ཏུ་ཧཱུྃ་ཧཱུྃ་ལྗང་ཁུ་སྐྲག་བྱེད་མ། ཡན་ལག་ཐམས་ཅད་
白色愚蔽母 髮際 ཧྲཱིཾ་ཧྲཱིཾ 黃色守護母 頂部 ཧཱུྃ་ཧཱུྃ 綠色威攝母
ལ་ཕཊ་ཕཊ་དུད་ཁ་ཙཎྜི་ཀའི་ངོ་བོ་རྣམས་སུ་གྱུར། ཨོཾ་སུམྦྷ་ནི་སུམྦྷ་ཧཱུྃ་ཧཱུྃ་ཕཊ།
肢部諸處 ཕཊ་ཕཊ 轉成煙色低噶贊芝嘎體相 嗡松巴呢松巴吽吽呸
ཨོཾ་གྲྀཧྞ་གྲྀཧྞ་ཧཱུྃ་ཧཱུྃ་ཕཊ། ཨོཾ་གྲྀཧྞ་པ་ཡ་གྲྀཧྞ་པ་ཡ་ཧཱུྃ་ཧཱུྃ་ཕཊ།
嗡革熱哈哪革熱哈哪吽吽呸 嗡革熱哈哪巴雅革熱哈巴雅吽吽呸

ཨོཾ་ཨཱ་ན་ཡ་ཧོ་བྷ་ག་ཝཱན་བཛྲ་ཧཱུྃ་ཧཱུྃ་ཕཊ། ཞེས་སོགས་ལན་གཉིས་བརྗོད་ལ་ཆམ་རྣམས་ཀྱིས་བསྒྱུར་བར་བྱའོ། །
嗡啊哪雅嚎巴噶萬班雜吽吽呸 如是誦兩遍作威嚴姿態
དགེ་བ་འདི་ཡིས་མྱུར་དུ་བདག །མཁའ་སྤྱོད་མ་དངོས་འགྲུབ་གྱུར་ནས། །
願以我所修善業　速證成就空行母
འགྲོ་བ་གཅིག་ཀྱང་མ་ལུས་པར། །དེ་ཡི་ས་ལ་འགོད་པར་ཤོག །
一切衆生無一餘　攝置佛國彼剎土

༄༅། །འཆི་ཚེ་མགོན་དང་དཔའ་བོ་མ་ཚོགས་ཀྱིས། །མི་ཏོག་གདུགས་དང་རྒྱལ་མཚན་ཐོགས་ནས་སུ། །

臨終依怙勇父空行母　持諸傘蓋華鬘寶幢幡

རོལ་མོ་སིལ་སྙན་སྒྲ་སྙན་སོགས་མཆོད་ཅིང་། །མཁའ་ལ་སྤྱོད་པའི་གནས་སུ་འཁྲིད་པར་ཤོག །ཅེས་བརྗོད།

供養悅耳天籟等妙音　接引我等空行淨土中 如是誦

ཐུན་མཚམས་སུ་གཏོར་མ་འབུལ་བར་འདོད་ན། ཨོཾ་ཨཱཿཧཱུྃ་ཧ་ཧོ་ཧྲཱིཿ ལན་གསུམ་བརྗོད། སྟོང་པའི་ངང་ལས་ཐོད་པ་ཆེན་པོར་ཤ་ལྔ་

座間若欲朵瑪供者 嗡啊吽哈嚎舍 誦三遍 空性中廣大頂器內五肉五甘露

བདུད་རྩི་ལྔ་ལས་བྱུང་བའི་ཡེ་ཤེས་ཀྱིས་བདུད་རྩིའི་རྒྱ་མཚོ་ཆེན་པོར་གྱུར། ཕཻཿ འོག་མིན་ནས་རྡོ་རྗེ་རྣལ་འབྱོར་

轉成智慧甘露大海 呸 由奧明處迎請金剛瑜伽母 勇父

མ་ལ་དཔའ་བོ་དང་རྣལ་འབྱོར་མ་ཚོས་སྐྱོང་འཇིག་རྟེན་སྐྱོང་བ་ཐམས་ཅད་ཀྱིས་བསྐོར་བ་སྤྱན་དྲངས། པད་སྐོར་སྔོན་དུ

瑜伽母 聖教護法及世間護法圍繞而降臨 先行轉蓮印後續作持鈴杵之雙手向上

འགྲོ་བའི་རྡོ་རྗེ་ཐལ་མོ་ཁ་གྱེན་དུ་ཕྱེ་བའི་ཕྱག་རྒྱ་བཅས་མཐར་སེ་གོལ་གཏོག་ཅིང་། ཨོཾ་ཨོཾ་ཨོཾ་སརྦ་བུདྡྷ་ཌཱ་ཀི་ནཱི་ཡེ། བཛྲ་ཝརྞ་ནཱི་ཡེ།

開展作供養印 嗡嗡嗡薩瓦必噠哲格呢耶班雜哇哪呢耶班雜毗盧遮

༄༅། །བཛྲ་བཻ་རོ་ཙ་ནཱི་ཡེ། ཧཱུྃ་ཧཱུྃ་ཧཱུྃ་ཕཊ་ཕཊ་ཕཊ་སྭཱ་ཧཱ། ཨོཾ་གསུམ་མའི་རྗེས་སུ། ཨོཾ་ཨ་ཀཱ་རོ་མུ་ཁཾ་སརྦ་དྷརྨཱ་ཎཱཾ་ཨཱདྱ་ནུ

呢耶吽吽吽呸呸呸娑哈 三嗡咒之後 嗡啊嘎潤芪伉薩瓦噠嘛昂啊雅怒班

ཏྤནྣ་ཏྭཏ། ཨོཾ་ཨཱཿཧཱུྃ་ཕཊ་སྭཱ་ཧཱ། ཞེས་པ་གསུམ་མམ་ལྔའམ་བདུན་བརྗོད། བཛྲ་ཡོ་གི་ནི་ས་པ་རི་

哪咚打 嗡啊吽呸娑哈 誦三五七遍之後 嗡班雜搖格呢薩巴日瓦惹啊剛

ཝ་ར་ཨརྒྷཾ། པཱདྱཾ། པུཥྤེ། དྷཱུ་པེ། ཨཱ་ལོ་ཀེ། གནྡྷེ། ནཻ་ཝི་དྱ། ཤབྡ་ཨཱཿཧཱུྃ། ཕྱི་མཆོད། ཨོཾ་ཨཱཿཧཱུྃ་ཕྱི་ནང་མཆོད་ཕུལ།

巴當 布白 都貝 啊洛格 更得 納微德 曉噠啊吽 作供 嗡啊吽 內供

དཔལ་ལྡན་རྡོ་རྗེ་མཁའ་འགྲོ་མ། །མཁའ་འགྲོ་མ་ཡི་འཁོར་ལོས་བསྒྱུར། །

具德金剛空行母　旋轉空行母法輪

ཡེ་ཤེས་ལྔ་དང་སྐུ་གསུམ་བརྙེས། །འགྲོ་བ་སྐྱོབས་ལ་ཕྱག་འཚལ་ལོ། །

獲得五智與三身　救護衆者前頂禮

ཇི་སྙེད་རྡོ་རྗེ་མཁའ་འགྲོ་མ། །ཀུན་ཏུ་རྟོག་པའི་འཆིང་གཅོད་ཅིང་། །

所有金剛空行母　已斷一切分別識

༄༅། །འཇིག་རྟེན་བྱ་བ་རབ་འཇུག་མ། །དེ་སྙེད་རྣམས་ལ་ཕྱག་འཚལ་བསྟོད། །

勝處世間事業母　彼諸尊前敬頂禮

བཛྲ་མུཿཡེ་ཤེས་པ་གཤེགས། དམ་ཚིག་པ་བདག་ཉིད་ལ་ཐིམ་པར་གྱུར།

班雜牟 智尊回自處 誓尊融自身

དགེ་བ་འདི་ཡིས་མྱུར་དུ་བདག །མཁའ་སྤྱོད་མ་དངོས་འགྲུབ་གྱུར་ནས། །

願以我所修善業　速證成就空行母

འགྲོ་བ་གཅིག་ཀྱང་མ་ལུས་པར། །དེ་ཡི་ས་ལ་འགོད་པར་ཤོག །

一切衆生無一餘　攝置佛國彼刹土

གང་ཞིག་དྲན་པས་སྙིང་གི་གདུང་བ་སེལ། །བརྩོན་པས་བསྒོམས་ན་ཚེ་འདིར་ཕྱག་རྒྱ་ཆེ། །

凡作意念蠲除心煩惱　精勤觀修即生成大印

བདེ་བླག་སྟོལ་མཛོད་མཁའ་སྤྱོད་དབང་མོ་ཡི། །མཆོག་ཐུན་དངོས་གྲུབ་འགྲུབ་པའི་བཀྲ་ཤིས་ཤོག །

速疾證得空行王母位　殊勝與共悉地皆吉祥

༄༅། །ཅེས་སོགས་བསྔོ་བ་དང་སྨོན་ལམ་གྱི་མཐའ་བརྒྱན་པར་བྱའོ། །རྗེ་བཙུན་རྡོ་རྗེ་རྣལ་འབྱོར་མའི་རྒྱུན་འཁྱེར་འདོར་བསྡུས་འདི་ནི་སྤྲུལ་མིང་པས

如是作迴向及發願 此至尊金剛瑜伽母修持方便法是依據化身

རང་གི་འདོན་ཆོས་སུ། ཚར་ཆེན་བློ་གསལ་རྒྱ་མཚོའི་གསུང་ལ་གཞི་བྱས་གཏོར་འབུལ་དང་མགོ་ཚའི་ལྷུགས་སོགས་ཟུང་ཟད་ཕྲི་བསྣན་བྱས་ཏེ་བཀོད་པའོ། །

持名者自常唸誦之儀軌並結合察欽・洛色嘉措所造之儀軌二者融彙而成

སེར་སྨད་ཆོས་མཛད་དུ་འབོད་པ་ཤཱཀྱའི་དགེ་སློང་ངག་དབང་བཟོད་པ་རྒྱ་མཚོས་བསྒྱུར་བ། བཀྲ་ཤིས་པར་གྱུར་ཅིག །

由僭名色麥欽則稱者・釋迦比丘・阿旺貢巴嘉措敬譯 願一切衆生善吉祥

༄༅། །རྗེ་བཙུན་རྡོ་རྗེ་རྣལ་འབྱོར་མའི་བཀའ་སྲུང་དཔལ་དུར་ཁྲོད་བདག་པོའི་གཏོར་ཆོག་བྱ་ཚུལ་བཞུགས་སོ། །

至尊金剛瑜伽母之護法寒林主供食法

༄༅། །བླ་མ་མཆོག་དང་ཧེ་རུ་ཀ །རྡོ་རྗེ་བཙུན་མོར་བཅས་པ་ལ། །བཏུད་ནས་དེ་ཡི་བཀའ་སྲུང་མཆོག །དུར་བདག་གཏོར་ཆོག་རྗེས་གནང་འབྲི།།

殊勝上師及勝樂 金剛瑜伽母尊等 殊勝護法屍陀林

འདིར་དཔལ་འཁོར་ལོ་སྡོམ་པའི་བཀའ་སྲུང་དཔའ་བོ་དུར་ཁྲོད་བདག་པོ་ཡབ་ཡུམ་ལ་རྒྱུན་དུ་མཆོད་གཏོར་འབུལ་ཚུལ་དང་། སློབ་མ་རྗེས་སུ་བཟུང་

造此供食隨許法 此勝樂吉祥總攝輪之護法寒林主供食法及

བའི་རིམ་པ་ལ་གཉིས་ལས། དང་པོ་ནི། གཏོར་མ་སྟོད་ཟུར་གསུམ་ལ་སྨད་ཟླུམ་པོ་ཆང་བུ་བདུན་གྱིན་ལ་བསྐོར་བས་བསྐོར་བ་དར་དཀར་གྱི་ཅོད་པན་

弟子隨許法次第有二 其供食之上部三角形 下部圓形

༄༅། །གྱིས་བརྒྱན་ཅིང་མཐའ་སྐོར་དུ་ཟས་སྣ་ཚོགས་ཚད་ཀྱིས་བསྐོར་བ་དང་། ཕྱི་ནང་གི་མཆོད་གཏོར་རྣམས་བཤམས། རང་ཉིད་འཁོར་ལོ་བདེ་

七個粉團豎繞於主食四周 白色綢制旒蘇飄帶作莊嚴 周圍供置各種適量食物

མཆོག་ཡབ་ཡུམ་གང་རུང་སོགས་ལྟའི་ང་རྒྱལ་དང་ལྡན་པས་མཆོད་གཏོར་བྱིན་གྱིས་བརླབས་ལ། ཆོས་སྐྱོང་བསྐྱེད་པ་ནི། མདུན་གྱི་ནམ་

設置內外供食已 自具勝樂父母之佛慢後加持內外供物 生起護法是 對前虛空

མཁར་ཧཱུྃ་ཡིག་ལས་ཨེ་ཆད་པས་ནམ་མཁར་ཡཾ་ལས་རླུང་གི་དཀྱིལ་འཁོར། རཾ་ལས་རཀྟའི་རྒྱ་མཚོ། སུཾ་ལས་ཞིང་

ཧཱུྃ生ཨེ字 復轉ཡཾ字而生風輪 རཾ生甘露海 སུཾ生大地基

ཆེན་གྱི་ས་གཞི། ཀཾ་ལས་ཀེང་རུས་ཀྱི་རི་རབ། རཾ་ལས་ཉི་མའི་དཀྱིལ་འཁོར། སུཾ་ལས་ཐོད་མཁར་གྱི་གཞལ་ཡས་

ཀཾ生妙高山 རཾ生日輪 སུཾ生頂骨無量宮 彼之

ཁང་། དེའི་དབུས་སུ་པཾ་པདྨ་མནྜ་ལ་ཧཱུྃ་གིས་པདྨའི་གདན། མ་སུ་རྱ་མནྜ་ལ་ཧཱུྃ་གིས་ཉི་མའི་གདན། ཨ་ཙནྡྲ་མནྜ་ལ་

中央པཾ轉蓮華曼荼羅以ཧཱུྃ生蓮華为墊 其上嘛素琊曼荼羅以ཧཱུྃ生

ཧཱུྃ་གིས་ཟླ་བའི་གདན་ཏེ་གདན་གཉིས་སུ་གྱུར། གདན་དེ་གཉིས་ཀྱི་སྟེང་དུ་ཧཱུྃ་དང་ཨ་ལས་དུང་དང་མགྲོན་བུ་ཧཱུྃ·····

日輪爲墊 啊瓚榨曼荼羅以ཧཱུྃ生月輪爲墊 日月墊上ཧཱུྃ及ཨ字轉

དུར་ གསུམ་ བདག	༄། །དང་ཡས་མཚན་པ། དེ་ཡོངས་སུ་གྱུར་པ་ལས་དཔལ་དུར་ཁྲོད་བདག་པོ་ཡབ་ཡུམ་སྐུ་མདོག་དཀར་ལ་འོད་ 成螺及蠣灰 復以ཧཱུྃཡས二字表徵 皆成寒林主父母身白色放光 ཟེར་འཕྲོ་བ། ཀེང་རུས་ཤིན་ཏུ་འཇིགས་པའི་གཟུགས་ཅན། ཞལ་གཅིག་ཕྱག་གཉིས་སྤྱན་གསུམ་བགྲད་པ། ལྗགས་ 具足骷髏極威怖畏者 一面二臂 三目怒視 舌卷上揚 འདྲིལ་བ། མཆེ་བ་གཙིགས་པ་ཕྱག་གཡས་ཐོད་སྐམ་གྱི་དབྱུག་པ་ནམ་མཁའ་ལ་འཕྱར་ཞིང་། གཡོན་པ་ཐོད་པ་ 獠牙利齒 右手揮顱骨杖於空中 左手持盈滿鮮血之頂骨器	寒林主供食法 三

	ཁྲག་གིས་གང་བ་ཐུགས་ཀར་བཟུང་ནས་ཞལ་དུ་གསོལ་བ། ཞབས་གཡོན་བརྐྱང་གི་བརླ་ལ་གཡས་བསྐུམ་པའི་ 於胸前飲嘬 左腿直伸 右腿曲蹺 སོར་མོ་རྣམས་གནོད་པའི་སྙིལ་ཀྲུང་བྱེད་པའི་གར་སྟབས་ཀྱིས་བཞུགས་པ། དར་སྣ་ཚོགས་ཀྱི་ཤམ་ཐབས་ཅན། 諸趾壓勝 半跏舞姿 各色綢緞裙裾裹腰 རིན་པོ་ཆེའི་དབུ་རྒྱན་དང་། སྙན་ཆས་བརྒྱན་པ། ཡེ་ཤེས་ཀྱི་མེ་འབར་བའི་དབུས་ན་བཞུགས་པའི་ཡབ་ཡུམ་འཁོར་ 頂飾耳璫珍寶莊嚴 智慧劫火之中威然安住	

དུར་ བཞི་ བདག	༄། །འཇིག་རྟེན་དང་འཇིག་རྟེན་ལས་འདས་པའི་མཁའ་འགྲོ་དཔག་ཏུ་མེད་པས་བསྐོར་བ་གཉིས་སུ་གྱུར། དེ་ 世出世間無量無邊空行圍繞父母雙尊 གཉིས་ཀྱི་དཔྲལ་བར་ཨོཾ། མགྲིན་པར་ཨཱཿ། ཐུགས་ཀར་ཧཱུྃ་གིས་མཚན་པ། རང་གི་ཐུགས་ཀའི་ས་བོན་ལས་འོད་ཟེར་ 彼皆髮際ཨོཾ 喉間ཨཱཿ 心間ཧཱུྃ字作表徵 自身心間種字發光 འཕྲོས། ནུབ་ཕྱོགས་ཨོ་རྒྱན་མཁའ་འགྲོའི་ཕོ་བྲང་། འཛམ་གླིང་གནས་ཆེན་ཉི་ཤུ་རྩ་བཞི། རྒྱ་མཚོ་ཆེན་པོའི་འགྲམ་ 由西方鄔金剎土 南瞻部洲二十四境 大海諸方迎請	寒林主供食法 四

	ལ་སོགས་པ་ནས་དཔའ་བོ་དུར་ཁྲོད་བདག་པོ་ཡབ་ཡུམ་འཁོར་དང་བཅས་པ་སྤྱན་དྲངས། 勇猛吉祥寒林主父母偕眷悉皆降臨 ཧཱུྃ། དཔལ་ལྡན་མཐུ་སྟོབས་དབང་ཕྱུག་ཆེ། །འཕྲིན་ལས་རྣམ་བཞིའི་དོན་མཛད་པ། ། 吽 威德力具大自在　　四種事業成辦者 དད་དང་དམ་ཚིག་ཆེན་པོ་ཡིས། །གནས་འདི་ཉིད་དུ་གཤེགས་སུ་གསོལ། ། 堅固信心三昧耶　　祈請降臨於此處	

༄༅། །ཨོཾ་ཤྲཱི་སྨ་ཤཱ་ན་ཨ་དྷི་པ་ཏི་མ་ཧཱ་པི་ཤཱ་ཙ་ས་པ་རི་ཝཱ་ར་ཨེ་ཧྱ་ཧི། ཛཿཧཱུྃ་བཾ་ཧོཿ་དམ་ཚིག་པ་དང་གཉིས་སུ་མེད་
嗡俙瑪寫吶啊帝巴滴嘛哈毖嚇紫薩巴日瓦惹唉哈耶嘿 雜吽幫嚎
པར་གྱུར། བཅོམ་ལྡན་འདས་འཁོར་ལོ་སྡོམ་པའི་ལྷ་ཚོགས་རྣམས་ཀྱིས་དབང་བསྐུར། དྲི་མ་དག ཙཀྲ་ལྷག་མ་ཡར་
與三昧耶尊融成無二也 世尊勝樂總攝輪諸尊作灌頂 污垢淨除
ལུད་པ་ལས་ཧེ་རུ་ཀ་ལྷན་ཅིག་སྐྱེས་པ་རེ་རེས་དབུ་བརྒྱན་པར་གྱུར། ཨོཾ་བཛྲ་ས་མ་ཡ་སྟྭཾ། ས་མ་ཡ་ཧོཿ ཞེས་པས་དམ་
餘水上溢 化爲俱生勝樂頂莊嚴 嗡班雜薩嘛雅佟 薩嘛雅顛

ལ་བཞག །དཔལ་པོ་དུར་ཁྲོད་བདག་པོ་ཡབ་ཡུམ་འཁོར་དང་བཅས་པའི་ལྗགས་རྡོ་རྗེའི་འོད་ཟེར་གྱི་སྦུ་གུས་གདོར་
如是奉持誓言 吉祥寒林主父母偕眷屬等舌成金剛光筒啜享供食之精華
མའི་བཅུད་ཐམས་ཅད་དྲངས་ཏེ་གསོལ་བར་གྱུར། ཨོཾ་ཀྵི་ཏྲ་ཛ་ཀྵི་ཏྲ་ཛ་ཀུ་མ་ཀུ་མ་ཁྲུམ་ཐེས་སྭཱཧཱ།
嗡哏熱雜哏熱雜咕瑪咕瑪篓緹娑哈 俙瑪寫吶啊帝巴滴嘛哈毖嚇紫
ཤྲཱི་སྨ་ཤཱ་ན་ཨ་དྷི་པ་ཏི་མ་ཧཱ་པི་ཤཱ་ཙ་ཨི་དཾ་བ་ལིཾ་ཏ་ཁ་ཁ་ཁཱ་ཧི་ཁཱ་ཧི། ལན་གསུམ་མམ་བདུན་གྱིས་ཕུལ།
唉當巴哩噠喀喀喀嘿喀嘿 三遍或七遍作供 嗡俙瑪寫吶啊帝巴滴嘛哈

༄༅། །ཨོཾ་ཤྲཱི་སྨ་ཤཱ་ན་ཨ་དྷི་པ་ཏི་མ་ཧཱ་པི་ཤཱ་ཙ་ས་པ་རི་ཝཱ་ར་ཨརྒྷཾ། པཱདྱཾ། པུཥྤེ། དྷཱུ་པེ། ཨཱ་ལོ་ཀེ།
毖嚇紫薩巴日瓦惹啊剛 巴當 布白 都貝 啊洛格 更得 納微德
གནྡྷེ། ནཻ་ཝི་དྱ། ཤ་བྡ་ཨཱཿཧཱུྃ། ཨོཾ་ཀྵི་ཏྲ་ཛ་ཀྵི་ཏྲ་ཛ་ཀུ་མ་ཀུ་མ་ཁྲུམ་ཐེས་སྭཱཧཱ་ཨོཾ་ཨཱཿཧཱུྃ་གིས་ནང་མཆོད་ཕུལ།
曉噠啊吽 嗡哏熱雜哏熱雜咕瑪咕瑪篓緹娑哈嗡啊吽 之作內供
ཧཱུྃ། རྒྱལ་བའི་ཐུགས་ཀྱི་འཕྲིན་ལས་ཀུན། །མ་ལུས་གདུག་པ་འདུལ་བའི་ཕྱིར། །
吽 佛意一切諸事業　　無餘邪惡調伏故

འཇིགས་པའི་སྐུར་སྟོན་འདོད་དོན་སྟེར། །དུར་ཁྲོད་གནས་ཀྱི་བདག་པོར་བསྟོད། །
垂賜顯現怖畏身　　頌讚寒林界主尊
རྣམ་དཀར་ཀེང་རུས་དག་པའི་གཟུགས། །འཕྲིན་ལས་རྣམ་བཞི་ཐོགས་མེད་པ། །
潔白骷髏清淨身　　息增懷誅事無礙
བག་ལ་ཅི་འདོད་དངོས་གྲུབ་ཀུན། །ཞི་བར་སྦྱོལ་མཛད་ཁྱོད་ལ་བསྟོད། །
任運自在善成就　　道種智主汝前讚

༄། །ཡང་དག་ལམ་ལ་ཉེར་གནས་ཀྱང་། །ལུས་ཅན་བདེ་ལ་འགོད་མཛད་པའི། །

長劫已成清淨道　　奈何衆生無安樂

སྲིད་པའི་འཆིང་བ་ཀུན་ལས་སྐྱོབ། །ཕན་བདེ་ཀུན་སྩོལ་ཁྱོད་ལ་བསྟོད། །

拯救一切有情衆　　賜諸利樂汝前讚

གང་གིས་ཁྱོད་བསྒྲུབས་ཁྱོད་མཆོད་ན། །དམ་ཚིག་ཇི་བཞིན་ཉེར་དགོངས་ནས། །

何人供修尊法者　　依尊誓言悟意趣

ཇི་ལྟར་གསོལ་བ་བཏབ་པ་བཞིན། །བདག་ལ་དངོས་གྲུབ་མ་ལུས་སྩོལ། །

如是至誠作祈請　　無餘成就賜予彼

མཆོད་སྦྱིན་གཏོར་མ་རྒྱ་མཚོ་དང་། །དངོས་གྲུབ་ཀུན་འབྱུང་དམ་རྫས་ཀྱིས། །

饌食大海作供施　　復有聖物成就源

དཔལ་ལྡན་བསྟན་སྲུང་འཁོར་བཅས་མཆོད། །འཕྲིན་ལས་གང་བཅོལ་སྒྲུབ་པར་མཛོད། །

供養護法偕眷屬　　所求事業如是成

༄། །ཅེས་བསྟོད། སྔགས་བཟླ་བར་འདོད་ན། རང་ཡི་དམ་དུ་གསལ་བའི་ཐུགས་ཀའི་ཧཱུྃ་ལས་འོད་ཟེར་འཕྲོས། མདུན་གྱི་

如是讚 欲持咒者 自顯本尊 心間ཧཱུྃ字放光

ཆོས་སྐྱོང་ཡབ་ཡུམ་གྱི་ཐུགས་ཀར་ཉི་མ་གནས་པར་ཧཱུྃ་དང་ཨཾ་སྔགས་ཀྱིས་བསྐོར་བ་ལ་ཕོག་པས། ཐུགས་རྒྱུད་

照射身前護法父母 心間日輪上 ཧཱུྃ與ཨཾ字及圍繞之咒鬘

བསྐུལ་ཏེ། ས་བོན་ལས་འོད་ཟེར་དཔག་ཏུ་མེད་པ་འཕྲོས་འཇིག་རྟེན་དང་འཇིག་རྟེན་ལས་འདས་པའི་དངོས་གྲུབ་

敦請相續 種字放出無量光 召攝世出世間之

མ་ལུས་པ་བཀུག་ནས་བདག་ལ་སྩོལ་ཞིང་། ཚོམ་རྐུན་ལ་སོགས་པའི་གདོན་དང་། ལོག་འདྲེན་ཐམས་ཅད་ཚར་

無餘成就賜予我 調伏一切盜竊魑魅邪魔也 如是觀想

བཅད་པར་བསམ་ལ། ཨོཾ་ཧྲི་ར་ཛ་ཧྲི་ར་ཛ་ཀུ་མ་ཀུ་མ་ཕྲེཾ་ཕེཊ་སྭཱ་ཧཱ། ཞེས་པ་ཅི་མང་བཟླ། ཨོཾ་བཛྲ་ཧེ་རུ་ཀ་ས་མ་ཡ།

嗡哏熱雜哏熱雜咕瑪咕瑪筌緹娑哈 如是多誦 嗡班雜嘿洳嘎薩嘛雅

མ་ནུ་པཱ་ལ་ཡ། ཧེ་རུ་ཀ་ཏྭེ་ནོ་པ་ཏིཥྛ། དྲི་ཌྷོ་མེ་བྷ་ཝ། སུ་ཏོ་ཥྱོ་མེ་བྷ་ཝ།

嘛怒巴啦雅 嘿洳嘎戴惱巴 第洽直照麥巴哇 嗦哆喀搖麥巴瓦

ཡ ༩ དགུ

༄༅། །སུ་པོ་ཥྱོ་མེ་བྷ་ཝ། ཨ་ནུ་རཀྟོ་མེ་བྷ་ཝ། སརྦ་སིདྡྷི་མྨེ་པྲ་ཡཙྪ། སརྦ་ཀརྨ་སུ་ཙ་མེ་

嗦波喀搖麥巴瓦 啊努惹哆麥巴瓦 薩瓦嘶啼麥炸雅渣 薩哇噶瑪

ཙི་ཏྟཾ་ཤྲེ་ཡཿ་ཀུ་རུ་ཧཱུྃ། ཧ་ཧ་ཧ་ཧ་ཧོཿབྷ་ག་ཝན། བཛྲ་ཧེ་རུ་ཀ་མ་མེ་མུཉྩ།

蘇哲邁 置當什日雲 咕洳吽 哈哈哈哈嚎 巴嘎萬 班雜嘿洳嘎嘛麥

ཧེ་རུ་ཀ་བྷ་ཝ། མ་ཧཱ་ས་མ་ཡ་སཏྭ་ཨཱཿཧཱུྃ་ཕཊ། ཨོཾ་ཤྲཱི་སྨ་ཤཱ་ན་ཨ་དྷི་པ་ཏི་

牟渣 嘿洳嘎巴瓦 嘛哈薩瑪雅 薩埵啊吽呸 嗡俙瑪寫吶啊帝巴滴嘛

寒林主供食法 九

མ་ཧཱ་པི་ཤཱ་ཙིས་པ་རི་ཝཱ་ར་ཨཀྵོཾ། པཱདྱཾ། པུཥྤེ། དྷཱུ་པེ། ཨཱ་ལོ་ཀེ། གནྡྷེ། ནཻ་ཝི་དྱ།

哈毖嚇紫薩巴日瓦惹啊剛 巴當 布白 都貝 啊洛格 更得 納微德

ཤབྡ་ཨཱཿཧཱུྃ། ཨོཾ་ཁྲི་ར་ཛ་ཁྲི་ར་ཛ་ཀུ་མ་ཀུ་མ་ཁུམ་ཐིས་སྭཱ་ཧཱ་ཨོཾ་ཨཱཿཧཱུྃ་གིས་ནང་མཆོད་ཕུལ།

曉噠啊吽 嗡哏熱雜哏熱雜咕瑪咕瑪箜緹娑哈嗡啊吽 之作內供

ཧཱུྃ། རྒྱལ་བའི་ཐུགས་ཀྱི་འཕྲིན་ལས་ཀུན། །མ་ལུས་གདུག་པ་འདུལ་བའི་ཕྱིར། །

吽 佛意一切諸事業　　無餘邪惡調伏故

ཡ ༡༠ བཅུ

༄༅། །འཇིགས་པའི་སྐུར་སྟོན་འདོད་དོན་སྟེར། །དུར་ཁྲོད་གནས་ཀྱི་བདག་པོར་བསྟོད། །

垂賜顯現怖畏身　　頌讚寒林界主尊

རྣམ་དཀར་ཀེང་རུས་དག་པའི་གཟུགས། །འཕྲིན་ལས་རྣམ་བཞི་ཐོགས་མེད་པ། །

潔白骷髏清淨身　　息增懷誅事無礙

ངག་ལ་ཅི་འདོད་དངོས་གྲུབ་ཀུན། །ཉེ་བར་སྩོལ་མཛད་ཁྱོད་ལ་བསྟོད། །

任運自在善成就　　道種智主汝前讚

寒林主供食法 十

ཡང་དག་ལམ་ལ་ཉེར་གནས་ཀྱང་། །ལུས་ཅན་བདེ་ལ་འགོད་མཛད་པའི། །

長劫已成清淨道　　奈何衆生無安樂

སྲིད་པའི་འཆིང་བ་ཀུན་ལས་སྐྱོབ། །ཕན་བདེ་ཀུན་སྩོལ་ཁྱོད་ལ་བསྟོད། །

拯救一切有情衆　　賜諸利樂汝前讚

གང་གིས་ཁྱོད་བསྙེན་ཁྱོད་མཆོད་ན། །དམ་ཚིག་ཇི་བཞིན་ཉེར་དགོངས་ནས། །

何人供修尊法者　　依尊誓言悟意趣

ཞིང་ བཅུ་གཅིག

༄༅། །ཇི་ལྟར་གསོལ་བ་བཏབ་པ་བཞིན། །བདག་ལ་དངོས་གྲུབ་མ་ལུས་སྩོལ། །

如是至誠作祈請　　無餘成就賜予彼

མཆོད་སྦྱིན་གཏོར་མ་རྒྱ་མཚོ་དང་། །དངོས་གྲུབ་ཀུན་འབྱུང་དམ་རྫས་ཀྱིས། །

饌食大海作供施　　復有聖物成就源

དཔལ་ལྡན་བསྟན་སྲུང་འཁོར་བཅས་མཆོད། །འཕྲིན་ལས་གང་བཅོལ་སྒྲུབ་པར་མཛོད། །

供養護法偕眷屬　　所求事業如是成

寒林主供食法　十一

མ་རྙེད་ཡོངས་སུ་མ་ཤེས་དང་། །གང་ཡང་ནུས་པ་མ་མཆིས་པས། །

不獲不備無知等　　任何己能所不逮

འདི་ནི་བྱ་བ་གང་བགྱིས་པ། །དེ་ཀུན་ཁྱེད་ཀྱི་བཟོད་མཛོད་རིགས། །བཛྲ་མུཿ

凡此所作諸過失　　懇祈尊者悉寬容

ཡེ་ཤེས་པ་རང་བཞིན་གྱི་གནས་སུ་གཤེགས། དམ་ཚིག་པ་རིམ་གྱིས་འོད་དུ་ཞུ་སྟེ་ཐུགས་ཀའི་ཧཱུྃ་ལ་ཐིམ་པར་གྱུར།

班雜牟　智慧尊歸自性處　定尊依次化光融入心間ཧཱུྃ字

ཞིང་ བཅུ་གཉིས

༄༅། །དགེ་བ་འདི་ཡིས་མྱུར་དུ་བདག །དུར་ཁྲོད་བདག་པོ་འགྲུབ་གྱུར་ནས། །

我今迴向諸善根　　願成護法寒林主

འགྲོ་བ་གཅིག་ཀྱང་མ་ལུས་པ། །དེ་ཡི་ས་ལ་འགོད་པར་ཤོག །ཤིས་བརྗོད་ནི།

一切衆生悉無餘　　攝置佛國淨刹土 吉祥頌是

ཕུན་ཚོགས་དགེ་ལེགས་ཀུན་གྱི་དཔལ་མངའ་བ། །རྡོ་རྗེ་འཆང་དབང་པཎ་ཆེན་ནཱ་རོ་སོགས། །

善妙吉祥一切願圓滿　　金剛持王班禪那若衆

寒林主供食法　十二

དཔལ་ལྡན་བླ་མ་དམ་པའི་ཚོགས་རྣམས་ཀྱི། །བྱིན་རླབས་མྱུར་དུ་འཇུག་པའི་བཀྲ་ཤིས་ཤོག །

具德上師聖賢諸勝尊　　願獲速疾加持吉祥來

རྒྱལ་བའི་ཡུམ་མཆོག་ཤེས་རབ་ཕ་རོལ་ཕྱིན། །རང་བཞིན་འོད་གསལ་གདོད་ནས་སྤྲོས་དང་བྲལ། །

殊勝佛母般若波羅蜜　　自性光明本初離戲論

བརྟན་གཡོའི་དངོས་ཀུན་སྤྲོ་དང་སྡུད་མཛད་མ། །མཁའ་སྤྱོད་ཆོས་ཀྱི་སྐུ་ཡི་བཀྲ་ཤིས་ཤོག །

動靜諸有集散形相母　　願證空行法身吉祥來

༄༅། །མཚན་དཔེའི་དཔལ་འབར་རབ་མཛེས་བརྗིད་པའི་སྐུ། །དྲུག་ཅུའི་དབྱངས་ལྡན་ཐེག་མཆོག་སྒྲོག་པའི་གསུང་། །
相好熾盛極妍威赫身　　六十音具殊勝佛妙語
ཡེ་ཤེས་ལྔ་ལྡན་བདེ་གསལ་མི་རྟོག་ཐུགས། །ལྷན་སྐྱེས་ལོངས་སྤྱོད་རྫོགས་སྐུའི་བཀྲ་ཤིས་ཤོག །
具足五智樂明無念意　　願證俱生報身吉祥來
སྣ་ཚོགས་ཞིང་དུ་སྣ་ཚོགས་གཟུགས་སྐུ་ཡིས། །སྣ་ཚོགས་ཐབས་ཀྱིས་སྣ་ཚོགས་གདུལ་བྱའི་དོན། །
種種剎土種種色身現　　種種方便種種化機事

སྣ་ཚོགས་བསམ་པ་ཇི་བཞིན་སྒྲུབ་མཛད་མ། །ཞིང་སྐྱེས་སྤྲུལ་པའི་སྐུ་ཡི་བཀྲ་ཤིས་ཤོག །
種種思惟如是成就母　　願證剎生化身吉祥來
པདྨ་རཱ་གའི་མདོག་མཚུངས་རྗེ་བཙུན་མ། །འཛུམ་ཁྲོའི་ཉམས་ཅན་ཞལ་གཅིག་ཕྱག་གཉིས་ཀྱིས། །
猶如紅寶石色至尊母　　熙怡忿姿一面二臂尊
གྲི་ཐོད་ལེགས་འཛིན་ཞབས་ཟུང་བརྐྱངས་བསྐུམས་ཚུལ། །སྔགས་སྐྱེས་མཁའ་སྤྱོད་མཆོག་གི་བཀྲ་ཤིས་ཤོག །
善持鉞顱雙足伸屈勢　　咒生空行殊勝吉祥來

༄༅། །གང་གི་རྣམ་སྤྲུལ་གྲངས་མེད་བྱེ་བ་ཕྲག །སྟོང་ཕྲག་བདུན་ཅུ་རྩ་གཉིས་ཚོགས་རྣམས་ཀྱིས། །
敦敦幻化無量俱胝數　　七萬二千諸衆集會聚
སྒྲུབ་པ་པོ་ཡི་བར་ཆད་ཀུན་སེལ་ཅིང་། །འདོད་དོན་དངོས་གྲུབ་སྩོལ་བའི་བཀྲ་ཤིས་ཤོག །
一切行者障礙消除盡　　祈賜所欲成就吉祥來
ཞེས་དཔལ་པོ་དུར་ཁྲོད་བདག་པོ་ཡབ་ཡུམ་གྱི་གཏོར་མཆོད་བྱ་ཚུལ་འདི་ནི་བླ་མ་གོང་མ་རྣམས་ཀྱིས་སྲུང་མ་འདི་ཉིད་རྗེ་བཙུན་རྡོ་རྗེ་རྣལ་འབྱོར་མའི་སྒོས
吉祥寒林主父母是至尊金剛瑜伽母之不共護法 凡奉空行母爲本尊之行者

ཀྱི་བཀའ་སྲུང་མཛད་པས། རྗེ་བཙུན་མཁའ་སྤྱོད་དབང་མོ་ལ་ཡི་དམ་བྱེད་པ་རྣམས་ཀྱིས་རྒྱུན་དུ་མཆོད་གཏོར་འབུལ་དགོས་པ་དང་། མཁའ་སྤྱོད་མའི་
必需恆常食供 爲滿分受持金剛瑜伽母那若空行之灌頂 導引教授
དབང་འཁྲིད་ལུང་དང་བཅས་པ་ཡོངས་སུ་རྫོགས་པའི་རྗེས་སུ་བཀའ་སྲུང་འདི་ཉིད་ཀྱི་རྗེས་གནང་དང་ཆོས་སྐོར་སོགས་ཀྱང་སྩེར་བའི་ཕྱག་ལེན་ཡོད་པས
訣要之後 對願心迫切之行者可授予此殊勝不共之護法隨許
དེ་དག་གི་སྐབས་སུ་ཉེ་བར་མཁོ་བའི་བསམ་པས་བློ་བཟང་ཆོས་ཀྱི་ཉི་མས་བླ་མ་གོང་མའི་གསུང་གི་སྙིང་པོ་བསྡུས་ཏེ་གསལ་བར་བཀོད་པ། རྒྱ་ནང་གི
此寒林主父母之供食法由班禪・洛桑卻吉尼瑪依諸先師之教授而作

༄༅། །སློབ་མ་ཉམས་ལེན་རྣམས་ཀྱིས་ཡང་ཡང་བསྐུལ་བའི་ངོར་སྤྱི་ལོ་༢༠༠༢ལོའི་ཟླ་༡༠བའི་ཚེས་༡ཉིན་སེར་སྨད་ཆོས་མཛད་དུ་འབོད་པ་ཤཱཀྱའི་དགེ་

爲滿足內地行者之需求 應衆弟子所請 公元二〇〇二年十二月一日

སློང་དགེ་དབང་བཟོད་པ་རྒྱ་མཚོས་ཞུ་མིན་ནས་བསྒྱུར་བའོ། །

僭名欽則者・釋迦比丘・阿旺貟巴嘉措敬譯於廈門

༄། །ལྗགས་བྱིན་རླབས་བྱ་ཚུལ་བཞུགས་སོ།
加持舌法

༄། །རང་ཉིད་ལྷར་གསལ་ལྗེ་སྟེང་དུ། །ཨ་ལས་ཟླ་སྟེང་ཨོཾ་དཀར་མཐར། །

自顯本尊之舌上　ཨ生月輪白ཨོཾ邊

ཨཱ་ལི་དཀར་པོ་གཡས་སྐོར་དང་། །ཀཱ་ལི་དམར་པོ་གཡོན་སྐོར་དང་། །

白色ཨཱ་ལི右圍繞　紅色ཀཱ་ལི左周匝

རྟེན་སྙིང་སྔོན་པོ་གཡས་སྐོར་ལ། །དམིགས་ནས་ནང་རིམ་སྤྲུལ་དུ་བཟླས། །ཡི་དམ་གྱི་སྙིང་པོ་དང་།

藍色因緣咒右旋　觀想次第變化頌 本尊心咒及

༄། །ཨོཾ་ཨ་ཨཱ། ཨི་ཨཱི། ཨུ་ཨཱུ། རི་རཱི། ལི་ལཱི། ཨེ་ཨཻ། ཨོ་ཨཽ། ཨཾ་ཨཿ ཀ་ཁ་ག་གྷ་ང་།

嗡啊啊　唉唉　傲傲　日日　黎黎　唉哎　傲嗡　嗡啊　嘎喀噶嘎鵝

ཙ་ཚ་ཛ་ཛྷ་ཉ། ཊ་ཋ་ཌ་ཌྷ་ཎ། ཏ་ཐ་ད་དྷ་ན། པ་ཕ་བ་བྷ་མ། ཡ་ར་ལ་ཝ།

雜嚓咋炸揑　哲詫蔗炸哪　打塔達大納　叭帕巴拔嘛　雅惹啦哇

ཤ་ཥ་ས་ཧ་ཀྵ་ཧཱུྃ་ཧཱུྃ་ཕཊ་སྭཱ་ཧཱ། ཨོཾ་ཡེ་དྷརྨཱ་ཧེ་ཏུ་པྲ་བྷ་ཝཱ་ཧེ་ཏུནྟེ་ཥཱན་ཏ་ཐཱ་ག་ཏོ་ཧྱ་ཝ་ད་ཏ།

夏喀薩哈恰吽吽呸娑哈　嗡耶達嘛海都哲巴瓦海都戴堪打塔嘎道嘿

ཏེ་ཥཱཉྩ་ཡོ་ནི་རོ་དྷ་ཨེ་ཝཾ་ཝཱ་དཱི་མ་ཧཱ་ཤྲ་མ་ཎ་ཡེ་སྭཱ་ཧཱ། དེ་ལྟར་སྔགས་བཞི་སྤེལ་ནས་ལན་གསུམ་མམ་བདུན་ལ་སོགས་པར་བརྗོད།

雅瓦逮待堪雜搖呢汝噠唉溫巴帝嘛哈夏瑪訥耶娑哈 如彼四咒誦三遍或七遍

ས་བོན་སྔགས་འཕྲེང་འོད་ཟེར་གྱིས། །འཇིག་རྟེན་འདས་དང་མ་འདས་ཀྱི། །

種子咒鬘所放光　世出世間遍一切

གསུང་ངག་བྱིན་མཐུ་སྔགས་གསུམ་དང་། །ཕུན་ཚོགས་རྒྱལ་སྲིད་རིན་ཆེན་བདུན། །

語意加持力三咒　輪王七寶皆圓滿

加持舌法 三

༄། །བཀྲ་ཤིས་རྟགས་བརྒྱད་རྣམ་པར་བཀུག །ཐིམ་པས་རྟེན་སྙིང་ཀཱ་ལི་དང་། །
吉祥八瑞相攝集　融入ཀཱ་ལི因緣等
ཨཱ་ལི་ཨོཾ་ཡིག་ཟླ་གདན་རྣམས། །སྔ་མ་ཕྱིར་ཐིམ་ཨ་ཡིག་སྒྱུར། །
ཨཱ་ལི་ཨོཾ字諸月墊　前融於後成ཨ字
དེ་ཡང་དཀར་དམར་བདུད་རྩིར་ཞུ། །ལྗེར་ཐིམ་རྡོ་རྗེའི་རང་བཞིན་སྒྱུར། །
復融於白紅甘露　融舌金剛自性成

ཅེས་པ་འདི་ནི་གསང་བདེ་འཇིགས་གསུམ་གྱི་བསྙེན་པའི་སྔོན་འགྲོའི་འདོན་ཆ་མཚམས་གང་བྱེད་ཀྱང་འབྱེར་བདེ་བར་བཀོད་པ་ཤེལ་དཀར་མེ་

此乃於密集勝樂大威德三本尊閉關修法之前行儀軌及其法則中繕錄

ལོང་ལས་བཏུས་ཏེ་སེར་སྨད་ཆོས་མཛད་དུ་འབོད་པ་ཤཱཀྱའི་དགེ་སློང་ངག་དབང་བཟོད་པ་རྒྱ་མཚོས་ཁྲིན་ཏུའུ་གཟིམ་ཤག་ནས་བསྒྱུར་བའོ། །

由僭名色麥欽則稱者・釋迦比丘・阿旺貟巴嘉措敬譯於成都精舍

附錄注釋（湯薌銘譯） 加持舌者 謂未先事加持其舌 不克唸誦諸陀羅尼 若能修習母子音教 決能成就一切真言 自觀爲所修本尊 明顯住於本尊慢中 觀相自舌

加持舌法 四

阿字變爲圓淨月輪 如覆盆相 月輪中心 湧出嗡字 有如水面 出生泡沫 嗡字外圍 復有白色母音諸字 從面前起 右繞一匝 母音字曰 嗡啊啊 唉唉 傲傲 日日 黎黎 唉哎 傲嗡 嗡啊 母音字外 復有紅色 子音諸字 從面前起 左繞一匝 子音字曰 嘎喀噶嘎鵝 雜嚓咋炸揑 哲詫蔗炸哪 打塔達大衲 叭怕巴拔嘛 雅惹啦哇 夏喀薩哈恰吽呸娑哈 子音字外 復有藍色十二因緣心咒等字 從面前起 右繞一匝 十二因緣咒曰 嗡耶嗐嘛海都哲巴瓦海都戴堪打塔嘎道嘿雅瓦逮待堪雜搖呢汝嗐

唉溫巴帝嘛哈廈瑪訥耶娑哈 此咒藍字 其性光明澄澈 次誦自修本尊心咒 及十二因緣咒 母音咒 子音咒 如是等等 或誦三遍 或誦七遍 或廿一遍 於唸誦時 兼復觀想 三種咒鬘 以及嗡字 放出光明 勾攝十方一切如來 與菩薩衆 所有加被 化作無數 母音 子音 因緣心咒之相 入於咒鬘 及嗡字中 復以光明 勾攝世出世間 一切資財 化作輪王七種珍寶 八吉祥印等相 入於咒鬘 及嗡字中 又復勾攝 諸已成就 真語行人 及已證得 相應行人 所有一切 口加被力 化爲母音 子音 因緣心

咒之相 入於咒鬘 及嗡字中 由是深信 會集一切 加被威力 於自一身 最後觀想嗡字放光 照觸因緣心咒 子音 母音諸字 彼彼一切次第化爲光明甘露之性 入嗡字中 嗡字亦復化爲光明甘露之性入月輪中 月輪化爲光 變爲白阿 阿字復化 具有光彩紅白甘露 入自舌中 歸於語門 語力具足 加被相應 餘時行法 與此相同惟晨起時 則於母音 子音之咒 由嗡字起 至叉字止 唸誦七遍 不唸娑哈縛訶 又夜眠時 由啊字起 至娑縛訶止 唸誦三遍 不唸嗡字 由加持已 所誦之咒 變成千萬 如是所有唸咒功力 不爲吹火 或食葱蒜 及血肉等之所劫奪 乃至日常所出語言 即便成爲妙陀羅尼 是故最初 應加持舌

༄༅། །རྡོར་དྲིལ་བྱིན་རླབས་བྱ་ཚུལ་བཞུགས་སོ། །

金剛鈴杵加持法

༄༅། །རྡོ་རྗེ་ནི་ཐབས་དང་དྲིལ་བུ་ནི་ཤེས་རབ་སྟེ། དེ་གཉིས་ཀའང་དོན་དམ་པའི་བྱང་ཆུབ་ཀྱི་སེམས་ཀྱི་རང་བཞིན་

金剛杵者方便鈴者智慧二者之自性乃勝義菩提心也 作如是堅固信念而誦

ནོ། །སྙམ་དུ་མོས་པ་བརྟན་པོ་བྱས་ནས། ༀ་སརྦ་ཏ་ཐཱ་ག་ཏ་སིདྡྷི་བཛྲ་ས་མ་ཡ་ཏིཥྛ་ཨེ་ཥ་སྟྭཾ་དྷཱ་ར་ཡ་མི་བཛྲ་སཏྭ་ཧི་ཧི་ཧི་ཧི་ཧི་

嗡薩瓦噠塔噶噠嘶帝班雜薩嘛耶第恰唉喀咚噠惹雅嘧班雜薩埵

ཧཱུྃ་ཧཱུྃ་ཧཱུྃ་ཕཊ་སྭཱ་ཧཱ། ཞེས་བརྗོད་ཅིང་གཡས་པའི་མཐེ་བོང་དང་མིང་མེད་ཀྱིས་རྡོ་རྗེ་ཐུགས་ཀར་བཟུང་། ༀ་བཛྲ་ཛྙཱ་ན་ཧཱུྃ། ཞེས་བརྗོད་ཅིང་གཡོན་པའི་

嘿嘿嘿嘿嘿吽吽吽呸娑哈 如是誦 右手母指與無名指持杵於胸前 嗡班雜耿哲吽

金剛鈴杵加持法 一

༄༅། །མཐེ་བོང་དང་མིང་མེད་ཀྱིས་དྲིལ་བུ་གཡོན་པའི་དཀུར་བཞག །རྡོ་རྗེ་སེམས་དཔའ་ལ་སོགས་པ་རྣམས་མཉེས་པར་བྱའོ། །

如是誦 左手母指與無名指持鈴於臍間 爲欲金剛薩埵等諸尊皆大歡喜爾 如是觀想

སྙམ་དུ་བསམ་ནས། ཧཱུྃ་སེམས་ཅན་རྨོངས་དང་བྲལ་བ་ཡི། །རྡོ་རྗེ་གསོར་བ་མཛེས་པ་ཡི། །

吽 爲令衆生離愚蒙　　以此旋轉金剛杵

རྣམ་ཐར་ཆོས་ཀྱི་བྱ་བ་སྟེ། །བློ་དང་བཅས་པས་རྡོ་རྗེ་བཟུང་། །

爲解脫法所應作　　執持金剛悉歡喜

金剛鈴杵加持法 二

ཧཱུྃ་ཧཱུྃ་ཧཱུྃ་ཧོ་ཧོ་ཧོ། ཞེས་བརྗོད་ཅིང་རྡོ་རྗེ་གསོར་བར་བྱའོ། །དེ་ནས་རྡོ་རྗེ་གཡས་པའི་དཀུར་བཟུང་ལ། ༀ་བཛྲ་དྷརྨ་ར་ཎི་ཏ་པྲ་ར་ཎི་ཏ་སཾ་

吽吽吽嚎嚎嚎 如是邊誦邊旋轉 持杵於胸前 嗡班雜噠嘛熱呢打哲熱呢打嗓

པྲ་ར་ཎི་ཏ་སརྦ་བུདྡྷ་ཀྵེ་ཏྲ་པྲ་ཙ་ལི་ནི་པྲ་ཛྙཱ་པཱ་ར་མི་ཏཱ་ནཱ་ད་སྭ་བྷཱ་ཝ་བཛྲ་ས་ཏྭ་ཧྲི་ད་ཡ་སནྟོ་ཥ་ཎི་ཧཱུྃ་ཧཱུྃ་ཧཱུྃ་ཧོ་ཧོ་ཧོ་སྭཱ་ཧཱ།

哲熱呢打薩瓦必噠切炸哲雜黎乃哲傑叭熱嘧噠吶打娑巴哇班雜

ཞེ་བརྗོད་ཅིང་དྲིལ་བུའི་དབུས་ཀྱི་ཕྱོགས་བརྒྱད་དུ་ལྕེ་བསྐྱོད་པས་དཀྲོལ་བར་བྱའོ། རྡོར་དྲིལ་བྱིན་རླབས་བྱ་ཚུལ་འདི་རབ་བྱུང་བཅུ་བདུན་པའི་ཆུ་རྟ་ལོའི་

薩埵舍打耶三道喀呢吽吽吽嚎嚎嚎娑哈 如是邊誦邊振鈴 中央鈴舌輕碰鈴身八方

རྡོར་དྲིལ། གསུམ། བྱིན་རླབས།

༄༅། །ཟླ་བ་དགུ་པའི་ཉི་ཤུ་བདུན་ཉིན་ལ་སེར་སྐྱད་ཆོས་མཛད་མིང་ཅན་ཤཱཀྱའི་དགེ་སློང་ངག་དབང་བཟོད་པ་རྒྱ་མཚོས་སྐྱབས་མཆོག་རྡོ་རྗེ་འཆང་ཕ་

以萌發智慧韻音 此鈴杵加持法錄於帕幫喀巴仁波切所造之至尊金剛瑜伽母那若空行佛母壇城儀軌大樂喜悅

བོང་ཁ་པ་རིན་པོ་ཆེ་མཛད་པས་རྗེ་བཙུན་རྡོ་རྗེ་རྣལ་འབྱོར་མ་ནཱ་རོ་མཁའ་སྤྱོད་དབང་མོའི་དཀྱིལ་འཁོར་གྱི་ཆོ་ག་བདེ་ཆེན་དགའ་སྟོན་དུ་བླངས་དེ་ཧྥུའུ་

藏曆水馬年九月二十七日由欽則稱者・釋迦比丘僧・阿旺貢巴嘉措敬譯於福建石獅

ཅན་ཧྲི་སི་ནས་བསྒྱུར་བའོ། །བཀྲ་ཤིས་ཤུར་ཅིག །

願一切衆生善吉祥

金剛鈴杵加持法 三

༄། །ཕྲེང་བ་བྱིན་བརླབ་བྱ་ཚུལ་བཞུགས་སོ། །

加持念珠法

༄། །བཟླས་པ་བྱ་ཚུལ་ལ་བགྲང་ཕྲེང་ནི། །ལས་སོ་སོའི་ཕྲེང་བ་རྒྱུད་ལས་བཤད་པ་ལྟར་རམ། མ་རྙེད་ན་ཐུན་མོང་དུ་ཤེས་པ་ནི་ཐོད་ཕྲེང་ངམ། བོ་དྷི་ཙི་

口誦時之念珠 各個事業不相同故依續中所云 未獲得者可用共同之顱骨念珠或菩提子

གཉིས་ཀས་རུང་ལ། གྲངས་ནི་རྒྱུད་ལས་ལས་ཀྱི་དབྱེ་བས་སོ་སོར་གསུངས་ཀྱང་། ཕྱག་ལེན་ལ་བརྒྱ་རྩ་བརྒྱད་ཚང་བར་མཛད་དོ། །ཕྲེང་ཐག་ནི་བུ་མོ་གྲོང་

其數在續中以事業差別而分別說 實施中必具壹佰零捌珠 串珠繩乃選由清淨少女紡撚之

པའི་ཚེས་ཀྱིས་མ་གོས་པས་བཀལ་བའི་རས་བལ་གྱི་སྐུད་པ་དགུ་བསྒྲིལ་བྱའོ། །བགྲང་ཕྲེང་བྱིན་གྱིས་བརླབ་པ་ནི། ལྷ་རང་རང་གི་གསུང་རྡོ་རྗེར་བསྐྱེད་པར་

九股綿線繩 加持念珠法是 如是生起各個本尊之語金剛

༄། །གསུངས་པ་ལྟར་ན། པདྨ་གར་དབང་དུ་བསྐྱེད་པ་སོགས་བདེ་མཆོག་གི་སྐབས་བཞིན་བྱ། འདི་པའི་བླ་མ་གོང་མ་རྣམས་ཀྱིས་སོ་བླུ་ཊ་ལས།

或生起爲蓮舞王者如勝樂儀軌所述

ཕྲེང་བ་ཀུན་གྱི་དགྲ་བཅོམ་པ། ཞེས་སོགས་གསུངས་པ་ལྟར་མཛད་དེ། དེའི་ཚུལ་ནི་རང་གི་ལག་པ་གཡོན་པདྨ་འདབ་མ་ལྔ་པའི་ལྟེ་བར་ཟླ་བའི་

念珠一切之應供 如是說而做之 其加持法是 觀自左手五瓣蓮之上

སྟེང་དུ་ཨ་དཀར་པོའི་མཐར་ཨ་ལི་དཀར་པོ་གཡས་སྐོར། ལག་པ་གཡས་རྡོ་རྗེ་སྔོན་པོའི་ལྟེ་བར་ཉི་མའི་སྟེང་དུ་ཧཱུྃ་གི་མཐར་ཀཱ་ལི་དམར་པོ་གཡོན་སྐོར་དུ

白色 ཨ 字邊由白色 ཨ་ལི 右繞 右手藍色杵軸心日輪上 ཧཱུྃ 字邊 紅色 ཀཱ་ལི 左繞而住

འཁོད་པར་གྱུར། ཕྲེང་བའི་སྟེང་དུ་སྲཱུྃ་དཀར་པོ། ཧཱུྃ་སྔོན་པོ། ཨཱཿདམར་པོ། ཨོཾ་དཀར་པོ་རྣམས་བརྩེགས་མར་གནས་པར་བསམས་ལ་ཕྲེང་བ་སྒྲིམ་པར

念珠之上白色 སྲཱུྃ 藍色 ཧཱུྃ 紅色 ཨཱཿ 白色 ཨོཾ 觀諸字於右手心間之念珠上重疊而住

བཞག ཨ་མྲྀ་ཏས་བསངས་ནས་སྟོང་པར་སྦྱངས། སྟོང་པའི་ངང་ལས་ཕྲེང་ཐག་ཧཱུྃ་ལས་གཙོ་བོ་རྡོ་རྗེ་སེམས་དཔའ་ཉེ་བའི་སྲས

啊彌戴 除穢 觀空 空中 ཧཱུྃ 生珠繩 由金剛薩埵八大佛子圍繞

བརྒྱད་ཀྱིས་བསྐོར་བ་དང་ཕྲེང་བ་རྣམས་ཨཱཿལས་དགྲ་བཅོམ་པ། མདོ་འཛིན་ཨོཾ་ལས་འོག་མ་གཟུགས་ཀྱི་སྐུ་དང་།

諸珠 ཨཱཿ 生阿羅漢 下珠頭生色身 上珠頭法身者也

ཕྲེང་བ། གསུམ། བྱིན་བརླབས།

༄༅། །སྔོང་མ་ཆོས་ཀྱི་སྐུ་སྟེ། དེ་རྣམས་ཀྱང་ལྷའི་སྐུའི་རྣམ་པ་མ་ཡིན་པར་དེ་དང་དེའི་ངོ་བོར་མོས་པ་ཙམ་བྱས་ལ།

雖如此觀者並非爲本尊身而觀其自性也

ཨོཾ་པ་དེ་པ་དེ་མཧཱ་ཛྙཱ་ནཾ་སརྦ་བུདྡྷ་མ་ཡ་པྲ་བྷེ་ཏ་ཧཱུྃ་ཧཱུྃ་ཧཱུྃ་ཧོ་ཧོ་ཧོ་ཨ་ཁཾ་སྭཱ་ཧཱ། ཞེས་ཕྲེང་བ་གསར་པ་ལ

嗡巴戴巴戴嘛哈嘉努薩瓦必噠瑪雅波微打吽吽吽嚎嚎嚎啊伉娑哈

བརྒྱ་རྩ་དང་རྒྱུན་དུ་སྐབས་དང་སྦྱར་ཏེ་བཟླས། རང་གི་ཐུགས་ཀའི་བཾ་ཡིག་ལས་འོད་ཟེར་འཕྲོས་པས་སངས་རྒྱས་བྱང་སེམས

如是新念珠則誦一百零八遍 觀自身心間之 བཾ 字放光 攝集諸佛菩薩之

加持念珠法 三

ཐམས་ཅད་ཀྱི་གསུང་གི་བྱིན་རླབས་ཐམས་ཅད་ཨཱ་ལི་ཀཱ་ལིའི་རྣམ་པར་སྤྱན་དྲངས་ཏེ་ཕྲེང་བར་ཐིམ་པར་བསམ། ལག

一切加持力 ཨཱ་ལི་ཀཱ་ལིའི 相降临 融入於念珠 以雙手搓摩念珠

པ་གཉིས་ཐབས་ཤེས་ཀྱི་སྦྱོར་བས་བསྒྲུབས་པས་ཡི་གེ་རྣམས་ལས་བདུད་རྩིའི་རྒྱུན་བབས་པ་ཕྲེང་བ་ལ་ཐིམ་པར་མོས་ལ་ཕྲེང་བར་སྔགས་ཀྱི་ཧས་གདབ།

作諸字生降甘露融入於念珠之觀想 持咒時吹氣於念珠

འདི་ཉིད་རྒྱུན་དུ་མ་གྲུབ་ན་ཨོཾ་གསུམ་མ་ཉིད་ལན་གསུམ་བཟླས་པས་ཀྱང་རུང་གསུངས་སོ། །ཕྲེང་བ་བྱིན་བརླབ་བྱ་ཚུལ་འདི་ནི་རྗེ་བཙུན་རྡོ་རྗེ་རྣལ་འབྱོར་

倘不能如此者可誦三遍三嗡咒加持之 此加持念珠法是由欽則稱者依

ཕྲེང་བ། བཞི། བྱིན་བརླབས།

༄༅། །མ་ནཱ་རོ་མཁའ་སྤྱོད་དབང་མོའི་བསྙེན་པའི་སྔོན་འགྲོའི་འདོན་ཆ་ནག་འགྲོས་བཀླགས་ཆོག་ཟུར་དུ་བཀོལ་བ་རྡོ་རྗེའི་བྱིན་བརྒྱ་འབེབ་པའི་ཡོ་ཞ

至尊金剛瑜伽母那若空行王母念修前行儀軌簡明易誦之注釋金剛杵加持

ཞེས་བྱ་བ་ལས་བླངས་ཏེ་བསྒྱུར་བའོ།

百降披甲中繕錄並譯中文

སརྦ་མངྒ་ལཾ། །

願一切吉祥

加持念珠法 四

༄། །ཁ་ཟས་ཀྱི་རྣལ་འབྱོར་བྱ་ཚུལ་བཞུགས་སོ། །
飲食瑜伽法（方便薈供法）

༄། །ཁ་ཟས་ཀྱི་རྣལ་འབྱོར་ནི། འདི་ལ་རྒྱས་འབྲིང་བསྡུས་གསུམ་ཡོད། སྔགས་ཀྱི་སྐབས་འདིར་ཁ་ཟས་རྣམས་ནང་མཆོད་ལྟར་བྱིན་གྱིས་བརླབ་པའམ།

飲食瑜伽者 起分有廣中略法 密乘中依內供加持法作飲食加持 或誦

ཨོཾ་ཨཱཿཧཱུྃ་ཧ་ཧོ་ཧྲཱིཿལྟ་བུ་དང་། མ་མཐའ་འབྲུ་གསུམ་གྱིས་བྱིན་མ་བརླབས་པར་ལོངས་སྤྱོད་ན་བཟའ་བཏུང་ཁམ་རེ་དང་ཐུབ་རེ་ལ་སྔགས་ཀྱི་སྲིན་པོ་རེ་

嗡啊吽哈嚎舍 加持之 倘若連三字咒加持亦不能持而受享之者 其每一啖飲食都將生一粗墮過

འབྱུང་ཚུལ་དང་། ཚུལ་འཆལ་གྱིས་དད་རྫས་ལ་སྤྱོད་ན། ལྕགས་གོང་མེ་ལྕེ་འབར་བ་དག །ཅེས་སོགས་ལྟར་འགྱུར་བ་དང་། དགེ་སློང་ཚུལ་ཁྲིམས་ལྡན་

若違戒而受享彼信物者 如同受食燃熾之鐵球火焰 若是具足比丘戒律者則如負高利債

飲食瑜伽 一

༄། །པས་དཀོར་དང་བུ་ལོན་གྱི་ཚུལ། བྱང་སེམས་ཆོས་སེམས་ཅན་ཐམས་ཅད་ཀྱི་དོན་བྱེད་པས་གཡོག་པོས་སྦྱིན་བདག་གི་ཟས་ཟ་བ་དང་མཐུན་ཕྱིར་

然若發持菩提心成辦衆生之事業者 則其享用與奴僕受用財主之飲食相同 互不發生債務

བུ་ལོན་དུ་མི་འགྱུར་བ། སྔགས་ལ་སྦྱིན་སྲེག་དང་ཚོགས་འཁོར་གྱི་ཚུལ་དུ་སྤྱོད་པས་དུང་ཕན་ཡོན་ཆེས་ལྷག་པར་འཕེལ་བ་ཚུལ། མདོ་འདུལ་གྱི་ལུང་འདྲེན་

密乘作火供與薈供積集資糧功德此法在四分律引等經典中有廣說 飲食瑜伽及火供者

སོགས་བཅས་རྒྱས་པར་གསུངས། ཟས་ཀྱི་རྣལ་འབྱོར་དང་སྦྱིན་སྲེག་སྐབས་འབུལ་ཡུལ་ལུས་དཀྱིལ་གྱི་ལྷ་ཚོགས་སྐད་ཅིག་གིས་གསལ་བཏབ་པ་ལ་ཕུལ་

其供境乃爲身壇城 觀諸本尊剎那間顯現於行者之身體 其法在鄔曲筆記及達波喇嘛仁波切

飲食瑜伽 二

བར་བསམས་ནི་ལོངས་སྤྱོད་ཚུལ་དཔལ་ཆུའི་ཟིན་བྲིས་ལྟར་རམ་ཡང་དྭགས་པོ་བླ་མ་རིན་པོ་ཆེའི་ཕྱག་བཞེས་ལྟར། ཧ་ཧོ་ཧྲཱིཿཁ་དོག་དྲི་རོ་ནུས་པའི་

之常規實施中有明確記載 哈嚎舍 色垢蠲除 性能轉化成甘露 嗡啊吽 三遍

སྐྱོན་བཅོམ་ཞིང་བདུད་རྩིར་གྱུར། ཨོཾ་ཨཱཿཧཱུྃ་ལན་གསུམ། རྒྱ་ཆེར་སྤེལ་ཞིང་བྱིན་གྱིས་བརླབ་པར་གྱུར། ཕྱོགས་བཅུའི་

增廣得加持 十方一切佛

སངས་རྒྱས་ཐམས་ཅད་བླ་མ་འཁོར་ལོ་སྡོམ་པའི་ལྷ་ཚོགས་ཀྱི་རྣམ་པར་སྤྱན་དྲངས།རང་གི་ལུས་ལ་བཞུགས་པར་གྱུར།

以勝樂總攝輪諸本尊相迎請降臨安住於我自身

ཁ་ཟས་ གསུམ་ རྣལ་འབྱོར།

༄༅། །ཨོཾ༔ རྡོ་རྗེ་གསུམ་དབྱེར་མེད་པའི་བདག །རང་ཉིད་བླ་མ་ལྷར་གསལ་བས། །

嗡 我與金剛三無別　顯明上師本尊成

ཨཱཿཟག་མེད་ཡེ་ཤེས་བདུད་རྩི་ཆེ། །ཧཱུྃ༔ བྱང་ཆུབ་སེམས་ལས་གཡོ་མེད་པར། །

啊 無漏智慧甘露海　吽 菩提心生不動搖

ལུས་གནས་ལྷ་རྣམས་ཚིམ་བྱེར་རོལ། །ཨ་ཧོ་མ་ཧཱ་སུ་ཁ།

身處諸尊滿足已　啊嚎嘛哈蘇喀

飲食瑜伽三

ཞེས་བརྗོད་ཅིང་དོན་བསམས་ལ་བཟའ་བཏུང་ཚོགས་འཁོར་གྱི་ཚུལ་དུ་ལོངས་སྤྱད་ན། ཛ་མེད་ལས། ང་རེས་འགའ་ཟ་ཞིང་ཟ་ཞིང་བསྒོམ། །སོགས་དང་།

如是唸誦 領悟其意 傑米中載 若作享受 飲食薈供 且食且觀 嶺熱巴云 幻身變化 住身壇中

གླིང་རས་པས། སྒྱུ་མ་ལུས་ཀྱི་ལྷ་ཁང་ན། སོགས་གསུངས་པ་ལྟར་གྱི་ཕན་ཡོན་འཐོབ་ཚུལ། ཞེས་པ་བཟའ་བཏུང་ཚོགས་འཁོར་བྱ་ཚུལ་འདི་ནི་སྐྱབས……

如此等說 功德法也 此飲食瑜伽法敬錄於具恩大德殊勝依怙金剛持

མཆོག་རྡོ་རྗེ་འཆང་བ་ཕོང་ཁ་པ་རིན་པོ་ཆེ་བདེ་ཆེན་སྙིང་པོས་མཛད་པའི་དཔལ་ནཱ་རོ་མཁའ་སྤྱོད་དབང་མོའི་ལམ་རིམ་པ་གཉིས་ཀྱི་ཟབ་ཁྲིད་རྗེ་ལྟར་ནོས

上師・帕幫喀仁波切・德欽寧波貝桑波所造之那若空行深奧生圓二次第極密三界空行教授一函

ཁ་ཟས་ བཞི་ རྣལ་འབྱོར།

༄༅། །པའི་ཞིན་ཕྱིས་ཤིན་ཏུ་གསང་བ་གནས་གསུམ་མཁའ་འགྲོའི་སྙིང་བཅུད་ལས་བཏུས་ཏེ་རྒྱ་ནང་སློབ་མ་མང་པོས་བསྐུལ་བ་དང་། བསྙེན……

爲滿足漢地衆弟子所求及閉關修持方便 由僭名色麥雄巴欽則稱者・

མཚམས་སུ་དགོས་མཁོ་ཆེ་བར་སེར་སྨད་གཞུང་བ་ཆོས་མཛད་དུ་འབོད་པ་ཤཱཀྱའི་དགེ་སློང་ངག་དབང་བསོད་པ་རྒྱ་མཚོས་སྤྱི་ལོ་༢༠༠༡ ལོའི་༡༡པའི་ཚེས་

釋迦比丘・阿旺貢巴嘉措敬譯

༡༠ཉིན་ཧྥུའུ་ཅན་ཞི་སི་ནས་བསྒྱུར་རོ། །

時公曆二〇〇一年十一月十日於福建石獅

飲食瑜伽四

༄༅། །རྗེ་བཙུན་ཡུམ་རྐྱང་གི་འཕོ་བ་མྱུར་འདྲེན་ཐུགས་རྗེའི་ལྕགས་ཀྱུ་ཞེས་བྱ་བ་བཞུགས་སོ། །

至尊佛母單尊頗瓦速疾攝引大悲鉤

༄༅། །ན་མོ་གུ་རུ་བཛྲ་ཡོ་གི་ནི་ཡེ། འདིར་རྗེ་བཙུན་རྡོ་རྗེ་རྣལ་འབྱོར་མ་ནཱ་རོ་མཁའ་སྤྱོད་དབང་མོའི་སྒོ་ནས་དག་པ་མཁའ་སྤྱོད་ཀྱི་ཞིང་དུ་

哪摩咕洳班雜搖格尼耶 此依至尊那若空行金剛瑜伽王母

འཕོ་བ་ཞེས་བྱ་བ་དེ་ཉིད་ཀྱི་ཞིང་དུ

ཐོགས་པ་མེད་པར་བགྲོད་པའི་གདམས་པ་ཟབ་མོ། རྩ་རྒྱུད་དུ་རྗེ་བཙུན་ཡུམ་ལ་བརྟེན་ནས་མཁའ་སྤྱོད་དུ་བགྲོད་པའི་གདམས་པ་ཟབ་མོ་གསེར་ཆོས་

往生空行淨土之甚深秘法乃出自本續所云 能依至尊母往生空行淨土之深奧秘要

ཐུན་མོང་མ་ཡིན་པ་གསུངས་པའི་ནང་ཚན། རྗེ་བཙུན་ཡུམ་རྐྱང་ལ་བརྟེན་པའི་འཕོ་བ་ཉམས་སུ་ལེན་ཚུལ་ལ་གཉིས། འདུན་པས་སྒྲུབ་པ་དང་། ལས་

為不共金法所述之義　能依至尊佛母之單尊頗瓦修持法有二 即自修法與事業修持者也

༄༅། །ལ་སྦྱར་བའོ། །དང་པོ་ནི། དབང་ཁྲིད་མན་ངག་སོགས་ལེགས་པར་ཐོབ་པ་སྔོན་དུ་བཏང་། གནས་ཀྱི་བཀོད་པས་བདེ་ན་རང་ཁ་ནུབ་ཏུ་

一是自修法 圓滿獲得灌頂 導引 口訣後 於適意淨處

ཕྱོགས་པ་ལ། མདུན་དུ་རྗེ་བཙུན་མའི་བྲིས་འབུར་གྱི་སྣང་བརྙན་དཀྲམ། མཆོད་ཚོགས་བཟང་པོ་བཤམ། སྙིན་བདེ་བ་ལ་ལུས་གནད་ལེགས་པར་

面向西方 對前安設至尊聖母之畫像或塑像 陳設豐盛供養及薈供物

བཅས་ཏེ་ཀུན་སློང་བཅོས། སྐྱབས་འགྲོ་སེམས་བསྐྱེད་སྔོན་དུ་བཏང་ནས་སྔགས་ཀྱི་བསལ། སྟོང་པར་བསྒོམ། རང་རྗེ་བཙུན་མར་གསལ་བའི་ལུས་ཀྱི་གཡས

於此能依所依前 先調整坐姿 清淨自心 觀空性 自成顯明至尊母身

གཡོན་གཉིས་ནས་བརྩིས་པའི་དབུས་དྲང་པོར། རྒྱབ་མདུན་གཉིས་ནས་བརྩིས་པའི་ཐུང་ཟད་རྒྱབ་ལ་ཉེ་བར་དབུ་མ་དམར་པོ་མདའ་སྨྱུག་ཙམ་ལྷེ་འོག་

於左右二者之中軸 稍近後方處 垂直而住紅色中脈

ནས་རྩེ་སྦོམ་དུ་སོང་བའི་ཡར་སྣེ་སྣ་ལྷུག་ཙམ་ཚངས་བུག་ལ་ཐུག་པ་དུ་ག་ཐལ་ལེ་ཡོད་པ། མར་སྣེ་སྤྲུལ་མཛུག་ལྟར་དུ་ག་མེད་པའི་ནང་དུ་ཆོས་འབྱུང་ཁ་

直如箭桿 臍下向上漸粗 大小如麥稈 上通梵額 下抵臍下法基 於法基內觀自心成

གྱེན་དུ་ཕྱོགས་པའི་ནང་དུ་རང་སེམས་བཾ་ཡིག་ཐྲན་མ་ཙམ་གསལ་གདབ། རང་གི་སྤྱི་བོར་བླ་མ་དང་གཉིས་སུ་མེད་པའི་རྗེ་བཙུན་རྡོ་རྗེ་རྣལ་འབྱོར་མ།

顯明之 བཾ 字 大小如豌豆 與至尊金剛瑜伽母無別之上師安住於自身頭頂

འཕོ་བ་ གསུམ་ ཕྱུར་འདེབས།

༄༅། །རང་གི་ཕྲག་པ་གཉིས་སུ་བླ་མ་རྣལ་འབྱོར་མའི་ཞབས་གཡས་གཡོན་བཞག་པ། ཚངས་བུག་དང་བླ་མའི་རྡ་ག་གཉིས་ཁ་ད་ཆད་དུ་ཡོད་པ།

上師金剛瑜伽母雙足安置於自身左右肩上 自梵顱與上師巴嘎相抵

བླ་མའི་མཐའ་སྐོར་དུ་འཇའ་འོད་ཀྱི་གུར་ཁྱབ་པའི་ནང་དུ་དཔའ་བོ་དང་མཁའ་འགྲོའི་ཚོགས་སྤྲིན་འཁྲིགས་པ་བཞིན་བཞུགས་པ་གསལ་གདབ་ལ།

上師周匝虹光帳幕漫布 其內勇父空行海衆如雲而住

རང་ཉིད་རྡོ་རྗེ་རྣལ་འབྱོར་མར་གསལ་བའི། །ལུས་དབུས་ཨ་ཝ་དྷཱུ་ཏཱི་སྦ་ལྕུག་ཙམ། །

自成顯明金剛瑜伽母　　身內中央都帝如細藤

遠播頗瓦法 三

ཡར་སྣེ་སྤྱི་བོར་བུག་པ་ཐལ་གྱིས་ཐུག །མར་སྣེ་ལྟེ་འོག་སྲུལ་མཐུག་ལྷུར་ཁེངས་པའི། །

上端直抵頂門梵顱處　　下端止於臍下四指間

སྟེང་དུ་ཆོས་འབྱུང་གྱེན་དུ་ཕྱོགས་པའི་ནང་། །རང་སེམས་བཾ་ཡིག་དམར་པོ་སྲན་མ་ཙམ། །

向上豎立雙疊法基內　　自性紅色 བཾ 字若小豆

འཕར་ཞིང་འཕྱུར་ལ་ཁད་པའི་རྣམ་པར་གྱུར། །རང་གི་སྤྱི་བོར་རྩ་བའི་བླ་མ་དང་། །

搖顫踴躍欲作飛騰狀　　頂髻安住根本之上師

འཕོ་བ་ བཞི་ ཕྱུར་འདེབས།

༄༅། །དབྱེར་མེད་རྗེ་བཙུན་རྡོ་རྗེ་རྣལ་འབྱོར་མ། །རྒྱན་དང་ཆ་ལུགས་ཡོངས་སུ་རྫོགས་པའི་སྐུ། །

無別至尊金剛瑜伽母　　具相莊嚴一切圓滿身

ཞབས་གཉིས་རང་གི་གཡས་གཡོན་ཕྲག་པར་བཞག །རྡ་ག་ཚངས་བུག་ཁ་ད་ཆད་བཞུགས་པ། །

雙足分置自身左右肩　　巴嘎梵穴兩兩相對住

མཐའ་སྐོར་དཔའ་བོ་མཁའ་འགྲོའི་ཚོགས་དང་བཅས། །འཇའ་འོད་གུར་ཁང་འཁྲིགས་པའི་ཀློང་དཀྱིལ་ན། །

周匝勇父空行海會衆　　紅光異彩霓虹宮殿中

遠播頗瓦法 四

མངོན་སུམ་ཉིད་དུ་བཞུགས་པ་མཁའ་སྤྱོད་ཀྱི། །ཞིང་དང་ངོ་བོ་གཉིས་སུ་མེད་པར་གྱུར། །

現見佛母安住於空行　　資糧田與自性成無別

ཐུགས་ཀའི་འོད་ཀྱིས་རང་བཞིན་གནས་མཆོག་ནས། །བླ་མ་ཡི་དམ་སྐྱབས་གསུམ་མ་ལུས་པ། །

心間光照自性淨剎處　　上師本尊三寶無餘衆

སྤྱན་དྲངས་ཐིམ་པས་བླ་མ་དེ་ཉིད་ནི། །སྐྱབས་གནས་ཐམས་ཅད་འདུས་པའི་ངོ་བོར་གྱུར། །

迎請蒞臨融入上師身　　總集一切皈處自性成

འཕོ་བ ༥

༄༅། །པར་བསམས་ལ། མཚམས་འདིར་མཆོད་པ་བྱིན་རླབས་བྱ། ཨོཾ་བཛྲ་ཡོ་གི་ནི་ས་པ་རི་ཝཱ་ར་ཨརྒྷཾ་པྲ་ཏཱིཙྪ་ཧཱུཾ་སྭཱ་ཧཱ། དེ་བཞིན་དུ་
如是觀想 此間作供物加持 班雜搖格尼薩巴日瓦惹啊剛雜帝雜吽娑哈 如彼和合
སྦྱར་ཏེ། པཱ་དྱཾ། པུཥྤེ། དྷཱུ་པེ། ཨཱ་ལོ་ཀེ། །གནྡྷེ། ནཻ་ཝི་དྱ། ཤབྡ་པྲ་ཏཱིཙྪ་ཧཱུཾ་སྭཱ་ཧཱ། ཕྱི་མཆོད་དང་། ཨོཾ་གསུམ་མ་ལ་འབྲུ་གསུམ་
巴當 布白 都貝 啊洛格 更得 納微德 曉嗟雜帝雜吽娑哈
བཏགས་པས་ནང་མཆོད་འབུལ། དཔལ་ལྡན་རྡོ་རྗེ་མཁའ་འགྲོ་མ། །མཁའ་འགྲོ་མ་ཡི་འཁོར་ལོས་སྐྱུར། །
外供及三嗡咒和合嗡啊吽三遍作內供 具德金剛空行母　旋轉空行母法輪

速攝頗瓦法　五

ཡེ་ཤེས་ལྔ་ལྡན་སྐུ་གསུམ་བརྙེས། །འགྲོ་བ་སྐྱོབས་ལ་ཕྱག་འཚལ་ལོ། །
獲得五智與三身　救護衆者前頂禮
ཇི་སྙེད་རྡོ་རྗེ་མཁའ་འགྲོ་མ། །ཀུན་ཏུ་རྟོག་པའི་འཆིང་གཅོད་ཅིང་། །
所有金剛空行母　已斷一切分別識
འཇིག་རྟེན་བྱ་བར་རབ་འཇུག་མ། །དེ་སྙེད་རྣམས་ལ་ཕྱག་འཚལ་བསྟོད། །
勝處世間事業母　彼諸尊前敬頂禮

འཕོ་བ ༦

༄༅། །ཅེས་བསྟོད། དེ་ནས་ངན་སོང་གི་རྒྱུ་སྡིག་ལྟུང་དང་། དགེ་བ་ཡིན་ཀྱང་དག་ཞིང་དུ་བགྲོད་པ་ལ་བར་དུ་གཅོད་བྱེད་རྣམས་སྦྱོང་བྱེད་ཀྱི་དམིགས་
復次觀想降注甘露 一切導致墮三惡趣之惡業 及往生淨土 成就善果之諸障礙皆得淨除
པ་བདུད་རྩི་འབེབ་སྦྱང་དང་བཅས་ཨོཾ་གསུམ་མ་ཅི་ནུས་བཟླ། དེ་ནས་བླ་མ་རྗེ་བཙུན་མའི་ཐུགས་ཀའི་ཐུགས་བདེ་སྟོང་གཉིས་སུ་མེད་པའི་ཡེ་ཤེས་ཀྱི་ངོ་
並盡能誦持三嗡咒 又復由上師至尊母心間樂空無別智慧體性之 བཾ 字
བོར་བཾ་ཡིག་ལས་འོད་ཟེར་ཕུ་དུང་བརྐྱངས་པ་ལྟ་བུ་བྱུང་སྟེ་ལྟེ་བའི་རང་སེམས་བཾ་ཡིག་ལ་ཐུག་པས་འོད་ཀྱི་སྦུ་གུའི་སྟེང་བླ་མའི་ཐུགས་ཀའི་བཾ་ཡིག་འོག
放出空心光筒 明熾筆直 下達自身臍下 བཾ 字 上接上師心間 བཾ 字

速攝頗瓦法　六

རང་སེམས་བཾ་ཡིག་གིས་བཀག་པ་ལྟ་བུར་བསམས། ལྟེ་བའི་བཾ་ཡིག་ལ་ཕ་རི་ནས་རྩེ་རེར་བལྟ་བ་ལྟ་བུ་མ་ཡིན་པར་རང་སེམས་ཞུགས་པ་བཞིན་དུ་བྱས་ཏེ་
二字狀若遙相對望 自性不動專注臍下 བཾ 字 意趣空行
མཁའ་སྤྱོད་ཀྱི་ཞིང་དུ་འགྲོ་མཁན་གྱི་འདུ་ཤེས་དང་། འོད་ཀྱི་སྦུ་གུ་ལ་ལམ་གྱི་འདུ་ཤེས། བླ་མའི་ཐུགས་ཀར་འགྲོ་སའི་འདུ་ཤེས་ཏེ་འདུ་ཤེས་གསུམ་ལྡན་
光筒觀作往生之徑 上師心間勝解爲淨土 具足此三想中誦云
གྱི་ངང་ནས། སླུ་མེད་དཀོན་མཆོག་གསུམ་གྱི་ངོ་བོ་ཉིད། །ངན་སོང་འཇིགས་ལས་སྒྲོལ་བའི་དཔལ་བོ་སྟེ། །
無欺真實三寶自性體　脫離惡趣怖畏攝引尊

འཕོ་བ་ བདུན ཕར་འདེབས།

༄༅། །དག་པའི་ཞིང་དུ་འཕྲིད་པའི་དེད་དཔོན་མཆོག །བླ་མ་མཁའ་སྤྱོད་དབང་མོར་གསོལ་བ་འདེབས། །

導引佛剎淨土勝舵手　祈求上師怙主空行母

གནད་གཅོད་གཤིན་རྗེའི་འཇིགས་ལས་བསྐྱབ་ཏུ་གསོལ། །འཇིགས་རུང་བར་དོའི་འཕྲང་ལས་བསྒྲལ་དུ་གསོལ།།

願能遣除閻羅解分恐　願能度我中陰怖畏苦

བཟོད་དཀའ་ངན་འགྲོའི་གཡང་ལས་དྲང་དུ་གསོལ། །ཞིང་མཆོག་མཁའ་སྤྱོད་གནས་སུ་འཕྲིད་དུ་གསོལ། །

願成福業出難忍惡趣　願能引至極樂淨土中

遠攝頗瓦法　七

ཁྲིད་ནས་སངས་རྒྱས་ས་ལ་བཞག་ཏུ་གསོལ། །རེ་ས་གཞན་ན་མེད་དོ་ཐུགས་རྗེས་དྲོངས། །

願能攝受安置空行境　別無皈處悲心垂攝引

ཞེས་གདུང་ཤུགས་དྲག་པོས་གསོལ་བ་བཏབ་པས་བླ་མའི་ཐུགས་ཀའི་བཾ་ཡིག་ལས་འོད་ཟེར་དམར་པོ་ལྕགས་ཀྱུ་ལྟ་བུ་བྱུང་བ་རང་སེམས་བཾ་ཡིག་ལ

如是悲切強烈祈求　此力感上師心間放出紅色光鉤　自心念住於བཾ字

བཏབ། འོག་རླུང་དང་སྦྲགས་ནས་ཨིཾ་ཞེས་བརྗོད་པ་དང་མཉམ་དུ་མགྲིན་པའི་བར་ན་ར་ར་སོན། དེ་ནས་ཧིཀ་བརྗོད་པས་བླ་མའི་ཐུགས་ཀའི་བཾ་ཡིག་ལ

鼓動下氣　明點隨ཨིཾ聲升至喉間　復次發ཧིཀ聲　融入於上師心間བཾ字

འཕོ་བ་ བརྒྱད ཕར་འདེབས།

༄༅། །ཐིམ། མཁའ་སྤྱོད་དུ་དངོས་སུ་སྐྱེབས་ནས་བླ་མའི་ཐུགས་དང་རང་སེམས་འདྲེས་པར་བསམ་ལ་བདེ་སྟོང་གི་ངང་དུ་ཅུང་ཟད་འཇོག །སླར་ཀ་

此刻觀自身已現證空行淨土　上師之意與自心和合爲一　如是勝解　於樂空狀態中略作禪定

ཞེས་བརྗོད་པ་དང་མཉམ་དུ་རང་སེམས་ལྟེ་བར་ཕབ་ནས། ཡང་སྔར་བཞིན་ཐུན་རེར་ལན་ཉེར་གཅིག་ལ་སོགས་པ་སྦྱངས་ཏེ་ཐུན་གྲོལ་བ་ན་དམིགས

復發ཀ聲之同時　自心降於臍間　如前反復修習廿一遍後　欲出座時

རྟེན་སྙིང་གར་དྲངས་ཏེ་བླ་མ་འཁོར་བཅས་འོད་དུ་ཞུ་སྟེ་སྙིང་གའི་བཾ་ཡིག་ལ་ཐིམ་པས་དབུ་མ་ཚེའི་བདུད་རྩིས་གང་། ཚངས་བུག་འོད་ཀྱི་རྡོ་རྗེ་རྒྱ་གྲམ

所緣境提升至心間　上師偕眷等化光融入於心間བཾ字　甘露充滿中脈

遠攝頗瓦法　八

གྱིས་ལེགས་པར་བཀག་པས་འཆི་མེད་ཚེ་ཡི་དངོས་གྲུབ་ཐོབ་པར་བསམ། མཁའ་སྤྱོད་ཞལ་བཟང་བལྟ་བའི་སྨོན་ལམ་དང་། དལ་འབྱོར་གྲུ་ཆེན་མ་

梵頟以由光所成之十字金剛杵封固　作獲得無死長壽成就想　復誦謁見空行妙顏頌文及　暇满難得

སོགས་བསྔོ་སྨོན་རྒྱས་བསྡུས་ཅི་རིགས་དང་། ཤིས་བརྗོད་རྒྱས་བསྡུས་ཅི་རིགས་ཀྱིས་མཐའ་བརྒྱན་པར་བྱའོ། །དེ་ལྟར་སྦྱངས་པས་འབྱོངས་རྟགས་བྱུང་

願文迴向等廣略均可　後以廣略之吉祥頌作莊嚴　如彼修持至徵兆出現時　心不忘失教授可矣

བ་ན་གདམས་ངག་གི་དོན་མ་བརྗེད་པ་ཙམ་ལས་རྟག་ཏུ་བྱ་བ་མི་རུང་སྟེ། འཕོ་བས་ཚེ་ཐུང་ཞེས་ཚེ་ལ་གནོད་པར་གསུངས་སོ། །འཕོ་བ་འབྱོངས་པའི་

無需再作恆常修持　修持頗瓦法有減損壽命之說　故需多修長壽儀軌而作補益

འཕོ་བ་ དགུ ཡར་འཕེལ།

༄༅། །རྗེས་སུ་འཕང་ཆོ་སྒྲུབ་ནན་ཏན་བྱ་བ་གནད་ཆེའོ། །གཉིས་པ་ལས་ལ་སྦྱར་བ་ནི། འཆི་ལྟས་མ་བྱུང་བར་དུ་འཕོ་བ་བྱ་མི་རུང་བས། འཆི་ལྟས་

二是和合事業修法 死兆未現時不允許行頗瓦

བརྟག་པ་ལ་མཁས་པར་བྱ། འཆི་ལྟས་བྱུང་ནས་ཀྱང་དེ་མ་ཐག་ནས་འཕོ་བ་མི་བྱ་བར་འཆི་བ་བསླུ་བའི་ཐབས་ལ་སྒོ་སྣ་ཚོགས་ནས་འབད། དེ་ལྟར་

故需善知觀察死兆之法 即便死兆出現亦不能率爾行之

འབད་ཀྱང་ཟློག་མ་ཐུབ་པར་འཆི་བར་ངེས་པ་ན་དངོས་པོ་ཐམས་ཅད་མཆོད་སྦྱིན་དུ་བཏང་སྟེ་གང་ལ་འང་ཆགས་ཞེན་མེད་པར་བྱས་ལ། དངོས་གཞིའི་

否則會出現種種幻相 若不知迴遮 必誤認而墮於三惡道中

速攝頗瓦法 九

ཉམས་ལེན་སྔར་ཇི་ལྟ་བ་བཞིན་ལ་སླར་ཐུགས་ཀ་ནས་མར་མི་འབེབས་པར་བླ་མའི་ཐུགས་དང་རང་སེམས་དབྱེར་མེད་དུ་འདྲེས་པར་བསམ་ལ་ཁ······

而當死兆明晰後 需放下萬緣 捨棄身財 遵上師教敕以去執著之心

དབུགས་མ་ཆད་ཀྱི་བར་དམིགས་པ་ཡང་ཡང་བསྒྱུར་ནས་བྱ་ཞིང་། གནད་གཅོད་ཀྱིས་གདུངས་པ་སོགས་ཀྱི་ཚེ་གྲོགས་དམ་ཚིག་གཙང་བས་རྣ་ཁུང་ནས་

正行如前所述而修 至融入上師心間後不復回降 而心念上師之意與自意和合

གསལ་འདེབས་བྱ། དེ་ནས་བླ་མའི་ཐུགས་དང་རང་སེམས་འདྲེས་པ་བྱ་ནམ་མཁའ་ལ་འཕུར་བ་ལྟར་ནམ་མཁའི་དབྱིངས་སུ་སོང་བས་མཁའ་སྤྱོད་དུ་

口中呼吸未斷間反復觀修 迨至四大氣息分解 則以自恆持清淨律儀與耳聞上師教誡之力而作隨護

འཕོ་བ་ བཅུ ཡར་འཕེལ།

༄༅། །སླེབས་པར་བསམ་པ་ཡང་ཡང་བྱས་པས་འཆི་བ་འོད་གསལ་ལས་ལངས་མ་ཐག་རྗེ་བཙུན་རྡོ་རྗེ་རྣལ་འབྱོར་མ་དཔའ་བོ་མཁའ་འགྲོའི་ཚོགས་

與師意無別之自心 騰翔空境 投入空行淨土 如是數數作觀 死有光明生起時

དང་བཅས་པས་འཇའ་འོད་ཀྱི་གུར་ཕུབ། མེ་ཏོག་གི་ཆར་འབེབ། རོལ་མོའི་སྒྲ་སྣ་ཚོགས་དང་བཅས་ཏེ་མཁའ་སྤྱོད་ཀྱི་ཞིང་དུ་འཁྲིད་པར་འགྱུར་རོ། །

至尊金剛瑜伽母並衆勇父空行必如虹光帳幕廣覆 普降花雨 於妙音高奏中將行者導至空行淨土矣

སྤྱིར་དག་ཞིང་གི་ནང་ནས་མཁའ་སྤྱོད་ཀྱི་ཞིང་དུ་སྐྱེ་བར་དཀའ་ནའང་རྗེ་བཙུན་ཡབ་ཡུམ་གྱི་རྣལ་འབྱོར་ཉམས་སུ་ལེན་པ་སྤྱི་དང་། ལྷག་པར་ཡུམ་བཀའ་

雖言諸淨土中 往生空行淨土甚難 然總於修持至尊佛父母之瑜伽士

速攝頗瓦法 十

ན་རོ་མཁའ་སྤྱོད་མ་ཉིད་རང་གི་སྒྲུབ་པ་པོ་དག་པ་མཁའ་སྤྱོད་དུ་མྱུར་བར་འཁྲིད་པའི་བརྡར་སྤྱན་གསུམ་དག་པ་མཁའ་སྤྱོད་ཀྱི་ཞིང་དུ་གཟིགས་པ་དང་།

尤於修持那若單尊空行佛母之行者 欲速疾速疾往生彼土則無難也

མཚན་ཡང་མཁའ་སྤྱོད་མ་ཞེས་ཡོངས་སུ་གྲགས་པ་འདི་ལ་བརྟེན་པ་ནི་དག་པ་མཁའ་སྤྱོད་ཀྱི་ཞིང་དུ་བགྲོད་པའི་ཐབས་བཟང་པོ་བླ་ན་མེད་པའོ། །ཞེས་

空行母三目仰視空行淨土 其名亦以空行稱者蘊意深哉 此無上依怙之修持乃必蒙攝受之甚深妙法者也

རྗེ་བཙུན་ཡུམ་རྐྱང་ལ་བརྟེན་པའི་འཕོ་བའི་ཉམས་ལེན་ཁྲིག་ཆགས་སུ་བཀོད་པ་འདི་ནི། རྒྱ་བླ་མ་བྱམས་པ་ཀུན་མཁྱེན་དང་། རིན་ཆེན་རྡོ་རྗེ་གཉིས······

如是之能依至尊佛母單尊頗瓦次第修持法 乃應漢地僧人強巴更慶 仁欽多傑二人祈請

འཕོ་བ་ བཅུ་གཅིག མྱུར་འདྲེན།

༄༅། །ནས་ནན་དུ་བསྐུལ་ངོར། ཕ་བོང་ཁའི་སྤྲུལ་མིང་པས་རབ་རྒྱལ་ལྕགས་འབྲུག་དབོ་ཟླའི་ཡར་གྱི་ཚེས་བཅུ་བཟང་པོར་སྦྱར་བའི་ཡི་གེ་པ་ནི་

由僧名帕幫喀化身者於藏曆鐵龍年正月初十吉祥時所造 繕寫者洛桑多傑

འདུན་གྲྭ་བློ་བཟང་རྡོ་རྗེའོ། །རྒྱ་ནག་གི་སློབ་མ་རྣམས་ཀྱིས་ཡང་ཡང་བསྐུལ་བའི་ངོར་སེར་སྨད་ཆོས་མཛད་དུ་འབོད་པ་ཤཱཀྱའི་དགེ་སློང་ངག་དབང་

今應漢地衆弟子再三請求 爲滿足衆多漢地行者修行所需 由僧名色麥欽則稱者・釋迦比丘・阿旺貟巴嘉措

བཟོད་པ་རྒྱ་མཚོས་བོད་རབ་བྱུང་བཅུ་བདུན་པའི་ཤིང་བྱ་ལོའི་ཟླ་བ་དྲུག་པའི་ཚེས་ཉེར་བཞི་ཉིན་རྒྱ་ཟླ་བདུན་པའི་ཚེས་ཉེར་ལྔ་ཉིན་ཁྲིན་ཏུའུ་ཆོས་མཛད་

將儀軌漢譯 時藏曆十七饒迴木雞年六月廿四日即二〇〇五乙酉年七月廿五日

速攝頗瓦法 十一

གཞིས་ཤག་ནས་རྒྱ་ཡིག་ཏུ་བསྒྱུར་བའོ། །སརྦ་མངྒ་ལཾ།

於成都欽則精舍 願一切吉祥

༄༅། །རྗེ་བཙུན་རྡོ་རྗེ་རྣལ་འབྱོར་མ་ནཱ་རོ་མཁའ་སྤྱོད་དབང་མོའི་སྒྲུབ་ཐབས་བདེ་ཆེན་ཉེ་ལམ་ལས་བསྡུས་ཏེ་
བསྒོམ་རྩལ་ནག་འགྲོས་སུ་བཀོད་པ་བཞུགས་སོ། །

至尊金剛瑜伽母那若空行大樂捷道觀修法略軌

༄༅། །རྒྱལ་བསྟན་སྙིང་པོ་སྤེལ་མཁས་པ་ཙོང་ཁ། 諸佛勝教善弘柏賢喀 | ༄༅། །རྒྱལ་བ་རྒྱ་མཚོའི་རིགས་བདག་རྡོ་རྗེ་ཆོས། 諸佛海會部主金剛法 | ༄༅། །རྒྱལ་བའི་ཡུམ་མཆོག་རྡོ་རྗེ་རྣལ་འབྱོར་མ། 諸佛勝母金剛瑜伽母 | ༄༅། །རྒྱལ་སྲས་ཐུ་བོ་ནཱ་རོ་ཏ་པའི་ཞབས། 諸佛長子那若嗟巴尊

མཁའ་ གཅིག

༄༅། །ན་མོ་གུ་རུ་བཛྲ་ཡོ་གི་ནཱི་ཡེ། བླ་མ་དང་རྗེ་བཙུན་རྡོ་རྗེ་རྣལ་འབྱོར་མ་དབྱེར་མ་མཆིས་པའི་ཞབས་ལ་གུས་པ་ཆེན་

哪摩咕洳班雜嗟瑪雅　上師與至尊金剛瑜伽母無二

པོས་ཕྱག་འཚལ་ཞིང་སྐྱབས་སུ་མཆིའོ། །བརྩེ་བ་ཆེན་པོས་རྗེས་སུ་གཟུང་དུ་གསོལ། འདིར་རྗེ་བཙུན་རྡོ་རྗེ་རྣལ་འབྱོར་མ་ནཱ་རོ་

無別之足下禮敬皈依祈請悲憐攝持我等 此略軌從

མཁའ་སྤྱོད་དབང་མོའི་སྒྲུབ་ཐབས་བདེ་ཆེན་ཉེ་ལམ་ལས་བསྡུས་ཏེ་བསྒོམ་རྩལ་ནག་འགྲོས་སུ་འགོད་པ་ལ། ཉལ་བ་དང་། ལྡང་བ་དང་། བདུད་རྩི་མྱང་

至尊金剛瑜伽母那若空行共與不共大樂捷道修行法中收錄 修法簡便

བའི་རྣལ་འབྱོར་རྣམས་སྔོན་དུ་བཏང་སྟེ། ཚད་མེད་ཀྱི་རྣལ་འབྱོར་ནི། ལུས་གནད་དང་ལྡན་པར་འཁོད་ནས། སྐྱབས་ཡུལ་གསལ་འདེབས་པ་ནི།

眠寐 覺寤 嚐甘露瑜伽爲前行 無量瑜伽是 自身具器 觀皈依境顯明而如是祈請

མདུན་གྱི་ནམ་མཁར་བླ་མ་འཁོར་ལོ་སྡོམ་པ་ཡབ་ཡུམ་ལ་རྩ་བརྒྱུད་ཀྱི་བླ་མ་ཡི་དམ་མཆོག་གསུམ་བཀའ་སྡོད་སྲུང་

對前虛空中上師總攝輪作勝樂父母周匝根本傳承師

མའི་ཚོགས་ཀྱིས་བསྐོར་ནས་བཞུགས་པར་གྱུར། རང་དང་སེམས་ཅན་ཐམས་ཅད་ཀྱིས་སྐྱབས་སུ་འགྲོ་བར་མོས་ནས། བདག་དང་

本尊三寶遵敕護法衆圍繞而住 作自與一切衆生在皈依境中之勝解

མཁའ་ གཉིས་ སྤྱོད།

༄༅། །འགྲོ་བ་ནམ་མཁའི་མཐའ་དང་མཉམ་པའི་སེམས་ཅན་ཐམས་ཅད་དུས་འདི་ནས་བཟུང་སྟེ་ཇི་སྲིད་བྱང་ཆུབ་

我與天際一切有情衆自今時起

སྙིང་པོ་ལ་མཆིས་ཀྱི་བར་དུ་དཔལ་ལྡན་བླ་མ་དམ་པ་རྣམས་ལ་སྐྱབས་སུ་མཆིའོ། །རྫོགས་པའི་སངས་རྒྱས་བཅོམ་

乃至證得成就菩提 皈依一切具德賢善上師

ལྡན་འདས་རྣམས་ལ་སྐྱབས་སུ་མཆིའོ། །དམ་པའི་ཆོས་རྣམས་ལ་སྐྱབས་སུ་མཆིའོ། །འཕགས་པའི་དགེ་འདུན་

皈依一切圓覺佛 皈依一切正法 皈依一切聖僧伽 如是作三遍皈依

རྣམས་ལ་སྐྱབས་སུ་མཆིའོ། །ཞེས་ལན་གསུམ་གྱི་སྐྱབས་འགྲོ་དང༌། བདག་གིས་རྫོགས་པའི་སངས་རྒྱས་ཀྱི་གོ་འཕང་ཐོབ་

我爲成就正等圓覺果位 救度一切衆生

པར་བྱས་ལ། སེམས་ཅན་ཐམས་ཅད་འཁོར་བའི་སྡུག་བསྔལ་གྱི་རྒྱ་མཚོ་ལས་བསྒྲལ་ནས་རྫོགས་པའི་བྱང་ཆུབ་

出離輪迴苦海而使圓滿菩提

ཀྱི་བདེ་བ་ལ་དགོད་པར་བྱ། དེའི་ཕྱིར་དུ་རྡོ་རྗེ་རྣལ་འབྱོར་མའི་ལམ་གྱི་རིམ་པ་ཉམས་སུ་བླང་བར་བགྱིའོ། །

置於安樂故受持金剛瑜伽母道次第 如是三遍發心

མཁའ་ གསུམ་ སྤྱོད།

༄༅། །ཞེས་ལན་གསུམ་གྱིས་སེམས་བསྐྱེད། དེ་ནས་ཐལ་མོ་སྦྱར་ཏེ། བླ་མ་དང་དཀོན་མཆོག་རིན་པོ་ཆེ་རྣམ་པ་གསུམ་ལ་ཕྱག་

四無量可依共同法修之 然後合十 頂禮皈依上師三寶

འཚལ་ཞིང་སྐྱབས་སུ་མཆིའོ། །ཁྱེད་རྣམས་ཀྱིས་བདག་གི་རྒྱུད་བྱིན་གྱིས་བརླབ་ཏུ་གསོལ། ཞེས་བརྗོད་པས། མདུན་གྱི་

祈請諸聖尊加持我相續 如是誦 對前皈依處

སྐྱབས་ཡུལ་རྣམས་འོད་ཟེར་དཀར་དམར་མཐིང་གསུམ་གྱི་རྣམ་པར་ཞུ་ནས་རང་ལ་ཐིམ་པས་སྐུ་གསུང་ཐུགས་ཀྱི་

諸尊化爲白紅藍三道光相融於自身

བྱིན་རླབས་ཐོབ་པར་གྱུར། དེ་ནས། རྡོར་སེམས་བསྒོམ་བཟླས་ནི། རང་གི་སྤྱི་བོར་པད་ཟླའི་གདན་ལ་རྡོ་རྗེ་སེམས་དཔའ་

獲得身語意加持 復次 金剛心觀修法是 觀自身頂門蓮月墊上

ཡབ་ཡུམ་སྐུ་མདོག་དཀར་པོ་ཞལ་གཅིག་ཕྱག་གཉིས་ཀྱིས་རྡོར་དྲིལ་དང་གྲི་ཐོད་འཛིན་པས་ཕན་ཚུན་འཁྱུད་པ་ཡབ་

金剛心父母 身色潔白 一面二臂 執鈴杵與鉞刀頂器相交媾

ཕྱག་རྒྱ་དྲུག་དང་ཡུམ་ཕྱག་རྒྱ་ལྔས་བརྒྱན་ཅིང༌། རྡོ་རྗེ་དང་པདྨའི་སྐྱིལ་ཀྲུང་གིས་བཞུགས་པའི་ཐུགས་ཀར་ཟླ་བའི་

王尊六印 妃尊五印莊嚴 足結金剛與蓮華跏趺而坐

༄༅། །སྙིང་དུ་ཧཱུྃ་གི་མཐར་སྔགས་ཕྲེང་གིས་བསྐོར་བ་ལས་བདུད་རྩི་དཀར་པོའི་རྒྱུན་བབས་པས་ནད་གདོན་སྡིག་
心間月輪墊上ཧཱུྃ字咒鬘環繞而生降白色甘露 一切病魔業障
སྒྲིབ་ཐམས་ཅད་སྦྱངས་པར་གྱུར། པར་བསམས་ལ། ཨོཾ་བཛྲ་ཧེ་རུ་ཀ་ས་མ་ཡ། མ་ནུ་པཱ་ལ་ཡ། ཧེ་རུ་ཀ་ཏྭེ་ནོ་པ་ཏིཥྛ།
皆除盡 如是觀想 嗡班雜嘿洳嘎薩嘛雅 嘛怒巴啦雅 嘿洳嘎戴惱巴 第
དྲྀ་ཌྷོ་མེ་བྷ་ཝ། སུ་ཏོ་ཥྱོ་མེ་བྷ་ཝ། སུ་པོ་ཥྱོ་མེ་བྷ་ཝ། ཨ་ནུ་ར་ཀྟོ་མེ་བྷ་ཝ།
洽直照麥巴瓦 嗦哆喀搖麥巴瓦 嗦波喀搖麥巴瓦 啊努惹哆麥巴瓦

སརྦ་སིདྡྷི་མྨེ་པྲ་ཡཙྪ། སརྦ་ཀརྨ་སུ་ཙ་མེ། ཙིཏྟཾ་ཤྲི་ཡཿ ཀུ་རུ་ཧཱུྃ། ཧ་ཧ་ཧ་ཧ་ཧོཿ བྷ་ག་ཝཱན།
薩瓦嘶諦麥炸雅渣 薩哇噶瑪蘇哲邁 置當什日雲咕洳吽 哈哈哈哈嚎
བཛྲ་ཧེ་རུ་ཀ་མཱ་མེ་མུཉྩ། ཧེ་རུ་ཀ་བྷ་ཝ། མ་ཧཱ་ས་མ་ཡ་ས་ཏྭ་ཨཱཿཧཱུྃ་ཕཊ། ཅེས་ཉེར་གཅིག་བཟླས་མཐར།
巴嘎萬 班雜嘿洳嘎嘛麥牟渣 嘿洳嘎巴瓦 嘛哈薩瑪雅薩埵啊吽呸
རྡོ་རྗེ་སེམས་དཔའ་ཡབ་ཡུམ་རང་ལ་ཐིམ་པས། རང་གི་སྒོ་གསུམ་དང་རྡོ་རྗེ་སེམས་དཔའི་སྐུ་གསུང་ཐུགས་དབྱེར་མི་
如是誦二十一遍後 金剛心父母融入與自身 自身三門與金剛心身語意

༄༅། །ཕྱེད་པར་གྱུར། པར་བསམ་མོ། བླ་མའི་རྣལ་འབྱོར་ནི། མདུན་གྱི་ནམ་མཁར་དག་གསལ་གཉིས་སུ་མེད་པའི་ཡེ་ཤེས་
融成無二也 如是觀想 上師瑜伽法是 對前虛空明淨無二
ཀྱི་རང་སྣང་ལས་གྲུབ་པའི་གཞལ་ཡས་ཁང་གྲུ་བཞི་སྒོ་བཞི་རྒྱན་རྟ་བབས་དང་བཅས་པ་མཚན་ཉིད་ཐམས་ཅད·····
智慧顯相而成之無量宮 四方四門 牌坊華麗 具足一切性相莊嚴
ཡོངས་སུ་རྫོགས་པའི་དབུས་སུ་སེངྒེ་ཆེན་པོ་བརྒྱད་ཀྱིས་བཏེག་པའི་རིན་པོ་ཆེའི་ཁྲི་སྣ་ཚོགས་པདྨ་ཟླ་བ་ཉི་མའི་······
中央八大獅子托寶座 各色蓮華日月墊上

གདན་གྱི་སྟེང་དུ་དྲིན་ཅན་རྩ་བའི་བླ་མ་དེ་ཉིད་སངས་རྒྱས་རྡོ་རྗེ་ཆོས་ཀྱི་རྣམ་པ་ཅན་སྐུ་མདོག་དམར་པོ་ཞལ་གཅིག་
承恩根本上師正覺金剛法之現相 身紅色 一面二臂
ཕྱག་གཉིས་ཀྱིས་རྡོ་རྗེ་དང་དྲིལ་བུ་ཐུགས་ཀར་བསྣོལ་ནས་འཛིན་པ། དབུ་སྐྲ་རལ་པའི་ཅོད་པན་ཅན། ཞབས་རྡོ·····
鈴杵當心交持 墨髮冠冕 金剛跏趺
རྗེའི་སྐྱིལ་མོ་ཀྲུང་གིས་བཞུགས་པ། གཞོན་ནུ་ལང་ཚོ་བཅུ་དྲུག་ལོན་པའི་ན་ཚོད་ཅན། དར་དང་རུས་པ་དང་རིན་པོ་··
示現十六妙齡相 綾羅骨飾珍寶之

མཁའ་ དྲུག་ སྟོད།

༄༅། །ཆེའི་རྒྱན་ཐམས་ཅད་ཀྱིས་བརྒྱན་ཅིང་སྐྱབས་གནས་ཀུན་འདུས་ཀྱི་ངོ་བོར་གྱུར་པར་བསམས་ལ། དུས་གསུམ་
一切莊嚴皈依處總攝之體相也 如是觀想
སངས་རྒྱས་ཐམས་ཅད་ཀྱི་ངོ་བོ་བླ་མ་རིན་པོ་ཆེ་ལ་གསོལ་བ་འདེབས་སོ། །བདག་གི་རྒྱུད་བྱིན་གྱིས་བརླབ་ཏུ་གསོལ།
祈請三世一切諸佛體相上師寶加持我心相續
ཞེས་གསོལ་བ་བཏབ་པས་རྩ་བའི་བླ་མ་རང་ལ་རྗེས་སུ་ཆགས་པས་འོད་དམར་པོའི་རྣམ་པར་ཞུ་བ། རང་གི་སྤྱི་གཙུག་
如是祈請 根本上師亦隨執於自身故化紅光由

大樂捷道略軌 六

ནས་ཞུགས། སྙིང་གར་བཾ་ཡིག་དམར་པོའི་རྣམ་པར་གྱུར་པ་དང་རང་སེམས་དབྱེར་མེད་དུ་འདྲེས་པར་གྱུར། བདག······
自身頂門融入至心間成紅色 བཾ 字相與心相契無二也
ལྷར་བསྐྱེད་པའི་རྣལ་འབྱོར་ནི། བཾ་ཡིག་དེ་ཉིད་རྗེ་ཆེར་སོང་སྟེ་ནམ་མཁའི་མཐའ་དང་མཉམ་པར་གྱུར་པས་སྣོད་བཅུད······
自生本尊瑜伽法是 བཾ 字漸漸擴大等同天際一切情器世間成
ཐམས་ཅད་བདེ་སྟོང་གི་རང་བཞིན་དུ་གྱུར། སླར་ཡང་མཐའ་ནས་རིམ་གྱིས་བསྡུས་ཏེ་ཤིན་ཏུ་ཕྲ་བའི་བཾ་ཡིག་ཏུ་གྱུར་
樂空自性 復又從邊漸漸收攝成極其微妙 བཾ 字

མཁའ་ བདུན་ སྟོད།

༄༅། །པ་འོག་ནས་རིམ་གྱིས་ནཱ་དའི་བར་དུ་ཐིམ། ནཱ་ད་ཡང་མི་དམིགས་པར་བདེ་སྟོང་དབྱེར་མེད་ཀྱི་ཆོས་སྐུར་གྱུར།
由下漸漸攝入哪噠間 哪噠復成無所緣樂空無別之法身
ཨོཾ་ཤཱུ་ནྱ་ཏཱ་ཛྙཱ་ན་བཛྲ་སྭ་བྷཱ་ཝ་ཨཱཏྨ་ཀོ྅ཧཾ། ཞེས་པ་ནི་འཆི་བ་ཆོས་སྐུའི་ལམ་འཁྱེར་རོ། །
嗡咻捏噠嘉哪班雜索巴瓦唉嘛高行 此乃持死有爲法身道用
དེ་ལྟར་སྣང་བ་ཐམས་ཅད་བསྡུས་པའི་སྟོང་པའི་ངང་ལས་ངོ་བོ་རང་སེམས་བདེ་སྟོང་གཉིས་སུ་མེད་པའི་ཡེ་ཤེས་ཀྱི་
如彼收攝一切現分之空性中體性爲

大樂捷道略軌 七

གཟུང་རྣམ་ཡིན་པ་ལ་རྣམ་པ་བཾ་ཡིག་དམར་པོ་གྱེན་དུ་འགྲེང་བའི་རྣམ་པར་ནམ་མཁར་གནས་པར་གྱུར། ཅེས་པ་ནི་
自心樂空無二智持相而顯紅色 བཾ 字豎立之相於虛空中
བར་དོ་ལོངས་སྐུའི་ལམ་འཁྱེར་རོ། །སྟོང་པའི་ངང་ལས་ཨེ་ཨེ་ལས་ཆོས་འབྱུང་དམར་པོ་གྲུ་གསུམ་གཉིས་བརྩེགས་ཀྱི་ནང་དུ་
此乃持中有爲報身道用 空性中 ཨེ་ཨེ 唉唉 化成紅色法基三角雙壘
ཨ་ལས་ཟླ་བའི་དཀྱིལ་འཁོར་དཀར་ལ་དམར་བའི་མདངས་ཅན་གྱི་སྟེང་དུ།
其內 ཨ 生月輪具白而又紅色光華之上

༄༅། །ཨོཾ་ཨོཾ་ཨོཾ་སརྦ་བུདྡྷ་ཌཱ་ཀི་ནཱི་ཡེ་བཛྲ་ཝརྞ་ནཱི་ཡེ་བཛྲ་བཻ་རོ་ཙ་ནཱི་ཡེ་ཧཱུྃ་ཧཱུྃ་ཧཱུྃ་ཕཊ་ཕཊ་ཕཊ་སྭཱཧཱ། ཞེས་པའི་སྔགས་

嗡嗡嗡薩瓦必噠哲格呢耶班雜哇哪呢耶班雜毗盧遮呢耶吽吽吽

གཡོན་སྐོར་དུ་འཁོད་པར་གྱུར། རང་ནམ་མཁའི་བཾ་ཡིག་གིས་ཟླ་བ་མཐོང་བ་ན་དེའི་དབུས་སུ་སྐྱེ་བ་ལེན་པའི་འཕེན་

呸呸呸娑哈之咒鬘左繞 觀見空中ཝཾ字月輪時一刹那間

པ་དང་ལྡན་པས་ཟླ་བའི་དབུས་སུ་ཞུགས། ཟླ་བ་བཾ་ཡིག་སྔགས་ཕྲེང་དང་བཅས་པ་ལས་འོད་ཟེར་འཕྲོས། འཁོར······

投入月輪安住其中央ཝཾ字咒鬘俱放光芒

འདས་ཀྱི་སྣོད་བཅུད་ཐམས་ཅད་རྗེ་བཙུན་རྡོ་རྗེ་རྣལ་འབྱོར་མའི་རང་བཞིན་དུ་བྱས། དེ་རྣམས་ཚུར་འདུས་ཏེ་བཾ་ཡིག

一切輪涅情器世間悉成至尊金剛瑜伽母自性

སྔགས་ཕྲེང་དང་བཅས་པ་ལ་ཐིམས་པ་ཡོངས་སུ་གྱུར་པ་ལས། རྟེན་དང་བརྟེན་པའི་དཀྱིལ་འཁོར་དུས་གཅིག་ཏུ······

彼諸光收回融於ཝཾ字咒鬘而能依所依之壇城同時圓滿 此乃

རྫོགས་པར་གྱུར། ཅེས་པ་ནི་སྐྱེ་བ་སྤྲུལ་སྐུའི་ལམ་འཁྱེར་རོ། །དེ་ཡང་རྡོ་རྗེའི་ས་གཞི་ར་བ་གུར་བླ་རེ་དང་བཅས་པའི་ཕྱི་རོལ······

持生有爲化身道用 彼悉成金剛大基 垣圍 帳幕

༄༅། །ཏུ་ཁ་དོག་སྣ་ལྔ་པའི་མེ་དཔུང་གཡོན་སྐོར་དུ་འཁྱིལ་ཞིང་འབར་བ། དེའི་ནང་དུ་གཏུམ་དྲག་ལ་སོགས་པའི་

華蓋及外境五色火左繞 熾烈成圍行 火焰盛

དུར་ཁྲོད་ཆེན་པོ་བརྒྱད་ཀྱིས་བསྐོར་བའི་དབུས་སུ་ཆོས་འབྱུང་དམར་པོ་གྲུ་གསུམ་ཉིས་བརྩེགས་ཀྱི་གདེངས་ཀ་ཆེ་བ་

內暴虐等八大寒林圍繞 中央三角雙疊紅色巨大法基

གྱེན་དུ་ཕྱོགས་ཤིང་། རྩེ་མོ་ཕྲ་བ་ཐུར་དུ་ཟུག་པ། མདུན་རྒྱབ་གཉིས་སྤངས་པའི་གྲྭ་བཞིར་དགའ་འཁྱིལ་དམར་སྐྱ་

踞高豎立 上端平廣 下尖入地 除前後二角餘四角

གཡོན་བསྐོར་དུ་འཁོར་བ་རེ་རེས་མཚན་པ། ཆོས་འབྱུང་གི་ནང་དུ་སྣ་ཚོགས་པདྨ་འདབ་མ་བརྒྱད་པའི་ལྟེ་བར་ཉི་

紅白喜旋左轉莊嚴 法基內各色八瓣蓮華蕊中

མའི་དཀྱིལ་འཁོར་གྱི་སྟེང་དུ་རང་ཉིད་རྗེ་བཙུན་རྡོ་རྗེ་རྣལ་འབྱོར་མའི་སྐུར་གྱུར་པ་ནི། ཞབས་གཡས་བརྐྱངས་པས

日輪之上自性成金剛瑜伽母身

དུས་མཚན་མ་དམར་མོའི་ནུ་མའི་སྟེང་ནས་མནན་པ། གཡོན་བསྐུམས་པས་འཇིགས་བྱེད་ནག་པོའི་མགོ་བོ་རྒྱབ་ཏུ

右腿伸 足下踩怒媽嘛摩 左腿屈 足下踩智希哪波

༄༅། །བལྟབ་ནས་མནན་པ། སྐུ་མདོག་དམར་མོ་བསྐལ་པའི་མེ་ལྟ་བུའི་གཟི་བརྗིད་ཅན། ཞལ་གཅིག་ཕྱག་གཉིས་

赤身如劫火 具足威光 一面二臂

སྤྱན་གསུམ་དག་པ་མཁའ་སྤྱོད་དུ་གཟིགས་པ། ཕྱག་གཡས་པས་རྡོ་རྗེས་མཚན་པའི་གྲི་གུག་ཐུར་དུ་བརྒྱངས་ནས···

三目仰視空行淨界 右手下伸執金剛杵莊嚴之鉞刀

འཛིན་པ། གཡོན་པས་ཐོད་པ་ཁྲག་གིས་གང་བ་སྟེང་ཕྱོགས་སུ་བཟུང་ནས་ཞལ་གྱེན་དུ་ཕྱོགས་པར་གསོལ་བ། ཕྲག་

左手托舉盈滿鮮血之頂骨器仰飲甘露

པ་གཡོན་པར་རྡོ་རྗེས་མཚན་པའི་ཁ་ཊྭཱཾ་ག་ལ་ཌཱ་མ་རུ་དང་དྲིལ་བུ་དང་འཕན་རྩེ་གསུམ་པ་འཕྱང་བཞིན་པ་བསྣམས་

左肩掮金剛杵莊嚴之喀章嘎 鼗鼓

པ། དབུ་སྐྲ་ནག་པོ་སིལ་བུར་གྲུར་པས་སྐུ་སྨད་ཡན་ཆད་ཁེབས་པ། ལང་ཚོ་དར་ལ་བབ་ཅིང་འདོད་པའི་ནུ་འབུར་

金剛鈴及三幅幡飄垂 墨髮散披覆及腰間

རྒྱས་པ། བདེ་བ་བསྐྱེད་པའི་ཉམས་ཅན། མི་མགོ་སྐམ་པོ་ལྔའི་དབུ་རྒྱན་དང་། སྐམ་པོ་ལྔ་བཅུའི་དོ་ཤལ་ཅན། གཅེར་

妙齡年華 豐滿欲界 乳峰高聳 五具骷髏頂莊嚴

༄༅། །མོ་ཕྱག་རྒྱ་ལྔས་བརྒྱན་པ། ཡེ་ཤེས་ཀྱི་མེ་འབར་བའི་དབུས་ན་བཞུགས་པ་རྣམ་སྣང་ཧེ་རི་ཀ་ཡུམ་དང་བཅས་

五十骷髏為瓔珞 赤裸五印莊嚴 智慧烈火中

པས་དབུ་བརྒྱན་པར་གྱུར། འགྲོ་བ་དག་པའི་རྣལ་འབྱོར་ནི། རང་གི་སྙིང་གར་ཆོས་འབྱུང་དམར་པོ་གྲུ་གསུམ་ཉིས་བརྩེགས་

威然永住 清淨衆生瑜伽法是 自心間三角雙壘紅色

ཀྱི་ནང་དུ་ཟླ་བའི་དཀྱིལ་འཁོར་གྱི་དབུས་སུ་བཾ་ཡིག་ལ་སྔགས་ཕྲེང་གིས་བསྐོར་བ་ལས་འོད་ཟེར་འཕྲོས་ཏེ། བ་སྤུའི་

法基內月輪中央 བཾ 字由咒鬘環繞而發光

བུ་ག་ནས་ཕར་སོང་། རིགས་དྲུག་གི་སེམས་ཅན་ཐམས་ཅད་ལ་ཕོག་པས། སྡིག་སྒྲིབ་བག་ཆགས་དང་བཅས་པ······

自毛孔發射 照耀六道衆生 清淨業障習氣

སྦྱངས། དེ་ཐམས་ཅད་རྡོ་རྗེ་རྣལ་འབྱོར་མའི་སྐུར་གྱུར། དཔའ་བོ་དཔའ་མོས་བྱིན་གྱིས་བརླབས་པའི་རྣལ་འབྱོར་ནི། འབར་བའི་ཕྱག་

一切悉成金剛瑜伽母身 勇士勇母加持瑜伽法是

རྒྱ་དང་བཅས། བཾ༔ རང་གི་ཐུགས་ཀའི་བཾ་ཡིག་ལས་འོད་ཟེར་འཕྲོས་པ་སྨིན་མཚམས་ནས་ཐོན་ཏེ་ཕྱོགས་བཅུར་སོང་···

結熾燃印 呸 自心間 བཾ 字放光 從眉間發射十方

མཁའ་ བཅུ་གཉིས་ སྤྱོད།

༄༅། །ཁས་ཕྱོགས་བཅུའི་དེ་བཞིན་གཤེགས་པ་དང་། དཔའ་བོ་དང་རྣལ་འབྱོར་མ་ཐམས་ཅད་རྡོ་རྗེ་རྣལ་འབྱོར······
召請十方如來及一切勇父瑜伽母以金剛瑜伽母
མའི་རྣམ་པར་སྤྱན་དྲངས། ཛཿཧཱུྃ་བྃ་ཧོཿ དགུག་གཞུག་བཅིངས་མཉེས་བྱ། པད་སྐོར་གྱི་མཐར་འཁྱུད་རྒྱ་བྱས་ལ། ཨོཾ་ཡོ་ག་ཤུདྡྷཿསརྦ་
形相菈臨 雜吽幫嚎 勾入縛喜印 轉蓮印作交媾印 嗡搖噶旭嗟薩瓦嗟瑪
དྷརྨཱ་ཡོ་ག་ཤུདྡྷོ྅་ཧཾ། ཆོས་ཐམས་ཅད་རྣམ་པར་དག་པའི་རྣལ་འབྱོར་གྱི་བདག་ཉིད་དེ་ངའོ་ སྙམ་དུ་ང་རྒྱལ་བྱ། རང་གི······
搖噶旭嗟行 一切法相清淨瑜伽本性爲之我也 如是觀之以持佛慢

大樂捷道略軌 十二

གནས་རྣམས་སུ་ཟླ་བའི་དཀྱིལ་འཁོར་གྱི་སྟེང་དུ། ལྟེ་བར་ཨོཾ་བཾ་དམར་མོ་རྡོ་རྗེ་ཕག་མོ། སྙིང་གར་ཧཱ་ཡཾ་སྔོན་མོ་གཤིན་
自身諸處月輪上 臍間ཨོཾ་བཾ་嗡幫紅色金剛亥母 心間ཧཱ་ཡཾ་頏雍藍色
རྗེ་མ། ཁར་ཧྲཱིཿམོཾ་དཀར་མོ་རྨོངས་བྱེད་མ། དཔྲལ་བར་ཧྲཱིཿཧྲཱིཿསེར་མོ་སྐྱོང་བྱེད་མ། སྤྱི་གཙུག་ཏུ་ཧཱུྃ་ཧཱུྃ་ལྗང་གུ་སྐྲག་བྱེད་
閻摩母 口中ཧྲཱིཿམོཾ་舍矛白色愚蔽母 髮際ཧྲཱིཿཧྲཱིཿ舍舍黃色守護母 頂部ཧཱུྃ་ཧཱུྃ་吽吽
མ། ཡན་ལག་ཐམས་ཅད་ལ་ཕཊ་ཕཊ་དུད་ཁ་ཙཎྜི་ཀའི་ངོ་བོ་རྣམས་སུ་གྱུར། ངག་བཟླས་དང་ཡིད་བཟླས་ཀྱི་རྣལ་འབྱོར་ལ་གཉིས
綠色威攝母 肢部諸處ཕཊ་ཕཊ་呸呸轉成煙色低噶贊芝嘎體相 口誦與

མཁའ་ བཅུ་གསུམ་ སྤྱོད།

༄༅། །ལས། ངག་བཟླས་ནི། རང་གི་སྙིང་གར་ཆོས་འབྱུང་དམར་པོ་གྲུ་གསུམ་ཉིས་བརྩེགས་ཀྱི་ནང་དུ་ཟླ་བའི་དཀྱིལ་
意念瑜伽法有二分 口誦法是 自心間紅色法基三角雙疊內月輪中央
འཁོར་གྱི་དབུས་སུ་བཾ་ཡིག་ལ་སྔགས་ཕྲེང་ཁ་དོག་དམར་པོས་གཡོན་སྐོར་དུ་བསྐོར་བ་ལས་འོད་ཟེར་དམར་པོ······
བཾ字紅色咒鬘左旋環繞發出無量紅光
དཔག་མེད་འཕྲོས། སེམས་ཅན་ཐམས་ཅད་ཀྱི་སྡིག་སྒྲིབ་སྦྱངས། སངས་རྒྱས་ཐམས་ཅད་མཆོད། དེ་རྣམས་ཀྱི་བྱིན་
衆生業障皆清淨 供養一切諸如來

大樂捷道略軌 十三

རླབས་ནུས་མཐུ་ཐམས་ཅད་འོད་ཟེར་དམར་པོའི་རྣམ་པར་སྤྱན་དྲངས་བཾ་ཡིག་སྔགས་ཕྲེང་དང་བཅས་པ་ལ་ཐིམས
迎請一切加持力 成紅光相 融入བཾ字咒鬘而加持我相續
པས་རྒྱུད་བྱིན་གྱིས་བརླབས་པར་གྱུར། པར་བསམས་ལ། ཨོཾ་ཨོཾ་ཨོཾ་སརྦ་བུདྡྷ་ཌཱ་ཀི་ནཱི་ཡེ་བཛྲ་ཝརྞཱ་ནཱི་ཡེ་བཛྲ་བཻ་རོ་ཙ་ནཱི་
如是觀想 嗡嗡嗡薩瓦必嗟哲格呢耶班雜哇哪呢耶班雜毗盧遮呢耶
ཡེ་ཧཱུྃ་ཧཱུྃ་ཧཱུྃ་ཕཊ་ཕཊ་ཕཊ་སྭཱ་ཧཱ། རྒྱུན་པར་དམ་བཅའ་རི་ལྟར་ཡོད་པ་ལ་ལུང་མཐར་བྱས་ནས་བཟླའོ། །ཡིད་བཟླས་ནི། སྙིང་གའི་ཆོས་འབྱུང······
吽吽吽呸呸呸娑哈 依不少於發心承諾恆常念誦數而持之 意念法是 身具要訣 心間法基

མཁའ་ བཅུ་བཞི་ རྫོགས།

༄། །ཟླ་བ་ཡིག་འབྲུ་དང་བཅས་པ་བདེ་བ་བསྐྱེད་པར་འདོད་ན་གསང་གནས། མི་རྟོག་པ་བསྐྱེད་པར་འདོད་ན་ལྟེ་བར་ཕབ་སྟེ་མདུན་རྒྱབ་སྦྱངས་པའི་

月輪字母俱全 若欲生起樂於密處 欲生起無念則降 與臍間氣和合

གྱ་བཞིར་དཀའ་བ་འཁྱིལ་བ་གཡོན་སྐོར་དུ་འཁོར་བ་དང་། སྔགས་ཕྲེང་ལན་གསུམ་མམ་བདུན་ལ་སོགས་པ་བཀླག་པའི་ཚུལ་དུ་སེམས་གཏད་ནས། རླུང་

意住咒左旋 用意念誦持法 誦三五七遍 復次除去法基之前後二角 餘四角繞紅白喜旋而左轉

ཁ་སྦྱར་ཅི་ཐུབ་འཛིན། རང་གི་སྙིང་མཚམས་དང་གསང་གནས་སུ་དགའ་འཁྱིལ་གཡོན་སྐོར་དུ་ཤུགས་དྲག་ཏུ་འཁོར་བ་ལ་སེམས་གཏད་ནས་རླུང་ཁ་སྦྱར་

尤其中央䨵字之哪嗟拙火燃起而焰心注彼火而持氣 復次中脈上端下端白紅喜旋

大樂捷道略軌 十四

གཟུང་། མཐར་དགའ་འཁྱིལ་གཉིས་སྙིང་གའི་བཾ་ལ་ཐིམ་པར་བསམ་མོ། །བསམ་གྱིས་མི་ཁྱབ་པའི་རྣལ་འབྱོར་ལ་གཉིས་ལས། ཐུན་མོང་མ་ཡིན་པའི་

如顆粒左旋 在旋轉中於心間交契後消失於空中 而其中持定樂空授記 不可思議瑜伽法有

ཁྲིད་ལས་འབྱུང་བ་ལྟར་ཉམས་སུ་བླང་། ཐུན་མོང་བ་ནི། རང་གི་སྙིང་གའི་བཾ་ཡིག་སྔགས་ཕྲེང་དང་བཅས་པ་ལས་འོད་ཟེར་འཕྲོས།

二分 不共法依導引釋文中授記 共法是 自心間བཾ字咒鬘俱放光 遍照三界

ཁམས་གསུམ་ཐམས་ཅད་ལ་ཁྱབ། གཟུགས་མེད་ཁམས་འོད་ཟེར་སྔོན་པོའི་རྣམ་པས་ལུས་ཀྱི་སྟོད་ཀྱི་ཆ་ལ་ཐིམ།

無色界化藍光融入身上分 色界化紅光

མཁའ་ བཅོ་ལྔ་ རྫོགས།

༄། །གཟུགས་ཁམས་འོད་ཟེར་དམར་པོའི་རྣམ་པས་བར་གྱི་ཆ་ལ་ཐིམ། འདོད་ཁམས་འོད་ཟེར་དཀར་པོའི་རྣམ་

融入身中分 欲界化白光融入身下分

པས་སྨད་ཀྱི་ཆ་ལ་ཐིམ། རང་ཡང་སྟོད་སྨད་ནས་རིམ་བཞིན་འོད་དུ་ཞུ་ནས་ཆོས་འབྱུང་ལ་ཐིམ། དེ་ཟླ་བ་ལ་ཐིམ།

自身亦由上下漸次化成光 融入法基 融入月輪

དེ་སྔགས་ཕྲེང་ལ་ཐིམ། དེ་བཾ་ཡིག་ལ་ཐིམ། དེ་བཾ་གྱི་མགོ་བོ་ལ་ཐིམ། དེ་ཟླ་ཚེས་ལ་ཐིམ། དེ་ཐིག་ལེ་ལ་ཐིམ། དེ་

融入咒鬘 融入བཾ字 融入བཾ字頭 融入初月

大樂捷道略軌 十五

ནཱ་ད་ལ་ཐིམ། དེ་ཡང་ཕྲ་ཞིང་ཕྲ་བ་འོད་གསལ་སྟོང་པ་ཉིད་དུ་ཐིམ་པར་གྱུར་པར་བསམ་མོ། །སྤྱོད་ལམ་གྱི་རྣལ་འབྱོར་ནི། སྟོང་

融入明點 融入哪嗟 復成微妙微妙顯明之光融入空性 如是觀想

པའི་ངང་ལས་རང་ཉིད་སྐད་ཅིག་གིས་རྗེ་བཙུན་རྡོ་རྗེ་རྣལ་འབྱོར་མར་གྱུར་པའི་གནས་རྣམས་སུ་ཟླ་བའི་དཀྱིལ་འཁོར་

威儀瑜伽法是 空性中自性剎那間成至尊金剛瑜伽母

གྱི་སྟེང་དུ་ལྟེ་བར་ཨོཾ་བཾ་དམར་མོ་རྡོ་རྗེ་ཕག་མོ། སྙིང་གར་ཧཾ་ཡོཾ་སྔོན་མོ་གཤིན་རྗེ་མ། ཁར་ཧྲཱིཾ་མོཾ་དཀར་མོ་རྨོངས་བྱེད་

臍間ཨོཾ་བཾ紅色金剛亥母 心間ཧཾ་ཡོཾ藍色閻摩母 口中ཧྲཱིཾ་མོཾ

༄༅། །མ། དཔྲལ་བར་ཧཱུྃ་ཧཱུྃ་སེར་མོ་སྐྱོང་བྱེད་མ། སྤྱི་གཙུག་ཏུ་ཧཱུྃ་ཧཱུྃ་ལྗང་གུ་སྒྲག་བྱེད་མ། ཡན་ལག་ཐམས་ཅད་ལ་
白色愚蔽母 髮際ཧཱུྃཧཱུྃ 黃色守護母 頂部ཧཱུྃཧཱུྃ綠色威攝母 肢部諸處
ཕཊ་ཕཊ་དུད་ཁ་ཙརྩི་ཀའི་ངོ་བོ་རྣམས་སུ་གྱུར། ཅེས་གོ་ཆ་དང་། ཨོཾ་སུམྦྷ་ནི་སུམྦྷ་ཧཱུྃ་ཧཱུྃ་ཕཊ།
ཕཊ་ཕཊ 轉成煙色低噶贊芝嘎體相 如是披甲法是 嗡松巴呢松巴吽吽呸
ཨོཾ་གྲྀཧྞ་གྲྀཧྞ་ཧཱུྃ་ཧཱུྃ་ཕཊ། ཨོཾ་གྲྀཧྞཱ་པ་ཡ་གྲྀཧྞཱ་པ་ཡ་ཧཱུྃ་ཧཱུྃ་ཕཊ། ཨོཾ་ཨཱ་ན་ཡ་ཧོ་བྷ་ག་ཝན་བཛྲ་ཧཱུྃ་ཧཱུྃ་ཕཊ། ཅེས་ལན་གཉིས་
嗡革熱哈哪革熱哈哪吽吽呸 嗡革熱哈哪巴雅革熱哈哪巴雅吽吽呸

བརྗོད་ལ་ཚམ་རྫམས་ཀྱི་བསྲུང་བར་བྱའོ། །དེ་ནས་ཐུན་མཚམས་སུ་གཏོར་མ་འབུལ་བར་འདོད་ན། མཆོད་པ་དང་གཏོར་མ་ཕྱག་ལེན་ལྟར་བཤམས་ལ།
嗡啊哪雅嚎巴噶萬班雜吽吽呸 誦二遍 作威勢守護 於此座間若行食子瑜伽供養與食子
ནང་མཆོད་བྱིན་གྱིས་བརླབ་པ་ནི། ཨོཾ་ཁཎྜ་རོ་ཧི་ཧཱུྃ་ཧཱུྃ་ཕཊ། ཨོཾ་སྭ་བྷཱ་ཝ་ཤུདྡྷཿསརྦ་དྷརྨཱཿསྭ་བྷཱ་ཝ་ཤུདྡྷོ྅ཧཾ། སྟོང་པ་ཉིད་དུ་······
依師承陳設 內供加持法是 嗡堪哲撓嘿吽吽呸 嗡索巴瓦旭噠薩哇噠嘛蘇巴
གྱུར། སྟོང་པའི་ངང་ལས་ཡཾ་ལས་རླུང་། རཾ་ལས་མེ། ཨཱཿལས་མི་མགོའི་སྒྱིད་བུ་གསུམ་གྱི་སྟེང་དུ། ཨཱཿལས་ཐོད་པ་
瓦旭噠行 觀自性空 空性中ཡཾ雍生风 རཾ容生火 ཨཱཿ啊生三具人首

༄༅། །ཡངས་ཤིང་རྒྱ་ཆེ་བའི་ནང་དུ་ཨོཾ་ཁཾ་ཨཾ་ཏྲཱཾ་ཧཱུྃ་རྣམས་ལས་བདུད་རྩི་ལྔ། ལཾ་མཾ་པཾ་ཏཾ་བཾ་རྣམས་ལས་ཤ་ལྔ་ཡི་
之上ཨཱཿ生廣大頂骨器 其內ཨོཾ་ཁཾ་ཨཾ་ཏྲཱཾ་ཧཱུྃ嗡康昂章吽 諸化五甘露
གི་དེ་དག་གིས་མཚན་པ། རླུང་གཡོས་མེ་སྦར་བས་ཐོད་པའི་ནང་གི་རྫས་རྣམས་ཞུ་བར་གྱུར། དེ་དག་གི་སྟེང་དུ་ཧཱུྃ་
ལཾ་མཾ་པཾ་ཏཾ་བཾ 郎芒幫當幫 諸化五肉 復以諸字莊嚴 風鼓正火盛 器中諸物
ལས་སྐྱེས་པའི་ཁ་ཊྭཱཾ་ག་དཀར་པོ་མགོ་ཐུར་དུ་བལྟས་ནས་ཞུ་བ་ཐོད་པར་ལྷུང་ནས་རྫས་དེ་དག་དངུལ་ཆུའི་མདོག་
熔成汁 彼等之上ཧཱུྃ吽生白色喀章嘎倒懸熔化滴入頂器 器內諸物

ཅན་དུ་གྱུར། དེའི་སྟེང་དུ་དབྱངས་གསལ་གྱི་ཕྲེང་བ་སུམ་བརྩེགས་སུ་གནས་པ་ཨོཾ་ཨཱཿཧཱུྃ་དུ་གྱུར་པའི་འོད་ཟེར་གྱིས་
轉成水銀色 彼上元輔音母咒鬘三壘而住轉成ཨོཾ་ཨཱཿཧཱུྃ 嗡啊吽 三字之光
ཕྱོགས་བཅུའི་དེ་བཞིན་གཤེགས་པ་དང་། དཔའ་བོ་དང་རྣལ་འབྱོར་མ་ཐམས་ཅད་ཀྱི་ཐུགས་ཀ་ནས་ཡེ་ཤེས་ཀྱི་······
攝集十方諸佛勇父勇母心間智慧甘露注入器中
བདུད་རྩི་བཀུག་ནས་བསྟན་པས་མང་པོར་སྤར་ཞིང་སྤེལ་བར་གྱུར། ཨོཾ་ཨཱཿཧཱུྃ། ལན་གསུམ་བརྗོད་པས་བྱིན་གྱིས་བརླབ། དེ་ནས་
滔然大增 燃起無窮無盡 ཨོཾ་ཨཱཿཧཱུྃ 嗡啊吽 如是誦三遍作加持 復次 供物加持法是

༄༅། །མཆོད་པ་བྱིན་གྱིས་བརླབ་པ་ནི། ཨོཾ་ཁཎྜ་རོ་ཧེ་ཧཱུྃ་ཧཱུྃ་ཕཊ། ཨོཾ་སྭ་བྷཱ་ཝ་ཤུདྡྷཿསརྦ་དྷརྨཱཿསྭ་བྷཱ་ཝ་ཤུདྡྷོ྅ཧཾ། སྟོང་པ་ཉིད་

嗡堪哲撓嘿吽吽呸 嗡索巴瓦旭噠薩哇噠嘛蘇巴瓦旭噠行

དུ་གྱུར། སྟོང་པའི་ངང་ལས་ཀཾ་ལས་བྱུང་བའི་ཐོད་པ་རྣམས་ཀྱི་ནང་དུ་ཧཱུྃ་ལས་མཆོད་རྫས་རྣམས་རང་བཞིན་སྟོང་ཉིད།

觀自性空 空性中ཀཾ岡生諸頂器 內ཧཱུྃ吽化諸供物 自性空所具

རྣམ་པ་མཆོད་རྫས་སོ་སོའི་རྣམ་པ། བྱེད་ལས་དབང་པོ་དྲུག་གི་སྤྱོད་ཡུལ་དུ་ཟག་པ་མེད་པའི་བདེ་བ་ཁྱད་པར་ཅན་

之各各形相業用能予六根所行處生起無漏殊勝樂也

སྒེར་བར་གྱུར། ཨོཾ་ཨརྒྷཾ་ཨཱཿཧཱུྃ། ཨོཾ་པཱདྱཾ་ཨཱཿཧཱུྃ། ཨོཾ་བཛྲ་པུཥྤེ་ཨཱཿཧཱུྃ། ཨོཾ་བཛྲ་དྷཱུཔེ་ཨཱཿཧཱུྃ།

嗡啊剛啊吽 嗡巴當啊吽 嗡班雜布白啊吽 嗡班雜都貝啊吽

ཨོཾ་བཛྲ་དཱིཔེ་ཨཱཿཧཱུྃ། ཨོཾ་བཛྲ་གནྡྷེ་ཨཱཿཧཱུྃ། ཨོཾ་བཛྲ་ནཻ་ཝིདྱ་ཨཱཿཧཱུྃ།

嗡班雜帝貝啊吽 嗡班雜更得啊吽 嗡班雜納微德啊吽

ཨོཾ་བཛྲ་ཤབྡ་ཨཱཿཧཱུྃ། གིས་མཆོད་པ་བྱིན་གྱིས་བརླབ། གཏོར་མ་ནི། ཨོཾ་ཁཎྜ་རོ་ཧེ་ཧཱུྃ་ཧཱུྃ་ཕཊ་ཀྱིས་བསངས།

嗡班雜曉噠啊吽 之加持供物 嗡堪哲撓嘿吽吽呸 除穢

༄༅། །ཨོཾ་སྭ་བྷཱ་ཝ་ཤུདྡྷཿསརྦ་དྷརྨཱཿསྭ་བྷཱ་ཝ་ཤུདྡྷོ྅ཧཾ། སྟོང་པ་ཉིད་དུ་གྱུར། སྟོང་པའི་ངང་ལས་ཡཾ་ལས་རླུང་། རཾ་

嗡索巴瓦旭噠薩哇噠嘛蘇巴瓦旭噠行 觀自性空 空性中ཡཾ生風

ལས་མེ། ཨཱཿལས་མི་མགོའི་སྒྲེད་པུ་གསུམ་གྱི་སྟེང་དུ་ཨཱཿལས་ཐོད་པ་ཡངས་ཤིང་རྒྱ་ཆེ་བའི་ནང་དུ་ཨོཾ་ཁཾ་ཨཾ་ཏྲཱཾ་ཧཱུྃ······

རཾ生火 ཨཱཿ生三具人首 之上ཨཱཿ生廣大頂骨器 其內ཨོཾ་ཁཾ་ཨཾ་ཏྲཱཾ་ཧཱུྃ

རྣམས་ལས་བདུད་རྩི་ལྔ། ལཾ་མཾ་པཾ་ཏཾ་བཾ་རྣམས་ལས་ཤ་ལྔ་ཡི་གེ་དེ་དག་གིས་མཚན་པ། རླུང་གཡོས་མེ་སྦར་བས་ཐོད་

諸化五甘露 ལཾ་མཾ་པཾ་ཏཾ་བཾ諸化五肉 復以諸字莊嚴

པའི་ནང་གི་རྫས་རྣམས་ཞུ་བར་གྱུར། དེ་དག་གི་སྟེང་དུ་ཧཱུྃ་ལས་སྐྱེས་པའི་ཁ་ཊྭཱཾ་ག་དཀར་པོ་མགོ་ཐུར་དུ་བལྟས་ནས་

風鼓正火盛 器中諸物熔成汁 彼等之上ཧཱུྃ生白色喀章嘎倒懸熔化

ཞུ་བ་ཐོད་པར་ལྷུང་ནས་རྫས་དེ་དག་དངུལ་ཆུའི་མདོག་ཅན་དུ་གྱུར། དེའི་སྟེང་དུ་དབྱངས་གསལ་གྱི་ཕྲེང་བ་གསུམ······

滴入頂器 器內諸物轉成水銀色 彼上元輔音母咒鬘

བརྩེགས་སུ་གནས་པ་ཨོཾ་ཨཱཿཧཱུྃ་དུ་གྱུར་པའི་འོད་ཟེར་གྱིས་ཕྱོགས་བཅུའི་དེ་བཞིན་གཤེགས་པ་དང་དཔའ་བོ་དང་རྣལ་

三壘而住轉成ཨོཾ་ཨཱཿཧཱུྃ三字之光攝集十方諸佛 勇父勇母

༄༅། །འབྱོར་མ་ཐམས་ཅད་ཀྱི་ཐུགས་ཀ་ནས་ཡེ་ཤེས་ཀྱི་བདུད་རྩི་བཀུག་ནས་བསྟན་པས་མང་པོར་སྤར་ཞིང་སྤེལ་

心間智慧甘露注入器中 滔然大增 燃起無窮無盡

བར་གྱུར། ཨོཾ་ཨཱཿཧཱུྃ། ལན་གསུམ་བརྗོད། ཕཻཿ རང་གི་ཐུགས་ཀའི་བཾ་ཡིག་ལས་འོད་ཟེར་འཕྲོས་པས། འོག་མིན་ནས་རྗེ་

ཨོཾ་ཨཱཿཧཱུྃ 誦三遍 呸 自心間 བཾ 字發光於奥明天迎請

བཙུན་རྡོ་རྗེ་རྣལ་འབྱོར་མ་ལ་བླ་མ་ཡི་དམ་སངས་རྒྱས་བྱང་སེམས་དཔའ་བོ་མཁའ་འགྲོ་ཆོས་དང་འཇིག་རྟེན་སྐྱོང་……

至尊金剛瑜伽母上師本尊 諸佛菩薩 勇士空行 護法及

བའི་ཚོགས་ཀྱིས་བསྐོར་བ་མདུན་གྱི་ནམ་མཁར་སྤྱན་དྲངས། མགྲོན་རྣམས་ཀྱི་ལྗགས་ལ་ཧཱུྃ་ལས་སྐྱེས་པའི་རྡོ་རྗེ་རྩེ་

世間護法衆圍繞至對前虛空 衆賓之舌上 ཧཱུྃ 生

གསུམ་པ་ནས་འབྲུ་ཙམ་འབོད་པའི་འོད་ཟེར་གྱི་སྦུ་གུས་གཏོར་མའི་བཅུད་དྲངས་ཏེ་གསོལ་བར་གྱུར་ པར་བསམས།

三股金剛杵 形如稞麥光筒 吮納食子精華 如是觀

ཨོཾ་བཛྲ་ཨ་ར་ལི་ཧོཿ ཛཿཧཱུྃ་བཾ་ཧོཿ བཛྲ་ཌཱ་ཀི་ནི་ས་མ་ཡ་སྟྭཾ་དྲི་ཤྱ་ཧོཿ ལན་གསུམ་མམ་བདུན་གྱིས་འབུལ།

嗡班雜啊惹黎嚎雜吽幫嚎班雜哲格呢薩嘛雅哆置夏雅嚎 三遍或七遍作供

༄༅། །ཨོཾ་བཛྲ་ཡོ་གི་ནི་ས་པ་རི་ཝ་ར་ཨརྒྷཾ། པཱདྱཾ། པུཥྤེ། དྷཱུ་པེ། ཨ་ལོ་ཀེ། གནྡྷེ། ནཻ་ཝི་དྱ།

嗡班雜搖格呢薩巴日瓦惹啊剛 巴當 布白 都貝 啊洛格 更得

ཤབྡ་ཨཱཿཧཱུྃ་གིས་མཆོད། ཨོཾ་བཛྲ་ཡོ་གི་ནི་ས་པ་རི་ཝ་ར་ཨོཾ་ཨཱཿཧཱུྃ།

納微德 曉噠啊吽 之供 嗡班雜搖格呢薩巴日瓦惹嗡啊吽

དཔལ་ལྡན་རྡོ་རྗེ་མཁའ་འགྲོ་མ། །མཁའ་འགྲོ་མ་ཡི་འཁོར་ལོས་བསྒྱུར། །

具德金剛空行母　　旋轉空行母法輪

ཡེ་ཤེས་ལྔ་དང་སྐུ་གསུམ་ཉིད། །འགྲོ་བ་སྐྱོབས་ལ་ཕྱག་འཚལ་ལོ། །

獲得五智與三身　　救護衆者前頂禮

ཇི་སྙེད་རྡོ་རྗེ་མཁའ་འགྲོ་མ། །ཀུན་ཏུ་རྟོག་པའི་འཆིང་གཅོད་ཅིང་། །

所有金剛空行母　　已斷一切分別識

འཇིག་རྟེན་བྱ་བར་རབ་འདུག་མ། །དེ་སྙེད་རྣམས་ལ་ཕྱག་འཚལ་ལོ། །ཞེས་བསྟོད།

勝處世間事業母　　彼諸尊前敬頂禮 如是讚

༄༅། །མཐའ་ཡས་རྒྱལ་བའི་བདེ་སྟོང་ཟློས་གར་ནི། །སྲིད་ཞིའི་མིག་འཕྲུལ་ཅིར་ཡང་འཆར་བ་ལས། །

無邊勝者樂空之遊戲　世出世間幻化盡顯明

དེང་འདིར་མཁའ་སྤྱོད་དབང་མོ་ཡིད་འོང་མ། །སྙིང་ནས་དྲན་ནོ་འཁྱུད་པའི་རྩེ་དགས་སྐྱོངས། །

今此空行自在悅意母　意念相會交媾喜護持

འོག་མིན་ཞིང་ན་ལྷན་སྐྱེས་རྒྱལ་ཡུམ་མ། །ཉེར་བཞིའི་ཡུལ་ན་ཞིང་སྐྱེས་ཌཱ་ཀི་མ། །

奧明淨土俱生勝佛母　二十四界刹生哲格瑪

ནོར་འཛིན་ཁྱབ་པའི་ཀརྨ་མུ་དྲ་མ། །རྣལ་འབྱོར་བདག་གི་སྐྱབས་མཆོག་རྗེ་བཙུན་མ། །

持寶遍照噶瑪牟折瑪　我皈至尊殊勝瑜伽母

ཁྱོད་ནི་སེམས་ཉིད་སྟོང་པའི་རང་རྩལ་ཏེ། །རྡོ་རྗེའི་གྲོང་ན་ཨེ་དབྱིངས་བཾ་གྱི་དངོས། །

尊乃本心性空自善巧　金剛壇中唉界 བཾ 字現

སྒྱུ་མའི་གླིང་ན་འཇིགས་རུང་སྲིན་མོ་དང་། །འཛུམ་དཀར་གཡོ་བའི་ལང་ཚོ་གསར་པ་སྟོན། །

幻化洲中怖畏母藥叉　喜顏踴躍示現新妙齡

༄༅། །བདག་གིས་ཇི་ལྟར་བཙལ་ཡང་འཕགས་མ་ཁྱོད། །བདེན་པར་གྲུབ་པའི་ངེས་པ་མ་རྙེད་ནས། །

任我所尋悉見聖母尊　未得成就真諦信念間

སྤྲོས་པས་དུབ་པའི་སེམས་ཀྱི་གཞོན་ནུ་དེ། །བརྗོད་བྲལ་ནགས་ཀྱི་ཁང་བུར་ངལ་གསོ་བསྙེན། །

以彼心幼遂爲戲論疲　離詮密林小屋得憩息

ཨེ་མ་ད་ནི་ཌཱ་ཀི་དབྱིངས་ནས་བཞེངས། །ཧེ་རུ་ཀ་དཔལ་རྒྱུད་ཀྱི་རྒྱལ་པོ་ལས། །

唉嘛今從空行界現起　嘿洳嘎巴密王續中生

རྡོ་རྗེ་བཙུན་མོའི་ཉེ་བའི་སྙིང་པོ་མཆོག །བཟླས་པས་འགྲུབ་ཅེས་གསུངས་པའི་བདེན་པས་སྐྱོངས། །

金剛纘母隨近殊勝咒　誦所成就即能真實護

ཨོཾ་ཏྲི་བི་ཤའི་བས་མཐའི་ནགས་ཁྲོད་དུ། །གྲུབ་པའི་དབང་ཕྱུག་རྡོ་རྗེ་དྲིལ་བུ་པ། །

嗡植必謝寂靜叢林中　成就自在金剛執波巴

འཁྱུད་དང་ཙུམ་ལྷའི་བདེ་བས་རྗེས་བསྐྱངས་ཏེ། །ཁ་སྦྱོར་མཆོག་གིས་རོལ་བཞིན་བདག་ཀྱང་སྐྱོངས། །

擁抱交會大樂隨攝受　殊勝和合遊戲護持我

༄༅། །གཎྜའི་གླིང་ནས་རྗེ་བཙུན་ཀུ་སུ་ལི། །མངོན་སུམ་ནམ་མཁའི་དབྱིངས་སུ་ཁྲིད་པ་དང་། །
剛伽洲中至尊古薩黎　　現前空境界中導引尊
དཔལ་ལྡན་ནཱ་རོ་ཏ་པ་རྗེས་བཟུང་ལྟར། །བདག་ཀྱང་མཁའ་སྤྱོད་དགའ་མའི་གྲོང་དུ་འཁྲིད། །
具德那若噠巴隨攝如　　攝引我等空行樂壇中
རྩ་བརྒྱུད་བླ་མ་མཆོག་གི་ཐུགས་རྗེ་དང་། །རྒྱུད་ཆེན་གསང་མཐའི་མྱུར་ལམ་ཟབ་ཁྱད་དང་། །
根本傳承上師慈憐憫　　大續密乘勝深妙捷道

རྣལ་འབྱོར་བདག་གི་ལྷག་བསམ་དག་པའི་མཐུས། །མཁའ་སྤྱོད་དགའ་མའི་འཛུམ་ཞལ་མྱུར་མཐོང་ཤོག །
瑜伽士增意樂清淨力　　空行喜母笑顏願速見
ༀ་བཛྲ་ཧེ་རུ་ཀ་ས་མ་ཡ། མ་ནུ་པཱ་ལ་ཡ། ཧེ་རུ་ཀ་ཏྭེ་ནོ་པ་ཏིཥྛ། དྲྀ་ཌྷོ་མེ་བྷ་ཝ།
嗡班雜嘿洳嘎薩瑪雅 嘛怒巴啦雅 嘿洳嘎戴惱巴 第洽直照麥巴瓦
སུ་ཏོ་ཥྱོ་མེ་བྷ་ཝ། སུ་པོ་ཥྱོ་མེ་བྷ་ཝ། ཨ་ནུ་ར་ཀྟོ་མེ་བྷ་ཝ། སརྦ་སིདྡྷི་མྨེ་པྲ་ཡཙྪ།
嗦哆喀搖麥巴瓦 嗦波喀搖麥巴瓦 啊怒惹哆麥巴瓦 薩瓦嘶諦麥炸

༄༅། །སརྦ་ཀརྨ་སུ་ཙ་མེ་ཙིཏྟཾ་ཤྲི་ཡཾ་ཀུ་རུ་ཧཱུྃ། ཧ་ཧ་ཧ་ཧ་ཧོཿ་བྷ་ག་ཝན། བཛྲ་ཧེ་རུ་ཀ་མཱ་མེ་མུཉྩ།
雅渣 薩瓦噶瑪蘇哲邁 置當什日雲 咕洳吽 哈哈哈哈嚎 巴噶萬
ཧེ་རུ་ཀ་བྷ་ཝ། མཧཱ་ས་མ་ཡ་ས་ཏྭ་ཨཱཿཧཱུྃ་ཕཊ།
班雜嘿洳嘎嘛麥牟渣 嘿洳嘎巴瓦 嘛哈薩瑪雅薩埵啊吽呸
མ་རྙེད་ཡོངས་སུ་མ་ཤེས་དང་། །གང་ཡང་ནུས་པ་མ་མཆིས་པས། །
不獲不備未知及　　任何己能謹所能

འདིར་ནི་བྱ་བ་གང་བགྱིས་པ། །དེ་ཀུན་ཁྱོད་ཀྱིས་བཟོད་མཛད་རིགས། །
凡此所作諸過失　　懇祈諸尊悉寬容
བཛྲ་མུཿགཏོར་མགྲོན་ཡེ་ཤེས་པ་རྣམས་རང་ཉིད་ལ་ཐིམ་ཞིང་། །འཇིག་རྟེན་པ་རྣམས་རང་གནས་སུ་གཤེགས་པར་གྱུར།
班雜牟 諸食賓智尊融入於己 世間諸賓自歸本處
དགེ་བ་འདི་ཡིས་མྱུར་དུ་བདག །མཁའ་སྤྱོད་མ་དངོས་འགྲུབ་གྱུར་ནས། །
願以我所修善業　　速證成就空行母

༄༅། །འགྲོ་བ་གཅིག་ཀྱང་མ་ལུས་པ། །དེ་ཡི་ས་ལ་འགོད་པར་ཤོག །

一切衆生無一餘　　攝置佛國彼刹土

འཆི་ཚེ་མགོན་དང་དཔའ་བོ་མ་སོགས་ཀྱིས། །མེ་ཏོག་གདུགས་དང་རྒྱལ་མཚན་ཐོགས་ནས་སུ། །

臨終依怙勇父空行母　　持諸傘蓋華鬘寶幢幡

རོལ་མོ་སིལ་སྙན་སྒྲ་སྙན་སོགས་མཆོད་ཅིང་། །མཁའ་ལ་སྤྱོད་པའི་གནས་སུ་འཁྲིད་པར་ཤོག །

供養悅耳天籟等妙音　　接引我等空行淨土中

ལྷ་མོ་ཚད་མ་དམ་ཚིག་ཚད་མ་དང་། །དེས་བརྗོད་གསུང་ཡང་མཆོག་ཏུ་ཚད་མ་སྟེ། །

天母證量三昧耶證量　　彼述釋量殊勝釋證量

བདེན་པ་འདི་དག་གིས་ནི་ལྷ་མོ་རྣམས། །བདག་ཅག་རྗེས་སུ་འཛིན་པའི་རྒྱུར་གྱུར་ཅིག །

由此一切真實之真諦　　願成佛母隨攝我等因

གང་གི་རྣམ་སྤྲུལ་གྲངས་མེད་བྱེ་བ་ཕྲག །སྟོང་ཕྲག་བདུན་ཅུ་རྩ་གཉིས་ཚོགས་རྣམས་ཀྱིས། །

敦敦幻化無量俱胝數　　七萬二千諸衆集會聚

༄༅། །སྒྲུབ་པ་པོ་ཡི་བར་ཆད་ཀུན་སེལ་ཅིང་། །འདོད་དོན་དངོས་གྲུབ་སྩོལ་བའི་བཀྲ་ཤིས་ཤོག །

一切行者障礙消除盡　　祈賜所欲成就吉祥來

ཅེས་བསྔོ་སྨོན་ཤིས་བརྗོད་སོགས་ཀྱིས་མཐར་བརྒྱན་པར་བྱའོ། །རྗེ་བཙུན་རྡོ་རྗེ་རྣལ་འབྱོར་མ་ནཱ་རོ་མཁའ་སྤྱོད་ཀྱི་སྒྲུབ་ཐབས་ཐུན་མོང་མ་ཡིན་པ་བདེ་

吉祥偈和合而作結行莊嚴　此至尊金剛瑜伽母那若空行

ཆེན་ཉེ་ལམ་ལས་བསྡུས་ཏེ་བསྒོམ་ཚུལ་ནག་འགྲོས་སུ་བཀོད་པ་ནི་སྐྱབས་མཆོག་རྡོ་རྗེ་འཆང་ཕ་བོང་ཁ་པ་རྗེ་བཙུན་བྱམས་པ་བསྟན་འཛིན་འཕྲིན་ལས

大樂捷道觀修法略軌是帕幫喀巴・丹增成勒仁波切所造

མཛད་པ་སེར་སྨད་ཆོས་མཛད་དུ་འབོད་པ་ཤཱཀྱའི་དགེ་སློང་ངག་དབང་བཟོད་པ་རྒྱ་མཚོས་སེར་སྨད་གྲྭ་ཚང་ཐོག་ཁང་གཟིམ་ཆུང་ནས་གུས་པས་བསྒྱུར་བའོ།།

由色麥欽則・阿旺貟巴嘉措敬譯於色麥札倉大雄寶殿三樓寢室

དགེ་ལེགས་འཕེལ། །

願諸吉祥

༄༅། །རྗེ་བཙུན་རྡོ་རྗེ་རྣལ་འབྱོར་མ་ནཱ་རོ་མཁའ་སྤྱོད་ཀྱི་སྒྲུབ་ཐབས་ཐུན་མོང་མ་ཡིན་པ་བདེ་ཆེན་ཉེ་ལམ་དང་། དཀྱིལ་

至尊金剛瑜伽母那若空行不共大樂成就法捷道

འཁོར་གྱི་ཆོ་ག་བདེ་ཆེན་དགའ་སྟོན་བཅས་ངག་འདོན་བདེ་ཕྱིར་ནག་འགྲོས་སུ་གསལ་བར་བཀོད་པ་བཞུགས་སོ། །

暨中圍儀軌大樂喜筵等唸誦方便之顯明妙彙莊嚴

།འདི་དབང་དང་བྱིན་རླབས་ཐོབ་ཀྱང་རིམ་གཉིས་ཀྱི་ཟབ་ཁྲིད་མ་ཐོབ་པས་བལྟ་བར་མི་བྱའོ། །

此法雖獲得灌頂與加持若未獲得深奧二次第教敕者不得翻閱

མཁའ་ གཅིག་ མདོ།

༄༅། །ན་མོ་གུ་རུ་བཛྲ་ཌཱ་ཀི་ཡེ། ཟག་མེད་བདེ་བ་མཆོག་གི་དཀྱིལ་འཁོར་དུ། །

哪摩咕泇班雜嗟瑪雅　　無漏殊勝安樂壇城中

སྟོང་དང་སྒྲོས་ཀུན་སྡོམ་མཁས་ཧེ་རུ་ཀ །དཔལ་ལྡན་དཔའ་བོའི་དབང་ཕྱུག་ཡབ་ཡུམ་གྱིས། །

樂空善攝遊戲嘿泇嘎　　具德自在勇父勇母尊

རྟག་ཏུ་མི་ཤིགས་ཐིག་ལེར་དགྱེས་དགུར་རོལ། །སྙིང་རྗེར་རོ་གཅིག་ཨེ་དབྱིངས་སྒྱུ་མའི་གར། །

歡喜享用永不滅明點　　悲心不二唉界幻化舞

大樂捷道暨中圍喜筵　一

མཁའ་ གཉིས་ མདོ།

༄༅། །ཡིད་འོང་དགའ་མའི་གར་གྱིས་ཉམ་ཐག་འགྲོ། །བདེ་ཆེན་དབྱིངས་སུ་འདྲེན་པའི་ཐབས་མཁས་མ། །

悅意歡樂舞解煩惱母　　接引大樂佛界善巧母

རྒྱལ་ཡུམ་རྡོ་རྗེ་བཙུན་མོས་རྟག་སྐྱོངས་མཛོད། །ཉེར་བཞིའི་ཡུལ་ན་སྐལ་ལྡན་རྗེས་གཟུང་ཕྱིར། །

至尊金剛佛母常護佑　　二十四界具緣隨攝故

མ་ངེས་རྣམ་འགྱུར་དུ་མའི་མིག་འཕྲུལ་མཁན། །ཞིང་སྔགས་ལྷན་ཅིག་སྐྱེས་པའི་མཁའ་འགྲོས་ཀྱང་། །

多種難解變化幻術者　　剎咒俱生成就空行母

大樂捷道暨中圍喜筵　二

བརྩེ་བས་རྗེས་གཟུང་འདོད་པའི་དངོས་གྲུབ་སྩོལ། །དེ་ཙམ་སྙིགས་མར་གྱུར་ལ་ལྷག་པར་དུ། །

慈愍隨攝賜所欲悉地　　如何濁惡於之更猶勝

ཟབ་མྱུར་ཁྱད་པར་ལྷག་པའི་ཉེ་ལམ་མཆོག །མཁའ་འགྲོའི་སྙིང་བཅུད་རྒྱུད་དོན་རྒྱ་མཚོའི་དཔྱིད། །

殊勝深奧增上速成道　　空行心粹密續義海暉

རྗེན་པར་ཕྱུངས་འདི་སྐལ་བཟང་རྒྱན་དུ་ལོངས། །དེ་ལ་འདིར་དཔལ་འཁོར་ལོ་བདེ་མཆོག་གི་རྩ་བཤད་ཀྱི་རྒྱུད་རྣམས་ལས་གསལ་བར

全觀甚妙賢劫此莊嚴　此法在勝樂總攝輪諸本續及釋義中

མཁའ་ གསུམ་ མཆོད།

༄༅། །བསྟན་ཅིང་། འཕགས་པའི་ཡུལ་དུ་པཎ་གྲུབ་ཀུན་གྱི་གཙུག་གི་ནོར་བུར་གྱུར་པ་ཇོ་བོ་ནཱ་རོ་ཏ་པས། རྗེ་བཙུན་མའི་ཞལ་མཐོང་སྙམ་དུ་གཟིགས

有明確教授　爲天竺諸班智達成就者頂莊嚴寶之那若覺者親見至尊母面容

ཏེ་གདམས་པ་རྣམས་མ་ནོས་ནས་ལེགས་པར་བཀྲལ་ཞིང་། བོད་ཡུལ་དུ་དཔལ་ལྡན་ས་སྐྱ་པ་ཡབ་སྲས་ཀྱི་སྙན་བརྒྱུད་གསེར་ཆོས་བཅུ་གསུམ་གྱི་ནང་ཚན།

並聆受親教要義而得　在雪域爲薩迦具德師徒耳傳十三金法之一

ཁམས་གསུམ་ཆོས་ཀྱི་རྒྱལ་པོ་ཙོང་ཁ་པ་ཆེན་པོའི་ཐུགས་ལ་གབ་པའི་སྦས་ཆོས་ཐུན་མོང་མ་ཡིན་པ། ནཱ་རོ་མཁའ་སྤྱོད་དུ་གྲགས་པ་རྗེ་བཙུན་རྡོ་རྗེ་རྣལ་

乃三界法王宗喀巴大師心密法中之不共同秘密法　著稱那若空行　如是修持

大樂捷道暨中圍喜筵　三

འབྱོར་མའི་སྒྲུབ་ཐབས་ཐུན་མོང་མ་ཡིན་པ་ལྟར་ཉམས་སུ་ལེན་པའི་ཚུལ་ལག་ཏུ་བླངས་བདེ་བར་འགོད་པ་ལ། རྣལ་འབྱོར་པ་ལམ་ཐུན་མོང་བས་རྒྱུད་ལེགས

至尊金剛瑜伽母那若空行不共成就實修法之瑜伽士應先修共同成就法

པར་སྦྱངས་ཤིང་། བདེ་དགྱེས་སོགས་མ་རྒྱུད་ཀྱི་དཀྱིལ་འཁོར་ཚད་ལྡན་གང་ཡང་རུང་བ་ཞིག་ཏུ་དབང་བཞི་རྣམ་པར་དག་པ་སྐུ་བཞིའི་ས་བོན་ཐེབས་ངེས

清淨加持自相續並須受得勝樂喜金剛等具量母續清淨中圍四灌頂植四身法種

སུ་བཙོས་ཏེ། དམ་ཚིག་དང་སྡོམ་པ་རྣམས་མིག་འབྲས་བཞིན་དུ་སྲུང་བ་ལ་བརྩོན་པར་བྱེད་ཅིང་། དེའི་སྟེང་དུ་འདི་ཉིད་ཀྱི་སིནྡྷུ་རའི་དཀྱིལ་འཁོར་དུ་བྱིན་

修行精進守持三昧耶如護眼珠　其後復於至尊金剛瑜伽母之壇城中領受深奧加被

མཁའ་ བཞི་ མཆོད་

༄༅། །རླབས་ཟབ་མོ་ཕྱི་ནང་གསང་བའི་རྡོ་རྗེ་བཙུན་མོ་ངོ་འཕྲོད་ངེས་སུ་ལེགས་པར་མནོས་ཏེ། ཐུན་མོང་དང་། ཐུན་མོང་མ་ཡིན་པའི་མན་ངག་ཞལ་

觀外內密至尊金剛母並領受過共與不共同之訣要教授　依止大秘密傳承

ཤེས་རྣམས་དང་བཅས་པ་ལ་གསང་ཆེན་སློབ་བཤད་པའི་ཕྱག་བཞེས་འཁྲུལ་མེད་ལྟར་ཐོབ་ནས་ཉམས་སུ་ལེན་པའི་རིམ་པ་ལ་གཉིས། ཐུན་གྱི་ངོ་བོ་ལ་ཇི་

熟通實施無誤者　其實修次第分二　即座中體相如何作與座間如何作之次第者也

ལྟར་བྱ་བ་དང་། ཐུན་མཚམས་སུ་ཇི་ལྟར་བྱ་བའི་རིམ་པའོ། །དང་པོ་ལ་སྦྱོར་དངོས་རྗེས་གསུམ་ལས། དང་པོ་ནི། དབེན་ཞིང་ཡིད་དང་མཐུན་པའི་གནས

前者分前正結三行　甲　前行法是　於寂靜合意之處設置畫像或塑像　誓言之法器

大樂捷道暨中圍喜筵　四

སུ་བྲིས་འབུར་གྱི་སྐུ་དང་། དམ་ཚིག་གི་རྫས་ཌཱ་དྲིལ་ཁཊྭཱ་ག་སོགས་དང་ཕྱི་ནང་གི་མཆོད་གཏོར་རྣམས་ལེགས་པར་ཚོགས་པར་བྱས་ལ། བདེ་བའི་སྟན་ལ་ཁ

如鼗鼓鈴杵喀章嘎等及外內供食等應備所備　於舒適墊上面向西而坐

ནུབ་ཏུ་ཕྱོགས་པའམ་ཕྱོགས་པར་མོས་ཏེ། དངོས་གཞི་ཉམས་སུ་ལེན་པའི་རིམ་པ་ནི། རྗེས་ཆེན་གྱིས། ཉལ་དང་ལྡང་དང་བདུད་རྩི་མྱང་། །ཚད་མེད་བླ་མ་བདག

或觀向西方而行　正行實修次第是　如聖薩欽云　眠寐覺寤嚐甘露

ལྟར་བསྐྱེད། །འགྲོ་བ་དག་པའི་རྣལ་འབྱོར་དང་། །དཔའ་བོ་དཔའ་མོས་བྱིན་གྱིས་བརླབས། །ངག་བཟླས་ཡིད་བཟླས་གཉིས་གཅིག་ཡིན། །བསམ་གྱིས

無量上師自生尊　清淨衆生之瑜伽　勇士勇母作加持　口誦意念二合一

མཁའ་ ལྔ་ འཛོམ།

༄༅། །མི་ཁྱབ་རྣལ་འབྱོར་དང་། །སྤྱོད་ལམ་གྱི་ནི་རྣལ་འབྱོར་ཏེ། །དེ་ལྟར་རྣལ་འབྱོར་བཅུ་གཅིག་གོ །ཅེས་གསུངས་པ་ལྟར། དང་པོ་ཉལ་བའི་
不可思議之瑜伽　威儀行止之瑜伽　如是十一瑜伽法　一是眠寐瑜伽
རྣལ་འབྱོར་དང་། གཉིས་པ་ལྡང་བའི་རྣལ་འབྱོར་དང་། གསུམ་པ་བདུད་རྩི་མྱང་བའི་རྣལ་འབྱོར་རྣམས་སྔོན་དུ་བཏང་སྟེ། བཞི་པ་ཚད་མེད་ཀྱི་རྣལ་འབྱོར་
二是覺寤瑜伽　三是嚐甘露瑜伽　其爲前行　四是無量瑜伽
ནི། ལུས་གནད་དང་ལྡན་པར་འཁོད་ནས། མདུན་གྱི་ནམ་མཁར་བླ་མ་འཁོར་ལོ་སྡོམ་པ་ཡབ་ཡུམ་ལ་རྩ་བརྒྱུད་ཀྱི་བླ་མ་ཡི་
身具要訣入坐之後　對前虛空中上師總攝輪作勝樂父母周匝根本傳承師

大樂捷道暨中圍喜筵　五

དམ་མཆོག་གསུམ་བཀའ་སྡོད་སྲུང་མའི་ཚོགས་ཀྱིས་བསྐོར་ནས་བཞུགས་པར་གྱུར། རང་དང་སེམས་ཅན་ཐམས་ཅད་ཀྱིས་
本尊三寶遵敕護法衆圍繞而住　作自與一切衆生在皈依
སྐྱབས་སུ་འགྲོ་བར་མོས་ནས། བདག་དང་འགྲོ་བ་ནམ་མཁའི་མཐའ་དང་མཉམ་པའི་སེམས་ཅན་ཐམས་ཅད་དུས་འདི་ནས་
境中之勝解　我與天際一切有情衆自今時起乃至
བཟུང་སྟེ་ཇི་སྲིད་བྱང་ཆུབ་སྙིང་པོ་ལ་མཆིས་ཀྱི་བར་དུ་དཔལ་ལྡན་བླ་མ་དམ་པ་རྣམས་ལ་སྐྱབས་སུ་མཆིའོ། །
證得成就菩提　皈依一切具德賢善上師

མཁའ་ དྲུག་ འཛོམ།

༄༅། །རྫོགས་པའི་སངས་རྒྱས་བཅོམ་ལྡན་འདས་རྣམས་ལ་སྐྱབས་སུ་མཆིའོ། །དམ་པའི་ཆོས་རྣམས་ལ་སྐྱབས་སུ་
皈依一切圓覺佛　皈依一切正法
མཆིའོ། །འཕགས་པའི་དགེ་འདུན་རྣམས་ལ་སྐྱབས་སུ་མཆིའོ། །ཞེས་ལན་གསུམ་གྱིས་སྐྱབས་འགྲོ་དང་། བདག་གིས་རྫོགས་
皈依一切聖僧伽　如是作三遍皈依
པའི་སངས་རྒྱས་ཀྱི་གོ་འཕང་ཐོབ་པར་བྱས་ལ། སེམས་ཅན་ཐམས་ཅད་འཁོར་བའི་སྡུག་བསྔལ་གྱི་རྒྱ་མཚོ་ལས་
我爲成就正等圓覺果位　救度一切衆生出離輪迴

大樂捷道暨中圍喜筵　六

བསྒྲལ་ནས་རྫོགས་པའི་བྱང་ཆུབ་ཀྱི་བདེ་བ་ལ་འགོད་པར་བྱ། དེའི་ཕྱིར་དུ་རྡོ་རྗེ་རྣལ་འབྱོར་མའི་ལམ་གྱི་རིམ་པ་
苦海而使圓滿菩提置於安樂故　受持金剛瑜伽
ཉམས་སུ་བླང་བར་བགྱིའོ། །ཞེས་ལན་གསུམ་གྱིས་སེམས་བསྐྱེད། ཚད་མེད་བཞི་སྤྱི་ལྟར་བགྱིས་ཀྱང་རུང་ངོ་། །དེ་ནས་ཐལ་མོ་སྦྱར་ཏེ། བླ་མ་
母道次第　如是三遍發心　四無量可依共同法修之　然後合十
དང་དཀོན་མཆོག་རིན་པོ་ཆེ་རྣམ་པ་གསུམ་ལ་ཕྱག་འཚལ་ཞིང་སྐྱབས་སུ་མཆིའོ། །ཁྱེད་རྣམས་ཀྱིས་བདག་གི་རྒྱུད་
頂禮皈依上師三寶祈請諸聖尊

མཁའ་ བདུན་ མཆོད།

༄༅། །བྱིན་གྱིས་བརླབ་ཏུ་གསོལ། ཞེས་བརྗོད་པས། མདུན་གྱི་སྐྱབས་ཡུལ་རྣམས་འོད་ཟེར་དཀར་དམར་མཐིང་གསུམ་
加持我相續 如是誦 對前皈依處諸尊化爲
གྱི་རྣམ་པར་ཞུ་ནས་རང་ལ་ཐིམ་པས་སྐུ་གསུང་ཐུགས་ཀྱི་བྱིན་རླབས་ཐོབ་པར་གྱུར། དེ་ནས། རང་ཉིད་སྐད་ཅིག་གིས་
白紅藍三道光相融於自身獲得身語意加持 復次 自身剎那間
རྗེ་བཙུན་རྡོ་རྗེ་རྣལ་འབྱོར་མར་གྱུར། ནང་མཆོད་ཞལ་བཞི་པའི་སྔགས་ཀྱིས་བསངས། ཡང་ན། ཨོཾ་ཁཎྜ་རོ་ཧི་ཧཱུྃ་ཧཱུྃ་ཕཊ་ཀྱིས་བསངས།
轉成至尊金剛瑜伽母 內供用四面之咒除穢 或 嗡堪哲撓嘿吽吽呸 之除穢

大樂捷道暨中圍喜筵 七

སྭ་བྷཱ་ཝས་སྦྱངས། སྟོང་པའི་ངང་ལས་ཡཾ་ལས་རླུང་། རཾ་ལས་མེ། ཨཱཿལས་
索巴微 淨治 空性中 ཡཾ 生風 རཾ 生火 ཨཱཿ 生三具
མི་མགོའི་སྒྲིད་བུ་གསུམ་གྱི་སྟེང་དུ་ཨཱཿལས་ཐོད་པ་ཡངས་ཤིང་རྒྱ་ཆེ་བའི་ནང་དུ་ཨོཾ་ཁཾ་ཨཾ་ཏྲཱཾ་ཧཱུྃ་རྣམས་ལས་བདུད་རྩི་
人首之上 ཨཱཿ 生廣大頂骨器 其內 ཨོཾ་ཁཾ་ཨཾ་ཏྲཱཾ་ཧཱུྃ 諸化五甘露
ལྔ། ལཾ་མཾ་པཾ་ཏཾ་བཾ་རྣམས་ལས་ཤ་ལྔ་ཡི་གེ་དེ་དག་གིས་མཚན་པ། རླུང་གཡོས་མེ་སྦར་བས་ཐོད་པའི་ནང་གི་རྫས་
ལཾ་མཾ་པཾ་ཏཾ་བཾ 諸化五肉復以諸字莊嚴 風鼓正火盛

མཁའ་ བརྒྱད་ མཆོད།

༄༅། །རྣམས་ཞུ་བར་གྱུར། དེ་དག་གི་སྟེང་དུ་ཧཱུྃ་ལས་སྐྱེས་པའི་ཁ་ཊྭཱཾ་ག་དཀར་པོ་མགོ་ཐུར་དུ་བལྟས་ནས་ཞུ་བ་ཐོད་
器內諸物熔成汁 彼等之上 ཧཱུྃ 生白色喀章嘎倒懸
པར་ལྷུང་ནས་རྫས་དེ་དག་དངུལ་ཆུའི་མདོག་ཅན་དུ་གྱུར། དེའི་སྟེང་དུ་དབྱངས་གསལ་གྱི་ཕྲེང་བ་གསུམ་བརྩེགས་
熔化滴入頂器 器內諸物轉成水銀色 彼上元輔音咒鬘
སུ་གནས་པ་ཨོཾ་ཨཱཿཧཱུྃ་དུ་གྱུར་པའི་འོད་ཟེར་གྱིས་ཕྱོགས་བཅུའི་དེ་བཞིན་གཤེགས་པ་དང་། དཔའ་བོ་དང་རྣལ་འབྱོར་
三疊而住 轉成 ཨོཾ་ཨཱཿཧཱུྃ 三字光 攝集十方諸如來

大樂捷道暨中圍喜筵 八

མ་ཐམས་ཅད་ཀྱི་ཐུགས་ཀ་ནས་ཡེ་ཤེས་ཀྱི་བདུད་རྩི་བཀུག་ནས་བསྣན་པས་མང་པོར་སྤར་ཞིང་སྤེལ་བར་གྱུར། ཨོཾ་
勇父瑜伽母心間之智慧甘露注入器中 滔然大增 燃起無窮無盡
ཨཱཿཧཱུྃ། ལན་གསུམ་བརྗོད་པས་བྱིན་གྱིས་བརླབས། ཨོཾ་ཁཎྜ་རོ་ཧི་ཧཱུྃ་ཧཱུྃ་ཕཊ་ཀྱིས་བསངས། སྭ་བྷཱ་ཝས་སྦྱངས། སྟོང་པའི་ངང་ལས་
嗡啊吽 誦三遍作加持 嗡堪哲撓嘿吽吽呸 之除穢 索巴微 淨治 空性中ཀཾ
ཀཾ་ལས་ཐོད་པའི་སྣོད་རྣམས་ཀྱི་ནང་དུ་ཧཱུྃ་ལས་མཆོད་རྫས་རྣམས་རང་བཞིན་སྟོང་ཉིད། རྣམ་པ་མཆོད་རྫས་སོ་སོའི་
生諸器 內ཧཱུྃ化諸供物 自性皆空所具各各形相業

མཁའ་ དགུ་ མཆོད།	༄༅། །རྣམ་པ་ཅན། བྱེད་ལས་དབང་པོ་དྲུག་གི་སྤྱོད་ཡུལ་དུ་ཟག་པ་མེད་པའི་བདེ་བ་ཁྱད་པར་ཅན་སྐྱེར་བར་གྱུར། 用能引發六根諸行處生起無漏殊勝樂 ཨོཾ་ཨཀྵོ་ཨཱཿཧཱུྃ། ཨོཾ་པུ་ཏྲི་ཨཱཿཧཱུྃ། ཨོཾ་བཛྲ་པུཥྤེ་ཨཱཿཧཱུྃ། ཨོཾ་བཛྲ་དྷཱུ་པེ་ཨཱཿཧཱུྃ། 嗡啊剛啊吽 嗡巴當啊吽 嗡班雜布白啊吽 嗡班雜都白啊吽 ཨོཾ་བཛྲ་དཱི་པེ་ཨཱཿཧཱུྃ། ཨོཾ་བཛྲ་གནྡྷེ་ཨཱཿཧཱུྃ། ཨོཾ་བཛྲ་ནཻ་ཝི་དྱེ་ཨཱཿཧཱུྃ། 嗡班雜帝貝啊吽 嗡班雜更得啊吽 嗡班雜納微德啊吽	大樂捷道暨中圍喜筵 九

	ཨོཾ་བཛྲ་ཤབྡ་ཨཱཿཧཱུྃ། ཞེས་མཆོད་པ་བྱིན་གྱིས་བརླབ། སྔོན་འགྲོའི་གཏོར་མ་བྱིན་གྱིས་བརླབས་པ་ནི། ཨོཾ་ཁཎྜ་རོ་ཧིས་བསངས། 嗡班雜曉嗟啊吽 如是加持供物 前行食供加持法是 嗡堪哲撓嘿 སྭ་བྷཱ་ཝ་ཞེས་སྦྱངས། སྟོང་པ་ཉིད་དུ་གྱུར། སྟོང་པའི་ངང་ལས་ཡཾ་ལས་རླུང་། རཾ་ལས་མེ། ཨཱཿལས་མི་མགོའི་སྒྱེད་པུ་ 除穢 索巴微 淨治 空性中 ཡཾ 生風 རཾ 生火 ཨཱཿ 生三具人首 གསུམ་གྱི་སྟེང་དུ་ཨཱཿལས་ཐོད་པ་ཡངས་ཤིང་རྒྱ་ཆེ་བའི་ནང་དུ་ཨོཾ་ཁཾ་ཨཾ་ཏྲཱཾ་ཧཱུྃ་རྣམས་ལས་བདུད་རྩི་ལྔ། ལཾ་མཾ་པཾ་ཏཾ་བཾ་ 之上 ཨཱཿ 生廣大頂骨器 其內 ཨོཾ་ཁཾ་ཨཾ་ཏྲཱཾ་ཧཱུྃ 諸化五甘露 ལཾ་མཾ་པཾ་ཏཾ་བཾ	

མཁའ་ བཅུ་ མཆོད།	༄༅། །རྣམས་ལས་ཤ་ལྔ་ཡི་གེ་དེ་དག་གིས་མཚན་པ། རླུང་གཡོས་མེ་སྦར་བས། ཐོད་པའི་ནང་གི་རྫས་རྣམས་ཞུ་ 諸化五肉復以諸字莊嚴 風鼓正火盛 器內諸物熔成汁 བར་གྱུར། དེ་དག་གི་སྟེང་དུ་ཧཱུྃ་ལས་སྐྱེས་པའི་ཁ་ཊྭཱཾ་ག་དཀར་པོ་མགོ་ཐུར་དུ་བལྟས་ནས་ཞུ་བ་ཐོད་པར་ལྷུང་ནས 彼等之上ཧཱུྃ生白色喀章嘎倒懸熔化滴入頂器 རྫས་དེ་དག་དངུལ་ཆུའི་མདོག་ཅན་དུ་གྱུར། དེའི་སྟེང་དུ་དབྱངས་གསལ་གྱི་ཕྲེང་བ་གསུམ་བརྩེགས་སུ་གནས་པ་ཨོཾ་ 器內諸物轉成水銀色 彼上元輔音咒鬘三疊而住轉成	大樂捷道暨中圍喜筵 十

	ཨཱཿཧཱུྃ་དུ་གྱུར་པའི་འོད་ཟེར་གྱིས་ཕྱོགས་བཅུའི་དེ་བཞིན་གཤེགས་པ་དང་། དཔའ་བོ་དང་རྣལ་འབྱོར་མ་ཐམས་ཅད་ ཨོཾ་ཨཱཿཧཱུྃ 三字光 攝集十方諸如來勇父瑜伽母心間之 ཀྱི་ཐུགས་ཀ་ནས་ཡེ་ཤེས་ཀྱི་བདུད་རྩི་བཀུག་ནས་བསྟན་པས་མང་པོར་སྤར་ཞིང་སྤེལ་བར་གྱུར། ཨོཾ་ཨཱཿཧཱུྃ། ལན་ 智慧甘露注入器中 滔然大增 燃起無窮無盡 嗡啊吽 三遍 結熾燃印 གསུམ། འབར་བའི་ཕྱག་རྒྱ་དང་བཅས། ཕཻཾ། རང་གི་ཐུགས་ཀར་ཟླ་གདན་ལ་གནས་པའི་བཾ་ཡིག་གི་འོད་ཟེར་གྱིས་དུར་ཁྲོད་ 呸 自心間月輪墊上所住 བཾ 字放光 召請八大寒林所處	

མཁའ། བཅུ་གཅིག མཆོད།

༄། །ཆེན་པོ་བརྒྱུད་ན་གནས་པའི་ཕྱོགས་སྐྱོང་དང་། ཞིང་སྐྱོང་དང་། ཀླུ་ལ་སོགས་པ་རྣམས་སྤྱན་དྲངས། ཕྱོགས་
之諸方護神　刹土護神　天龍八部刹那間化光
མཚམས་བརྒྱུད་དུ་འཁོད་པ་རྣམས་སྐད་ཅིག་གིས་འོད་གསལ་དུ་བཞུག་པ་ལས། རྗེ་བཙུན་རྡོ་རྗེ་རྣལ་འབྱོར་མའི་
蒞臨成至尊金剛瑜伽母身　諸賓舌心
སྐུར་བཞེངས་པའི་མགྲོན་རྣམས་ཀྱི་ལྗགས་ལ་ཧཱུྃ་དཀར་པོ་ལས་བྱུང་བའི་ཧཱུྃ་རྡོ་རྗེ་རྩེ་གསུམ་པ་དཀར་པོ་ནས་འབྲུ་ཙམ་
白色ཧཱུྃ字所出白色金剛杵成如麥粒金剛光筒

大樂捷道暨中圍喜筵　十一

འཁོད་པའི་ཧཱུྃ་རྡོ་རྗེའི་འོད་ཟེར་གྱི་སྦུ་གུས་དྲངས་ནས་གསོལ་བར་གྱུར། ཨོཾ་ཁ་ཁ་ཁཱ་ཧི་ཁཱ་ཧི། སརྦ་ཡཀྵ་རཀྵ་ས།
吸享供食精華也 嗡喀喀 喀嘿喀嘿 薩哇雅恰惹恰薩 布達
བྷཱུ་ཏ། པྲེ་ཏ། པི་ཤཱ་ཙ། ཨུནྨཱ་ད། ཨ་པསྨཱ་ར། བཛྲ་ཌཱ་ཀ་ཌཱ་ཀི་
哲達 比謝達 鄔嘛達 啊貝嘛惹 班雜達嘎達格哪耶達雅 唉芒
ནྱ་ད་ཡ། ཨི་མཾ་བ་ལིཾ་གྲྀ་ཧྞ་ནྟུ། ས་མ་ཡ་རཀྵནྟུ། མ་མ་སརྦ་སིདྡྷི་མྨེ་པྲ་ཡཙྪནྟུ།
巴玲給惹哈那督 薩嘛呀惹欽督 嘛嘛薩哇斯帝麥劄雅參督 呀特棒

མཁའ། བཅུ་གཉིས། མཆོད།

༄། །ཡ་ཐེ་བཾ། ཡ་ཐེ་ཥྚཾ། བྷུ་ཛ་ཐ། པི་བ་ཐ། ཛི་གྲ་ཐ། མཱ་ཏི་ཀྲ་མ་ཐ། མ་མ་སརྦ་ཀཱརྻ་ཡ།
呀特帳 布渣他 必拔他 吱哲他 嘛帝劄瑪他 嘛嘛薩哇嘎達雅
སད་སུ་ཁཾ་བི་ཤུདྡྷ་ཡེ། ས་ཧ་ཡི་ཀ་བྷ་ཝནྟུ་ཧཱུྃ་ཧཱུྃ་ཕཊ་ཕཊ་སྭཱ་ཧཱ། ལན་གཉིས།
色速康比咻達耶 薩哈伊噶巴萬督吽吽呸呸娑哈 二遍 嗡啊剛哲帝雜
ཨོཾ་ཨཀྵོ་བྲ་ཏིཙྪ་སྭཱ་ཧཱ། ཨོཾ་པཱ་དྱཾ་+ ཨོཾ་བཛྲ་པུཥྤེ་ཨཱཿཧཱུྃ་སྭཱ་ཧཱ། ནས། ཨོཾ་བཛྲ་ཤབྡ་ཨཱཿཧཱུྃ་སྭཱ་ཧཱ།
娑哈 嗡巴當 略 嗡班雜布白啊吽娑哈 至 嗡班雜曉達啊吽娑哈

大樂捷道暨中圍喜筵　十二

ཕྱོགས་སྐྱོང་དང་ཞིང་སྐྱོང་དང་ཀླུ་ལ་སོགས་པ་རྣམས་ཀྱི་ཞལ་དུ་ཨོཾ་ཨཱཿཧཱུྃ།
諸方護神　刹土護神　天龍八部等謝篤嗡啊吽
ལྷ་ཡི་ཚོགས་རྣམས་མ་ལུས་དང་། །ཀླུ་ཡི་ཚོགས་རྣམས་མ་ལུས་དང་། །
諸天衆會悉無餘　天龍八部悉無餘
གནོད་སྦྱིན་ཚོགས་རྣམས་མ་ལུས་དང་། །སྲིན་པོའི་ཚོགས་རྣམས་མ་ལུས་དང་། །
藥叉衆會悉無餘　羅刹衆會悉無餘

༄༅། །འབྱུང་པོའི་ཚོགས་རྣམས་མ་ལུས་དང་། །ཡི་དྭགས་ཚོགས་རྣམས་མ་ལུས་དང་། །
部多衆會悉無餘　　惡鬼衆會悉無餘
ཤ་ཟའི་ཚོགས་རྣམས་མ་ལུས་དང་། །སྨྱོ་བྱེད་ཚོགས་རྣམས་མ་ལུས་དང་། །
食肉羅刹悉無餘　　魑魅衆會悉無餘
བརྗེད་བྱེད་ཚོགས་རྣམས་མ་ལུས་དང་། །མཁའ་འགྲོའི་ཚོགས་རྣམས་མ་ལུས་དང་། །
癔忘病魔悉無餘　　空行衆會悉無餘

མ་མོའི་ཚོགས་རྣམས་མ་ལུས་དང་། །མ་ལུས་པ་ནི་ཐམས་ཅད་དག །
鄔摩天女悉無餘　　諸凡彼等一切衆
འདིར་གཤེགས་བདག་ལ་དགོངས་སུ་གསོལ། །བསྟན་པ་སྲུང་དང་འགྲོ་བའི་དོན་མཛད་ཕྱིར། །
垂憐佑我皆蒞臨　　維護聖教並利有情故
ཐུགས་དམ་བཅས་ཤིང་ཞལ་གྱིས་བཞེས་པ་རྣམས། །དཔལ་ཆེན་བཀའ་སྡོད་ཡིད་ལྟར་མགྱོགས་པ་ཡི། །
一切意所承諾語誓言　　膺命迅捷遂願祥護法

༄༅། །འཇིགས་པའི་གཟུགས་ཅན་དྲག་གཏུམ་མི་ཟད་པ། །གདུག་པ་འདུལ་མཛད་ནག་པོའི་ཕྱོགས་རྣམས་འཇོམས།།
怖畏身具威猛無窮盡　　舛逆摧毀暴戾俱降伏
རྣལ་འབྱོར་ལས་ལ་འབྲས་བུ་སྟེར་མཛད་ཅིང་། །མཐུ་སྟོབས་བྱིན་རླབས་བསམ་གྱིས་མི་ཁྱབ་པའི། །
瑜伽事業成果悉賜予　　不可思議威德加持力
གནོད་སྦྱིན་ཚོགས་སོགས་བརྒྱད་ལ་ཕྱག་འཚལ་ལོ། །ལྷ་བརྒྱད་བཙུན་མོ་སྲས་དང་གཡོག་བཅས་པས། །
藥叉薈集衆前作頂禮　　天龍八部明妃仆等衆

དངོས་གྲུབ་ཀུན་གྱི་བཀའ་དྲིན་བདག་ལ་སྩོལ། །རྣལ་འབྱོར་བདག་ཅག་འཁོར་བཅས་ལ། །
一切成就無餘恩賜我　　我等瑜伽偕眷屬
ནད་མེད་ཚེ་དང་དབང་ཕྱུག་དང་། །དཔལ་དང་གྲགས་དང་བསྐལ་བ་བཟང་། །
無病延年得自在　　威德堅實且幸運
ལོངས་སྤྱོད་རྒྱ་ཆེན་ཀུན་ཐོབ་ཅིང་། །ཞི་དང་རྒྱས་ལ་སོགས་པ་ཡི། །
富饒廣大悉獲得　　息增懷伏衆善業

མཁའ་ བཅོ་ལྔ་ མཆོད།

༄༅། །ལས་ཀྱི་དངོས་གྲུབ་བདག་ལ་སྩོལ། །སྲུང་མས་རྟག་ཏུ་གྲོགས་མཛོད་ཅིག །

事業成就賜予我　　護法恆常伴佑我

དུས་མིན་འཆི་དང་ནད་རྣམས་དང་། །གདོན་དང་བགེགས་རྣམས་ཞི་བ་དང་། །

非時橫死及諸疾　　魔等障難皆除盡

རྨི་ལམ་ངན་དང་མཚན་མ་ངན། །བྱ་བྱེད་ངན་རྣམས་མེད་པར་མཛོད། །

惡夢並及不瑞相　　一切惡行化虛無

འཇིག་རྟེན་བདེ་ཞིང་ལོ་ལེགས་དང་། །འབྲུ་རྣམས་འཕེལ་ཞིང་ཆོས་འཕེལ་དང་། །

世間安樂民物豐　　五穀豐登佛法興

བདེ་ལེགས་ཐམས་ཅད་འབྱུང་བ་དང་། །ཡིད་ལ་འདོད་པ་ཀུན་འགྲུབ་ཤོག །

一切吉祥能生起　　凡心所欲普皆成

དཔལ་ལྡན་བླ་མ་དམ་པ་རྣམས་ཀྱི་ཐུགས་དགོངས་རྫོགས་པ་དང་། ནམ་མཁའ་དང་མཉམ་པའི་སེམས་ཅན་ཐམས་

具德諸尊意願圓滿　為利等同虛空一切衆生

མཁའ་ བཅུ་དྲུག་ མཆོད།

༄༅། །ཅད་ཀྱི་དོན་དུ་ཕྱག་རྒྱ་ཆེན་པོ་མཆོག་གི་དངོས་གྲུབ་རྗེ་བཙུན་རྡོ་རྗེ་རྣལ་འབྱོར་མའི་གོ་འཕང་འཐོབ་པར་བྱ་

證得至尊金剛瑜伽母之殊勝大手印成就果位故

བའི་ཕྱིར་དུ། རྗེ་བཙུན་རྡོ་རྗེ་རྣལ་འབྱོར་མའི་སིནྡྷུ་རའི་དཀྱིལ་འཁོར་སྒྲུབ་ཅིང་མཆོད་པ་དང་བདག་ཉིད་འཇུག་

而行至尊金剛瑜伽母之醫囊熱中圍修持供養

ཅིང་དབང་བླང་བར་འཚལ་ན། དཀར་ཕྱོགས་ལ་མངོན་པར་དགའ་བའི་སྲུང་མ་ཁྱད་པར་ཅན་ཁྱེད་རྣམས་ཀྱིས་

自入及受灌時　妙喜善品之殊勝護法您等諸衆享用

མཆོད་སྦྱིན་གྱི་གཏོར་མ་རྒྱ་ཆེན་པོ་འདི་བཞེས་ལ། དཀྱིལ་འཁོར་ཆེན་པོའི་བྱ་བ་མཐར་མ་ཕྱིན་གྱི་བར་དུ་བར་ཆད་

此廣大供食　於大中圍諸事未得究竟圓滿間

ཐམས་ཅད་སྲུང་བ་དང་། བྱང་ཆུབ་སྒྲུབ་པའི་གྲོགས་མཛད་དུ་གསོལ། གང་དག་ནག་པོའི་ཕྱོགས་སུ་གྱུར་པ་གསང་

護佑勿令中斷　諸障莫入　輔弼修持菩提　凡諸黑品

སྐྱོད་བལྟ་བར་མི་དབང་བའི་བགེགས་དང་ལོག་པར་འདྲེན་པ་ཐམས་ཅད་སའི་ཕྱོགས་འདིར་མི་གནས་པར་གཞན་

邪惡　魔障　倒引等　令毋住此　遠逐他方

༄༅། །དུ་སོང་ཤིག །ཨོཾ་སུམྦྷ་ནི་སོགས་བརྗོད་ཅིང་ཌཱ་དྲིལ་སོགས་ཀྱི་སྒྲ་དྲག་ཏུ་བྱ། གཏོར་མ་གཙང་སར་འདོར་རོ། །གནས་དང་མཆོད་པའི་
嗡松巴呢 等作誦 搖鼓等猛烈聲作咒 將食子送至淨處 處所 供物 資具加持法是
ཡོ་བྱད་བྱིན་གྱིས་བརླབ་པ་ནི། ཨོཾ་ཁཎྜ་རོ་ཧེས་བསངས། སྭ་བྷཱ་ཝས་སྦྱངས། སྟོང་པའི་ངང་ལས་བྷྲཱུྃ་ལས་རིན་པོ་ཆེ་སྣ་ཚོགས་ལས་
嗡堪哲撓嘿 除穢 索巴微 淨治 空性中བྷྲཱུྃ生各種珍寶所成無量宮
གྲུབ་པའི་གཞལ་ཡས་ཁང་གྲུ་བཞི་སྒོ་བཞི་པ། རྟ་བབས་བཞིས་མཛེས་པ་རྒྱན་ཐམས་ཅད་ཀྱིས་བརྒྱན་པ་མཚན་
四方四門四牌坊一切莊嚴具相圓滿 其內ཨཱཿ

ཉིད་ཐམས་ཅད་ཡོངས་སུ་རྫོགས་པའི་ནང་དུ། ཨཱཿལས་ཡེ་ཤེས་ཀྱི་ཀ་པཱ་ལ་ཡངས་ཤིང་རྒྱ་ཆེ་བའི་ནང་དུ་ཧཱུྃ་ཧཱུྃ་ཞུ་བ་
生廣大智慧頂器 ཧཱུྃཧཱུྃ入內轉成天界寶物復成功德水
ལས་བྱུང་བའི་ལྷ་རྫས་ལས་གྲུབ་པའི་མཆོད་ཡོན། ཞབས་བསིལ། མེ་ཏོག བདུག་སྤོས། མར་མེ། དྲི་ཆབ། ཞལ་
濯足水 鮮花 薰香 明燈 塗香 神饈 妙樂等 美妙無窮
ཟས། རོལ་མོ་རྣམས་བཟང་ཞིང་རྒྱ་ཆེ་བ། དྭངས་ཤིང་ཐོགས་པ་མེད་པ་ས་དང་བར་སྣང་ནམ་མཁའ་གང་བ། འཕགས་
清淨瑩澈 無礙無執 地與虛空 悉皆遍滿

༄༅། །པ་ཀུན་ཏུ་བཟང་པོའི་རྣམ་པར་ཐར་པ་ལས་བྱུང་བའི་མཆོད་པའི་སྤྲིན་གྱི་ཕུང་པོ་ལྷ་བུ་བསམ་གྱིས་མི་ཁྱབ་པ་
聖者普賢 清淨所生 不可思議 如海供雲 倍增供於
བླ་མ་དང་རྗེ་བཙུན་རྡོ་རྗེ་རྣལ་འབྱོར་མའི་ལྷ་ཚོགས་སངས་རྒྱས་དང་བྱང་ཆུབ་སེམས་དཔའ་ཐམས་ཅད་ཀྱི་སྤྱན་ལམ་
上師至尊金剛瑜伽母偕眷及一切諸佛菩薩面前
དུ་འབྱུང་ཞིང་རྒྱས་པར་གྱུར་ཅིག །ཨོཾ་ཨརྒྷཾ་ཨཱཿཧཱུྃ། ཨོཾ་པཱདྱཾ་ཨཱཿཧཱུྃ། ཨོཾ་བཛྲ་པུཥྤེ་ཨཱཿཧཱུྃ། ཨོཾ་བཛྲ་དྷཱུ་པེ་ཨཱཿཧཱུྃ།
嗡啊剛啊吽 嗡巴當啊吽 嗡班雜布白啊吽 嗡班雜都貝啊吽 嗡班

ཨོཾ་བཛྲ་དཱི་པེ་ཨཱཿཧཱུྃ། ཨོཾ་བཛྲ་གནྡྷེ་ཨཱཿཧཱུྃ། ཨོཾ་བཛྲ་ནཻ་ཝི་དྱེ་ཨཱཿཧཱུྃ། ཨོཾ་བཛྲ་ཤབྡ་ཨཱཿཧཱུྃ།
雜帝貝啊吽 嗡班雜更得啊吽 嗡班雜納微德啊吽 嗡班雜曉噠啊吽
ཞེས་ཕྱག་རྒྱ་བཅས་པས་བྱིན་གྱིས་བརླབས། ནམ་མཁའ་མཛོད་ཀྱི་ཕྱག་རྒྱ་དཔྲལ་བར་བྱས་ལ། ཨོཾ་བཛྲ་སྥ་ར་ཎ་ཁཾ། ཅེས་བས་མང་པོར་སྤེལ།
如是同印等作加持 結虛空藏之印 嗡班雜葩鑞哪伉 如是多誦 嗡班雜耿哲熱呢打
ཨོཾ་བཛྲ་ཧྲཱཙྪེ་ར་ཊི་ཏ། ཕྲ་ར་ཊི་ཏ། སཾ་ཕྲ་ར་ཊི་ཏ། སརྦ་བུདྡྷ་ཀྵེ་ཏྲ་པྲ་ཙ་ལི་ཊི་པྲཛྙཱ་པཱ་ར་མི་ཏ་ནཱ་ད་སྭ་བྷཱ་ཝེ།
哲熱呢打嗓哲熱呢打薩瓦必噠切炸哲雜黎乃哲傑 叭熱嘧噠吶打娑

མཁའ་ བཅུ་དགུ་ མཆོད།

༄༅། །བཛྲ་ཨམྲྀ་ཏེ་ད་ཡ། སརྦ་ཁ་ཆེ་ཧཱུྃ་ཧཱུྃ་ཧཱུྃ་ཧོ་ཧོ་ཧོ་ཨ་ཁཾ་སྭཱ་ཧཱ། ཞེས་ལན་གསུམ་བརྗོད་པས། དང་པོས་མཆོད་ཡུལ་རྣམས་མདུན་གྱི

巴哇班雜噠瑪舍打耶三道喀呢吽吽吽嚎嚎嚎啊伉娑哈

ནམ་མཁར་སྤྱན་དྲངས། གཉིས་པས་དེ་དག་གིས་གནས་ཁང་བྱིན་གྱིས་བརླབས། གསུམ་པས་མཆོད་པ་བྱིན་བརླབས་པར་བསམ་ལ་རོལ་ཆེན་བྱ། མཎྜལ

如是誦三遍　一是迎請諸供境於對前虛空　二是加持彼之諸處所　三是思惟加持供物

ཞ་འབུལ་ཕྱག་བཅོ་བརྒྱད་སྦྱིན་བདེ་དགྱེས་ལྟར་བྱ། ༈གཉིས་པ་དངོས་གཞིའི་ཡན་ལག་ལ་བཞི། བདག་བསྐྱེད་བསྒོམ་པ། བུམ་པ་སྒྲུབ་པ། མདུན་

曼荼羅供　頂禮十八次　喜者如是安樂作　乙　正行修法起分有四　即自生修持　寶瓶修法　對生修供

大樂捷道暨中圍喜筵　十九

བསྐྱེད་སྒྲུབ་མཆོད། དབང་བླང་བའོ། །དང་པོ་རྡོར་སེམས་སྒོམ་བཟླས་ནི། རང་གི་སྤྱི་བོར་པད་ཟླའི་གདན་ལ་རྡོ་རྗེ་སེམས་དཔའ་

領受灌頂也　乙一之金剛心修持法是　觀自身頂門蓮月墊上金剛心父母

ཡབ་ཡུམ་སྐུ་མདོག་དཀར་པོ་ཞལ་གཅིག་ཕྱག་གཉིས་ཀྱི་རྡོ་དྲིལ་དང་གྲི་ཐོད་འཛིན་པས་ཕན་ཚུན་འཁྱུད་པ། ཡབ་

身色潔白　一面二臂　執鈴杵與鉞刀頂器相交媾　王尊六印

ཕྱག་རྒྱ་དྲུག་དང་ཡུམ་ཕྱག་རྒྱ་ལྔས་བརྒྱན་ཅིང་། རྡོ་རྗེ་དང་པདྨའི་སྐྱིལ་ཀྲུང་གིས་བཞུགས་པའི་ཐུགས་ཀར་ཟླ་བའི་

妃尊五印莊嚴　足結金剛與蓮華跏趺而坐　心間月輪

མཁའ་ ཉི་ཤུ་ མཆོད།

༄༅། །སྟེང་དུ་ཧཱུྃ་གི་མཐར་སྔགས་ཕྲེང་གིས་བསྐོར་བ་ལས་བདུད་རྩི་དཀར་པོའི་རྒྱུན་བབས་པས་ནད་གདོན་སྡིག་

墊上ཧཱུྃ字咒鬘環繞而生降白色甘露　一切病魔業障皆除盡　如是觀想

སྒྲིབ་ཐམས་ཅད་སྦྱངས་པར་གྱུར་བར་བསམས་ལ། ཨོཾ་བཛྲ་ཧེ་རུ་ཀ་ས་མ་ཡ། མ་ནུ་པཱ་ལ་ཡ། ཧེ་རུ་ཀ ཏྭེ་ནོ་པ་ཏིཥྛ

嗡班雜嘿洳嘎薩嘛雅　嘛怒巴啦雅　嘿洳嘎戴惱巴　第洽直照麥巴哇

དྲྀ་ཌྷོ་མེ་བྷ་ཝ། སུ་ཏོ་ཥྱོ་མེ་བྷ་ཝ། སུ་པོ་ཥྱོ་མེ་བྷ་ཝ། ཨ་ནུ་རཀྟོ་མེ་བྷ་ཝ།

嗦多喀搖麥巴瓦　嗦波喀搖麥巴瓦　啊努惹哆麥巴瓦　薩瓦嘶啼麥炸

大樂捷道暨中圍喜筵　廿

སརྦ་སིདྡྷི་མྨེ་པྲ་ཡཙྪ། སརྦ་ཀརྨ་སུ་ཙ་མེ་ཙིཏྟཾ་ཤྲཱི་ཡཾཿཀུ་རུ་ཧཱུྃ། ཧ་ཧ་ཧ་ཧ་ཧོཿབྷ་ག་ཝན།

雅渣 薩哇噶瑪蘇哲邁 置當什日雲 咕洳吽 哈哈哈哈嚎巴嘎萬 班雜

བཛྲ་ཧེ་རུ་ཀ་མ་མེ་མུཉྩ། ཧེ་རུ་ཀ་བྷ་ཝ། མ་ཧཱ་ས་མ་ཡ་སཏྭ་ཨཱཿཧཱུྃ་ཕཊ། ཅེས་ཉེར་གཅིག་བཟླས་མཐར། རྡོ་རྗེ་སེམས་དཔའ་

嘿洳嘎嘛麥牟渣 嘿洳嘎巴瓦 嘛哈薩瑪雅薩埵啊吽呸 如是誦二十一遍後

ཡབ་ཡུམ་རང་ལ་ཐིམ་པས། རང་གི་སྒོ་གསུམ་དང་རྡོ་རྗེ་སེམས་དཔའི་སྐུ་གསུང་ཐུགས་དབྱེར་མི་ཕྱེད་པར་གྱུར་པར་

金剛心父母融入於自身　自身三門與金剛心身語意融成無二也

མཁའ་ ཞིང་གཅིག་ མཆོད།

༄༅། །བསམ་མོ། ལྔ་པ་བླ་མའི་རྣལ་འབྱོར་ནི། མདུན་གྱི་ནམ་མཁར་དག་གསལ་གཉིས་སུ་མེད་པའི་ཡེ་ཤེས་ཀྱི་རང་སྣང་ལས་
如是觀想　五　上師瑜伽法是　對前虛空明淨無二智慧顯相而成之無量宮
གྲུབ་པའི་གཞལ་ཡས་ཁང་གྲུ་བཞི་སྒོ་བཞི་རྒྱན་རྟ་བབས་དང་བཅས་པ་མཚན་ཉིད་ཐམས་ཅད་ཡོངས་སུ་རྫོགས་པའི་
四方四門　牌坊華麗　具足一切性相莊嚴
དབུས་སུ་སེངྒེ་ཆེན་པོ་བརྒྱད་ཀྱིས་བཏེགས་པའི་རིན་པོ་ཆེའི་ཁྲི་སྣ་ཚོགས་པདྨ་ཟླ་བ་ཉི་མའི་གདན་གྱི་སྟེང་དུ་དྲིན་ཅན་
中央八大獅子托寶座　各色蓮華日月墊上承恩根本上師

大樂捷道暨中圍喜筵　廿一

རྩ་བའི་བླ་མ་དེ་ཉིད་སངས་རྒྱས་རྡོ་རྗེ་ཆོས་ཀྱི་རྣམ་པ་ཅན་སྐུ་མདོག་དམར་པོ་ཞལ་གཅིག་ཕྱག་གཉིས་ཀྱིས་རྡོ་རྗེ་དང་
正覺金剛法之現相　身紅色　一面二臂
དྲིལ་བུ་ཐུགས་ཀར་བསྣོལ་ནས་འཛིན་པ། དབུ་སྐྲ་རལ་པའི་ཅོད་པན་ཅན། ཞབས་རྡོ་རྗེའི་སྐྱིལ་མོ་ཀྲུང་གིས་བཞུགས་
鈴杵當心交持　墨髮冠冕　金剛跏趺
པ། གཞོན་ནུ་ལང་ཚོ་བཅུ་དྲུག་ལོན་པའི་ན་ཚོད་ཅན། དར་དང་རུས་པ་དང་རིན་པོ་ཆེའི་རྒྱན་ཐམས་ཅད་ཀྱིས་བརྒྱན་
示現十六妙齡相　綾羅骨飾珍寶之一切莊嚴

མཁའ་ ཞིང་གཉིས་ མཆོད།

༄༅། །པ། དེའི་མདུན་ནས་བརྩམས་ཏེ་གཡོན་སྐོར་དུ་སངས་རྒྱས་རྡོ་རྗེ་འཆང་ནས་རྩ་བའི་བླ་མའི་བར་གྱི་བརྒྱུད་
彼師前從左環繞之金剛持佛至根本上師間
པའི་བླ་མ་ཐམས་ཅད་དཔའ་བོ་རྡོ་རྗེ་ཆོས་ཀྱི་རྣམ་པ་ཅན་སྐུ་མདོག་དམར་པོ་ཞལ་གཅིག་ཕྱག་གཉིས། གཡས་པས་
傳承諸師現持勇金剛法相　身紅色　一面二臂
བདེ་སྟོང་གི་སྒྲ་སྒྲོགས་པའི་ཌཱ་མ་རུ་འཁྲོལ་བ། གཡོན་པས་ཐོད་པ་བདུད་རྩིས་གང་བ་ཐུགས་ཀར་འཛིན་པ། གྲུ་མོ་
右手持鼗鼓發樂空妙音　左手持盈滿甘露之頂器於心間

大樂捷道暨中圍喜筵　廿二

གཡོན་ན་ཁ་ཊྭཱཾ་ག་བསྣམས་པ། ཞབས་རྡོ་རྗེའི་སྐྱིལ་ཀྲུང་གིས་བཞུགས་པ། རུས་པའི་རྒྱན་དྲུག་གིས་བརྒྱན་ཅིང་།
左肩倚喀章嘎　金剛跏趺坐　六種骨飾作莊嚴
གཞོན་ནུ་ལང་ཚོ་དར་ལ་བབས་པ། གཙོ་འཁོར་ཐམས་ཅད་ཀྱི་དཔྲལ་བར་ཨོཾ། མགྲིན་པར་ཨཱཿ ཐུགས་ཀར་ཧཱུྃ།
妙齡豐滿　衆皆額間ཨོཾ　喉間ཨཱཿ　心間ཧཱུྃ
ཐུགས་ཀའི་ཧཱུྃ་ལས་འོད་ཟེར་འཕྲོས། རང་བཞིན་གྱི་གནས་ནས་བླ་མ་ཡི་དམ་དཀྱིལ་འཁོར་གྱི་ལྷ་ཚོགས་དང་། སངས་
心間ཧཱུྃ字發光從自性界迎請上師本尊中圍衆及

༄༅། །རྒྱས་བྱང་སེམས་དཔའ་བོ་མཁའ་འགྲོ། ཆོས་སྐྱོང་སྲུང་མའི་ཚོགས་དང་བཅས་པ་ཨོཾ་བཛྲ་ས་མ་ཛཿཛཿཧཱུྃ་བཾ་

諸佛菩薩　勇父勇母　護法　嗡班雜薩嘛渣雜吽幫嚎

ཧོཿརེ་རེའང་སྐྱབས་གནས་ཀུན་འདུས་ཀྱི་ངོ་བོར་གྱུར་པར་བསམས་ལ། ཐལ་མོ་སྦྱར་ཏེ།

各各皆成皈依境總集爲一體性也 此間如是觀　雙手合十

གང་གི་དྲིན་གྱིས་བདེ་ཆེན་གནས། །སྐད་ཅིག་གིས་ནི་ཐོབ་འགྱུར་བ། །

何師恩德大樂處　剎那之間證得者

བླ་མ་རིན་ཆེན་ལྟ་བུའི་སྐུ། །རྡོ་རྗེ་ཅན་ཞབས་པད་ལ་འདུད། །ཅེས་ཕྱག་བྱ།

妙如上師大寶身　金剛足蓮前頂禮 如是誦觀頂禮

རང་གི་ཐུགས་ཀ་ནས་སྤྲོས་པའི་མཆོད་པའི་ལྷ་མོ་རྣམས་ཀྱིས་མཆོད་པར་གྱུར་པར་བསམས་ལ། ཨོཾ་ཨརྒྷཾ་པྲ་ཏཱིཙྪ་སྭཱ་ཧཱ།

觀自心間放出供養天女衆作供養 此間如是觀 嗡啊剛哲帝雜娑哈　嗡巴當

ཨོཾ་པདྱཾ་པྲ་ཏཱིཙྪ་སྭཱ་ཧཱ། ཨོཾ་བཛྲ་པུཥྤེ་ཨཱཿཧཱུྃ་སྭཱ་ཧཱ། དེ་བཞིན་དུ་པུཥྤེའི་གནས་སུ། དྷཱུ་པེ་དང་། དཱི་པེ་དང་། གནྡྷེ་དང་། ནཻ་ཝི་དྱ་དང་། ཤབྡ་རྣམས

哲帝雜娑哈　嗡班雜布白啊吽娑哈 如彼布白處加　都白　帝貝　更得　納微德及曉嗟等

༄༅། །བཙུག་པ་དང་། ཨོཾ་ཨཱཿབཛྲ་ཨཱ་དརྴེ་ཧཱུྃ། ཨོཾ་ཨཱཿབཛྲ་བཱི་ཎེ་ཧཱུྃ། ཨོཾ་ཨཱཿབཛྲ་གནྡྷེ་ཧཱུྃ། ཨོཾ་ཨཱཿབཛྲ་ར་སེ་ཧཱུྃ།

嗡啊班雜阿噠謝吽　嗡啊班雜毖尼吽　嗡啊班雜更得吽　嗡啊班雜

ཨོཾ་ཨཱཿབཛྲ་སྤ་རྴེ་ཧཱུྃ། ཨོཾ་ཨཱཿབཛྲ་དྷརྨེ་ཧཱུྃ། རྣམས་ཀྱིས་ཕྱི་མཆོད་དང་། ཨོཾ་གུ་རུ་བཛྲ་དྷརྨ་ས་པ་རི་ཝཱ་ར་ཨོཾ་ཨཱཿཧཱུྃ་གིས་ནང་མཆོད་

惹賽吽　嗡啊班雜巴爾謝吽　嗡啊班雜噠麥吽 作諸外供及 嗡咕嚕班雜

འབུལ། རང་གི་ཐུགས་ཀ་ནས་པདྨ་ཅན་ལ་སོགས་པའི་རིག་མ་དཔག་ཏུ་མེད་པ་སྤྲོས་པ་རྣམས་རྡོ་རྗེ་རྣལ་འབྱོར་མའི་སྐུར་གྱུར་པ་དང་བླ་མ་ཡབ་ཡུམ་

噠嘛薩巴日瓦惹嗡啊吽 之內供　自心間放出具蓮等無量明妃皆轉成金剛瑜伽母身並與

སྙོམས་པར་ཞུགས་པས་ཟག་མེད་ཀྱི་བདེ་བས་ཁྱབ་པར་བསམས་ལ།

上師勝樂父母雙運普及無漏之樂　此間如是觀想

ཡིད་འོང་ལང་ཚོའི་དཔལ་འཛིན་དྲུག་ཅུ་བཞིའི། །འདོད་པའི་སྒྱུ་རྩལ་ལ་མཁས་ལུས་ཕྲ་མ། །

悅意妙齡具德窈窕母　六十四種善巧妙雙跏

ཞིང་སྐྱེས་སྔགས་སྐྱེས་ལྷན་སྐྱེས་ཕོ་ཉའི་ཚོགས། །མཛེས་སྡུག་སྒྱུ་མའི་ཕྱག་རྒྱ་རྣམས་ཀུན་འབུལ། །

剎生咒生俱生使女衆　幻化幻美幻印諸供養

༄༅། །ཞེས་གསང་བའི་མཆོད་པ་འབུལ། མཆོད་པའི་འཁོར་གསུམ་བདེ་སྟོང་དབྱེར་མེད་ཀྱི་རྗེས་ཟིན་པར་བྱས་ལ།

如是作秘密供　所供三輪成樂空無別中記義執受

སྒྲིབ་བྲལ་ལྷན་སྐྱེས་བདེ་བའི་ཡེ་ཤེས་ཆེ། །ཆོས་ཀུན་རང་བཞིན་སྤྲོས་དང་བྲལ་བའི་དབྱིངས། །

離障俱生大樂智　　諸法自性越戲境

དབྱེར་མེད་ལྷུན་གྲུབ་བློ་བསམ་བརྗོད་ལས་འདས། །དོན་དམ་བྱང་ཆུབ་སེམས་མཆོག་ཁྱོད་ལ་འབུལ། །

無二任運離詮思　　供獻勝義菩提心

ཞེས་དེ་ཁོ་ན་ཉིད་ཀྱི་མཆོད་པ་འབུལ། དཀོན་མཆོག་གསུམ་ལ་བདག་སྐྱབས་མཆི། །

如是作真實性供　無上三寶我皈依

ཞེས་སོགས་ཀྱིས་རྒྱུན་བཤགས་བྱ། དེ་ནས་ཀུ་སུ་ལིའི་ཚོགས་གསོག་ནི།

如是等作常懺　復次古薩黎捨身積福法是

རང་སེམས་མཁའ་སྤྱོད་དབང་མོ་མཐེབ་སོར་ཙམ། །སྤྱི་བོ་ནས་ཐོན་རྩ་བའི་བླ་མ་དང་། །

自心空行王母如指許　　頂門而出根本上師尊

༄༅། །ཞལ་སྦྱོར་མཛད་ཅིང་སླར་ཡང་ཕྱིར་ཐོན་ཏེ། །རང་བྱུང་མི་མགོའི་སྒྱེད་པུ་གསུམ་གྱི་སྟེང་། །

現作相面復融出現處　　自生人首三具之竈上

ལུས་པོ་རྙིང་པའི་ཐོད་པ་བཀོགས་ནས་བཀལ། །དེ་ནང་ལྷག་མ་ཤ་ཁྲག་རུས་པ་རྣམས། །

割剝截取遺蛻天靈蓋　　其內血肉骨骸及諸物

གཏུབས་ཏེ་སྤུངས་ལ་སྤྱན་ཆེར་གཟིགས་པ་ཡིས། །སྦྱངས་རྟོགས་སྤར་བྱས་བདུད་རྩིའི་རྒྱ་མཚོར་གྱུར། །

碎切壘堆忿怒淨目視　　除穢清淨沸騰甘露海

ཨོཾ་ཨཱཿཧཱུྃ་ཧ་ཧོ་ཧྲཱིཿ ལན་གསུམ་གྱི་བྱིན་གྱིས་བརླབས་ལ།

嗡啊吽哈嚎舍　三遍加持之

རང་གི་སྙིང་ག་ནས་ལྷ་མོ་ཐོད་པ་ཐོགས་པ་དཔག་ཏུ་མེད་པ་སྤྲོས་ཏེ་བདུད་རྩི་ནས་ཐོད་པས་ལུམ་ལུམ་

自心間放出無量持器天女頂器中甘露騰騰

བཅུས་ཏེ་མགྲོན་རྣམས་ལ་ཕུལ་བས་ལྗགས་རྡོ་རྗེའི་འོད་ཟེར་གྱི་སྦུ་གུས་དྲངས་ཏེ་གསོལ་བར་གྱུར་པར་བསམས་ལ།

供養賓客　衆賓客舌成金剛光筒吸其精華也　此間如是觀

༄། །སྐུ་བཞིའི་བདག་ཉིད་རྩ་བའི་བླ་མ་ལ། །དམ་རྫས་བདུད་རྩི་འབུལ་ལོ་མཉེས་གྱུར་ཅིག །ཅེས་བརྗོད།
四身尊主根本上師前　聖物甘露供上喜受用 如是誦

ཨོཾ་ཨཱཿཧཱུྃ། མདུན་གྱིས་རྩ་བའི་བླ་མ་ལ་ལན་བདུན་ཕུལ།
嗡啊吽 如是七遍作供於對前根本上師

དངོས་གྲུབ་འབྱུང་གནས་བརྒྱུད་པའི་བླ་མ་ལ། །དམ་རྫས་བདུད་རྩི་འབུལ་ལོ་མཉེས་གྱུར་ཅིག །ཨོཾ་ཨཱཿཧཱུྃ།
成就本源傳承上師前　聖物甘露供上喜受用　嗡啊吽

བླ་མ་ཡི་དམ་མཆོག་གསུམ་སྲུང་ཚོགས་ལ། །དམ་རྫས་བདུད་རྩི་འབུལ་ལོ་མཉེས་གྱུར་ཅིག །ཨོཾ་ཨཱཿཧཱུྃ།
上師本尊三寶護法衆　聖物甘露供上喜受用　嗡啊吽

གཞུག་མར་གནས་པའི་གནས་གཞི་གྲོང་བདག་ལ། །དམ་རྫས་བདུད་རྩི་འབུལ་ལོ་སྟོང་གྲོགས་མཛོད། །ཨོཾ་ཨཱཿཧཱུྃ།
原有本地安住地祇衆　聖物甘露供於願助伴　嗡啊吽

རིགས་དྲུག་བར་དོའི་སེམས་ཅན་ཐམས་ཅད་ལ། །དམ་རྫས་བདུད་རྩི་འབུལ་ལོ་གྲོལ་གྱུར་ཅིག །ཨོཾ་ཨཱཿཧཱུྃ།
六道輪中一切有情衆　聖物甘露供於願解脫　嗡啊吽

༄། །ཕུལ་བས་མགྲོན་ཀུན་ཟག་མེད་བདེ་བས་ཚིམས། །སེམས་ཅན་རྣམས་ཀྱང་སྒྲིབ་བྲལ་ཆོས་སྐུ་ཐོབ། །
受供諸賓滿足無漏樂　一切衆生離障證法身

མཆོད་པའི་འཁོར་གསུམ་སྨྲ་བསམ་བརྗོད་འདས་ཀྱི། །བདེ་སྟོང་གཉིས་སུ་མེད་པའི་ངོ་བོར་གྱུར། །ཅེས་དང་།
供養三輪離言詮思惟　轉成樂空無二之體性 如是誦

མཎྜལ་འབུལ་བ་ནི། ཨོཾ་བཛྲ་བྷཱུ་མི་ཨཱཿཧཱུྃ། ཞེས་པ་ནས། དཔལ་ལྡན་བླ་མ་དམ་པ་རྣམས་ལ་འབུལ་བར་བགྱིའོ། །
曼荼羅供養法 嗡班雜補彌啊吽 至 供獻於具德上師 爲利有情

ཐུགས་རྗེས་འགྲོ་བའི་དོན་དུ་བཞེས་སུ་གསོལ། བཞེས་ནས་བྱིན་གྱིས་བརླབ་ཏུ་གསོལ།
慈悲納受　受已伏乞加持也

བདེ་སྟོང་ལྷན་ཅིག་སྐྱེས་པའི་ཡེ་ཤེས་ཀྱི། །གཟུང་རྣམ་ཕུང་ཁམས་སྐྱེ་མཆེད་ལས་བྱུང་བའི། །
崛起樂空俱生本智慧　由諸蘊界處所出生相

རི་གླིང་རིན་ཆེན་གཏེར་བུམ་ཉི་ཟླར་བཅས། །སྐྱབས་མགོན་ཐུགས་རྗེའི་གཏེར་ལ་དབུལ་བར་བགྱི། །
須彌四洲寶瓶日月俱　依怙大悲藏前作供養

༄༅། །བདག་གི་ཆགས་སྡང་རྨོངས་གསུམ་སྐྱེ་བའི་ཡུལ། །དགྲ་གཉེན་བར་གསུམ་ལུས་དང་ལོངས་སྤྱོད་བཅས། །
貪嗔癡蒙三毒發源處　　愛惡親疏中三身受用
ཕངས་པ་མེད་པར་འབུལ་གྱིས་ལེགས་བཞེས་ནས། །དུག་གསུམ་རང་སར་གྲོལ་བར་བྱིན་གྱིས་རློབས། །
無吝無惜獻供喜享受　　三毒生處息滅祈加持
ཨོཾ་ཧྃ་གུ་རུ་རཏྣ་མཎྜལ་ཀཾ་ནི་རྻ་ཏ་ཡཱ་མི། དེ་ནས་བླ་བརྒྱུད་གསོལ་འདེབས་ནི། །
唉當咕洳惹哪曼荼羅噶尼雅嗟耶麥　復次　傳承師祈請文是

རྒྱལ་བ་རྒྱ་མཚོའི་རིགས་བདག་རྡོ་རྗེ་ཆོས། །རྒྱལ་བའི་ཡུམ་མཆོག་རྡོ་རྗེ་རྣལ་འབྱོར་མ། །
諸佛海會部主金剛法　　諸佛勝母金剛瑜伽母
རྒྱལ་སྲས་ཐུ་བོ་ན་རོ་ཏ་པའི་ཞབས། །གསོལ་བ་འདེབས་སོ་ལྷན་སྐྱེས་ཡེ་ཤེས་སྩོལ། །
諸佛長子那若嗟巴尊　　至誠祈請賜予俱生智
གསང་ཆེན་སློབ་བཤད་འཛིན་པའི་ཕམ་ཐིང་པ། །གསང་མཛོད་ཀུན་གྱི་གཏེར་གྱུར་ཤེས་རབ་བརྩེགས། །
執持大密釋教龐亭巴　　一切密續寶藏謝繞澤

༄༅། །གསང་སྔགས་རྒྱ་མཚོའི་མངའ་བདག་མར་ལོའི་ཞབས། །གསོལ་བ་འདེབས་སོ་ལྷན་སྐྱེས་ཡེ་ཤེས་སྩོལ། །
秘密大海領主嘛洛尊　　至誠祈請賜予俱生智
རྡོ་རྗེ་འཆང་དབང་བླ་ཆེན་ས་སྐྱ་པ། །རྡོ་རྗེའི་སྲས་མཆོག་རྗེ་བཙུན་བསོད་ནམས་རྩེ། །
金剛持王喇欽薩迦巴　　金剛勝子至尊索南澤
རྡོ་རྗེ་འཛིན་པའི་གཙུག་རྒྱན་གྲགས་པའི་ཞབས། །གསོལ་བ་འདེབས་སོ་ལྷན་སྐྱེས་ཡེ་ཤེས་སྩོལ། །
金剛執持頂嚴札貝尊　　至誠祈請賜予俱生智

ས་སྐྱ་པཎ་ཆེན་གངས་ཅན་མཁས་པའི་རྗེ། །ས་གསུམ་སྐྱེ་དགུའི་གཙུག་རྒྱན་འཕགས་པའི་མཚན། །
薩迦班欽雪域善知識　　三地衆生頂嚴帕思巴
ས་སྐྱའི་བསྟན་འཛིན་ཞང་སྟོན་ཆོས་རྗེའི་ཞབས། །གསོལ་བ་འདེབས་སོ་ལྷན་སྐྱེས་ཡེ་ཤེས་སྩོལ། །
薩迦教主祥敦法王尊　　至誠祈請賜予俱生智
གྲུབ་པའི་དབང་ཕྱུག་ན་བཟའ་བྲག་ཕུག་པ། །གྲུབ་མཆོག་མཁས་པའི་དེད་དཔོན་ཆོས་ཀྱི་རྗེ། །
成就自在納沙札普巴　　成就善智無畏法王尊

༄༅། །སྒྲུབ་རིགས་སྙན་བརྒྱུད་མངའ་བདག་ཡར་ཀླུངས་པར། །གསོལ་བ་འདེབས་སོ་ལྷན་སྐྱེས་ཡེ་ཤེས་སྩོལ། །
修部耳傳領主雅隴巴　至誠祈請賜予俱生智
བདག་གཞན་འགྲོ་བའི་སྐྱབས་མགོན་རྒྱལ་བ་མཆོག །བདག་ཉིད་ཆེན་པོ་འཇམ་དབྱངས་ནམ་མཁའི་མཚན། །
自他衆生依怙勝聖王　大主宰者絳央南喀贊
བདག་ཆེན་ཆོས་རྗེ་བློ་གྲོས་རྒྱལ་མཚན་ཞབས། །གསོལ་བ་འདེབས་སོ་ལྷན་སྐྱེས་ཡེ་ཤེས་སྩོལ། །
大聖法王洛哲堅贊尊　至誠祈請賜予俱生智

བཀའ་དྲིན་མཉམ་མེད་རྗེ་བཙུན་རྡོ་རིང་བ། །བཀའ་བཞིན་སྒྲུབ་པའི་བསྟན་འཛིན་བློ་གསལ་དབང་། །
恩德無比至尊道琳巴　依教遵行執教洛色王
བཀའ་བརྒྱུད་གསང་ཆེན་སྨྲ་བ་མཁྱེན་བརྩེའི་ཞབས། །གསོལ་བ་འདེབས་སོ་ལྷན་སྐྱེས་ཡེ་ཤེས་སྩོལ། །
語傳大密宣者欽則尊　至誠祈請賜予俱生智
རིག་སྔགས་འཆང་བ་བསླབ་གསུམ་རྒྱལ་མཚན་དང་། །རིགས་བརྒྱའི་ཁྱབ་བདག་དབང་ཕྱུག་རབ་བརྟན་དཔལ། །
持擁明咒洛松堅贊尊　金剛遍主旺秋繞丹貝

༄༅། །རིགས་ཀྱི་གཙོ་བོ་རྗེ་བཙུན་བཀའ་འགྱུར་བ། །གསོལ་བ་འདེབས་སོ་ལྷན་སྐྱེས་ཡེ་ཤེས་སྩོལ། །
金剛主持至尊噶居巴　至誠祈請賜予俱生智
དཀྱིལ་འཁོར་རྒྱ་མཚོའི་ཁྱབ་བདག་ཞྭ་ལུ་བ། །དཀྱིལ་འཁོར་ཀུན་གྱི་གཙོ་བོ་མཁྱེན་རབ་རྗེ། །
壇城海會遍主夏魯巴　一切壇城之主欽繞傑
དཀྱིལ་འཁོར་འཁོར་ལོའི་བདག་པོ་རྨོར་ཆེན་ཞབས། །གསོལ་བ་འདེབས་སོ་ལྷན་སྐྱེས་ཡེ་ཤེས་སྩོལ། །
壇輪中圍主尊莽欽足　至誠祈請賜予俱生智

སྙན་བརྒྱུད་རྒྱ་མཚོའི་དེད་དཔོན་གནས་གསར་བ། །སྙན་བརྒྱུད་མངའ་བདག་བློ་གསལ་ཕུན་ཚོགས་དང་། །
耳傳大海無畏南薩巴　耳傳執教洛色平措尊
སྙན་བརྒྱུད་སྤེལ་མཁས་བསྟན་འཛིན་འཕྲིན་ལས་ཞབས། །གསོལ་བ་འདེབས་སོ་ལྷན་སྐྱེས་ཡེ་ཤེས་སྩོལ། །
耳傳廣弘丹增成來尊　至誠祈請賜予俱生智
དགའ་ལྡན་བསྟན་འཛིན་ཁྱབ་བདག་བཀའ་འགྱུར་བ། །དགའ་ལྡན་དར་རྒྱས་སྙིགས་དུས་འགྲོ་བའི་གཉེན། །
甘丹執教遍主噶居巴　甘丹廣弘濁世衆生友

མཁའ་ ཤོ་གསུམ་ མཆོད།

༄༅། །དགའ་ལྡན་ལུགས་འཛིན་དྷརྨ་བྷ་དྲའི་ཞབས། །གསོལ་བ་འདེབས་སོ་ལྷན་སྐྱེས་ཡེ་ཤེས་སྩོལ། །
甘丹承執達瑪巴哲尊　至誠祈請賜予俱生智
མདོ་རྒྱུད་ཀུན་གྱི་ལམ་གྱི་གནད་རྫོགས་པའི། །མདོ་རྒྱུད་མངའ་བདག་བློ་བཟང་ཆོས་འཕེལ་དང་། །
顯密妙道一切悉圓滿　顯密教主洛桑卻佩尊
མདོ་རྒྱུད་སྤེལ་མཁས་འཇིགས་མེད་དབང་པོའི་ཞབས། །གསོལ་བ་འདེབས་སོ་ལྷན་སྐྱེས་ཡེ་ཤེས་སྩོལ། །
顯密善弘晉美旺波尊　至誠祈請賜予俱生智

大樂捷道暨中圍喜筵　卅三

ན་རོ་མཁའ་སྤྱོད་སྨིན་གྲོལ་ལམ་བཟང་གནད། །ན་རོ་པ་བཞིན་ལེགས་པར་འདོམས་པ་ལ། །
那若空行成熟解脫要　猶如那若巴師善攝受
ན་རོས་བྱིན་རླབས་བདེ་ཆེན་སྙིང་པོ་ལ། །གསོལ་བ་འདེབས་སོ་ལྷན་སྐྱེས་ཡེ་ཤེས་སྩོལ། །
那若加持德欽寧波前　至誠祈請賜予俱生智
རྡོ་རྗེའི་གོ་འཕང་སྒྲུབ་པའི་ཉེ་ལམ་མཆོག །རྡོ་རྗེ་བཙུན་མོའི་སྨིན་གྲོལ་གདམས་པའི་མཛོད། །
金剛果位修行妙捷道　金剛佛母成熟予解脫

མཁའ་ ཤོ་བཞི་ མཆོད།

༄༅། །རྡོ་རྗེ་འཛིན་པ་བློ་བཟང་ཡེ་ཤེས་ལ། །གསོལ་བ་འདེབས་སོ་ལྷན་སྐྱེས་ཡེ་ཤེས་སྩོལ། །
金剛持尊洛桑益希前　至誠祈請賜予俱生智
བསྐྱེད་རིམ་ཟབ་མོ་མཁའ་སྤྱོད་རྣལ་འབྱོར་དང་། །རྫོགས་རིམ་དབུ་མའི་རྣལ་འབྱོར་བསྒོམས་པའི་མཐུས། །
次第生起空行瑜伽法　圓滿次第中脈修持力
བདེ་ཆེན་ལྷན་སྐྱེས་ཡེ་ཤེས་སྐྱེ་བ་དང་། །མཁའ་སྤྱོད་གོ་འཕང་འཐོབ་པར་བྱིན་གྱིས་རློབས། །
生起大樂俱生大智慧　正等圓覺空行祈加持

大樂捷道暨中圍喜筵　卅四

དེ་ནས་དབང་བཞི་བྱིན་བརླབས་ནི། སྐྱབས་གནས་ཀུན་འདུས་བླ་མ་ལ། །གསོལ་བ་འདེབས་སོ་བྱིན་གྱིས་རློབས། །
復次四灌頂加持法是　皈處總集上師前　懇切祈求賜加持
དབང་བཞི་རྫོགས་པར་བསྐུར་བ་དང་། །སྐུ་བཞིའི་གོ་འཕང་སྩལ་དུ་གསོལ། །ཞེས་ལན་གསུམ་གྱིས་གསོལ་བ་འདེབས་པས།
授予圓滿四灌頂　獲得四身佛果位　如是三遍作祈請
བླ་མའི་དཔྲལ་བའི་ཨོཾ་ལས་བདུད་རྩི་འོད་ཟེར་དཀར་པོ་འཕྲོས། རང་གི་དཔྲལ་བར་ཐིམ། ལུས་ཀྱི་སྡིག་སྒྲིབ་དག
上師額間ཨོཾ字發射白色甘露光　融入自額間清淨身業獲得

མཁའ་ ཞེ་ལྔ་ མཆོད།

༄༅། །བུམ་པའི་དབང་ཐོབ། བླ་མའི་སྐུའི་བྱིན་རླབས་ལུས་ལ་ཞུགས། བླ་མའི་མགྲིན་པའི་ཨཱཿལས་བདུད་རྩི་འོད་ཟེར་

寶瓶灌頂　上師之身加持力安住於自身　上師喉間ཨཱཿ字

དམར་པོ་འཕྲོས། རང་གི་མགྲིན་པར་ཐིམ། ངག་གི་སྡིག་སྒྲིབ་དག །གསང་བའི་དབང་ཐོབ། བླ་མའི་གསུང་གི་བྱིན་

發出紅色甘露光融入自喉間清淨口業獲得秘密灌頂

རླབས་ངག་ལ་ཞུགས། བླ་མའི་ཐུགས་ཀའི་ཧཱུྃ་ལས་བདུད་རྩི་འོད་ཟེར་སྔོན་པོ་འཕྲོས། རང་གི་སྙིང་གར་ཐིམ། ཡིད་

上師之語加持力安住於自喉間　上師心間ཧཱུྃ字發出藍色甘露

大樂捷道暨中圍喜筵　卌五

ཀྱི་སྡིག་སྒྲིབ་དག །ཤེས་རབ་ཡེ་ཤེས་ཀྱི་དབང་ཐོབ། བླ་མའི་ཐུགས་ཀྱི་བྱིན་རླབས་ཡིད་ལ་ཞུགས། བླ་མའི་གནས་

光融入自心間清淨意業獲得智慧灌頂　上師之意加持力安住於

གསུམ་གྱི་ཡི་གེ་ལས་བདུད་རྩི་འོད་ཟེར་དཀར་དམར་མཐིང་གསུམ་འཕྲོས། རང་གི་གནས་གསུམ་ལ་ཐིམ། ལུས་ངག་

自心間　上師之三處三字發出白紅藍三道甘露光融入自身

ཡིད་གསུམ་གྱི་སྡིག་སྒྲིབ་དག །དབང་བཞི་པ་ཚིག་དབང་རིན་པོ་ཆེ་ཐོབ། བླ་མའི་སྐུ་གསུང་ཐུགས་ཀྱི་བྱིན་རླབས་

三處清淨身語意三業獲得第四句義寶灌頂　上師身語意之

མཁའ་ ཞེ་དྲུག་ མཆོད།

༄༅། །རང་གི་ལུས་ངག་ཡིད་གསུམ་ལ་ཞུགས་པར་གྱུར་པར་བསམས་ལ། དབང་བཞི་ལེན་ཚུལ་ཐུན་མོང་མ་ཡིན་པ་ནི་ཞལ་ལས་ཤེས

加持力安住於自身語意三處 此間如是觀　經受四灌頂之不共理趣當從

པར་བྱའོ། །དེ་ནས་སླར་ཡང་། དུས་གསུམ་སངས་རྒྱས་ཐམས་ཅད་ཀྱི་ངོ་བོ་བླ་མ་རིན་པོ་ཆེ་ལ་གསོལ་བ་འདེབས་སོ། །

師面授　復次 祈請三世一切諸佛之體性上師寶加持我心相續

བདག་གི་རྒྱུད་བྱིན་གྱིས་བརླབ་ཏུ་གསོལ། ཞེས་གསོལ་བ་བཏབ་པས་མཐའ་སྐོར་གྱི་བརྒྱུད་པའི་བླ་མ་རྣམས་དབུས་

如是祈請周圍之傳承諸師融入於中央根本上師

大樂捷道暨中圍喜筵　卌六

ཀྱི་རྩ་བའི་བླ་མ་ལ་ཐིམ། རྩ་བའི་བླ་མ་ཡང་རང་ལ་རྗེས་སུ་ཆགས་པས་འོད་དམར་པོའི་རྣམ་པར་ཞུ་བ། རང་གི་སྤྱི་

根本上師亦隨執於自身故化紅光由自身

གཙུག་ནས་ཞུགས། སྙིང་གར་བཾ་ཡིག་དམར་པོའི་རྣམ་པར་གྱུར་པ་དང་རང་སེམས་དབྱེར་མེད་དུ་འདྲེས་པར་གྱུར།

頂門融入至心間成紅色བཾ字相與心相契無二也

དྲུག་པ་བདག་ལྷར་བསྐྱེད་པའི་རྣལ་འབྱོར་ནི། བཾ་ཡིག་དེ་ཉིད་རྗེ་ཆེར་སོང་སྟེ་ནམ་མཁའི་མཐའ་དང་མཉམ་པར་གྱུར་པས་སྣོད་

六 自生本尊瑜伽法是 བཾ字漸漸擴大等同天際一切情器

༄༅། །བཅུད་ཐམས་ཅད་བདེ་སྟོང་གི་རང་བཞིན་དུ་གྱུར། སྣོད་ཡང་མཐའ་ནས་རིམ་གྱིས་བསྡུས་ཏེ་ཤིན་ཏུ་ཕྲ་བའི་
世間成樂空自性　復又從邊漸漸收攝成極其微妙
བཾ་ཡིག་ཏུ་གྱུར་པ་འོག་ནས་རིམ་གྱིས་ནཱ་དའི་བར་དུ་ཐིམ། ནཱ་ད་ཡང་མི་དམིགས་པར་བདེ་སྟོང་དབྱེར་མེད་ཀྱི་ཆོས་
བཾ字由下漸漸攝入哪嗟間　哪嗟復成無所緣樂空無別之法身
སྐུར་གྱུར། ཨོཾ་ཤཱུ་ནྱ་ཏཱ་ཛྙཱ་ན་བཛྲ་སྭ་བྷཱ་ཝ་ཨཱཏྨ་ཀོ྅ཧཾ། ཞེས་པ་ནི་འཆི་བ་ཆོས་སྐུའི་ལམ་འཁྱེར་རོ། །དེ་ལྟར་སྣང་བ་ཐམས་ཅད་
嗡咻捏嗟嘉那班雜索巴瓦唉嘛高行 此乃持死有爲法身道用

大樂捷道暨中圍喜筵　卅七

བསྡུས་པའི་སྟོང་པའི་ངང་ལས་ངོ་བོ་རང་སེམས་བདེ་སྟོང་གཉིས་སུ་མེད་པའི་ཡེ་ཤེས་ཀྱི་གཟུང་རྣམ་ཡིན་པ་ལ་རྣམ་
如彼收攝一切現分之空性中體性爲自心樂空無二智持相
པ་བཾ་ཡིག་དམར་པོ་གྱེན་དུ་འགྲེང་བའི་རྣམ་པར་ནམ་མཁར་གནས་པར་གྱུར། ཅེས་པ་ནི་བར་དོ་ལོངས་སྐུའི་ལམ་འཁྱེར་རོ། །
而顯紅色བཾ字豎立之相於虛空中 此乃持中有爲報身道用
སྟོང་པའི་ངང་ལས་ཨེ་ཨེ་ལས་ཆོས་འབྱུང་དམར་པོ་གྲུ་གསུམ་གཉིས་བརྩེགས་ཀྱི་ནང་དུ་ཨཱཿལས་ཟླ་བའི་དཀྱིལ་
空性中ཨེ་ཨེ化成紅色法基三角雙疊　其內ཨཱཿ生月輪具白而又

༄༅། །འཁོར་དཀར་ལ་དམར་བའི་མདངས་ཅན་གྱི་སྟེང་དུ། ཨོཾ་ཨོཾ་ཨོཾ་སརྦ་བུདྡྷ་ཌཱ་ཀི་ནཱི་ཡེ་བཛྲ་ཝརྞ་ནཱི་ཡེ་བཛྲ་བཻ་རོ་
紅色光華之上　嗡嗡嗡薩瓦必嗟哲格呢耶班雜哇哪呢耶
ཙ་ནཱི་ཡེ་ཧཱུྃ་ཧཱུྃ་ཧཱུྃ་ཕཊ་ཕཊ་ཕཊ་སྭཱ་ཧཱ། ཞེས་པའི་སྔགས་གཡོན་སྐོར་དུ་འཁོད་པར་གྱུར། རང་ནམ་མཁའི་བཾ་ཡིག་གིས་
班雜毗盧遮呢耶吽吽吽呸呸呸娑哈之咒鬘左繞　觀見空中བཾ字
ཟླ་བ་མཐོང་བ་ན་དེའི་དབུས་སུ་སྐྱེ་བ་ལེན་པའི་འཕེན་པ་དང་ལྡན་པས་ཟླ་བའི་དབུས་སུ་ཞུགས། ཟླ་བ་བཾ་ཡིག་སྔགས་
月輪時一剎那間射入月輪安住其中央བཾ字咒鬘

大樂捷道暨中圍喜筵　卅八

ཕྲེང་དང་བཅས་པ་ལས་འོད་ཟེར་འཕྲོས། འཁོར་འདས་ཀྱི་སྣོད་བཅུད་ཐམས་ཅད་རྗེ་བཙུན་རྡོ་རྗེ་རྣལ་འབྱོར་མའི་
俱放光芒　一切輪涅情器世間悉成至尊
རང་བཞིན་དུ་བྱས། དེ་རྣམས་སླར་འདུས་ཏེ་བཾ་ཡིག་སྔགས་ཕྲེང་དང་བཅས་པ་ལ་ཐིམས་པ་ཡོངས་སུ་གྱུར་པ་ལས།
金剛瑜伽母自性　彼諸光收回融於བཾ字咒鬘而能依所依
རྟེན་དང་བརྟེན་པའི་དཀྱིལ་འཁོར་དུས་གཅིག་ཏུ་རྫོགས་པར་གྱུར། ཅེས་པ་ནི་སྐྱེ་བ་སྤྲུལ་སྐུའི་ལམ་འཁྱེར་རོ། །དེ་ཡང་རྡོ་རྗེའི་
之中圍同時圓滿 此乃持生有爲化身道用　彼悉成金剛

༄༅། །ས་གཞི་ར་བ་གུར་བླ་རེ་དང་བཅས་པའི་ཕྱི་རོལ་ཏུ་ཁ་དོག་སྣ་ལྔ་པའི་མེ་དཔུང་གཡོན་སྐོར་དུ་འཁྱིལ་ཞིང་
大基垣圍帳幕華蓋及外境五色火左繞熾烈成圍行
འབར་བ། དེའི་ནང་དུ་གཏུམ་དྲག་ལ་སོགས་པའི་དུར་ཁྲོད་ཆེན་པོ་བརྒྱད་ཀྱིས་བསྐོར་བའི་དབུས་སུ་ཆོས་འབྱུང་
火焰盛　內暴虐等八大寒林圍繞　中央三角雙壘
དམར་པོ་གྲུ་གསུམ་ཉིས་བརྩེགས་ཀྱི་གདེངས་ཀ་ཆེ་བ་གྱེན་དུ་ཕྱོགས་ཤིང་། རྩེ་མོ་ཕྲ་བ་ཐུར་དུ་ཟུག་པ། མདུན་རྒྱབ་
紅色巨大法基踞高豎立上端平廣下尖入地

གཉིས་སྤངས་པའི་གྲྭ་བཞིར་དགའ་འཁྱིལ་དམར་སྐྱ་གཡོན་བསྐོར་དུ་འཁོར་བ་རེ་རེས་མཚན་པ། ཆོས་འབྱུང་གི་ནང་
除前後二角餘四角紅白喜旋左轉莊嚴
དུ་སྣ་ཚོགས་པདྨ་འདབ་མ་བརྒྱད་པའི་ལྟེ་བར་ཉི་མའི་དཀྱིལ་འཁོར་གྱི་སྟེང་དུ་རང་ཉིད་རྗེ་བཙུན་རྡོ་རྗེ་རྣལ་འབྱོར་
法基內各色八瓣蓮華蕊中日輪之上自性成
མའི་སྐུར་གྱུར་པ་ནི། ཞབས་གཡས་བརྐྱངས་པས་དུས་མཚན་མ་དམར་མོའི་ནུ་མའི་སྟེང་ནས་མནན་པ། གཡོན་
金剛瑜伽母身　右腿伸　足下踩怒媽嘛摩

༄༅། །བསྐུམས་པས་འཇིགས་བྱེད་ནག་པོའི་མགོ་བོ་རྒྱབ་ཏུ་བལྟབ་ནས་མནན་པ། སྐུ་མདོག་དམར་མོ་བསྐལ་པའི་
左腿屈　足下踩智希哪波　赤身如劫火 具足威光
མེ་ལྟ་བུའི་གཟི་བརྗིད་ཅན། ཞལ་གཅིག་ཕྱག་གཉིས་སྤྱན་གསུམ་དག་པ་མཁའ་སྤྱོད་དུ་གཟིགས་པ། ཕྱག་གཡས་
一面二臂　三目仰視空行淨界 右手下伸執
པས་རྡོ་རྗེས་མཚན་པའི་གྲི་གུག་ཐུར་དུ་བརྐྱངས་ནས་འཛིན་པ། གཡོན་པས་ཐོད་པ་ཁྲག་གིས་གང་བ་སྟེང་ཕྱོགས་
金剛杵莊嚴之鉞刀　左手托舉盈滿鮮血之頂骨器

སུ་བཟུང་ནས་ཞལ་གྱེན་དུ་ཕྱོགས་པར་གསོལ་བ། ཕྲག་པ་གཡོན་པར་རྡོ་རྗེས་མཚན་པའི་ཁ་ཊྭཱཾ་ག་ལ་ཌཱ་མ་རུ་དང་
仰飲甘露　左肩掮金剛杵莊嚴之喀章嘎　鼗鼓　金剛鈴及
དྲིལ་བུ་དང་འཕན་རྩེ་གསུམ་པ་འཕྱང་བཞིན་པ་བསྣམས་པ། དབུ་སྐྲ་ནག་པོ་སིལ་བུར་གྱུར་པས་སྐུ་སྨད་ཡན་ཆད་
三幅幡飄垂　墨髮散披覆及腰間
ཁེབས་པ། ལང་ཚོ་དར་ལ་བབ་ཅིང་འདོད་པའི་ནུ་འབུར་རྒྱས་པ། བདེ་བ་བསྐྱེད་པའི་ཉམས་ཅན། མི་མགོ་སྐམ་པོ་
妙齡年華 豐滿欲界　乳峰高聳　五具骷髏頂莊嚴

༄༅། །ལྔའི་དབུ་རྒྱན་དང་། སྐམ་པོ་ལྔ་བཅུའི་དོ་ཤལ་ཅན། གཅེར་མོ་ཕྱག་རྒྱ་ལྔས་བརྒྱན་པ། ཡེ་ཤེས་ཀྱི་མེ་འབར་

五十骷髏爲瓔珞　赤裸五印莊嚴　智慧烈火中

བའི་དབུས་ན་བཞུགས་པའོ། །བདུན་པ་འགྲོ་བ་དག་པའི་རྣལ་འབྱོར་ནི། རང་གི་སྙིང་གར་ཆོས་འབྱུང་དམར་པོ་གྲུ་གསུམ་

威然永住　七 清淨衆生瑜伽法是　自心間三角雙疊紅色

གཉིས་བརྩེགས་ཀྱི་ནང་དུ་ཟླ་བའི་དཀྱིལ་འཁོར་གྱི་དབུས་སུ་བཾ་ཡིག་ལ་སྔགས་ཕྲེང་གིས་བསྐོར་བ་ལས་འོད་ཟེར་

法基內月輪中央 བཾ 字由咒鬘環繞而發光

འཕྲོས་ཏེ། བ་སྤུའི་བུ་ག་ནས་ཕར་སོང་། རིགས་དྲུག་གི་སེམས་ཅན་ཐམས་ཅད་ལ་ཕོག་པས། སྡིག་སྒྲིབ་བག་

自毛孔發射照耀六道衆生　清淨業障習氣

ཆགས་དང་བཅས་པ་སྦྱངས། དེ་ཐམས་ཅད་རྡོ་རྗེ་རྣལ་འབྱོར་མའི་སྐུར་གྱུར། བརྒྱད་པ་དཔའ་བོ་དཔའ་མོས་བྱིན་གྱིས་བརླབས་

一切悉成金剛瑜伽母身　八　勇士勇母加持瑜伽法有三分

པ་ལ་གསུམ་ལས། དང་པོ་ལུས་དཀྱིལ་ནི། རང་གི་སྙིང་གའི་ཆོས་འབྱུང་ཟླ་གདན་དང་བཅས་པའི་དབུས་ཀྱི་བཾ་ཡིག་འབྱུང་བ་

其一是身壇城法　自心間法基月輪中央 བཾ 字四種自性

༄༅། །བཞིའི་བདག་ཉིད་ལས་བྱེ་བའི་འབྱུང་བ་བཞིའི་ས་བོན་ཡ་ར་ལ་ཝའི་ཡི་གེ་བཞི། སྙིང་གའི་འདོད་མ་ལ་

分離出四大種子 ཡ་ར་ལ་ཝ 四字成心間欲母脈等四方

སོགས་པ་ཕྱོགས་བཞིའི་རྩ་འདབ་ཀྱི་རང་བཞིན་དུ་གནས་པ་ཡོངས་སུ་གྱུར་པ་ལས། གཡོན་ནས་བརྩམས་ཏེ། ལཱ་མ།

脈瓣自性安住　從左而列啦瑪母　塊生母

དུམ་སྐྱེས་མ། གཟུགས་ཅན་མ། མཁའ་འགྲོ་མ་དང་བཞི། དབུས་སུ་བཾ་ཡིག་གི་ཟླ་ཕྱེད་ཐིག་ལེ་ནཱ་ད་དང་བཅས་པ་

具色母及空行母四尊　中央 བཾ 字初月明點哪嗟成

ཤིན་ཏུ་ཕྲ་བའི་དབྱིད་ཐིག་ཟུང་འཇུག་གི་ངོ་བོ་རྗེ་བཙུན་རྡོ་རྗེ་རྣལ་འབྱོར་མའོ། །དེའི་ཕྱི་རིམས་སུ་ལུས་ཀྱི་སྐྲ

極其微妙種子雙運體性　至尊金剛瑜伽母彼之外遂爲

མཚམས་དང་སྤྱི་གཙུག་ལ་སོགས་པའི་གནས་ཉེར་བཞིའི་རྩ་མི་ཕྱེད་མ་ལ་སོགས་པ་དང་། སོ་དང་སེན་མོ་འབབ་

身之髮際頂髻諸二十四處無分脈降注指甲等二十四界

པ་ལ་སོགས་པའི་ཁམས་ཉེར་བཞི། རྩ་ཁམས་ངོ་བོ་དབྱེར་མེད་ཤར་ནས་གཡོན་སྐོར་དུ་གནས་པའི་ཨོཾ་ཨོཾ་སོགས་

脈相體性無別　東起左繞 ཨོཾ་ཨོཾ 等咒文二十四字體性安住

མཁའ་ ཞེ་གསུམ་ མཛོད།

༄༅། །སྔགས་ཀྱི་ཡིག་འབྲུ་ཉེར་བཞིའི་ངོ་བོར་གནས་པ་ཡོངས་སུ་གྱུར་པ་ལས། རབ་གཏུམ་མ། གཏུམ་མིག་མ།
悉成極怒母　怒目母　具光母　隆準母　勇猛大慧母
འོད་ལྡན་མ། སྣ་ཆེན་མ། དཔའ་བོའི་བློ་ཆེན་མ། ཁར་ཝ་རི། ལངྐའི་དབང་ཕྱུག་མ། ཤིང་གྲིབ་མ་སྟེ་ཐུགས་ཀྱི་
喀瓦日母　楞伽自在母　木蔭母等意之種姓八忿怒母　護地母
རིགས་ཀྱི་དཔའ་མོ་བརྒྱད། ས་སྲུང་མ། འཇིགས་བྱེད་ཆེན་མོ། རླུང་ཤུགས་མ། ཆང་འཐུང་མ། སྤྱོ་སངས་ལྷ་མོ།
怖威作母　風勁母　領灑母　碧空天母　極妙母　馬耳母　鵠面母等

大樂捷道暨中圍喜筵　四十三

རབ་བཟང་མ། རྟ་རྣ་མ། བྱ་གདོང་མ་སྟེ་གསུང་གི་རིགས་ཀྱི་དཔའ་མོ་བརྒྱད། འཁོར་ལོའི་ཤུགས་ཅན་མ། དུམ་སྐྱེས་
語之種姓八忿怒母　具輪意母　塊生母　鬻醑母　輪鎧母　極勇母
མ། ཆང་སྐྱོང་མ། འཁོར་ལོའི་གོ་ཆ་མ། ཤིན་ཏུ་དཔའ་མོ། སྟོབས་ཆེན་མ། འཁོར་ལོས་བསྒྱུར་མ། བརྩོན་འགྲུས་
大力母　轉輪母　大精進母等身之種姓八忿怒母等皆成其外
ཆེན་མོ་སྟེ་སྐུའི་རིགས་ཀྱི་དཔའ་མོ་བརྒྱད་རྣམས་སུ་གྱུར་པ། ཕྱི་རོལ་གྱི་པུ་ལི་ར་མ་ལ་སོགས་པའི་གནས་ཉེར་བཞིའི་
布黎惹瑪等二十四處之勇士無二爲真實瑜伽母者

མཁའ་ ཞེ་བཞི་ མཛོད།

༄༅། །དཔའ་བོ་གཉིས་མེད་ཀྱི་རྣལ་འབྱོར་མ་དངོས་སོ། །ཁ་ལ་སོགས་པའི་སྒོ་བརྒྱད་ཀྱི་རྩ་ཁམས་རྣམས་ཧཱུྃ་ཧཱུྃ་ལ་
口等八門之諸脈界與吽吽等八字體性無別而成鴉面母
སོགས་པའི་ཡིག་འབྲུ་བརྒྱད་པོ་དང་ངོ་བོ་དབྱེར་མེད་ལས་ཁྭ་གདོང་མ། འུག་གདོང་མ། ཁྱི་གདོང་མ། ཕག་གདོང་མ།
梟面母　犬面母　豕面母　閻摩堅母　閻摩羅使母　閻摩獠牙母
གཤིན་རྗེ་བརྟན་མ། གཤིན་རྗེ་ཕོ་ཉ་མོ། གཤིན་རྗེ་མཆེ་བ་མ། གཤིན་རྗེ་འཇོམས་མ་རྣམས་སུ་གྱུར་པ་ཐམས་ཅད་
閻摩摧母等皆成至尊母身相極盡莊嚴一切圓滿

大樂捷道暨中圍喜筵　四十四

ཀྱང་རྗེ་བཙུན་མའི་སྐུའི་རྣམ་པ་ཅན་རྒྱན་ཆ་ལུགས་ཡོངས་སུ་རྫོགས་པའོ། །འདི་ནི་ལུགས་འདིའི་ཟབ་གནད་ཐུན་མོང་མ་ཡིན་པའི་
此乃本傳規不共同之深奧之究竟訣要成文也　上文中除種子字外不顯明處則依
མན་ངག་མཐར་ཐུག་པ་ཡི་གེ་སྟེང་པ་རྣམས་སྐུ་ས་བོན་ཙམ་ལས་མི་གསལ་བ་བླ་མའི་ཞལ་གྱི་མན་ངག་ལ་བརྟེན་ནས་ཤིན་ཏུ་གོ་བདེ་བར་བཀོད་པ་ཡིན་
上師親傳訣要故而明晰易懂　行者須極珍重受持之　其二是入智尊三使者交契
བས་གཅེས་པར་ཟུངས་ཤིག གཉིས་པ་ཡེ་ཤེས་པ་བཅུག་སྟེ་ཕོ་ཉ་གསུམ་བསྲེ་བ་ནི། འབར་བའི་ཕྱག་རྒྱ་དང་བཅས། ཕཊ྄། རང་གི་ཐུགས་ཀའི་ཧཱུྃ་
手結熾燃印　呸　自心間ཧཱུྃ字放光從眉間發射十方召請

༄༅། །ཡིག་ལས་འོད་ཟེར་འཕྲོས་པ་སྤྱན་མཚམས་ནས་ཐོན་ཏེ་ཕྱོགས་བཅུར་སོང་བས་ཕྱོགས་བཅུའི་དེ་བཞིན་
十方如來及一切勇父瑜伽母以金剛瑜伽母
གཤེགས་པ་དང་། དཔའ་བོ་དང་རྣལ་འབྱོར་མ་ཐམས་ཅད་རྡོ་རྗེ་རྣལ་འབྱོར་མའི་རྣམ་པར་སྤྱན་དྲངས། ཛཿཧཱུྃ་བཾ་
形相蒞臨 雜吽幫嚎 勾入縛喜印轉蓮印作交媾印 嗡搖噶旭噠
ཧོཿས་དགུག་གཞུག་བཅིངས་མཉེས་བྱ། པད་ཀོར་གྱི་མཐར་འཁྱུད་རྒྱ་བྱས་ལ། ཨོཾ་ཡོ་ག་ཤུདྡྷཿསརྦ་དྷརྨཱ་ཡོ་ག་ཤུདྡྷོ྅ཧཾ། ཆོས་ཐམས་ཅད་
薩瓦噠瑪搖噶旭噠行 一切法相清淨瑜伽本性爲之我也

རྣམ་པར་དག་པའི་རྣལ་འབྱོར་གྱི་བདག་ཉིད་དེ་ངའོ་སྙམ་དུ་ང་རྒྱལ་བྱའོ། །གསུམ་པ་གོ་ཆ་བགོ་བ་ནི། རང་གི་གནས་རྣམས་སུ་ཟླ་
如是觀之以持佛慢 其三是披甲法 自身諸處月輪上 臍間ཨོཾ་བཾ紅色金剛亥母
བའི་དཀྱིལ་འཁོར་གྱི་སྟེང་དུ། ལྟེ་བར་ཨོཾ་བཾ་དམར་མོ་རྡོ་རྗེ་ཕག་མོ། སྙིང་གར་ཧཾ་ཡོཾ་སྔོན་མོ་གཤིན་རྗེ་མ། ཁར་ཧྲཱིཾ་མོཾ་
心間ཧཾ་ཡོཾ藍色閻摩母 口中ཧྲཱིཾ་མོཾ白色愚蔽母 髮際ཧྲཱིཾ་ཧྲཱིཾ黃色守護母
དཀར་མོ་རྨོངས་བྱེད་མ། དཔྲལ་བར་ཧྲཱིཾ་ཧྲཱིཾ་སེར་མོ་སྐྱོད་བྱེད་མ། སྤྱི་གཙུག་ཏུ་ཧཱུྃ་ཧཱུྃ་ལྗང་གུ་སྐྲག་བྱེད་མ། ཡན་ལག་
頂部ཧཱུྃ་ཧཱུྃ綠色威攝母 肢部諸處ཕཊ་ཕཊ轉成煙色低噶贊芝嘎體相

༄༅། །ཐམས་ཅད་ལ་ཕཊ་ཕཊ་དུད་ཁ་ཙཎྜི་ཀའི་ངོ་བོ་རྣམས་སུ་གྱུར། དེ་ནས་དབང་བསྐུར་རྒྱས་གདབ་བྱེད་ན། ཕཻཾ༔ རང་གི་
復次作燃燒印 呸 自心間བཾ字放光迎請灌頂本尊吉祥總攝輪
ཐུགས་ཀའི་བཾ་ཡིག་ལས་འོད་ཟེར་འཕྲོས་པས། དབང་གི་ལྷ་དཔལ་འཁོར་ལོ་སྡོམ་པའི་རྟེན་དང་བརྟེན་པའི་དཀྱིལ་
之能依所依中圍 祈請一切如來現前灌頂
འཁོར་སྤྱན་དྲངས། དེ་བཞིན་གཤེགས་པ་ཐམས་ཅད་ཀྱིས་མངོན་པར་དབང་བསྐུར་དུ་གསོལ། ཞེས་གསོལ་བ་བཏབ་
如是祈請 八門禁母除蓋障 勇士諸衆頌吉祥

པས། སྒོ་མཚམས་མ་བརྒྱད་ཀྱིས་བགེགས་བསྐྲད། དཔའ་བོ་རྣམས་ཀྱིས་ཤིས་པ་བརྗོད། དཔའ་མོ་རྣམས་ཀྱིས་
勇母衆唱金剛歌 色金剛母作供養
རྡོ་རྗེའི་གླུ་ལེན། གཟུགས་རྡོ་རྗེ་མ་ལ་སོགས་པས་མཆོད། གཙོ་བོས་དབང་བསྐུར་བའི་དགོངས་པ་མཛད། ཡུམ་
主尊行灌頂之密意 四佛母及亥母
བཞི་ཕག་མོ་དང་བཅས་པས་རིན་པོ་ཆེའི་བུམ་པ་བདུད་རྩི་ལྔས་གང་བ་བཟུང་སྟེ་སྤྱི་བོ་ནས་དབང་བསྐུར་བར་གྱུར།
持盛滿五甘露寶瓶於頂門灌頂

༄༅། །ཇི་ལྟར་བལྟམས་པ་ཙམ་གྱིས་ནི། །དེ་བཞིན་གཤེགས་ཀུན་ཁྲུས་གསོལ་ལྟར། །
猶如諸佛降生時　一切如來作沐浴
ལྷ་ཡི་ཆུ་ནི་དག་པ་ཡིས། །དེ་བཞིན་བདག་གིས་ཁྲུས་བགྱིའོ། །
我今以此淨天水　如是沐浴聖尊身
ཨོཾ་སརྦ་ཏ་ཐཱ་ག་ཏ་ཨ་བྷི་ཥེ་ཀ་ཏ་ས་མ་ཡ་ཤྲཱི་ཡེ་ཧཱུྃ།
嗡薩瓦噠塔噶噠啊畢凱嘎噠薩瑪雅俙惹耶吽

ཞེས་དབང་བསྐུར་བས་ལུས་ཐམས་ཅད་གང་། དྲི་མ་ཐམས་ཅད་དག ཆུའི་ལྷག་མ་སྤྱི་གཙུག་ཏུ་གནས་པ་ཡོངས་སུ་
如是灌頂充滿身遍處　清淨一切垢　餘水上溢　住於頂髻
གྱུར་པ་ལས་རྣམ་སྣང་ཧེ་རུ་ཀ་ཡུམ་དང་བཅས་པས་དབུ་བརྒྱན་པར་གྱུར། ཅེས་བརྗོད།བདག་འཇུག་སྐབས་མཚམས་འདིར་བདག
悉成毗盧嘿洳嘎父母頂莊嚴 如是誦　修自入時於此間加持自生供　復次
བསྐྱེད་ཀྱི་མཆོད་པ་བྱིན་གྱིས་བརླབས། དེ་ནས། རང་གི་ཐུགས་ཀ་ནས་སྤྲོས་པའི་མཆོད་པའི་ལྷ་མོ་རྣམས་ཀྱིས་མཆོད་པར་གྱུར།
自心間放出供養天女衆獻供養　嗡啊剛哲帝雜娑哈

༄༅། །ཨོཾ་ཨརྒྷཾ་པྲ་ཏཱིཙྪ་སྭཱ་ཧཱ། ཨོཾ་པཱ་དྱཾ་པྲ་ཏཱིཙྪ་སྭཱ་ཧཱ། ཨོཾ་བཛྲ་པུཥྤེ་ཨཱཿཧཱུྃ་སྭཱ་ཧཱ། དེ་བཞིན་དུ་པུཥྤེའི་གནས་སུ། དྷཱུ་པེ་དང་། དཱི་པེ་དང་།
嗡巴當哲帝雜娑哈　嗡班雜布白啊吽娑哈 及彼布白處加 都白 帝貝 更得 納微德
གནྡྷེ་དང་། ནཻ་ཝི་དྱ་དང་། ཤབྡ་རྣམས་བཙུག་པ་དང་། ཨོཾ་ཨཱཿབཛྲ་ཨཱ་དརྴེ་ཧཱུྃ། ཨོཾ་ཨཱཿབཛྲ་ཝཱི་ཎེ་ཧཱུྃ། ཨོཾ་ཨཱཿབཛྲ་གནྡྷེ་ཧཱུྃ། དེ་བཞིན་དུ།
及 曉噠等 嗡啊班雜阿噠謝吽　嗡啊班雜毖尼吽 嗡啊班雜更得吽 及彼
ར་སེ། སྤརྴེ། དྷརྨེ་རྣམས་བཙུག་པས་ཕྱི་མཆོད་དང་། ཨོཾ་ཨོཾ་ཨོཾ་སརྦ་བུདྡྷ་ཌཱ་ཀི་ནཱི་ཡེ་བཛྲ་ཝརྞ་ནཱི་ཡེ་བཛྲ་བཻ་རོ་ཙ་ནཱི་ཡེ་ཧཱུྃ
惹賽 巴爾謝 噠麥 之作外供 嗡嗡嗡薩瓦必噠哲格呢耶班雜哇那呢耶

ཧཱུྃ་ཧཱུྃ་ཕཊ་ཕཊ་ཕཊ་སྭཱ་ཧཱ་ཨོཾ་ཨཱཿཧཱུྃ་གིས་ནང་མཆོད་དང་། རང་ཉིད་རྡོ་རྗེ་རྣལ་འབྱོར་མ་དང་ཁ་ཊྭཱཾ་ག་འཁོར་ལོ་སྡོམ་པར་གྱུར་
班雜毗盧遮呢耶吽吽吽呸呸呸娑哈　嗡啊吽 之內供與勝解 我自成
པ་སྙོམས་པར་ཞུགས་པས་ལྷན་སྐྱེས་ཀྱི་བདེ་སྟོང་སྐྱེས་པར་གྱུར་པར་མོས་ཏེ་གསང་བ་དང་དེ་ཁོ་ན་ཉིད་ཀྱི་མཆོད་པ་འབུལ། ཡང་ན།
金剛瑜伽母與喀章嘎總攝輪雙運俱生樂空 此間觀秘密供及真實性供　如下誦
རང་ཉིད་རྣལ་འབྱོར་མར་གསལ་བའི། །ནུ་མ་སྤངས་པ་པོ་ལར་གྱུར། །
我自顯明瑜伽母　捨去胸乳成波啦

མཁའ་ ཞེ་དགུ་ མཚོན།

༄༅། །ཀཀྐོ་ལ་དབུས་ཡང་དག་གནས། །འགྲམ་གཉིས་དྲིལ་བུ་དག་ཏུ་འགྱུར། །
喝果拉中清淨處　雙邊轉成金剛鈴
ཟེ་འབྲུ་བྷོ་ལ་ཉིད་དུ་འགྱུར། །དགའ་ཆེན་ཧེ་རུ་ཀ་ཡི་གཟུགས། །
蕊鬚轉成波拉性　大樂嘿洳嘎巴色
གསང་ཡུམ་རྡོ་རྗེ་རྣལ་འབྱོར་མ། །མཁའ་འགྲོ་ཀུན་འདུས་བདག་ཉིད་གྱུར། །
密妃金剛瑜伽母　空行總集自性成

大樂捷道暨中圍喜筵 四十九

ཡབ་ཀྱི་གསང་གནས་མི་དམིགས་པའི་ངང་ལས་ཧཱུྃ་དཀར་པོ་ལས་བྱུང་བའི་རྡོ་རྗེ་དཀར་པོ་རྩེ་ལྔ་པ་ཧྲཱི་དམར་པོ་ལས་
佛父密處無所緣狀態中白色ཧཱུྃ生白色五股金剛杵　紅色ཧྲཱི
བྱུང་བའི་ནོར་བུ་དམར་པོ་རྩེ་མོར་ཧྲཱི་སེར་པོས་མཚན་པ། ཡུམ་གྱི་གསང་གནས་མི་དམིགས་པའི་ངང་ལས་ཨཿ་ལས་
生紅色摩尼黃色ཧྲཱི字莊嚴　佛母密處無所緣狀態中ཨཿ生
བྱུང་བའི་པདྨ་དམར་པོ་འདབ་མ་གསུམ་པ་ཧྲཱི་དཀར་པོ་ལས་བྱུང་བའི་བྱང་སེམས་དཀར་པོ་མཚོན་པའི་ལྟེ་བ་དཀར་
三瓣紅蓮　白色ཧྲཱི生白色菩提心中央白色以黃色ཧྲཱི字莊嚴

མཁའ་ ང་བཅུ་ མཚོན།

༄༅། །པོ་རྩེ་མོར་ཧྲཱི་སེར་པོས་མཚན་པ། ཨོཾ་ཤྲཱི་མཧཱ་སུ་ཁ་བཛྲ་ཧེ་ཧེ་རུ་རུ་ཀཾ་ཨཿཧཱུྃ་ཧཱུྃ་ཕཊ་སྭཱ་ཧཱ། ཡབ་ཡུམ་སྙོམས་
嗡俙利嘛哈速喀班雜嘿嘿洳洳恭啊吽吽呸娑哈　父母雙運化
པར་ཞུགས་པས་བྱང་སེམས་ཞུ་བ་སྤྱི་བོ་ནས་མགྲིན་པར་སླེབ་པ་ན་དགའ་བ། མགྲིན་པ་ནས་སྙིང་གར་སླེབ་པ་ན་
爲菩提心　從頂門降至喉間生喜　喉間降至心間勝喜
མཆོག་དགའ། སྙིང་ག་ནས་ལྟེ་བར་སླེབ་པ་ན་ཁྱད་དགའ། ལྟེ་བ་ནས་ནོར་བུའི་རྩེར་སླེབ་པ་ན་ལྷན་སྐྱེས་ཀྱི་ཡེ་ཤེས་
心間降至臍間特殊喜　臍間降至摩尼寶尖

大樂捷道暨中圍喜筵 五十

སྐྱེས་པས་བདེ་བ་དང་སྟོང་པ་ཉིད་དབྱེར་མེད་པའི་ཏིང་ངེ་འཛིན་ལ་སྙོམས་པར་ཞུགས། དེ་ལྟར་བདེ་སྟོང་དབྱེར་མེད་
生起俱生智慧故入雙運樂空無別之三摩地　如是樂空無別
དུ་སྦྱོར་བ་དེས་མཆོད་པའི་འཁོར་གསུམ་རང་བཞིན་གྱིས་སྟོང་པའི་དེ་ཁོ་ན་ཉིད་ཀྱི་དོན་ལ་རྩེ་གཅིག་ཏུ་མཉམ་པར་
和合故於供養三輪自性空真實性義專注根本定而
བཞག་པའི་གསང་བ་དང་དེ་ཁོ་ན་ཉིད་ཀྱི་མཆོད་པས་མཉེས་པར་གྱུར། ཅེས་རང་ཉིད་རྣལ་འབྱོར་མ་ཧེ་རུ་ཀར་ང་རྒྱལ་འཕོས་ཏེ་
獻秘密自性真實滿足供也 如是我自瑜伽母轉爲嘿洳嘎佛慢

མཁའ་ ལྔ་གཅིག་ མཆོད།

༄༅། །རྟགས་བསྒྱུར་ནས་གསང་མཆོད་དང་དེ་ཁོ་ན་ཉིད་ཀྱི་མཆོད་པ་ཕུལ་ལ། སླར་ཡང་རྗེ་བཙུན་མའི་རྣམ་པར་གྱུར་པར་བསམ་མོ། དེ་

後化相而作秘密供與真實性供　復次轉成至尊母相　如是觀想　復次頌讚

ནས་བསྟོད་པ་ནི། ཨོཾ་ན་མོ་བྷ་ག་ཝ་ཏེ་བཛྲ་ཝཱ་ར་ཧེ་བཾ་ཧཱུྃ་ཧཱུྃ་ཕཊ།

嗡哪摩巴噶瓦帝班雜哇惹嘿幫吽吽呸

ཨོཾ་ན་མོ་ཨཱརྻ་ཨ་པ་རཱ་ཛི་ཏེ་ཏྲཻ་ལོ་ཀྱ་མཱ་ཏེ་བིདྱེ་ཤྭ་རཱི་ཧཱུྃ་ཧཱུྃ་ཕཊ།

嗡哪摩啊雅啊巴惹姿戴哲洛迦嘛帝比德曉哩吽吽呸

大樂捷道暨中圍喜筵　五十一

ཨོཾ་ན་མཿསརྦ་བུ་ཏ་བྷ་ཡཱ་ཝ་ཧེ་མ་ཧཱ་བཛྲེ་ཧཱུྃ་ཧཱུྃ་ཕཊ།

嗡哪瑪薩哇布噠巴雅哇嘿嘛哈班吱吽吽呸

ཨོཾ་ན་མོ་བཛྲ་ས་ནི་ཨ་ཛི་ཏེ་ཨ་པ་རཱ་ཛི་ཏེ་ཝ་ཤཾ་ཀ་རི་ནེ་ཏ་ཧཱུྃ་ཧཱུྃ་ཕཊ།

嗡哪摩班雜薩呢啊吱戴啊巴惹吱戴哇香嘎哩乃哲吽吽呸

ཨོཾ་ན་མོ་བྷྲ་མ་ཎི་ཤོ་ཥ་ཎི་རོ་ཥ་ཎི་ཀྲོ་དྷེ་ཀ་ར་ལི་ནི་ཧཱུྃ་ཧཱུྃ་ཕཊ།

嗡哪摩者嘛呢消喀呢惹喀呢照德嘎惹勒呢吽吽呸

མཁའ་ ལྔ་གཉིས་ མཆོད།

༄༅། །ཨོཾ་ན་མོ་ཏྲཱ་ས་ནི་མཱ་ར་ཎི་པྲ་བྷེ་ད་ནི་པ་རཱ་ཛ་ཡེ་ཧཱུྃ་ཧཱུྃ་ཕཊ།

嗡哪摩哲薩呢嘛惹呢哲貝噠呢巴惹渣耶吽吽呸

ཨོཾ་ན་མོ་བི་ཛ་ཡེ་ཛམྦྷ་ནི་སྟམྦྷ་ནི་མོ་ཧ་ནི་ཧཱུྃ་ཧཱུྃ་ཕཊ།

嗡哪摩比雜耶宗叭呢咚巴呢摩哈呢吽吽呸

ཨོཾ་ན་མོ་བཛྲ་ཝཱ་ར་ཧི་མཧཱ་ཡོ་གི་ནི་ཀཱ་མེ་ཤྭ་རི་ཁ་གེ་ཧཱུྃ་ཧཱུྃ་ཕཊ།

嗡哪摩班雜哇惹嘿嘛哈搖格呢嘎麥曉哩喀改吽吽呸

大樂捷道暨中圍喜筵　五十二

ཅེས་ཡུམ་གྱི་རྐང་བརྒྱད་ཀྱིས་ཕྱག་མཆོད་དང་བསྟོད་པ་བྱའོ། །དགུ་པ་ངག་བཟླས་དང་ཡིད་བཟླས་ཀྱི་རྣལ་འབྱོར་ལ་གཉིས་ལས། ངག་བཟླས་ནི། རང་

如是誦佛母八句咒供及頌讚　九　口誦與意念瑜伽法起分有二 口誦法是

གི་སྙིང་གར་ཆོས་འབྱུང་དམར་པོ་གྲུ་གསུམ་གཉིས་བརྩེགས་ཀྱི་ནང་དུ་ཟླ་བའི་དཀྱིལ་འཁོར་གྱི་དབུས་སུ་བཾ་ཡིག་ལ་

自心間紅色法基三角雙疊內月輪中央བཾ字

སྔགས་ཕྲེང་ཁ་དོག་དམར་པོས་གཡོན་སྐོར་དུ་བསྐོར་བ་ལས་འོད་ཟེར་དམར་པོ་དཔག་མེད་འཕྲོས། སེམས་ཅན་ཐམས་

紅色咒鬘左旋環繞發出無量紅光　眾生業障皆清淨

༄༅། །ཅད་ཀྱི་སྡིག་སྒྲིབ་སྦྱངས། སངས་རྒྱས་ཐམས་ཅད་མཆོད། དེ་རྣམས་ཀྱི་བྱིན་རླབས་ནུས་མཐུ་ཐམས་ཅད་འོད་

·供養一切諸如來　迎請一切加持力

ཟེར་དམར་པོའི་རྣམ་པར་སྤྱན་དྲངས་བཾ་ཡིག་སྔགས་ཕྲེང་དང་བཅས་པ་ལ་ཐིམས་པས་རྒྱུད་བྱིན་གྱིས་བརླབ་པར་གྱུར་

成紅光相　融入 བཾ 字咒鬘而加持我相續 如是觀想 嗡嗡嗡薩瓦

བར་བསམས་ལ། ཨོཾ་ཨོཾ་ཨོཾ་སརྦ་བུདྡྷ་ཌཱ་ཀི་ནཱི་ཡེ་བཛྲ་ཝརྞཱ་ནཱི་ཡེ་བཛྲ་བཻ་རོ་ཙ་ནཱི་ཡེ་ཧཱུྃ་ཧཱུྃ་ཧཱུྃ་ཕཊ་ཕཊ་ཕཊ་སྭཱཧཱ། རྒྱུན་པར་དམ་

必嗹哲格呢耶班雜哇那呢耶班雜毗盧遮呢耶吽吽吽呸呸呸娑哈

བཅའ་ཇི་ཡོད་པ་ལ་ལྷུང་མཐར་བྱས་ནས་བཟླའོ། །ཡིད་བཟླས་ནི། ལུས་གནད་བཅས་ཏེ་སྙིང་གའི་ཆོས་འབྱུང་ཟླ་བ་ཡིག་འབྲུ་དང་བཅས་པ་བདེ་བ་བསྐྱེད་

依不少於發心承諾恆常唸誦數而持之　意念法是　身具要訣　心間法基月輪字母俱全

པར་འདོད་ན་གསང་གནས་དང་། མི་རྟོག་པ་བསྐྱེད་པར་འདོད་ན་ལྟེ་བར་ཕབས་ལ་རླུང་ཁ་སྦྱར་ཏེ། ཡིད་ཀྱིས་སྔགས་ཕྲེང་གཡོན་སྐོར་དུ་གནས་པ་ཀློག་པའི་

若欲生起樂於密處　欲生起無念則降與臍間氣和合　意住咒左旋 用意念誦持法

ཚུལ་དུ་ལན་གསུམ་ལྔ་བདུན་ཙམ་བགྲང་། དེ་ནས་ཆོས་འབྱུང་གི་མདུན་རྒྱབ་གཉིས་སྤངས་པའི་གྲུ་བཞི་དགའ་འཁྱིལ་དམར་སྐྱ་གཡོན་སྐོར་དུ་འཁོར་བ་

誦三五七遍　復次除去法基之前後二角餘四角繞紅白喜旋而左轉

༄༅། །དང་། ཁྱད་པར་དབུས་ཀྱི་བཾ་ཡིག་གི་ནཱ་ད་ལས་མེ་འབར་ལ་ཁད་པ་ལ་སེམས་གཏད་ནས་རླུང་འཛིན། དེ་ནས། དབུ་མའི་ཡར་སྣེ་མར་སྣེ་ནས་དགའ་

尤其中央幫字之哪嗹拙火燃起而焰心注彼火而持氣　復次中脈上端下端白紅喜旋如顆粒左旋

འཁྱིལ་དཀར་དམར་ནས་འབྲུ་ཙམ་རེ་གཡོན་སྐོར་དུ་འཁོར་བཞིན་དུ་འབྱུང་བ་སྙིང་གར་འདྲེས་ནས་སྟོང་ཡལ་དུ་སོང་བའི་བདེ་སྟོང་ལ་མཉམ་པར་འཇོག

在旋轉中於心間交契後消失於空中　而其中持定樂空授記

གོ །བཅུ་པ་བསམ་གྱིས་མི་ཁྱབ་པའི་རྣལ་འབྱོར་ལ་གཉིས་ལས། ཐུན་མོང་མ་ཡིན་པ་ནི་ཁྲིད་ལས་བྱུང་བ་ལྟར་ཉམས་སུ་བླངས། ཐུན་མོང་བ་ནི། རང་གི་

十　不可思議瑜伽法有二分　不共法依導引釋文中授記 共法是

སྙིང་གའི་བཾ་ཡིག་སྔགས་ཕྲེང་དང་བཅས་པ་ལས་འོད་ཟེར་འཕྲོས། ཁམས་གསུམ་ཐམས་ཅད་ཁྱབ། གཟུགས་མེད་ཁམས་

自心間 བཾ 字咒鬘俱放光遍照三界

འོད་ཟེར་སྔོན་པོའི་རྣམ་པས་ལུས་ཀྱི་སྟོད་ཀྱི་ཆ་ལ་ཐིམ། གཟུགས་ཁམས་འོད་ཟེར་དམར་པོའི་རྣམ་པས་བར་གྱི་ཆ་ལ་

無色界化藍光融入身上分　色界化紅光融入身中分

ཐིམ། འདོད་ཁམས་འོད་ཟེར་དཀར་པོའི་རྣམ་པས་སྨད་ཀྱི་ཆ་ལ་ཐིམ། རང་ཡང་སྟོད་སྨད་ནས་རིམ་བཞིན་འོད་དུ་

欲界化白光融入身下分　自身亦由上下漸次化成光

༄༅། །ཞུ་ནས་ཆོས་འབྱུང་ལ་ཐིམ། དེ་ཟླ་བ་ལ་ཐིམ། དེ་རྣལ་འབྱོར་མ་སོ་གཉིས་ལ་ཐིམ། དེ་རྣལ་འབྱོར་མ་བཞི་
融入法基　彼融入月輪　融入三十二空行母　融入四空行母
ལ་ཐིམ། དེ་ལུས་དཀྱིལ་གྱི་གཙོ་མོ་ལ་ཐིམ། གཙོ་མོ་ཡང་སྟོད་སྨད་ནས་རིམ་བཞིན་འོད་དུ་ཞུ་ནས་ཆོས་འབྱུང་ལ་
融入身中圍主尊母　主尊母亦由上下漸漸化爲光融入法基
ཐིམ། དེ་ཟླ་བ་ལ་ཐིམ། དེ་སྔགས་ཕྲེང་ལ་ཐིམ། དེ་བཾ་ཡིག་ལ་ཐིམ། དེ་བཾ་གྱི་མགོ་བོ་ལ་ཐིམ། དེ་ཟླ་ཚེས་ལ་ཐིམ།
融入月輪　融入咒鬘　融入 བཾ 字　融入 བཾ 字頭　融入初月

大樂捷道暨中圍喜筵　五十五

དེ་ཐིག་ལེ་ལ་ཐིམ། དེ་ནཱ་ད་ལ་ཐིམ། དེ་ཡང་ཧེ་ཕྲ་ཧེ་ཕྲར་འོད་གསལ་སྟོང་པ་ཉིད་དུ་ཐིམ་པར་གྱུར་པར་བསམ་མོ། །བཅུ་
融入明點　融入哪噠成微妙微妙顯明之光融入空性 如是思惟
གཅིག་པ་སྤྱོད་ལམ་གྱི་རྣལ་འབྱོར་ནི། སྟོང་པའི་ངང་ལས་རང་ཉིད་སྐད་ཅིག་གིས་རྗེ་བཙུན་རྡོ་རྗེ་རྣལ་འབྱོར་མར་གྱུར་པའི་
十一 威儀瑜伽法是 空性中自性刹那間成至尊金剛瑜伽母
གནས་རྣམས་སུ་ཟླ་བའི་དཀྱིལ་འཁོར་གྱི་སྟེང་དུ་ལྟེ་བར་ཨོཾ་བཾ་དམར་མོ་རྡོ་རྗེ་ཕག་མོ། སྙིང་གར་ཧཾ་ཡོཾ་སྔོན་མོ་གཤིན་
諸處月輪之上臍間 ཨོཾ་བཾ 紅色金剛亥母　心間 ཧཾ་ཡོཾ 藍色閻摩母

༄༅། །རྗེ་མ། ཁར་ཧྲཱིཾ་མོཾ་དཀར་མོ་རྨོངས་བྱེད་མ། དཔྲལ་བར་ཧྲཱིཾ་ཧྲཱིཾ་སེར་མོ་སྐྱེད་བྱེད་མ། སྤྱི་གཙུག་ཏུ་ཧཱུཾ་ཧཱུཾ་ལྗང་གུ
口中 ཧྲཱིཾ་མོཾ 白色愚蔽母 髮際 ཧྲཱིཾ་ཧྲཱིཾ 黃色守護母 頂部 ཧཱུཾ་ཧཱུཾ 綠色威攝母 肢部諸
སྐྲག་བྱེད་མ། ཡན་ལག་ཐམས་ཅད་ལ་ཕཊ་ཕཊ་དུད་ཁ་ཙཎྜི་ཀའི་ངོ་བོ་རྣམས་སུ་གྱུར། ཅེས་གོ་ཆ་དང་། ཨོཾ་སུམྦྷ་ནི་སུམྦྷ་
處 ཕཊ་ཕཊ 轉成煙色低噶贊芝喀體相 如是作披甲法 嗡松巴呢松巴吽吽呸
ཧཱུཾ་ཧཱུཾ་ཕཊ། ཨོཾ་གྲྀཧྞ་གྲྀཧྞ་ཧཱུཾ་ཧཱུཾ་ཕཊ། ཨོཾ་གྲྀཧྞ་པ་ཡ་གྲྀཧྞ་པ་ཡ་ཧཱུཾ་ཧཱུཾ་ཕཊ། ཨོཾ་ཨཱ་ན་ཡ་ཧོ་བྷ་ག་ཝན་བཛྲ་ཧཱུཾ་ཧཱུཾ་ཕཊ།
嗡革熱哈哪革熱哈哪吽吽呸　嗡革熱哈哪巴雅革熱哈哪巴雅吽吽呸

大樂捷道暨中圍喜筵　五十六

ཅེས་ལན་གཉིས་བརྗོད་ལ་ཚམ་རྣམས་ཀྱིས་སྲུང་བར་བྱའོ། །གཉིས་པ་བུམ་སྒྲུབ་པ་ནི། ཨོཾ་ཁཎྜ་རོ་ཧེ་ཅེས་བསངས། སུབྷཱ་ཝས་སྦྱངས། སྟོང་པ་
嗡啊哪雅噫巴噶萬班雜吽吽呸 誦二遍 以威儀勢作守護 乙二 寶瓶修法是 堪哲撓嘿
ཉིད་དུ་གྱུར། སྟོང་པའི་ངང་ལས་བཾ་ལས་པདྨ་དང་། ཨ་ལས་ཟླ་བའི་སྟེང་དུ་ཧཱུྃ་ལས་རིན་པོ་ཆེ་བུམ་པ་མཚན་ཉིད་
作除穢 索巴微 淨化 空性中 བཾ 生蓮華 ཨ 生月輪　月輪之上 ཧཱུྃ 生寶瓶
ཐམས་ཅད་དང་ལྡན་པའི་ནང་དུ་ཨེ་ཨེ་ལས་ཆོས་འབྱུང་དམར་པོ་གྲུ་གསུམ་གཉིས་བརྩེགས་ཀྱི་ནང་དུ་ཨ་ལས་ཟླ་
一切性相所具　其內 ཨེ་ཨེ 所生紅色三角雙壘法基中央 ཨ 生月輪

༄༅། །བའི་དཀྱིལ་འཁོར་དཀར་ལ་དམར་བའི་མདངས་ཅན་གྱི་སྟེང་དུ་བཾ་ཡིག་དམར་པོའི་མཐར་ཨོཾ་ཨོཾ་ཨོཾ་སརྦ་བུདྡྷ་
具白而又紅色光華之上　紅色 བཾ 字周邊　嗡嗡嗡薩瓦必噠哲格呢耶
ཌཱ་ཀི་ནཱི་ཡེ་བཛྲ་ཝརྞ་ནཱི་ཡེ་བཛྲ་བཻ་རོ་ཙ་ནཱི་ཡེ་ཧཱུྃ་ཧཱུྃ་ཧཱུྃ་ཕཊ་ཕཊ་ཕཊ་སྭཱ་ཧཱ། ཞེས་པའི་སྔགས་འཕྲེང་ཁ་དོག་དམར་པོས་
班雜哇哪呢耶班雜毗盧遮呢耶吽吽吽呸呸呸娑哈　如是紅色咒鬘
གཡོན་སྐོར་དུ་བསྐོར་བ་ལས་འོད་ཟེར་འཕྲོས། འཕགས་པ་མཆོད། སེམས་ཅན་གྱི་དོན་བྱས། ཚུར་འདུས་ཡོངས་སུ་
左繞而發光　上供勝尊　下利衆生　收回圓滿

གྱུར་པ་ལས་སྣ་ཚོགས་པདྨ་འདབ་མ་བརྒྱད་པའི་ལྟེ་བར་ཉི་མའི་དཀྱིལ་འཁོར་གྱི་སྟེང་དུ་རྗེ་བཙུན་རྡོ་རྗེ་རྣལ་འབྱོར་
各色八瓣蓮華蕊中日輪之上　成至尊金剛瑜伽母身
མའི་སྐུར་གྱུར་པ་ནི། ཞབས་གཡས་བརྐྱངས་པས་དུས་མཚན་མ་དམར་མོའི་ནུ་མའི་སྟེང་ནས་མནན་པ། གཡོན་
右腿伸　足下踩怒媽嘛摩
བསྐུམས་པས་འཇིགས་བྱེད་ནག་པོའི་མགོ་བོ་རྒྱབ་ཏུ་བལྟབ་ནས་མནན་པ། སྐུ་མདོག་དམར་མོ་བསྐལ་པའི་མེ་ལྟ་
左腿屈　足下踩智希哪波　赤身如劫火

༄༅། །བུའི་གཟི་བརྗིད་ཅན། ཞལ་གཅིག་ཕྱག་གཉིས་སྤྱན་གསུམ་དག་པ་མཁའ་སྤྱོད་དུ་གཟིགས་པ། ཕྱག་གཡས་
具足威光　一面二臂　三目仰視空行淨界
པས་རྡོ་རྗེས་མཚན་པའི་གྲི་གུག་ཐུར་དུ་བརྐྱངས་ནས་འཛིན་པ། གཡོན་པས་ཐོད་པ་ཁྲག་གིས་གང་བ་སྟེང་ཕྱོགས་སུ་
右手下伸執金剛杵莊嚴之鉞刀　左手托舉盈滿鮮血之
བཟུང་ནས་ཞལ་གྱེན་དུ་ཕྱོགས་པར་གསོལ་བ། ཕྲག་པ་གཡོན་པར་རྡོ་རྗེས་མཚན་པའི་ཁ་ཊྭཱཾ་ག་ལ་ཌཱ་མ་རུ་དང་དྲིལ་
頂骨器仰飲甘露　左肩揹金剛杵莊嚴之喀章嘎　鼗鼓

བུ་དང་འཕན་རྩེ་གསུམ་པ་འཕྱང་བཞིན་པ་བསྣམས་པ། དབུ་སྐྲ་ནག་པོ་སིལ་བུར་གྱུར་པས་སྐུ་སྨད་ཡན་ཆད་ཁེབས་
金剛鈴及三幅幡飄垂　墨髮散披覆及腰間　妙齡年華
པ། ལང་ཚོ་དར་ལ་བབ་ཅིང་འདོད་པའི་ནུ་འབུར་རྒྱས་པ། བདེ་བ་བསྐྱེད་པའི་ཉམས་ཅན། མི་མགོ་སྐམ་པོ་ལྔའི་དབུ་
豐滿欲界　乳峰高聳　五具骷髏頂莊嚴　五十骷髏爲瓔珞
རྒྱན་དང་། །སྐམ་པོ་ལྔ་བཅུའི་དོ་ཤལ་ཅན། གཅེར་བུ་ཕྱག་རྒྱ་ལྔས་བརྒྱན་པ། ཡེ་ཤེས་ཀྱི་མེ་འབར་བའི་དབུས་ན་བཞུགས་
赤裸五印莊嚴　智慧烈火中威然永住

མཁའ་ ང་དགུ་ མཆོག།

༄༅། །པའོ། །དེ་ནས་འབར་བའི་ཕྱག་རྒྱ་དང་བཅས། ཧཱུྃ༔ རང་གི་ཐུགས་ཀའི་ཧཱུྃ་ཡིག་ལས་འོད་ཟེར་འཕྲོས་པ་སྨིན་མཚམས་
復次結熾燃印 吥 自心間ཧཱུྃ字放光 從眉間發射十方
ནས་ཐོན་ཏེ་ཕྱོགས་བཅུར་སོང་བས། ཕྱོགས་བཅུའི་དེ་བཞིན་གཤེགས་པ་དང་། དཔའ་བོ་དང་རྣལ་འབྱོར་མ་ཐམས་ཅད་
召請十方如來及一切勇父瑜伽母 以金剛瑜伽母
རྡོ་རྗེ་རྣལ་འབྱོར་མའི་རྣམ་པར་སྤྱན་དྲངས། ཛཿཧཱུྃ་བཾ་ཧོཿས་དགུག་གཞུག་བཅིངས་མཉེས་བྱ། པད་ཀོར་གྱི་མཐར་འཁྱུད་རྒྱ་བྱས་ལ།
形相蒞臨 雜吽幫嚎 勾入縛喜印轉蓮印作交媾印 嗡搖噶旭嗟薩瓦嗟瑪搖噶

大樂捷道暨中圍書簽 五十九

ཨོཾ་ཡོ་ག་ཤུདྡྷཿསརྦ་དྷརྨཱ་ཡོ་ག་ཤུདྡྷོ྅ཧཾ། དེའི་གནས་རྣམས་སུ་ཟླ་བའི་དཀྱིལ་འཁོར་གྱི་སྟེང་དུ་ལྟེ་བར་ཨོཾ་བཾ་དམར་
旭嗟行 一切法相清淨瑜伽本性爲之我也 彼之諸處月輪上臍間ཨོཾ་བཾ
མོ་རྡོ་རྗེ་ཕག་མོ། སྙིང་གར་ཧཱ་ཡོཾ་སྔོན་མོ་གཤིན་རྗེ་མ། ཁར་ཧྲཱི་མོཾ་དཀར་མོ་རྨོངས་བྱེད་མ། དཔྲལ་བར་ཧྲཱི་ཧྲཱི་སེར་མོ་
紅色金剛亥母 心間ཧཱ་ཡོཾ 藍色閻摩母 口中ཧྲཱི་མོཾ 白色愚蔽母 髮際ཧྲཱི་ཧྲཱི
སྐྱོང་བྱེད་མ། སྤྱི་གཙུག་ཏུ་ཧཱུྃ་ཧཱུྃ་ལྗང་གུ་སྐྲག་བྱེད་མ། ཡན་ལག་ཐམས་ཅད་ལ་ཕཊ་ཕཊ་དུད་ཁ་ཙཎྜི་ཀའི་ངོ་བོ་རྣམས
黃色守護母 頂部ཧཱུྃ་ཧཱུྃ 綠色威攝母 肢部諸處ཕཊ་ཕཊ 轉成煙色低噶贊芝

མཁའ་ དྲུག་ཅུ་ མཆོག།

༄༅། །སྲུ་ཀྲུར། ཅེས་གོ་ཆ་བགོ། དེ་ནས། ཧཱུྃ༔ རང་གི་ཐུགས་ཀའི་ཧཱུྃ་ཡིག་ལས་འོད་ཟེར་འཕྲོས། དབང་གི་ལྷ་དཔལ་འཁོར་
嘎體相 如是作披甲法 復次 吥 自心間ཧཱུྃ字放光 迎請灌頂本尊吉祥總
ལོ་སྡོམ་པའི་རྟེན་དང་བརྟེན་པའི་དཀྱིལ་འཁོར་སྤྱན་དྲངས། དེ་བཞིན་གཤེགས་པ་ཐམས་ཅད་ཀྱིས་མངོན་པར་དབང་
攝輪之能依所依中圍 祈請一切如來現前灌頂
བསྐུར་དུ་གསོལ། ཞེས་གསོལ་བ་བཏབ་པས། སྒོ་མཚམས་མ་བརྒྱད་ཀྱིས་བགེགས་བསྐྲད། དཔའ་བོ་རྣམས་ཀྱིས
如是祈請 八門禁母除蓋障 勇士諸衆頌吉祥

大樂捷道暨中圍書簽 六十

ཤིས་པ་བརྗོད། དཔའ་མོ་རྣམས་ཀྱིས་རྡོ་རྗེའི་གླུ་ལེན། གཟུགས་རྡོ་རྗེ་མ་ལ་སོགས་པས་མཆོད། གཙོ་བོས་དབང་
勇母衆唱金剛歌 色金剛母作供養 主尊行灌頂之密意
བསྐུར་བའི་དགོངས་པ་མཛད། ཡུམ་བཞི་ཕག་མོ་དང་བཅས་པས་རིན་པོ་ཆེའི་བུམ་པ་བདུད་རྩི་ལྔས་གང་བ་བཟུང་
四佛母及亥母持盛滿五甘露寶瓶於頂門灌頂
སྤྱི་བོ་ནས་དབང་བསྐུར་བར་གྱུར། ཇི་ལྟར་བལྟམས་པ་ཙམ་གྱིས་ནི། །དེ་བཞིན་གཤེགས་ཀུན་ཁྲུས་གསོལ་ལྟར།།
猶如諸佛降生時 一切如來作沐浴

མཁའ་ མ་གཅིག་ མཆོད།

༄༅། །ལྷ་ཡི་ཆུ་ནི་དག་པ་ཡིས། །དེ་བཞིན་བདག་གིས་ཁྲུས་བགྱིའོ། །

我今以此淨天水　　如是沐浴聖尊身

ཨོཾ་སརྦ་ཏ་ཐཱ་ག་ཏ་ཨ་བྷི་ཥེ་ཀ་ཏ་ས་མ་ཡ་ཤྲཱི་ཡེ་ཧཱུྃ།

嗡薩瓦噠塔噶噠啊畢凱嘎噠薩瑪雅俙惹耶吽

ཞེས་དབང་བསྐུར་བས་ལུས་ཐམས་ཅད་གང་། དྲི་མ་ཐམས་ཅད་དག ཆུའི་ལྷག་མ་སྤྱི་གཙུག་ཏུ་གནས་པ་ཡོངས་སུ་

如是灌頂充滿身遍處　　清淨一切垢　　餘水上溢

大樂捷道暨中圍喜筵　六十一

གྱུར་པ་ལས་རྣམ་སྣང་ཧེ་རུ་ཀ་ཡུམ་དང་བཅས་པས་དབུ་བརྒྱན་པར་གྱུར། ཅེས་བརྗོད། མཆོད་པ། ཨོཾ་ཁཎྜ་རོ་ཧེ་ཞེས་བསངས།

住於頂髻悉成毗盧嘿洳嘎父母頂莊嚴 如是誦作供養 嗡堪哲撓嘿 作除穢

སྭ་བྷཱ་ཝས་སྦྱངས། སྟོང་པའི་ངང་ལས་ཀཾ་ལས་ཐོད་པའི་སྣོད་རྣམས་ཀྱི་ནང་དུ་ཧཱུྃ་ལས་མཆོད་རྫས་རྣམས་རང་

索巴微 淨化 空性中ཀཾ生諸頂器內ཧཱུྃ化諸供物自性空所具之各各

བཞིན་སྟོང་ཉིད་རྣམ་པ་མཆོད་རྫས་སོ་སོའི་རྣམ་པ་ཅན། བྱེད་ལས་དབང་པོ་དྲུག་གི་སྤྱོད་ཡུལ་དུ་ཟག་པ་མེད་

形相業用能予六根所行處生起無漏殊勝樂

མཁའ་ མ་གཅིས་ མཆོད།

༄༅། །པའི་བདེ་བ་ཁྱད་པར་ཅན་སྐྱེར་པར་གྱུར། ཨོཾ་ཨརྒྷཾ་ཨཱཿཧཱུྃ་ནས་ཤབྡ་ཨཱཿཧཱུྃ་གི་བར་གྱི་ཆུ་གཉིས་ཉེར་སྤྱོད་རོལ་མོ་དང་བཅས

嗡啊剛啊吽 至 嗡曉噠啊吽 之間加持二水妙樂等供品

པ་བྱིན་གྱིས་བརླབས་ཏེ། རང་གི་ཐུགས་ཀ་ནས་སྤྲོས་པའི་མཆོད་པའི་ལྷ་མོ་རྣམས་ཀྱིས་མཆོད་པར་གྱུར།

自心間放出供養天女衆作供養　　嗡班雜搖格呢薩巴

ཨོཾ་བཛྲ་ཡོ་གི་ནི་ས་པ་རི་ཝཱ་ར་ཨརྒྷཾ་ནས་ཤབྡ་པྲ་ཏཱི་ཙྪ་སྭཱཧཱའི་བར་གྱིས་ཕྱི་མཆོད་དང་།

日瓦惹啊剛 至 曉噠哲第雜娑哈 之間作供及 嗡嗡嗡薩瓦必噠哲格呢耶

大樂捷道暨中圍喜筵　六十二

ཨོཾ་ཨོཾ་ཨོཾ་སརྦ་བུདྡྷ་ཌཱ་ཀི་ནཱི་ཡེ་བཛྲ་ཝརྞ་ནཱི་ཡེ་བཛྲ་བཻ་རོ་ཙ་ནཱི་ཡེ་ཧཱུྃ་ཧཱུྃ་ཧཱུྃ་ཕཊ་ཕཊ་ཕཊ་སྭཱཧཱ། ཨོཾ་ཨཱཿཧཱུྃ། ཞེས་ནང་མཆོད་འབུལ།

班雜哇那呢耶班雜毗盧遮呢耶吽吽吽呸呸呸娑哈 嗡啊吽 如是內供

དཔལ་ལྡན་རྡོ་རྗེ་མཁའ་འགྲོ་མ། །མཁའ་འགྲོ་མ་ཡི་འཁོར་ལོས་བསྐྱར། །

具德金剛空行母　　旋轉空行母法輪

ཡེ་ཤེས་ལྔ་ལྡན་སྐུ་གསུམ་བརྙེས། །འགྲོ་བ་སྐྱོབ་ལ་ཕྱག་འཚལ་ལོ། །

獲得五智與三身　　救護衆者前頂禮

མཁའ་ ཤ་གསུམ་ མཇོན།

༄༅། །དེ་སྙེད་རྡོ་རྗེ་མཁའ་འགྲོ་མ། །ཀུན་ཏུ་རྟོག་པའི་འཆིང་གཅོད་ཅིང་། །

所有金剛空行母　　已斷一切分別識

འཇིག་རྟེན་བྱ་བར་རབ་འཇུག་མ། །དེ་སྙེད་རྣམས་ལ་ཕྱག་འཚལ་ལོ། །ཞེས་བསྟོད།

勝處世間事業母　　彼諸尊前敬頂禮 如是讚

དེ་ནས་པད་སྐོར་སྔོན་དུ་འགྲོ་བས་ཧཱུྃ་ཞེས་གཡོན་པས་གཟུངས་ཐག་དང་གཡས་པས་ཕྲེང་བ་བཟུང་ལ། རང་གི་ཐུགས་ཀ་ནས་སྔགས་ཀྱི་ཕྲེང་

復次 先行蓮印 口誦 ཧཱུྃ 之同時 左手持咒繩 右手持唸珠 自身心間咒鬘盤繞

大樂捷道暨中圍壽筵 六十三

བ་གཟུངས་ཐག་ལ་འཁྲིལ་ནས་སོང་། རྗེ་བཙུན་མའི་སྐུ་ལ་ཕོག་སྟེ་བ་སྤུའི་བུ་ག་ནས་བདུད་རྩིའི་རྒྱུན་བྱུང་བས་

咒繩而去　射照至尊母身　其所有毛孔遂降甘露盈滿寶瓶 此間如是思惟

བུམ་པ་གང་བར་གྱུར་པར་བསམས་ལ། ཨོཾ་ཨོཾ་ཨོཾ་སརྦ་བུདྡྷ་ཌཱ་ཀི་ནཱི་ཡེ་བཛྲ་ཝརྞ་ནཱི་ཡེ་བཛྲ་བཻ་

嗡嗡嗡薩瓦必噠哲格呢耶班雜哇那呢耶班雜毗盧遮呢耶吽吽吽呸

རོ་ཙ་ནཱི་ཡེ་ཧཱུྃ་ཧཱུྃ་ཧཱུྃ་ཕཊ་ཕཊ་ཕཊ་སྭཱ་ཧཱ། ཞེས་བརྒྱ་རྩ་བརྒྱད་དང་། ཨོཾ་སུམྦྷ་ནི་སུམྦྷ་ཧཱུྃ་ཧཱུྃ་ཕཊ།

呸呸娑哈 如是誦一佰零八遍及 嗡松巴呢松巴吽吽呸　嗡革熱哈哪革熱哈哪

མཁའ་ ཤ་བཞི་ མཇོན།

༄༅། །ཨོཾ་གྲྀཧྞ་གྲྀཧྞ་ཧཱུྃ་ཧཱུྃ་ཕཊ། ཨོཾ་གྲྀཧྞ་པ་ཡ་གྲྀཧྞ་པ་ཡ་ཧཱུྃ་ཧཱུྃ་ཕཊ། ཨོཾ་ཨ་ན་ཡ་ཧོ་བྷ་ག་ཝན་བཛྲ་ཧཱུྃ་ཧཱུྃ་ཕཊ།

吽吽呸 嗡革熱哈哪巴雅革熱哈哪巴雅吽吽呸 嗡啊哪雅嚎巴噶萬班

ཅེས་ཞལ་བཞི་པའི་སྔགས་དང་། ཨོཾ་ཁཎྜ་རོ་ཧེ་ཧཱུྃ་ཧཱུྃ་ཕཊ། ཅེས་དུམ་སྐྱེས་མའི་སྔགས་དང་།

雜吽吽呸 如是誦四面咒 復 嗡堪哲撓嘿吽吽呸 如是誦塊生母咒 復 嗡薩瓦噠塔噶

ཨོཾ་སརྦ་ཏ་ཐཱ་ག་ཏ་ཨ་བྷི་ཥེ་ཀ་ཏ་ས་མ་ཡ་ཤྲཱི་ཡེ་ཧཱུྃ། ཞེས་པ་རྣམས་ཉེར་གཅིག་རེ་བཟླའོ། །ཨོཾ་བཛྲ་ཡོ་གི་ནི་ས་པ་རི་ཝཱ་ར་ཨརྒྷཾ་

噠啊畢凱嘎噠薩瑪雅俙惹耶吽 如是諸咒各誦廿一遍 嗡班雜搖格呢薩巴日

大樂捷道暨中圍壽筵 六十四

པྲ་ཏཱི་ཙྪ་སྭཱ་ཧཱ། ནས་ཤབྡ་པྲ་ཏཱི་ཙྪ་སྭཱ་ཧཱའི་བར་གྱིས་མཆོད། ཨོཾ་གསུམ་མ་ལ། ཨོཾ་ཨཱཿཧཱུྃ་བདབས་པས་ནང་མཆོད་འབུལ། དཔལ་ལྡན་རྡོ་རྗེ་

瓦惹啊剛哲帝雜娑哈 至 曉噠哲帝雜娑哈 間作供 嗡 三嗡咒 嗡啊吽 作內供

མཁའ་འགྲོ་མ། ཞེས་པ་ནས། དེ་སྙེད་རྣམས་ལ་ཕྱག་འཚལ་ལོ། །ཞེས་བསྟོད།ཨོཾ་བཛྲ་ཧེ་རུ་ཀ་ས་མ་ཡ།སོགས་ཡིག་བརྒྱ་འདོན།

具德金剛空行母至彼諸尊前敬頂禮 如是讚 嗡班雜嘿洳嘎薩瑪雅 等誦百字明

མ་འབྱོར་བ་དང་ཉམས་པ་དང་། །གང་ཡང་བདག་རྨོངས་བློ་ཡིས་ནི། །

所有斷缺與衰退　　任何無明與愚癡

༄༅། །བགྱིས་པ་དང་ནི་བགྱིད་སྐུལ་གང་། །དེ་ཀུན་མགོན་པོས་བཟོད་པར་གསོལ། །དངོས་ཆོས་ཀྱི་མཆོད་ཡོན་བུམ་པར་

能作未作與錯作　　彼諸怙主祈寬容

བླུགས། ཨོཾ་ཨཱཿཧཱུྃ། བུམ་ནང་གི་རྗེ་བཙུན་མ་འོད་དུ་ཞུ་ནས་བུམ་ཆུ་ནུས་པ་དང་ལྡན་པར་གྱུར། ཅེས་བརྗོད་པར་བྱའོ། །༈གསུམ་

將螺水倒入瓶中 ཨོཾ་ཨཱཿཧཱུྃ 瓶內之至尊母化爲光　瓶水功用具足也 如是作誦

པ་མདུན་བསྐྱེད་སྒྲུབ་མཆོད་ནི། ཐོག་མར་གསུང་བདུད་རྩིའི་དཀྱིལ་འཁོར་ལ་དམིགས་ཏེ། ཨོཾ་ཁཎྜ་རོ་ཧིས་བསངས། སྭ་བྷཱ་ཝས་སྦྱངས།

乙三 對生修供法是 首先觀語甘露之中圍 嗡堪哲撓嘿 除穢 索巴微 淨治

སྟོང་པའི་ངང་ལས་ཨཱཿལས་ཐོད་པ་ཡངས་ཤིང་རྒྱ་ཆེ་བའི་ནང་དུ། ཤ་ལྔ་བདུད་རྩི་ལྔ་ཡེ་ཤེས་ལྔ་རྣམས་ཞུ་བ་ལས་

空性中 ཨཱཿ 生廣大頂骨器內盈五肉五甘露五智慧融化而生

བྱུང་བའི་ཡེ་ཤེས་ཀྱི་བདུད་རྩིའི་རྒྱ་མཚོ་ཆེན་པོར་གྱུར་པར་བསམས་ལ། ཨོཾ་ཨཱཿཧཱུྃ་ཧ་ཧོཿཧྲཱིཿ། ཞེས་ཕྱག་རྒྱ་དང་བཅས་ལ་ལན་གསུམ་

智慧甘露大海 此間如是思惟 嗡啊吽哈嚎舍　如是結印誦三遍

བརྗོད། དེ་ནས་དཀྱིལ་འཁོར་གསུམ་ཆར་ལ་དམིགས་ཏེ། ཨོཾ་ཁཎྜ་རོ་ཧིས་བསངས། སྭ་བྷཱ་ཝས་སྦྱངས། སྟོང་པའི་ངང་ལས་ཡཾ་ལས་རླུང་

復次　觀中圍三等分 嗡堪哲撓嘿 除穢 索巴微 淨治 空性中 ཡཾ 生風輪

༄༅། །གི་དཀྱིལ་འཁོར། རཾ་ལས་མེའི་དཀྱིལ་འཁོར། ཝཾ་ལས་ཆུའི་དཀྱིལ་འཁོར། ལཾ་ལས་སའི་དཀྱིལ་འཁོར། སུཾ་

རཾ 生火輪　ཝཾ 生水輪　ལཾ 生地輪　སུཾ 生妙高山　ཨཱཿ 生盛滿甘露之

ལས་རི་རབ་ཀྱི་སྟེང་དུ། ཨཱཿལས་ཡེ་ཤེས་ཀྱི་ཀ་པཱ་ལ་ཡངས་ཤིང་རྒྱ་ཆེ་བ་བདུད་རྩིས་ཡོངས་སུ་གང་བའི་སྟེང་དུ་ཧཱུྃ་

廣大智慧嘎巴啦　之上 ཧཱུྃ 生金剛斑杵　軸心由 ཧཱུྃ 字表徵

ལས་སྣ་ཚོགས་རྡོ་རྗེ་ལྟེ་བ་ལ་ཧཱུྃ་གིས་མཚན་པ། དེ་ལས་འོད་ཟེར་ཕྱོགས་བཅུར་འཕྲོས་པས་འོག་རྡོ་རྗེའི་ས་གཞི།

彼放光遍照十方　下成金剛大基　周匝金剛垣圍

ཁོར་ཡུག་རྡོ་རྗེའི་ར་བ། སྟེང་རྡོ་རྗེའི་གུར་དང་བླ་རེ། ཕྱི་རོལ་ཐམས་ཅད་མདའི་དྲ་བ་དང་། ཡེ་ཤེས་ཀྱི་མེ་རི་རབ་ཏུ་

上呈金剛帳幕　金剛華蓋　外環半滿瓔珞　熾烈智慧火山中

འབར་བ་དང་བཅས་པའི་ནང་དུ། དུར་ཁྲོད་ཆེན་པོ་བརྒྱད་ཀྱིས་ཡོངས་སུ་བསྐོར་བའི་དབུས་སུ་ཨེ་ཨེ་ལས་ཆོས་

八大寒林圓滿圍繞之中央 ཨེ་ཨེ 化成紅色三角雙壘法基

འབྱུང་གྲུ་གསུམ་དམར་པོ་གཉིས་བརྩེགས་ཀྱི་ནང་དུ་ཨ་ལས་ཟླ་བའི་དཀྱིལ་འཁོར་དཀར་ལ་དམར་བའི་མདངས

其內 ཨ 生月輪具白而又紅色光華之上 紅色 བཾ 字周邊

མཁའ་ རེ་བདུན་ མཇོན།

༄༅། །ཅན་གྱི་དབུས་སུ་བཾ་ཡིག་དམར་པོའི་མཐར། ཨོཾ་ཨོཾ་ཨོཾ་སརྦ་བུདྡྷ་ཌཱ་ཀི་ནཱི་ཡེ་བཛྲ་ཝརྞ་ནཱི་ཡེ་བཛྲ་བཻ་རོ་ཙ་ནཱི་ཡེ་
嗡嗡嗡薩瓦必嗟哲格呢耶班雜哇那呢耶班雜毗盧遮呢耶
ཧཱུྃ་ཧཱུྃ་ཧཱུྃ་ཕཊ་ཕཊ་ཕཊ་སྭཱ་ཧཱ། ཞེས་པའི་སྔགས་ཕྲེང་ཁ་དོག་དམར་པོས་གཡོན་སྐོར་དུ་བསྐོར་བ་ལས་འོད་ཟེར་འཕྲོས།
吽吽吽呸呸呸娑哈　如是紅色咒鬘左繞而發光　上供勝尊
འཕགས་པ་མཆོད། སེམས་ཅན་གྱི་དོན་བྱས། ཚུར་འདུས་ཡོངས་སུ་གྱུར་པ་ལས་སྣ་ཚོགས་པདྨ་འདབ་མ་བརྒྱད་པའི་
下利衆生　收回圓滿　各色八瓣蓮華蕊中日輪之上

大樂捷道暨中圍壽筵 六十七

ལྟེ་བར་ཉི་མའི་དཀྱིལ་འཁོར་གྱི་སྟེང་དུ་རྗེ་བཙུན་རྣལ་འབྱོར་མའི་སྐུར་གྱུར་པ་ནི། ཞབས་གཡས་བརྐྱངས་པས་དུས་
成至尊金剛瑜伽母身　右腿伸　足下踩怒媽嘛摩
མཚན་མ་དམར་མོའི་སྟེང་ནས་མནན་པ། གཡོན་བསྐུམས་པས་འཇིགས་བྱེད་ནག་པོ་རྒྱབ་ཏུ་བལྟབ་ནས་མནན་པ།
左腿屈　足下踩智希哪波　赤身如劫火
སྐུ་མདོག་དམར་མོ་བསྐལ་པའི་མེ་ལྟ་བུ་གཟི་བརྗིད་ཅན། ཞལ་གཅིག་ཕྱག་གཉིས་སྤྱན་གསུམ་དག་པ་མཁའ་སྤྱོད་དུ་
具足威光　一面二臂　三目仰視空行淨界

མཁའ་ རེ་བརྒྱད་ མཇོན།

༄༅། །གཟིགས་པ། ཕྱག་གཡས་པས་རྡོ་རྗེ་མཚན་པའི་གྲི་གུག་ཐུར་དུ་བརྐྱངས་ནས་འཛིན་པ། གཡོན་པས་ཐོད་པ་
右手下伸執金剛杵莊嚴之鉞刀　左手托舉盈滿鮮血
ཁྲག་གིས་གང་བ་སྟེང་ཕྱོགས་སུ་བཟུང་ནས་ཞལ་གྱིན་དུ་ཕྱོགས་པར་གསོལ་བ། ཕྲག་པ་གཡོན་པར་རྡོ་རྗེས་མཚན་
之頂骨器仰飲甘露　左肩揹金剛杵莊嚴之喀章嘎
པའི་ཁ་ཊྭཱཾ་ག་ལ་ཌཱ་མ་རུ་དང་དྲིལ་བུ་དང་འཕན་རྩེ་གསུམ་པ་འཕྱང་བཞིན་པ་བསྣམས་པ། དབུ་སྐྲ་ནག་པོ་སིལ་བུར་
鼗鼓　金剛鈴及三幅幡飄垂　墨髮散披覆及腰間

大樂捷道暨中圍壽筵 六十八

གྱུར་བས་སྐུ་སྨད་ཡན་ཆད་ཁེབས་པ། ལང་ཚོ་དར་ལ་བབ་ཅིང་འདོད་པའི་ནུ་འབུར་རྒྱས་པ། བདེ་བ་བསྐྱེད་པའི་
妙齡年華　豐滿欲界　乳峰高聳　五具骷髏頂莊嚴
ཉམས་ཅན། མི་མགོ་སྐམ་པོ་ལྔའི་དབུ་རྒྱན་དང་། སྐམ་པོ་ལྔ་བཅུའི་དོ་ཤལ་ཅན། གཅེར་བུ་ཕྱག་རྒྱ་ལྔས་བརྒྱན་པ།
五十骷髏爲瓔珞　赤裸五印莊嚴　智慧烈火中
ཡེ་ཤེས་ཀྱི་མེ་འབར་བའི་དབུས་ན་བཞུགས་པའོ། །ཕཻཿ རང་གི་ཐུགས་ཀའི་བཾ་ཡིག་ལས་འོད་ཟེར་འཕྲོས་པ་སྨིན་
威然永住　呸 自心間བཾ字放光　從眉間發射十方

༄༅། །མཚམས་ནས་ཕྱོན་ཏེ་ཕྱོགས་བཅུར་སོང་བས་ཕྱོགས་བཅུའི་དེ་བཞིན་གཤེགས་པ་དང་། དཔའ་བོ་དང་རྣལ་
召請十方如來及一切勇父瑜伽母　以金剛瑜伽母形相蒞臨
འབྱོར་མ་ཐམས་ཅད་རྡོ་རྗེ་རྣལ་འབྱོར་མའི་རྣམ་པར་སྤྱན་དྲངས། ཛཿཧཱུྃ་བཾ་ཧོཿ ཨོཾ་ཡོ་ག་ཤུདྡྷཿསརྦ་དྷརྨཱ་ཡོ་ག་ཤུདྡྷོ྅ཧཾ།
雜吽幫嚎 嗡搖噶旭噠薩瓦噠瑪搖噶旭噠行　彼之諸處月輪上
དེའི་གནས་རྣམས་སུ་ཟླ་བའི་དཀྱིལ་འཁོར་གྱི་སྟེང་དུ་ལྟེ་བར་ཨོཾ་བཾ་དམར་མོ་རྡོ་རྗེ་ཕག་མོ། སྙིང་གར་ཧཾ་ཡཾ་སྔོན་མོ་
臍間 ཨོཾ་བཾ 紅色金剛亥母　心間 ཧཾ་ཡཾ 藍色閻摩母　口中 ཧྲཱིཾ་མོཾ 白色愚蔽母

གཤིན་རྗེ་མ། ཁར་ཧྲཱིཾ་མོཾ་དཀར་མོ་རྨོངས་བྱེད་མ། དཔྲལ་བར་ཧྲཱིཾ་ཧྲཱིཾ་སེར་མོ་སྲུང་བྱེད་མ། སྤྱི་གཙུག་ཏུ་ཧཱུྃ་ཧཱུྃ་ལྗང་གུ་
髮際 ཧྲཱིཾ་ཧྲཱིཾ 黃色守護母　頂部 ཧཱུྃ་ཧཱུྃ 綠色威攝母　肢部諸處 ཕཊ་ཕཊ 轉成
སྒྲག་བྱེད་མ། ཡན་ལག་ཐམས་ཅད་ལ་ཕཊ་ཕཊ་དུད་ཁ་ཙཎྜི་ཀའི་ངོ་བོ་རྣམས་སུ་གྱུར། ཕཻ༔ རང་གི་ཐུགས་ཀའི་བཾ་
煙色低噶贊芝嘎體相 呸 自心間 བཾ 字放光　迎請灌頂本尊吉祥總
ཡིག་ལས་འོད་ཟེར་འཕྲོས་པས་དབང་གི་ལྷ་དཔལ་འཁོར་ལོ་སྡོམ་པའི་རྟེན་དང་བརྟེན་པའི་དཀྱིལ་འཁོར་སྤྱན་དྲངས།
攝輪之能依所依中圍　祈請一切如來現前灌頂

༄༅། །དེ་བཞིན་གཤེགས་པ་ཐམས་ཅད་ཀྱིས་མངོན་པར་དབང་བསྐུར་དུ་གསོལ། ཞེས་གསོལ་བ་བཏབ་པས་སྒོ་
如是祈請　八門禁母除蓋障　勇士諸衆頌吉祥
མཚམས་མ་བརྒྱད་ཀྱིས་བགེགས་བསྐྲད། དཔའ་བོ་རྣམས་ཀྱིས་ཤིས་པ་བརྗོད། དཔའ་མོ་རྣམས་ཀྱིས་རྡོ་རྗེའི་གླུ་
勇母衆唱金剛歌　色金剛母作供養
ལེན། གཟུགས་རྡོ་རྗེ་མ་ལ་སོགས་པས་མཆོད། གཙོ་བོས་དབང་བསྐུར་བའི་དགོངས་པ་མཛད། ཡུམ་བཞི་ཕག་མོ་
主尊行灌頂之密意　四佛母及亥母

དང་བཅས་པས་རིན་པོ་ཆེའི་བུམ་པ་བདུད་རྩི་ལྔས་གང་བ་བཟུང་སྟེ་སྤྱི་བོ་ནས་དབང་བསྐུར་བར་གྱུར།
持盛滿五甘露寶瓶於頂門灌頂
ཇི་ལྟར་བལྟམས་པ་ཙམ་གྱིས་ནི། །དེ་བཞིན་གཤེགས་ཀུན་ཁྲུས་གསོལ་ལྟར། །
猶如諸佛降生時　一切如來作沐浴
ལྷ་ཡི་ཆུ་ནི་དག་པ་ཡིས། །དེ་བཞིན་བདག་གིས་ཁྲུས་བགྱིའོ། །
我今以此淨天水　如是沐浴聖尊身

༄༅། །ཨོཾ་སརྦ་ཏ་ཐཱ་ག་ཏ་ཨ་བྷི་ཥེ་ཀ་ཏ་ས་མ་ཡ་ཤྲཱི་ཡེ་ཧཱུྃ།

嗡薩瓦嗟塔噶嗟啊畢凱嘎嗟薩瑪雅俙惹耶吽

ཞེས་དབང་བསྐུར་བས་ལུས་ཐམས་ཅད་གང་། དྲི་མ་ཐམས་ཅད་དག ཆུའི་ལྷག་མ་སྤྱི་གཙུག་ཏུ་གནས་པ་ཡོངས་སུ་

如是灌頂充滿身遍處　清淨一切垢　餘水上溢

གྱུར་པ་ལས། རྣམ་སྣང་ཧེ་རུ་ཀ་ཡུམ་དང་བཅས་པས་དབུ་བརྒྱན་པར་གྱུར། དེ་ནས་ཕྱག་རྒྱ་དང་བཅས་པས། ཡཾ༔ རང་གི་ཐུགས་

住於頂髻悉成毗盧嘿洳嘎父母頂莊嚴 復次 結印並誦 吔 自心間ཀཾ字

ཀའི་འོད་ཟེར་འཕྲོས་པས་འོག་མིན་ནས་རྗེ་བཙུན་རྡོ་རྗེ་རྣལ་འབྱོར་མ་བླ་མ་ཡི་དམ་སངས་རྒྱས་བྱང་

發光 於奧明天迎請至尊金剛瑜伽母上師本尊諸佛菩薩

སེམས་དཔའ་བོ་མཁའ་འགྲོ་ཆོས་དང་འཇིག་རྟེན་སྐྱོང་བའི་ཚོགས་ཀྱིས་བསྐོར་བ་མདུན་གྱི་ནམ་མཁར་སྤྱན་དྲངས།

勇士空行 護法及世間護法衆圍繞至對前虛空

མཆོད་པ་རྣམས། ཨོཾ་ཁཎྜ་རོ་ཧིཾ་བསངས། སྭ་བྷཱ་ཝས་སྦྱངས། སྟོང་པའི་ངང་ལས་ཀཾ་

諸供 嗡堪哲撓嘿 除穢 索巴微 淨治 空性中ཀཾ生諸頂器

༄༅། །ལས་ཐོད་པའི་སྣོད་རྣམས་ཀྱི་ནང་དུ་ཧཱུྃ་ལས་མཆོད་རྫས་རྣམས་ཀྱི་རང་བཞིན་སྟོང་ཉིད། རྣམ་པ་མཆོད་རྫས་

內ཧཱུྃ化諸供物自性皆空所具各各形相業用能引發六

སོ་སོའི་རྣམ་པ་ཅན། བྱེད་ལས་དབང་པོ་དྲུག་གི་སྤྱོད་ཡུལ་དུ་ཟག་པ་མེད་པའི་བདེ་བ་ཁྱད་པར་ཅན་སྐྱེར་བར་གྱུར།

根諸行處生起無漏殊勝樂　嗡啊剛啊吽

ཨོཾ་ཨརྒྷཾ་ཨཱཿཧཱུྃ། ཨོཾ་པཱ་དྱཾ་ཨཱཿཧཱུྃ། ཨོཾ་ཨཱ་ཙ་མ་ནཾ་ཨཱཿཧཱུྃ། ཨོཾ་པྲོཀྵ་ཎཾ་ཨཱཿཧཱུྃ། ཨོཾ་པུཥྤེ་ཨཱཿཧཱུྃ།

嗡巴當啊吽 嗡啊紮瑪孃啊吽 嗡昭恰孃啊吽 嗡布白啊吽

ཨོཾ་དྷཱུ་པེ་ཨཱཿཧཱུྃ། ཨོཾ་དཱི་པེ་ཨཱཿཧཱུྃ། ཨོཾ་གནྡྷེ་ཨཱཿཧཱུྃ། ཨོཾ་ནཻ་ཝི་དྱ་ཨཱཿཧཱུྃ། ཨོཾ་ཤབྡ་ཨཱཿཧཱུྃ།

嗡都白啊吽　嗡帝貝啊吽　嗡更得啊吽　嗡納微德啊吽　嗡曉嗟啊吽

ཨོཾ་རཱུ་པ་ཨཱཿཧཱུྃ། ཨོཾ་ཤབྡ་ཨཱཿཧཱུྃ། ཨོཾ་གནྡྷེ་ཨཱཿཧཱུྃ། ཨོཾ་ར་ས་ཨཱཿཧཱུྃ། ཨོཾ་སྤར་ཤེ་ཨཱཿཧཱུྃ།

嗡若巴啊吽　嗡曉嗟啊吽　嗡更得啊吽　嗡若賽啊吽　嗡巴爾謝啊吽

ཞེས་བྱིན་གྱིས་བརླབས་ལ། རང་གི་ཐུགས་ཀ་ནས་སྤྲོས་པའི་མཆོད་པའི་ལྷ་མོ་རྣམས་ཀྱིས་མཆོད་པར་གྱུར།

如是作加持 自心間放出供養天女衆作供養

མཁའ་ དོན་གསུམ་ མཆོད།

༄། །དག་ཅིང་དྲི་མེད་ཡིད་འོང་བའི། །སྔགས་ཀྱི་ཡོན་ཆབ་མཆོག་འདི་དག །
清淨無垢悅意供　　咒具殊勝功德水
བདག་གིས་དད་པས་འབུལ་ལགས་ན། །བཞེས་ནས་བདག་ལ་བཀའ་དྲིན་སྩོལ། །
我今恭敬作供養　　受已賜予我恩德
ༀ་ཨཱཿཧྲཱིཿཔྲ་ཝ་ར་སད་ཀ་རཾ་ཨརྒྷཾ་པྲ་ཏཱི་ཙྪ་ཧཱུྃ་སྭཱ་ཧཱ།
嗡啊俙吒瓦惹賽嘎絨啊剛哲帝雜吽娑哈

大樂捷道暨中圍喜筵　七十三

དག་ཅིང་དྲི་མེད་ཡིད་འོང་བའི། །སྔགས་ཀྱི་ཞབས་བསིལ་མཆོག་འདི་དག །
清淨無垢悅意供　　咒具殊勝濯足水
བདག་གིས་དད་པས་འབུལ་ལགས་ན། །བཞེས་ནས་བདག་ལ་བཀའ་དྲིན་སྩོལ། །
我今恭敬作供養　　受已賜予我恩德
ༀ་ཨཱཿཧྲཱིཿཔྲ་ཝ་ར་སད་ཀ་རཾ་པཱདྱཾ་པྲ་ཏཱི་ཙྪ་ཧཱུྃ་སྭཱ་ཧཱ།
嗡啊俙吒瓦惹賽嘎絨巴當哲帝雜吽娑哈

མཁའ་ དོན་བཞི་ མཆོད།

༄། །དག་ཅིང་དྲི་མེད་ཡིད་འོང་བའི། །སྔགས་ཀྱི་ཞལ་བསིལ་མཆོག་འདི་དག །
清淨無垢悅意供　　咒具殊勝浴面水
བདག་གིས་དད་པས་འབུལ་ལགས་ན། །བཞེས་ནས་བདག་ལ་བཀའ་དྲིན་སྩོལ། །
我今恭敬作供養　　受已賜予我恩德
ༀ་ཨཱཿཧྲཱིཿཔྲ་ཝ་ར་སད་ཀ་རཾ་ཨཱཙམ་ནཾ་པྲ་ཏཱི་ཙྪ་ཧཱུྃ་སྭཱ་ཧཱ།
嗡啊俙吒瓦惹賽嘎絨啊紮瑪孃哲帝雜吽娑哈

大樂捷道暨中圍喜筵　七十四

དག་ཅིང་དྲི་མེད་ཡིད་འོང་བའི། །སྔགས་ཀྱི་བསང་གཏོར་མཆོག་འདི་དག །
清淨無垢悅意供　　咒具殊勝灑淨水
བདག་གིས་དད་པས་འབུལ་ལགས་ན། །བཞེས་ནས་བདག་ལ་བཀའ་དྲིན་སྩོལ། །
我今恭敬作供養　　受已賜予我恩德
ༀ་ཨཱཿཧྲཱིཿཔྲ་ཝ་ར་སད་ཀ་རཾ་པྲོཀྵ་ཎཾ་པྲ་ཏཱི་ཙྪ་ཧཱུྃ་སྭཱ་ཧཱ། ཞེས་ཆུ་བཞི་དང་།
嗡啊俙吒瓦惹賽嘎絨昭恰孃哲帝雜吽娑哈　如是四水及

མཁའ་ དོན་ལྔ་ མཆོད།

༄། །ཏིང་འཛིན་པིར་གྱིས་བྲིས་པའི་སླིན་ལེགས་གཟུགས། །འཁྲི་ཤིང་གཞོན་ནུ་བཞིན་དུ་ལུས་ཕྲ་ཞིང་། །
定筆善繪窈窕妙容色　　婀娜宛轉猶如嫩幼藤
བཞིན་རས་རྒྱས་པས་ཟླ་བའི་མཛེས་པ་འཕྲོག །ཨུཏྤལ་སྔོན་པོའི་མིག་ཅན་མཆུ་སྒྲོས་དམར། །
顏如皎月華滿嬌嬈絕　　目具青色蓮華丹朱唇
སྤྱིལ་ལེགས་མེ་ཏོག་ཕྲེང་བ་འཛིན་མཛད་མ། །འདོད་པའི་བདེ་ལ་ཆགས་པ་མང་སྤྲུལ་ཏེ། །
廣鬱妙善華鬘持作母　　欲樂貪戀多諸幻化者

དཀྱིལ་འཁོར་པ་རྣམས་དགྱེས་པ་བསྐྱེད་པའི་ཕྱིར། །ཉེར་སྤྱོད་ལྷ་མོའི་བདེ་བས་མཆོད་པར་བྱ། །
壇城諸尊歡喜生起故　　受用天女悅意作供養
ཨོཾ་བཛྲ་པུཥྤེ་པྲ་ཏཱིཙྪ་ཨཱཿཧཱུྃ།
嗡班雜布白哲帝雜啊吽
ཏིང་འཛིན་པིར་གྱིས་བྲིས་པའི་སླིན་ལེགས་གཟུགས། །འཁྲི་ཤིང་གཞོན་ནུ་བཞིན་དུ་ལུས་ཕྲ་ཞིང་། །
定筆善繪窈窕妙容色　　婀娜宛轉猶如嫩幼藤

མཁའ་ དོན་དྲུག་ མཆོད།

༄། །བཞིན་རས་རྒྱས་པས་ཟླ་བའི་མཛེས་པ་འཕྲོག །ཨུཏྤལ་སྔོན་པོའི་མིག་ཅན་མཆུ་སྒྲོས་དམར། །
顏如皎月華滿嬌嬈絕　　目具青色蓮華丹朱唇
དྲི་ཞིམ་བདུག་པའི་སྤོས་སྣོད་འཛིན་མཛད་མ། །འདོད་པའི་བདེ་ལ་ཆགས་པ་མང་སྤྲུལ་ཏེ། །
極妙薰香梵煙持作母　　欲樂貪戀多諸幻化者
དཀྱིལ་འཁོར་པ་རྣམས་དགྱེས་པ་བསྐྱེད་པའི་ཕྱིར། །ཉེར་སྤྱོད་ལྷ་མོའི་བདེ་བས་མཆོད་པར་བྱ། །
壇城諸尊歡喜生起故　　受用天女悅意作供養

ཨོཾ་བཛྲ་དྷཱུ་པེ་པྲ་ཏཱིཙྪ་ཨཱཿཧཱུྃ།
嗡班雜都白哲帝雜啊吽
ཏིང་འཛིན་པིར་གྱིས་བྲིས་པའི་སླིན་ལེགས་གཟུགས། །འཁྲི་ཤིང་གཞོན་ནུ་བཞིན་དུ་ལུས་ཕྲ་ཞིང་། །
定筆善繪窈窕妙容色　　婀娜宛轉猶如嫩幼藤
བཞིན་རས་རྒྱས་པས་ཟླ་བའི་མཛེས་པ་འཕྲོག །ཨུཏྤལ་སྔོན་པོའི་མིག་ཅན་མཆུ་སྒྲོས་དམར། །
顏如皎月華滿嬌嬈絕　　目具青色蓮華丹朱唇

མཁའ་ དོན་བདུན་ མཆོག

༄༅། །རིན་ཆེན་འོད་འབར་སྣང་གསལ་འཛིན་མཛད་མ། །འདོད་པའི་བདེ་ལ་ཆགས་པ་མང་སྤྲུལ་ཏེ། །

珍寶明燈煜耀持作母　欲樂貪戀多諸幻化者

དཀྱིལ་འཁོར་པ་རྣམས་དགྱེས་པ་བསྐྱེད་པའི་ཕྱིར། །ཉེར་སྤྱོད་ལྷ་མོའི་བདེ་བས་མཆོད་པར་བྱ། །

壇城諸尊歡喜生起故　受用天女悅意作供養

ༀ་བཛྲ་དཱི་པེ་པྲ་ཏཱིཙྪ་ཨཱཿཧཱུྃ།

嗡班雜帝貝哲帝雜啊吽

大樂捷道暨中圍喜筵　七十七

ཉིང་འཛིན་པིར་གྱིས་བྲིས་པའི་སྐྱིན་ལེགས་གཟུགས། །འཁྲི་ཤིང་གཞོན་ནུ་བཞིན་དུ་ལུས་ཕྲ་ཞིང་། །

定筆善繪窈窕妙容色　婀娜宛轉猶如嫩幼藤

བཞིན་རས་རྒྱས་པས་ཟླ་བའི་མཛེས་པ་འཕྲོག །ཨུཏྤལ་སྔོན་པོའི་མིག་ཅན་མཆུ་སྨྲིས་དམར། །

顏如皎月華滿嬌嬈絕　目具青色蓮華丹朱唇

སྤོང་གསུམ་དང་ལྡང་དྲི་མཆོག་འཛིན་མཛད་མ། །འདོད་པའི་བདེ་ལ་ཆགས་པ་མང་སྤྲུལ་ཏེ། །

塗香彌漫三界持作母　欲樂貪戀多諸幻化者

མཁའ་ དོན་བརྒྱད་ མཆོག

༄༅། །དཀྱིལ་འཁོར་པ་རྣམས་དགྱེས་པ་བསྐྱེད་པའི་ཕྱིར། །ཉེར་སྤྱོད་ལྷ་མོའི་བདེ་བས་མཆོད་པར་བྱ། །

壇城諸尊歡喜生起故　受用天女悅意作供養

ༀ་བཛྲ་གནྡྷེ་པྲ་ཏཱིཙྪ་ཨཱཿཧཱུྃ།

嗡班雜更得哲帝雜啊吽

ཉིང་འཛིན་པིར་གྱིས་བྲིས་པའི་སྐྱིན་ལེགས་གཟུགས། །འཁྲི་ཤིང་གཞོན་ནུ་བཞིན་དུ་ལུས་ཕྲ་ཞིང་། །

定筆善繪窈窕妙容色　婀娜宛轉猶如嫩幼藤

大樂捷道暨中圍喜筵　七十八

བཞིན་རས་རྒྱས་པས་ཟླ་བའི་མཛེས་པ་འཕྲོག །ཨུཏྤལ་སྔོན་པོའི་མིག་ཅན་མཆུ་སྨྲིས་དམར། །

顏如皎月華滿嬌嬈絕　目具青色蓮華丹朱唇

རོ་བརྒྱ་ལྡན་པའི་ཞལ་ཟས་འཛིན་མཛད་མ། །འདོད་པའི་བདེ་ལ་ཆགས་པ་མང་སྤྲུལ་ཏེ། །

具足百味神饈持作母　欲樂貪戀多諸幻化者

དཀྱིལ་འཁོར་པ་རྣམས་དགྱེས་པ་བསྐྱེད་པའི་ཕྱིར། །ཉེར་སྤྱོད་ལྷ་མོའི་བདེ་བས་མཆོད་པར་བྱ། །

壇城諸尊歡喜生起故　受用天女悅意作供養

མཁའ་ དོན་དགུ་ མཆོད།

༄༅། །ཨོཾ་བཛྲ་ནཻ་ཝི་དྱ་པྲ་ཏཱིཙྪ་ཨཱཿཧཱུྃ། ཞེས་ཉེར་སྤྱོད་དང་།

嗡班雜納微德哲帝雜啊吽 如是受用品及

ཡིད་འོང་རོལ་མོའི་ཆ་བྱད་མཐའ་ཡས་ལས། །བྱུང་བའི་གདངས་སྙན་མི་འདྲ་དུ་མ་ཅན། །

悅意妙音餘韻無垠中　生起種種悅耳和雅音

ཐོས་པས་ལུས་སེམས་གདུང་བ་ཞི་བྱེད་པ། །སྣ་ཚོགས་རོལ་མོའི་སྒྲ་ཡིས་མཆོད་པར་བྱ། །

聞者身心煩惱皆息盡　種種器樂音聲作供養

大樂捷道暨中國書莛 七十九

ཨོཾ་བཛྲ་ཤབྡ་པྲ་ཏཱིཙྪ་ཨཱཿཧཱུྃ་སྭཱཧཱ། ཞེས་རོལ་མོ་དང་།

嗡班雜曉嗟哲帝雜啊吽娑哈 如是妙樂及

ཕུལ་བྱུང་གཟུགས་མཛེས་ཡིད་འཕྲོག་རྒྱན་གྱིས་སྤུད། །ལང་ཚོ་རབ་རྒྱས་གླུ་དང་གར་ལ་མཁས། །

殊勝身姿妙曼意莊嚴　妙齡年華豐潤擅歌舞

དབང་པོ་དྲུག་ལ་མྱུར་བྱུང་བདེ་བ་སྟེར། །ཀུན་གྱི་དགའ་བསྐྱེད་མཆོད་པའི་ལྷ་མོ་ནི། །

貽尊六根俱得殊勝樂　遍喜令生供養天女者

མཁའ་ བརྒྱད་ཅུ་ མཆོད།

༄༅། །པི་ཝཾ་གླིང་བུ་རྔ་ཟླུམ་རྫ་རྔ་མས། །གདངས་སྙན་སྒྲ་ཡིས་རྣ་བའི་དགའ་སྟོན་འགྱེད། །

琵琶管笛圓鼓腰鼓等　韻音悅耳煥放喜慶生

རབ་འབྱམས་མཆོད་པའི་སྤྲིན་གྱིས་བདག་མཆོད་ན། །དགྱེས་བཞིན་བཞེས་ཏེ་མཆོག་རྣམས་སྩོལ་དུ་གསོལ། །

倘若我作無邊雲海供　陶然受已悉地祈賜予　嗡班雜毖尼吽吽呸

ཨོཾ་བཛྲ་བཱི་ཎི་ཧཱུྃ་ཧཱུྃ་ཕཊ། ཨོཾ་བཛྲ་བཾ་ཤེ་ཧཱུྃ་ཧཱུྃ་ཕཊ། ཨོཾ་བཛྲ་མྲི་དཾ་ག་ཧཱུྃ་ཧཱུྃ་ཕཊ། ཨོཾ་བཛྲ་མུ་ར་ཛེ་ཧཱུྃ་ཧཱུྃ་ཕཊ།

嗡班雜幫欷吽吽呸　嗡班雜米當格吽吽呸　嗡班雜牟惹則吽吽呸

大樂捷道暨中國書莛 八十

ཕུལ་བྱུང་གཟུགས་མཛེས་ཡིད་འཕྲོག་རྒྱན་གྱིས་སྤུད། །ལང་ཚོ་རབ་རྒྱས་གླུ་དང་གར་ལ་མཁས། །

殊勝身姿妙曼意莊嚴　妙齡年華豐潤擅歌舞

དབང་པོ་དྲུག་ལ་མྱུར་བྱུང་བདེ་བ་སྟེར། །ཀུན་གྱི་དགའ་བསྐྱེད་མཆོད་པའི་ལྷ་མོ་ནི། །

貽尊六根俱得殊勝樂　遍喜令生供養天女者

བཞིན་མཛེས་འཛུམ་དང་ལྡེམ་པའི་འགྱིང་བག་ཅན། །སྙན་པའི་གླུ་ལེན་མཛེས་པའི་གར་བསྒྱུར་མ། །

麗質天成宛轉矜顏笑　天籟妙歌翩躚幻舞母

མཁའ་ ཁ་གཅིག མཆོད།	༄༅། །རབ་འབྱམས་མཆོད་པའི་སྤྲིན་གྱིས་བདག་མཆོད་ན། །དགྱེས་བཞིན་བཞེས་ཏེ་མཆོག་རྣམས་སྩལ་དུ་གསོལ།། 倘若我作無邊雲海供　　陶然受已悉地祈賜予　嗡班雜哈賽吽吽呸 ཨོཾ་བཛྲ་ཧཱ་སྱེ་ཧཱུྃ་ཧཱུྃ་ཕཊ། ཨོཾ་བཛྲ་ལཱ་སྱེ་ཧཱུྃ་ཧཱུྃ་ཕཊ། ཨོཾ་བཛྲ་གཱི་ཏེ་ཧཱུྃ་ཧཱུྃ་ཕཊ། ཨོཾ་བཛྲ་ནྲྀ་ཏྱེ་ཧཱུྃ་ཧཱུྃ་ཕཊ། 嗡班雜喇賽吽吽呸　嗡班雜改帝吽吽呸　嗡班雜呢帝吽吽呸 ཞལ་བྱུང་གཟུགས་མཛེས་ཡིད་འཕྲོག་རྒྱན་གྱིས་སྤུད། །ལང་ཚོ་རབ་རྒྱས་གླུ་དང་གར་ལ་མཁས། ། 殊勝身姿妙曼意莊嚴　　妙齡年華豐潤擅歌舞	大樂捷道暨中圍喜筵　八十一

	དབང་པོ་དྲུག་ལ་རྨད་བྱུང་བདེ་བ་སྟེར། །ཀུན་གྱི་དགའ་བསྐྱེད་མཆོད་པའི་ལྷ་མོ་ནི། ། 貽尊六根俱得殊勝樂　　遍喜令生供養天女者 མེ་ཏོག་སྤོན་བུ་དྲི་ཞིམ་བདུག་སྤོས་དང་། །མར་མེའི་སྣང་བུ་དྲི་ཡི་དུང་ཆོས་འཛིན། ། 花團錦簇馥鬱薰香氳　　明燈熠熠馨香海螺水 རབ་འབྱམས་མཆོད་པའི་སྤྲིན་གྱིས་བདག་མཆོད་ན། །དགྱེས་བཞིན་བཞེས་ཏེ་མཆོག་རྣམས་སྩལ་དུ་གསོལ། ། 倘若我作無邊雲海供　　陶然受已悉地祈賜予　嗡班雜布白吽吽呸	

མཁའ་ ཁ་གཉིས མཆོད།	༄༅། །ཨོཾ་བཛྲ་པུཥྤེ་ཧཱུྃ་ཧཱུྃ་ཕཊ། ཨོཾ་བཛྲ་དྷཱུ་པེ་ཧཱུྃ་ཧཱུྃ་ཕཊ། ཨོཾ་བཛྲ་དཱི་པེ་ཧཱུྃ་ཧཱུྃ་ཕཊ། ཨོཾ་བཛྲ་གནྡྷེ་ཧཱུྃ་ཧཱུྃ་ཕཊ། 嗡班雜都白吽吽呸　嗡班雜帝貝吽吽呸　嗡班雜更得吽吽呸 ཞལ་བྱུང་གཟུགས་མཛེས་ཡིད་འཕྲོག་རྒྱན་གྱིས་སྤུད། །ལང་ཚོ་རབ་རྒྱས་གླུ་དང་གར་ལ་མཁས། ། 殊勝身姿妙曼意莊嚴　　妙齡年華豐潤擅歌舞 དབང་པོ་དྲུག་ལ་རྨད་བྱུང་བདེ་བ་སྟེར། །ཀུན་གྱི་དགའ་བསྐྱེད་མཆོད་པའི་ལྷ་མོ་ནི། ། 貽尊六根俱得殊勝樂　　遍喜令生供養天女者	大樂捷道暨中圍喜筵　八十二

	དྲི་མེད་མེ་ལོང་སྦྲང་ཆང་སྣོད་དང་ནི། །སྣ་ཚོགས་གོས་དང་ཆོས་ཀྱི་འབྱུང་གནས་འཛིན། ། 明鏡無垢瓊釀玉醴罇　　種種錦繡繒衣法基持 རབ་འབྱམས་མཆོད་པའི་སྤྲིན་གྱིས་བདག་མཆོད་ན། །དགྱེས་བཞིན་བཞེས་ཏེ་མཆོག་རྣམས་སྩལ་དུ་གསོལ། ། 倘若我作無邊雲海供　　陶然受已悉地祈賜予　嗡汝巴班紫吽吽呸 ཨོཾ་རཱུ་པ་བཛྲེ་ཧཱུྃ་ཧཱུྃ་ཕཊ། ཨོཾ་ར་ས་བཛྲེ་ཧཱུྃ་ཧཱུྃ་ཕཊ། ཨོཾ་སྤརྴ་བཛྲེ་ཧཱུྃ་ཧཱུྃ་ཕཊ། ཨོཾ་དྷརྨཿདྷཱ་ཏུ་བཛྲེ་ཧཱུྃ་ཧཱུྃ་ཕཊ། 嗡惹薩班紫吽吽呸　嗡巴廈班紫吽吽呸　嗡噠嘛打都班紫吽吽呸	

༄༅། །ཅེས་རིག་མ་བཅུ་དྲུག་དང་། རབ་འབྱམས་ཞིང་ན་ཇི་སྙེད་གཟུགས་མཆིས་པ། །ཡོངས་སུ་གྱུར་པ་ལས་བྱུང་ལྷ་མོ་ནི།།

如是十六明妃供及 無邊福田之中一切色　圓滿所生作供天女者

བཞིན་རས་འཛུམ་ཞིང་སྒྱུ་ཡི་མཛེས་པ་སྟོན། །གཟུགས་ཀྱི་རྡོ་རྗེ་མ་ཡི་མཆོད་པ་ཡིས། །

嫣然妙相倩姿娉婷現　彼色金剛母作供養故

གང་ཤར་གཟུགས་ཀྱི་སྣང་བ་ཐམས་ཅད་ནི། །གཟུགས་ཀྱི་རྡོ་རྗེ་མ་ནི་ཤར་བའི་མཐུས། །

凡心所現一切色相者　皆爲色金剛母現聖量

མི་འགྱུར་བདེ་བ་ཆེན་པོ་རབ་སྩལ་ཏེ། །བདེ་སྟོང་མཆོག་གི་ཏིང་འཛིན་རྫོགས་པར་ཤོག །

永恆不變大樂盡賜予　樂空殊勝禪定願圓滿

ཨོཾ་རཱུ་པ་བཛྲེ་ཧཱུཾ་ཧཱུཾ་ཕཊ།

嗡汝巴班紫吽吽呸

རབ་འབྱམས་ཞིང་ན་ཇི་སྙེད་སྒྲ་མཆིས་པ། །ཡོངས་སུ་གྱུར་པ་ལས་བྱུང་ལྷ་མོ་ནི། །

無邊福田之中一切聲　圓滿所生作供天女者

༄༅། །སྙན་པའི་པི་ཝཾ་བརྡུང་ཞིང་གླུ་ལེན་མ། །སྒྲ་ཡི་རྡོ་རྗེ་མ་ཡི་མཆོད་པ་ཡིས། །

輕撥琵琶錚錚妙歌旋　彼聲金剛母作供養故

གང་ཤར་སྒྲ་ཡི་སྣང་བ་ཐམས་ཅད་ནི། །སྒྲ་ཡི་རྡོ་རྗེ་མ་ནི་ཤར་བའི་མཐུས། །

凡心所現一切音聲者　皆爲聲金剛母現聖量

མི་འགྱུར་བདེ་བ་ཆེན་པོ་རབ་སྩལ་ཏེ། །བདེ་སྟོང་མཆོག་གི་ཏིང་འཛིན་རྫོགས་པར་ཤོག །

永恆不變大樂盡賜予　樂空殊勝禪定願圓滿

ཨོཾ་ཤབྡ་བཛྲེ་ཧཱུཾ་ཧཱུཾ་ཕཊ།

嗡曉嗟班紫吽吽呸

རབ་འབྱམས་ཞིང་ན་ཇི་སྙེད་དྲི་མཆིས་པ། །ཡོངས་སུ་གྱུར་པ་ལས་བྱུང་ལྷ་མོ་ནི། །

無邊福田之中一切香　圓滿所生作供天女者

བཟང་པོའི་དྲི་ཡིས་ཕྱོགས་ཀུན་རབ་འགེངས་མ། །དྲི་ཡི་རྡོ་རྗེ་མ་ཡི་མཆོད་པ་ཡིས། །

塗香妙味馥鬱遍十方　彼香金剛母作供養故

མཁའ ༨༥ མཆོད།

༄། །གང་ཤར་དྲི་ཡི་སྣང་བ་ཐམས་ཅད་ནི། །དྲི་ཡི་རྡོ་རྗེ་མ་ནི་ཤར་བའི་མཐུས། །
凡心所現一切香塗者　　皆爲香金剛母現聖量
མི་འགྱུར་བདེ་བ་ཆེན་པོ་རབ་སྩལ་ཏེ། །བདེ་སྟོང་མཆོག་གི་ཏིང་འཛིན་རྫོགས་པར་ཤོག །
永恆不變大樂盡賜予　　樂空殊勝禪定願圓滿
ཨོཾ་གནྡྷེ་བཛྲ་ཧཱུྃ་ཧཱུྃ་ཕཊ།
嗡更得班紫吽吽呸

大樂捷道暨中圍喜筵　八十五

རབ་འབྱམས་ཞིང་ན་རི་སྙེད་རོ་མཆིས་པ། །ཡོངས་སུ་གྱུར་པ་ལས་བྱུང་ལྷ་མོ་ནི། །
無邊福田之中一切味　　圓滿所生作供天女者
བདུད་རྩིས་གང་བའི་རིན་ཆེན་སྣོད་འཛིན་མ། །རོ་ཡི་རྡོ་རྗེ་མ་ཡི་མཆོད་པ་ཡིས། །
手執甘露滿盈珍寶器　　彼味金剛母作供養者
གང་ཤར་རོ་ཡི་སྣང་བ་ཐམས་ཅད་ནི། །རོ་ཡི་རྡོ་རྗེ་མ་ནི་ཤར་བའི་མཐུས། །
凡心所現一切具味者　　皆爲味金剛母現聖量

མཁའ ༨༦ མཆོད།

༄། །མི་འགྱུར་བདེ་བ་ཆེན་པོ་རབ་སྩལ་ཏེ། །བདེ་སྟོང་མཆོག་གི་ཏིང་འཛིན་རྫོགས་པར་ཤོག །
永恆不變大樂盡賜予　　樂空殊勝禪定願圓滿
ཨོཾ་ར་ས་བཛྲ་ཧཱུྃ་ཧཱུྃ་ཕཊ།
嗡惹賽班紫吽吽呸
རབ་འབྱམས་ཞིང་ན་རི་སྙེད་རེག་མཆིས་པ། །ཡོངས་སུ་གྱུར་པ་ལས་བྱུང་ལྷ་མོ་ནི། །
無邊福田之中一切觸　　圓滿所生作供天女者

大樂捷道暨中圍喜筵　八十六

འཇམ་མཉེན་རེག་བྱ་མཆོག་གིས་ཡིད་འཕྲོག་མ། །རེག་བྱའི་རྡོ་རྗེ་མ་ཡི་མཆོད་པ་ཡིས། །
羅衣滑薄輕軟勝意樂　　彼觸金剛母作供養者
གང་ཤར་རེག་བྱའི་སྣང་བ་ཐམས་ཅད་ནི། །རེག་བྱའི་རྡོ་རྗེ་མ་ནི་ཤར་བའི་མཐུས། །
凡心所現一切觸受者　　皆爲觸金剛母現聖量
མི་འགྱུར་བདེ་བ་ཆེན་པོ་རབ་སྩལ་ཏེ། །བདེ་སྟོང་མཆོག་གི་ཏིང་འཛིན་རྫོགས་པར་ཤོག །
永恆不變大樂盡賜予　　樂空殊勝禪定願圓滿

༄༅། །ཨོཾ་སྤརྴ་བཛྲ་ཧཱུྃ་ཧཱུྃ་ཕཊ། ཅེས་འདོད་ཡོན་ལྔ་དང་།

嗡巴廈班紫吽吽呸 如是五妙欲及

དྲི་མེད་གསེར་གྱི་རྩིབས་སྟོང་འོད་འབར་བ། །རིན་ཆེན་ཨིནྡྲ་ནཱི་ལའི་ཏོག་གིས་མཛེས། །

純金千輻輪放燦爛光　　猶有天琛更勝藍寶者

སྣ་ཚོགས་ཕྲ་བཀོད་མུ་ཏིག་ཆུན་འཕྱང་གིས། །འཁོར་ཡུག་བརྒྱན་པའི་གདུགས་ཀྱིས་མཆོད་པར་བྱ། །

種種寶飾珍珠瓔珞垂　　周匝寶傘莊嚴作供養

ཨོཾ་བཛྲ་ཚཏྲ་ཀ་པྲ་ཏཱིཙྪ་ཧཱུྃ་སྭཱ་ཧཱ། ཞེས་གདུགས་དང་།

嗡班雜渣種嘎哲帝雜吽娑哈 如是寶傘及

དྲང་ཞིང་ལྡེམ་པའི་རིན་ཆེན་ཡུ་བ་ནི། །ཟླ་ཕྱེད་རྡོ་རྗེ་རིན་ཆེན་རྩེ་མོ་ཅན། །

端嚴輕盈衆寶作柄者　　弦月上托寶杵放毫芒

དར་ལྷེ་གསུམ་པ་རླུང་གིས་བསྒྱོད་པ་ན། །སིལ་སིལ་ཁྲོལ་བའི་དྲིལ་ཆུང་སྒྲ་སྒྲོག་ཅིང་། །

風動三重旆旌飄揚時　　旃鈴鏘鏘振放佩玉聲

༄༅། །ཟུར་ཁྱུག་འཕྱོག་གི་འཁྱིང་དང་རབ་ཏུ་ལྡན། །མཛེས་པའི་སྒྲོག་ཆགས་མཚན་མ་ཡོད་མེད་ཀྱི། །

三角幡飛極具威武揚　　衆生不論尊卑有無相

མི་མཐུན་ཕྱོགས་ལས་རྒྱལ་བའི་རྒྱལ་མཚན་དང་། །རབ་མཛེས་བ་དན་རྣམས་ཀྱིས་མཆོད་པར་བྱ། །

對治違緣障礙常勝幢　　以及華麗寶幡悉供養

ཨོཾ་བཛྲ་ཀེ་ཏུ་པྲ་ཏནྟི་པྲ་ཏཱིཙྪ་ཧཱུྃ་སྭཱ་ཧཱ། ཞེས་རྒྱལ་མཚན་དང་བ་དན།

嗡班雜給篤榨頂嘎哲帝雜吽娑哈 如是寶幢及飛幡

ནམ་མཁའི་རྒྱན་གྱུར་རིན་ཐང་མེད་པའི་གོས། །སྣ་ཚོགས་དར་གྱི་ཤམ་བུ་གཡོ་བ་ཅན། །

虛空成嚴無價寶華蓋　　種種綾羅飄垂作帷幔

ཙནྡན་སྦྲུལ་གྱི་སྙིང་པོའི་དྲིས་བསྒོས་པ། །རབ་འབྱམས་བླ་རེའི་སྤྲིན་གྱིས་མཆོད་པར་བྱ། །

蛇心旃檀香沁籠蒼穹　　無邊華蓋湧雲作供養

ཨོཾ་བཛྲ་བི་ཏཱ་ན་པྲ་ཏཱིཙྪ་ཧཱུྃ་སྭཱ་ཧཱ། ཞེས་བླ་རེ་དང་།

嗡班雜毖汰吶哲帝雜吽娑哈 如是華蓋及

མཁའ་ གྱ་དགུ་ མཆོད།

༄༅། །འཛམ་བུ་ཆུ་བོའི་གསེར་ལས་ལེགས་བྱས་ཤིང་། །རྩིབས་སྟོང་ལྡན་པའི་དཔག་ཚད་ལྔ་བརྒྱ་བ། །
瞻洲江河紫磨金鑄成　　千輻具足五佰逾繕那
ཉི་མ་གཉིས་པ་ལྟ་བུར་མཁར་འཕགས་ཏེ། །དཔག་ཚད་འབུམ་ལམ་ཉི་མ་གཅིག་གིས་གཅོད། །
尤如第二驕陽耀長空　　金輪日行十萬逾繕那
དེའི་མཐུས་ནམ་མཁའ་ལམ་ནས་དཔུང་ཚོགས་བཞི། །གླིང་བཞི་ལྷ་གནས་དང་པོར་བགྲོད་བྱེད་པའི། །
彼之虛空道中四王軍　　四大部洲天界當先行

大樂捷道暨中圍喜筵　八十九

འཁོར་ལོ་རིན་ཆེན་ཕུལ་བས་འགྲོ་བ་ཀུན། །ཆོས་ཀྱི་སྲིད་ལ་དབང་སྒྱུར་ཐོབ་པར་ཤོག །
供養大寶金輪一切衆　　宣教統領功德俱圓滿
ཨོཾ་བཛྲ་ཙཀྲ་རཏྣ་པྲ་ཏཱིཙྪ་ཧཱུྃ་སྭཱ་ཧཱ།
嗡班雜吒炸惹訥哲帝雜吽娑哈
རིན་ཆེན་བཻཌཱུརྻ་ཡི་ཟུར་བརྒྱད་ལས། །སྤྲོས་པའི་འོད་ཀྱིས་དཔག་ཚད་བརྒྱ་ཡི་བར། །
琉璃大寶八宇處所生　　璨光煥放百逾繕那間

མཁའ་ དགུ་བཅུ་ མཆོད།

༄༅། །མཚན་མོ་འང་ཉིན་མོ་བཞིན་དུ་སྣང་བྱེད་ཅིང་། །ཚ་བས་གདུངས་ཚེ་འོད་ཀྱིས་བསིལ་བ་སྐྱེར། །
晝夜無間恆常作照耀　　熾盛欲貪熱惱得清涼
དེར་ནི་དུས་མིན་འཆི་དང་ནད་རྣམས་སེལ། །ཡིད་ལ་གང་བསམ་ཕལ་ཆེར་འབྱུང་གྱུར་པའི། །
非時死與疾病悉蠲除　　凡心所欲一切皆如願
ནོར་བུ་རིན་ཆེན་ཕུལ་བས་འགྲོ་བ་ཀུན། །ཆོས་ལྡན་རེ་བ་ཡིད་བཞིན་འགྲུབ་པར་ཤོག །
供養如意大寶一切衆　　聖教昌隆如意願成就

大樂捷道暨中圍喜筵　九十

ཨོཾ་བཛྲ་མ་ཎི་རཏྣ་པྲ་ཏཱིཙྪ་ཧཱུྃ་སྭཱ་ཧཱ།
嗡班雜摩尼惹訥哲帝雜吽娑哈
ཡིད་འོང་ལྟ་ན་སྡུག་པའི་བུད་མེད་ནི། །ལུས་དང་ཁ་ནས་དྲི་ཞིམ་རབ་ཏུ་འབྱུང་། །
顏華婥約覩之悅意者　　身遍芳澤唇口含幽香
གང་གིས་རེག་ན་བདེ་བ་མཆོག་སྐྱེར་ཞིང་། །གླིང་དེར་བཀྲེས་སྐོམ་མྱ་ངན་སེལ་བར་བྱེད། །
孰若逢之皆得殊勝樂　　彼洲饑渴憂苦咸消除

མཁའ་ ཁ་གཅིག་ མཚོ།

༄༅། །བུད་མེད་སྐྱོན་ལྔ་སྤངས་ཤིང་ཡོན་ཏན་ནི། །རྣམ་པ་བརྒྱད་དང་རབ་ཏུ་ལྡན་གྱུར་པའི། །

斷捨五過玉女功德是　　能具八妙勝相如斯成

བཙུན་མོ་རིན་ཆེན་ཕུལ་བས་འགྲོ་བ་ཀུན། །ཟག་མེད་བདེ་བ་ཆེ་ལ་སྤྱོད་པར་ཤོག །

供養玉女大寶一切衆　　無漏殊勝大樂願受享

ཨོཾ་བཛྲ་སྟྲཱི་རཏྣ་པྲ་ཏཱིཙྪ་ཧཱུྃ་སྭཱཧཱ།

嗡班雜嚦惹訥哲帝雜吽娑哈

大樂捷道暨中圍喜筵　九十一

གཞན་ལ་མི་འཚེ་ཆོས་མ་ཡིན་པ་སྤངས། །ཡང་དག་ཐ་སྙད་ལམ་ལ་སྐྱོ་བ་མེད། །

安撫衆生非法俱摒棄　　箴規誨諭清正無煎憂

ས་ཡི་བདག་པོའི་ཡིད་ལ་བསམ་པ་རྣམས། །མ་སྨྲས་བར་ཡང་ཤེས་ནས་སྒྲུབ་པར་བྱེད། །

諸凡君王一切意所冀　　無宣自瞭於事作成辦

དཔུང་རྣམས་འགྲོ་དང་གནས་དང་ལྡོག་པ་ཡི། །བྱ་བ་ཀུན་ལ་རབ་ཏུ་མཁས་གྱུར་པའི། །

吏屬僚佐疆界皆綏順　　機要萬務善巧俱通達

མཁའ་ ཁ་གཉིས་ མཚོ།

༄༅། །བློན་པོ་རིན་ཆེན་ཕུལ་བས་འགྲོ་བ་ཀུན། །རྒྱལ་བའི་དགོངས་པ་ཇི་བཞིན་སྐོང་བར་ཤོག །

供養賢臣大寶一切衆　　佛陀事業如是願圓滿

ཨོཾ་བཛྲ་པ་རི་ཎཱ་ཡ་ཀ་རཏྣ་པྲ་ཏཱིཙྪ་ཧཱུྃ་སྭཱཧཱ།

嗡班雜巴惹訥耶嘎惹訥哲帝雜吽娑哈

ཡན་ལག་བདུན་ལྡན་གངས་ཀྱི་རི་བོ་འདྲ། །རང་བཞིན་གླང་པོ་སྟོང་གི་སྟོབས་དང་ལྡན། །

七肢健勇巍然如雪山　　本性具足千象之力者

大樂捷道暨中圍喜筵　九十二

ཉི་མ་གཅིག་གིས་འཛམ་གླིང་ལན་གསུམ་འཁོར། །ཅང་ཤེས་སྐུད་པ་ཡིས་ཀྱང་དཀྲི་བར་ནུས། །

南瞻部洲一日三環繞　　聰靈黠慧一線亦能牽

གཞན་ལ་མི་གནོད་མི་འབྲུག་དལ་གྱིས་འགྲོ། །ཕ་རོལ་སྡེ་ལས་རྒྱལ་བར་བྱེད་པ་ཡི། །

不作鬥害溫馴泰然行　　彼衆群中卓然猶勝者

གླང་པོ་རིན་ཆེན་ཕུལ་བས་འགྲོ་བ་ཀུན། །ཐེག་པ་མཆོག་གི་བཞོན་པས་འགྲོ་བར་ཤོག །

供養白象大寶一切衆　　承載殊勝乘者願成就

༄༅། །ཨོཾ་བཛྲ་ག་ཛ་རཏྣ་པྲ་ཏཱིཙྪ་ཧཱུྃ་སྭཱ་ཧཱ།

嗡班雜噶昃惹訥哲帝雜吽娑哈

མི་ཏོག་ཀུ་མུ་ད་བཞིན་རབ་ཏུ་དཀར། །ལྷ་ཡི་གཙུག་རྒྱན་ནོར་བུ་སོགས་ཀྱིས་བརྒྱན། །

猶如夜放芙蕖極潔白　　天尊髻飾摩尼寶等嚴

མདོག་དང་དབྱིབས་དང་བོངས་ཚོད་ཕུན་སུམ་ཚོགས། །བསྒྲོ་ན་ཉིན་གཅིག་འཛམ་གླིང་ལན་གསུམ་འཁོར། །

色澤體魄形態具富足　　馭駕瞻洲一日三環繞

ལུས་ལ་ནད་མེད་གཟི་བརྗིད་ཆེན་པོ་ཅན། །ཡོངས་སུ་ངལ་བ་མེད་པའི་བཞོན་པ་ནི། །

驍勇神駿威光赫奕者　　驥驁千里馳騁永無倦

རྟ་མཆོག་རིན་ཆེན་ཕུལ་བས་འགྲོ་བ་ཀུན། །རྫུ་འཕྲུལ་མཆོག་གི་ཤུགས་དང་ལྡན་པར་ཤོག །

供養駿馬大寶一切衆　　殊勝神變通力願具足

ཨོཾ་བཛྲ་ཨ་ཤྭ་རཏྣ་པྲ་ཏཱིཙྪ་ཧཱུྃ་སྭཱ་ཧཱ།

嗡班雜啊咻惹訥哲帝雜吽娑哈

༄༅། །རྡོ་རྗེ་རིན་ཆེན་མཐོན་ཀ་མར་གད་དང་། །གསེར་དང་དངུལ་དང་སྤུག་ལ་སོགས་པ་ནི། །

帝青綠玉金剛大寶衆　　以及金銀五彩斑斕石

ཟད་པ་མེད་པས་ས་ཕྱོགས་རབ་འགེངས་པ། །དེ་ཡི་འབྱོར་བ་ཤིན་ཏུ་བརྟན་པ་སྟེ། །

無窮無盡十方極盈滿　　彼等財富豐饒恆擁有

གཡོ་དང་སྒྱུ་མེད་གཞན་ལ་གནོད་པ་མེད། །སྐྱེ་བོ་ཐམས་ཅད་རབ་ཏུ་དགའ་འགྱུར་བའི། །

真實不虛於他無傷害　　人間一切有情大歡喜

ཁྱིམ་བདག་རིན་ཆེན་ཕུལ་བས་འགྲོ་བ་ཀུན། །གསུང་རབ་རིན་ཆེན་མཛོད་ཀུན་འཛིན་པར་ཤོག །

供養施主大寶一切衆　　一切經函寶藏願護持

ཨོཾ་བཛྲ་གྲི་ཧ་པ་ཏི་རཏྣ་པྲ་ཏཱིཙྪ་ཧཱུྃ་སྭཱ་ཧཱ། ཞེས་རིན་ཆེན་སྣ་བདུན་རྣམས་རང་རང་གི་ཕྱག་རྒྱ་དང་བཅས་ཏེ་འབུལ། དེ་ནས་བྱིན་གྱིས་བརླབས་

嗡班雜哏哈吧蒂惹訥哲帝雜吽娑哈 如是七珍寶 復次 已加持之內供

པའི་ནང་མཆོད་འཐོར་བ་དང་བཅས། ཨོཾ༔ མཆོད་དོ་ཕྱོགས་བཅུ་དུས་གསུམ་གྱི་དེ་བཞིན་གཤེགས་པ་ཐམས་ཅད་ཀྱི་སྐུ་

彈灑之同時 嗡 供於十方三世一切諸佛身語意

༄༅། །གསུང་ཐུགས་ཡོན་ཏན་འཕྲིན་ལས་ཐམས་ཅད་ཀྱི་ངོ་བོ་ཆོས་ཀྱི་ཕུང་པོ་སྟོང་ཕྲག་བརྒྱད་ཅུ་རྩ་བཞིའི་འབྱུང་

一切事業功德攝集爲一之體性　八萬四千法藏之生源

གནས་འཕགས་པའི་དགེ་འདུན་ཐམས་ཅད་ཀྱི་མངའ་བདག་དཔལ་ལྡན་བླ་མ་དམ་པའི་ཞལ་དུ་ཨོཾ་ཨཱཿཧཱུྃ།

一切聖僧伽之主宰者　具德賢善上師謝篤嗡啊吽

རྒྱལ་བ་རྒྱ་མཚོའི་རིགས་བདག་རྡོ་རྗེ་ཆོས། །རྒྱལ་བའི་ཡུམ་མཆོག་རྡོ་རྗེ་རྣལ་འབྱོར་མ། །

諸佛海會部主金剛法　諸佛勝母金剛瑜伽母

རྒྱལ་སྲས་ཐུ་བོ་ནཱ་རོ་ཏ་པ་ལ། །རྣམ་དག་བདུད་རྩིའི་དམ་རྫས་མཉེས་མཆོད་འབུལ། །ཨོཾ་ཨཱཿཧཱུྃ།

諸佛長子那若噠巴尊　清淨甘露聖物歡喜供　嗡啊吽

གསང་ཆེན་སློབ་བཤད་འཛིན་པའི་ཕམ་ཐིང་པ། །གསང་མཛོད་ཀུན་ཀྱི་གཏེར་གྱུར་ཤེས་རབ་བརྩེགས། །

執持大密釋教龐亭巴　一切密續寶藏謝繞澤

གསང་སྔགས་རྒྱ་མཚོའི་མངའ་བདག་མར་ལོ་ལ། །རྣམ་དག་བདུད་རྩིའི་དམ་རྫས་མཉེས་མཆོད་འབུལ། །ཨོཾ་ཨཱཿཧཱུྃ།

秘密大海領主嘛洛尊　清淨甘露聖物歡喜供　嗡啊吽

༄༅། །རྡོ་རྗེ་འཆང་དབང་བླ་ཆེན་ས་སྐྱ་པ། །རྡོ་རྗེ་སྲས་མཆོག་རྗེ་བཙུན་བསོད་ནམས་རྩེ། །

金剛持王喇欽薩迦巴　金剛勝子至尊索南澤

རྡོ་རྗེ་འཛིན་པའི་གཙུག་རྒྱན་གྲགས་པ་ལ། །རྣམ་དག་བདུད་རྩིའི་དམ་རྫས་མཉེས་མཆོད་འབུལ། །ཨོཾ་ཨཱཿཧཱུྃ།

金剛執持頂嚴札貝尊　清淨甘露聖物歡喜供　嗡啊吽

ས་སྐྱའི་པཎ་ཆེན་གངས་ཅན་མཁས་པའི་རྗེ། །ས་གསུམ་སྐྱེ་དགུའི་གཙུག་རྒྱན་འཕགས་པའི་མཚན། །

薩迦班欽雪域善知識　三地衆生頂嚴帕思巴

ས་སྐྱའི་བསྟན་འཛིན་ཞང་སྟོན་ཆོས་རྗེ་ལ། །རྣམ་དག་བདུད་རྩིའི་དམ་རྫས་མཉེས་མཆོད་འབུལ། །ཨོཾ་ཨཱཿཧཱུྃ།

薩迦教主祥敦法王尊　清淨甘露聖物歡喜供　嗡啊吽

གྲུབ་པའི་དབང་ཕྱུག་ན་བཟའ་བྲག་ཕུག་པ། །གྲུབ་མཆོག་མཁས་པའི་དེད་དཔོན་ཆོས་ཀྱི་རྗེ། །

成就自在納沙札普巴　成就善智無畏法王尊

གྲུབ་རིན་སྙན་བརྒྱུད་མངའ་བདག་ཡར་ཀླུངས་པར། །རྣམ་དག་བདུད་རྩིའི་དམ་རྫས་མཉེས་མཆོད་འབུལ། །ཨོཾ་ཨཱཿཧཱུྃ།

修部耳傳領主雅隴巴　清淨甘露聖物歡喜供　嗡啊吽

༄༅། །བདག་གཞན་འགྲོ་བའི་སྐྱབས་མགོན་རྒྱལ་བ་མཆོག །བདག་ཉིད་ཆེན་པོ་འཇམ་དབྱངས་ནམ་མཁའི་མཚན།།
自他衆生依怙勝聖王　　大主宰者絳央南喀贊
བདག་ཆེན་ཆོས་རྗེ་བློ་གྲོས་རྒྱལ་མཚན་ཞབས། །རྣམ་དག་བདུད་རྩིའི་དམ་རྫས་མཉེས་མཆོད་འབུལ། །ཨོཾ་ཨཱཿཧཱུྃ།
大聖法王洛哲堅贊尊　　清淨甘露聖物歡喜供　嗡啊吽
བཀའ་དྲིན་མཉམ་མེད་རྗེ་བཙུན་རྡོ་རིང་པ། །བཀའ་བཞིན་སྒྲུབ་པའི་བསྟན་འཛིན་བློ་གསལ་དབང་། །
恩德無比至尊道琳巴　　依教遵行執教洛色王

བཀའ་བརྒྱུད་གསང་ཆེན་སྨྲ་བ་མཁྱེན་བརྩེ་ལ། །རྣམ་དག་བདུད་རྩིའི་དམ་རྫས་མཉེས་མཆོད་འབུལ། །ཨོཾ་ཨཱཿཧཱུྃ།
語傳大密宣者欽則尊　　清淨甘露聖物歡喜供　嗡啊吽
རིག་སྔགས་འཆང་བ་བསླབ་གསུམ་རྒྱལ་མཚན་དང་། །རིགས་བརྒྱའི་ཁྱབ་བདག་དབང་ཕྱུག་རབ་བརྟན་དཔལ། །
持擁明咒洛松堅贊尊　　金剛遍主旺秋繞丹貝
རིགས་ཀྱི་གཙོ་བོ་རྗེ་བཙུན་བཀའ་འགྱུར་བར། །རྣམ་དག་བདུད་རྩིའི་དམ་རྫས་མཉེས་མཆོད་འབུལ། །ཨོཾ་ཨཱཿཧཱུྃ།
金剛主持至尊噶居巴　　清淨甘露聖物歡喜供　嗡啊吽

༄༅། །དཀྱིལ་འཁོར་རྒྱ་མཚོའི་ཁྱབ་བདག་ཞྭ་ལུ་བ། །དཀྱིལ་འཁོར་ཀུན་གྱི་གཙོ་བོ་མཁྱེན་རབ་རྗེ། །
壇城海會遍主夏魯巴　　一切壇城之主欽繞傑
དཀྱིལ་འཁོར་འཁོར་ལོའི་བདག་པོ་རྨོར་ཆེན་ལ། །རྣམ་དག་བདུད་རྩིའི་དམ་རྫས་མཉེས་མཆོད་འབུལ།།ཨོཾ་ཨཱཿཧཱུྃ།
壇輪中圍主尊莽欽足　　清淨甘露聖物歡喜供　嗡啊吽
སྙན་བརྒྱུད་རྒྱ་མཚོའི་དེད་དཔོན་གནས་གསར་བ། །སྙན་བརྒྱུད་མངའ་བདག་བློ་གསལ་ཕུན་ཚོགས་དང་། །
耳傳大海無畏南薩巴　　耳傳執教洛色平措尊

སྙན་བརྒྱུད་སྤེལ་མཁས་བསྟན་འཛིན་འཕྲིན་ལས་ལ།།རྣམ་དག་བདུད་རྩིའི་དམ་རྫས་མཉེས་མཆོད་འབུལ།།ཨོཾ་ཨཱཿཧཱུྃ།
耳傳廣弘丹增成來尊　　清淨甘露聖物歡喜供　嗡啊吽
དགའ་ལྡན་བསྟན་འཛིན་ཁྱབ་བདག་བཀའ་འགྱུར་བ། །དགའ་ལྡན་དར་རྒྱས་སྙིགས་དུས་འགྲོ་བའི་གཉེན། །
甘丹執教遍主噶居巴　　甘丹廣弘濁世衆生友
དགའ་ལྡན་ལུགས་འཛིན་དྷརྨ་བྷ་དྲའི་ཞབས། །རྣམ་དག་བདུད་རྩིའི་དམ་རྫས་མཉེས་མཆོད་འབུལ། །ཨོཾ་ཨཱཿཧཱུྃ།
甘丹承執達瑪巴哲尊　　清淨甘露聖物歡喜供　嗡啊吽

མཆོད་ གོ་དགུ་ ཚོགས།	༄༅། །མདོ་རྒྱུད་ཀུན་གྱི་ལམ་གྱི་གནད་རྫོགས་པའི། །མདོ་རྒྱུད་མངའ་བདག་བློ་བཟང་ཆོས་འཕེལ་དང་། ། 顯密妙道一切悉圓滿　　顯密教主洛桑卻佩尊 མདོ་རྒྱུད་སྤེལ་མཁས་འཇིགས་མེད་དབང་པོའི་ལ། །རྣམ་དག་བདུད་རྩིའི་དམ་རྫས་མཉེས་མཆོད་འབུལ། །ཨོཾ་ཨཱཿཧཱུྃ། 顯密善弘晉美旺波尊　　清淨甘露聖物歡喜供　嗡啊吽 ནཱ་རོ་མཁའ་སྤྱོད་སྨིན་གྲོལ་ལམ་བཟང་གནད། །ནཱ་རོ་པ་བཞིན་ལེགས་པར་འདོམས་པ་ལ། ། 那若空行成熟解脫要　　猶如那若巴師善攝受	大樂捷道暨中圍喜筵　九十九

	ནཱ་རོས་བྱིན་རླབས་བདེ་ཆེན་སྙིང་པོ་ལ། །རྣམ་དག་བདུད་རྩིའི་དམ་རྫས་མཉེས་མཆོད་འབུལ། །ཨོཾ་ཨཱཿཧཱུྃ། 那若加持德欽寧波前　　清淨甘露聖物歡喜供　嗡啊吽 རྡོ་རྗེའི་གོ་འཕང་སྒྲུབ་པའི་ཉེ་ལམ་མཆོག །རྡོ་རྗེ་བཙུན་མོའི་སྨིན་གྲོལ་གདམས་པའི་མཛོད། ། 金剛果位修行妙捷道　　金剛佛母成熟予解脫 རྡོ་རྗེ་འཛིན་པ་བློ་བཟང་ཡེ་ཤེས་ལ། །རྣམ་དག་བདུད་རྩིའི་དམ་རྫས་མཉེས་མཆོད་འབུལ། །ཨོཾ་ཨཱཿཧཱུྃ། 金剛持尊洛桑益希前　　清淨甘露聖物歡喜供　嗡啊吽	

མཆོད་ བརྒྱ་ ཚོགས།	༄༅། །གཞན་ཡང་སྨིན་བྱེད་དབང་དང་དྲི་མེད་རྒྱུད། །ཟབ་མོའི་ལམ་གྱི་མན་ངག་སྟོན་མཛད་པའི། ། 別有令熟灌傳無垢續　　深奧妙道訣要作宣說 དངོས་བརྒྱུད་དཔལ་ལྡན་བླ་མའི་ཚོགས་རྣམས་ལ། །རྣམ་དག་བདུད་རྩིའི་དམ་རྫས་མཉེས་མཆོད་འབུལ། །ཨོཾ་ཨཱཿཧཱུྃ། 親傳具德諸尊上師前　　清淨甘露聖物歡喜供　嗡啊吽 མཁའ་ཁྱབ་ཆོས་ཀྱི་དབྱིངས་ལས་མ་གཡོས་ཀྱང་། །སྣ་ཚོགས་སྤྲུལ་པས་འགྲོ་བའི་དོན་མཛད་པའི། ། 遍及虛空法界性無移　　種種幻化利衆事業成	大樂捷道暨中圍喜筵　一百

	བདག་གི་ཡི་དམ་རྡོ་རྗེ་རྣལ་འབྱོར་མར། །རྣམ་དག་བདུད་རྩིའི་དམ་རྫས་མཉེས་མཆོད་འབུལ། །ཨོཾ་ཨཱཿཧཱུྃ། 吾之本尊金剛瑜伽母　　清淨甘露聖物歡喜供　嗡啊吽 གཞན་ཡང་རྒྱུད་སྡེ་ཆེན་པོ་བཞི་དང་འབྲེལ་བའི་ཡི་དམ་དཀྱིལ་འཁོར་གྱི་ལྷ་ཚོགས་རྣམས་ཀྱི་ཞལ་དུ་ཨོཾ་ཨཱཿཧཱུྃ། 另有四續部本尊曼荼羅之一切聖衆謝篤嗡啊吽 ཨོཾ་གྷྲི་རཱ་ཛྲ་གྷྲི་རཱ་ཛྲ་ཀུ་མ་ཀུ་མ་ཁུམ་ཐེས་སྭཱ་ཧཱ། 嗡哏熱雜哏熱雜咕瑪咕瑪箜緹娑哈	

མཁའ་ བརྒྱ་གཅིག་ མཆོད།

༄༅། །དཔལ་དུར་ཁྲོད་བདག་པོ་ཡབ་ཡུམ་འཁོར་དང་བཅས་པ་རྣམས་ཀྱི་ཞལ་དུ་ཨོཾ་ཨཱཿཧཱུྃ།
吉祥寒林主父母偕眷謝篤嗡啊吽
དཔལ་བོ་དཔའ་མོ་ཆོས་སྐྱོང་སྲུང་མ་ཕྱོགས་སྐྱོང་ཞིང་སྐྱོང་ཀླུ་དང་བཅས་པ་རྣམས་ཀྱི་ཞལ་དུ་ཨོཾ་ཨཱཿཧཱུྃ།
勇父勇母護法　護方諸神　剎土護神　天龍八部　謝篤嗡啊吽
གཞི་བདག་གཞུག་མར་གནས་པ་དང་སེམས་ཅན་ཐམས་ཅད་ལྷར་གྱུར་པ་རྣམས་ཀྱི་ཞལ་དུ་ཨོཾ་ཨཱཿཧཱུྃ།
當方地祗　一切衆生即成佛謝篤嗡啊吽

大樂捷道暨中圍喜筵　一零一

ཨོཾ་ཨ་མྲི་ཏ་སྭཱ་ད་ན་བཛྲ་སྭ་བྷཱ་ཝ་ཨཱཏྨ་ཀོ྅ཧཾ། མགྲོན་ཐམས་ཅད་ཡེ་ཤེས་ཀྱི་བདུད་རྩིས་ཚིམ་པར་གྱུར།
嗡啊咪打娑嗟哪班雜索巴瓦唉瑪告行 諸賓悉皆滿足受用
ཅེས་ནང་མཆོད་དང་། རྗེ་བཙུན་རྡོ་རྗེ་རྣལ་འབྱོར་མ་དང་ཁ་ཊྭཱཾ་ག་འཁོར་ལོ་སྡོམ་པར་གྱུར་པ་སྙོམ་པར་ཞུགས་པས་
智慧甘露已 如是內供 至尊金剛瑜伽母及喀章嘎成勝樂輪同入等持
ལྷན་སྐྱེས་ཀྱི་བདེ་སྟོང་མགྲོན་ཐམས་ཅད་ཀྱི་རྒྱུད་ལ་སྐྱེས་པར་གྱུར། ཅེས་གསང་བ་དང་དེ་ཁོ་ན་ཉིད་ཀྱི་མཆོད་པ་རྣམས་འབུལ།
俱生樂空生起於諸賓之相續中 如是秘密及真實性供

མཁའ་ བརྒྱ་གཉིས་ མཆོད།

༄༅། །ཡིད་འབྱུང་གི་མཆོད་པ་ནི། ན་མོ་ཆོས་ཀྱི་དབྱིངས་ཀྱི་བྱིན་རླབས་དང་། སངས་རྒྱས་དང་བྱང་ཆུབ་སེམས་དཔའ་
意出離供是 哪摩法界體性之加持　諸佛菩薩
ཐམས་ཅད་ཀྱི་ཐུགས་རྣམ་པར་དག་པའི་བྱིན་རླབས་དང་། གསང་སྔགས་དང་ཕྱག་རྒྱའི་མཐུ་དང་། བདག་གི་མོས་
清淨意之加持　咒與印力之加持 自身觀想力
པ་དང་། ཏིང་ངེ་འཛིན་དང་། སྨོན་ལམ་གྱི་དབང་གིས་འཇིག་རྟེན་གྱི་ཁམས་ན་བདག་པོས་ཡོངས་སུ་མ་གཟུང་བའི་
禪定力　誓願力 於十方剎土中盡以一切未所取境之分別供

大樂捷道暨中圍喜筵　一零二

མཆོད་པའི་བྱེ་བྲག་ཇི་སྙེད་ཡོད་པ་དང་། གཞན་ཡང་བྱང་ཆུབ་སེམས་དཔའ་ཀུན་ཏུ་བཟང་པོའི་རྣམ་པར་ཐར་པ་
別有清淨而不可思議之普賢供雲等成倍顯現
ལས་བྱུང་བའི་མཆོད་པའི་སྤྲིན་གྱི་ཕུང་པོ་བསམ་གྱིས་མི་ཁྱབ་པ་ཞིག བླ་མ་དང་རྗེ་བཙུན་རྡོ་རྗེ་རྣལ་འབྱོར་མའི་ལྷ་
供於上師至尊金剛瑜伽母偕眷及
ཚོགས་སངས་རྒྱས་དང་བྱང་ཆུབ་སེམས་དཔའ་ཐམས་ཅད་ཀྱི་སྤྱན་ལམ་དུ་འབྱུང་ཞིང་རྒྱས་པར་གྱུར་ཅིག །
一切諸佛菩薩眼前

༄༅། །ཨོཾ་སརྦ་བིད། པུ་ར་པུ་ར། སུ་ར་སུ་ར། ཨ་ཝརྟ་ཡ། ཨ་ཝརྟ་ཡ་ཧོ། ནམཿས་མནྟ་བུདྡྷཱ་ནཾ།

嗡薩瓦毖 埠鑞埠鑞 窣鑞窣鑞 啊肟嗟耶 啊肟嗟耶嚎 哪摩薩蔓嗟

ཨ་ཧྲི་སྨ་ར་ཎི་སྨྲ་ར་ཎ་ཨི་མཾ་ག་ག་ཎ་ཀཾ་ཏྲམ་ཏྲ་ཏུ་ཨཱ་ག་ཤ་ས་མནྟ་མཾ།

毖嗟淖 啊毖瑪鑞吔 葩鑞哪 唉姆噶噶哪伉 嗟瑪打都啊嘎縛 薩蔓嗟

སརྦ་ཏ་ཐཱ་ག་ཏ་ཨ་པ་རི་ཤུདྡྷ་ཡེ། མཎྜ་ལེ་མ་མ་པྲ་ཙེ་ཏེ། པྲ་ཎི་དྷཱ་ན་བ་ལེ་ན་

姆 薩哇嗟塔嘎打 啊巴駬 旭打勒 蔓哲嘞 寞寞哲呢岱 毖呢嘉哪 巴

སརྦ་ཏ་ཐཱ་ག་ཏ་བ་ལེན་བཛྲ་སྭ་བྷ་ཝ་བ་ལེན་ཙ་ཡ་སྭཱ་ཧཱ། ཞེས་ཕྱག་རྒྱ་བཅས་པ་བྱ། དེ་ནས་བསྟོད་པ་ནི།

嘞哪 薩哇嗟塔嘎打巴瀾嗟班嗟娑鉽哪巴瀾雜耶娑哈 如是並作手印 復次讚曰

ཨོཾ་ན་མོ་བྷ་ག་ཝ་ཏེ་བཛྲ་ཝཱ་ར་ཧེ་བཾ་ཧཱུྃ་ཧཱུྃ་ཕཊ།

嗡哪摩巴噶瓦帝班雜哇惹嘿幫吽吽呸

ཨོཾ་ན་མོ་ཨཱརྱ་ཨ་པ་ར་ཛི་ཏེ་ཏྲཻ་ལོ་ཀྱ་མ་ཏི་བི་ཤྭ་ཤྭ་རི་ཧཱུྃ་ཧཱུྃ་ཕཊ།

嗡哪摩啊雅啊巴惹姿戴哲洛迦嘛帝比德曉哩吽吽呸

༄༅། །ཨོཾ་ན་མོ་སརྦ་བུདྡྷ་བྷ་ཡ་ཝ་ཧེ་མ་ཧཱ་བཛྲེ་ཧཱུྃ་ཧཱུྃ་ཕཊ།

嗡哪瑪薩哇布嗟巴雅哇嘿嘛哈班吱吽吽呸

ཨོཾ་ན་མོ་བཛྲ་ས་ནི་ཨ་ཛི་ཏེ་ཨ་པ་ར་ཛི་ཏེ་ཝ་ཤཾ་ཀ་རི་ནེ་ཏྲ་ཧཱུྃ་ཧཱུྃ་ཕཊ།

嗡哪摩班雜薩呢啊吱戴啊巴惹吱戴哇香嘎哩乃哲吽吽呸

ཨོཾ་ན་མོ་བྷྲ་མ་ཎི་ཤོ་ཥ་ཎི་རོ་ཥ་ཎི་ཀྲོ་དྷེ་ཀ་རཱ་ལི་ནི་ཧཱུྃ་ཧཱུྃ་ཕཊ།

嗡哪摩者嘛呢消喀呢惹喀呢照德嘎惹勒呢吽吽呸

ཨོཾ་ན་མོ་ཏྲཱ་ས་ནི་མཱ་ར་ཎི་པྲ་བྷེ་ད་ནི་པ་རཱ་ཛ་ཡེ་ཧཱུྃ་ཧཱུྃ་ཕཊ།

嗡哪摩哲薩呢嘛惹呢哲貝嗟呢巴惹渣耶吽吽呸

ཨོཾ་ན་མོ་བི་ཛ་ཡེ་ཛམྦྷ་ནི་སྟམྦྷ་ནི་མོ་ཧ་ནི་ཧཱུྃ་ཧཱུྃ་ཕཊ།

嗡哪摩比雜耶宗叭呢咚巴呢摩哈呢吽吽呸

ཨོཾ་ན་མོ་བཛྲ་ཝཱ་ར་ཧི་མ་ཧཱ་ཡོ་གི་ནི་ཀཱ་མེ་ཤྭ་རི་ཁ་གེ་ཧཱུྃ་ཧཱུྃ་ཕཊ། ཅེས་རྐང་བརྒྱད་དང་། རྒྱས་པར་བསྟོད།

嗡哪摩班雜哇惹嘿嘛哈搖格呢嘎麥曉哩喀改吽吽呸 如是八句讚 喜作廣讚者

༄༅། །ཡེ་ཤེས་ཆེན་པོའི་མཛོད་འཛིན་ཆོས་ཀྱི་རྗེ། །དཔལ་ལྡན་བླ་མའི་ཞབས་ལ་གུས་བཏུད་ནས། །
聖哲妙智慧藏法王尊　具德上師足下恭敬禮
རྒྱལ་བའི་ཡུམ་མཆོག་རྡོ་རྗེ་རྣལ་འབྱོར་མར། །དང་བའི་ཡིད་ཀྱིས་ཅུང་ཟད་བསྟོད་པར་བགྱི། །
殊勝密妃金剛瑜伽母　我以至誠之心略作讚
འདབ་བརྒྱའི་ལྟེ་བར་ཉིན་མོར་བྱེད་པའི་དབུས། །ཞལ་གཅིག་ཕྱག་གཉིས་འབར་བའི་སྤྱན་གསུམ་གཡོ། །
百瓣蓮心日輪中安住　一面二臂三目劫火燃

པདྨ་རཱ་ག་ལྟར་དམར་རྗེ་བཙུན་མ། །མཁའ་སྤྱོད་ལོངས་སྤྱོད་རྫོགས་ལ་ཕྱག་འཚལ་ལོ། །
猶如赤蓮寶石至尊母　受用圓滿空行前頂禮
ཆགས་ཅན་སྐྱེས་བུ་གདུལ་བར་བྱ་བའི་ཕྱིར། །བརྟན་གཡོའི་བདག་པོ་ཧེ་རུ་ཀ་དཔལ་དང་། །
為度貪著欲執化機故　情器世間主宰嘿洳嘎
གཉིས་མེད་ལྷན་སྐྱེས་གར་གྱིས་རོལ་མཛད་མ། །མཁའ་སྤྱོད་ཁ་སྦྱོར་ཆེ་ལ་ཕྱག་འཚལ་ལོ། །
以及俱生無二幻舞母　七支和合空行前頂禮

༄༅། །ཉིད་ཐུགས་ཟག་པ་མེད་པའི་བདེ་བ་ཆེ། །འགྱུར་མེད་དགའ་བ་ཀྱུ་ནོམ་བླ་ན་མེད། །
彼心無漏殊勝大樂者　其樂不變無上極圓滿
རྒྱུན་མི་ཆད་པའི་བདེ་བའི་རོས་གང་མ། །མཁའ་སྤྱོད་བདེ་བ་ཆེ་ལ་ཕྱག་འཚལ་ལོ། །
喜樂無窮鬱香滿盈母　大樂空行尊前敬頂禮
རྣམ་དག་ཆོས་དབྱིངས་སྤྲོས་བྲལ་ནམ་མཁའི་དབྱིངས། །མཐའ་ཡས་ཡོན་ཏན་མང་པོས་ཉེར་མཛེས་པའི། །
清淨性空離戲虛空界　無量功德廣大速成辦

རྣམ་པ་ཀུན་གྱི་མཆོག་དང་རབ་ལྡན་མ། །མཁའ་སྤྱོད་རང་བཞིན་མེད་ལ་ཕྱག་འཚལ་ལོ། །
具足種種相好殊勝母　空行無自性前敬頂禮
གང་གི་རང་བཞིན་རྣམ་པར་མི་རྟོག་ཀྱང་། །ཐུགས་རྗེ་ཆེན་པོས་སེམས་ཅན་མ་ལུས་པར། །
雖證空性任誰無分別　大悲普覆衆生無一餘
ཡིད་བཞིན་ནོར་ལྟར་དགོས་འདོད་ཀུན་སྟེར་མ། །མཁའ་སྤྱོད་སྙིང་རྗེས་ཡོངས་གང་ལ་ཕྱག་འཚལ། །
儼如摩尼大寶欲賜母　悲心遍滿空行前頂禮

༄༅། །སྲིད་དང་ཞི་བའི་མཐའ་དང་བྲལ་བ་ཡི། །མི་གནས་མྱ་ངན་འདས་པའི་ས་བརྙེས་ནས། །

遠離有生寂滅二邊際　　不住涅槃證得佛果位

རྒྱུན་མི་ཆད་པར་འགྲོ་བའི་དོན་མཛད་མ། །མཁའ་སྤྱོད་རྒྱུད་ཆད་མེད་ལ་ཕྱག་འཚལ་ལོ། །

永不懈怠利樂衆生事　　永無止息空行前頂禮

དམིགས་མེད་སྙིང་རྗེས་གཞན་གྱི་དབང་གྱུར་ནས། །འཁོར་བ་ཇི་སྲིད་གནས་པ་དེ་སྲིད་དུ། །

於彼已證無緣大悲故　　乃至生死輪迴未盡前

མྱ་ངན་མི་འདའ་རྟག་པར་རབ་བཞུགས་མ། །མཁའ་སྤྱོད་འགོག་པ་མེད་ལ་ཕྱག་འཚལ་ལོ། །

不入涅槃永世恆住母　　無寂滅之空行前頂禮

དབང་བཞིའི་དོན་ལྡན་བསྐྱེད་རིམ་ཟབ་མོའི་ལམ། །ཐུན་བཞིར་བསྒོམས་ཤིང་གུས་པས་གསོལ་བཏབ་པས། །

四灌意具生起深奧道　　勤修四座恭敬作祈白

སྐུ་བཞི་དབྱེར་མེད་ཟུང་འཇུག་རྡོ་རྗེའི་སྐུ། །མཁའ་སྤྱོད་སྐུ་ཡི་བྱིན་གྱིས་བརླབ་ཏུ་གསོལ། །

四身無別雙運金剛身　　至誠祈請空行身加持

༄༅། །ཨོཾ་གསུམ་ལྡན་པའི་གསང་སྔགས་ཡི་གེའི་ཚོགས། །དུས་གསུམ་ངག་དང་ཡིད་ཀྱིས་རབ་བཟླས་པས། །

具足三嗡密咒諸字彙　　三時精進口誦並意持

སྲིད་གསུམ་སྒྲ་དབྱངས་རྣམ་སྤངས་བརྗོད་བྲལ་གསུང་། །མཁའ་སྤྱོད་གསུང་གི་བྱིན་གྱིས་བརླབ་ཏུ་གསོལ། །

三界音聲斷捨離詮語　　至誠祈請空行語加持

བདེན་གཉིས་རྣམ་དག་རྫོགས་རིམ་དབུ་མའི་ལམ། །སྒྲིབ་གཉིས་སྦྱངས་ཕྱིར་བརྩོན་པས་ལེགས་བསྒོམས་པས། །

清淨二諦圓次中脈道　　二障淨故精勤善修持

དོན་གཉིས་ལྷུན་གྲུབ་འགྱུར་མེད་བདེ་བའི་ཐུགས། །མཁའ་སྤྱོད་ཐུགས་ཀྱི་བྱིན་གྱིས་བརླབ་ཏུ་གསོལ། །

二利任運成就安樂意　　至誠祈請空行意加持

དེ་ལྟར་བསྟོད་ཅིང་གསོལ་བ་བཏབ་པའི་མཐུས། །ཉིད་ཐུགས་བརྩེ་བ་ཆེན་པོས་རྗེས་བཟུང་ནས། །

以此頌讚祈請功德力　　尊意慈憫悲心隨攝受

ཚེ་འདི་འཆི་ཁ་བར་དོ་ལ་སོགས་པར། །མཁའ་སྤྱོད་ཆེན་པོའི་གོ་འཕང་ཐོབ་པར་ཤོག །

此生臨終以及中陰等　　空行大樂果位願成就

མཁའ་ བརྒྱ་དགུ་ མཚོན།

༄༅། །ཅེས་དང་། སྨྲོན་བསྟོད་པ་དངོས་གྲུབ་མྱུར་འགུགས་ལྕགས་ཀྱུ་སོགས་ཀྱང་བྱའོ། །བཞི་པ་དབང་བླང་བ་ནི། མདུན་བསྐྱེད་ཀྱི་རྡོ་རྗེ་

如是讚　喜作者可誦速召成就鋼鉤讚　乙四　受灌法是 對生之金剛瑜伽母與根本上師二無別

རྣལ་འབྱོར་མ་རྩ་བའི་བླ་མ་དང་གཉིས་སུ་མེད་པ་ལ་དཔའ་བོ་རྣལ་འབྱོར་མའི་ཚོགས་དཔག་ཏུ་མེད་པས་སྐོར་བ་མངོན་སུམ་ལྟ་བུར་དམིགས་ལ།

由勇士瑜伽母薈集無邊圍繞顯明現前　如是觀想

ཇི་ལྟར་བལྟམས་པ་ཙམ་གྱིས་ནི། །དེ་བཞིན་གཤེགས་ཀུན་ཁྲུས་གསོལ་ལྟར། །

猶如諸佛降生時　　一切如來作沐浴

大樂捷道暨中圍喜筵　一零九

ལྷ་ཡི་ཆུ་ནི་དག་པ་ཡིས། །དེ་བཞིན་བདག་གིས་ཁྲུས་བགྱིའོ། །

我今以此淨天水　　如是沐浴聖尊身

ཨོཾ་སརྦ་ཏ་ཐཱ་ག་ཏ་ཨ་བྷི་ཥེ་ཀ་ཏ་ས་མ་ཡ་ཤྲཱི་ཡེ་ཧཱུྃ།

嗡薩瓦噠塔噶噠啊畢凱嘎噠薩瑪雅俙惹耶吽

ཞེས་བུམ་ཆུ་ཅུང་ཟད་མྱང་། རང་གི་ལུས་ལོངས་སྤྱོད་དགེ་རྩ་དང་བཅས་པ་ཡོན་དུ་འབུལ་བར་བསམས་ལ།

如是嚐瓶水少許　己身及財物受用　善根等作酬供想　嗡班雜補彌

མཁའ་ བརྒྱ་བཅུ་ མཚོན།

༄༅། །ཨོཾ་བཛྲ་བྷཱུ་མི་ཨཿཧཱུྃ + མ་ཚང་བ་མེད་པ་འདི་ཉིད་བླ་མ་དང་རྗེ་བཙུན་རྡོ་རྗེ་རྣལ་འབྱོར་མ་ཐ་མི་དད་པ་ལ

啊吽 至 具行人所有富樂圓滿　　謹此供養於上師與至尊金剛瑜伽母

བྱིན་རླབས་ཟབ་མོ་ཞུ་བའི་ཡོན་དུ་དབུལ་བར་བགྱིའོ། །ཐུགས་རྗེས་འགྲོ་བའི་དོན་དུ་བཞེས + བརླབ་ཏུ་གསོལ།

無別之尊前　如是供養　爲利有情　慈悲納受　受已伏乞甚深加持也

བདེ་སྟོང་ལྷན་ཅིག་སྐྱེས་པའི་ཡེ་ཤེས་ཀྱི། །གཟུང་རྣམ་ཕུང་ཁམས་སྐྱེ་མཆེད་ལས་བྱུང་བའི། །

崛起樂空俱生本智慧　　由諸蘊界處所出生相

大樂捷道暨中圍喜筵　一一零

རི་གླིང་རིན་ཆེན་གཏེར་བུམ་ཉི་ཟླར་བཅས། །སྐྱབས་མགོན་ཐུགས་རྗེའི་གཏེར་ལ་དབུལ་བར་བགྱི། །

須彌四洲寶瓶日月俱　　依怙大悲藏前作供養

ཐུན་མོང་ལམ་སྦྱངས་སྣོད་དུ་གྱུར་པ་ན། །ཐེག་པ་ཀུན་གྱི་མཆོག་གྱུར་རྡོ་རྗེ་ཐེག །

既具共同密道法容器　　一切乘中最勝金剛乘

སྐལ་བཟང་སྐྱེ་བོའི་འཇུག་ངོགས་དམ་པ་དེར། །བདེ་བླག་ཉིད་དུ་འཇུག་པར་བྱིན་གྱིས་རློབས། །

緣能正士契入密乘道　　僅此道中速成祈加持

༄༅། །ཨི་དཾ་གུ་རུ་རཏྣ་མཎྜལ་ཀཾ་ནི་ར་ཏ་ཡཱ་མི། དེ་ནས་གསོལ་བ་གདབ་པ་ནི།
唉當咕洳惹哪曼荼羅噶尼雅嗟耶麥 復次 祈請法是
གང་གིས་དྲིན་གྱིས་བདེ་ཆེན་གནས། །སྐད་ཅིག་ཉིད་ལ་འཆར་བ་གང་། །
何師之恩大樂性　　剎那之間所顯現
བླ་མ་རིན་ཆེན་ལྟ་བུའི་སྐུ། །རྡོ་རྗེ་ཅན་ཞབས་པད་ལ་འདུད། །
乃惟如寶金剛師　　金剛持足前頂禮

སངས་རྒྱས་ཀུན་གྱི་རང་བཞིན་སྐུ། །སློབ་དཔོན་ལ་ནི་བདག་སྐྱབས་མཆི། །
一切諸佛自性身　　阿闍黎前我皈依
དཔལ་ལྡན་རྡོ་རྗེ་མཁའ་འགྲོ་མ། །མཁའ་འགྲོ་མ་ཡི་འཁོར་ལོས་བསྐྱུར། །
具德金剛空行母　　旋轉空行母法輪
ཡེ་ཤེས་ལྔ་ལྡན་སྐུ་གསུམ་བརྙེས། །འགྲོ་བ་སྐྱོབས་ལ་ཕྱག་འཚལ་ལོ། །
獲得五智與三身　　救護衆者前頂禮

༄༅། །དཔལ་ལྡན་རྡོ་རྗེ་མཁའ་འགྲོ་མས། །བདག་ལ་བྱིན་གྱིས་བརླབ་ཏུ་གསོལ། །
具德金剛空行母　　祈請賜我予加持
ཞེས་ལན་གསུམ་གྱིས་གསོལ་བ་བཏབ། དེ་ནས་སིན་དཀྱིལ་གྱི་རྡོ་རྗེ་རྣལ་འབྱོར་མ་ལས་རང་འདྲ་གཉིས་པ་ཞིག་བྱོན་པ་བླ་མ་དང་དབྱེར་མེད་དུ་བསམས་
如是三遍作祈請　復次　由醫靈熱壇城中之瑜伽母分身出同相之又一瑜伽母 與上師作無別觀　彼時作阿闍黎
ལ། དེས་སློབ་དཔོན་གྱི་ལས་རྣམས་བྱེད་པར་བསམས་ཏེ། ཨོཾ་ཙཀྵུ་བནྡྷ་ཝ་ར་མ་ཎ་ཡེ་ཧཱུྃ་གིས་གདོང་གཡོག་བཅིང་། ཨཱཿཔྲ་ཏཱི་ཙྪ་ཧཱུྃ། མེ་ཏོག་
之諸業已完備想　嗡旲闐煸嗟媧鑞麻哪耶吽 之覆遮目布　啊慷崁鑞吽　取花蔓

ཕྲེང་བ་བླངས། སིནྡྷུ་རའི་དཀྱིལ་འཁོར་ལས་ཁྲོ་མོ་ཁཎྜ་རོ་ཧི་དཔག་ཏུ་མེད་པ་འཕྲོས་ཏེ་བྱིན་རླབས་ཟབ་མོ་
醫靈熱壇城中放出無數憤怒堪哲撓嘿　於甚深加持
ཞུ་བ་ལ་བར་དུ་གཅོད་པའི་བགེགས་དང་ལོག་འདྲེན་ཐམས་ཅད་རྒྱང་རིང་དུ་བསྐྲད་པར་གྱུར་པར་བསམ་ལ།
祈請中驅逐一切設置障礙之惡魔及邪引衆至遠方 此間如是觀
ཨོཾ་ཁཎྜ་རོ་ཧི་ཧཱུྃ་ཧཱུྃ་ཕཊ། ཅེས་བགེགས་བསྐྲད། ཨོཾ་ཨཱཿཧཱུྃ། གིས་ནང་མཆོད་ལྕེ་ལ་མྱང་བས།
嗡堪哲撓嘿吽吽呸 驅魔　嗡啊吽　置內供於舌心並嚐

༄༅། །ལུས་སེམས་བདེ་བས་གང་། ནང་གི་བར་ཆད་ཐམས་ཅད་དག་པར་གྱུར།

身心大樂遍滿　一切障礙得清淨

བུ་ཁྱོད་སུ་ཡིན་ཅི་ལ་དགའ། །སྐལ་བཟང་བདག་ནི་བདེ་ཆེན་ལའོ། །

子汝何人喜者何　余乃有緣冀大樂

དེ་ཡིས་བུ་ལ་ཅི་ཞིག་བྱ། །སངས་རྒྱས་མཆོག་གི་དམ་ཚིག་གོ །ཅེས་དྲི་ལན་བྱ།

如是兒欲作何也　余求佛勝三昧耶 如是作問答

རང་གི་སྙིང་གའི་ནང་དུ་ཟླ་བ་ལ་གནས་པའི་རྡོ་རྗེ་དཀར་པོ་ཀུན་རྫོབ་དང་དོན་དམ་པའི་བྱང་ཆུབ་ཀྱི་སེམས་

自心間月輪之上所住白色金剛杵成世俗與勝義菩提心之體性也

ཀྱི་ངོ་བོར་གྱུར། རྗེ་བཙུན་མས་རྡོ་རྗེ་སྙིང་གར་བཞག་ནས་དེ་ཉིད་བརྟན་པར་བྱིན་གྱིས་བརླབ་པར་བསམ་ཞིང་། ཨོཾ་སརྦ་ཡོ་ག་ཙིཏྟ་ཨུཏྤ་ད

至尊母將金剛杵置於心間　觀彼乃堅固之加持者　嗡薩瓦喲噶孜吒鄔巴嗟雅誺

ཡ་མི། ཞེས་དང་། ཨོཾ་སུ་ར་ཏེ་ས་མ་ཡ་སྟྭཾ་ཧོཿསིདྡྷི་བཛྲ་ཡ་ཐ་སུ་ཁཾ། ཅེས་བརྗོད། རྡོ་རྗེ་མགོ་བོར་བཞག་ནས། དེང་ཁྱོད་རྣལ་འབྱོར་

如是及　嗡素掿嗟薩瑪雅咚嚎嘶啼班雜呀塌素慷　如是誦　置金剛杵於頭額

༄༅། །མ་ཐམས་ཅད་ཀྱི་རིགས་སུ་ཞུགས་ཀྱི་རྣལ་འབྱོར་མ་ཐམས་ཅད་ཀྱི་གསང་བ་དམ་པ་འདི། རྣལ་འབྱོར་མ་

而今汝已成爲一切金剛瑜伽母之種性　此即爲一切瑜伽母之深奧

ཐམས་ཅད་ཀྱི་དཀྱིལ་འཁོར་དུ་མ་ཞུགས་པ་རྣམས་ཀྱི་མདུན་དུ་སྨྲ་བར་མི་བྱ་སྟེ། མ་དད་པ་རྣམས་ལའང་མ་ཡིན་ནོ། །

秘密　於一切未進入瑜伽母中圍者前不得洩露　於不信者亦非也

ཞེས་བརྗོད། རྣལ་འབྱོར་མའི་ཕྱག་ན་གནས་པའི་རྡོ་རྗེ་ལ་འཛུས་ཏེ་དཀྱིལ་འཁོར་གྱི་དབུས་ན་གནས་པའི་རྣལ་འབྱོར་མའི་དྲུང་དུ་སླེབ་པར་མོས་ནས།

如是誦　觀手執瑜伽母所持之金剛杵　隨至中圍中央之瑜伽母座前

ཛཿཧཱུྃ་བཾ་ཧོཿ ཞེས་བརྗོད་པ་ནི་ཕྱི་འཇུག་གོ །ནང་འཇུག་གི་དོན་དུ། རྡོ་རྗེ་རྣལ་འབྱོར་མའི་མདུན་དུ་ཡན་ལག་བདུན་དང་ལྡན་པའི་སྒོ་ནས།

雜吽幫嚎　如是誦者　乃外入也　爲內入故　觀於金剛瑜伽母座前

བྱང་ཆུབ་ཀྱི་སེམས་བསྐྱེད་པར་བསམས་ལ། དཀོན་མཆོག་གསུམ་ལ་བདག་སྐྱབས་མཆི། །

生起具七支菩提心　我今皈依聖三寶

སྡིག་པ་ཐམས་ཅད་སོ་སོར་བཤགས། །འགྲོ་བའི་དགེ་ལ་རྗེས་ཡི་རང་། །

一切罪業皆懺悔　隨喜衆生奉善事

༄༅། །སངས་རྒྱས་བྱང་ཆུབ་ཡིད་ཀྱིས་གཟུང་། །སངས་རྒྱས་ཆོས་དང་ཚོགས་མཆོག་ལ། །

至心受持佛菩提　正覺妙法聖僧伽

བྱང་ཆུབ་བར་དུ་བདག་སྐྱབས་མཆི། །རང་གཞན་དོན་ནི་རབ་བསྒྲུབ་ཕྱིར། །

直至菩提我皈依　成就自利他利故

བྱང་ཆུབ་སེམས་ནི་བསྐྱེད་པར་བགྱི། །བྱང་ཆུབ་མཆོག་གི་སེམས་ནི་བསྐྱེད་བགྱིད་ནས། །

發起真實菩提心　既發殊勝菩提心

སེམས་ཅན་ཐམས་ཅད་བདག་གི་མགྲོན་དུ་གཉེར། །བྱང་ཆུབ་སྤྱོད་མཆོག་ཡིད་འོང་སྤྱད་པར་བགྱི། །

接引有情如大賓　樂施殊勝菩提行

འགྲོ་ལ་ཕན་ཕྱིར་སངས་རྒྱས་འགྲུབ་པར་ཤོག །ཅེས་ལན་གསུམ་གྱིས་བྱང་སྡོམ་གཟུངས།

為利有情願成佛　如是三遍受持菩薩戒

སྲས་བཅས་སངས་རྒྱས་ཐམས་ཅད་དང་། །དཔའ་བོ་རྣལ་འབྱོར་མ་རྣམས་ཀུན། །

一切正覺諸佛子　所有勇父瑜伽母

༄༅། །བདག་ལ་དགོངས་པར་མཛད་དུ་གསོལ། །བདག་མིང་འདི་ཞེས་བགྱི་བས་ནི། །

懇祈垂慈護念我　我名某甲如是稱

དུས་འདི་ནས་ནི་བཟུང་ནས་ནི། །བྱང་ཆུབ་སྙིང་པོ་མཆིས་ཀྱི་བར། །

從於此時受持已　直至證得菩提果

ཇི་ལྟར་དུས་གསུམ་མགོན་པོ་རྣམས། །བྱང་ཆུབ་ཏུ་ནི་ངེས་མཛད་པའི། །

如彼三時怙主衆　為利有情菩提行

བྱང་ཆུབ་སེམས་ནི་བླ་ན་མེད། །དམ་པ་བདག་གིས་བསྐྱེད་པར་བགྱི། །

菩提之心最無上　我亦真實求生起

ཚུལ་ཁྲིམས་ཀྱི་ནི་བསླབ་པ་དང་། །དགེ་བའི་ཆོས་ནི་སྡུད་པ་དང་། །

攝律儀戒諸學處　攝善法戒度等行

སེམས་ཅན་དོན་བྱེད་ཚུལ་ཁྲིམས་གསུམ། །སོ་སོར་བརྟན་པོར་བདག་གིས་གཟུང་། །

饒益有情三聚戒　各各堅固作受持

༄། །སངས་རྒྱས་ཆོས་དང་དགེ་འདུན་ཏེ། །བླ་ན་མེད་པའི་དཀོན་མཆོག་གསུམ། །
如來正法賢聖僧　至極無上三寶尊
སངས་རྒྱས་རྣལ་འབྱོར་ལས་སྐྱེས་པའི། །སྡོམ་པའང་དེང་ནས་བདག་གིས་གཟུང་། །
出於如來相應部　如是衆戒我受持
རྡོ་རྗེ་རིགས་མཆོག་ཆེན་པོ་ཡི། །རྡོ་རྗེ་དྲིལ་བུ་ཕྱག་རྒྱ་ཡང་། །
廣大最勝金剛部　金剛杵鈴及印契

ཡང་དག་ཉིད་དུ་གཟུང་བར་བགྱི། །སློབ་དཔོན་དག་ཀྱང་གཟུང་བར་བགྱི། །
能作真實之受持　阿闍黎戒亦奉行
རིན་ཆེན་རིགས་མཆོག་ཆེན་པོ་ཡི། །དམ་ཚིག་ཡིད་དུ་འོང་བ་ལ། །
廣大最勝之寶部　一切意樂諸誓句
ཉིན་རེ་བཞིན་ནི་དུས་དྲུག་ཏུ། །སྦྱིན་པ་རྣམ་བཞི་རྟག་ཏུ་སྦྱིན། །
每日晝夜六時憶　四種佈施常施行

༄། །བྱང་ཆུབ་ཆེན་པོ་ལས་བྱུང་བའི། །པདྨའི་རིགས་ཆེན་དག་པ་ལ། །
出生無上大菩提　以大清淨蓮花部
ཕྱི་དང་གསང་བ་ཐེག་པ་གསུམ། །དམ་ཆོས་སོ་སོར་གཟུང་བར་བགྱི། །
外顯內密及三乘　正法各各作受持
ལས་ཀྱི་རིགས་མཆོག་ཆེན་པོ་ལ། །སྡོམ་པ་ཐམས་ཅད་ལྡན་པ་ནི། །
廣大殊勝事業部　具足一切諸戒乘

ཡང་དག་ཉིད་དུ་སོ་སོར་གཟུང་། །མཆོད་པའི་ལས་ནི་ཅི་ནུས་བགྱི། །
各各真實作受持　供品事業儘量行
བྱང་ཆུབ་སེམས་ནི་བླ་ན་མེད། །དམ་པ་བདག་གིས་བསྐྱེད་པར་བགྱི། །
無上最勝菩提心　我今真實令生起
སེམས་ཅན་ཀུན་གྱི་དོན་གྱི་ཕྱིར། །བདག་གིས་སྡོམ་པ་མ་ལུས་གཟུང་། །
爲利一切有情故　我持衆戒悉無餘

༄༅། །མ་བསྒྲལ་བ་རྣམས་བདག་གིས་བསྒྲལ། །མ་གྲོལ་བ་རྣམས་བདག་གིས་དགྲོལ། །

未得度者令得度　　未解脫者令解脫

དབུགས་མ་འབྱིན་པ་དབུགས་དབྱུང་ཞིང་། །སེམས་ཅན་མྱ་ངན་འདས་ལ་འགོད། །ཅེས་ལན་གསུམ་གྱིས་སྔགས་སྡོམ་གཟུང་།

未安穩者令安穩　　安住律儀涅槃中　如是三遍受持密乘戒

སངས་རྒྱས་ཆོས་དང་དགེ་འདུན་ལ། །རྟག་ཏུ་བདག་ནི་སྐྱབས་སུ་མཆི། །

諸佛正法賢聖僧　　我今恆常作皈依

ཐེག་པ་གསུམ་པོ་ཐམས་ཅད་དང་། །རྣལ་འབྱོར་གསང་སྔགས་མཁའ་འགྲོ་མ། །

我於三乘及一切　　瑜伽密咒空行母

དཔའ་བོ་དཔའ་མོ་དབང་ལྷ་མོ། །བྱང་ཆུབ་སེམས་དཔའ་བདག་ཉིད་ཆེ། །

勇父勇母懷天女　　菩提薩埵聖道主

ཁྱད་པར་དུ་ཡང་སློབ་དཔོན་ལ། །རྟག་ཏུ་བདག་ནི་སྐྱབས་སུ་མཆི། །

特別上師阿闍黎　　亦復恆常作皈依

༄༅། །ཧེ་རུ་ཀ་དཔལ་སོགས་དཔའ་བོ། །རྣལ་འབྱོར་མ་ཡང་སྣང་མཛད་སོགས། །

嘿洳嘎巴勇父眾　　瑜伽母並明照等

བྱང་ཆུབ་སེམས་དཔའ་དཔག་མེད་པ། །ཐམས་ཅད་བདག་ལ་དགོངས་སུ་གསོལ། །

無盡諸佛及菩薩　　悉以慈悲垂憐我

བདག་གིས་དུས་འདི་ནས་བཟུང་སྟེ། །ཇི་སྲིད་གཉིས་མེད་ལ་གནས་པར། །

我從今日今時起　　無二無別恆受持

དེ་ཡི་ཚངས་སྤྱོད་གཉིས་མེད་པ། །ཉི་ཤུ་རྩ་གཉིས་ལེགས་པར་བསྲུང་། །

彼之梵行無別者　　二十二戒善護持

ཞེས་ལན་གསུམ་གྱིས་ཐུན་མོང་མ་ཡིན་པའི་དམ་གཟུང་ངས། དེ་ནས།

如是三遍作受持不共三昧耶　復次

བླ་མ་རྡོ་རྗེ་རྣལ་འབྱོར་མའི་ཐུགས་ཀ་ནས་འོད་ཟེར་བྱུང་བས་རང་གི་སྡིག་སྒྲིབ་བག་ཆགས་རྣམ་སྨིན་གདོན་བཅས་ཐམས་

上師金剛瑜伽母心間之光令自身之一切習氣異熟障礙得淨化

མཁའ་ བསྐྱེད་རིམ་གཅིག མཚོ།

༄༅། །ཅད་སྦྱངས་ཏེ་སྟོང་པ་ཉིད་དུ་གྱུར། །སྟོང་པའི་ངང་ལས་ཨེ་ཨེ་ལས་ཆོས་འབྱུང་དམར་པོ་གྲུ་གསུམ་ཉིས་
成空性也　空性中 ཨེ་ཨེ 化成紅色三角雙壘法基
བརྩེགས་ཀྱི་ནང་དུ་ཨ་ལས་ཟླ་བའི་དཀྱིལ་འཁོར་དཀར་ལ་དམར་བའི་མདངས་ཅན་གྱི་དབུས་སུ་བཾ་ཡིག་དམར་
中央 ཨ 生月輪　具白而又紅色光華之上　紅色 བཾ 字周邊
པོའི་མཐར། ཨོཾ་ཨོཾ་ཨོཾ་སརྦ་བུདྡྷ་ཌཱ་ཀི་ནཱི་ཡེ་བཛྲ་ཝརྞ་ནཱི་ཡེ་བཛྲ་བཻ་རོ་ཙ་ནཱི་ཡེ་ཧཱུྃ་ཧཱུྃ་ཧཱུྃ་ཕཊ་ཕཊ་ཕཊ་སྭཱ་ཧཱ།
嗡嗡嗡薩瓦必噠哲格呢耶班雜哇那呢耶班雜毗盧遮呢耶吽吽吽呸

大樂捷道暨中圍喜筵　一二一

ཞེས་པའི་སྔགས་ཕྲེང་ཁ་དོག་དམར་པོས་གཡོན་སྐོར་དུ་བསྐོར་བ་ལས་འོད་ཟེར་འཕྲོས། འཕགས་པ་མཆོད།སེམས་
呸呸娑哈　如是紅色咒鬘左繞而發光　上供勝尊
ཅན་གྱི་དོན་བྱས། ཚུར་འདུས་ཡོངས་སུ་གྱུར་པ་ལས་སྣ་ཚོགས་པདྨ་འདབ་མ་བརྒྱད་པའི་ལྟེ་བར་ཉི་མའི་དཀྱིལ་
下利衆生　收回圓滿　各色八瓣蓮華蕊中日輪之上
འཁོར་གྱི་སྟེང་དུ་རང་ཉིད་རྗེ་བཙུན་རྣལ་འབྱོར་མའི་སྐུར་གྱུར་པ་ནི། ཞབས་གཡས་བརྐྱངས་པས་དུས་མཚན་མ་
成至尊金剛瑜伽母身　右腿伸　足下踩怒媽嘛摩

མཁའ་ བསྐྱེད་རིམ་གཉིས མཚོ།

༄༅། །དམར་མོ་ནུ་མའི་སྙིང་ནས་མནན་པ། གཡོན་བསྐུམས་པས་འཇིགས་བྱེད་ནག་པོ་མགོ་བོ་རྒྱབ་ཏུ་བལྟབ་ནས་
左腿屈　足下踩智希哪波　赤身如劫火
མནན་པ། སྐུ་མདོག་དམར་མོ་བསྐལ་པའི་མེ་ལྟ་བུའི་གཟི་བརྗིད་ཅན། ཞལ་གཅིག་ཕྱག་གཉིས་སྤྱན་གསུམ་དག་པ་
具足威光　一面二臂　三目仰視空行淨界
མཁའ་སྤྱོད་དུ་གཟིགས་པ། ཕྱག་གཡས་པས་རྡོ་རྗེས་མཚན་པའི་གྲི་གུག་ཐུར་དུ་བརྐྱངས་ནས་འཛིན་པ། གཡོན་
右手下伸執金剛杵莊嚴之鉞刀　左手托舉

大樂捷道暨中圍喜筵　一二二

པས་ཐོད་པ་ཁྲག་གིས་གང་བ་སྟེང་ཕྱོགས་སུ་བཟུང་ནས་ཞལ་གྱེན་དུ་ཕྱོགས་པར་གསོལ་བ། ཕྲག་པ་གཡོན་པར་རྡོ་
盈滿鮮血之頂骨器仰飲甘露　左肩掮金剛杵莊嚴之
རྗེས་མཚན་པའི་ཁ་ཊྭཱཾ་ག་ལ་ཌཱ་མ་རུ་དང་དྲིལ་བུ་དང་འཕན་རྩེ་གསུམ་པ་འཕྱང་བཞིན་པ་བསྣམས་པ། དབུ་སྐྲ་ནག་
喀章嘎　鼗鼓　金剛鈴及三幅幡飄垂　墨髮散披
པོ་སིལ་བུར་གྱུར་པས་སྐུ་སྨད་ཡན་ཆད་ཁེབས་པ། ལང་ཚོ་དར་ལ་བབ་ཅིང་འདོད་པའི་ནུ་འབུར་རྒྱས་པ། བདེ་བ་
覆及腰間　妙齡年華　豐滿欲界　乳峰高聳

མཁའ་ འགྲོ་ཉེར་གསུམ་ མཛོད།

༄༅། །བསྐྱེད་པའི་ཉམས་ཅན། མི་མགོ་སྐམ་པོ་ལྔའི་དབུ་རྒྱན་དང་། སྐམ་པོ་ལྔ་བཅུའི་དོ་ཤལ་ཅན། གཅེར་བུ་ཕྱག་
五具骷髏頂莊嚴　五十骷髏爲瓔珞　赤裸五印莊嚴
རྒྱ་ལྔས་བརྒྱན་པ། ཡེ་ཤེས་ཀྱི་མེ་རབ་ཏུ་འབར་བའི་དབུས་ན་བཞུགས་པའི་ལྟེ་བར་ཨེ་ཨེ་ལས་ཆོས་འབྱུང་དམར་
智慧烈火中威然永住　臍間 ཨེ་ཨེ 生三角雙壘紅色法基
པོ་གྲུ་གསུམ་ཉིས་བརྩེགས་ཀྱི་ནང་དུ་ཨ་ལས་ཟླ་བའི་དཀྱིལ་འཁོར་གྱི་དབུས་སུ་བཾ་ཡིག་དམར་པོ། མདུན་རྒྱབ་
其內 ཨ 生月輪　中央紅色 བཾ 字　除前後二角

大樂捷道暨中圍書莚　一二三

གཉིས་སྤངས་པའི་གྲྭ་བཞིར་དགའ་འཁྱིལ་དམར་སྐྱ་གཡོན་སྐོར་དུ་འཁོར་བ་རེ་རེས་མཚན་པར་གྱུར། སློབ་དཔོན་
餘四角各以紅白喜旋左轉成莊嚴
རིན་པོ་ཆེས་བདག་ལ། དེ་བཞིན་གཤེགས་པ་ཐམས་ཅད་ཀྱི་སྐུ་གསུང་ཐུགས་ཡོན་ཏན་འཕྲིན་ལས་ཐམས་ཅད་ཀྱི་
懇祈大寶阿闍黎賜予我一切如來身語意之功德事業
དངོས་གྲུབ་དང་། འཇིག་རྟེན་དང་འཇིག་རྟེན་ལས་འདས་པའི་དངོས་གྲུབ་མ་ལུས་པ་སྩལ་ཞིང་བརྟན་པར་མཛད་དུ་
成就及世出世間之無餘成就並令堅固

མཁའ་ འགྲོ་ཉེར་བཞི་ མཛོད།

༄༅། །གསོལ། ཞེས་ལན་གསུམ་གསོལ་བ་བཏབ། ཨོཾ་གསུམ་མ་བརྗོད་ཅིང་དིང་ལོ་མིད། མདུན་བསྐྱེད་ཀྱི་རྗེ་བཙུན་མའི་ཐུགས་ཀ་
如是三遍作祈請　誦三嗡咒並吞下喜食燈　對生之至尊母
ནས་རང་འདྲའི་རྗེ་བཙུན་མ་མཐེབ་སོར་ཙམ་ཞིག་བྱུང་བ། རང་གི་ཁ་ནས་ཞུགས་ཏེ་སྤྱི་གཙུག་ནས་རྐང་མཐིལ་གྱི་
於心間分出指許同相之至尊母　入己口　從頂髻至足心間
བར་དུ་གློག་འཁྱུག་པ་ལྟར་གར་མཛད་པའི་མཐར་ལྟེ་བའི་བཾ་ཡིག་ལ་ཐིམ་པ་ཡོངས་སུ་གྱུར་པ་ལས། །སྣ་ཚོགས་
如觸電般蹈舞融入臍間之 བཾ 字

大樂捷道暨中圍書莚　一二四

པདྨ་འདབ་མ་བརྒྱད་པའི་ལྟེ་བར་ཉི་མའི་དཀྱིལ་འཁོར་གྱི་སྟེང་དུ་རྗེ་བཙུན་རྡོ་རྗེ་རྣལ་འབྱོར་མའི་སྐུར་གྱུར་པ་ནི།
圓滿而生各色八瓣蓮華蕊中日輪之上自性
ཞབས་གཡས་བརྐྱངས་པས་དུས་མཚན་མ་དམར་མོ་ནུ་མའི་སྙིང་ནས་མནན་པ། གཡོན་བསྐུམས་པས་འཇིགས་
成金剛瑜伽母身　右腿伸　足下踩怒嫣嘛摩
བྱེད་ནག་པོ་མགོ་བོ་རྒྱབ་ཏུ་བལྟབ་ནས་མནན་པ། སྐུ་མདོག་དམར་མོ་བསྐལ་པའི་མེ་ལྟ་བུའི་གཟི་བརྗིད་ཅན། ཞལ་
左腿屈　足下踩智希哪波　赤身如劫火

༄༅། །གཅིག་ཕྱག་གཉིས་སྤྱན་གསུམ་དགག་པ་མཁའ་སྤྱོད་དུ་གཟིགས་པ།ཕྱག་གཡས་པས་རྡོ་རྗེ་མཚན་པའི་གྲི་གུག

具足威光　一面二臂　三目仰視空行淨界　右手下伸

ཐུར་དུ་བརྐྱངས་ནས་འཛིན་པ། གཡོན་པས་ཐོད་པ་ཁྲག་གིས་གང་བ་སྙིང་ཕྱོགས་སུ་བཟུང་ནས་ཞལ་གྱེན་དུ་ཕྱོགས་

執金剛杵莊嚴之鉞刀　左手托舉盈滿鮮血之頂骨器仰飲甘露

པར་གསོལ་བ། ཕྲག་པ་གཡོན་པར་རྡོ་རྗེས་མཚན་པའི་ཁ་ཊྭཱཾ་ག་ལ་ཌཱ་མ་རུ་དང་དྲིལ་བུ་དང་འཕན་རྩེ་གསུམ་པ་

左肩揹金剛杵莊嚴之喀章嘎　鼗鼓　金剛鈴及三幅

འཕྱང་བཞིན་པ་བསྣམས་པ། དབུ་སྐྲ་ནག་པོ་སིལ་བུར་གྲུར་པས་སྐུ་སྨད་ཡན་ཆད་ཁེབས་པ། ལང་ཚོ་དར་ལ་བབ་

幡飄垂　墨髮散披覆及腰間　妙齡年華

ཅིང་འདོད་པའི་ནུ་འབུར་རྒྱས་པ། བདེ་བ་བསྐྱེད་པའི་ཉམས་ཅན། མི་མགོ་སྐམ་པོ་ལྔའི་དབུ་རྒྱན་དང་། སྐམ་པོ་ལྔ་

豐滿欲界　乳峰高聳　五具骷髏頂莊嚴

བཅུའི་དོ་ཤལ་ཅན། གཅེར་བུ་ཕྱག་རྒྱ་ལྔས་བརྒྱན་པ། ཡེ་ཤེས་ཀྱི་མེ་འབར་བའི་དབུས་ན་བཞུགས་པའོ། །རང་གི་

五十骷髏爲瓔珞　赤裸五印莊嚴　智慧烈火中威然永住

༄༅། །གནས་རྣམས་སུ་ཟླ་བའི་དཀྱིལ་འཁོར་གྱི་སྟེང་དུ། ལྟེ་བར་ཨོཾ་བཾ་དམར་མོ་རྡོ་རྗེ་ཕག་མོ། སྙིང་གར་ཧཾ་ཡཾ་སྔོན་

自身諸處月輪上　臍間ཨོཾ་བཾ紅色金剛亥母　心間ཧཾ་ཡཾ藍色閻摩母

མོ་གཤིན་རྗེ་མ། ཁར་ཧྲཱིཾ་མོཾ་དཀར་མོ་རྨོངས་བྱེད་མ། དཔྲལ་བར་ཧྲཱིཾ་ཧྲཱིཾ་སེར་མོ་སྐྱོད་བྱེད་མ། སྤྱི་གཙུག་ཏུ་ཧཱུཾ་ཧཱུཾ་ལྗང་གུ

口中ཧྲཱིཾ་མོཾ白色愚蔽母　髮際ཧྲཱིཾ་ཧྲཱིཾ黃色守護母　頂部ཧཱུཾ་ཧཱུཾ綠色威攝母

སྐྲག་བྱེད་མ། ཡན་ལག་ཐམས་ཅད་ལ་ཕཊ་ཕཊ་དུད་ཁ་ཙཎྜི་ཀའི་ངོ་བོ་རྣམས་སུ་གྱུར། ཅེས་ནང་གི་རྣལ་འབྱོར་མ་གསལ་བཏབ།

肢部諸處ཕཊ་ཕཊ轉成煙色低噶贊芝嘎體相　如是內瑜伽母顯現者

མདུན་བསྐྱེད་ཀྱི་རྗེ་བཙུན་མས་དགྱེས་པའི་གར་དང་སྔགས་ཀྱི་སྒྲ་སྒྲོག་ཅིང་ཐུགས་ཀ་ནས་འོད་ཟེར་སྤྲོས་པས་ཕྱོགས་

對生之至尊母雀躍作舞　咒發音聲　心間放光

བཅུའི་སངས་རྒྱས་དང་། བྱང་ཆུབ་སེམས་དཔའ་ཐམས་ཅད་རྗེ་བཙུན་རྡོ་རྗེ་རྣལ་འབྱོར་མའི་རྣམ་པར་སྤྱན་དྲངས

召請十方一切諸佛菩薩以至尊金剛瑜伽母相蒞臨

པ་དང་། མདུན་བསྐྱེད་ཀྱི་ཐུགས་ཀ་ནས་ཀྱང་རང་འདྲ་དཔག་ཏུ་མེད་པ་བྱུང་བ་རང་གི་སྤྱི་བོ་ནས་ཐིམ་པར་བསམ་ལ།

對生之心間亦放出無量同相由自身頂門融入

༄༅། །ཨོཾ་གསུམ་མ་བརྗོད། ཌ་དྲིལ་དཀྲོལ་གུ་གུལ་གྱིས་བདུག་པས་ཕྱིའི་རྣལ་འབྱོར་མ་དབབ། རང་གི་སྨིན་མཚམས་ནས་གསང་གནས་

觀之　誦三嗡咒　奏鈴鼓　熏安息香　此乃外瑜伽母降至也　自身眉間至密處

ཀྱི་བར་དུ་དབུ་མ་དམར་པོ་མདའ་སྨྱུག་ཙམ་གནས་པའི་མས་སྣ་ནས་དགའ་འཁྱིལ་དཀར་པོ་ནས་འབྲུ་ཙམ་གཡོན་

所住如竹箭之紅色中脈下端　麥粒狀白色

སྐོར་དུ་དྲག་ཏུ་འཁོར་བ་སྙིང་གའི་བར་དུ་གྱེན་དུ་འཕྱུར་བས་ལུས་སེམས་ཐམས་ཅད་བདེ་བས་ཁྱབ། ཡས་སྣ་ནས་

喜旋疾速左轉　至心間豎立摩挲　身心遍喜

དགའ་འཁྱིལ་དམར་པོ་ནས་འབྲུ་ཙམ་གཡོན་སྐོར་དུ་དྲག་ཏུ་འཁོར་བ་སྙིང་གའི་བར་དུ་ཐུར་དུ་བབས་པས་སྣང་བ་

麥粒狀紅色喜旋由上端疾速左旋而降至心間　一切顯相

ཐམས་ཅད་སྟོང་པར་ཐིམ། སྙིང་གར་དབྱེར་མེད་དུ་འདྲེས་ཏེ་དགའ་འཁྱིལ་དམར་སྐྱ་གཡོན་སྐོར་དུ་དྲག་ཏུ་འཁོར་

融入空性　於心間交融無分　成粉紅色喜旋疾速左轉　成微細微

བ་ཇེ་ཕྲ་ཇེ་ཕྲར་འོད་གསལ་སྟོང་པ་ཉིད་དུ་ཐིམ་པར་བསམ་པ་ནི་གསང་བའི་རྣལ་འབྱོར་མ་དོན་སྤྱོད་པ་ཡིན་པས། ཧཱུ་ཧཱུ་རུ་གུ་ཧྱ

細之光明融入空性　此間如是思惟　乃秘密瑜伽母之解義也　嘟嘟惹咕嘿薩瑪雅

༄༅། །ས་མ་ཡ། ཨོཾ་ཕཾ། ཧཾ་ཡཾ། ཧྲཱིཾ་མཾ། ཧྲཱིཾ་ཧྲཱིཾ། ཧཱུྃ་ཧཱུྃ། ཕཊ་ཕཊ། ཅེས་བརྗོད་ཅིང་སྤྱི་བོར་རྡོ་རྗེ་རྒྱ་གྲམ་དུ་བཞག་སྟེ། ཏིཥྛ་བཛྲ་ཞེས་

嗡幫頏雍舍矛舍舍吽吽呸呸　如是且誦且將斑杵置於頭頂　帝恰班雜　如是作固　復次

བརྟན་པར་བྱ། དེ་ནས། ཨོཾ་པྲ་ཏཱིཙྪ་བཛྲ་ཧོཿ མེ་ཏོག་ཕུལ། ཨོཾ་པྲ་ཏཱི་གྲྀ་ཧྣ་སྟྭཾ་ཨི་མཾ་སཏྭ་མཧཱ་བ་ལ། ཞེས་པས་མེ་ཏོག་སྤྱི་བོར་བཞག

嗡哲帝雜班雜嚎 鮮花 嗡哲帝給哈哪咚唉姆薩埵瑪哈巴啦　如是誦　花置頂髻

རྣལ་འབྱོར་མ་དཔལ་དེང་ཁྱོད་ཀྱིས། །མིག་འབྱེད་པར་ནི་བརྩོན་པར་མཛོད། །

瑜伽勇母汝中圍　啟眸瞬間精進行

ཕྱེ་བས་ཐམས་ཅད་མཐོང་འགྱུར་བའི། །རྡོ་རྗེ་མིག་ནི་བླ་ན་མེད། །

揭開轉成俱能見　金剛目者至無上

ཨོཾ་བཛྲ་ནེ་ཏྲ་ཨ་པ་ཧ་ར་པཊ་ཡཾ་ཧྲཱིཿ ཞེས་མིག་དར་བསལ། ཧེ་བཛྲ་པ་ཤྱ། ཞེས་བལྟ་བར་བསྐུལ་བས།

嗡班雜乃哲啊巴哈惹呸舋舍　如是揭開遮目布　嘿班雜巴樹　如是懇請觀見

རྗེ་བཙུན་རྡོ་རྗེ་རྣལ་འབྱོར་མའི་རྟེན་དང་བརྟེན་པའི་དཀྱིལ་འཁོར་ཐམས་ཅད་མངོན་སུམ་དུ་མཐོང་བར་བསམ།

至尊金剛瑜伽母能依所依之中圍一切現前真實得見

༄༅། །དེ་ཡན་ཆད་ནང་འཇུག་གོ ༑ དེ་ནས་བླ་མ་ལ། དབང་བཞི་བྱིན་རླབས་ཀྱི་ཚུལ་དུ་ཞུ་བའི་ཡོན་དུ་མཎྜལ་ཕུལ་ཏེ།

思惟彼上內入也　復次　為祈請四灌頂加持　向上師供養曼荼羅

རྣལ་འབྱོར་མ་དཔལ་དབང་བསྐུར་བ། །འགྲོ་བ་སྐྱོབ་པའི་གཟི་བརྗིད་ཅན། །

瑜伽勇母授灌頂　　拯救有情威嚴者

ཇི་ལྟར་ཡོན་ཏན་འབྱུང་གནས་སྩལ། །དེ་བཞིན་བདག་ལ་དེང་སྩོལ་ཅིག །

功德泉源何所授　　而今如是賜予我

ལན་གསུམ་གྱིས་གསོལ་བ་གདབ། དཀྱིལ་འཁོར་གྱི་མདུན་དུ་སེང་ཁྲི་པད་ཉི་འཇིགས་དུས་ཀྱི་གདན་ལ་རང་ཉིད་སྐད་ཅིག

三遍作祈請　中圍對前獅座蓮日壞劫墊上　自身刹那間

གིས་རྗེ་བཙུན་རྡོ་རྗེ་རྣལ་འབྱོར་མར་གྱུར་པའི་སྟེང་དུ་གདུགས། གཡས་སུ་རྒྱལ་མཚན། །གཡོན་དུ་བ་དན། མཐའ་

成至尊金剛瑜伽母　頂上傘蓋　右側寶幢　左側飛幡

སྐོར་དུ་མཆོད་པའི་སྤྲིན་དང་བཅས་པར་གྱུར། ཨོཾ༔ བླ་མ་རྡོ་རྗེ་རྣལ་འབྱོར་མའི་ཐུགས་ཀའི་བཾ་ཡིག་ལས་འོད་ཟེར་

周匝供雲　俱成圓滿　吽　上師金剛瑜伽母心間之 ༀ 字放光

༄༅། །འཕྲོས་པས། དབང་གི་ལྷ་དཔལ་འཁོར་ལོ་སྡོམ་པའི། རྟེན་དང་བརྟེན་པའི་དཀྱིལ་འཁོར་སྤྱན་དྲངས། དེ་

迎請灌頂本尊吉祥總攝輪之能依所依中圍

བཞིན་གཤེགས་པ་ཐམས་ཅད་ཀྱིས་མངོན་པར་དབང་བསྐུར་དུ་གསོལ། ཞེས་གསོལ་བ་བཏབ་པས་སྒོ་མཚམས་མ་

祈請一切如來現前灌頂　　如是祈請　　八門禁母除蓋障

བརྒྱད་ཀྱིས་བགེགས་བསྐྲད། དཔའ་བོ་རྣམས་ཀྱིས་ཤིས་པ་བརྗོད། དཔའ་མོ་རྣམས་ཀྱིས་རྡོ་རྗེའི་གླུ་ལེན། གཟུགས་

勇士諸衆頌吉祥　勇母衆唱金剛歌

རྡོ་རྗེ་མ་ལ་སོགས་པས་མཆོད། གཙོ་བོས་དབང་བསྐུར་བའི་དགོངས་པ་མཛད། ཡུམ་བཞི་ཕག་མོ་དང་

色金剛母作供養　　主尊行灌頂之密意　　四佛母及亥母

བཅས་པས། རིན་པོ་ཆེའི་བུམ་པ་བདུད་རྩི་ལྔས་གང་བ་བཟུང་སྟེ་སྤྱི་བོ་ནས་དབང་བསྐུར་བར་གྱུར།

持盛滿五甘露寶瓶於頂門灌頂

ཧེ་རུ་ཀ་དཔལ་འབར་བའི་སྐུ་མངའ་བ། །ཧ་ཧ་གད་བརྒྱངས་ས་གསུམ་གཡོ་བར་བྱེད། །

嘿汝嘎巴熾燃身所具　　哈哈豪笑三界皆震撼

མཁའ་འགྲོ་ཚོགས་མཆོད།

༄༅། །ཧཱུྃ་ཧཱུྃ་ཕཊ་ཕཊ་བདུད་ཀྱི་ཀླད་འགེམས་པ། །བདེ་མཆོག་འཁོར་ལོའི་བཀྲ་ཤིས་དེང་འདིར་སྩོལ། །
吽吽呸呸怨敵顱粉碎　　勝樂總輪吉祥今時賜
ཨེ་ཝཾ་མཉམ་པར་སྦྱོར་བ་སྔགས་ཀྱི་སྐུ། །ཨཱ་ལི་ཀཱ་ལི་གཉིས་མེད་རོལ་བའི་གསུང་། །
ཨེ་ཝཾ和合等同咒之身　　啊黎嘎黎無二莊嚴語
ཨཾ་གི་ངོ་བོར་སོན་པའི་ཐུགས་མངའ་བ། །རྡོ་རྗེ་ཕག་མོའི་བཀྲ་ཤིས་དེང་འདིར་སྩོལ། །ཅེས་ཤིས་པ་བརྗོད།
ཨཾ之自性內具種字意　　金剛亥母吉祥今時賜 如是吉祥頌

大樂捷道暨中圍喜筵　一三一

ཇི་ལྟར་བལྟམས་པ་ཙམ་གྱིས་ནི། །དེ་བཞིན་གཤེགས་ཀུན་ཁྲུས་གསོལ་ལྟར། །
猶如諸佛降生時　　一切如來作沐浴
ལྷ་ཡི་ཆུ་ནི་དག་པ་ཡིས། །དེ་བཞིན་བདག་གིས་དབང་བསྐུར་རོ། །
我今以此淨天水　　如是我受此灌頂
ཨོཾ་སརྦ་ཏ་ཐཱ་ག་ཏཱ་ཨ་བྷི་ཥེ་ཀ་ཏ་ས་མ་ཡ་ཤྲཱི་ཡེ་ཧཱུྃ་ཙ་ཀྲ་བཱི་ར་སྭཱུྃ་ཨ་བྷི་ཥིཉྩ་མཾ། ཀཱ་ཀ་སེ། ཨུ་ལུ་ཀཱ་སེ། ཤྭ་ན་སེ།
嗡薩瓦噠塔噶噠啊畢凱嘎噠薩瑪雅俙惹吽昃哲崧惹咚　啊毖尅雜姆

མཁའ་འགྲོ་ཚོགས་མཆོད།

༄༅། །ཤུ་ཀཱ་ར་སེ། ཡ་མ་དཱུ་ཏེ། ཡ་མ་དྷུ་ཏི། ཡ་མ་དཾཥྚྲི་ཎི། ཡ་མ་མ་ཐ་ནི་བཛྲ་བྷ་ཝ་ཨ་བྷི་ཥིཉྩ་ཧཱུྃ་ཧཱུྃ། ཞེས་དབང་
嘎嘎塞 鄔嚕嘎塞 曉瓦哪塞 旭嘎惹塞 雅瑪噠帝 雅瑪都帝 雅瑪咚
བསྐུར་བས། ལུས་ཐམས་ཅད་གང་། དྲི་མ་ཐམས་ཅད་དག །ཆུའི་ལྷག་མ་སྤྱི་གཙུག་ཏུ་གནས་པ་ཡོངས་སུ་གྱུར་པ་ལས
契擬 雅瑪瑪塌擬 班紫巴瓦 啊毖凱雜吽吽 如是灌頂充滿身遍處 清
རྣམ་སྣང་ཧེ་རུ་ཀ་ཡུམ་དང་བཅས་པས་དབུ་བརྒྱན་པར་གྱུར། ཛཿཧཱུྃ་བཾ་ཧོཿ དབང་ལྷ་རྣམས་རང་གི་སྤྱི་བོ་ནས་ཐིམ་
淨一切垢 餘水上溢住於頂髻 悉成毗盧嘿洳嘎父母頂莊嚴 雜吽幫嚎

大樂捷道暨中圍喜筵　一三二

པར་གྱུར། ཨོཾ་སུ་པྲ་ཏིཥྛ་བཛྲ་ཡེ་སྭཱ་ཧཱ། ཞེས་བརྟན་བཞུགས་བྱ། དེ་ནས། བླ་མ་རྡོ་རྗེ་རྣལ་འབྱོར་མའི་ཐུགས་ཀའི་བཾ་ཡིག་
灌頂諸尊由己頂門融入 嗡素叱帝恰班紫娑哈 如是祈請永久住世　復次
ལས་ཨོཾ་གསུམ་མའི་སྔགས་ཕྲེང་བྱུང་བ་ཞལ་ནས་ཐོན། རང་གི་ཁ་ནས་ཞུགས་ཏེ་སྙིང་གའི་བཾ་ཡིག་ལ་ཐིམ་པར་གྱུར་
上師金剛瑜伽母心間之 བཾ 字分出三嗡咒鬘從口而出 由己口入 融入
པར་བསམས་ལ། ཨོཾ་གསུམ་མ་ལན་གསུམ་བརྗོད་པ་རྗེས་སུ་བཟླས་པའི་ཏུང་། བླ་མ་རྡོ་རྗེ་རྣལ་འབྱོར་མ་བདག་ལ་དགོངས་སུ་གསོལ།
心間 བཾ 字 此間如是思惟　隨念三遍三嗡咒 祈請上師金剛瑜伽母慈悲垂憫於我

མཁའ་ བཀྲ་ཤིས་གསུམ་ མཚོ།

༄༅། །བདག་མིང་འདི་ཞེས་བགྱི་བས་དུས་འདི་ནས་བཟུང་སྟེ་དེ་སྲིད་བྱང་ཆུབ་སྙིང་པོ་ལ་མཆིས་ཀྱི་བར་དུ། རྗེ་

我名某甲如是稱者　從今時起乃至證得菩提果位間

བཙུན་རྡོ་རྗེ་རྣལ་འབྱོར་མ་མཁའ་སྤྱོད་སྒྲུབ་པའི་ཡི་དམ་གྱི་ལྷར་གཟུང་ནས་གཟུངས་སྔགས་ཨོཾ་གསུམ་མ་ཉིན་རེ་ལ་

以至尊金剛瑜伽母爲己修持空行之本尊

འདི་སྙེད་རེ་བཟླ་བར་བགྱིའོ། །ལན་གསུམ་བརྗོད་པ་དམ་བཅའ་བའི་ལུང་ངོ། །བདག་འཇུག་སྐབས་འོག་གི་བཅོམ་ལྡན་བདག་ལ་སོགས་བརྗོད་

每日如數誦持三嗡咒　如是三遍作承諾

大樂捷道暨中圍喜筵　一三三

པའི་ཚེ་རྗེ་བཙུན་མ་ཡི་དམ་དུ་གཟུང་སླམ་པའི་མོས་པ་ཙམ་ལས་དམ་བཅའ་བའི་ལུང་བླང་བ་འདི་མེད་ཀྱང་ཆོག་གོ །མེ་ཏོག་འཐོར་བཞིན་པས།

自入時誦世尊予我等文時可不作至尊母爲本尊之承諾　撒花之同時

བཅོམ་ལྡན་བདག་ལ་སྩལ་ལགས་ཀྱིས། །བཅོམ་ལྡན་བདག་ལ་བྱིན་གྱིས་རློབས། །ལན་གསུམ། བླ་མས་ཀྱང་།

世尊予我已授予　　世尊予我已加持　三遍　上師亦

བཅོམ་ལྡན་འདི་ལ་སྩལ་ལགས་ཀྱིས། །བཅོམ་ལྡན་འདི་ལ་བྱིན་གྱིས་རློབས། །

世尊予子已授予　　世尊予子已加持

མཁའ་ བཀྲ་ཤིས་བཞི་ མཚོ།

༄༅། །རྗེ་བཙུན་རྡོ་རྗེ་རྣལ་འབྱོར་མའི་སྐུ་གསུང་ཐུགས་ཀྱི་བྱིན་རླབས་ཐམས་ཅད་འཇུག་པར་གྱུར་ཅིག །ཅེས་མེ་ཏོག་སྤྱི་

至尊金剛瑜伽母之身語意加持注入圓滿也　如是置花

བོར་བཞག་ཅིང་། གཡོན་པའི་མཐེབ་སྲིན་རྩེས་རྒྱལ་ཚོན་བླངས་བས་དཔྲལ་མགྲིན་སྙིང་གསུམ་དུ་རེག་ནས་ཨོཾ་གསུམ་མ་བརྗོད་པ་ནི་བྱིན་གྱི་བརླབས་པའི་

於頂髻之同時　左手之拇名二指取中圍醫靈熱觸髮際喉間心間三處並誦三嗡咒作加持

ལུང་ངོ། །དེ་ལྟར་སྐུ་ཚོམ་བུའི་དཀྱིལ་འཁོར་དུ་བུམ་པའི་དབང་ཐོབ། ལུས་ཀྱི་དྲི་མ་དག ལམ་བསྐྱེད་རིམ་རྣལ་འབྱོར་

如是於身彩壇中受得寶瓶灌頂　身垢清淨　獲權修習

大樂捷道暨中圍喜筵　一三四

བཅུ་གཅིག་བསྒོམ་པ་ལ་དབང་ཞིང་། འབྲས་བུ་སྤྲུལ་སྐུ་འགྲུབ་པའི་སྐལ་བ་ཅན་དུ་བྱས་སོ། །ཞེས་པ་བརྗོད་ཅིང་། རྗེ་བཙུན་

生起次第道十一瑜伽　留植證得化身果成就之緣分　如是誦

མས་གསུངས་པར་བསམ། གསང་དབང་གི་དོན་དུ་དམིགས་པ་འདི་བཞིན་བྱ། ཕྱོགས་བཅུའི་དེ་བཞིན་གཤེགས་པ་ཐམས་ཅད་དང་། རྣལ་

觀作至尊母所云　爲秘密灌頂故作如是觀　十方一切諸佛與

འབྱོར་མ་སྙོམས་པར་ཞུགས་པའི་བྱང་ཆུབ་ཀྱི་སེམས་ཀྱི་ཐིག་ལེ་ཐོད་པའི་ནང་དུ་ལྷུང་བ་རྗེ་བཙུན་མས་རང་གི་ལྗེ་

瑜伽母現正入定　菩提心明點降入頂器內由至尊母

མཁའ་ བརྒྱ་སོ་ལྔ་ མཚོན།

༄༅། །ཐོག་ཏུ་བཞག་པར་བྱར་བར་བསམས། ཨོཾ་གསུམ་བརྗོད་ཅིང་གཡོན་པའི་མཐེབ་སྲིན་གྱིས་མདུན་གྱི་ཐོད་པ་ནས་བདུད་རྩི་བླངས་ཏེ་རང་གི

置於己舌上　此間如是思惟　誦三嗡咒　以左手拇名二指取面前頂器內之甘露置於自舌上

ལྕེ་ཐོག་ཏུ་བཞག །མགྲིན་པའི་ལམ་ནས་མྱངས་པས་ལུས་ཀྱི་རྩ་ནང་གི་བྱང་སེམས་དམ་ཚིག་པའི་རྩལ་དང་དབྱེར་མེད་རོ་

喉道受樂　遍身脈道內菩提心集一交融成無別而八十

གཅིག་ཏུ་འདྲེས་པས་རང་བཞིན་བརྒྱད་ཅུའི་རྟོག་པ་དབྱིངས་སུ་དག་ཅིང་། གསལ་སྟོང་བདེ་བས་བརྒྱན་པའི་ཏིང་ངེ་

自性分別於法界清淨　明空莊嚴　三昧安樂

大樂捷道暨中圍喜筵　一三五

འཛིན་རྒྱུད་ལ་སྐྱེས་པར་བྱར་བར་བསམས་ལ། དེ་ལྟར་གསུང་བདུད་རྩིའི་དཀྱིལ་འཁོར་དུ་གསང་བའི་དབང་ཐོབ། ངག

生起於心相續　此間如是思惟　如是於語甘露壇城中受得秘密灌頂

གི་དྲི་མ་དག །ལམ་རྫོགས་རིམ་རྩ་དབུ་མ་བསྒོམ་པ་ལ་དབང་ཞིང་། འབྲས་བུ་ལོངས་སྐྱོད་རྫོགས་པའི་སྐུ་ཐོབ་པའི་

語垢清淨　獲權修習中脈圓滿道次第

སྐལ་བ་ཅན་དུ་བྱས་སོ། །ཞེས་བརྗོད་ཅིང་། རྗེ་བཙུན་མས་གསུང་བར་བསམ། ཤེས་རབ་ཡེ་ཤེས་ཀྱི་དབང་ནི། ཕྱོགས་བཅུའི་དཔའ་བོ་

留植證得報身果成就之緣分　如是誦　觀作至尊母所云　智慧灌頂是

མཁའ་ བརྒྱ་སོ་དྲུག་ མཚོན།

༄༅། །ཐམས་ཅད་གཅིག་ཏུ་འདུས་པ་དཔལ་ཧེ་རུ་ཀར་གྱུར་པ་དང་རྡོ་རྗེ་བཙུན་མོ་རྡོ་རྗེ་རྣལ་འབྱོར་མ་སྙོམས་པར་ཞུགས

十方一切勇父集一成吉祥嘿洳嘎與金剛瑜伽母

པའི་བྱང་ཆུབ་ཀྱི་སེམས་རང་ཉིད་རྡོ་རྗེ་རྣལ་འབྱོར་མར་གསལ་བའི་མཁའ་ནང་དུ་བྱིན་པར་གྱུར་བར་བསམས་ལ།

現正入定　菩提心自性成顯明之金剛瑜伽母　入己口中

སིནྡྷཱུ་རའི་དཀྱིལ་འཁོར་ནས་གཡོན་པའི་སྲིན་ལག་གི་རྗེས་བླངས་ལ། ཨོཾ་གསུམ་མ་བརྗོད་ཅིང་། ལྟེ་བ། སྙིང་ག །མགྲིན་པ། དཔྲལ་བ་རྣམས་སུ་ཡས

此間如是思惟　以左手拇名二指取中圍中之醫靈熱　且誦三嗡咒且於臍間心間喉間髮際

大樂捷道暨中圍喜筵　一三六

མར་ཐིག་ལེ་རེ་བྱ། མཁའ་ནང་གི་བྱང་ཆུབ་ཀྱི་སེམས་དེ་ཉིད་ལྟེ་བར་བབས་པས་ལྟེ་བའི་རྩ་འཁོར་ཐམས་ཅད་བྱང་ཆུབ

諸處各畫一明點　口中之菩提心降至臍間　臍間之脈輪

ཀྱི་སེམས་ཀྱིས་གང་། དགའ་བའི་ཡེ་ཤེས་ཉམས་སུ་མྱོང་། དེ་བཞིན་དུ་སྙིང་གར་དྭངས་པས་སྙིང་གའི་རྩ་འཁོར

菩提心遍滿　喜智領納　如是　升至心間　心間之脈輪遍滿

ཐམས་ཅད་གང་བས། མཆོག་དགའི་ཡེ་ཤེས་ཉམས་སུ་མྱོང་། མགྲིན་པར་དྭངས་པས་མགྲིན་པའི་འཁོར་ལོ་གང་།

勝喜智領納　升至喉間　喉輪遍滿

༄༅། །དགའ་བྲལ་གྱི་ཡེ་ཤེས་ཉམས་སུ་མྱོང་། སྤྱི་བོར་དྭངས་པས་སྤྱི་བོའི་འཁོར་ལོ་གང་། དེའི་ཚེ་ལུས་ཐམས་

離喜智領納　升至頂髻　頂輪遍滿　彼時全身遍滿脈道

ཅད་ལ་རྩས་ཁྱབ། རྩ་ཐམས་ཅད་ལ་བྱང་ཆུབ་ཀྱི་སེམས་ཀྱིས་ཁྱབ། བྱང་ཆུབ་ཀྱི་སེམས་ལ་བདེ་བས་ཁྱབ། བདེ་བ་

脈道遍滿菩提心　菩提心遍滿樂　樂遍滿空

ལ་སྟོང་བས་ཁྱབ། བདེ་སྟོང་ཟུང་འཇུག་ལྷན་ཅིག་སྐྱེས་པའི་དགའ་བ་ཉམས་སུ་མྱོང་བར་གྱུར་པར་བསམས་ལ།

樂空雙運而俱生喜領納也　此間作如是觀想

དེ་ལྟར་ཐུགས་སི་ཀྐ་རའི་དཀྱིལ་འཁོར་དུ་ཤེས་རབ་ཡེ་ཤེས་ཀྱི་དབང་ཐོབ། ཡིད་ཀྱི་དྲི་མ་དག །ལམ་ཕོ་ཉ་

如是於醫蠱熱意壇城中得受智慧灌頂　意垢清淨

བསྙེན་པ་ལ་དབང་ཞིང་འབྲས་བུ་ཆོས་སྐུ་འགྲུབ་པའི་སྐལ་བ་ཅན་དུ་བྱས་སོ། །ཞེས་བརྗོད་ཅིང་གསུངས་པར་བསམ།

獲權憑依信使道　留植證得法身果成就之緣分　如是誦　觀作尊語

དབང་བཞི་པ་ནི། མདུན་གྱི་ཇོ་བཙུན་མས། དངོས་པོ་མེད་པའི་ཆོས་ཉིད་ཆོས། །ནམ་མཁའ་ལྟ་བུ་དྲི་མ་མེད། །

第四灌是對前至尊母　無實無性亦無法　無垢無染若虛空

༄༅། །སྟོང་ཉིད་ཡེ་ཤེས་རྡོ་རྗེ་ཡིས། །སྟོང་པ་ཉིད་དུ་རྣམ་པར་བསྒོམ། །ཞེས་གསུངས་པར་བསམ། དེའི་དོན་ནི།

空性智慧金剛者　心相修持空性中　觀如是云　其意乃

བདེན་པའི་དངོས་པོ་ཙུང་ཟད་ཙམ་ཡང་ཡེ་ནས་ཡོད་མ་མྱོང་བ་ཆོས་རྣམས་ཀྱི་ཆོས་ཉིད་ཅེས་བྱ་བ་ཡོད་མེད་རྟག་ཆད་

凡本真諦之事相　些須亦未曾有　一切法性亦如是

སྲིད་ཞིའི་མཐའ་ཐམས་ཅད་དང་བྲལ་བས་ནམ་མཁའི་དཀྱིལ་ལྟ་བུ། དེའི་ངོ་བོ་གཟུང་འཛིན་གྱི་སྤྲོས་པའི་དྲི་མས་

遠離有寂斷常二邊　如中空　彼之體相不染二取之污垢

གདོད་མ་ནས་གོས་མ་མྱོང་བས་དྲི་མ་མེད་པ་དེ་ལྟ་བུའི་ཡུལ་སྟོང་པ་ཉིད་དེ་ཡུལ་ཅན་གཉིས་སྣང་ཐམས་ཅད་

純淨澄明　如彼空性之外境　一切二種有境寂滅　於無二智慧

ནུབ་པའི་གཉིས་མེད་ཡེ་ཤེས་ཀྱི་རྡོ་རྗེས་སྟོང་ཉིད་དུ་རྣམ་པར་བསྒོམ་ཞེས་པས་ཟུང་འཇུག་བདེ་བ་ཆེན་པོ་རྒྱུད་ལ་

之金剛空性中修行　如是俱生大樂生起於心相續

སྐྱེས་པར་གྱུར། དེའི་ངང་དུ་ཙུང་ཟད་མཉམ་པར་བཞག །དེ་ལྟར་དོན་དམ་བྱང་སེམས་ཀྱི་དཀྱིལ་འཁོར་དུ་ཚིག་དབང་རིན་པོ་

彼之狀態中稍作入定　如是於勝義菩提心之壇城中得受句義寶灌頂

༄༅། །ཚེ་ཐོབ། སྒོ་གསུམ་གྱི་དྲི་མ་དག །ལམ་བསམ་གྱིས་མི་ཁྱབ་པ་བསྒོམ་པ་ལ་དབང་ཞིང་། འབྲས་བུ་ངོ་བོ་

三門之污垢清淨　獲權不可思議道修行　留植證得

ཉིད་སྐུ་འགྲུབ་པའི་སྐལ་བ་ཅན་དུ་བྱས་སོ། །ཞེས་གསུང་བར་བསམ་ཞིང་བརྗོད། དེ་ནས།

自性身果成就之緣分者也 觀如是云而誦　復次

གཙོ་བོས་ཇི་ལྟར་བཀའ་སྩལ་བ། །དེ་དག་ཐམས་ཅད་བདག་གིས་བགྱིད། །ལན་གསུམ།

主尊如何垂賜教　凡尊所諭吾成辦 三遍

དེང་ནས་བཟུང་སྟེ་བདག་བྲན་དུ། །ཁྱེད་ལ་བདག་ནི་འབུལ་ལགས་ན། །

吾從今始作仆侍　倘仆以己供於尊

ཁྱེད་ཀྱིས་སློབ་མར་བཟུང་བ་དང་། །ཆ་ཡིས་ཀྱང་ནི་སྤྱོད་དུ་གསོལ། །ལན་གསུམ།

為汝弟子垂攝持　祈作隨侍親傳子 三遍

ཨོཾ་བཛྲ་བྷཱུ་མི་ + མ་ཚང་བ་མེད་པ་འདི་ཉིད་བླ་མ་དང་རྗེ་བཙུན་རྡོ་རྗེ་རྣལ་འབྱོར་མ་ཐ་མི་དད་པ་ལས་

嗡班雜補彌 至 具行人所有富樂圓滿　謹此供養於上師與金剛瑜伽

༄༅། །བྱིན་རླབས་ཟབ་མོ་ལེགས་པར་ཐོབ་པའི་བཀའ་དྲིན་གཏང་རག་གི་ཡོན་དུ་ +

母無別之尊前　受得圓滿甚深加持　為報答師恩故作酬謝供養 至

ས་གཞི་སྤོས་ཀྱིས་བྱུགས་ཤིང་མེ་ཏོག་བཀྲམ། ། + འགྲོ་ཀུན་རྣམ་དག་ཞིང་ལ་སྤྱོད་པར་ཤོག །

分外加持也　遍地香塗聖妙鮮花敷 至 願諸衆生清淨佛剎行

མདོར་ན་བླ་མ་རྗེ་བཙུན་མཁའ་སྤྱོད་མས། །འབྲལ་བ་མེད་པར་རྗེས་སུ་བཟུང་བའི་མཐུས། །

總攝上師至尊空行母　從不分離隨執力攝受

ས་ལམ་བགྲོད་པ་མྱུར་དུ་མཐར་ཕྱིན་ནས། །མཁའ་སྤྱོད་ཆེན་པོའི་གོ་འཕང་ཐོབ་པར་ཤོག ། + ཡཾ་མི། གསུམ་པ་མཇུག

地道功德速疾圓滿已　願證殊勝空行母果位 至 耶麥

ཏུ་ཇི་ལྟར་བྱ་བའི་རིམ་པ་ནི། དེ་ནས་གཏོར་མ་རྣམས། ཁཎྜ་རོ་ཧི + སྟོང་པའི་ངང་ལས་ཡཾ་ལས་རླུང་ + ཨོཾ་ཨཱཿཧཱུྃ། ལན་གསུམ།

丙 結行次第是 復次諸供 堪哲擾嘿 至 空性中 ཡཾ 生風 至 ཨོཾ་ཨཱཿཧཱུྃ 三遍

མགྲོན་རྣམས་ཀྱི་ལྗགས་ལ་ཧཱུྃ་ལས་སྐྱེས་པས་རྡོ་རྗེ་རྩེ་གསུམ་པ་ནས་འབྲུ་ཙམ་འབོད་པའི་འོད་ཟེར་གྱི་སྦུ་གུས་གཏོར་

衆賓之舌上 ཧཱུྃ 生三股金剛杵形如稞麥光筒吮納食子精華

༄༅། །མའི་བཅུད་དྭངས་དེ་གསོལ་བར་གྱུར། ཨོཾ་བཛྲ་ཨ་ར་ལི་ཧོ། ཛཿཧཱུྃ་བཾ་ཧོཿབཛྲ་ཌཱ་ཀི་ནཱི་ས་མ་ཡ་སྟྭཾ། དྲི་ཤྱ་ཧོཿ

嗡班雜啊惹黎嚎 雜吽幫嚎 班雜哲格呢薩嘛雅咚 置夏雅嚎 三遍或七遍

ལན་གསུམ་མམ་བདུན་གྱིས་འབུལ། ཨོཾ་ཁ་ཁ། ཁཱ་ཧི་ཁཱ་ཧི། སརྦ་ཡཀྵ་རཀྵ་ས། བྷཱུ་ཏ། པྲེ་ཏ། པི་ཤཱ་ཙ། ཨུནྨཱ་ད།

作供 嗡喀喀 喀嘿喀嘿 薩哇雅恰惹恰薩 布噠 哲噠 比謝噠 鄔嘛噠

ཨ་པ་སྨཱར། བཛྲ་ཌཱ་ཀ་ཌཱ་ཀི་ནྱཱ་ད་ཡ། ཨི་མཾ་བ་ལིཾ་གྲིཧྞཾ་ཏུ། ས་མ་ཡ་རཀྵནྟུ། སརྦ་སིདྡྷི་མྨེ་པྲ་ཡ་ཙྪནྟུ།

啊貝嘛惹 班雜噠嘎噠格哪耶噠雅 唉芒巴玲給惹哈哪督 薩嘛雅惹

ཡ་ཐེ་པཾ། ཡ་ཐེཥྛཾ། བྷུ་ཛ་ཐ། པི་བྷ་ཐ། ཛི་གྲ་ཐ། མ་ཏི་ཀྲ་མ་ཐ། མ་མ་སརྦ་ཀཱརྻ་ཡ། སད་སུ་ཁཾ་བི་ཤུདྡྷ་ཡེ།

欽督嘛嘛薩哇斯帝 麥劄雅參督 呀特棒 呀特帳 布渣他 必拔他吱

ས་ཧ་ཡི་ཀ་བྷ་ཝནྟུ་ཧཱུྃ་ཧཱུྃ་ཕཊ་ཕཊ་སྭཱཧཱ། ཞེས་པ་ལན་གཉིས་ཀྱིས་མཁའ་འགྲོ་སྤྱི་གཏོར་འབུལ།

哲他嘛帝劄瑪他 嘛嘛薩哇嘎噠雅 色速康比咻噠耶 薩哈伊噶巴萬

ཨོཾ་བཛྲཿཡོ་གི་ནི་ས་པ་རི་ཝཱ་ར་ཨརྒྷཾ། པཱདྱཾ། པུཥྤེ། དྷཱུ་པེ། ཨཱ་ལོ་ཀེ། །གནྡྷེ། ནེ་ཝི་དྱ། ཤབྡ་ཨཱཿཧཱུྃ།

督吽吽呸呸娑哈 如是二遍作空行總供 嗡班雜搖格呢薩巴日瓦惹啊剛 巴當

༄༅། །གེགས་མཆོད། ཕྱག་ས་དེ་ལ། ཨོཾ་ཨཱཿཧཱུྃ་བདགས་པས་ནང་མཆོད་འབུལ།

布白 都貝 啊洛格 更得 納微德 曉噠啊吽 之作供 彼咒加 嗡啊吽 之內供

དཔལ་ལྡན་རྡོ་རྗེ་མཁའ་འགྲོ་མ། །མཁའ་འགྲོ་མ་ཡིས་འཁོར་ལོས་བསྒྱུར། །

具德金剛空行母　旋轉空行母法輪

ཡེ་ཤེས་ལྔ་ལྡན་སྐུ་གསུམ་བརྙེས། །འགྲོ་བ་སྐྱོབས་ལ་ཕྱག་འཚལ་ལོ། །

獲得五智與三身　救護衆生前頂禮

ཇི་སྙེད་རྡོ་རྗེ་མཁའ་འགྲོ་མ། །ཀུན་ཏུ་རྟོག་པའི་འཆིང་གཅོད་ཅིང་། །

所有金剛空行母　已斷一切分別識

འཇིག་རྟེན་བྱ་བའི་རིམ་འཇུག་མ། །དེ་སྙེད་རྣམས་ལ་ཕྱག་འཚལ་ལོ། །ཞེས་བསྟོད།

勝處世間事業母　彼諸尊前敬頂禮 如是讚

མཐའ་ཡས་རྒྱལ་བའི་བདེ་སྟོང་རྣོལ་གར་ནི། །སྲིད་ཞིའི་མིག་འཕྲུལ་ཅིར་ཡང་འཆར་བ་ལས། །

無邊勝者樂空之遊戲　世出世間幻化盡顯明

༄༅། །དེང་འདིར་མཁའ་སྤྱོད་དབང་མོ་ཡིད་འོང་མ། །སྙིང་ནས་དྲན་ནོ་འཕྲུད་པའི་རྩེ་དགས་སྐྱོངས། །

今此空行自在悅意母　意念相會交媾喜護持

འོག་མིན་ཞིང་ན་ལྷན་སྐྱེས་རྒྱལ་ཡུམ་མ། །ཉེར་བཞིའི་ཡུལ་ན་ཞིང་སྐྱེས་ཌཱ་ཀི་མ། །

奧明淨土俱生勝佛母　二十四界刹生哲格瑪

ནོར་འཛིན་ཁྱབ་པའི་ཀརྨ་མུ་དྲ་མ། །རྣལ་འབྱོར་བདག་གི་སྐྱབས་མཆོག་རྗེ་བཙུན་མ། །

持寶遍照噶瑪牟折嫣　我皈至尊殊勝瑜伽母

ཁྱོད་ནི་སེམས་ཉིད་སྟོང་པའི་རང་རྩལ་ཏེ། །རྡོ་རྗེའི་གྲོང་ན་ཨེ་དབྱིངས་ཝཾ་གྱི་དངོས། །

尊乃本心性空自善巧　金剛壇中ཨེ界ཝཾ字現

སྒྱུ་མའི་གླིང་ན་འཇིགས་རུང་སྲིན་མོ་དང་། །འཛུམ་དཀར་གཡོ་བའི་ལང་ཚོ་གསར་པ་སྟོན། །

幻化洲中怖畏母藥叉　喜顏踴躍示顯新妙齡

བདག་གིས་ཇི་ལྟར་བཙལ་ཡང་འཕགས་མ་ཁྱོད། །བདེན་པར་གྲུབ་པའི་ངེས་པ་མ་རྙེད་ནས། །

任我所尋悉見聖母尊　未得成就真諦信念間

༄༅། །སྤྲོས་པས་དུབ་པའི་སེམས་ཀྱི་གཞོན་ནུ་དེ། །བརྗོད་བྲལ་ནགས་ཀྱི་ཁང་བུར་ངལ་གསོ་བསྙེན། །

以彼心幼遂爲戲論疲　離詮密林小屋得憩息

ཨེ་མ་ད་ནི་ཌཱ་ཀི་དབྱིངས་ནས་བཞེངས། །ཧེ་རུ་ཀ་དཔལ་རྒྱུད་ཀྱི་རྒྱལ་པོ་ལས། །

唉嘛今從空行界現起　嘿洳嘎巴密王續中生

རྡོ་རྗེ་བཙུན་མོའི་ཉེ་བའི་སྙིང་པོ་མཆོག །བཀླགས་པས་འགྲུབ་ཅེས་གསུངས་པའི་བདེན་པས་སྐྱོངས།

金剛續母隨近殊勝咒　誦所成就即能真實護

ཨོཾ་ཏྲི་བི་ཤའི་བས་མཐའི་ནགས་ཁྲོད་དུ། །གྲུབ་པའི་དབང་ཕྱུག་རྡོ་རྗེ་དྲིལ་བུ་པ། །

嗡植必謝寂靜叢林中　成就自在金剛執波巴

འཁྲུད་དང་ཙུམ་ལྷའི་བདེ་བས་རྗེས་བསྐྱངས་ཏེ། །ཁ་སྦྱོར་མཆོག་གི་རོལ་བཞིན་བདག་ཀྱང་སྐྱོངས། །

擁抱交會大樂隨攝受　殊勝和合遊戲護持我

གཉྫའི་གླིང་ནས་རྗེ་བཙུན་ཀུ་སུ་ལི། །མངོན་སུམ་ནམ་མཁའི་དབྱིངས་སུ་ཁྲིད་པ་དང་། །

剛伽洲中至尊古薩黎　現前空境界中導引尊

མཁའ་ འགྲོ་ཞེ་ལྔ་ མཆོད།

༄༅། །དཔལ་ལྡན་ནཱ་རོ་ཏ་པ་རྗེས་བཟུང་ལྟར། །བདག་ཀྱང་མཁའ་སྤྱོད་དགའ་མའི་གྲོང་དུ་ཁྲིད། །

具德那若噠巴隨攝如　攝引我等空行樂壇中

རྩ་བརྒྱུད་བླ་མ་མཆོག་གི་ཐུགས་རྗེ་དང་། །རྒྱུད་ཆེན་གསང་མཐའི་མྱུར་ལམ་ཟབ་ཁྱད་དང་། །

根本傳承上師慈憐憫　大續密乘勝深妙捷道

རྣལ་འབྱོར་བདག་གི་ལྷག་བསམ་དག་པའི་མཐུས། །མཁའ་སྤྱོད་དགའ་མའི་འཛུམ་ཞལ་མྱུར་མཐོང་ཤོག །

瑜伽士增意樂清淨力　空行喜母笑顏願速見

大樂捷道暨中圍喜筵　一四五

ཅེས་མཁའ་སྤྱོད་ཞལ་བཟང་ལྟ་བའི་སྨོན་ལམ་དང་། རྗེ་བཙུན་རྡོ་རྗེ་རྣལ་འབྱོར་མས། བདག་དང་སེམས་ཅན་ཐམས་ཅད་དག་པ་

如是祝願觀聖母尊顏　至尊金剛瑜伽母懇祈攝引我及一切衆生至

མཁའ་སྤྱོད་དུ་འཁྲིད་པར་མཛད་དུ་གསོལ། འཇིག་རྟེན་དང་འཇིག་རྟེན་ལས་འདས་པའི་དངོས་གྲུབ་མ་ལུས་པ་སྩལ་

清淨空行刹土　祈請賜予世出世間無餘之成就也

དུ་གསོལ། འདིའི་སྐབས་ཀྱི་ཆོས་སྐྱོང་དུར་ཁྲོད་བདག་པོ་ལ་མཆོད་གཏོར་འབུལ་དགོས་པས། ཨོཾ་ཨཱཿཧཱུྃ་ཧ་ཧོ་ཧྲཱིཿལན་གསུམ་གྱིས་བྱིན་གྱིས་བརླབས།

此間需供護法寒林主　嗡啊吽哈嚎舍　之三遍作加持

མཁའ་ འགྲོ་ཞེ་དྲུག་ མཆོད།

༄༅། །རང་གི་ཐུགས་ཀའི་བཾ་ཡིག་ལས་འོད་ཟེར་འཕྲོས་ནུབ་ཕྱོགས་ཨོ་རྒྱན་མཁའ་འགྲོའི་ཕོ་བྲང་ནས་དཔལ་

自心間之 བཾ 字放光由西方鄔金空行宮殿中

དུར་ཁྲོད་བདག་པོ་ཡབ་ཡུམ་འཁོར་དང་བཅས་པ་སྤྱན་དྲངས། ལྗགས་རྡོ་རྗེའི་འོད་ཟེར་གྱི་སྦུ་གུས་གཏོར་མའི་བཅུད་

召請吉祥寒林主父母偕眷蒞臨　舌成金剛光筒吸享

ཐམས་ཅད་དྲངས་ཏེ་གསོལ་བར་གྱུར། ཨོཾ་གྲྀ་ཧྞ་ཛ་གྲྀ་ཧྞ་ཛཿཀུ་མ་ཀུ་མ་ཙྪི་ཧིས་སྭཱ་ཧཱ།

供食之精華　嗡哏熱雜哏熱雜咕瑪咕瑪篫緹娑哈

大樂捷道暨中圍喜筵　一四六

ཤྲཱི་ཤྨ་ཤཱ་ན་ཨ་དྷི་པ་ཏི་མ་ཧཱ་པི་ཤཱ་ཙི་བ་ལིཾ་ཏ་ཁ་ཁ་ཁཱ་ཧི་ཁཱ་ཧི། ལན་གསུམ།

俙瑪寫吶啊帝巴滴嘛哈毖嚇紫唉蕩巴黎打喀喀喀嘿喀嘿　三遍

ཨོཾ་ཤྲཱི་ཤྨ་ཤཱ་ན་ཨ་དྷི་པ་ཏི་མ་ཧཱ་པི་ཤཱ་ཙི་ཨ་རྒྷཾ་སོགས་ཀྱིས་མཆོད།

嗡俙瑪寫吶啊帝巴滴嘛哈毖嚇紫啊剛　等之供

ཨོཾ་གྲྀ་ཧྞ་ཛ་གྲྀ་ཧྞ་ཛཿཀུ་མ་ཀུ་མ་ཙྪི་ཧིས་སྭཱ་ཧཱ། ཨོཾ་ཨཱཿཧཱུྃ།

嗡哏熱雜哏熱雜咕瑪咕瑪篫緹娑哈　嗡啊吽

༄༅། །ཧཱུྃ༔ རྒྱལ་བའི་ཐུགས་ཀྱི་ཕྲིན་ལས་ཀུན། །མ་ལུས་གདུག་པ་འདུལ་བའི་ཕྱིར། །

吽　佛意一切諸事業　無餘邪惡調伏故

འཇིགས་པའི་སྐུར་སྟོན་འདོད་དོན་སྟེར། །དུར་ཁྲོད་གནས་ཀྱི་བདག་པོར་བསྟོད། །

垂賜顯現怖畏身　頌讚寒林界主尊

གང་གིས་ཁྱོད་བསྟོད་ཁྱོད་མཆོད་ན། །དམ་ཚིག་ཇི་བཞིན་ཉེར་དགོངས་ནས། །

何人供您讚您者　依尊誓言悟意趣

ཇི་ལྟར་གསོལ་བ་བཏབ་པ་བཞིན། །བདག་ལ་དངོས་གྲུབ་མ་ལུས་སྩོལ། །ཞེས་བསྟོད། དེ་ནས། ཨོཾ་ཨཱཿཧཱུྃ་ཧ་ཧོ་ཧྲཱིཿ ལན་གསུམ།

如是至誠作祈請　無餘成就賜予彼 如是讚 復次 嗡啊吽哈嚎舍 三遍

ཧཱུྃ༔ འོག་མིན་བདེ་ཆེན་དག་པའི་ཕོ་བྲང་ནས། །རྣམ་སྣང་ཐུགས་ལས་སྤྲུལ་པའི་མཐུ་བོ་ཆེ། །

吽 奧明大樂清淨宮殿中　遍照意所幻化大威力

བསྟན་སྲུང་ཀུན་གྱི་གཙོ་བོ་རྡོ་རྗེ་གུར། །དཔལ་ལྡན་མགོན་པོ་འདིར་བྱོན་མཆོད་གཏོར་བཞེས། །

一切救護主尊金剛幕　吉祥怙主臨此享供物

༄༅། །ཡོངས་འདུའི་ཚལ་དང་གཤིན་རྗེའི་ཕོ་བྲང་དང་། །འཛམ་གླིང་དེ་ཝཱི་ཀོ་ཊིའི་གནས་མཆོག་ནས། །

遍集叢林閻摩宮殿極　瞻洲德巍果掣殊勝處

འདོད་ཁམས་གཙོ་མོ་ནམ་གྲུ་རེ་མ་ཏི། །དཔལ་ལྡན་ལྷ་མོ་འདིར་བྱོན་མཆོད་གཏོར་བཞེས། །

欲界尊母奎宿日瑪帝　吉祥天母臨此享供物

སྣང་སྲིད་བྷ་ག་དབྱིངས་ཀྱི་དཀྱིལ་འཁོར་ནས། །འཁོར་འདས་ཀུན་གྱི་བདག་མོ་དབྱིངས་ཕྱུག་ཡུམ། །

現有婆伽形之壇城中　輪涅主尊法界自在母

སྔགས་སྲུང་དྲག་མོ་མ་མོ་མཁའ་འགྲོའི་གཙོ། །ཡུམ་ཆེན་རལ་གཅིག་འདིར་བྱོན་མཆོད་གཏོར་བཞེས། །

咒護勇母嘛摩空行主　一髻佛母臨此享供物

བསིལ་བ་ཚལ་དང་ཧ་ཧ་རྒོད་པ་དང་། །སིངྒ་གླིང་དང་ཏི་སེའི་གངས་རི་དང་། །

清涼寒林狂笑寒林中　森伽洲暨崗底斯雪山

དར་ལུང་གནས་དང་ཁའུའི་བྲག་རྫོང་ནས། །ཞིང་སྐྱོང་དབང་པོ་འདིར་བྱོན་མཆོད་གཏོར་བཞེས། །

達隴聖處卡烏岩窟中　護地權王臨此享供物

༄༅། །དུར་ཁྲོད་བརྒྱད་དང་ལྷོ་ཕྱོགས་རི་སྲུལ་དང་། །རྡོ་རྗེ་གདན་དང་དཔལ་གྱི་བསམ་ཡས་དང་། །
八大寒林南方深塹處　　金剛寶座吉祥桑耶寺
ན་ལ་རྫེ་དང་དཔལ་ལྡན་ས་སྐྱ་ནས། །ལས་མགོན་ཕོ་མོ་འདིར་བྱོན་མཆོད་གཏོར་བཞེས། །
納啦澤界吉祥薩迦處　　業怙父母臨此享供物
བྱང་ཤར་མ་རུ་རྩེ་ཡི་དུར་ཁྲོད་དང་། །རྒྱ་གར་བང་སོ་དམར་པོའི་བྲག་རི་དང་། །
東北瑪洳山頂屍林內　　天竺陵墓赬色岩山中

དར་ལུང་བྲག་རམ་ལ་སོགས་གནས་མཆོག་ནས། །གནོད་སྦྱིན་ལྕམ་དྲལ་འདིར་བྱོན་མཆོད་གཏོར་བཞེས། །
達隴岩崖等地諸勝處　　藥叉姊妹臨此享供物
ཁྱད་པར་ཨོ་རྒྱན་མཁའ་འགྲོའི་ཡུལ་དང་ནི། །རང་བཞིན་གནས་ནས་འཇིག་རྟེན་འཇིག་རྟེན་ལས། །
猶以鄔堅空行殊勝境　　於自行處世間出世間
འདུས་པའི་མཁའ་འགྲོས་ཡོངས་བསྐོར་དུར་ཁྲོད་ཀྱི། །བདག་པོ་ཡབ་ཡུམ་འདིར་བྱོན་མཆོད་གཏོར་བཞེས། །
諸衆空行普悉圍繞之　　屍陀林主臨此享供物

༄༅། །གསོལ་ལོ་མཆོད་དོ་རྒྱལ་བའི་བསྟན་སྲུང་ཚོགས། །བསྒྲུབས་སོ་བསྟེན་ནོ་བླ་མའི་བཀའ་སྲུང་ཆེ། །
祈請供養聖教守護衆　　修行依止上師大護法
འབོད་དོ་བསྐུལ་ལོ་རྣལ་འབྱོར་དགྲ་ལྷའི་ཚོགས། །རིངས་པའི་ཚུལ་གྱིས་འདིར་བྱོན་མཆོད་གཏོར་བཞེས། །
籲求懇請瑜伽戰神衆　　迅速蒞臨於此享供物
ཤ་ཁྲག་དམར་གྱིས་བརྒྱན་པའི་གཏོར་མས་མཆོད། །ཛ་གད་སྨན་ཞུད་རཀྟའི་བཏུང་བས་མཆོད། །
血肉鮮紅莊嚴食子供　　新祀酒藥鮮血神飲供

རྔ་ཆེན་རྐང་གླིང་རོལ་མོའི་སྒྲ་ཡིས་མཆོད། །དར་ནག་འཕན་ཆེན་སྤྲིན་ལྟར་གཡིབས་པས་མཆོད། །
大鼓骨號角樂妙音供　　黑綾大幡如雲密佈供
ཡིད་འཕྲོག་སྤྱན་གཟིགས་ནམ་མཁའ་མཉམ་པས་མཆོད། །རབ་བརྗིད་སྙན་པའི་དབྱངས་ཀྱི་ང་རོས་མཆོད། །
意樂觀空同天勝妙供　　天籟悅耳韻音意樂供
ཕྱི་ནང་གསང་བའི་དམ་རྫས་རྒྱ་མཚོས་མཆོད། །བདེ་སྟོང་དབྱེར་མེད་ཡེ་ཤེས་རོལ་བས་མཆོད། །
外內秘密聖物如海供　　樂空無別智慧遊戲供

མཁའ་ བརྒྱ་ང་གཅིག་ མཆོད།

༄༅། །སངས་རྒྱས་བསྟན་པ་གཉན་པོ་ཁྱོད་ཀྱིས་སྲུངས། །དཀོན་མཆོག་དབུ་འཕང་གཉན་པོ་ཁྱོད་ཀྱིས་བསྟོད། །

正覺教示嚴峻汝守護　　三寶威望嚴峻汝讚頌

དཔལ་ལྡན་བླ་མའི་འཕྲིན་ལས་ཁྱོད་ཀྱིས་སྤེལ། །རྣལ་འབྱོར་བཅོལ་བའི་འདོད་དོན་ཁྱོད་ཀྱིས་སྒྲུབས། །

具德上師事業汝弘揚　　瑜伽囑託欲求汝成辦

ཞེས་གཏོར་མ་རྫོངས་བྱའོ། ། ༈ དེ་ནས་ཚོགས་བྱ་བར་སྨྲ་ན། དཀྱིལ་འཁོར་གྱི་མདུན་དུ་ཚོགས་ཀྱི་ཡོ་བྱད་ཅི་འབྱོར་དང་། ཐོད་པའི་སྣོད་དུ་མ་དང་ན་དང་།

送食子　復次　喜作薈供者於中圍前置所能之供品及盛有嘛噠哪之頂器和巴喇等物莊嚴陳設

大樂捷道暨中圍薈筵　一五一

པ་ལ་སོགས་བཀོད་པས་མཛེས་པར་བཤམས། ལག་མཆོད་བྱེད་ན་འདིར་བྱ། དེ་ནས་ཚོགས་པ་མང་པོ་ཡོད་ན་ལས་ཀྱི་རྡོ་རྗེས་ཕྱག་གསུམ་བཙལ་ནས།

若修啦僑者如是作　薈供者衆多則由事業金剛三頂禮之後誦

ཚོགས་ཀྱི་ཡོ་བྱད་བྱིན་རླབས་གནང་བར་ཞུ། ཞེས་བརྗོད། སློབ་དཔོན་གྱིས་རྡོ་རྗེའི་རྩེས་ནང་མཆོད་གཏོར་ལ། ཨོཾ་ཁ་ཌ་རོ་ཧེ་ཡིས་བསངས།

祈請加持薈供之資具也 如是祈請　金剛上師以杵尖灑內供 嗡堪哲撓嘿 之除穢

ཨོཾ་སྭ་བྷཱ་ཝས་སྦྱངས། སྟོང་པའི་ངང་ལས་ཨཱཿལས་ཐོད་པ་ཡངས་ཤིང་རྒྱ་ཆེ་བའི་ནང་དུ་ཤ་ལྔ་བདུད་རྩི་ལྔ་ཡེ་ཤེས

嗡索巴微 之淨治 空生ཨཱཿ字復出廣大頂骨器內盈五肉五甘露五智慧

མཁའ་ བརྒྱ་ང་གཉིས་ མཆོད།

༄༅། །ལྔ་རྣམས་ཞུ་བ་ལས་བྱུང་བའི་ཡེ་ཤེས་ཀྱི་བདུད་རྩིའི་རྒྱ་མཚོ་ཆེན་པོར་གྱུར། ཨོཾ་ཨཱཿཧཱུྃ་ཧ་ཧོ་ཧྲཱིཿལན་མང་དུ་བརྗོད་

融化而生智慧甘露大海　嗡啊吽哈噱舍 如是多誦之

པས། ཡེ་ཤེས་ཀྱི་བདུད་རྩིའི་རྒྱ་མཚོ་ཟད་མི་ཤེས་པར་གྱུར། བར་བསམ་པས་ནི་ཤིན་ཏུ་གལ་ཆེ་བས་དམིགས་པ་མ་ཡེངས་པར་བྱ།

觀智慧甘露之大海成無窮無盡也 此間觀想極爲重要

སླར་ཡང་ཚོགས་རྫས་ཐམས་ཅད་ལ་ནང་མཆོད་ཆུ་ཆང་གིས་བྲན། དེ་ནས་ལས་ཀྱི་རྡོ་རྗེས་ཕྱག་གསུམ་བྱས་ལ།

當不散逸而觀　復次薈供物品以內供水酒遍灑之　復次事業金剛三頂禮後偈

大樂捷道暨中圍薈筵　一五二

བླ་མ་དང་དཀོན་མཆོག་གི་དྲུང་དུ་སྔན་ཕུད་འབུལ་བར་ཞུ། ཞེས་བརྗོད། དཔོན་སློབ་རྣམས་ཀྱིས།

上師及三寶前敬獻最新薈供 師徒共誦

དམན་པའི་ཡུལ་ལས་རབ་འདས་ཤིང་། །རྒྱལ་བ་ཀུན་གྱི་དམ་ཚིག་མཆོག །

遠離蔑戾車邊地　　諸佛殊勝三昧耶

དངོས་གྲུབ་ཀུན་གྱི་གཞིར་གྱུར་པ། །བདུད་རྩི་མཆོག་གིས་མཆོད་པར་བགྱི། །

轉成一切成就基　　殊勝甘露作供養

༄༅། །སྒྲིབ་པའི་དྲི་མ་ཀུན་བཤལ་ནས། །རྟོག་པ་ཀུན་ལས་རྣམ་གྲོལ་བ། །

清淨蓋障及污垢　　由諸分別中解脫

བླ་ན་མེད་པའི་བྱང་ཆུབ་སེམས། །བདེ་བ་ཆེན་པོས་མཉེས་གྱུར་ཅིག །ཡང་ལས་རྡོར་གྱིས་ཕྱག་བྱས་ལ། །

無上殊勝菩提心　　願以大樂令歡喜 事業金剛復頂禮後誦

བླ་མ་དང་དཀོན་མཆོག་གི་དྲུང་དུ་ཚོགས་ཕུད་འབུལ་བར་ཞུ། །ཞེས་བརྗོད། དཔོན་སློབ་རྣམས་ཀྱིས།

上師三寶前敬獻最新薈供　如是誦　師徒共誦

ཧོཿ ཏིང་འཛིན་སྔགས་དང་ཕྱག་རྒྱས་བྱིན་རླབས་པའི། །ཟག་མེད་བདུད་རྩིའི་ཚོགས་མཆོད་རྒྱ་མཚོ་འདི། །

嚎　三昧真言契印作加持　　無漏薈供甘露大海具

རྩ་བརྒྱུད་བླ་མའི་ཚོགས་རྣམས་མཉེས་ཕྱིར་འབུལ། །ཨོཾ་ཨཱཿཧཱུྃ། འདོད་དགུའི་དཔལ་ལ་རོལ་བས་ཚིམ་མཛད་ནས།།

根本上師歡喜故獻供　嗡啊吽　所欲吉祥受用圓滿足

ཨེ་མ་ཧོ། བྱིན་རླབས་ཆར་ཆེན་དབབ་ཏུ་གསོལ། །

唉嘛嚎　祈請速降加持雨

༄༅། །ཧོཿ ཏིང་འཛིན་སྔགས་དང་ཕྱག་རྒྱས་བྱིན་རླབས་པའི། །ཟག་མེད་བདུད་རྩིའི་ཚོགས་མཆོད་རྒྱ་མཚོ་འདི། །

嚎　三昧真言契印作加持　　無漏薈供甘露大海具

རྣལ་འབྱོར་དབང་མོའི་ལྷ་ཚོགས་མཉེས་ཕྱིར་འབུལ། །ཨོཾ་ཨཱཿཧཱུྃ། འདོད་དགུའི་དཔལ་ལ་རོལ་བས་ཚིམ་མཛད་ནས།།

瑜伽王母歡喜故獻供　嗡啊吽　所欲吉祥受用圓滿足

ཨེ་མ་ཧོ། མཁའ་སྤྱོད་དངོས་གྲུབ་སྩོལ་དུ་གསོལ། །

唉嘛嚎　空行成就祈賜予

ཧོཿ ཏིང་འཛིན་སྔགས་དང་ཕྱག་རྒྱས་བྱིན་རླབས་པའི། །ཟག་མེད་བདུད་རྩིའི་ཚོགས་མཆོད་རྒྱ་མཚོ་འདི། །

嚎　三昧真言契印作加持　　無漏薈供甘露大海具

ཡི་དམ་ལྷ་ཚོགས་འཁོར་བཅས་མཉེས་ཕྱིར་འབུལ། །ཨོཾ་ཨཱཿཧཱུྃ། འདོད་དགུའི་དཔལ་ལ་རོལ་བས་ཚིམ་མཛད་ནས།།

壇城本尊歡喜故獻供　嗡啊吽 所欲吉祥受用圓滿足

ཨེ་མ་ཧོ། དངོས་གྲུབ་ཆར་ཆེན་དབབ་ཏུ་གསོལ། །

唉嘛嚎　祈請速降成就雨

༄། །ཧཱུྃ། ཉིང་འཛིན་སྔགས་དང་ཕྱག་རྒྱས་བྱིན་རླབས་པའི། །ཟག་མེད་བདུད་རྩིའི་ཚོགས་མཆོད་རྒྱ་མཚོ་འདི། །

嚎　三昧真言契印作加持　　無漏薈供甘露大海具

དཀོན་མཆོག་རིན་ཆེན་ཚོགས་རྣམས་མཉེས་ཕྱིར་འབུལ། །ཨོཾ་ཨཱཿཧཱུྃ། འདོད་དགུའི་དཔལ་ལ་རོལ་བས་ཚིམ་མཛད་ནས། །

三寶殊妙歡喜故獻供　嗡啊吽　所欲吉祥受用圓滿足

ཨེ་མ་ཧོ། དམ་ཆོས་ཆར་ཆེན་དབབ་ཏུ་གསོལ། །

唉嘛嚎　祈請速降妙法雨

ཧཱུྃ། ཉིང་འཛིན་སྔགས་དང་ཕྱག་རྒྱས་བྱིན་རླབས་པའི། །ཟག་མེད་བདུད་རྩིའི་ཚོགས་མཆོད་རྒྱ་མཚོ་འདི། །

嚎　三昧真言契印作加持　　無漏薈供甘露大海具

མཁའ་འགྲོ་ཆོས་སྐྱོང་ཚོགས་རྣམས་མཉེས་ཕྱིར་འབུལ། །ཨོཾ་ཨཱཿཧཱུྃ། འདོད་དགུའི་དཔལ་ལ་རོལ་བས་ཚིམ་མཛད་ནས། །

空行護法歡喜故獻供　嗡啊吽　所欲吉祥受用圓滿足

ཨེ་མ་ཧོ། འཕྲིན་ལས་ཆར་ཆེན་དབབ་ཏུ་གསོལ། །

唉嘛嚎　祈請速降事業雨

༄། །ཧཱུྃ། ཉིང་འཛིན་སྔགས་དང་ཕྱག་རྒྱས་བྱིན་རླབས་པའི། །ཟག་མེད་བདུད་རྩིའི་ཚོགས་མཆོད་རྒྱ་མཚོ་འདི། །

嚎　三昧真言契印作加持　　無漏薈供甘露大海具

མ་རྒྱུར་སེམས་ཅན་ཚོགས་རྣམས་མཉེས་ཕྱིར་འབུལ། །ཨོཾ་ཨཱཿཧཱུྃ། འདོད་དགུའི་དཔལ་ལ་རོལ་བས་ཚིམ་མཛད་ནས། །

衆生爲母歡喜故獻供　嗡啊吽　所欲吉祥受用圓滿足

ཨེ་མ་ཧོ། འཁྲུལ་སྣང་སྡུག་བསྔལ་ཞི་གྱུར་ཅིག །

唉嘛嚎　願離煩惱妄念苦

ཨོཾ་བཛྲ་ཡོ་གི་ནི་ས་པ་རི་ཝཱ་ར་ཨརྒྷཾ། པཱ་དྱཾ། པུཥྤེ། དྷཱུ་པེ། ཨཱ་ལོ་ཀེ། གནྡྷེ། ནཻ་ཝི་དྱ། ཤབྡ་ཨཱཿཧཱུྃ་སོགས་ཀྱིས་མཆོད།

嗡班雜搖格呢薩巴日瓦惹啊剛　巴當　布白　都貝　啊洛格　更得　納

ཨོཾ་བཛྲ་ཡོ་གི་ནི་ས་པ་རི་ཝཱ་ར་ཨོཾ་ཨཱཿཧཱུྃ། ཞེས་ནང་མཆོད་འབུལ།

微德　曉噠啊吽 等之作供　嗡班雜搖格呢薩巴日瓦惹嗡啊吽 之內供　復次頌讚是

ཨོཾ་བཅོམ་ལྡན་འདས་མ་རྡོ་རྗེ་ཕག་མོ་ལ་ཕྱག་འཚལ་ཧཱུྃ་ཧཱུྃ་ཕཊ།

嗡頂禮薄伽梵大金剛亥母足前吽吽呸

༄༅། །ཨོཾ་འཕགས་མ་རིགས་མའི་དབང་ཕྱུག །ཁམས་གསུམ་གྱིས་མི་ཐུབ་ཧཱུྃ་ཧཱུྃ་ཕཊ། །

嗡聖母明妃自在三界無能勝者吽吽呸

ཨོཾ་འབྱུང་པོའི་འཇིགས་པ་ཐམས་ཅད་རྡོ་རྗེ་ཆེན་པོས་འཇོམས་ཧཱུྃ་ཧཱུྃ་ཕཊ།

嗡大金剛摧滅部多怖畏一切魔障者吽吽呸

ཨོཾ་རྡོ་རྗེ་གདན་བཞུགས་གཞན་གྱིས་མི་ཐུབ་དབང་བྱེད་སྤྱན་ཧཱུྃ་ཧཱུྃ་ཕཊ།

嗡金剛持座戰無不勝自在眼吽吽呸

ཨོཾ་གཏུམ་མོ་ཁྲོ་མོའི་གཟུགས་ཀྱིས་ཚངས་པ་སྐེམས་པར་མཛད་ཧཱུྃ་ཧཱུྃ་ཕཊ།

嗡鄔摩怒母行令梵天枯竭作吽吽呸

ཨོཾ་བདུད་རྣམས་སྐྲག་ཅིང་སྐེམས་པས་གཞན་གྱི་ཕྱོགས་ལས་རྒྱལ་ཧཱུྃ་ཧཱུྃ་ཕཊ།

嗡諸魔怖畏枯竭別方一切戰勝者吽吽呸

ཨོཾ་རྨུགས་བྱེད་རེངས་བྱེད་རྨོངས་བྱེད་ཀུན་ལས་རྣམ་པར་རྒྱལ་ཧཱུྃ་ཧཱུྃ་ཕཊ།

嗡超勝一切作昏作僵作癡者吽吽呸

༄༅། །ཨོཾ་རྡོ་རྗེ་ཕག་མོ་སྦྱོར་ཆེན་འདོད་དབང་མཁའ་འགྲོར་འདུད་ཧཱུྃ་ཧཱུྃ་ཕཊ།

嗡頂禮金剛亥母大合欲王空行者吽吽呸

ཅེས་ཚིགས་བརྒྱད་ཀྱིས་བསྟོད། དེ་ནས་དམ་ཚིག་སྦྱོར་བའི་ཕྱིར་རྡོ་རྗེ་སློབ་དཔོན་གྱི་དྲུང་དུ་མ་ད་ནའི་སྣོད་པདྨ་ཐོ་ཐྱོད་དཔྲལ་བར་བསྟན་ལ་བཞག

如是八句讚　復次和合三昧耶故於金剛上師座前置嘛噠哪之蓮花器於額頭　面向上師

དེའི་སྟེང་དུ་བ་ལ་ཆུང་ཟད་ཅིག་བཞག་ལ། ལས་ཀྱི་རྡོ་རྗེས་ཕྱག་གསུམ་བཙལ། པད་སྐོར་བྱས།

彼之上置少許巴喇　事業金剛三頂禮結轉蓮印云

རྡོ་རྗེ་འཛིན་པ་དགོངས་སུ་གསོལ། །བདག་གི་ཚོགས་ཀྱི་ཁྱད་པར་འདི། །

金剛持尊祈垂憐　　我以殊勝此薈供

དད་པའི་སེམས་ཀྱིས་འབུལ་ལགས་ཀྱི། །ཅི་བདེ་བར་ནི་བཞེས་སུ་གསོལ། །ཅེས་བརྗོད། དཔོན་སློབ་རྣམས་ཀྱིས།

至誠信心作供養　　任所歡喜請享用　如是誦 師徒共誦

ཨེ་མ་ཞི་བ་ཆེན་པོ་ཀྱེ། །ཚོགས་ཆེན་འབར་བས་ཉོན་མོངས་བསྲེག །

唉瑪寂靜大歡喜　　薈供焚盡煩惱因

༄༅། །དེ་འདྲའི་བདེ་བ་ཆེན་པོ་སྐྱེ། །ཀུན་ཀྱང་ཨ་ཧོ་སུ་ཁ་ཆེ། །
如是生起大安樂　　普悉啊嚎蘇喀欽
ཨ་ཧོ་མ་ཧཱ་སུ་ཁ་ཧོཿཞེས་བརྗོད། ཡང་ཕྱག་གསུམ་དང་པད་སྐོར་བྱས་ལ།
啊嚎嘛哈蘇喀嚎 復三頂禮結轉蓮印誦
འདི་ནི་ཆོས་རྣམས་བཟང་པོར་ལྟོས། །འདུས་པ་ལ་ནི་ཐེ་ཚོམ་མེད། །
此乃諸法勝妙觀　　於集會中無猶疑

བྲམ་ཟེ་གདོལ་པ་ཁྱི་དང་ཕག །རང་བཞིན་གཅིག་ཏུ་རོལ་དུ་གསོལ། །ཞེས་པའི་ལན་དུ།
梵志魁膾犬與豕　　自性同一請受用 答誦
བདེ་གཤེགས་ཆོས་ལ་རིན་ཐང་མེད། །འདོད་ཆགས་ལ་སོགས་དྲི་མ་བྲལ། །
善逝妙法無價寶　　離貪欲等污垢染
གཟུང་དང་འཛིན་པ་རྣམ་སྤངས་པ། །དེ་བཞིན་ཉིད་ལ་གུས་ཕྱག་འཚལ། །
能執所執悉斷捨　　真如自性恭敬禮

༄༅། །ཨ་ཧོ་མ་ཧཱ་སུ་ཁ་ཧོཿཞེས་བརྗོད། དེ་ནས་ལས་ཀྱི་རྡོ་རྗེས་ལག་པ་གཉིས་པདྨའི་ཕྱག་རྒྱ་ལས་སྲིན་ལག་གཡས་ཀྱིས་སྟེང་གི་བ་ལ་འཛིན་
啊嚎嘛哈蘇喀嚎 復次事業金剛雙手結轉蓮印用無名指挾持上置之巴喇
པས་རྡོ་རྗེ་སློབ་དཔོན་ནས་མས་རིམ་བཞིན་མ་དད་ན་ཕྲིམས་ཚར་བ་དང་། ཚོགས་ཀྱི་ རྫས་ནས་མ་ཚང་བ་མེད་པ་སློབ་དཔོན་ལ་ཉིས་འགྱུར་སོགས་དཔོན་
自金剛上師起遂次分發嘛噠哪畢　蕃供品無一漏之齊全供品供呈上師雙份　餘皆依次而受
སློབ་ཐམས་ཅད་ལ་ལག་པ་གཉིས་ཀས་འབུལ་ཞིང་། ལེན་པ་པོས་ཀྱང་། ཨ་ཧོ་མ་ཧཱ་སུ་ཁ་ཧོཿ ཞེས་བརྗོད་ཅིང་། ལག་པ་གཉིས་པད་སྐོར་གྱིས་བླངས།
事業金剛雙手奉送　受者皆誦　啊嚎嘛哈蘇喀嚎　雙手結蓮印便接納

འདི་དག་གི་སྐབས་སྟོད་མིན་གྱིས་དབེན་པར་བྱས། སྒྲུབ་པ་པོ་རྣམས་ཀྱིས་ཀྱང་གཙང་རྨེའི་རྣམ་རྟོག་མི་བྱ་བར་སྙིང་གའི་བཾ་ཡིག་སངས་རྒྱས་ཐམས་ཅད་
此時當安靜修行　行者亦不可生起任何淨穢之分別心　觀自心間之 བཾ 字爲一切諸佛總集之體性
འདུས་པའི་ངོ་བོ་མཆོད་པར་བསམས་ལ་རྫས་ཐམས་ཅད་ཚིམ་པར་ལོངས་སྤྱོད། ཁྱད་པར་དགེ་སློང་རྡོ་རྗེ་འཛིན་པ་ལྟ་བུས། མ་དད་ན་དང་ཚོགས་རྫས་
觀諸供品爲一切滿足享用　尤是比丘金剛持　若藐視嘛噠哪及蕃供品者　則違十三根本戒
ཁྱད་དུ་བསད་ན་རྩ་ལྟུང་བཅུ་གསུམ་པར་འགྱུར་བར་གསུངས་པས་ལྕེ་ལ་ནང་མཆོད་རེག་ཙམ་བྱས་ནས་བདུད་རྩི་སྤྱོད་པ་ངེས་པར་བྱ་ཡི། བག་མེད་དུ
蓋以內供觸舌者已受用甘露矣　不自檢點墮對在家人亦有約束

༄༅། །བཏུང་བ་ནི་ཁྱིམ་པ་ལའང་བཀག་ན་རབ་ཏུ་བྱུང་བ་ལ་ལྟ་ཅི་སྨོས་པའི་ཕྱིར་རོ། །ཚོགས་ཀྱི་དུས་ཐམས་ཅད་དུ་རྩོད་པ་དང་ཁ་གཤགས་འགྱེད་པ་

況出家僧人乎　薈供時不可爭辯 更不可戲謔及議論　金剛歌舞等依其時而行

སོགས་མི་བྱ་བར། ཆོས་ཀྱི་གླེང་མོ་དང་། རྡོ་རྗེའི་གླུ་གར་ལ་སོགས་པས་དུས་འདའ་བར་བྱ་བའམ། ཡང་ན་མི་སྨྲ་བའི་བརྟུལ་ཞུགས་བསྲུང་བར་བྱ་ཞིང་།

其餘時中當守不語之禁行　對於酒肉不可稱其凡俗名而須稱其代名

ཤ་ཆང་སོགས་ལའང་མིང་ཐ་མལ་པ་ནས་མི་བརྗོད་པར་བརྡའི་སྐད་བྱ་བ་དང་། ཚོགས་རྫས་ས་རྗེན་པར་མི་འཇོག་པ་སོགས་ཚུལ་དང་མཐུན་པར་བྱ་དགོས་

薈供品不可放置於不淨地　有關疏論皆有明示　當爲善解

པས། རྣམ་གཞག་ལེགས་པར་ཤེས་པ་གལ་ཆེ་ཞིང་། ཚོགས་འཁོར་བྱེད་པ་ནི། རང་རེ་ལས་དང་པོ་བདག་ལ་ཕན་ཤིན་ཏུ་ཆེ་བས། ཤེས་བྱེད་སོགས་

薈供乃對行者自身之初業利益至關重要　欲知其廣意則須讀

རྒྱས་པ་བུ་སྟོན་ཐམས་ཅད་མཁྱེན་པའི་ཡིག་ཆ་དང་། རྒྱལ་དབང་ཐམས་ཅད་མཁྱེན་པ་རྗེ་བཙུན་བློ་བཟང་བསྐལ་བཟང་རྒྱ་མཚོ་དཔལ་བཟང་པོས་མཛད་

一切知布敦法王文集及一切知法王至尊・洛桑格桑嘉措巴桑波所著之有關勝樂薈供法要

པའི་བདེ་མཆོག་གི་ཚོགས་འཁོར་སོགས་ལས་ཤེས་པར་བྱའོ། །རྡོ་རྗེའི་གླུ་ཀྱཻ་རྡོར་ལས་འབྱུང་བ་ལྟར་རམ། དཔྱིད་ཀྱི་རྒྱལ་མོའི་གླུ་དབྱངས་བྱ་བར་སྨོན།

金剛歌則如喜金剛儀軌中所出或喜頌下文者如王母妙歌中所載

༄༅། །ཧཱུྃ༔ དེ་བཞིན་གཤེགས་པ་ཐམས་ཅད་དང་། །དཔའ་བོ་དང་ནི་རྣལ་འབྱོར་མ། །

吽　一切正覺諸如來　　勇父及衆瑜伽母

མཁའ་འགྲོ་དང་ནི་མཁའ་འགྲོ་མ། །ཀུན་ལ་བདག་ནི་གསོལ་བ་འདེབས། །

空行及衆空行母　　一切我皆懇祈白

བདེ་བ་ཆེ་ལ་དགྱེས་པའི་ཧེ་རུ་ཀ །བདེ་བས་རབ་མྱོས་མ་ལ་བསྙེན་བྱས་ནས། །

大樂歡喜安樂嘿洳嘎　　受樂而作歡喜沈醉母

ཆོ་ག་བཞིན་དུ་ལོངས་སྤྱོད་པ་ཡིས་ནི། །ལྷན་སྐྱེས་བདེ་བའི་སྦྱོར་བ་ལ་ཞུགས་སོ། །

如理儀軌享用修行者　　安住俱生大樂和合中

ཨ་ལ་ལ། ལ་ལ་ཧོཿཨ་ཨི་ཨཱཿཨ་ར་ལི་ཧོཿ

啊啦啦　啦啦嚎　啊矣啊　啊惹黎嚎

དྲི་མེད་མཁའ་འགྲོའི་ཚོགས་རྣམས་ཀྱིས། །བརྩེ་བས་གཟིགས་ལ་ལས་ཀུན་མཛོད། །

無垢空行衆集會　　慈愍垂視行諸業

༄༅། །ཧཱུྃ༔ དེ་བཞིན་གཤེགས་པ་ཐམས་ཅད་དང་། །དཔའ་བོ་དང་ནི་རྣལ་འབྱོར་མ། །

吽　一切正覺諸如來　勇父及衆瑜伽母

མཁའ་འགྲོ་དང་ནི་མཁའ་འགྲོ་མ། །ཀུན་ལ་བདག་ནི་གསོལ་བ་འདེབས། །

空行及衆空行母　一切我皆懇祈白

བདེ་བ་ཆེན་པོས་ཡིད་ནི་རབ་བསྐྱོད་པས། །ལུས་ནི་ཀུན་ཏུ་གཡོ་བའི་གར་གྱིས་ནི། །

大樂於心激勵極踴動　身盈婀娜婉轉曼妙舞

ཕྱག་རྒྱའི་པདྨར་རོལ་བའི་བདེ་བ་ཆེ། །རྣལ་འབྱོར་མ་ཚོགས་རྣམས་ལ་མཆོད་པར་མཛོད། །

手印蓮華遊戲中大樂　瑜伽諸母衆前作供養

ཨ་ལ་ལ། ལ་ལ་ཧོཿཨ་ཨི་ཨཱཿཨ་ར་ལི་ཧོཿ

啊啦啦 啦啦嚎 啊矣啊 啊惹黎嚎

དྲི་མེད་མཁའ་འགྲོའི་ཚོགས་རྣམས་ཀྱིས། །བརྩེ་བས་གཟིགས་ལ་ལས་ཀུན་མཛོད། །

無垢空行衆聚會　慈愍垂視行諸業

༄༅། །ཧཱུྃ༔ དེ་བཞིན་གཤེགས་པ་ཐམས་ཅད་དང་། །དཔའ་བོ་དང་ནི་རྣལ་འབྱོར་མ། །

吽　一切正覺諸如來　勇父及衆瑜伽母

མཁའ་འགྲོ་དང་ནི་མཁའ་འགྲོ་མ། །ཀུན་ལ་བདག་ནི་གསོལ་བ་འདེབས། །

空行及衆空行母　一切我皆懇祈白

ཡིད་འོང་ཞི་བའི་ཉམས་ཀྱིས་གར་མཛད་པ། །རབ་དགྱེས་མགོན་པོ་ཁྱོད་དང་མཁའ་འགྲོའི་ཚོགས། །

寂靜悅意姿態舞蹈者　極樂怙主母及空行衆

བདག་གི་མདུན་དུ་བཞུགས་ཏེ་བྱིན་རླབས་ལ། །ལྷན་སྐྱེས་བདེ་ཆེན་བདག་ལ་སྩལ་དུ་གསོལ། །

安住於我面前賜加持　祈請俱生大樂賜予我

ཨ་ལ་ལ། ལ་ལ་ཧོཿཨ་ཨི་ཨཱཿཨ་ར་ལི་ཧོཿ

啊啦啦 啦啦嚎 啊矣啊 啊惹黎嚎

དྲི་མེད་མཁའ་འགྲོའི་ཚོགས་རྣམས་ཀྱིས། །བརྩེ་བས་གཟིགས་ལ་ལས་ཀུན་མཛོད། །

無垢空行衆聚會　慈愍垂視行諸業

༄༅། །ཧཱུྃ༔ དེ་བཞིན་གཤེགས་པ་ཐམས་ཅད་དང་། །དཔའ་བོ་དང་ནི་རྣལ་འབྱོར་མ། །

吽　一切正覺諸如來　　勇父及衆瑜伽母

མཁའ་འགྲོ་དང་ནི་མཁའ་འགྲོ་མ། །ཀུན་ལ་བདག་ནི་གསོལ་བ་འདེབས། །

空行及衆空行母　　一切我皆懇祈白

བདེ་ཆེན་ཐར་བའི་མཚན་ཉིད་ལྡན་པ་ཁྱོད། །བདེ་ཆེན་སྤངས་པའི་དཀའ་ཐུབ་དུ་མ་ཡིས། །

具足大樂解脫性相尊　　絕不捨離大樂之苦行

ཚེ་གཅིག་གྲོལ་བར་མི་བཞེད་བདེ་ཆེན་ཀྱང་། །ཆུ་སྐྱེས་མཆོག་གི་དབུས་ན་གནས་པ་ཡིན། །

即生解脫意趣冀大樂　　遂住殊勝蓮華之中央

ཨ་ལ་ལ། ལ་ལ་ཧོཿཨ་ཨི་ཨཱཿཨ་ར་ལི་ཧོཿ

啊啦啦　啦啦嚎　啊矣啊　啊惹黎嚎

དྲི་མེད་མཁའ་འགྲོའི་ཚོགས་རྣམས་ཀྱིས། །བརྩེ་བས་གཟིགས་ལ་ལས་ཀུན་མཛོད། །

無垢空行衆聚會　　慈愍垂視行諸業

༄༅། །ཧཱུྃ༔ དེ་བཞིན་གཤེགས་པ་ཐམས་ཅད་དང་། །དཔའ་བོ་དང་ནི་རྣལ་འབྱོར་མ། །

吽　一切正覺諸如來　　勇父及衆瑜伽母

མཁའ་འགྲོ་དང་ནི་མཁའ་འགྲོ་མ། །ཀུན་ལ་བདག་ནི་གསོལ་བ་འདེབས། །

空行及衆空行母　　一切我皆懇祈白

འདམ་གྱི་དབུས་སུ་སྐྱེས་པའི་པདྨ་བཞིན། །ཆགས་ལས་སྐྱེས་ཀྱང་ཆགས་པའི་སྐྱོན་མ་གོས། །

猶如淤泥中生水蓮華　　雖由濁生不滯貪欲染

རྣལ་འབྱོར་མ་མཆོག་པདྨའི་བདེ་བ་ཡིས། །སྲིད་པའི་འཆིང་བ་མྱུར་དུ་གྲོལ་བར་མཛོད། །

瑜伽勝母蓮華中大樂　　有趣束縛令速得解脫

ཨ་ལ་ལ། ལ་ལ་ཧོཿཨ་ཨི་ཨཱཿཨ་ར་ལི་ཧོཿ

啊啦啦　啦啦嚎　啊矣啊　啊惹黎嚎

དྲི་མེད་མཁའ་འགྲོའི་ཚོགས་རྣམས་ཀྱིས། །བརྩེ་བས་གཟིགས་ལ་ལས་ཀུན་མཛོད། །

無垢空行衆聚會　　慈愍垂視行諸業

༄༅། །ཧཱུྃ༔ དེ་བཞིན་གཤེགས་པ་ཐམས་ཅད་དང་། །དཔའ་བོ་དང་ནི་རྣལ་འབྱོར་མ། །

吽　一切正覺諸如來　勇父及衆瑜伽母

མཁའ་འགྲོ་དང་ནི་མཁའ་འགྲོ་མ། །ཀུན་ལ་བདག་ནི་གསོལ་བ་འདེབས། །

空行及衆空行母　一切我皆懇祈白

སྦྲང་རྩིའི་འབྱུང་གནས་རྣམས་ཀྱི་སྦྲང་རྩིའི་བཅུད། །བུང་བའི་ཚོགས་ཀྱིས་ཀུན་ནས་འཐུང་བ་ལྟར། །

猶如蜂蜜生自蜜蜂粹　群蜂悉食巢中之瓊釀

མཚན་ཉིད་དྲུག་ལྡན་མཚོ་སྐྱེས་རྒྱས་པ་ཡིས། །བཅུད་བཅིངས་པ་ཡི་རོ་ཡིས་ཚིམས་པར་མཛོད། །

具六性相蓮華廣開敷　結精粹者享受意滿足

ཨ་ལ་ལ། ལ་ལ་ཧོཿཨཨི་ཨཱཿཨ་ར་ལི་ཧོཿ

啊啦啦　啦啦嚎　啊矣啊　啊惹黎嚎

དྲི་མེད་མཁའ་འགྲོའི་ཚོགས་རྣམས་ཀྱིས། །བརྩེ་བས་གཟིགས་ལ་ལས་ཀུན་མཛོད། །

無垢空行衆聚會　慈愍垂視行諸業

༄༅། །སྤྲོ་ན་ལྕང་སྐྱ་རྡོ་རྗེ་འཆང་ཆེན་པོའི་ཤིན་ཏུ་གསང་བའི་མགུར་དབྱངས་མཁའ་འགྲོའི་སྙིང་ཐིག་བསྐུལ་བའི་སྒྲ་དབྱངས་སོགས་བྱའོ། །དེ་ནས

若廣務者可用章嘉大金剛持之絕秘歌・敦法空行妙韻心曲　復次將剩餘薈供物置於器皿中

ཚོགས་ལྷག་རྣམས་སྣོད་དུ་བཞམས་པ་ལ་མཚན་མོ་ཡིན་ན་གཉིད་གནོན་གྱི་གདོན་བསྲུང་བའི་ཕྱིར་དཔལ་འབར་དང་བཅས། .རང་གི་མདུན་དུ་སྟེགས་

若在夜間修供則爲守護夢魔故燃三柱香於供物上置於自身面前法桌上含淨水或酒作熾

ཀྱི་སྟེང་དུ་བཞག་ལ། ཆུ་གཙང་དང་། ཆང་གི་ཁ་ཁྱུ་འཕར་བའི་ཕྱག་རྒྱའི་བར་ནས་གཏོར་ཞིང་། ཨཱོ་ཨུ་ཙྪིཥྚ་བ་ལིཾ་ཏ་བྷཀྵི་སྭཱཧཱ། འབྱུང་པོ་

燃印中噗津　呸嗡鄔資哲巴琳嗟巴治斯娑哈施予其餘部

ལྷག་མ་ལ་དབང་བ་རྣམས་ལ་སྦྱིན་ནོ་དོམས་ཤིང་ཚིམ་པའི་སྐལ་བ་དང་ལྡན་པར་གྱུར་ཅིག །

多自在衆願滿足受用具善緣也

ཧོ༔ ཏིང་འཛིན་སྔགས་དང་ཕྱག་རྒྱས་བྱིན་རླབས་པའི། །ཟག་མེད་བདུད་རྩིའི་ཚོགས་ལྷག་རྒྱ་མཚོ་འདི། །

嚎　三昧真言契印作加持　無漏餘供甘露大海具

དམ་ཅན་ཞིང་སྐྱོང་ཚོགས་རྣམས་མཉེས་ཕྱིར་འབུལ། །ཨོཾ་ཨཱཿཧཱུྃ། འདོད་དགུའི་དཔལ་ལ་རོལ་བས་ཚིམ་མཛད་ནས།།

誓護福田歡喜故獻供　嗡啊吽　所欲吉祥受用圓滿足

༄༅། །ཨེ་མ་ཧོ། རྣལ་འབྱོར་འཕྲིན་ལས་ཚུལ་བཞིན་སྒྲུབས། །
唉嘛嚎　瑜伽事業如理成
རྣལ་འབྱོར་བདག་ཅག་འཁོར་བཅས་ལ། །ནད་མེད་ཚེ་དང་དབང་ཕྱུག་དང་། །
我等瑜伽偕眷屬　無病延年得自在
དཔལ་དང་གྲགས་དང་བསྐལ་བ་བཟང་། །ལོངས་སྤྱོད་རྒྱ་ཆེན་ཀུན་ཐོབ་ཅིང་། །
威德堅實且幸運　富饒廣大悉獲得

མཁའ་ བརྒྱ་རེ་དགུ མཆོད།

大樂捷道暨中圍喜筵　一六九

ཞི་དང་རྒྱས་ལ་སོགས་པ་ཡི། །ལས་ཀྱི་དངོས་གྲུབ་བདག་ལ་སྩོལ། །
息增懷伏衆善業　事業成就賜予我
དམ་ཚིག་ཅན་གྱི་བདག་ལ་སྲུངས། །དངོས་གྲུབ་ཀུན་གྱི་སྟོང་གྲོགས་མཛོད། །
三昧耶者護佑我　一切成就作伴隨
དུས་མིན་འཆི་དང་ནད་རྣམས་དང་། །གདོན་དང་བགེགས་རྣམས་མེད་པར་མཛོད། །
非時横死及諸疾　魔等障難皆除盡

༄༅། །རྨི་ལམ་ངན་དང་མཚན་མ་ངན། །བྱ་བྱེད་ངན་རྣམས་མེད་པར་མཛོད། །
惡夢並及不瑞相　一切惡行化虛無
འཇིག་རྟེན་བདེ་ཞིང་ལོ་ལེགས་དང་། །འབྲུ་རྣམས་འཕེལ་ཞིང་ཆོས་འཕེལ་དང་། །
世間安樂民物豐　五穀豐登佛法興
བདེ་ལེགས་ཐམས་ཅད་འབྱུང་བ་དང་། །ཡིད་ལ་འདོད་པ་ཀུན་འགྲུབ་ཤོག །
一切吉祥能生起　凡心所欲普皆成

མཁའ་ བརྒྱ་བདུན་ཅུ མཆོད།

大樂捷道暨中圍喜筵　一七零

སྦྱིན་པ་རྒྱ་ཆེན་ཕྲུར་པ་འདི་ཡི་མཐུས། །འགྲོ་བའི་དོན་དུ་རང་བྱུང་སངས་རྒྱས་ཤོག །
無盡供施廣大功德滿　爲利有情願證佛果位
སྔོན་ཆེ་རྒྱལ་བ་རྣམས་ཀྱིས་མ་བསྒྲལ་བའི། །སྐྱེ་བའི་ཚོགས་རྣམས་སྦྱིན་པས་གྲོལ་གྱུར་ཅིག །
諸佛往昔未曾救度者　無量衆生受施得解脫
ཅེས་ལྷག་གཏོར་ཕྱི་རོལ་དུ་རོལ་མོའི་སྒྲ་བྱའོ། །དེ་ནས་མཆོད་པ་ཁ་གསོས་ལ། །ཁཎྜེ་རོ་ཧི་ཏེས་བསངས། སྭ་བྷཱ་ཝས་སྦྱངས། སྟོང་པའི་
在音樂聲中送餘供至室外　復次　添補供物　堪哲撓嘿　除穢　索巴微　淨治　空性中ཀ生

མཁའ་ བགྲོད་གཅིག མཆོག

༄༅། །ངང་ལས་ཀཾ་ལས་ཐོད་པའི་སྣོད་རྣམས་ཀྱི་ནང་དུ་ཧཱུྃ་ལས་མཆོད་རྫས་རྣམས་རང་བཞིན་སྟོང་ཉིད། རྣམ་པ་
諸頂器內ཧཱུྃ化諸供物自性空所具之各各形相業
མཆོད་རྫས་སོ་སོའི་རྣམ་པ་ཅན། བྱེད་ལས་དབང་པོ་དྲུག་གི་སྤྱོད་ཡུལ་དུ་ཟག་པ་མེད་པའི་བདེ་བ་ཁྱད་པར་ཅན་སྐྱེད་
用能予六根所行處生起無漏殊勝樂
པར་གྱུར། ཨོཾ་ཨརྒྷཾ་ཨཱཿཧཱུྃ། ཨོཾ་པཱ་དྱཾ་ཨཱཿཧཱུྃ། ནས་ཤབྡ་ཨཱཿཧཱུྃ་གི་བར་བྱིན་གྱིས་བརླབས། ཨོཾ་བཛྲ་ཡོ་གི་ནི་ས་བ་རི་ཝ་ར་
嗡啊剛啊吽 嗡巴當啊吽 至 曉嗟啊吽 之間作加持 嗡班雜搖格呢薩巴日

大樂捷道暨中圍壽筵 一七一

ཨརྒྷཾ་ནས་ཤབྡའི་བར་གྱིས་ཕྱི་མཆོད་དང་། ཨོཾ་བཛྲ་ཡོ་གི་ནི་ས་པཱ་རི་ཝ་ར་ཨོཾ་ཨཱཿཧཱུྃ་གིས་བར་ནང་མཆོད་འབུལ།
瓦惹啊剛 至 曉嗟 間外供 嗡班雜搖格呢薩巴日瓦惹嗡啊吽 之作內供
ཨོཾ་བཅོམ་ལྡན་འདས་མ་རྡོ་རྗེ་ཕག་མོ་ལ་ཕྱག་འཚལ་ཧཱུྃ་ཧཱུྃ་ཕཊ།
嗡頂禮薄伽梵大金剛亥母足前吽吽呸
ཨོཾ་འཕགས་མ་རིགས་མའི་དབང་ཕྱུག་ཁམས་གསུམ་གྱིས་མི་ཐུབ་ཧཱུྃ་ཧཱུྃ་ཕཊ།
嗡聖母明妃自在三界無能勝者吽吽呸

མཁའ་ བགྲོད་གཉིས མཆོག

༄༅། །ཨོཾ་འབྱུང་པོའི་འཇིགས་པ་ཐམས་ཅད་རྡོ་རྗེ་ཆེན་པོས་འཇོམས་ཧཱུྃ་ཧཱུྃ་ཕཊ།
嗡大金剛摧滅部多怖畏一切魔障者吽吽呸
ཨོཾ་རྡོ་རྗེ་གདན་བཞུགས་གཞན་གྱིས་མི་ཐུབ་དབང་བྱེད་སྤྱན་ཧཱུྃ་ཧཱུྃ་ཕཊ།
嗡金剛持座戰無不勝自在眼吽吽呸
ཨོཾ་གཏུམ་མོ་ཁྲོ་མོའི་གཟུགས་ཀྱིས་ཚངས་པ་སྐེམས་པར་མཛད་ཧཱུྃ་ཧཱུྃ་ཕཊ།
嗡鄔摩怒母行令梵天枯竭作吽吽呸

大樂捷道暨中圍壽筵 一七二

ཨོཾ་བདུད་རྣམས་སྐྲག་ཅིང་སྐེམས་པས་གཞན་གྱི་ཕྱོགས་ལས་རྒྱལ་ཧཱུྃ་ཧཱུྃ་ཕཊ།
嗡諸魔怖畏枯竭別方一切戰勝者吽吽呸
ཨོཾ་རྨུགས་བྱེད་རེངས་བྱེད་རྨོངས་བྱེད་ཀུན་ལས་རྣམ་པར་རྒྱལ་ཧཱུྃ་ཧཱུྃ་ཕཊ།
嗡超勝一切作昏作僵作癡者吽吽呸
ཨོཾ་རྡོ་རྗེ་ཕག་མོ་སྦྱོར་ཆེན་འདོད་དབང་མཁའ་འགྲོ་འདུད་ཧཱུྃ་ཧཱུྃ་ཕཊ། ཅེས་དང་།
嗡頂禮金剛亥母大合欲王空行者吽吽呸 等及

མཁའ་ བརྒྱ་དོན་གསུམ་ མཆོད།

༄༅། །དཔལ་ལྡན་རྡོ་རྗེ་མཁའ་འགྲོ་མ། །མཁའ་འགྲོ་མ་ཡི་འཁོར་ལོས་བསྒྱུར། །
具德金剛空行母　　旋轉空行母法輪
ཡེ་ཤེས་ལྔ་ལྡན་སྐུ་གསུམ་བརྙེས། །འགྲོ་བ་སྐྱོབས་ལ་ཕྱག་འཚལ་ལོ། །
獲得五智與三身　　救護衆者前頂禮
ཇི་སྙེད་རྡོ་རྗེ་མཁའ་འགྲོ་མ། །ཀུན་ཏུ་རྟོག་པའི་འཆིང་གཅོད་ཅིང་། །
所有金剛空行母　　已斷一切分別識

大樂捷道暨中圍喜筵 一七三

འཇིག་རྟེན་བྱ་བའི་རིམ་འདྲུག་མ། །དེ་སྙེད་རྣམས་ལ་ཕྱག་འཚལ་བསྟོད། །ཅེས་བསྟོད།
勝處世間事業母　　彼諸尊前敬頂禮 如是讚
དགེ་བ་འདི་ཡིས་མྱུར་དུ་བདག །མཁའ་སྤྱོད་མ་དངོས་འགྲུབ་གྱུར་ནས། །
願以我所修善業　　速證成就空行母
འགྲོ་བ་གཅིག་ཀྱང་མ་ལུས་པ། །དེ་ཡི་ས་ལ་འགོད་པར་ཤོག །ཐལ་མོ་སྦྱར་ཏེ།
一切衆生無一餘　　攝置佛國彼剎土 合十

མཁའ་ བརྒྱ་དོན་བཞི་ མཆོད།

༄༅། །རྗེ་བཙུན་རྡོ་རྗེ་རྣལ་འབྱོར་མས་བདག་དང་སེམས་ཅན་ཐམས་ཅད་དག་པ་མཁའ་སྤྱོད་དུ་འཁྲིད་པར་མཛད་
至尊金剛瑜伽母懇祈攝引我及一切衆生至清淨空行剎土
དུ་གསོལ། འཇིག་རྟེན་དང་འཇིག་རྟེན་ལས་འདས་པའི་དངོས་གྲུབ་མ་ལུས་པ་སྩལ་དུ་གསོལ།
祈請賜予世出世間無餘之成就也
ཨོཾ་བཛྲ་ཧེ་རུ་ཀ་ས་མ་ཡ། སོགས་ཀྱིས་ཡིག་བརྒྱ་ལན་གསུམ་བཟླ།
嗡班雜嘿洳嘎薩瑪雅 等誦百字明三遍

大樂捷道暨中圍喜筵 一七四

མ་འབྱོར་བ་དང་ཉམས་པ་དང་། །གང་ཡང་བདག་རྨོངས་བློ་ཡིས་ནི། །
所有斷缺與衰退　　任何無明與愚癡
བགྱིས་པ་དང་ནི་བགྱིས་སྐུལ་གང་། །དེ་ཀུན་མགོན་པོས་བཟོད་པར་མཛོད། །
能作未作與錯作　　彼諸怙主祈寬容
ཅེས་བཟོད་པར་གསོལ་ཞིང་ལྷག་ཆད་བསྐངས་ལ། མདུན་བསྐྱེད་སྨོན་པའི་དབང་པོར་བྱས་ཏེ། ཡིད་རྩེ་གཅིག་པས།
祈請寬容及補缺 作對生祝願 一心專注之

༄༅། །དེ་ལྟར་རྒྱལ་ཡུམ་མཁའ་སྤྱོད་དབང་མོ་ཡི། །གྲོལ་ལམ་བཟང་ཚུལ་བཞིན་བསྒོམས་པའི་མཐུས། །
如是至尊空行聖王母　　解脫妙道如理修持力
དངོས་གྲུབ་འབྱུང་གནས་ཚད་ལྡན་བླ་མ་ཡིས། །དགྱེས་བཞིན་འབྲལ་མེད་རྗེས་སུ་འཛིན་པར་ཤོག །
成就源泉具德之上師　　歡喜無分相隨願攝持
དལ་འབྱོར་གྲུབ་ཆེན་མི་རྙག་དྲུན་པ་ཡི། །ཁ་དན་དཀར་པོ་བསྐྱོད་པ་ལས་འབྲས་ཀྱི། །
暇滿難得得已如巨航　　恆念無常飄搖如白幡

བླང་དོར་མཐུན་པའི་རླུང་གིས་རབ་བསྐུལ་ནས། །འཇིགས་རུང་འཁོར་བའི་མཚོ་ལས་སྒྲོལ་བར་ཤོག །
取捨相合業果風力送　　願渡可畏輪迴苦海中
མར་གྱུར་འགྲོ་ལ་བརྩེ་བའི་གཞན་དབང་གིས། །བླ་བས་ཆེན་བྱང་ཆུབ་སེམས་ཀྱི་གོ་བགོས་ཏེ། །
衆生爲母慈悲依怙者　　無上菩提心爲披甲時
རྒྱལ་སྲས་སྤྱོད་པ་རྒྱ་མཚོའི་འཇིང་ཞུགས་པས། །སྨིན་བྱེད་དབང་གི་སྣོད་དུ་རུང་བར་ཤོག །
佛子廣行無垠大海中　　成就受灌法容器願成

༄༅། །མཚན་ལྡན་རྡོ་རྗེ་འཛིན་པའི་བཀའ་དྲིན་ལས། །རྣལ་འབྱོར་བླ་མེད་དབང་དང་རྗེ་བཙུན་མའི། །
具德金剛持者恩惠生　　無上瑜伽灌頂至尊母
བྱིན་རླབས་བདུད་རྩིའི་དཔལ་ལ་ལོངས་སྤྱོད་པས། །གྲོལ་ལམ་བསྒོམ་པའི་སྣོད་དུ་རུང་བར་ཤོག །
加持勝妙甘露受享已　　解脫聖道修持器願成
དེ་ཚེ་མནོས་པའི་དམ་ཚིག་སྡོམ་པ་རྣམས། །མིག་གི་འབྲས་བུ་བཞིན་དུ་བསྲུང་བ་དང་། །
彼時所受誓言諸律儀　　猶如眼之瞳眸善護守

ཉལ་ལྡང་བདུད་རྩི་མྱང་བའི་རྣལ་འབྱོར་གྱིས། །སྒོ་གསུམ་དགའ་བ་གསུམ་ལ་རོལ་བར་ཤོག །
眠寐覺寤嚐甘露瑜伽　　三門喜生遊戲願受用
བསླུ་མེད་སྐྱབས་གནས་གཙུག་གི་ནོར་བུར་བསྟེན། །མར་གྱུར་འགྲོ་བའི་དོན་ཆེན་སྙིང་ལ་ཞུགས། །
無誑皈處依止頂髻寶　　衆生爲母事業刻心銘
རྡོར་སེམས་བདུད་རྩིས་ཉེས་པའི་དྲི་མ་འཁྲུད། །རྗེ་བཙུན་བླ་མའི་ཐུགས་རྗེས་སྐྱོང་བར་ཤོག །
金剛薩埵甘露蕩污垢　　至尊上師憐憫願隨護

༄༅། །ཡིད་འོང་རྒྱལ་ཡུམ་ཕྱི་ཡི་རྣལ་འབྱོར་མ། །བཾ་ཡིག་ནང་གི་རྡོ་རྗེ་བཙུན་མོའི་མཆོག །
悅意至尊外相瑜伽母　　ཝཾ字內聚金剛至尊母
སེམས་ཉིད་སྟོང་གསལ་གསང་བའི་མཁའ་སྤྱོད་ཡུམ། །རང་ཞལ་མཐོང་བའི་རྩེ་དགས་རོལ་པར་ཤོག །
心本空明秘密空行母　　觀本面目嬉戲願受用
སྦྱང་གཞི་འཆི་བ་བར་དོ་སྐྱེ་བ་གསུམ། །སྐུ་གསུམ་ལམ་དུ་འཁྱེར་བའི་རྨད་བྱུང་ཐབས། །
死有中有生有三淨基　　轉爲三身道用勝妙法

ལམ་འབྲས་རྟོགས་པ་སྐྱེ་བའི་སྨིན་བྱེད་མཆོག །བདག་ལྷར་བསྐྱེད་པའི་རྣལ་འབྱོར་མཐར་ཕྱིན་ཤོག །
無上道果證悟令成熟　　自生本尊瑜伽願圓滿
སྣོད་ཀྱི་འཇིག་རྟེན་ཨེ་ཡིག་གཞལ་མེད་ཁང་། །བཅུད་ཀྱི་སེམས་ཅན་བཾ་ཡིག་རྣལ་འབྱོར་མ། །
外器世間ཨེ字無量宮　　內情衆生ཝཾ字瑜伽母
ཟུང་འཇུག་བདེ་བ་ཆེན་པོའི་ཏིང་འཛིན་གྱིས། །ཅིར་སྣང་དག་པའི་སྣང་བར་འཆར་བར་ཤོག །
雙運大樂智慧三昧耶　　隨現清淨現分願生起

༄༅། །ནང་གི་རྩ་ཁམས་སོ་བདུན་ལྷར་གསལ་ཏེ། །འཁོར་འདས་ཆོས་ཀུན་ཕོ་ཉ་རྣམ་གསུམ་གྱི། །
內之卅七脈界顯本尊　　生死涅槃皆法三使者
ངོ་བོར་བསྲིམས་ལ་སྔགས་ཡིག་གོ་བགོས་པས། །ཕྱི་ནང་བགེགས་ཀྱིས་གཡོ་བ་མེད་པར་ཤོག །
體性無別咒文披甲者　　內外障覆怨敵俱無侵
ཆོས་འཁོར་སྤྲུལ་པའི་འཁོར་ལོའི་སྔགས་འཁོར་ལ། །རྩེ་གཅིག་དམིགས་པའི་ངག་ཡིད་བཟླས་པ་དང་། །
專注法輪咒輪變化輪　　所緣一境口誦並意持

ཞར་བྱུང་རྫོགས་རིམ་ཟུང་གི་ཕོ་ཉ་ཡིས། །ལྷན་སྐྱེས་བདེ་སྟོང་ཡེ་ཤེས་འདྲེན་པར་ཤོག །
轉趨圓滿次第之信使　　樂空俱生智慧願引生
བཾ་ཡིག་སྔགས་ཕྲེང་ལས་སྤྲོས་འོད་ཞགས་ཀྱིས། །ཁམས་གསུམ་སྣོད་བཅུད་འོད་ཞུ་རང་ལ་ཐིམས། །
ཝཾ字咒鬘放出之光明　　三界情器化光融入己
རང་ཡང་རིམ་གྱིས་སྟོང་པར་ཐིམས་པ་ལས། །སེམས་ཉིད་བདེ་སྟོང་དབྱིངས་སུ་གནས་པར་ཤོག །
自身亦復漸次融於空　　心性樂空境中願安住

༄༅། །དེ་ལས་གོ་ཆས་མཆན་པའི་ལྷར་བཞེངས་ནས། །ཚམས་རྫམ་སྙ་ཡིས་བར་ཆད་ཀུན་བསྲུངས་ཤིང་། །

依彼披甲而生本尊體　　颯爽威風諸障俱息除

གང་ཤར་ལྷ་ཡི་གསང་གསུམ་དུ་འཆར་བའི། །སྤྱོད་ལམ་ཡན་ལག་དང་བཅས་མཐར་ཕྱིན་ཤོག །

凡心所現本尊三密處　　威儀支分悉皆願圓滿

དེ་ལྟར་ཕྱོགས་དང་ཟླ་བའི་རྣལ་འབྱོར་གྱིས། །ནམ་ཞིག་དུས་ན་དགའ་མ་བྱི་རུའི་མདོག །

如彼方位與月瑜伽者　　喜母時時均顯珊瑚色

ལི་ཁྲིའི་སྐྲ་གྲོལ་དམར་སེར་མིག་གཡོ་མས། །མངོན་སུམ་རིག་འཛིན་གྲོང་དུ་འཁྲིད་པར་ཤོག །

黃丹散髮黎赤流盼母　　願攝現量持明壇城中

སིནྡྷུར་ལནྡྷ་ལི་ཡི་སྡོང་བུར་བཅས། །རོ་ལྡན་གནས་སུ་བསྒྲུབས་ཤིང་ཡུལ་ཀུན་ཏུ། །

醫靐熱楞伽利之木莖　　具味遍境諸處之成辦

མྱུལ་བས་གང་གི་མཛོད་སྤུར་འཁྱིལ་རིས་ཅན། །འཕོས་པའི་མཛེས་མས་མཁའ་སྤྱོད་འཁྲིད་པར་ཤོག །

尋覓眉間白毫旋紋者　　願祈遷轉儷母引空行

༄༅། །གལ་ཏེ་ཚེ་འདིར་གྲོལ་བར་མ་གྱུར་ཀྱང་། །སྒོམ་བཟླས་སོགས་ལ་རྩེ་གཅིག་འབད་པའི་མཐུས། །

倘若此生未能得解脫　　心依緣境勤勉修誦時

བར་དོའི་གནས་སམ་རིང་མིན་སྐྱེ་བ་རུ། །མཁའ་སྤྱོད་དགའ་མས་རྗེས་སུ་འཛིན་པར་ཤོག །

中陰諸等驟疾仍猶生　　空行喜母隨念願攝持

དྲི་བཞིན་མགྱོགས་འགྲུས་རང་སེམས་བཾ་ཡིག་གནུགས། །དྷུ་ཏིའི་ལམ་ནས་ཚངས་པའི་སྒོར་བསྐྱོད་པ། །

馳風速履自心 བཾ 字體　　中脈道中圓滿精進行

རྒྱལ་ཡུམ་བདེ་སྟོང་ཐུགས་དང་བསྲེ་བ་ཡི། །འདའ་ཀའི་ལམ་གྱིས་སྐད་ཅིག་གྲོལ་བར་ཤོག །

至尊佛母樂空和合中　　臨命終時剎那願解脫

ནང་གི་ཕག་མོས་གཟུང་འཛིན་འཁྲི་ཤིང་བཅོམ། །མཆོག་གི་རྡུ་ཏིར་ཞུགས་པའི་གར་མཁན་མ། །

內中亥母摧壞束縛藤　　安住中脈最勝曼舞母

ཚངས་པའི་སྒོ་ནས་སྤྲིན་ལམ་དབྱིངས་སུ་འཐོན། །ཁྲག་འཐུང་དཔའ་བོར་འཁྱུད་ཅིང་རོལ་པར་ཤོག །

循經梵門法界出虛空　　願與飲血勇父交擁戲

མཁའ་ འགྲོ་གཅིག་ མཆོད།

༄༅། །ལྟེ་བའི་པདྨོར་རླུང་ལྔའི་ཌཱ་ཀི་ནཱི། །རྩེ་གཅིག་བསྒོམས་པའི་ཁ་སྦྱོར་རྣལ་འབྱོར་གྱིས། །

臍間蓮華五風帝啦嘎　　專注修定和合瑜伽法

ལུས་སེམས་རྩ་ལ་དྲི་བཞིན་ཞུགས་པ་ཡི། །བདེ་བ་མཆོག་གིས་བདག་རྒྱུད་ཚིམ་པར་ཤོག །

乘御氣味安住身心脈　　願以勝樂滿盈自相續

ཐ་མལ་འོད་ཀྱི་གཏུམ་མོ་མཛེས་ལྡན་མས། །དྷཱུ་ཏཱིར་འཛུམ་དཀར་བཞད་པའི་རོལ་རྩེད་ཀྱིས། །

終極之光拙火具妍母　　常經中脈歡顏嬉遊戲

ཧཾ་ཡིག་གཞོན་ནུ་ཡོངས་སུ་མཉེས་བྱས་ནས། །ཟུང་འཇུག་བདེ་བ་ཆེན་པོའི་ས་ཐོབ་ཤོག །

ཧཾ字童子普悉令歡喜　　願證雙運大樂妙勝境

ལྟེ་བའི་རྩ་གསུམ་དབུས་གནས་དམར་ནག་རཾ། །སྟེང་འོག་རླུང་གིས་སྦར་བའི་ཚངས་པའི་མེས། །

臍間三脈中住紅黑རཾ　　運上下氣熾燃梵淨火

སྟོང་ཕྲག་དོན་གཉིས་སྙིགས་མའི་ཁམས་བསྲེགས་ཏེ། །དྭངས་མས་དྷཱུ་ཏཱི་ཡོངས་སུ་གང་བར་ཤོག །

焚燒七萬二千濁分界　　淨分遍滿中脈悉願成

མཁའ་ འགྲོ་གཉིས་ མཆོད།

༄༅། །ཁ་དོག་ལྔ་ལྡན་སྨིན་མཚམས་ཐིག་ལེ་ནི། །སྤྱི་བོར་སོན་ལས་བྱུང་བའི་ཟླ་ཆུའི་རྒྱུན། །

具五種色眉際淨光根　　升至頂門生月水恆常

གསང་བའི་ཆུ་སྐྱེས་ཟེའུ་འབྲུའི་བར་དག་ཏུ། །ཡས་བབས་མས་བརྟན་དགའ་བཞིས་ཚིམས་པར་ཤོག །

秘密水蓮華蕊間清淨　　上降下固四喜願充盈

ཐིག་ལེ་དེ་ལས་འཕྲོས་པའི་འོད་ལྔའི་ཟེར། །ཕོག་པས་རང་ལུས་ལ་སོགས་བརྟན་གཡོ་ཀུན། །

明點發出五色之光華　　遍照自身動靜諸世間

དྭངས་གསལ་འཇའ་ཚོན་ཕུང་པོར་གྱུར་ལས་སླར། །རང་གནས་བདེ་སྟོང་དབྱིངས་སུ་འཇུག་པར་ཤོག །

易轉清淨澄明虹光蘊　　本處樂空法界願趣入

སྐྱེ་འགག་གནས་གསུམ་བྲལ་བ་གདོད་མའི་གཞིས། །སྟོང་གསལ་བརྗོད་དུ་མེད་པ་གཞུག་མའི་ངང་། །

遠離生住天法本初理　　空昭無有言詮元始中

ཟུང་འཇུག་བློ་འདས་རང་སེམས་རྣལ་འབྱོར་མ། །རང་ངོ་ཤེས་ནས་རྟག་ཏུ་སྐྱོང་བར་ཤོག །

雙運勝意自心瑜伽母　　自識本性恆常願護持

༄༅། །རྩ་རླུང་ཐིག་ལེ་ཨེ་ཝཾ་དབྱིངས་སུ་ཐིམས། །སེམས་ཉིད་བདེ་ཆེན་ཆོས་སྐུའི་དཔལ་ཐོབ་ནས། །

氣脈明點融入 ཨེ་ཝཾ 境　　心性大樂願證法身果

བགྲང་ཡས་གཟུགས་སྐུའི་རྣམ་རོལ་དཔག་མེད་ཀྱིས། །ནམ་མཁའི་མཐའ་ཀླས་འགྲོ་འདི་སྐྱོང་བར་ཤོག །

無數色身幻化無量現　　無邊虛空願護此六趣

མདོར་ན་བླ་མ་རྗེ་བཙུན་མཁའ་སྤྱོད་མས། །འབྲལ་བ་མེད་པར་རྗེས་སུ་བཟུང་བའི་མཐུས། །

總攝上師至尊空行母　　從不分離隨執力攝受

ས་ལམ་བགྲོད་པ་མྱུར་དུ་མཐར་ཕྱིན་ནས། །མཁའ་སྤྱོད་ཆེན་པོའི་གོ་འཕང་ཐོབ་པར་ཤོག །

地道功德速疾圓滿已　　願證殊勝空行母果位

རྨད་བྱུང་སྲས་བཅས་རྒྱལ་བའི་བྱིན་རླབས་དང་། །རྟེན་འབྲེལ་བསླུ་བ་མེད་པའི་བདེན་པ་དང་། །

希有勝具佛子加持力　　緣起無誑無欺之真諦

བདག་གི་ལྷག་བསམ་དག་པའི་མཐུ་སྟོབས་ཀྱིས། །རྣམ་དག་སྨོན་པའི་གནས་ཀུན་འགྲུབ་པར་ཤོག །ཅེས་སྨོན་ལམ་

自已清淨意樂威能力　　祈願諸處清淨願成就 如是祈願

༄༅། །བརྟན་སྟེ། བྲིས་སྐུ་སོགས་ལ། འདིར་ནི་གཟུགས་དང་ལྷན་ཅིག་ཏུ། །འགྲོ་བའི་དོན་དུ་བཞུགས་ནས་ཀྱང་། །

爲畫像等作 此乃色身同一體　　爲利有情請住世

ནད་མེད་ཚེ་དང་དབང་ཕྱུག་དང་། །མཆོག་རྣམས་ལེགས་པར་སྩལ་དུ་གསོལ། །ཨོཾ་སུ་པྲ་ཏི་ཥྛ་བཛྲ་ཡེ་སྭཱ་ཧཱ།

無病延年得自在　　殊勝圓滿賜予衆　嗡素屹帝恰班雜耶娑哈

ཞེས་བརྟན་བཞུགས་བྱ། རྟེན་མེད་ན། ཁྱེད་ཀྱིས་སེམས་ཅན་དོན་ཀུན་མཛོད། །རྗེས་སུ་མཐུན་པའི་དངོས་གྲུབ་སྩོལ། །

如是祈請久住　無依像者 利衆事業汝成辦　　共同成就遂賜予

སངས་རྒྱས་ཡུལ་དུ་གཤེགས་ནས་ཀྱང་། །སླར་ཡང་འབྱོན་པར་མཛད་དུ་གསོལ། །

聖駕雖返佛刹土　　猶請乘願還再來

བཛྲ་མུཿཡེ་ཤེས་པ་རང་བཞིན་གྱི་གནས་སུ་གཤེགས། དམ་ཚིག་པ་བདག་ཉིད་ལ་ཐིམ།

班雜牟　智慧尊回自性處　誓尊融入自身

མགྲོན་གཞན་རྣམས་རང་གནས་སུ་གཤེགས་པར་གྱུར། ཅེས་བརྗོད། ཤིས་པ་བརྗོད་པ་ནི།

諸賓各回自處 如是誦　吉祥誦是

༄༅། །ཕུན་ཚོགས་དགེ་ལེགས་ཀུན་གྱི་དཔལ་མངའ་བ། །རྡོ་རྗེ་འཆང་དབང་པཎ་ཆེན་ནཱ་རོ་སོགས། །

善妙吉祥一切願圓滿　金剛持王班禪那若衆

དཔལ་ལྡན་བླ་མ་དམ་པའི་ཚོགས་རྣམས་ཀྱི། །བྱིན་རླབས་མྱུར་དུ་འཇུག་པའི་བཀྲ་ཤིས་ཤོག །

具德上師聖賢諸勝尊　願獲速疾加持吉祥來

རྒྱལ་བའི་ཡུམ་མཆོག་ཤེས་རབ་ཕ་རོལ་ཕྱིན། །རང་བཞིན་འོད་གསལ་གདོད་ནས་སྤྲོས་དང་བྲལ། །

殊勝佛母般若波羅蜜　自性光明本初離戲論

བརྟན་གཡོའི་དངོས་ཀུན་སྤྲོ་དང་བསྡུ་མཛད་མ། །མཁའ་སྤྱོད་ཆོས་ཀྱི་སྐུ་ཡི་བཀྲ་ཤིས་ཤོག །

動靜諸有集散形相母　願證空行法身吉祥來

མཚན་དཔེའི་དཔལ་འབར་རབ་མཛེས་བརྗིད་པའི་སྐུ། །དྲུག་ཅུའི་དབྱངས་ལྡན་ཐེག་མཆོག་སྒྲོགས་པའི་གསུང་། །

相好熾盛極妍威赫身　六十音具殊勝佛妙語

ཡེ་ཤེས་ལྔ་ལྡན་བདེ་གསལ་མི་རྟོག་ཐུགས། །ལྷན་སྐྱེས་ལོངས་སྤྱོད་རྫོགས་སྐུའི་བཀྲ་ཤིས་ཤོག །

具足五智樂明無念意　願證俱生報身吉祥來

༄༅། །སྣ་ཚོགས་ཞིང་དུ་སྣ་ཚོགས་གཟུགས་སྐུ་ཡིས། །སྣ་ཚོགས་ཐབས་ཀྱིས་སྣ་ཚོགས་གདུལ་བྱའི་དོན། །

種種剎土種種色身現　種種方便種種化機事

སྣ་ཚོགས་བསམ་པ་ཇི་བཞིན་སྒྲུབ་མཛད་མ། །ཞིང་སྐྱེས་སྤྲུལ་པའི་སྐུ་ཡི་བཀྲ་ཤིས་ཤོག །

種種思惟如是成就母　願證剎生化身吉祥來

པདྨ་རཱ་གའི་མདོག་མཚུངས་རྗེ་བཙུན་མ། །འཛུམ་ཁྲོའི་ཉམས་ལྡན་ཞལ་གཅིག་ཕྱག་གཉིས་ཀྱིས། །

猶如紅寶石色至尊母　熙怡忿姿一面二臂尊

གྲི་ཐོད་ལེགས་འཛིན་ཞབས་ཟུང་བརྐྱངས་བསྐུམས་ཚུལ། །སྔགས་སྐྱེས་མཁའ་སྤྱོད་མཆོག་གི་བཀྲ་ཤིས་ཤོག །

善持鉞顱雙足伸屈勢　咒生空行殊勝吉祥來

གང་གི་རྣམ་སྤྲུལ་གྲངས་མེད་བྱེ་བ་ཕྲག །སྟོང་ཕྲག་བདུན་ཅུ་རྩ་གཉིས་ཚོགས་རྣམས་ཀྱིས། །

敦敦幻化無量俱胝數　七萬二千諸衆集會聚

སྒྲུབ་པ་པོ་ཡི་བར་ཆད་ཀུན་སེལ་ཞིང་། །འདོད་དོན་དངོས་གྲུབ་སྩོལ་བའི་བཀྲ་ཤིས་ཤོག །

一切行者障礙消除盡　祈賜所欲成就吉祥來

༄༅། །ཅེས་བྱམས་པ་ཆོས་ལེགས་ཀྱིས་མཛད་པ་འདི་བརྗོད་ན་ལོངས་སྤྱོད་འཕེལ་བའི་རྟེན་འབྲེལ་ཀྱང་ཡོད་པར་གསུངས་པ་འདི་ཉིད་སོགས་ཤིས་

如是誦強巴卻勒所作之頌偈　可作增長福報受用之緣起

བརྗོད་ཀྱིས་མཐའ་བརྒྱན་པར་བྱའོ། ། ༈ བདེ་མཆོག་རྩ་རྒྱུད་ལེའུ་ང་གཅིག་པ་ལས།

與吉祥偈和合而作結行莊嚴　勝樂本續五十一品中云

གོས་དང་ཕྱག་རྒྱ་ལྔ་ལ་སོགས། །ཤེས་རབ་ཡན་ལག་ཕུར་བུ་གུར། །

著衣瑜伽五印等　智慧支分橛帳幕

ཨཱ་ལི་ཀཱ་ལི་ཞེས་བརྗོད་ནས། །རྒྱུ་སོགས་སྟོང་པ་སྔོན་འགྲོ་བ། །

韻母聲母唸誦後　因緣先行諸空性

འཇུག་པ་སྒྲ་ལ་སོགས་པ་ནས། །རྫི་སྲིད་བསྡུས་པའི་སྦྱོར་ལྡན་པ། །

趣入音聲衆諸法　攝集具足和合時

བདུད་རྩི་ཚིམ་བྱེད་མྱ་ངན་འདས། །ལག་པའི་མཆོད་པ་དབང་བསྐུར་བ། །

甘露滿足而寂滅　手執供養灌頂尊

༄༅། །གོ་ཆ་ཆེན་པོས་ཡང་དག་བསྲུངས། །སྔགས་རྣམས་ཀུན་གྱིས་མཆོད་པར་བྱ། །

大鎧披甲清淨護　密咒諸法作供養

དེ་ལྟར་དེ་ཉིད་བཅུ་བཞི་ནི། །མདོར་བསྡུས་ནས་ནི་བཤད་པ་ཡིན། །ཞེས་གསུངས་སོ། ༈ མཐོང་གྲོལ་ལྡེ་མིག་ལས།

如彼十四自性法　總攝彼法而釋說　如是誦　現見解脫鑰匙云

སྔོན་འགྲོ་དངོས་གཞི་རྗེས་གསུམ་དང་པོ་ལ། །ཐུན་མོང་ཐུན་མོང་མིན་པའི་ཐུན་མོང་བར། །

前行正行結行三前者　共通及與不共之共通

དལ་འབྱོར་རྙེད་དཀའ་མི་རྟག་ལས་འབྲས་དང་། །འཁོར་བའི་ཉེས་དམིགས་ཐུན་མོང་མ་ཡིན་པར། །

暇滿難得無常與因果　輪迴過患不共之皈依

སྐྱབས་སེམས་རྡོར་སེམས་བླ་མའི་རྣལ་འབྱོར་ཁྲིད། །དངོས་གཞིར་བསྐྱེད་རྫོགས་གཉིས་ཀྱི་བསྐྱེད་པའི་སྐབས། །

發心金剛心上師瑜伽　正行圓滿次第生起時

བྱ་བ་བྱེད་ཅན་གཉིས་ལས་ཕྱི་མའི་གྲངས། །ང་རྒྱལ་རྣམ་པ་གཉིས་ཀྱི་རྣམ་པ་ལ། །

具能所作圓滿次第數　生起二相佛慢之形相

༄༅། །སྤྱི་དང་བྱེ་བྲག་ལུས་དཀྱིལ་སེམས་འཛིན་པ། །རྫོགས་པའི་རིམ་པ་གཞི་ལམ་འབྲས་བུ་གསུམ། །

總體支分持心身壇城　　圓滿次第基道果三位

གཉིས་པར་ཆོས་ཉིད་དངོས་དང་བརྒྱུད་ནས་སྟོན། །ཕྱི་མར་ཆགས་ཅན་ཆགས་བྲལ་རྣམ་པ་གཉིས། །

第二法性直接間接示　　後者具貪離貪二種法

ཆགས་བྲལ་རླུང་སེམས་དབུ་མར་བསྡུ་བསྒོམ་ཟུང་། །བསྒོམ་པར་བདེ་བ་དང་ནི་སྟོང་པ་སྒྲུབ། །

遠離貪心雙修攝中脈　　修習之中成就樂與空

གསུམ་པ་འབྲས་བུ་ཡན་ལག་བདུན་ལྡན་ཐོབ། །བསམ་མི་ཁྱབ་བྱ་འཇུག་སྡུད་ཚར་ཆོས་སྟོན། །ཞེས་གསུངས་སོ། །བདག་

三獲證果位具七支分　　不可思議入行聚善說 如是云

སྐྱེད་སོགས་དཀྱིལ་འཁོར་ཕྱོགས་བསྡུས་ཀྱི་ཆོ་ག་འདི་ནི་བྱམས་པ་བསྟན་འཛིན་འཕྲིན་ལས་རྒྱ་མཚོས་མཛད་པ། རྒྱ་ནག་གི་སློབ་མ་མང་པོས་ཡང་ཡང་

此乃自生等與中圍彙集儀軌　由至尊・強巴丹增成勒嘉措編撰　應漢地衆弟子再三請求及修行所需

བསྐུལ་བའི་ངོར་སེར་སྨད་ཆོས་མཛད་དུ་འབོད་པ་ཤཱཀྱའི་དགེ་སློང་ངག་དབང་བཟོད་པ་རྒྱ་མཚོས་རྒྱ་གར་པར་གསར་བ་ལྟར་བོད་རབ་བྱུང་བཅུ་བདུན་པའི་

由僧名色麥雄巴欽則稱者・釋迦比丘・阿旺貢巴嘉措依加噶新版譯漢於藏曆十七饒迥水羊年

༄༅། །ཆུ་ལུག་ལོའི་ཟླ་དྲུག་པའི་ཚེས་ཉེར་བདུན། རྒྱ་རྩིས་ཆུ་ལུག་ལོར་ཟླ་བདུན་པའི་ཉེར་བདུན་ཉིན་སེ་ར་སྨད་གྲྭ་ཚང་གི་ཐོག་ཁང་གཟིམ་ཆུང་ནས

六月廿七日即農曆癸未年七月廿七日在色拉寺麥札倉大雄寶殿三樓寢室

རྒྱ་ཡིག་ཏུ་བསྒྱུར་བའོ། །སརྦ་མངྒ་ལཾ།

願一切吉祥

跋

歷經近五年的陸續收集、編輯與整理，今色麥欽則仁波切之《樂空捷道》一書終於得以與漢土衆多密乘修學者見面。在此首先要感謝具德上師·至尊色麥欽則仁波切對漢地衆生之慈悲眷顧與所惠賜之無上法施，使漢地衆具緣行者能親領此聖道妙法之甘露寶藏，為處於此濁世中之冥冥衆生開啟了一條通向智慧與解脱之捷徑與方便之門！

近年來應漢地信士所求及四衆弟子修行所需，欽則仁波切講經傳法，不辭辛勞，悲心無厭，誨人不倦，數年間先後輾轉於西藏、甘肅、四川、福建、廣東、上海、浙江、山東及華北、東北等各地為衆修法行者多次傳授空行母法之灌頂與儀軌教承；其後更因漢地行者閉關需要，將藏文之那若空行修法生圓二起次第導引漢譯並結合自己的實際修證體會，指導衆修行者實修，在行者近修前及關中作日授講解。

因所授對象的程度不一，仁波切每次所講亦均有詳、略等不同側重。各地受法弟子曾分次將仁波切之導引講授稿印成四種單行本傳閱，由於各人領會深淺有異、且修法者日趨增多，亟需一導引之完備版本以作圭旨，故今此將欽則仁波切所授導引之各單行本內容結合圓滿次第部分作結集整理，同時將仁波切所譯之《至尊金剛瑜伽母那若空行不共大樂成就法捷道》等儀軌之藏、漢對照本亦一併收錄，以饗廣大有志修學之士。

由於編者水平有限、且出版排期緊迫，故書中恐仍有種種不足之處，唯俟日後再作更正，還請讀者見諒！

願衆善增長，一切吉祥！

《欽則仁波切佛學譯叢》編輯組

二〇〇六年六月

書系	書號	書名	編著者	流通費
定學	I9001	不淨觀(附彩圖)	淨明	650 元
	S8501P	釋禪波羅蜜次第法門白話(上冊)	智者大師著； 黎玉璽譯	480 元
	S8501P	釋禪波羅蜜次第法門白話(下冊)	智者大師著； 黎玉璽譯	380 元
慧學	ST9201	圓覺經略疏	宗密大師	220 元
	TA8701	大智度論白話研習本 50 冊（全套不分售）	龍樹菩薩	11000 元
	TA9301	大智度論概要易讀	陳朝棟	280 元
	I9301-1	現觀莊嚴論略釋	法尊法師	199 元
	I9801	圖解達賴喇嘛教您修心	達賴喇嘛傳授； Tenzin Tsepag 英譯； 滇津顙摩中譯	360 元
	I10101	大般若經精要【修訂版】	張子敬夫婦	580 元
	I10102	學佛一定要懂的辨證法要:辨了不了義善說藏論	宗喀吧大師著； 弘悲記；法尊法師譯	299 元
	I10103	讀懂四部宗義：四宗要義講記	土官呼圖克圖著； 法尊法師譯	199 元
	I10104	智者大師教初學者如何正確禪修身心：讀懂修習止觀坐禪法要講述	智顗大師述； 寶靜法師講 大千編輯部新編	320 元
	I10105	中國第一本佛書：牟子理惑論	陳義雄	280 元
	I10201	活在當下的智慧：讀懂智者大師空假中三諦圓融	釋浮光	280 元
史傳	P9902	即身成佛的法王:現證無學金剛貝雅達賴法王全傳	吉仲•逞列強巴迥乃著 李學愚譯	300 元
	P10101	學佛一定要知道的正法法脈傳承:讀懂付法藏因緣傳	西域三藏吉迦夜共曇曜著 黎玉璽譯	450 元
般若經論	I9604	般若波羅蜜多要訣現觀莊嚴論釋心要莊嚴疏合集	彌勒怙主造論； 獅子賢尊者作釋 賈曹杰尊者作疏； 滇津顙摩中譯	1200 元
	TV11101	現觀總義(全套三冊，書盒精裝)	福稱著　佛子譯	1800 元
藏傳佛教系列	TV9101	藏傳佛教大趨勢	黃維忠	280 元
	TV9102	藏傳佛教密宗奇觀	東主才讓	350 元
	TV9103	藏傳佛教智慧境界	班班多杰	350 元
	TV9104	藏傳佛教大師生涯	周煒	320 元
	TV9105	藏傳佛教活佛轉世	諾布旺丹	320 元

書系	書號	書名	編著者	流通費
大眾佛學	WS11201	金剛經 23 疑：阿西老師教您超越大腦思惟模式的般若智慧	陳博正	360 元
	WS9901	楞嚴經全譯易讀【修訂版】	蕭振士編譯	499 元
	WS9903	拒絕外靈干擾：業障病消除與破魔的佛教療法	唐心慧	399 元
	WS10003	人生就像高湯，熬過才夠味	林靜著	199 元
	WS10102	慈悲地圖：禪修科學家教您通向真實幸福的慈悲法門	芭芭拉．萊特著，蔡稔惠譯	280 元
	WS10201	佛法與慈悲地圖：禪修科學家首創佛法的慈悲教育	芭芭拉．萊特、史蒂芬．龍著，蔡稔惠譯	350 元
	WS10401	無邪不摧金剛經：無事不辦輕鬆行	鄭振煌	350 元
	WS10402	佛法新論：正解佛陀的法義	鄭振煌	350 元
	WS10501	看話參禪：從止觀、心性、般若波羅蜜談看話禪	鄭振煌	180 元
	WS10502	佛陀教學的智慧	楊婷壹	320 元
	WS10503	圓融無礙金獅子：華嚴金師子章釋義	鄭振煌	320 元
	WS10504	轉複雜的煩惱心為簡單的菩提心：八識規矩頌輕鬆解歡喜行	鄭振煌	380 元
	WS10701	洞見最真實的自己：覺醒生命的 11 個階段	焦諦卡禪師	350 元
	WS10702	覺知生命的 7 封信：放下人生 7 大重擔的啟示	焦諦卡禪師	250 元
	WS10703	禪修教觀（上）：教理與實修操作手冊	鄭振煌	499 元
	WS10704	禪修教觀（下）：教理與實修操作手冊	鄭振煌	450 元
	WS10905	無門關：開悟的臨門一腳	鄭振煌	450 元
	WS10904	心經的宇宙生命科學：一探圓滿究竟的千古般若智	呂應鐘	250 元
	WS10903	法華經的宇宙文明-不可思議的佛國星際之旅	呂應鐘	280 元
	WS10902	佛陀的初心：2550 年前最早的正法	呂應鐘	280 元
	WS11001	道德經的佛法奧義：願解老子真實義	陳博正	499 元
	WS10901	高僧神通力運用大解密：你所不知道的神通度種法則	梁崇明	280 元
	WS11104	佛陀的多元宇宙：佛經的宇宙真理與生命真相	呂應鐘	399 元
	WS11103	佛教中國化思維九講	釋剛曉	399 元
	WS1101	道德經的佛法奧義【增訂版】-願解老子真實義	陳博正	499 元
	WS11003	臨終自在的十七堂課	鄭振煌	360 元
	SW11001	聽聞即解脫-得法眼淨，轉凡成聖之道	張雲凱	260 元
	WS11002	尋找現代藥師佛：開啟內心豐沛能量普現濟世富貴大願	呂應鐘	320 元
覺醒	AS002	覺醒時刻：你所不知道的 87%	珊朵拉	399 元

科學	AS112001	來自未來的超時代神人「尼古拉·特斯拉」【增訂版】：足以讓十九世紀進步到2350年的慈悲科學家	珊朵拉	350元
生活禪	LZ11202	不在乎，不要怕！	釋見額	399元
	LZ11203	解碼妙法蓮華七譬喻	楊靜宜	399元
史料	TS9401	白史	根敦瓊培	220元
	TS9501	新紅史	班欽．索南查巴著；黃顥譯	340元
	TS9502	布頓佛教史	布頓著；蒲文成譯	399元
		簡明中國佛教史【修訂版】	黃運喜	380元
禪學	Z9201-5	禪學思想史 (5冊合售) 禪學思想史1(印度部) 禪學思想史2(中國部1) 禪學思想史3(中國部2) 禪學思想史4(中國部3) 禪學思想史5(中國部4)	忽滑谷快天著；郭敏俊譯	1870元
咒語	CH9502	古梵文千句大悲咒：青頸大悲咒集校註	簡豐祺	320元
	CH9701	古梵文佛教咒語大全	簡豐祺	580元
	CH9702	古梵文佛母大孔雀明王經	簡豐祺	320元
	CH9801	梵文常用咒語彙編	黃力查	680元
	CH10001	怎麼持楞嚴咒最有效：古梵文楞嚴咒增訂版	簡豐祺	350元
	CH10101	古梵文佛教咒語大全續篇	簡豐祺	580元
	CH10102	古梵文觀世音菩薩咒語全集	簡豐祺	680元
	CH10201	楞嚴經咒威德力的科學觀：輕鬆快速背誦楞嚴咒	林同敵	580元
	CH10701	古今梵文佛說隨求即得大自在陀羅尼神咒經	黃力查	450元
呂澂佛學系列	LU9201-1	印度佛學源流略論【修訂版】	呂澂	499元
	LU9901-1	中國佛學源流略論【修訂版】	呂澂	499元
	LU11101	西藏佛學原論**【修訂版】**	呂澂	320元
	LU9204	因明入正理論講解	呂澂	180元
	LU9205	經論攷證講述	呂澂	269元
	LU9206	歷朝藏經略考	呂澂	286元
	LU10101	呂澂大師講解經論（精裝兩冊）	呂澂	999元
字典	T8501P	佛學常用詞彙	陳義孝	680元
儀制	U8701	佛事儀軌	大千編輯部	350元
	U8702	佛教日用文件大全	瞿勝東	500元
	U9801	佛教常用疏文儀軌	南山閒雲妙禪	500元
辯證	10201	因明好好玩：學佛一定要懂的佛教邏輯學	曉剛法師	250元
覺海	MT9601	報應看得見	賴樹明	199元
以聖為導	P10502	我如何拯救印度佛教：印度佛教復興血淚史—護法大士傳記	僧護居士著；劉宜霖譯	280元

	P11001	安貝卡博士與印度佛教復興運動	僧護居士著； 劉宜霖譯	360 元
	P11002	印度佛教聖地見聞錄：追尋佛陀的聖蹟	鄭保村,陳怡伶, 劉宜霖	460 元
	P9901-1	龍欽巴全傳：發現雪山的全知法王【修訂版】	拉喇·索朗曲珠著 李學愚譯	320 元
歷史	SP901	大爆炸之後	智陽	320 元
佛法科學	AS001	來自未來的超時代神人「尼古拉·特斯拉」：足以讓十九世紀進步到 2350 年的慈悲科學家	珊朵拉	320 元
宗教對話	RD113012	跨文化視野中的人文精神：儒、佛、耶、猶的觀點與對話芻議	林鴻信	399 元
學佛漫畫	LB11301	不怕苦的惠能傳奇(上)	應輝亭	295 元
	LB11302	不怕苦的惠能傳奇(下)	應輝亭	295 元
佛教企業家	BE113001	總裁心·菩提道：以商道轉動福報的智慧	孫崇發	350 元

◎ 價格若標示有誤，以書籍版權定價為準

大喜文化佛學書籍

書系	書號	書　　名	編　著　者	流通費
掃葉新解	05	倉央嘉措塵封三百年的祕密： 解開六世達賴生死之謎	白瑪僧格	350 元
淡活智在	04	遇見，最真實的自己：找回被遺忘的愛與喜	楊宗樺	280 元
	05	道德經的科學觀： 以當代科學知識發掘老子思想的奧秘	孔正、王玉英	499 元
	06	一次讀懂梁皇寶懺： 輕鬆了解梁皇寶懺解冤的秘密	妙翎兒	800 元
	11	六祖壇經輕鬆讀：暗夜烏鴉	蕭振士	280 元
	12	心經．金剛經輕鬆讀：光照江洋	蕭振士	280 元
	13	勝鬘經輕鬆讀：男女平等成佛的關鍵根據	蕭振士	260 元
	14	肇論白話輕鬆讀：用智慧尋找佛道	蕭振士	280 元
	15	金剛經的真面目，你讀對版本了嗎？： 八種譯本的比較　以派系思想為主	釋定泉	320 元
	16	圓覺經輕鬆讀：找回人的本來佛性	蕭振士	280 元
	17	3 分鐘放鬆！： 舒緩壓力、更有效率的 59 個靜心遊戲	淼上源(黃健原)	320 元

	18	不動怒，正念禪修的智慧： 讓您的大腦不被性罪所支配	梁崇明	260 元
	19	問禪：旅人悟道的喜悅	梁崇明	280 元
藝術創作	02	心靈彩繪：從曼陀羅找到你的性格顏色	蔡愛玲、珈瑪	320 元
喚起	03	在遊戲裡，禪修！每天 3 分鐘, 五位大師教你新鮮有趣的創意靜心	噶瑪旺莫	320 元
	20	開始清理，好事會發生： 改變周圍氣場的環境整理術	簡佳璽	260 元
	24	倉央嘉措詩歌裡所隱藏的秘義： 從凡情中成就佛心	丹增偕樂	280 元
	27	菩提道次第廣論毗缽舍那	宗喀巴大師	1300 元
佛法小冊	01	稻盛和夫的商聖之路： 用佛陀的智慧把破產企業變成世界五百強	王紫蘆	320 元
	02	賈伯斯的蘋果禪： 用佛陀的智慧打造 9,000 億美元的企業	王紫蘆	280 元
慢行	01	慢．茶之旅：我在印度聖地學習正念的十場茶席	劉惠華	320 元
大人學	02	老是一種幸福：長年紀，也長智慧的八項思考	邱天助	350 元
法眼	01	台灣報應奇譚：看到現世報的三十一則故事	賴樹明	280 元
	02	當法律無法帶來正義： 那些被判無罪的敗類如何得到應有的報應	賴樹明	280 元
果如法師說禪	01	禪的知見：為參話頭做準備（精華版）	釋果如	280 元
	02	禪的實踐：大慧宗杲禪師語錄選輯講釋（精華版）	釋果如	280 元
經典精要	001	華嚴經開悟後的生活智慧：入法界品精要	梁崇明編譯	350 元
	002	法華經精要，不可思議的今生成佛智慧： 開發您本有的無限潛能	梁崇明編譯	350 元
	003	大般涅槃經精要：最惡的人也能成佛的智慧， 開發每個人本有的覺性	梁崇明編譯	380 元
	004	維摩詰經精要，從入世證出世的智慧： 有錢不礙修行，沒錢會障礙你的修行	梁崇明編譯	350 元
	005	楞伽經精要，以佛心印心辨別修證真假： 了悟第一義心，遠離各種外道及見解上的過錯	梁崇明編譯	350 元
	006	解深密經精要，最真實心識的智慧： 生命本無生滅，存在本身即是圓滿安樂自由	梁崇明編譯	350 元
	007	金光明經精要：具足不可思議功德智慧	梁崇明編譯	350 元
	008	大寶積經精要 ： 修學無漏智慧	梁崇明編譯	350 元
	009	大集經精要：念佛之無上深妙智慧	梁崇明編譯	350 元

◎ 購書前請先確認是否有庫存。

國家圖書館出版品預行編目(CIP)資料

樂空捷道 : 至尊金剛瑜伽母那若空行不共成就法生圓次第極密導引 / 欽則.阿旺索巴嘉措作. -- 四版. -- 新北市 : 大千出版社, 2025.04

面 ; 公分. --(密法)

ISBN 978-957-447-453-0(精裝)

1.CST: 藏傳佛教 2.CST: 佛教修持

226.965 114003566

密法 SD9901

樂空捷道

至尊金剛瑜伽母那若空行不共成就法生圓次第極密導引

作　　者：欽則・阿旺索巴嘉措著
出 版 者：大千出版社
發 行 人：梁崇明
登 記 證：行政院新聞局局版台省業字第２４４號
發 行 處：新北市中和區板南路 498 號 7 樓之 2
網　　址：http://www.darchen.com.tw
P.O.BOX 中和郵政第 2-193 號信箱
電　　話：（０２）２２２３１３９１(代表號)
傳　　真：（０２）２２２３１０７７
E-mail：darchentw@gmail.com
劃撥帳號：１８８４０４３２　大千出版社
銀行匯款：銀行代號：006 帳號：3502-717-003191
　　　　　合作金庫銀行 北中和分行 戶名：大千出版社
總經銷商：紅螞蟻圖書有限公司
地　　址：114 台北市內湖區舊宗路 2 段 121 巷 19 號
電　　話：(02)2795-3656　red0511@ms51.hinet.net
博客來路書店：Books.com.tw
初　　版：西元 2025 年 4 月

流 通 費：新台幣１２００元
(郵購未滿 1500 元請自付郵資 80 元，採掛號寄書)
ISBN 978-957-447-453-0(精裝)